广东省教育厅委托“中小学幼儿园教师培训课程与培训质量评价研究”课题成果

基础教育教师培训课程与培训质量评估研究

JICHU JIAOYU JIAOSHI PEIXUN KECHENG YU PEIXUN ZHILIANG PINGGU YANJIU

主　编：肖建彬
副主编：吴惟粤
参　编（排名不分先后）：
李　俊　王　慧　苏　鸿　谭习龙　贺　菲　余新明　周会凌　桑志军　袁春艳　李　华
陈静安　李样明　廖建全　张然然　陈俊成　张云平　陈燕红　徐琳珠　周蕴蓉　文　霞
刘桂奇　武文霞　赵湘军　高　洁　房丽敏　惠　萍　刘文斌　张秀莲　程　煜　陈一帆
区　洁　赵　昕　杨金龙　郭瑞玫　舒艳红　代　亭　张东方　舒晓莉　陈　芳　周如旗
黄振余　赵思全　王　谕　程俊英　王增海　周可桢　古立新　唐志文

EDUCATION AND RESEARCH

北京师范大学出版集团
BEIJING NORMAL UNIVERSITY PUBLISHING GROUP
北京师范大学出版社

图书在版编目(CIP)数据

基础教育教师培训课程与培训质量评估研究/肖建彬主编.—北京：北京师范大学出版社，2019.3（2019.3重印）
ISBN 978-7-303-24135-4

Ⅰ.①基… Ⅱ.①肖… Ⅲ.①基础教育—师资培养—研究 Ⅳ.①G635.12

中国版本图书馆 CIP 数据核字(2018)第 213638 号

营销中心电话 010-58802181 58805532
北师大出版社高等教育分社网 http://gaojiao.bnup.com
电子信箱 gaojiao@bnupg.com

出版发行：北京师范大学出版社 www.bnup.com
北京市海淀区新街口外大街 19 号
邮政编码：100875
印　　刷：北京玺诚印务有限公司
经　　销：全国新华书店
开　　本：889 mm×1194 mm 1/16
印　　张：35.5
字　　数：838 千字
版　　次：2019 年 3 月第 1 版
印　　次：2019 年 3 月第 2 次印刷
定　　价：90.00 元

策划编辑：易　新　　责任编辑：李云虎　李卫红
美术编辑：高　霞　　装帧设计：高　霞
责任校对：韩兆涛　　责任印制：陈　涛

前　言

本书是在广东省教育厅委托广东第二师范学院肖建彬教授主持的研究项目《中小学幼儿园教师培训课程与培训质量评价研究》课题成果的基础上完成的。教育部、财政部从2010年开始，根据《国家中长期教育改革和发展规划纲要(2010—2020年)》的精神，为进一步加强教师培训，全面提高教师队伍素质，全面组织实施了"中小学教师国家级培训计划"，推动了全国大规模教师培训的开展。广东省从2012年开始也启动了中小学新一轮"百千万人才培养工程"，通过加强教师培养培训工作，提高了教师专业水平和教学能力，培养了教育教学骨干，造就了一批教学名师和学科领军人才。新时期的教师培训工程覆盖全面、意义重大、持续时间长，培训对象的层次、类型、岗位等都呈现出前所未有的多样性，原有的培训工作模式和经验已经不能满足"加速培养造就一支师德高尚、业务精湛、结构合理、充满活力的高素质专业化教师队伍"的工作需求。为不断提高教师培训工作的水平和质量，我们有必要围绕"提升培训质量"的工作主线，按照教育部《教师教育课程标准(试行)》《幼儿园教师专业标准(试行)》《小学教师专业标准(试行)》《中学教师专业标准(试行)》和《关于进一步加强中小学校长培训工作的意见》等文件要求，结合教师培训工作实际状况，组织开展中小学幼儿园教师培训课程研究和培训质量评价研究，针对培训对象的不同类别、不同岗位、不同层次、不同学科等差异，深入调查研究，对培训课程进行供给侧结构性改革，精选课程内容，精心设计培训方式，构建各领域、各岗位、各层次、各学科教师培训课程体系，规范培训课程管理，提高培训课程质量和培训实效，使中小学幼儿园教师培训课程能够体现时代要求，符合教师实际需要，操作可行，实用有效；同时，有必要对各级培训工作进行规范化、优质化研究，以机制创新、制度建设为出发点，以提高水平、提高质量为落脚点，在制度建设、队伍建设、资源开发、课程质量、培训管理、保障机制等方面进行研究，提出各类培训课程实施规范和绩效评估指标体系，科学评估培训课程和培训工作质量。

本研究由项目主持人学术引领、团队成员协作共同完成。研究团队在文献整理、现状调研、充分研讨的基础上，分工执笔撰写。全书由肖建彬、吴惟粤统稿。各章节撰写人员分别如下。绪论：肖建彬、吴惟粤；第一章：李俊、吴惟粤；第二章：吴惟粤、王慧；第三章：王慧、吴惟粤；第四章：苏鸿；第五章：谭习龙；第六章：贺菲、吴惟粤；第七章第一节：余新明、周会凌、桑志军，第二节：袁春艳、李华，第三节：陈静安(统稿)、李样明、廖建全、张然然，第四节：陈俊成(统稿)、张云平、陈燕红、徐琳珠，第五节：周蕴蓉、文霞、刘桂奇，第六节：武文霞(统稿)、刘桂奇、赵湘军，第七节：高洁(统稿)、房丽敏、惠萍、刘文斌，第八节：张秀莲，第九节：程煜(统稿)、陈一帆、区洁、赵昕、杨金龙、郭瑞玫，第十节：舒艳红(统稿)、代亭、张东方、舒晓莉、陈芳，第十一节：周如旗(统稿)、黄振余、赵思全、王谕、程俊英、王增海，第十二节：周可桢；第八章：王慧、古立新、吴惟粤；第九章：王慧、吴惟粤；第十章：唐志文。

2018 年 3 月

目　录

绪　论
实现教师专业发展　落实立德树人根本任务

建设“高素质”教师队伍，是《国家中长期教育改革和发展规划纲要(2010—2020年)》提出的保障措施，是我国打造一流教育、培养一流人才、建设一流国家的迫切需要。教育部2001年制定了《义务教育课程设置实验方案》，2003年制定了《普通高中课程方案(实验)》及其所附各科目课程标准，2017年制定了《普通高中课程方案(2017年版)》。广大中小学教师对我国的“21世纪新课程”在教育理念上已经基本理解与接受，在教学实践中也积累了宝贵的经验。党的十八大以后，教育部印发了《教育部关于全面深化课程改革　落实立德树人根本任务的意见》，明确提出落实立德树人根本任务，在深入总结21世纪以来我国基础教育课程改革经验和借鉴国际课程改革优秀成果的基础上，对实验课程方案和课程标准进行全面修订，构建既具有国际先进水平又符合我国实际情况的中国特色基础教育课程体系，按此标准重新修订的各学科教材从2006年开始陆续成为教师实施课程的新文本。新的课程文本要求各学科教学都必须以“发展学生核心素养”为纲，面对新的教学要求，如何在新的教学理念的指导下提纲挈领地落实学科教育教学任务、实现育人目标，对每一位中小学教师来说都是新的挑战。

“百年大计，教育为本；教育大计，教师为本”。国家制定的课程方案能否在学校教育实践中得到有效实施，完全取决于广大教师的教育自觉与教学行为。基础教育课程改革的深入推进呼唤教师培训先行，提高教师培训质量务必完善教师培训体系，进行培训课程改革，建立培训评估机制。《国家中长期教育改革和发展规划纲要（2010—2020年）》提出：“提高教师业务水平。完善培养培训体系，做好培养培训规划，优化队伍结构，提高教师专业水平和教学能力。”我国基础教育教师培训工作伴随着教育事业的发展和课程改革的推进也在同步改革，尤其是在新时期基础教育课程改革发端阶段，响亮地提出了“不培训不上岗，先培训后上岗”的口号。“培训先行”是保障课程改革顺利推进的一项有效措施。

教师专业素养必须适应规模迅速扩大的教育事业的发展。教育事业的发展呼唤着教师培训的改革。现代教育培养创新型人才的新态势，对教师专业的素养不断提出新的要求，教师队伍建设必须适应这一现状。以广东省高中教育为例，从1995年至2014年，普通高中教育规模迅速扩大，招生数量从1995年的15万多人剧增到2014年的近70万人，是20年前的四倍多(表0-1)。高中生源数量的剧增，必然带来学生发展的多样性和教学需求的差异性。

表0-1　1995—2014年广东省高中教育规模发展态势表

年份	学校(所)	高中阶段招生(万人)	普通高中招生(万人)	高等院校招生(万人)	普通高中教师(万人)
1995年	836	48.24	15.56	4.94	2.63
1998年	900	52.54	22.68	6.10	3.58
2000年	947	55.62	28.68	12.08	
2001年	1 000	60.96	33.21	13.91	5.01
2002年	1 012	68.51	38.50	17.61	5.75
2005年	981	97.80	56.98	30.70	8.61
2006年	1 005	108.54	60.77	33.53	9.56
2007年	1 019	115.38	60.69	35.49	10.34
2008年	1 018	126.96	66.80	39.07	11.07
2009年	1 020	151.78	71.79	43.86	11.85
2010年	1 026	177.92	75.59	44.02	12.51
2011年	1 012	162.97	77.75	47.36	13.71
2012年	1 017	157.03	77.32	51.09	14.18
2013年	1 015	147.87	73.08	52.62	14.48
2014年	1 012	131.64	69.68	54.51	14.84

教师培训工作必须适应教师数量急速增长的现状。伴随着教育规模的扩大，相应的教师数量也在急速增长，到2014年，广东省普通高中教师由1995年的2.63万人增至14.84万人(表0-2)。因此，加速培养造就一支师德高尚、业务精湛、结构合理、充满活力的高素质、专业化教师队伍已成为广东省教师队伍建设迫在眉睫的任务。

表0-2　1995—2014年广东省普通高中教师发展态势表

年份	普通高中教师(万人)	本科以上教师占比(%)	中级以上教师占比(%)	广东省学历达标率(%)	全国学历达标率(%)	全国学历达标排位
1995年	2.63	56.43	52.01	—	—	—
1998年	3.58	63.15	51.10	—	—	—
2001年	5.01	69.88	53.31	69.88	70.71	17
2002年	5.75	72.68	54.03	72.68	72.87	14
2005年	8.61	83.62	54.69	83.62	83.46	16
2006年	9.56	86.08	55.72	86.08	86.46	17
2007年	10.34	88.85	55.91	88.85	89.30	17
2008年	11.07	91.09	56.34	91.09	91.55	17
2009年	11.85	92.93	57.57	92.93	93.61	19
2010年	12.51	94.38	58.78	94.38	94.81	18
2011年	13.71	95.50	60.25	95.50	95.73	17
2012年	14.18	95.99	60.90	95.99	96.44	20
2013年	14.48	96.19	61.91	99.35	99.28	15
2014年	14.84	97.82	63.59	99.82	99.53	5

教师培训课程必须适应教育价值观的变化。21世纪以来，国际、国内学校教育的价值取向在不断发生变化：由强调基础知识学习的知识取向阶段、强调基本技能训练的能力取向阶段发展到当前强调价值观取向的发展学生核心素养阶段。落实立德树人是全面深化课程改革的根本任务。教师对知识的价值、课程的价值、教学的价值、教师的价值、学校的价值和教育的价值，都必须有全新的认识与思考。因此，坚持教师继续教育、改革教师培训工作，不仅是终身学习理念下构建学习型社会的历史重托，也是适应教育事业改革与发展的必然要求。教师只有在终身教育过程中不断完善自身的专业素养，才能胜任新时期的教育教学工作。

教师培训务必要适应课程与教学持续改革的发展需求。30多年来，教育部制定的基础教育课程方案一直处于改革与实验进程中。例如，普通高中主要经历了四个阶段：1981年《全日制六年制重点中学教学计划(试行草案)》和《全日制五年制中学教学计划(试行草案)》并行的两类中学教学计划；1991年实行的《现行普通高中教学计划的调整意见》和《普通高中毕业会考制度》的普通高中"两项改革"；1997年至2000年使用的"两省一市"方案试验稿、试验修订稿等普通高中课程过渡方案；2003年实验的《普通高中课程方案(实验)》。当下，我们马上又要进入落实立德树人、强调价值观取向的发展学生核心素养阶段。每一阶段的课程改革都对教师提出了新的专业发展要求。

为此，国家先后印发了《教育部关于大力加强中小学教师培训工作的意见》《教育部关于大力推进教师教育课程改革的意见》，广东省也颁布了《广东省教育厅关于大力加强"十二五"中小学教师培训工作的意见》《广东省中小学幼儿园特殊教育学校专业技术人员继续教育专业科目学习指南》等一系列文件，要求通过加强完善教师培养培训工作，提高教师专业水平和教学能力，培养教育教学骨干，造就一批教学名师和学科领军人才。

我国教师继续教育在此前主要经历了学历进修、教育技术培训、新课程学习三个阶段，在这些方面的学习基本完成之后，培训的重点应该如何确定、内容应该如何设计、质量应该如何保证，都是亟待解决的问题。本研究的价值在于提出有科学依据的行动方案，应用于当前的教师培训工作实践。按照广东省中小学教师培训工作"十二五"规划要求，每名教师五年内必须完成360学时的培训，同时我们将组织省级1万名、市县级9万名骨干教师进行培训，并组织实施新一轮中小学"百千万人才培养工程"。此项教师培训工程意义重大、覆盖面广、持续时间长，培训对象的层次、类型、岗位等差异性大，原有的培训工作模式和经验已经不能满足"加速培养造就一支师德高尚、业务精湛、结构合理、充满活力的高素质专业化教师队伍"的工作需求。为不断提高教师培训工作的水平和质量，我们有必要围绕"提升培训质量"的工作主线，按照教育部《教师教育课程标准(试行)》《幼儿园教师专业标准(试行)》《小学教师专业标准(试行)》《中学教师专业标准(试行)》等有关文件的要求，结合教师培训工作实际状况，针对中小学幼儿园教师培训工作中存在的问题，在工作机制、队伍建设、资源开发、课程质量、培训管理、保障措施等方面进行研究，以提高培训课程质量和培训实效；以机制创新、制度建设为出发点，以提高水平、提高质量为落脚点，提出各级、各类、各学科的培训课程实施规范和绩效评估指标体系，为培训工作提供管理依据和评估依据。

第一章　教师培训的专业化

>> 第一节　教师培训发展概况 <<

随着我国各领域综合改革的深化和科教兴国战略的进一步推进，我国的教育事业也迈入了一个新的历史发展阶段。国务院、教育部及国家层面对教育中长期改革与发展作出规划并付诸实施，“百年大计，教育为本；教育大计，教师为本”已经成为共识。2001 年，国务院《关于基础教育改革与发展的决定》提出了完善“教师教育”体系的发展目标，制定并组织实施包括中小学教师的培养培训，以及与培养培训相衔接的教师队伍建设的政策措施，这成为从中央到地方各级政府高度重视的教育事业的发展重点。2010 年发布的《国家中长期教育改革和发展规划纲要(2010—2020 年)》明确要求：“提高教师业务水平，完善培养培训体系，做好培养培训规划，优化队伍结构，提高教师专业水平和教学能力。”2013 年，《教育部关于深化中小学教师培训模式改革，全面提升培训质量的指导意见》(以下简称《指导意见》)。《指导意见》从八个方面对教师培训模式提出了改革要求。这些政策、决定和意见对于教师教育的改革与发展具有重要意义，对于教师队伍的建设也具有里程碑的意义。建设一支高素质、专业化、结构合理、充满活力的教师队伍，是教育改革发展的根本保证，是科教兴国战略成功实施的关键。

在国家的强力推动下，教师培训工作正处于大规模、高投入、长时期的持续发展中，学界对教师培训的研究热情也空前高涨。据《教育研究》杂志社 2015 年发布的《中国教育研究前沿与热点问题年度报告》，自 2011 年起，“教师专业发展”连续四年成为教育研究者关注的十大热点话题之一，研究聚焦点主要包括师德建设、教师专业标准、教师专业能力、教师职业素养、教师教育学科与体系建设等方面。为了较深入地探讨改革背景下教师培养培训政策的变化发展，本节将从教师培训的概念与理念、教师培训政策分析、教师培训工作的发展三个方面对教师培养培训政策的变化进行分析。

一、教师培训的概念与理念

“教师培训”，又称“教师进修”“教师教育”“教师继续教育”等。我们将“教师培训”理解为教师外在学历提升与内在素质提高的一个整体持续发展过程，那么“进修”“在职学习”“继续教育”等过程中就都包含“培训”的内涵。在教育发展的不同时期，我国教师培训也分别用过“进修”“在职学习”“继续教育”等来概括表述，其本质指向始终是教师培训。有观点认为，“培训”在语义上具有被动、强迫的含义，建议使用“教师研修”“教师教育”“教师发展”等概念代替“教师培训”。这种观点有其合理性，但仅仅改变概念的表达形式，并不能确保真正使教师成为“主动”的培训主体，我们也可以赋予“培训”特定的内涵。李崇爱认为：“教师在职培训指入职教师为了提高自身业务水平，促进自身专业发展而参与的一切进修学习经历与活动。”①“教师培训”这一概念已约定俗成、为人所熟知，因此在政府公文中也一直采用“教师培训”的提法，如1977年12月教育部下发的《关于加强中小学在职教师培训工作的意见》，2011年《教育部关于大力加强中小学教师培训工作的意见》，2013年《教育部关于深化中小学教师培训模式改革 全面提升培训质量的指导意见》等。李瑾瑜、史俊龙认为：“教师培训指教师外在学历提升与内在素质提高的整体持续发展的过程。”②

教师培养培训政策是我国教育政策的重要组成部分，既包括教师的职前培养，也包括职后培训，因此教师教育政策也可以理解为教师培养培训政策。有学者认为：“教师教育政策是教育政策的重要范畴，是教育政策的有机组成部分，是国家根据教育基本政策，为解决教师教育问题而制定的政策法规。”③也有学者从内容上将教师教育政策分为教师人才的培养政策、教师资格的认定政策、教师的培训政策以及一些相关的配套政策：“教师教育政策是由我国政府制定的，是为我国社会主义教育事业服务的，有关教师培养、培训和认定的所有法律、法规、措施、方针、规定、规划、准则、计划、方案、纲要、条例、细则等文本的综合。”④本章的研究对象是广义的教师培训政策，即教师教育政策，指由我国政府为培养、认定教师所制定的法律、法规、措施、方法和条例等的总称，内容包括国家政府发布的相关法规、法律、指示、意见、纪要、决定、条例、章程、计划、批复、工作报告、方针等文件。

二、教师培训政策分析

按照教师培训工作的重点，中华人民共和国成立以来国家发布的中小学教师培训政策可大致分为几个不同的时间阶段，分别是：以补充教学人员为主的教师培训阶段(1953—1965年)、十年“文化大革命”时期的停滞阶段(1966—1976年)、以教材教法培训为重点的阶段(1977—1983年)、以学历补偿教育为重点的阶段(1984—1989年)、学历补偿与继续教育并举的阶段(1990—1998年)、继续教育阶段(1999至今)。⑤ 本节依据教师培训文件主要目标指向的侧重点不同大致分为1977年之前、1977—1999年、2000—2010年、2011年至今四个阶段(表1-1)。

① 李崇爱：《改革开放三十年我国中小学教师在职教育政策变革研究》，硕士学位论文，湖南大学，2010。
② 李瑾瑜、史俊龙：《我国中小学教师培训政策演进及创新趋势》，载《西北师大学报》，2012(9)。
③ 陈永明：《教师教育研究》，130页，上海，华东师范大学出版社，2002。
④ 王芳：《教师教育政策文本的实践解读》，硕士学位论文，首都师范大学，2006。
⑤ 王文彦、安宝生：《新论我国中小学教师培训历史阶段的划分》，载《继续教育研究》，2007(3)。

表 1-1　各阶段教师培训政策一览表

阶段	颁布时间/主体	会议、文件名称	关于教师培训的内容表述	政策特点
1977 年之前	1949 年/教育部	第一次全国教育工作会议	“加强教员轮训和在职学习”	基于教师队伍极度缺乏的现状，以“能上课”为最低教师素质要求；以“正规教师”为标杆，将业余教师努力培养成正规教师的阶段
	1951 年/教育部	全国第一次师范教育大会	把“正规师范教育与大量短期训练相结合”作为“当前师范教育的工作方针”	
	1952 年/教育部	中小学行政会议	“各地应经常地、系统地建立提高教师质量的业余学习制度”“逐步地、普遍地建立教师业余进修学校”	
	1958 年/国务院	《关于教育工作的指示》	“全国应在三到五年内基本上完成扫除文盲，普及小学教育……”	
1977—1999 年	1977 年/教育部	《关于加强中小学在职教师培训工作的意见》	“力争在三五年内，经过有计划的培训，使现有……初中教师在所教学科方面大多数达到师专毕业程度，高中教师在所教学科方面大多数达到师院毕业程度”	关注在职教师的职后培训；培训内容以教材教法等实用性内容为主；进入落实教师队伍学历达标阶段；从“素质教育”的要求倒逼教师素质的提升，开始明确提高教师队伍素质的关键在于实施强制性的在职教师继续教育
	1980 年/教育部	《关于进一步加强中小学在职教师培训工作的意见》	“从实际出发，把长远的文化、专业知识的系统学习和搞好当前教学工作的教材教法学习结合起来”，组织过好“教材教法关”	
	1982 年/教育部 1983 年/教育部	全国小学教师进修工作会议 《关于加强小学在职教师进修工作的意见》	力争到 1985 年，使小学教师的 50%实际达到中师毕业程度，再过三到五年，即至迟到 1990 年，使绝大多数小学教师的文化水平达到中师毕业程度，基本上能胜任教学工作，以适应普及小学教育的需要	
	1985 年/教育部	《中共中央关于教育体制改革的决定》	明确要求“把发展师范教育和培训在职教师作为发展教育事业的战略举措”	
	1990 年/国家教育委员会	《全国中小学教师继续教育工作座谈会会议纪要》	要将我国中小学队伍建设的重点有步骤地转移到开展继续教育上来	
	1993 年/国务院	《中国教育改革和发展纲要》	国家将着手建立中小学教师资格制度	
	1994 年/全国人民代表大会常务委员会	《中华人民共和国教师法》	第一部教师法	
	1995 年/国务院	《教师资格条例》	教师准入门槛与持资格证上岗制度实施	
	1998 年/教育部	《关于加强中小学教师继续教育区域性实验工作的几点意见》	响应教育部在 19 个省(市、区)和三个计划单列市进行中小学教师继续教育实验的决定	
	1998 年/教育部	《面向 21 世纪教育振兴行动计划》	三年内以不同方式对现有中小学校长和专任教师进行全员培训和继续教育	
	1999 年/教育部	全国中小学教师继续教育和校长培训工作会议	在全国范围内实施“中小学教师继续教育工程”	
	1999 年/教育部	《中小学教师继续教育规定》	要求大多数地区的中小学教师普遍五年内完成不低于 240 学时的培训	

续表

阶段	颁布时间/主体	会议、文件名称	关于教师培训的内容表述	政策特点
2000—2010年	2001年/教育部	《国务院关于基础教育改革与发展的决定》《全国教育事业第十个五年计划》	这两个政策文件可以说是教师教育未来十年发展的"航标"，为教师教育的发展指明了"航向"	教师培训进入科学规划、全员发展、向发达国家看齐的阶段；教师教育观取代职后培训观，将职前培养与职后培训打通；倡导差异化、分层、分类、有针对性的培训，从对培训量的追求进入对培训效果的追求阶段；大力实施"国培计划"示范性与中西部项目，促进了各级地方政府对教师培养与培训的投入
	2002年/教育部	《关于"十五"期间教师教育改革与发展的意见》	将教师培训的目标进一步调整为发展教师的创新精神和实践能力	
	2004年/教育部	《2003—2007年教育振兴行动计划》	以"新理念、新课程、新技术和师德培训"为内容的中小学教师培训新要求	
	2010年/国务院	《国家中长期教育改革和发展规划纲要(2010—2020年)》	"倡导教育家办学"的指导思想，要求"提高教师业务水平，完善培养培训体系，做好培养培训规划，优化教师队伍结构，提高教师专业水平和教学能力"	
	2010年/教育部、财政部	《教育部、财政部关于实施"中小学教师国家级培训计划"的通知》	实施优秀骨干教师示范性培训、中西部农村教师培训、紧缺薄弱学科教师培训、班主任教师培训、学前教师培训、特殊教育教师培训等重要项目，为各地推进教育改革发展和开展教师培训输送一批"种子"教师	
2011年至今	2011年/教育部	《关于大力加强中小学教师培训工作的意见》	第一个明确规定教师培训目标、实施方式、承担主体、培训效果、专业化研究等内容的文件，要求建立教师培训管理档案，建立严格的教师培训学分管理制度，建立教师非学历培训与学历教育课程衔接、学分互认的机制，建立教师培训机构资质认证制度，制定教师培训机构资质认证标准，强化教师培训质量监管	教师培训进入专业化、研究化、从业人员专门化发展阶段；职前培养、用人单位与职后培训完全打通，充分关注需求与效果；一线培训需求、专业课程设计与培训实施三位一体，进入学习共同体时代
	2011年/教育部	《大力推进教师教育课程改革的意见》《教师教育课程标准（试行）》	从教育信念与责任、教育知识与能力、教育实践与体验三个维度规范教师培养过程，并对在职教师教育课程设置提出了框架性建议；要求非学历教师教育课程方案的制定，要针对教师在不同发展阶段的特殊需求，提供灵活多样、新颖实用、针对性强的课程，满足教师专业发展的多样化需求	
	2011年/教育部	《示范性县级教师培训机构评估认定标准》	对县级教师培训机构提出了多方面的标准要求	
	2012年/教育部	《幼儿园教师专业标准（试行）》《小学教师专业标准（试行）》《中学教师专业标准（试行）》	第一个基础教育教师(校长)专业标准	

续表

阶段	颁布时间/主体	会议、文件名称	关于教师培训的内容表述	政策特点
	2013年/教育部	《教育部关于深化中小学教师培训模式改革，全面提升培训质量的指导意见》	重点提出从八个方面，在改革创新中强调深化培训模式改革	
	2013年/中共中央	《关于全面深化改革若干重大问题的决定》	深化教育领域综合改革	

三、教师培训工作的发展

中小学教师培训工作发展的每一个阶段都伴随着特定的背景与任务，与我国政治、经济和教育事业的发展密切相连。纵观我国教师培训每个阶段工作措施出台的动因、政策参与的主体、政策演进的发展路径，我们可以清晰地了解与认识我国教师培训的过程与发展特点。

(一)第一阶段：1949—1976年

1. 教师学历补偿

这一阶段的中小学教师培训任务主要侧重于在职教师学历补偿。1949年12月，在第一次全国教育工作会议上，针对当时中小学教师队伍“数量不足，质量不高”的问题，国家提出了在加强教师培养的同时，“加强教员轮训和在职学习”的要求。1951年8月，全国第一次师范教育大会提出把“正规师范教育与大量短期训练相结合”作为“当前师范教育的工作方针”。1952年7月，教育部召开了中小学行政会议，要求“各地应经常地、系统地建立提高教师质量的业余学习制度”“逐步地、普遍地建立教师业余进修学校”，从政策上要求有计划地开展比较正规的师资培训工作。《人民教育》专门发表了题为《为建立系统的教师进修制度而奋斗》的社论，明确指出要重视提升在职教师的文化和业务水平，系统提高教师培训质量。这些政策的提出与实施促使中小学教师在职培训走向规范化。

2. 教师专业达标

20世纪50年代中期，教育部针对师资培训工作先后颁布了《关于举办小学教师轮训班的指示》《关于加强中等学校在职教师业余进修的指示》等一系列文件。这些文件对教师学历要求作了明确的规定：凡学历未达初师毕业的小学教师，要通过进修，在语文、数学、自然常识、史地等学科达到初师毕业水平；凡具有高中和中师毕业水平的中学教师，要通过进修，系统学完高师本、专科主要专业课程，分别达到本、专科毕业程度。教师培训工作要逐步从单一的对在职教师的业余培训发展为脱产系统进修、短期轮训、岗位学习、广播学习、函授和巡回辅导等多种形式的专业培训。中华人民共和国成立初期中小学教师培训实践中出现的“数量不足，质量不高”的问题在这一阶段得到较为系统和深入地反思和改进，为其后中小学教师培训打下了良好的基础。

3. 教师教育冒进

1958年9月，在当时总路线的背景下，中共中央、国务院发出了《关于教育工作的指示》发展目标，全国教育“大跃进”，中小学教师队伍迅速扩大。据有关数据显示，我国1958年与1957年相比，小学增加22.95万所，教师增加37.3万人；中学增加1.78万所，教师增加7万多人。教育“大跃进”不可避免地导致了师资质量和教育质量的显著下降，刚刚开始逐步规范化的教师培训工作陡然转向“后大跃进”时期的冒进停滞，师资培训工作经历了一个大起大落的过程。师资培训工作在创建和发展阶段有时代的影响，也有自身存在的问题，再加上思想上的干扰，对系统提高教师文化教育水平的重要性认识不足，导致教师培训缺乏统一规划和全面安排。但是从总体上看，这一阶段教师队伍发展和师资培训工作还是取得了较为显著的成绩。据《三十年全国教育统计资料(1948—1978)》显示，中学教师的合格率由1953年的56.1%提高到1963年的61.8%；小学教师的合格率由1953年的13.5%提高到1963年的34.5%。[①] 同时，这一阶段涌现出一大批教学骨干，各地创立了师资培训机构，有了专门从事师资培训工作的队伍，奠定了后30多年我国中小学教师培养培训工作发展的基础。这一阶段教师培训的中心工作发展到“教材教法过关”与“学历提升”并重。“文化大革命”使我国教育事业受到严重影响，教师培训工作陷于全面停顿甚至瓦解的危机时期。“文化大革命”结束后，有关教育与政治问题的正本清源，为中小学教师培养培训工作的发展清除了思想障碍。

(二)第二阶段：1977—1999年

1. 教师专业合格与学历达标

1977年12月，“文化大革命”刚结束，教育部在《关于加强中小学在职教师培训工作的意见》中提出：“要采取强有力的措施，尽快地、切实地抓好在职教师培训工作……力争在三五年内，经过有计划的培训，使现有文化业务水平较低的小学教师大多数达到中师毕业程度，初中教师在所教学科方面大多数达到师专毕业程度，高中教师在所教学科方面大多数达到师院毕业程度。”[②]这一时期，“缺什么，补什么，首先过好教材教法关，然后再进行系统进修文化专业知识”的指导思想，经过各地实践，证明是切实可行的。采取各种形式“学习现行教学大纲和教材”、过好“教材教法关”是中小学教师培训的重点。1982年6月，教育部召开的全国小学教师进修工作会议提出：“力争到1985年，使小学教师的50%实际达到中师毕业程度，再过三到五年，即至迟到1990年，使绝大多数小学教师的文化水平达到中师毕业程度，基本上都能胜任教学工作，以适应普及小学教育的需要。”1983年1月，为了进一步普及基础教育，教育部颁布了《关于加强小学在职教师进修工作的意见》，指出：“再用三到五年的时间，使小学教师的绝大多数文化水平达到中师毕业程度，并完全胜任教学工作。”[③]这期间，我国中小学教师培训工作的重点开始转移到学历达标上。1985年11月，国家教育委员会在全国中小学师资工作会议上提出，今后中小学师资队伍建设工作重点可以分为三步走：第一步，用五至七年时间，对现有教师进行培训和调整，使绝大多数在职教师基本上能胜任所担负的教育教学工作；同时，抓

---

① 中华人民共和国教育部：《三十年全国教育统计资料》(1948—1978)，转引自李瑾瑜、史俊龙：《我国中小学教师培训政策演进及创新趋势》，载《西北师大学报》，2012(9)。

② 刘英杰：《中国教育大事典(1949—1990)(上册)》，1049～1050页，杭州，浙江教育出版社，1993。

③ 何东昌：《中华人民共和国重要教育文献》，2082页、3060页，海口，海南出版社，1998。

紧补充短缺学科的教师。第二步，再用五至七年时间，使各科教师的配备基本齐全，使绝大多数教师能够胜任教学工作，具有较高的政治和业务素质。第三步，在基本实现九年制义务教育以后，小学、初中、高中教师的政治和业务素质或学历应普遍向更高要求过渡。1985年颁布的《中共中央关于教育体制改革的决定》，标志着我国教育进入了一个从改革教育体制入手，进行全面改革的新的发展阶段，明确提出了"建立一支有足够数量的、合格而稳定的师资队伍，是实行义务教育、提高基础教育水平的根本大计"，要求"把发展师范教育和培训在职教师作为发展教育事业的战略举措"。这一阶段中小学教师培训政策的明显特点是关注中小学教师队伍的稳定与合格，关注中小学教师"教材教法的过关"和学历提升。在这一阶段，广大中小学在职教师的素质有了明显提高，学历达标程度有了大幅度上升。教师培训基本实现了教材教法过关和学历达标的阶段性目标。经过这一阶段的培训，到1989年年底，小学教师达到中师学历的比率已从1977年的47.1%上升为71.4%，初中教师达到高师专科学历的比率已从1977年的9.8%上升为41.3%。这一年高中教师本科学历的比率也已达到43.5%。

2. 教师学历提升与继续教育

20世纪90年代，我国政治、经济、文化以及教育发展都进入了一个新的历史时期，直接影响教师培训工作的政策环境发生了很大变化。这一时期，伴随着我国基础教育的深入改革与发展，我国中小学教师培训进入"政府主导、系统规划、整体推进"阶段。1990年10月，国家教育委员会召开了全国中小学教师继续教育工作座谈会，并于同年12月下发了《全国中小学教师继续教育工作座谈会会议纪要》，指出要将我国中小学队伍建设的重点有步骤地转移到开展继续教育上来。教师培训工作进入了学历提升与继续教育并重，并逐步转移到继续教育的新时期。1993年2月，国务院颁布《中国教育改革和发展纲要》，明确提出为适应21世纪我国教育事业发展的需要，必须建设一支"人员精干、素质优良、待遇较高"的师资队伍。为此，国家开始着手建立中小学教师资格制度。1994年，国家颁布了《中华人民共和国教师法》，1995年12月，颁布了《教师资格条例》，中小学教师培训逐步走向科学化、规范化、法制化。为了全面推进已有的教育改革，落实科教兴国战略，教育部于1998年12月颁布了《面向21世纪教育振兴行动计划》(以下简称《行动计划》)，其中设计了"跨世纪园丁工程"：提高教师队伍的整体素质，特别要加强师德建设；三年内以不同方式对现有中小学校长和专任教师进行全员培训和继续教育；加强中小学教师继续教育的教材建设；中小学专任教师及师范学校在校生都要接受计算机基础知识培训；加强和改革师范教育，提高新师资的培养质量。尤其提出要重点加强中小学骨干教师队伍建设，在全国选拔培训10万名中小学及职业学校骨干教师，其中1万名由教育部组织重点培训，通过开展集中培训、巡回讲学、教学研究和实地观摩研修等活动，发挥骨干教师在当地教学改革中的带动和辐射作用。① 以"跨世纪园丁工程"为契机，1999年6月，教育部召开了全国中小学教师继续教育和校长培训工作会议，决定在全国范围内实施"中小学教师继续教育工程"，明确提出了"五年内对1 000万名中小学教师基本轮训一遍，提高教师队伍的整体素质，基本适应实施素质教育的需要"。会后，教育部颁布了《中小学教师继续教育规定》，针

① 管培俊：《中小学教师队伍建设的政策分析与世纪展望》，载《中国教育政策评论》，2001(00)。

对中小学教师不同的群体，制定了相应的培训计划，要求大多数地区的中小学教师普遍五年内完成不低于240学时的培训，贫困地区的教师至少接受一次有组织的培训(面授时间不低于40学时)。受这一政策的推动，各地也适时地建立和完善了中小学教师培训与研究指导机构。自此，我国中小学教师培训有了专项法规，也逐渐形成了制度性框架。

(三)第三阶段：2000—2010年

1. 教师后学历专业发展

进入21世纪，我国已经建立起专业化教师培训体系，中小学教师队伍学历提升与达标基本完成，教师队伍专业发展进入了"后学历"时代。"教师专业化"和"教师专业发展"理念的确立，把教师从改革的后台推向了改革的前台，教师素质深层次不足的问题开始日益凸显。随着我国经济社会发展和教育改革的深入，中小学教师专业化水平亟待提升，教师职业吸引力需要进一步增强，教师资源配置亟待改善，教师管理与评价机制急需健全，"造就一支师德高尚、业务精湛、结构合理、充满活力的高素质专业化教师队伍"的任务依然艰巨。这就更需要政策上的不断支持与引导，使政策与期望解决问题的行为和结果保持一致。因此，教师培训也被提上了议事日程，各地围绕新课程改革和促进教师专业发展，轰轰烈烈地展开了教师培训工作。2002年2月，教育部颁布的《关于"十五"期间教师教育改革与发展的意见》，将教师培训的目标进一步调整为发展教师的创新精神和实践能力。

2. 教师新技术新课程培训

2004年3月，教育部颁布了《2003—2007年教育振兴行动计划》，进一步提出了以"新理念、新课程、新技术和师德培训"为内容的中小学教师培训新要求，并于2005年颁布了《中小学教师教育技术能力标准》，其宗旨是提高中小学教师教育技术应用能力和水平，建立中小学教师教育技术培训和考试认证制度，组织开展以信息技术与学科教学有效整合为主要内容的教育技术培训，全面提高广大教师实施素质教育的能力水平。2010年7月，国务院颁布《国家中长期教育改革和发展规划纲要(2010—2020年)》，明确提出"倡导教育家办学"的指导思想，要求"提高教师业务水平，完善培养培训体系，做好培养培训规划，优化教师队伍结构，提高教师专业水平和教学能力"。

3. 教师"国培计划"引领

2010年，中央财政支持启动了"中小学教师国家级培训计划"(简称"国培计划")，实施优秀骨干教师示范性培训、中西部农村教师培训、紧缺薄弱学科教师培训、班主任教师培训、学前教师培训、特殊教育教师培训等重要项目，为各地推进教育改革发展和开展教师培训输送一批"种子"教师，并探索创新教师培训模式，开发教师培训优质资源，建设教师培训重点基地，为中小学教师特别是中西部农村教师创造更多更好的培训机会，提供优质培训服务。这是国家推动中小学教师培训的重大政策举措，体现了国家对于教师培训的高度关注与重视。

(四)第四阶段：2011 年至今

1. 以提升质量为核心，以提高师德为重点

2011 年 1 月，教育部颁布了《关于大力加强中小学教师培训工作的意见》，进一步提出了“以提高教师师德素养和业务水平为核心，以提升培训质量为主线，以农村教师为重点，开展中小学教师全员培训，努力构建开放灵活的教师终身学习体系，加大教师培训支持力度，全面提高教师素质”的总体要求，强调按照“统筹规划、改革创新、按需施训、注重实效”的原则，在创新培训模式上，要适应教学方式和学习方式的变化，采取集中培训、置换脱产研修、远程培训、送教上门、校本研修、组织名师讲学团和海外研修等多种有效途径进行教师培训；在优化培训内容上，要加强教师培训需求调研，根据实施素质教育的要求，并针对不同类别、层次、岗位教师的需求，以问题为中心，以案例为载体，科学设计培训课程，丰富和优化培训内容；在培训方式方法上，要改进教师培训的教学组织方式，倡导小班教学，采取案例式、探究式、参与式、情景式、讨论式等多种方式开展培训，鼓励教师自主选学，为教师提供个性化、多样化的选择机会，增强培训的吸引力和感染力；在培训制度的建立上，要完善五年一个周期 360 学时的教师培训任务，规范教师培训证书制度，建立教师培训管理档案，建立严格的教师培训学分管理制度，建立教师非学历培训与学历教育课程衔接、学分互认机制，建立教师培训机构资质认证制度，制定教师培训机构资质认证标准，强化教师培训质量监管。同时，这一文件对教师培训质量评估、培训师资队伍建设、培训课程资源开发以及教师培训经费投入等提出了新的规定和要求。

2. 实践取向，终身学习

2011 年 10 月，教育部颁布了《教师教育课程标准(试行)》，要求教师以“育人为本、实践取向、终身学习”为理念，从教育信念与责任、教育知识与能力、教育实践与体验三个维度规范教师培养过程，并对在职教师教育课程设置提出了框架性建议，要求非学历教师教育课程方案的制定，要针对教师在不同发展阶段的特殊需求，提供灵活多样、新颖实用、针对性强的课程，满足教师专业发展的多样化需求，充分利用教师自身的经验与优势，引导教师加深专业理解、解决实际问题、提升自身经验，确保教师持续而有效的专业学习。2011 年 11 月，教育部办公厅同时颁布了《关于开展示范性县级教师培训机构评估认定工作的通知》和《示范性县级教师培训机构评估认定标准》，对县级教师培训机构提出了多方面的标准要求。2012 年 2 月，教育部在广泛征求全社会意见和建议的基础上，又颁布了《幼儿园教师专业标准(试行)》《小学教师专业标准(试行)》和《中学教师专业标准(试行)》，提出将“学生为本”“师德为先”“能力为重”“终身学习”四个基本理念作为教师在专业实践和专业发展中应当秉持的价值导向。这一系列政策的密集甚至叠加式的出台，标志着我国教师教育与中小学教师队伍建设进入专业化和标准化时代，充分体现出科学性、专业性和制度性的特征；政策的引导力量充分体现在通过专业化教师培训体系的建立促进全员教师全面提高素质，也体现出政策的价值理念越来越符合中小学教师专业发展的规律和特点。

>> 第二节　教师培训的改革 <<

“百年大计，教育为本；教育大计，教师为本”。教育体系不仅包含学生培养教育，还包括随着教育事业发展而显得越发重要的教师培训教育。教师教育即教师培训，是对中小学幼儿园教师进行专门培训的一种系统化活动与过程。教师教育包含教师入职前的师范教育和入职后的继续教育。教育内容包括教育理论、教育知识与技能、教育法和教研等。教师培训是促进教师专业发展和自身素养与能力提升、拓宽教师视野的一个重要途径，对教师具有重要意义。教师培训包括教师个体发展所需要的全部内容，教师培训的质量与实效将直接影响学生全面的发展。[①] 因此，研究教师培训的改革与发展具有重要意义。为了深入了解改革背景下教师培训的发展目标，本节将从教育改革中教师培训的背景、研究现状、改革发展三大视角出发，探讨教育改革对教师培训提出的新挑战。

一、教师培训目标演化

(一)经济社会的发展呼唤教师培训的改革

随着我国改革开放政策的实施，国内经济、科技文化得到了迅速发展。这是教师培训改革的直接原因。随着社会主义市场经济的逐步完善，新常态经济、可持续发展战略的提出，以及改革开放范围的进一步扩大，我国经济已经逐步融入世界经济金融体系中，并在其中发挥着重要的作用。当今世界的竞争，国家的国际影响力，靠的是综合国力。这样的背景，对劳动者的素质、人才结构的培养提出了新的挑战。教师的专业素养必须适应现代教育培养创新型人才的事业发展要求，教师队伍建设必须接受这一重大挑战。改革教师培训，使其适应社会、经济发展已是大势所趋。

(二)终身学习理念下构建学习型社会的历史重托

终身学习理念的提出和学习型社会的构建是促进教师培训改革的重要原因。应终身学习、终身教育理念需求而建立的学习型社会，要求教育必须具有连续性、终身性。在知识爆炸式增长的社会背景下，一个人在普通教育中获取的知识与技能远不能满足社会、工作、生活的需要，因此，社会应为其提供相应的教育，保证其持久的继续教育，促进“人人学习，终身学习”的学习型社会的构建。终身教育理念对国际教育实践的影响也表明这是顺应时代需求的教育发展趋势。教师作为社会灵魂的工程师、人类文化的传播者，接受继续教育就显得尤为重要。在经济社会迅猛发展的时代，教师明显感到自己的知识储备有限，只有通过继续教育、成为培训的对象，在终身教育过程中不断完善自身专业素养，才能胜任知识文化的传播与发展工作。

---

① 周思勇：《教师专业发展：问题与症结》，载《基础教育》，2014(11)。

(三)国际上教师教育改革的启示

20 世纪 80 年代，美国就发现“教师出现了不会教”的问题，由此提出了对教师质量的担忧。1983 年、1986 年，美国相继颁布了《国家处在危险中：教育改革势在必行》《明天的教师》《国家为培养 21 世纪的教师做准备》等政策，从国家政策与法律的视角探讨教师培训的重要性，提出“美国的成功取决于更高的教育质量，取得成功的关键在于建设一支与此任务相适应的专业队伍，即一支经过良好教育的师资队伍”。美国促进教师专业发展的教师培训改革的序幕由此拉开。随后，其他发达国家也相继提出了教师专业发展的问题与政策，以促进教师教育质量的提高。我国从 20 世纪 90 年代开始越来越重视教师培训改革的重要意义，大力推进教师培训和改革。

二、教师培训课程改革

不少学者对教师培训课程改革的价值取向与方法路径进行了研究探讨，其中比较有代表性的有生态哲学视角、生成性教学视角、教师需求导向视角、培训效果反馈视角、标准对应分析视角、教学研究视角、比较分析视角等。

(一)生态哲学视角

韩菊红从生态哲学的视角出发，提出新课程改革的“分科与综合”“预设与生成”“接受与探究”等理论，给广大教师队伍带来了巨大的震撼与启发。但伴随其间的也有自身价值观念、思维方式等的混乱，使教师产生了对课程改革的焦虑。结论是教师的创造性、批判性不足。建议是用生态哲学、生态思维去看待教师教育，解决专业不足问题。教育生态学将为教师培训改革与创新提供新的视角与启发。①

(二)生成性教学视角

谭诤、周沙从生成性教学视角思考中小学教师培训，基于此探讨了中小学教师培训的难题——实效性。他们认为“只要在培训实施过程中体现‘生成性’，就能激发教师兴趣”，接着从成人学习理论分析了生成性对中小学教师培训的重要意义和原因。而生成性的观点与教师教育政策内容中的“生成”这一点要求一致。②

(三)教师需求导向视角

华东师范大学以丁钢为首的课题组，通过对九省市进行大规模抽样调查，进而就全国中小学教师的学历学位教育、教学技能与专业素养、教师工作量与工作负担、教学资源与使用情况、信息技术的应用、教师效能、科研活动、教学反思行为、在职培训效果与需求、学校管理

① 韩菊红：《生态哲学视域下的教师培训与教师专业发展》，载《湖北经济学院学报(人文社会科学版)》，2015 (4)。
② 谭诤、周沙：《生成性教学哲学视角下的中小学教师培训探究》，载《教育导刊》，2015(1)。

等各个维度发布了专题报告，完成了《中国中小学教师专业发展状况调查与政策分析报告》，为中小学教师专业发展需求和培训取向提供了理论导向，为教师培训政策制定了依据。①

（四）培训效果反馈视角

赵海利通过抽样调查法了解到，影响中小学教师培训实施成效的主要因素有培训专家、培训内容、培训方式、培训时间安排等，据此指出目前中小学教师培训效果不尽如人意的原因主要在于这些因素考虑不周、实施不当，并提出了一系列改进建议。②

（五）标准对应分析视角

李更生以浙江省为例，对应中小学教师专业标准解析教师在教育教学实践中出现的问题和凸显的专业不足，探讨了中小学教师培训的变革与创新，对现实的教师培训目标取向进行了深刻反思，提出应对变革的中小学教师培训目标。

第一，面向全纳式培训，实行“一个教师都不能少”的全员培训。

第二，能力为重，在培训内容与方式的价值取向上重视实践性。

第三，以教师为本，突出参训者学习的自主性和选择性。

第四，凸显开放性和竞争性，提供丰富多样的、足够教师选择性学习的培训资源。

第五，在培训形式上注重参与性和体验性。

第六，关注源头，在培训者队伍建设上强化“培训师培训”。③

（六）教学研究视角

李松回顾了我国中小学教学研究60年的历史，提出了教师教学、教研的现实问题，并在教育改革的大背景下对中小学教师教研的未来进行了思考。④

（七）比较分析视角

李斌分析比较了发达国家中小学教师培训的发展趋势，发现其共性有目标多样化、培训方式多样化、培训内容实效性、培训机构开放化、管理制度化，并结合我国的教育国情，提出了自己的反思。⑤

三、教师培训模式改革

我们从对教师培训改革相关文献和改革政策的分析中可以明显感受到教师培训改革的迫切

① 丁钢：《中国中小学教师专业发展状况调查与政策分析报告》，80～83页，上海，华东师范大学出版社，2010。

② 赵海利：《教师培训项目实施成效及影响因素——基于浙江省“农村中小学教师素质提升工程”的实证分析》，载《教育理论与实践》，2010(10)。

③ 李更生：《〈专业标准〉视域下教师培训的变革与创新——以浙江省为例》，载《教育发展研究》，2013(8)。

④ 李松：《我国中小学教研60年：反思与展望》，载《当代教育科学》，2014(17)。

⑤ 李斌：《发达国家中小学教师培训发展的共同趋势》，载《成人教育》，2004(5)。

性。随着教育方式的转变、办学规模的扩大、办学条件的优化和办学效益的提升，教育发展的新形势对教师建设必然提出了新要求。伴随着课程与教学改革而来的教师的专业化发展趋势，教师群体也充分意识到专业发展的迫切性，有了自我发展的主动性。教师培训模式构建相关的课程目标、内容、方式等呈现出多元化、一体化取向。

(一)多元化取向

多元化取向主要表现在中小学教师培训目标多元化、培训方式多样化、培训内容灵活化。

1. 培训目标多元化

教师培训方案的设计应该充分考虑培训对象的已有经验与特点。参训教师的年龄、个人经历、知识基础、教学技能等特点不尽相同，需求因人而异。宽泛而统一的培训课程往往不切合实际，不能满足参训教师的需要。因此，教师培训课程设计应该根据培训对象的特点，安排多元化、有选择的课程内容。对于经验较少的教师应侧重基础教育知识与技能的充实，对于经验丰富的教师应侧重教研、课题等较为深入的素养培训，尤其是创造性和实践改革精神的培养。

2. 培训方式多样化

我们应该根据知识点的特点对教师培训的方式进行多元化设计与实施。例如，理论性质的培训应采取小组讨论、案例分析、头脑风暴等学习方式，激发参训教师参与培训过程，增强参训者的体验感与主体感。对于实践性较强的培训，如计算机基本能力培养，则应以实操训练为主。教师培训的方式可以是小组探究、行动学习和自主学习，要能充分激发参训教师的学习兴趣，增强其动手能力。

3. 培训内容灵活化

参训教师的已有经验、年龄等个体特征不同，同一培训内容不能满足所有参训教师的需求。教师培训改革要求我们根据参训对象的特点，依据主题、类型的不同分类安排设计培训内容，并在充分考虑当地水平的前提下，灵活实施，这样才能保障培训的实效性，让每位参训教师均能有兴趣、有所得。

(二)一体化取向

教师培训改革目标一体化取向具体包括面向所有教师的全员培训、面向教师发展所需内容的全面培训、培训过程中形成教师发展共同体的跨学科协作培训。

1. 全员培训

1998年，教育部颁布的《行动计划》提出要“建立和完善继续教育制度，适应终身学习和知识更新的需要”，要求“对现有中小学校长和专任教师进行全员培训和继续教育”；在区域上，教师全员培训包含农村中小学教师和城镇中小学教师，重点是农村中小学教师；在年龄上包含年轻教师和老教师，重点是年轻教师；开展课程与教学改革实验的地区学校要坚持“先培训后上岗，不培训不上岗”的原则。

2. 全面培训

教师培训是教师专业发展的一部分，是实现教师专业发展的一条重要途径，是提高教师队伍整体素质的重要保证。《行动计划》要求培训应该全面包含教师专业发展应具备的内容，包括基本理念、基础理论、学科知识与基本技能；提出了教师学历达标要求："2010 年前后，具备条件的地区力争使小学和初中专任教师的学历分别提升到专科和本科层次，经济发达地区高中专任教师和校长中获硕士学位者应达到一定比例"，必须"加强中小学教师继续教育的教材建设"，"特别要加强师德建设"。历次颁布的教师培训改革政策都强调教师教育应以师德培训为先，注重实效与实用。

3. 协作培训

整合课程、协作学习的课程与教学理论目前已经被广泛应用于学校教育教学和教师培训中。协作学习的一个重要环节就是形成学习的协作共同体。教师培训的协作共同体通常是在教师培训过程中形成的。传统的学科培训组织往往基于同一学科，存在课程的学科局限性，容易导致教育视野的狭窄。当今世界教育改革的大趋势提示我们，教师培训共同体的发展应该跨学科整合。跨学科整合的培训共同体能实现有效协作，以宽广的视野、全面的知识储备去认识问题、解决问题，更加有效地促进教师专业提升。

四、教师培训研究深化

为适应教育事业与教师专业发展的背景需求，教师培训的队伍建设、培训课程的实施与管理、培训效益与质量的评价目标与方式等相关研究也在不断深化。

(一)培训队伍专业化取向

培训队伍专业化包括教师培训机构专业化、师资队伍专业化、培训内容专业化、质量评价专业化等方面。

1. 培训机构专业化

为保证教师培训机构的专业化资质，国家对教师培训机构的质量验证制度已渐趋加强。教育部于 2011 年颁布的《关于大力加强中小学教师培训工作的意见》(以下简称《培训意见》)要求："建立教师培训机构资质认证制度。""制定教师培训机构资质认证标准。""强化教师培训质量监管。"同时，承担培训任务的师范院校要大力推进内部教师教育资源整合，建立与中小学的合作机制，促进培养、培训、研究与服务一体化，发挥优秀教师和学校的示范引领作用。

2. 师资队伍专业化

教师培训工作中培训教师的水平直接影响着培训效果，这就要求担任培训课程的教师必须具有高水平的专业素养、先进的专业理念、深厚的专业基础知识，同时还必须掌握教育教学改革动态，了解教师实际需要。师资队伍的组成主要是高校的专家学者和基础教育教学实践中有丰富经验的高层次教师。《培训意见》要求：各级教育行政部门要"建立一支专兼职结合的优秀培训者队伍，要注重遴选一线优秀教师作为兼职培训者……国家建立培训专家库信息管理平台，实现各地培训者的信息共享和培训成效评估。培训者团队主要从培训专家库中遴选，一线优秀教师所占比例不少于 50%"。

3. 培训内容专业化

“专业化取向”的一个重要含义是培训内容的专业化，这就要求培训项目设计要以调研为基础，培训内容要与教育教学实践紧密结合、高度融合，切实帮助中小学教师通过培训解决教学实际问题。

4. 质量评价专业化

为确保培训的有效性与实用性，我们需要对培训过程与培训结果进行专业化质量评价，包括培训过程的形成性评价、结果的总结性评价、参训教师的自我评价、他人的评价和培训共同体的评价、定量和定性评价。

(二)培训目标标准化取向

中小学教师培训的目标取向标准化的发展趋势主要表现在制度化的培训管理和教师专业标准的制定上。

1. 制度化的培训管理

制度化的培训管理是教师培训取得实效的重要保障。《培训意见》要求：“完善五年一个周期的教师培训制度。”“规范教师培训证书制度。”“建立教师培训管理档案。”“建立严格的教师培训学分管理制度……探索建立教师非学历培训与学历教育课程衔接、学分互认的机制。”“建立教师培训机构资质认证制度。”“制定教师培训机构资质认证标准。”“强化教师培训质量监管。”这些都体现了教师培训改革的制度化管理取向。

2. 教师专业标准的制定

教师专业标准是教师队伍建设的重要依据。对教师专业标准的理论探究与法规制定一直是教育改革与发展的重要课题。1994 年，全国人民代表大会常务委员会颁布了《中华人民共和国教师法》，随后，国务院颁布了《教师资格条例》，这两个法规为教师职业岗位提出了资格要求。2012 年，教育部印发了《中学教师专业标准(试行)》。《中学教师专业标准(试行)》作为“教师培养、准入、培训、考核等工作的重要依据”，是“加强教师队伍建设的重要任务和举措”。

>> 第三节　教师培训的体系化 <<

2013 年，教育部印发的《指导意见》充分肯定了前一阶段教师培训工作的成绩，也指出了存在的突出问题：“近年来中央和地方不断加大培训力度，教师培训工作取得明显进展，但也存在着针对性不强、内容泛化、方式单一、质量监控薄弱等突出问题。”同时“为主动适应深化基础教育课程改革、全面实施素质教育的现实需求，着力解决存在的突出问题，现就深化中小学教师培训模式改革，全面提升培训质量提出如下指导意见。”意见包含八个方面：增强培训针对性，确保按需施训；改进培训内容，贴近一线教师教育教学实际；转变培训方式，提升教师参训实效；强化培训自主性，激发教师参训动力；营造网络学习环境，推动教师终身学习；加强培训者队伍建设，增强其为教师提供优质培训的能力；建设培训公共服务平台，为教师提供多样化服务；规范培训管理，为教师获得高质量培训提供有力保障。各级政府教育部门在财政强力支持、教育督导及时推动等共同努力下，按照《指导意见》要求，在教育部组织的“国培计划”教师培训课程的引领下，初步建立起切合各地实际需求的、各具特色的、比较健全的教师培训工作体系和工作机制。

一、启动“强师工程”，建设一支高素质专业化教师队伍

在“深化中小学教师培训模式改革，全面提升培训质量”的新阶段，全国各地都主动适应深化基础教育课程改革、全面实施素质教育的现实需求，根据新任教师岗前培训、在职教师提高培训和骨干教师高级研修等教师发展不同阶段的实际需求，开展针对性培训，以满足教师专业发展个性化需求为工作目标，引领教师专业成长。以教师队伍人数占全国教师十分之一的教育大省广东为例，在接近基本完成中小学教师学历达标的教师队伍建设目标之后，广东省人民政府即颁布《关于全面实施“强师工程” 建设高素质专业化教师队伍的意见》（以下简称《强师意见》），广东省教育厅接着印发了《广东省“强师工程”实施方案》（以下简称《强师方案》），制定了具体的工作计划与措施。

（一）明确提出“强师”的发展目标

根据《强师意见》“建设高素质专业化教师队伍”的要求，《强师方案》从规模、结构、素质三个方面提出了基础教育教师队伍到2016年的具体发展目标。

1. 教师队伍规模满足教育需要

到2016年，广东全省各级各类学校专任教师总量能充分满足各级各类教育的发展需要；珠三角地区幼儿园、中小学教师数量满足优质教育要求，适应教育现代化发展需要。根据省情，不同区域要求有所区别。

2. 教师队伍结构优化

到2016年，广东全省幼儿园、中小学教师达到国家规定学历标准，学历达标率在全国名列前茅，提高教师学历层次，比例达教育发达地区平均水平；教师队伍在学科结构、年龄结构、优质师资的区域分布及学段分布上趋于合理，解决农村边远地区部分学科教师紧缺现象。

3. 教师队伍素质明显增强

广大教师普遍具有高尚的师德品行、先进的教育理念、较高的教育教学能力和水平、较强的教科研创新能力和服务社会能力，适应教育改革发展和全面实施素质教育的需要。到2016年，培养出具有教育家素质的教育工作者100人、省级名校长（园长）3 000人、名教师10 000人。

（二）制定“强师工程”的实施原则与发展策略

为推动教师队伍规模、结构、质量协调发展，整体素质全面提高，建设一支师德高尚、业务精湛、结构合理、充满活力的高素质专业化教师队伍，“强师工程”制定了三条实施原则与发展策略。第一，遵循规律，改革创新。遵循教师专业成长规律，创新培训工作思路、方法和渠

道，突破制约教师队伍整体水平提高的瓶颈。第二，总体规划，分级落实。全省整体规划各级各类教师队伍的发展目标和任务，各市、县(区)及高校分别相应制定本区域、本校的目标和任务，分级实施落实。第三，突出重点，分类指导。急需优先，适度倾斜经济欠发达地区；分门别类、按地区差异分别确定政策措施。

(三)分学段制定“强师工程”具体措施

“强师工程”要合理优化教师队伍结构，加强紧缺学科教师培养与培训；加强特殊教育教师培养；扩大教育硕士培养规模；积极推进中小学教师全员培训；加强骨干教师培养；加强中小学校长和教师培养培训能力建设。到 2016 年，中小学教师(含民办中小学，下同)学历达标率达 99.99%，在全国排位分别提高到前 5 位，普通高中具有研究生学历或硕士以上学位的教师比例达 10%；珠三角地区普通高中具有研究生学历或硕士以上学位的教师比例达 15%；其他地区普通高中教师具有研究生学历或硕士以上学位的比例有较大幅度提升。全省教师队伍在学科结构、年龄结构、优质师资的区域分布及学段分布上趋于合理稳定，欠发达县、山区县骨干教师队伍以及农村教师的教育教学水平与能力得到显著提高。

(四)“强师工程”推进三年已见成效

广东省“强师工程”从 2013 年至 2015 年推进三年期间，对加强中小学教师队伍建设起到了极大的促进作用，取得了显著的成效，“强师工程”的目标已经基本实现。这加强了农村中小学教师队伍建设；增大了农村教师培训的倾斜力度，使农村中小学教师在数量上、结构上、质量上都有了明显改善；促进了城乡教师均衡配置；推进了城镇教师支持农村教育，如实施“中小学特级教师教学支援行动计划”，组织开展“南粤名师大讲堂”巡讲活动，选派特级教师、教育专家、教师工作室主持人和当地骨干教师到农村学校巡讲；提高了中小学教师队伍整体素质水平；培养出一批名教师、名校长，发挥了高端教师培养的示范引领作用。

二、建立多形式、高效能的教师培训体系

经过多年的创新研究与实践探索，到 2015 年，我国各地教育系统已初步建立起全员培训以远程为主、骨干培训以面授为主、个性化培训以校本为主的多形式、高效能教师培训体系，其中广东省的培训体系模式有一定代表性(图 1-1)。

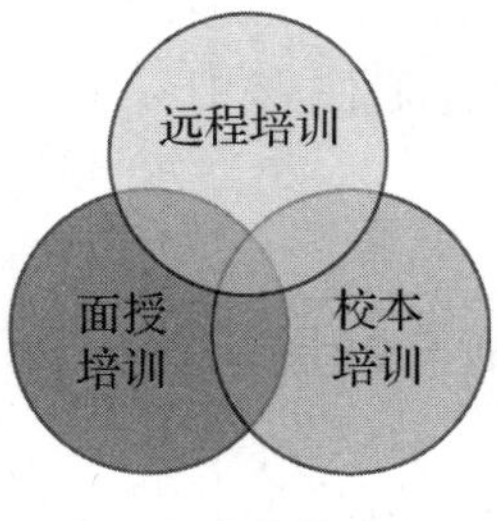

图 1-1　广东省基础教育教师培训体系示意图

(一)全员培训采用大规模、低成本、高效益的远程培训模式

2014年，广东省中小学教师队伍已达97万人，传统的面授式培训模式已不可能覆盖全体教师。因此，广东省主要通过充分利用现代网络与信息技术进行远程培训，满足了大规模、低成本、效益高的培训要求。据统计，广东省的各级远程培训规模占教师队伍总人数的50%左右。全员远程培训模式较好地解决了教师专业发展的公平、共享、均衡问题。

(二)打造一批“三方协同”的省级培训机构

广东省推进高校、市县培训机构、省级教师工作室“三方协同”建立教师培训平台，做到研究、培训、应用“三位一体”，推进各级教师培训发展。省、市、县(区)各级都结合本地实际，引领师范类高校和综合大学的师范专业学术力量参与基础教育教师培训，加强了培训者队伍、培训能力与支持服务体系建设，为长期落实教师队伍发展规划提供了保障；建立健全了教师培训制度与机构，充分发挥了教师培训机构统筹组织，高等院校专家学者学术引领，中小学教学一线特级教师、名教师的骨干示范和辐射作用。培训模式的创新使培训内容接地气，广受一线教师与参训学校好评。

(三)示范带动，区域联动，全面推动

广东省以国培、省培为示范项目，以高端培养对象为种子，示范带动全面工作。例如，在启动省级基础教育“百千万人才培养工程”之后，广东省广州市以及省内各地也先后组织了各种形式的名校长、名教师、名班主任等的分层、分类培养工程。广东省的高中教师培训、骨干教师培训、信息能力提升培训、校本培训等省级项目均体现了带动效应。教育发达地区与欠发达地区之间、校与校之间积极联动，加强了区域之间、学校之间的全方位合作。例如，京苏粤校长培训项目、京苏粤浙东部卓越教师联盟培训项目的实施，促使广东省的区域联动项目更加高端、区域更加宽广。广东省还通过与国内教育较发达地区建立良好的合作与联动关系，实现优质资源共享，推动教育均衡发展。

三、设立多层次、多类型的教师培训项目

广东省从教师队伍现状的实际需要出发，设立多层次、多类型的培训项目。

(一)培养名教师、名校长、教育专家的“百千万人才培养工程”

广东省中小学“百千万人才培养工程”的目标是培养省级中小学名校长、名教师，培养在国内有一定知名度的优秀教育专家；带动市、县(区)培养培育一大批在本区域内起带动和示范作用的名校长、名教师。广州市基础教育系统新一轮“百千万人才培养工程”的目标是培养一批在全省、全国有影响的名校长、名教师、教育专家。

(二)各级骨干教师、校长培训

省、市、县(区)各级都有名目不同的中小学骨干教师高端研修项目。例如，北京、江苏、广东、浙江四省市教育厅协同组织的“东部卓越教师发展计划”，采用混合编班的方式，组织有鲜明区域文化特色的骨干教师开展系列研修活动，使学员分享过程、储备成果、厚积薄发，促进学员从“骨干教师”成长为“卓越教师”。广东省“强师工程”、广州市“强师工程”中都有卓越教师、骨干教师、基地学校骨干教师等高端研修项目。

(三)紧缺学科、领域和农村教师素质提升培训

例如，“国培计划”中的紧缺薄弱学科教师培训项目，对农村中小学体育、艺术骨干教师进行培训，提高教师的专业水平和教学能力，改善紧缺学科师资力量薄弱状况；援助青海玉树地震灾区中小学教师培训，对青海玉树地震灾区骨干教师和培训者进行心理康复教育专项培训，促进地震灾区中小学教师自身心理状态的恢复，提高当地教师开展灾后学生心理康复教育的能力。

四、教师培训资源的整合与协作

(一)有效整合教师培训资源

整合教师培训资源是教师培训改革的目标之一，是落实教师教育改革目标的重要措施。基础教育系统的教师培训包含了各学段、各学科多层次、多类别的教师培训。经过长期的培训实践工作，各级教育部门和学校目前已拥有基础设施完备、专业品位较高的培训基础条件，拥有一大批专业培训机构和优质培训资源；经过统筹整合，形成全员、骨干、校本相结合的完整培训体系，打造国培、省培、市县级培训与校本培训整合套接的良好格局，更加有效地满足基础教育各类教师培训项目的需求。

(二)创新教师培训平台

广东省不断创新教师培训课程实施方式，线下面授培训与线上远程培训结合，集中培训与校本培训、跟岗培训结合，学术性培训与实践性培训结合，建立高效运作平台，如广东省教育厅在八所师范院校成立了“省级教师发展中心”，重点加强师范院校的教师队伍培养和培训能力建设。此外，省教育厅还在师范院校挂靠了专业类省级培训指导中心，如广东省高中教师培训协作组、广东省校本培训指导办公室、广东省信息能力提升工程办公室等，这些实体机构的成立与运作，为长期落实教师队伍发展规划提供了切实保障。

(三)发挥师范院校新优势

师范类高等院校在教师培训中承担着重要的任务，在培训示范、项目推广、决策咨询、培训研究、专业指导等领域做了许多开拓性的工作。例如，广东第二师范学院作为教育部认定的

“国培计划”基地之一，承担了名校长领航工程、教师示范性及综合改革类等“国培计划”项目和跨区域混合培训（如京苏粤优秀中青年校长培训和京苏粤浙骨干教师培训）、中英合作校长培训、中美合作教师培训、粤台合作幼儿园教师培训、省内挂职锻炼、省外跟岗学习、教师研修工作室培训等多项教师培训工作。同时，该校开发的广东省中小学教师继续教育管理信息平台成为省教育厅进行教师继续教育管理的重要平台，入库教师已达 80 万。

教师专业发展能否持续、有效，一方面靠教师自身自律自强、教学相长，另一方面也要靠政府主导的教师培训机制的有效运转。当前各级中小学教师培训工作覆盖全面、持续时间长，培训对象的层次、类型、岗位等差异性大，原有的培训工作模式和经验已经不能满足“加速培养造就一支师德高尚、业务精湛、结构合理、充满活力的高素质专业化教师队伍”的工作需求。我们有必要围绕“提升培训质量”的工作主线，按照教育部《教师教育课程标准（试行）》《中学教师专业标准（试行）》等的要求开展教师培训课程研究。针对培训对象的不同类别、不同岗位、不同层次、不同学科等差异，我们将现有的国家和省的试行培训课程具体化，精选课程内容，构建和完善教师培训课程体系，明晰各岗位、各层次、各学科教师必修领域、选修课程；开发课程资源，制定相关的质量标准、媒体呈现方式；落实课程实施，对培训的方式方法有适当要求和指导；规范课程管理，明确各级管理责任、准入机制、课程质量评价；提出体现时代要求、符合学校实际、操作性强、可供实施的教师培训课程方案，不断提高培训课程的质量和培训实效。

>> 第四节　国际教师培训的模式与经验 <<

国际中小学教师培训实践经验显示，创新教师教育培养模式是目前教师培训事业的重要一环，世界各国教师教育改革的共同发展取向是创新教师培训模式。本书对美国、日本、英国、澳大利亚的中小学教师培训模式及经验进行深入分析，以期为广东省乃至我国的中小学教师培训模式创新提供启迪与借鉴。

一、美国新教师入职培训模式

美国入职项目 Pathwise Framework 的目标是为新入职教师提供反思性支持与评估，以帮助新教师通过项目培训与实践后成为一名自主性较强的教师。新教师一般会有一至两年的培训课程，包括导向课程、“一对一”的导师辅导及一月一次的研讨会。与国内培训不同的是该项目的培训导师均接受过全面的专门培训，且允许其离开教学岗位，这样实施的目的是解除培训导师的后顾之忧，使其可以全身心地投入培训项目。在项目中，每名培训导师一般要带 12 名新教师，主要的工作除了每周一次的“一对一”辅导外，每月导师还有召集所带新教师召开讨论会，交流学习心得的工作任务。Pathwise Framework 围绕夏洛特·丹尼尔森的“专业实践构成框架”展开，这一框架把教师的教学活动划分为四个领域，共设有 19 个评价标准，而且，每个领域中的每个要素都设有不及格、基本及格、熟练和优秀四个层次的行为发展水平要求。新教师可以参考这一框架来评价自己的教学水平，进行教学反思，进而分析自己的教师专业发展水平。这一设计，足显 Pathwise Framework 项目为新教师设定的入职专业标准是严格且缜密的。

项目课程设计包括七个阶段(表 1-2)。

表 1-2　Pathwise Framework 项目课程安排表

课程阶段	阶段定位	课程任务	课程意义
第一阶段	观察阶段	新教师主要使用教学环境记录袋记录下对教学环境的考察资料，如班级、学校、社区等环境中影响新教师教学的任何因素，可以是温度，光线的亮度、湿度、噪声的分贝等	通过观察与记录达到熟悉教学环境的目的
第二阶段	探究阶段 1	新教师要在学习环境中进行 4～6 周的环境因素探究，看是否可以使用某种方法改变班级环境中的某些因素，并对这一结果进行反思和记录	通过对环境因素的探究，实现对环境因素的教学效果反思
第三阶段	制订个人指导计划阶段	制订新教师个人成长计划实践记录袋，主要用来存贮培训导师对新教师的观察记录以及根据框架对新教师的评价；新教师在此阶段，还需注意收集学生的学习案例进行课堂反思，基于此制订个人指导计划，然后和导师商量制订、修改个人成长计划；这个成长记录袋将随着培训的开展被不断地修改	对教学进行观察、反思，为制订个人成长计划做铺垫
第四阶段	探究阶段 2	这一阶段主要要求新教师不断通过反思自己对学生的指导，进而反思自己的教学、自己的成长发展计划，然后基于实践进行反复修改	反思教学，初步修订已有的成长计划
第五阶段	修订个人指导计划阶段	这一阶段是对第三阶段的再次实践，主要包括实践观察、指导计划修订、学生学习案例收集、课堂反思等	再次实践，完善个人指导计划
第六阶段	评估阶段	新教师的主要任务是学会对学生进行评估的方法，包括学习主题评估和学习情况评估	学会对学生与学习进行科学评估
第七阶段	总结反思阶段	在研讨会上，导师名下的 12 名新教师可与本学校或学区的其他教师分享自己的教学工作成果	协作交流，促进相互学习

Pathwise Framework 项目的七个阶段，其主线是“计划—教学—反思—应用”的循环模式，其要点与联系可以简单总结为图 1-2：

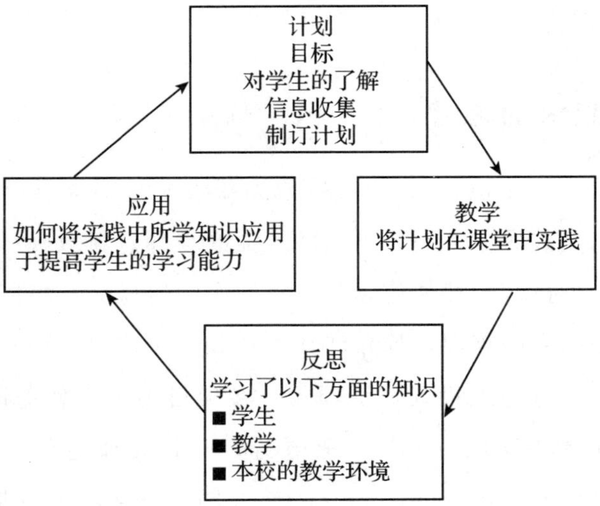

图 1-2　计划—教学—反思—应用的 Pathwise Framework 项目培训课程①

① 姜蕴：《美国新教师入职培训的改革与创新——ETS 的 Pathwise Framework 入职项目述评》，载《集美大学学报》，2013(14)。

美国 Pathwise Framework 项目模式对我国中小学教师培训改革的启示：首先，我们应该借鉴 Pathwise Framework 项目的经验，高度重视新教师的入职培训，严把新教师入职的关卡，从而提高中小学教师师资队伍的素质，为我国中小学教育事业输送高质量的教育资源。其次，美国 Pathwise Framework 项目借鉴夏洛特·丹尼尔森的“专业实践构成框架”，对新入职教师的教师标准进行了严格、详尽的分级要求，使得教师阶段标准一目了然。这一方面有利于简化教师水平的科学评估，另一方面也有利于教师教育的科学管理。再次，对美国 Pathwise Framework 项目模式的分析使我们认识到，对新教师的培训指导也是很重要的一环，不能被忽视。新教师是未来教育体系的主要力量之一，他们的素质直接影响未来教育的质量、祖国的发展。而新教师往往是刚步入教育事业的教师，缺乏教学经验，教学上有一定的困难。因此，新教师的培训，尤其应该关注师德建设、基本教学技能与知识的培训，以帮助他们尽快掌握教学基本技能，顺利完成日常教学任务。最后，美国 Pathwise Framework 项目模式还告诉我们，完善的新教师入职培训评估体系有助于达到教师培训的实效。

二、日本在职教师培训模式

总体来说，日本在职教师培训模式主要包括七点内容：终身化的培训理念、健全的教师培训制度、完善的组织、多样化的研修形式、多样化的培训方式、实用化的培训过程和强有力的鼓励性措施。下面我们将从这些方面对这一模式进行详细的剖析。

(一)终身化的培训理念

自 20 世纪 70 年代末以后，日本教育职员养成审议会提出师资培养研究要从终身教育的角度出发。随后，1990 年 6 月 29 日，日本国会通过并颁布的《生涯学习真心推进整备法》要求人们将终身教育作为一项基本国策实施。这表现了日本对终身教育的重视程度。自此，日本在教师培训中开始融入了终身教育的理念，不断推动着教师终身教育的发展。

(二)健全的教师培训制度

1949 年的《教育公务员特立法》规定：“教育公务员为了完成其职务，必须不断地努力研究与提高修养。”1956 年的《关于地方教育行政组织及营运的法律》也提出：全国都道府县和市町村等各级教育行政主管机构在组织教师培训方面有组织协调和制定章程的职能。文部省(即文部科学省)1997 年 1 月发布、1998 年 4 月修订的《教师改革计划》也相继提出关于鼓励教师在职参加长期社会体验的培训计划，并增加志愿者活动等内容。这些政策的不断颁布，表明了日本对教师培训制度的高度关注。

(三)完善的组织

日本教师培训具有完善的组织，文部省、都道府县、市町村及教师所在学校都有教师培训组织，且分别有明确的任务(表 1-3)。

表 1-3　日本教师培训组织机构表

负责机构	成立组织	组织任务
文部省	成立国立教育研究所，陆续在兵库等地建立教育大学	专门为在职教师提供教育学类硕士研究生课程研修
都道府县	成立教育中心和教育事务所等机构	专门从事教师的短期培训工作
市町村	成立教育中心	主要面向辖区所属的小学和初中教师进行短期在职培训
教师所在学校	成立以校长为首的“教师研修指导委员会”	专门负责新任教师和青年教师的教学和指导学生等实践活动

(四)多样化的研修形式

日本的师资培训研修形式多样，总体上分为三大类：行政研修、自主研修和校内研修。其中，行政研修种类最多，自主研修是一种新发展起来的和充分利用现代化网络的研修形式，校内研修是采用最为广泛的一种研修形式。

(五)多样化的培训方式

日本师资培训方式的多样化也是其显著特征之一，可分为基础培训和专门培训两类。基础培训是所有教师都必须参加的培训活动，如有面向初期教师培训开发设计的心理健康课程，面向学前教育培训开发设计的人际沟通和营养课程等。专门培训则是针对教师的教学工作需求和兴趣，可由教师自主选择的培训内容，主要针对特定的领域进行设计，包括专门学科知识拓展培训、教育类课程培训、职业规划指导、教学技能培训、获得任职资格培训等。

(六)实用化的培训过程

日本师资培训过程的模式非常实用，主要包括合作计划、咨询活动、调查研究和信息交流等环节。合作计划的制定过程一般是：大多数培训组织机构都会在年初制订专门的教师研修计划，然后下发到各级教育培训机构与组织，基层教育工作者提出研修内容和研修方式的修改建议后再逐级向上反馈，最终教师研修的举办组织会根据教师的实际需求制订完整的培训计划和内容。这样，教师培训的计划与安排就能基本满足教师发展需求，教师培训实效性高。此外，在教师完成培训后，还要进行培训反馈。他们可以利用学校网络就培训活动效果进行及时的在线反馈。及时合理的反馈可以促进培训机构、学校和参训教师就相关培训问题进行讨论，以便使培训机构、学校更清晰地把握培训需求，提供更加有效的培训内容和形式。

(七)强有力的鼓励性措施

日本还规定了参加培训教师可以享受的权利，制定了相应的鼓励性措施。日本有计划地为在职教师提供短期的甚至是长期的带薪休假研修机会，教师可以申请带薪去研修机构研究深造。日本以学位及资格的取得作为促进教师研修的有效手段，把教师在职培训所获得的学分和培训时间作为其晋升的主要依据之一。教师的短期研修活动一般是免费的。如果要参加长期培训，教师可以向学校或教育委员会申请必要的费用，甚至可以带薪在研究生院攻读硕士和博士学位。

三、英国教育研究生资格证书(PGCE)培训模式

英国教师培训主要以英国教育部颁布的《2012 年英国教育规则(教师资格)》《2011 年教师标准》为总体指导文件，以由教育部及国家大学教育和领导局共同制定的《教师资格标准》《教师入职培训》及国家大学教育和领导局制定的《合格教师资格标准》为具体执行标准。英国 PGCE 课程根据培养方法的不同可分为全日制和灵活模块：全日制课程学制为 1 年，共 38 周，要求学员至少在中小学实习 19 周；灵活模块学制 2 年。根据教育对象的不同可分为 4 种类型：学前 PGCE、小学 PGCE、中等 PGCE 和专业证书 PGCE。PGCE 培训模式基本实行模块课程设置，由“课程/学科研究”“专业研究”和“学校实际体验”3 个模块组成。例如，知山大学教育学院开设的 PGCE 课程为 1 年全日制，也可以灵活延长到 2～3 年。以 1 年全日制“中学阶段 PGCE”培训为例，从第一年的 9 月入学到第二年 6 月分为秋春夏三个学期。知山大学教育学院 PGCE 课程有 3 个课程子模式(表 1-4)。

表 1-4　知山大学教育学院 PGCE 课程子模式表

课程子模式	培训目标	课程设置	培训时间
“早期 PGCE”培训	把学员培养为在幼儿园、学前班、儿童中心等早期教育领域的领军人物；学员将学习教授 3～7 岁儿童的教学方法	以英国《基础阶段教育大纲》为蓝本，包括《国家教学大纲》中第一级所有课程	1 年全日制教学安排，也可以灵活安排延长到 2 年
“小学 PGCE”培训	把学员培养成为具有创新教学能力、激发儿童好奇心和培养理解能力、帮助儿童自信成长的教师；学员将具有针对 5～11 岁儿童教授《国家教学大纲》第一级和第二级所有课程的能力	以英国《基础阶段教育大纲》和《国家教学大纲》第一级和第二级为蓝本，在英语、数学、现代外语和科学四门主干课程中选择主修专业	四个专业的培训都是 1 年全日制教学安排，也可以灵活安排延长至 2 年。学生选择一门主干课作为自己的专业发展领域
“中学阶段 PGCE”培训	把学员培养成为具有良好沟通能力、解决教学中复杂问题能力并能够开发中学生学习潜能的中学教师	以《国家教学大纲》为蓝本，针对其中在英国中学阶段开设的所有课程都有专业设置。学员选择一到两门课程作为自己的专业发展领域	以《国家教学大纲》为蓝本

通过对英国教师培训 PGCE 模式的分析，我们可以看出英国教育在课程设置的灵活性、培训方式的多样性及实践环节的重视性等方面特点突出，这些都值得我国教师教育培训学习与借鉴。

四、澳大利亚技术与继续教育(TAFE)学院教师培训模式

澳大利亚 TAFE 学院有 11 个校区，3 500 名教职员工，107 000 名注册学生。员工平均年龄为 55 周岁，老龄化问题越发显著，特别是高层领导高龄化问题更加显著。基于此，该学院主要从新

教师入职教育、老教师专业持续发展及员工领导力拓展三个层次进行教师培训。

(一)新教师入职教育

澳大利亚 TAFE 学院的教师必须同时具备：学士学位、高级教学职业资格证书或研究生文凭、行业和职业教育经验。因此，新教师入职教育分为三个阶段：定向阶段、确立阶段、发展阶段。TAFE 学院的教师入职教育开始较早，该校在招聘开始时就融入了入职教育。

入职教育的内容，以定向阶段为例，大体上包含以下要素：学校基本信息的培训，包括学校办学思想、规章制度等，主要使新教师及时了解学校，能按章办事；师生信息的教育，如学生社会或文化背景以及联系方式等，以便于新教师与老教师能尽快融洽交往，提高教学效率；教学信息的培训，目的是使新教师能充分利用学校设施顺利教学；自身相关信息，主要是明确如自身教学角色、责任、权利和义务等。

入职教育形式采用的是“师徒式”，即学校给每位新教师配备一位经验丰富的指导教师作为引导者和顾问。指导教师经常与新教师共同讨论教学，帮助其制订适合个人专业发展的计划，并定期检查新教师的专业成长情况，帮助新教师顺利形成独特的教学风格。

(二)老教师专业持续发展

TAFE 学院主要从校本专业发展和企业兼职发展两个方面着手推动老教师的专业发展。

1. 校本专业发展模式

这一模式由学校规划和发起，旨在提供满足本校教师工作需要的校内培训活动。校本专业发展模式强调由本校研究人员、行政管理人员、教师、学生共同参与，研究本校范围内的整个教学过程，分析问题并解决问题。主要做法是把教师在实际工作中出现的问题作为探究问题，在行动研究中找出解决方案，并将探究结果运用到教学实践中。

2. 企业兼职发展模式

和普通高校相比，TAFE 学院生源多样，有高中毕业后直升的，也有很多是短期进修的在职成人学生。因此，教师如果没有行业工作经历，不了解最新的行业信息和技术前沿，就无法胜任该校的教学工作。TAFE 学院就根据学校的专业特点，结合教师个人的专业发展规划，为其提供进企业锻炼的机会。这样，灵活多样的教师企业兼职模式提升了该校教师的专业技能。

(三)员工领导力拓展

员工领导力拓展培训项目是 TAFE 学院教师培训模式中最具特色的部分，包括普通领导能力拓展模式和高级领导能力拓展模式两种。

普通领导能力拓展模式：全校员工均可自愿报名参加。学习内容包括听校内外专家的专题讲座，自学专题材料和完成团队合作项目。每位参训员工都有一位学院中层领导作为导师，以团队的形式，结合学校中心工作开展研学。学习结束后，参训员工要完成管理专业高级文凭两个能力单元的学分测评，而团队成果则需在董事会上进行团队汇报。

高级领导能力拓展模式主要培训该校分院院长和学院中层教学及行政管理人员的工作影响

力、创造力。因此，分院院长和学院中层教学及管理人员才可自愿报名参加。学习内容包括专题研讨会，听取针对高级行政管理人员的专题讲座和团队项目。每位参训员工也有一位学院高层领导作为导师，结合学校发展规划中的重大项目完成实施方案的设计等，以团队进行，每队8人。学习结束后，团队成果在TAFE学院董事会上进行团队汇报。

澳大利亚TAFE学院教师培训模式对我国教师培训改革的启发：根据学校实况，制定教师培训模式。TAFE学院根据学校自身教师老龄化严重的问题，提出要在新教师入职培训的基础上，同时关注促进老教师培训，这值得我们学习。我们应根据调研结果进行针对性培训，并根据学校专业特点，创新教师培训领域与内容，打破教师培训的常规做法，进行员工领导力培训，这显示了教师培训的地方与学校特色。将终身化学习理念引入培训项目也体现了目前国际上比较热门的终身教育思潮。

如何使教师培训工作做得更有实效，归结起来应注意以下几方面：需求调研与把握是提高培训满意度的必要前提；注重激发教师提升自我、完善自我的欲望；帮助教师建立个人发展愿景与生涯规划；根据教师不同发展阶段，提出有同有异的培训目标与学习内容；推动教师开展与个人发展目标密切联系的改革实践；增加教师对培训内容的选择权；加强培训过程的参与互动环节；整合资源，优化培训队伍，吸收一线优秀教师加入；改革培训绩效评价，注重发挥骨干教师的“种子”作用；推动以学校为中心的校本培训。

第二章 “国培计划”教师培训课程

“国培计划”是我国中小学教师国家级培训计划的简称，根据党的十七大提出的“加强教师队伍建设，重点提高农村教师素质”的要求和《国家中长期教育改革和发展规划纲要(2010—2020年)》的精神，为进一步加强教师培训，全面提高教师队伍素质，教育部、财政部从2010年起全面组织实施“国培计划”。[①]“国培计划”是从国家层面贯彻落实教育规划纲要而启动的教育发展重大项目，旨在充分发挥示范引领、雪中送炭和促进改革的作用，推动全国大规模教师培训的开展，促进教师队伍素质全面提高。“国培计划”是加强幼儿园、中小学教师队伍建设的一项重大举措，是提高我国中小学教师，特别是农村教师队伍整体素质的具体行动方案。“国培计划”启动之后，国家每年都有专项的中央本级财政专项经费支持和具体措施跟进。第一批承担“国培计划”实施的高校有北京大学、广州大学两所综合性大学和北京师范大学、华东师范大学、南京师范大学、华南师范大学、陕西师范大学、江西师范大学和江苏师范大学七所师范类大学。随着计划项目的逐年推进，通过培育和遴选，参与承担培训任务的院校和机构也在逐渐增加，已遍及全国，培训形式也愈加丰富。

>> 第一节 “国培计划”项目课程 <<

一、“国培计划”项目概况

“国培计划”包括“中小学教师示范性培训项目”和“中西部农村骨干教师培训项目”两项内容。[②]

(一)“国培计划”——中小学教师示范性培训项目

所谓“示范性”，就是由教育部、财政部直接组织实施面向各省(市、区)中小学教师的培

①② 教育部、财政部：《关于实施“中小学教师国家级培训计划”的通知》，http：//www.moe.gov.cn/jyb_xwfb/gzdt_gzdt/moe_1485/201006/t20100623_89995.html，2010-06-23。

训，以给全国各级政府作出财政投入和培训方向的示范，为全国中小学培训培养骨干，并开发和提供一批优质培训课程教学资源，为各级教师培训和中小学教师专业发展提供有力支持。2010—2012年培训项目主要包括以下几项。

1. 中小学骨干教师培训

中小学骨干教师培训对全国中小学骨干教师和中小学骨干班主任教师进行分类、分层集中培训。遴选高水平大学、专业教师培训机构和优质中小学，全面提升骨干教师的教育教学能力和水平，使他们在推进基础教育课程改革、实施素质教育和教师培训等方面发挥示范辐射作用。培训分四类进行。

(1)骨干教师集中培训

对全国18 000名中小学优秀骨干教师进行为期15天的研修培训，采取集中研修、课题研究和跟踪指导相结合的方式，提高教师教育教学能力和专业化水平，为各地培训一批“种子”教师，使他们在实施素质教育、推进基础教育改革和教师培训中发挥骨干带头作用。

(2)骨干班主任教师培训

对3 000名中小学骨干班主任教师进行为期10天的专项集中培训。培训针对中小学班主任在日常工作中面临的主要问题，以案例为主，引导学员关注班主任工作的细节，掌握班主任工作的特殊规律，提高班主任工作实效，为大规模开展班主任教师培训输送骨干力量。

(3)农村紧缺薄弱学科骨干教师培训

对全国6 000名农村中小学紧缺薄弱学科骨干教师进行为期15天的专项集中培训，提高教师教学能力和专业水平，改善紧缺学科师资力量薄弱现状，推动全国紧缺薄弱学科教师培训的开展。

(4)教师培训者研修

对3 000名骨干培训者进行为期10天的研修培训。学员以“有效教师培训”为主题，学习、研讨先进培训理论，分析典型培训案例，探索培训规律，总结培训经验，形成优质资源，提高教师培训教学和组织管理能力，提升其教师培训专业化水平。

2. 中小学教师远程培训

中小学教师远程培训对90万名农村义务教育学校骨干教师和普通高中课程改革学科骨干教师进行有针对性的培训。遴选专业远程教育机构，采用以“远程培训”为主的方式，并通过多种有效手段和途径进行培训；充分发挥现代远程教育手段的作用，使更大范围的教师共享优质资源，帮助教师解决教育教学过程中所面临的现实问题，提高实施新课程的能力和水平。

(1)农村义务教育学校教师远程培训

这类培训主要采取电视课程收看、卫星IP接收资源播放、网络在线学习和县域内集中研讨相结合的方式，对60万名农村义务教育阶段学校教师进行40学时的针对性培训，帮助农村教师解决在实施素质教育和基础教育课程改革过程中面临的主要问题，提高实施新课程的能力和水平。

(2)普通高中课程改革教师远程培训

这类培训主要采用计算机网络远程手段，对30万名高中教师进行50学时专题培训，购买和开发一批教师培训的优质新课程资源，供各地免费共享，提高教师实施新课程的能力和水平。

(二)“国培计划”——中西部农村骨干教师培训项目

由教育部、财政部统筹规划和指导，中央财政拨出专项资金支持中西部省份，对中西部农村义务教育教师进行有针对性的培训；同时，引导地方完善教师培训体系，加大农村教师培训力度，提高农村教师的教学能力和专业水平。培训计划主要包括农村中小学教师置换脱产研修、农村中小学教师短期集中培训、农村中小学教师远程培训。

1. 农村中小学教师置换脱产研修

这类培训遴选高水平师范院校与优质中小学联合，采取集中研修和“影子教师”相结合的方式，与城镇教师支援农村教育、师范生实习支教相结合，组织支教教师、师范生到农村中小学支教、顶岗实习，置换出农村骨干教师到培训院校和优质中小学进行为期3～6个月的脱产研修，提高农村教师专业能力和教育教学水平，为中西部农村培养一批在深入推进课程改革、实施素质教育中发挥辐射作用的带头人，推动教师教育改革。

2. 农村中小学教师短期集中培训

这类培训旨在对农村中小学学科教师进行短期培训，着力解决农村教师在教育教学中面临的实际问题，促进教师教育教学水平的提高和专业能力的提升，特别要求强调农村中小学紧缺薄弱学科教师和边境民族地区教师的培训；遴选高水平师范院校、综合大学和教师培训机构，采取集中培训和远程跟踪指导相结合、“走出去请进来”和“对口支援”方式，加强对农村中小学音乐、体育、美术、艺术、科学、信息技术、通用技术和综合实践活动等学科教师进行针对性培训。

3. 农村中小学教师远程培训

中西部农村中小学教师远程培训，应充分发挥现代远程教育手段的优势，遴选高等学校和远程教育专业机构，采取混合学习方式，教师线上学习、线下集中研讨和在职学习相结合的方式；以学科为基础，以问题为中心，以案例为载体，帮助农村教师解决教育教学中的现实问题，培养教师远程学习的习惯和能力；组建高水平专家团队实施远程培训教学、线上辅导工作；同时充分发挥远程培训资源的辐射作用，使更多农村地区教师共享优质培训资源，促进中西部农村教师整体素质的全面提升。

二、“国培计划”课程与教学①

(一)中小学骨干教师研修项目

本项目涵盖小学5个学科：小学道德与法治、语文、数学、外语、科学；初中10个学科：道德与法治、语文、数学、外语、物理、化学、生物、历史、地理、综合实践活动；高中10个

① 教育部、财政部：《关于实施“中小学教师国家级培训计划”的通知》，http://www.moe.gov.cn/jyb_xwfb/gzdt_gzdt/moe_1485/201006/t20100623_89995.html，2010-06-23。

学科：语文、数学、外语、思想政治、历史、地理、物理、化学、生物、综合实践活动。按照培训对象为50周岁以下的优秀骨干教师的特点和为期15天的研修培训时间，设计课程与教学。

1. 培训课程内容

①学科教学改革发展的最新动态和发展趋势；②教师教育教学过程中实际问题的分析与解决；③帮助骨干教师研究总结教育教学经验；④进一步提升中小学骨干教师的专业化水平和教育教学能力，以及对青年教师的指导能力。

2. 培训方式

培训采取集中研修、课题研究和跟踪指导相结合的方式，提高教师专业化水平和教育教学能力，为各地培训一批“种子”教师，使他们在实施素质教育、推进基础教育改革和教师培训中发挥骨干带头作用。安排的培训课程围绕实施素质教育和基础教育改革要求，针对中小学教师特点和教育教学实际需要，精心设计课程方案，注重理论与实践相结合。

（二）中小学教师远程培训项目

1. 农村义务教育学校教师远程培训

本项目涵盖中小学各8个学科：小学道德与法治、语文、数学、英语、科学、美术、音乐、体育；初中道德与法治、语文、数学、英语、地理、物理、化学、生物。培训对象为全国100个县的20万农村义务教育阶段学科教师，培训时间为40学时，培训目的主要是解决一线农村教师在教育教学过程中面临的主要问题，提高农村教师教育教学能力和水平。

（1）培训内容

根据实施素质教育和推进基础教育课程改革的要求，针对农村教师在实施课程改革过程中所面临的主要问题和实际需要，以问题为中心，以案例为载体，组织实施培训。

（2）培训方式

培训采取电视课程收看、卫星IP接收资源播放、网络在线学习和县域内集中研讨相结合的混合培训模式。

2. 普通高中课改实验省教师远程培训

本项目是50学时的课程改革专题培训，培训对象是2010年进行高中课程改革实验的重庆、四川、贵州、西藏、甘肃等省（市、区）起始年级的高中学科教师，约6万人。培训涵盖高中15个学科：思想政治、语文、数学、英语、物理、化学、生物、历史、地理、音乐、美术、体育与健康、信息技术、通用技术和综合实践活动。这样做的目的是提高高中起始年级教师实施新课程的能力和水平。

（1）培训内容

紧密配合普通高中新课程的试验和推广工作，主要围绕高中新课程各学科课程标准，针对普通高中学科教师实施新课程面临的教学主要问题按需施教。

（2）培训方式

培训采用网络远程教育手段，网络自主学习与网上网下集中研讨相结合的方式。

（三）班主任教师培训项目课程

中小学骨干班主任教师培训，目的是提高中小学班主任队伍整体素质和履行岗位职责的能力，推动全国中小学班主任培训的开展。培训对象为全国 1 000 名中小学骨干班主任教师，其中小学骨干班主任教师 500 名（含小学心理健康教育骨干教师 100 人），中学骨干班主任教师 500 名（含中学心理健康教育骨干教师 100 人）。集中培训 10 天，培训内容主要针对中小学班主任在日常工作中面临的主要问题和热点问题，强调理论与实践相结合，引导教师关注班主任工作的细节，理解和掌握班主任工作的特殊规律。

（四）知行中国——中小学班主任教师远程培训

远程培训的目的是提高中小学班主任教师整体素质，促进班主任工作质量的提高。该培训利用“知行中国——教师专业成长扶助基金”，对 1 000 名远程培训辅导教师进行集中培训，对全国 300 个县的 10 万名中小学班主任教师进行 50 学时的远程培训。

1. 培训内容

针对中小学班主任教师在日常工作中面临的主要问题，设计六个模块：班主任的每一天；班主任的每一学年；班主任与每次活动；班主任与每个班级；班主任与每个学生；班主任的基本技能。

2. 培训方式

培训采取集中研修与远程培训相结合的方式。

（五）紧缺薄弱学科教师培训项目

1. 农村中小学体育、艺术骨干教师培训

该项目对全国 1 400 名农村中小学体育、艺术骨干教师进行为期 15 天的专项集中培训，其中中小学专职体育骨干教师 700 人，中小学艺术教育骨干教师 700 人（包括诵读教育骨干教师 100 人）。目的在于提高教师的专业水平和教学能力，改善紧缺学科师资力量薄弱状况，促进全国中小学紧缺薄弱学科教师培训。培训内容主要是提高中小学体育、艺术教师的专业技能和教学技能，提高其教育教学的能力和水平。

2. 幼儿园骨干教师培训

该项目对全国各省（市、区）600 名幼儿园骨干教师进行为期 10 天的专项集中培训，提高教师教育能力，推动全国幼儿园教师培训的开展。培训内容围绕贯彻落实《3～6 岁儿童学习与发展指南》和《幼儿园教育指导纲要》的基本理念，针对幼儿教育中的主要问题进行针对性培训，提高教师教育实践能力。

3. 青海玉树地震灾区中小学教师培训

该项目对青海玉树地震灾区 200 名中小学骨干教师和培训者进行为期 10 天的心理康复教育专项培训，促进地震灾区中小学教师自身心理状态的恢复，提高开展灾后学生心理康复教育的能力。培训内容主要包括：震后常见身心反应及其应对方法、沟通与助人技巧、团体辅导的技巧、哀伤辅导的基本知识和方法、灾后情绪管理、学校危机管理、生命意义与生活的重建、教师自我保健的常识和方法、灾后学校卫生防疫等。

(六)培训团队研修项目

1. 培训对象

该项目对全国1 000名参加“国培计划”项目的专家和管理者进行骨干培训者培训，其中省级教师培训管理部门、培训机构和高校教师培训部门负责人200人，优秀中小学骨干教师400人，高等学校和教师培训机构的培训专家400人。在为期10天的集中研修中，学员研讨培训方案，提升参训教师教学水平和培训组织管理能力，促进参训教师培训质量的提高。培训学科主要包括语文、数学、英语、科学四个学科以及培训者研修班。

2. 培训内容

该项目以“有效教师培训”为主题，坚持理论与实践相结合，学习现代培训理论，了解国内外教师培训发展特点和趋势以及学科发展的趋势和动态，探索培训规律，总结培训经验，提炼典型案例，切实提高培训者组织实施培训项目，有效提高参训教师的实际能力。

三、“国培计划”项目管理

各省级教育、财政部门负责“国培计划”的组织实施工作，将“国培计划”纳入本地教师队伍建设和教师培训总体规划，加强领导，统筹规划，精心实施，并以实施“国培计划”为契机，以农村教师为重点，分类、分层、分岗、分科大规模组织教师培训，全面提高中小学教师队伍整体素质，为促进教育改革发展提供师资保障。

(一)政府组织，院校负责

“国培计划”项目由省级教育、财政部门统筹协调和组织管理，保证“国培计划”的顺利实施。项目由院校负责，调配最好的资源为中小学教师培训服务提供必要的条件保障。

(二)建立督查监管机制

建立培训项目督查监管机制，严格审核项目实施计划和培训方案，督促检查教师培训计划的落实，保证培训经费的及时到位。建立教师培训效果评价制度，以建设高素质专业化教师队伍为目标导向，制定评价标准，及时对教师培训机构的培训内容、教学安排、管理服务情况、学员满意率等状况进行调查。承担培训任务的院校和培训机构要加强自评，高质量完成培训任务。

(三)建立规范的培训经费管理制度

按照财政部和教育部制定的资金管理办法，各地财政部负责对教师培训资金的管理，严格执行经费管理办法进行财务管理和审计监督。同时按照政府信息公开的有关规定向社会公开培训资金使用管理情况，接受监察部门、审计部门和社会的监督。严肃查处套取培训资金等违法违纪行为。

(四)中央统筹审核，地方组织实施

“中西部项目”由教育部、财政部负责总体规划和统筹管理，组织审核各省(市、区)培训计划，组织检查和评估各省项目工作；成立“中西部项目”专家委员会，负责研究制定相关标准和办法，评审各省项目计划和实施方案，指导项目实施和评估检查工作。

(五)遴选组建高水平培训团队

各省通过招投标机制，按照“公开、公平、公正”的原则，遴选省域内外高水平院校、具有资质的公办和民办教师培训机构，以及优质中小学承担培训任务；组建高水平专家团队实施培训，省域外专家原则上不少于三分之一；根据项目要求，认真遴选学员，县以下农村教师占受训教师总数的比例不低于三分之二；创新培训模式，提高培训的针对性和实效性。

四、“国培计划”项目跟进

“国培计划”于2010年启动之后，按照党的十七大关于“加强教师队伍建设，重点提高农村教师素质”的要求和《国家中长期教育改革和发展规划纲要(2010—2020年)》的精神，国家层面和各地都在逐年跟进，不断加强教师培训，充分发挥了示范引领、雪中送炭和促进改革的作用，促进了全国大规模教师培训工作的开展，有力提高了我国中小学教师队伍素质。

(一)2012年“国培计划”[①]

1. 中小学教师示范性培训项目

(1)培训团队研修

该项目采取集中研修的方式对全国3 000名从事教师培训工作的高等学校骨干教师、教师培训机构骨干培训者、一线优秀教师(教研员)进行为期10天的培训；采取集中培训与远程培训相结合的方式对1.5万名县级教师培训机构受训者进行50学时的培训，提升参训者的教学能力和项目组织实施能力，为“中西部项目”“幼师国培”以及各地教师培训的组织实施提供了有力支持。

(2)免费师范毕业生培训

该项目对1 000名已在中小学任教的免费师范毕业生进行为期10天的集中培训，帮助新任教师解决教育教学中面临的主要问题，总结反思教育教学经验，做好职业生涯规划，促进专业发展。

(3)幼儿园骨干教师培训

该项目采取集中培训方式对全国4 000名幼儿园骨干教师进行为期10天的培训，采取集中与远程培训相结合的方式对全国5万名幼儿园骨干教师进行50学时的培训，提高骨干教师的保

① 教育部办公厅、财政部办公厅：《关于做好2012年“国培计划”实施工作的通知》，http://www.moe.gov.cn/srcsite/A10/s7034/201205/t20120517_146082.html，2012-05-17。

教能力和培训能力；推动幼儿园教师培训课程内容改革，防止和纠正幼儿园教师培训“小学化”倾向，促进学前教育科学发展。

(4)特殊教育骨干教师培训

该项目对全国1 000名特殊教育骨干教师进行为期10天的集中培训，对盲、聋、培智等不同类别的特殊教育学校的骨干教师进行有针对性的专题培训，提高特殊教育教师的教育教学能力和校本研修指导能力，促进教师专业发展。

(5)紧缺薄弱学科骨干教师培训

该项目对全国4 000名中小学体育、音乐、美术等紧缺薄弱学科骨干教师进行为期10天的集中培训，提高教师的教育教学能力，促进专业发展；对少数民族双语教师进行普通话培训，提高双语教师的教育教学能力。

(6)中小学学科骨干教师研修

该项目遴选全国10 000名中小学学科骨干教师参与为期10天的研修，采取集中研修和跟踪指导相结合的方式，提高教师教育教学能力和专业化水平，为各地培养一批“种子”教师，使他们在推进课程改革、实施素质教育和开展教师培训中发挥示范辐射作用。

(7)义务教育骨干教师远程培训

该项目围绕新修订的义务教育学科课程标准，针对课程改革过程中的主要问题，采取集中培训与远程培训相结合的方式，对中西部10万名义务教育学科骨干教师进行50学时的专项培训，帮助骨干教师准确理解和掌握新修订的义务教育学科课程标准，提高实施新课程的能力和新课标培训能力。

(8)中小学骨干班主任教师研修

该项目遴选全国1 500名中小学骨干班主任教师(包括150名骨干少先队大队辅导员)和心理健康教育骨干教师参与为期10天的集中研修，以提高班主任和心理健康教育教师的专业能力和素质。

2. 中西部农村骨干教师培训项目

(1)农村中小学教师置换脱产研修

该项目组织高年级师范生、城镇教师到农村中小学顶岗实习支教，置换出农村骨干教师到高水平院校和优质中小学进行为期3个月左右的脱产研修，全面提高教师教育教学水平和专业能力，为农村学校培养一批在深入推进课程改革、实施素质教育、开展教师培训中发挥辐射作用的带头人，促进教师教育改革。

(2)农村中小学教师短期集中培训

该项目组织农村中小学骨干教师到高水平院校、教师培训机构和优质中小学进行为期10～20天的集中培训，围绕新修订的义务教育课程标准，着力解决农村教师在教育教学中面临的实际问题，提高教师教育教学水平，促进专业能力发展。

(3)农村中小学教师远程培训

该项目遴选具备资质条件的高等学校和远程教育专业机构，对农村义务教育学校教师进行80学时左右的专项培训，将新修订的义务教育课程标准贯彻落实作为培训的重要内容之一，帮助教师解决教育教学中出现的实际问题，提高教师教育教学能力，培养教师远程学习的习惯，促进优质资源共享。

(二)2013年“国培计划”①

1. 中小学教师示范性培训项目

(1)一线优秀教师培训技能提升研修

该项目对担任兼职教师培训者的6 000名中小学幼儿园一线优秀教师和教研员进行为期10天的培训技能专项培训，重点提升其培训教学和组织实施能力；开展骨干教师高端研修，将集中研修与教师工作相结合，将“种子”教师培训与研修团队打造相结合，培训300名“种子”教师，辐射带动不少于30 000名教师。

(2)特殊教育骨干教师培训

该项目对1 800名特殊教育学校的骨干教师进行为期10天的集中培训，提高教师教育教学能力和校本研修指导能力；要对从事盲教育、聋教育、培智教育的教师进行有针对性的专题培训，为全国每所特殊教育学校至少培训1名骨干教师。

(3)幼儿园骨干教师培训

该项目采取集中培训和远程培训相结合的方式，对52 000名幼儿园骨干教师进行专项培训。其中，对2 000名幼儿园骨干教师和教研员进行为期10天的集中培训，重点提升其培训能力；对50 000名幼儿园骨干教师进行50学时的远程培训，贯彻落实《3－6岁儿童学习与发展指南》，提高骨干教师的保教能力和园本研修能力，纠正和防止幼儿园“小学化”倾向，促进学前教育科学发展。

(4)紧缺薄弱学科骨干教师培训

该项目对5 000名体育、音乐、美术、信息技术和双语教育等紧缺薄弱学科骨干教师和教研员进行为期10天的集中培训，提高其教育教学能力和培训能力。其中，对100名农村兼职体育教师和培训者进行专项培训，探索兼职体育教师培训模式；对1 000名“教学点数字教育资源全覆盖”项目骨干培训者进行专项培训，引领各地开展教学点教师培训。

(5)培训团队研修

该项目采取集中培训和远程培训相结合的方式，对高等学校和各级教师培训机构的16 500名专职培训者进行针对性培训。其中，对1 500名高等学校、省级和市级教师培训机构骨干培训者进行为期10天的集中培训，对15 000名县级教师培训机构培训者进行50学时培训，提升其培训项目组织实施能力。

(6)网络研修与校本研修整合培训

该项目采取网络研修和校本研修相结合的方式，对50 000名中小学教师进行不少于80学时的专项培训。这有利于变革教师远程培训模式，建设网络研修社区，形成网上研修和网下研

---

① 教育部办公厅、财政部办公厅：《关于做好2013年“国培计划”实施工作的通知》，http://www.moe.3gov.cn/srcsite/A10/s7034/201304/t20130411_150803.html，2013-04-11。

修结合、虚拟学习和教学实践结合的混合式学习方式，促进信息技术与学科教学深度融合，打造教师学习共同体，建立校本研修良性运行机制，推动教师培训常态化和教师专业自主发展。

(7)骨干班主任教师研修

该项目遴选1 000名中小学骨干班主任教师(包括150名骨干少先队大队辅导员)和心理健康教育骨干教师参与为期10天的集中研修，以提高班主任和心理健康教育教师的专业能力和素质。

(8)优质培训课程资源建设

各省(市、区)要研制中小学幼儿园教师培训课程标准，制定教师培训项目实施指南，开发教师培训优质课程资源(包括文本、网络课程和微课程资源)，促进优质课程资源共建共享，为各地实施“国培计划”和教师培训工作服务，提升教师培训的专业化水平。

2. 中西部项目和幼师国培项目

中西部农村骨干教师培训项目(以下简称中西部项目)和幼儿教师国家级培训计划项目(以下简称幼师国培项目)采取置换脱产研修、短期集中培训、远程培训和转岗教师培训相结合的方式，对中西部农村义务教育学校教师和校长、农村幼儿园教师和园长进行有针对性的专业培训。

(1)置换脱产研修

各地进一步创新完善置换脱产研修模式，细化项目实施流程，落实“双导师”责任制，增加教师返岗实践环节，实现院校集中研修和优质中小学“影子教师”实践有机结合的方式，推动教师培养培训一体化改革；积极利用网络研修平台，探索“种子”教师培训与研修团队打造相结合的方式，切实发挥“种子”教师示范引领作用；严格参训学员遴选标准，落实参训学员公示制度，切实选拔具有良好发展潜力的中青年骨干教师参训。

(2)短期集中培训

这类培训旨在建立高等学校、县级教师培训机构和中小学幼儿园的有效合作机制，组建名师讲学团，采用名师示范课、听课评课、参与式培训等方式，实施“送教下乡”和“送培上门”，开展边远贫困地区农村教师培训，扩大项目覆盖范围；加大特殊教育教师，农村新建幼儿园和普惠性民办幼儿园教师，农村中小学专兼职“体育、音乐、美术教师”，农村中小学校长和幼儿园园长，“教学点数字教育资源全覆盖”项目学校教师培训力度。边疆民族地区要对双语教师培训给予倾斜。各省(市、区)要建立教师训后跟踪指导的有效机制，充分发挥参训教师的辐射带头作用。

(3)教师远程培训

各省(市、区)要进一步完善“专家—资源—服务—教学—组织”一体化的网络远程培训模式，不断提升远程培训质量；探索建设教师网络研修社区，推动远程培训模式改革，建立网络研修与校本(园本)研修相结合的机制，推动网上研修和网下研修结合、虚拟学习和教学实践结合的混合式学习，促进教师培训常态化；加强培训课程资源更新，着重建设优质案例资源，积极开发微课程，注重生成性资源的加工与应用，为教师提供自主选择机会，切实避免重复培训；要将促进信息技术与学科教学深度融合列入必修课程。

(三)2014 年“国培计划”①

1. 中小学教师示范性培训项目

2014 年，“国培计划”示范性培训项目为进一步示范引领各地教师培训改革，加大教师培训模式创新力度，重点围绕推进综合改革、加强紧缺领域教师培训、创新完善教师网络研修、提升培训能力四个方面展开。

(1)骨干教师能力提升高端研修

该项目对 1 600 名中小学幼儿园省级骨干教师进行为期 2 年的培训，将集中面授和网络研修相结合，其中面授每年不少于 15 天，网络研修每年不少于 80 学时；以任务驱动为主线，提升专项能力，总结教学经验，塑造教学风格，凝练教育思想，打造研修团队。面授阶段重在经验总结、问题诊断、思想凝练，明确提升目标与路径；网络研修阶段重在导师引领、课题研究、反思实践、交流研讨、成果展示、辐射引领。该项目通过跨年度、分阶段连续递进式培训，为各地培养一批教学改革的带头人和骨干培训者。

(2)优秀青年教师成长助力研修

该项目对 1 600 名具有较大发展潜力的中小学幼儿园优秀青年教师进行为期 3 年的培训，将集中面授和网络研修相结合，其中面授每年不少于 15 天，网络研修每年不少于 80 学时；通过任务驱动，提升教师教学能力、研究能力和创新能力，打造研修团队。面授阶段重在问题诊断、案例示范、情景体验，做好发展规划，明确发展路径；网络研修阶段重在导师引领、同伴交流、反思实践、课题研究、成果集结、辐射引领。该项目通过跨年度、分阶段连续递进式培训，为各地培养一批骨干教师和骨干培训者。

以上两个项目被列入各地培训规划，培训院校(机构)与省级教育行政部门协同实施，省级经费支持，国家立项给予资助。

(3)优秀传统文化教育骨干教师培训

该项目对 150 名经典诵读教育骨干教师和 1 000 名民族地区双语教师进行诵读教育专项培训，对 200 名书法教育骨干教师和教研员进行专项培训，提升教师优秀传统文化教育的能力。

(4)特殊教育骨干教师培训

为贯彻落实《特殊教育提升计划(2014—2016 年)》，该项目对 1 800 名特殊教育学校骨干教师进行为期 10 天的集中培训，为全国每所特殊教育学校至少培训 1 名骨干教师，提高教师教育教学能力和校本研修指导能力。

(5)体育、美育骨干教师培训

该项目对 3 000 名体育、音乐、美术等学科骨干教师和教研员进行为期 10 天的集中培训，将基本技能与专项技能培训相结合，重点提升教师专项技能和培训能力。

---

① 教育部、财政部：《关于做好 2014 年中小学幼儿园教师国家级培训计划实施工作的通知》，http://www.moe.gov.cn/srcsiee/A10/S7034/201404/t20140402_167126.html，2014-04-02。

(6)幼儿园骨干教师培训

该项目采取集中培训和远程培训相结合的方式，对52 000名幼儿园骨干教师进行专项培训。其中，对2 000名幼儿园骨干教师和教研员进行为期10天的集中培训，重点提升其培训能力；对50 000名幼儿园骨干教师进行50学时的远程培训，提高教师的保教能力和园本研修指导能力，纠正和防止幼儿园教育“小学化”倾向，促进学前教育科学发展。

(7)骨干班主任教师研修

该项目遴选1 000名中小学骨干班主任教师(包括150名骨干少先队大队辅导员)和心理健康教育骨干教师进行为期10天的集中研修，以提高班主任教师和心理健康教育教师的专业能力和素质。

(8)网络研修与校本研修整合培训

该项目依托教师网络研修社区，将网络研修与校本研修相结合，对50 000名中小学教师进行为期一年不少于120学时的混合式培训，其中线上研修不少于80学时，线下研修不少于40学时，重点提升教师信息技术应用能力，进一步创新远程培训模式，形成校本研修良性运行机制，提高校本研修质量，促进教师学与用相结合，推动教师培训常态化。

(9)教师工作坊高端研修

该项目依托教师网络研修社区，将集中研修与教师工作坊研修相结合，培养300名“种子”教师，组建100个教师工作坊，培训30 000名区域骨干教师，提升骨干教师教育教学能力和培训能力，推动“种子”教师从优秀迈向卓越，打造信息技术环境下的教师学习共同体，探索骨干教师常态化培训模式。

(10)一线优秀教师培训技能提升研修

该项目对担任兼职教师培训者的5 000名中小学幼儿园一线优秀教师和教研员进行为期10天的培训技能专项培训，重点提升培训教学和组织实施能力；对150名教师进行能力测评培训，开发并完善教师能力测评工具，探索基于能力测评的新型教师培训模式。

(11)培训团队研修

该项目对1 500名高等学校和教师培训机构骨干培训者进行为期10天的集中培训，提升其培训项目组织实施能力，包括培训需求分析能力、培训方案设计能力、培训课程资源开发能力、教师学习共同体建设能力等，着力打造高水平专职培训者队伍。

(12)信息技术骨干培训者专项培训

该项目对1 000名信息技术骨干培训者进行为期10天的专项培训，重点提升混合式培训的设计与实施能力，为各地开展中小学教师信息技术应用能力培训培养骨干管理者和培训者，推动网络研修与现场实践相结合的混合式培训的开展。

2. 中西部项目和幼师国培项目

中西部项目和幼师国培项目本年度重点关注未参训农村教师，特别是针对边远、贫困和少数民族地区，切实扩大培训受益面，实现对中西部农村义务教育学校和幼儿园的全覆盖。

(1)置换脱产研修

这类培训探索高等院校与优质中小学幼儿园联合申报机制，调动培训实践基地积极性，确保“影子教师”跟岗实践质量；利用网络研修社区，为参训学员培训期间的学习和训后跟踪指导提供有效服务，将网络研修社区作为培训机构遴选的重要条件；落实返岗实践环节，巩固和转化研修成果，探索受训学员与顶岗师范生的联动机制；进一步细分培训对象，严格学员遴选条件，推动置换脱产研修分层培训。

(2)短期集中培训

这类培训加大送教培训力度，原则上应覆盖全部项目区县，建立高等院校、区县教师培训机构和中小学幼儿园分工合作机制，采取名师示范、现场诊断、同课异构、交流研讨等方式，完善送教培训模式，提升送教培训质量；加大特殊教育教师培训力度，原则上不少于本地区特殊教育教师总数的1/3；加大农村中小学专兼职体育美育教师培训力度，将基本技能与专项技能培训相结合，重点提升专项技能，采取送教方式强化兼职教师培训；加大农村新建幼儿园和普惠性民办幼儿园教师、农村中小学校长和幼儿园园长、边疆少数民族地区双语教师、寄宿制学校班主任培训力度；积极利用网络研修社区，完善教师训后跟踪指导的有效机制；遴选有条件的院校，开展跨年度连续培训试点。科学、物理、化学和生物等学科教师要设置实验教学培训课程模块，提升教师实验教学技能。

(3)教师远程培训

各省(市、区)推行网络研修与校本研修整合培训，实施教师信息技术应用能力提升专项培训，安排远程培训经费的50%左右；强化地市和区县教育行政部门参与培训立项阶段和组织实施过程，建立培训院校(机构)与地方教育行政部门、区县教师培训机构和中小学校的协作机制，健全远程培训组织管理体系，确保培训落到实处；加强相关省份对培训院校(机构)及地方组织实施工作的过程监控和绩效评估，公布评估结果。教师培训选学，满足教师需求，切实避免重复培训，原则上供教师选学课程不少于规定学时的2倍。培训院校(机构)要进一步创新学员学习过程监测手段，探索利用学员互评作业等机制，激发学员学习积极性，提高远程培训效果。

(四)2015年“国培计划”①

1. 中小学教师示范性培训项目

2015年，“国培计划”示范性项目以培训团队打造、骨干教师高端研修、紧缺领域教师培训为重点，创新教师培训模式，大力推行混合式培训，着重推进跨年度递进式培训，加强优质资源开发建设，积极探索教师常态化培训机制。

(1)骨干教师能力提升高端研修

该项目面向2 000名特级教师，采取集中面授与网络研修相结合的方式，以任务驱动为主线，通过诊断测评、行动研究、总结提升和成果推广等阶段，进行跨年度递进式培训，帮助优秀教师提炼教学经验，塑造教学风格，凝练教育思想，生成标志性成果，提升教育教学创新能

---

① 教育部、财政部：《关于做好2015年中小学幼儿园教师国家级培训计划实施工作的通知》，http://www.moe.gov.cn/srcsite/A10/S7034/201504/t20150409_189420.html，2015-04-09。

力和培训本地骨干教师的能力，为各地培养一批教育教学改革的引领者和培训专家。

(2)优秀青年教师成长助力

该项目面向2 000名发展潜力大的优秀青年教师，培训方式与“骨干教师能力提升高端研修”项目相同。

(3)紧缺领域骨干教师培训

该项目对500名法治教育、3 000名体育和美育、1 900名特殊教育、2 000名学前教育、1 000名班主任和1 300名优秀传统文化教育等紧缺领域的骨干教师，采取集中面授与网络研修相结合的方式，进行专项培训，帮助紧缺领域教师解决教育教学实际问题，提高教育教学能力和培训能力，示范引领各地加强紧缺领域教师队伍建设。

(4)创新网络研修

该项目在各省遴选项目县，建设示范性教师网络研修社区，实施网络研修与校本研修整合培训，分级组建培训者团队，推动专家指导校本研修，建立校本研修良性运行机制，对80 000名中小学幼儿园教师进行专项培训；在各地建立示范性教师工作坊，将集中面授与网络研修相结合，培养400名教师工作坊主持人，引领40 000名地市和区县骨干教师教研员进行工作坊研修，打造信息技术环境下的教师学习共同体。

(5)加强培训团队建设

该项目主要面向7 000名高等学校和教师培训机构的专职培训者、担任兼职培训者的一线优秀教师教研员，采取集中面授与网络研修相结合的方式，进行培训能力提升专项培训。专职培训者培训重在提升培训需求诊断能力、方案设计能力、课程开发能力、教学实施能力、教师工作坊主持能力和绩效评估能力等。该项目兼职培训者培训重在提升培训课程开发能力、活动设计能力、教学实施能力和教师工作坊主持能力等。该项目通过专项培训，为各地建立省级教师培训团队奠定了坚实的基础。

(6)开展骨干校(园)长培训

该项目主要面向边远贫困地区农村校长、中小学骨干校长、幼儿园骨干园长、特殊教育学校校长等，采取集中培训与网络研修相结合的方式，进行专项培训，帮助校长更新办学理念，提高治校能力，为各地培养一批引领教育改革发展的带头人。

2. 中西部项目和幼师国培项目

2015年的中西部项目和幼师国培项目，按年度分批遴选项目县，主要面向乡村中小学和幼儿园教师，提供2～3年的周期性培训，持续提升乡村教师能力素质。

(1)教师培训团队置换脱产研修

各省(市、区)实施置换脱产研修，建立乡村教师培训团队。遴选培训成绩突出的高等学校、网络研修绩效居前的国培远程培训机构、能发挥示范作用的县级教师发展中心和校本研修特色明显的中小学幼儿园协同承担，组织高年级师范生顶岗支教，置换出拟承担送教下乡和网络研修培训任务的中小学幼儿园骨干教师教研员，进行为期4～6个月的脱产研修，各地可跨年度分段实施。培训主要包括院校(机构)集中研修、县级教师发展中心与中小学幼儿园“影子教师”跟岗实践、返岗培训实践和总结提升四个环节，跟岗实践时间不少于全部培训时间的1/3；

需建立工作坊，将网络研修贯穿始终。省级教育行政部门要组织专家统筹设计课程，合理配置理论课程与实践课程，系统整合网络研修课程，坚持教研类课程与培训类课程并重，培训类课程须涵盖送教下乡培训、网络研修和校本研修的实施方法与技能。这类研修能够全面提升骨干教师教研员的教育教学能力和培训指导能力，打造一支“用得上、干得好”的县级教师培训团队。

(2)送教下乡培训

省级统筹，项目县组织，高等学校、县级教师发展中心、乡镇片区研修中心协同承担，以本地教师培训团队为主体，整合全省(区、市)专家资源，分学科组建送培团队，开展送教下乡培训。省级教育行政部门指导项目县建立完善的送教下乡培训模式，送教下乡与校本研修指导并重，以任务驱动为主线，按年度分阶段实施主题式培训，包括诊断示范、研课磨课、成果展示、总结提升等阶段，切实提升乡村教师课堂教学能力。原则上，同一乡镇同一学科每年送培不少于4次，每次不少于2天。县级教师发展中心要将送培课程及生成性成果进行再加工，形成培训资源包，建立乡村教师专业发展支持服务体系，支持乡村学校开展校本研修，形成区域与校本研修常态化运行机制；实施短期集中培训，支持村小和教学点教师、乡村幼儿园教师和乡村校园长培训。

(3)教师网络研修

这类研修遴选具备“国培计划”远程培训资质的高等学校和教师培训专业机构承担网络研修任务，组织实现网络研修任务，承担机构与项目县对接，每县对接1家机构，支持双方协同开展2～3年周期性培训，建立县域教师网络研修社区，形成区域与校本研修常态化运行机制。项目县建立网络研修任务，承担机构与本地教师发展中心、中小学校的协同机制，有效利用“个人空间—教师工作坊—研修社区”一体化网络研修体系，开展网络研修与校本研修整合培训和教师工作坊研修。实施教师信息技术应用能力提升专项培训，安排网络研修经费50%左右。网络研修与校本研修整合培训重在遴选有条件的中小学幼儿园，建立基于网络的校本研修常态化运行机制。教师工作坊研修重在依托本地培训团队，分学科(领域)建立骨干引领全员的教师常态化学习机制。

(4)网络研修与校本研修整合培训

这类培训依托网络研修社区，将网络研修与校本研修相结合，对具备网络学习条件的乡村中小学幼儿园教师，每年开展不少于120学时的专项培训，第一年进行不少于50学时的信息技术应用能力提升培训。网络研修任务承担机构要为每个参员开通“个人空间”，为每个参训者成立“教师工作坊”，建立“学校社区”，形成“区域社区”。项目县建立县级和校级培训团队。网络研修任务承担机构与县、校密切合作，系统设计培训课程，坚持整体规划与突出特色相结合，以任务驱动为主线，分类设计培训者培训、区域研修和校本研修课程，有机整合线上与线下研修课程，预设丰富适用的优质课程，加工汇聚生成性课程，建立本地课程资源库，确保培训的针对性和实效性。

(5)教师工作坊研修

这类研修依托教师工作坊，采取集中面授与网络研修相结合的方式，以任务驱动为主线，通过诊断测评、实践反思、总结提升和成果推广等阶段，进行跨年度递进式培训，建立教师常态化学习机制。统筹设计两级培训，省级教育行政部门采取工作坊研修方式，重点遴选信息技术水平较高的项目县专职培训者和教研员进行专项培训，培养成为工作坊主持人。集中面授每年不少于15天(分2～3次进行)，网络研修每年不少于60学时。项目县依托工作坊主持人，利用县域教师网络研修社区，分学科(领域)组建教师工作坊，遴选具备网络学习条件的乡村教师进行工作坊研修，不断提升乡村教师教育教学能力。每个工作坊学员原则上不少于50人，集中面授时间每年不少于4天(分2次进行)，网络研修每年不少于80学时。

(6)乡村教师访名校培训

各地分批组织本省(市、区)教学点教师到一线或东部中心城市高水平院校，村小教师到本省(区、市)省会(首府)或东部中心城市高水平院校，进行为期10天左右的集中培训，针对教育教学中的突出问题，采取专题讲座、案例研讨与名校观摩等方式，帮助教师开阔视野、更新理念、提升能力。组织“特岗教师”到城市优质中小学校进行为期15天的跟岗实践研修，提升课堂教学能力。各地要结合本地实际，开展乡村学校足球教师培训。遴选高等学校和城市优质幼儿园，采取集中研修和跟岗实践相结合的方式，主要面向乡村新建幼儿园教师和幼儿园转岗教师，开展为期15天左右的专项培训，其中，跟岗实践不少于10天。这类培训能够提升乡村幼儿园教师保教能力，防止和纠正幼儿园教育“小学化”倾向。

(7)乡村校(园)长培训

这类培训遴选高等学校和城市优质中小学、幼儿园，采取集中培训与跟岗实践相结合的方式，对乡村中小学校长和幼儿园园长进行为期15天左右的专项培训，主要内容包括乡村教师发展政策、校本研修设计与实施、乡村教师发展支持策略与方法等，全面提升校、园长专业能力。

(五)2016年“国培计划”①

1. 中小学教师示范性培训项目

2016年，“国培计划”示范性培训项目以乡村教师培训团队打造，紧缺领域教师培训，骨干校长、园长培训，网络研修模式创新和推行跨年度递进式培训为重点，为各地开展乡村教师校长培训培养“种子”、打造“模子”、探索“路子”。

(1)培训团队专项研修

该项目主要面向7 500名拟承担乡村教师校长培训任务的省级培训专家库成员，包括高等学校和培训机构的专职培训者、一线优秀教师教研员和各级教师培训管理者等，采取集中面授与网络研修相结合的方式，进行培训能力提升专项培训，为各地开展乡村教师校长培训打造高水平专兼职培训团队。

(2)紧缺领域骨干教师培训

该项目对2 000名学前教育、500名特殊教育、500名法治教育、2 000名体育和美育、1 000名班主任和1 000名优秀传统文化教育等紧缺领域的骨干教师，采取集中面授与网络研修

① 教育部、财政部：《关于做好2016年中小学幼儿园教师国家级培训计划实施工作的通知》，http://www.moe.gov.cn/srcsite/A10/S7034/201601/t20160126_228911.html，2016-01-26。

相结合的方式，进行专项培训，帮助教师解决教育教学实际问题，提高教育教学能力和培训能力，示范引领各地加强紧缺领域教师队伍建设。

(3)骨干校长、园长培训

该项目对 2 000 名边远贫困地区农村中小学校园长、150 名特殊教育学校校长，采取“集中培训＋返岗实践”相结合的方式，帮助参训学员更新办学观念，提高解决办学重点难点问题的能力。对 1 280 名优秀中小学校园长，采取“集中培训＋影子培训”相结合的方式，帮助参训学员提升理论和政策水平，凝练办学思想，创新教育实践，培养一批优秀校园长。

(4)网络研修创新

该项目实施网络研修与校本研修整合培训，在各省遴选项目区县，完善教师网络研修社区，推进建立基于网络的校本研修良性运行机制，对 60 000 名中小学幼儿园教师进行专项培训；实施教师工作坊高端研修，将集中面授与网络研修相结合，打造示范性教师工作坊，培养 300 名教师工作坊主持人，引领 30 000 名区县骨干教师教研员进行工作坊研修，打造信息技术环境下的教师学习共同体。

(5)跨年度递进式培训

骨干教师能力提升高端研修和优秀青年教师成长助力培训，分别面向 1 500 名优秀骨干教师和 3 000 名发展潜力大的优秀青年教师，采取集中面授与网络研修相结合的方式，以任务驱动为主线，通过诊断测评、行动研究、总结提升和成果推广等阶段，进行跨年度递进式培训，帮助优秀教师提炼教学经验，塑造教学风格，凝练教育思想，生成标志性成果，提升教育教学创新能力和培训能力，为各地培养一批教育教学改革引领者和培训专家。

2. 中西部项目和幼师国培项目

2016 年，“国培计划”中西部项目和幼师国培项目着力创新乡村教师培训模式，改进培训课程内容，完善协同培训机制，加强培训机构能力建设，强化培训监管评估，持续提升乡村教师能力素质。省级教育、财政部门在加强统筹管理力度的同时，强化区县送教下乡培训和教师网络研修的组织实施责任，进一步下移管理重心，确保项目落地，推进乡村教师培训常态化。

(1)乡村教师培训团队置换脱产研修

置换脱产研修要根据打造一支“用得上、干得好”的乡村教师培训团队的目标定位，重点提升参训学员的培训能力，使其胜任送教下乡培训、网络研修与校本研修整合培训、教师工作坊研修的培训任务；将提高基础培训能力和专项培训能力有机结合，培训类课程学时原则上不少于总学时的 50％。基础培训能力主要包括培训需求诊断分析、培训方案设计、培训课程资源开发、教师学习共同体构建和培训管理评价等方面的能力；专项培训能力主要包括送教下乡培训、教师工作坊主持和校本研修指导等方面的能力。

各地建立省级研究指导团队，负责方案研制、课程设置、培训实施的指导以及监管评价工作；培训机构实行培训导师制，分组为学员配备由高校培训专家、教研员和一线优秀教师组成的“三人行”导师，全程指导学员研修。各地要完善协同培训机制。高等学校牵头实施培训，做好项目全过程的统筹协调和组织实施工作。远程培训机构负责提供网络研修平台和课程资源支持，配合高等学校做好网络研修。市县教师发展中心负责培训跟岗实践组织实施，配合高等学校做好返岗培训实践指导。优质中小学幼儿园负责“影子教师”跟岗实践培训，配合高等学校对学员返岗教育教学实践进行指导。各地要突出跟岗实践与返岗实践培训。跟岗实践分为优质中小学幼儿园跟岗实践和市县教师发展中心跟岗实践，组织学员通过观摩学习、对照反思、实践体验，找到问题解决方法，制定返岗实践方案。返岗实践培训要组织参训学员返回区县，落实实践方案，开展乡村教师培训，形成培训案例和课程资源。

(2)送教下乡培训

送教下乡培训重在推动培训团队深入课堂、现场指导，着力提升乡村教师课堂教学能力。省级统筹指导，区县制定送教下乡培训周期计划与年度计划，明确培训重点，实施递进式培训，实现对乡村教师的持续培训。完善协同培训机制。省级指导，区县组织，引进高等学校资源，整合本地优质资源，建立高等学校、县级教师发展中心、片区研修中心协同的送教下乡培训服务体系。培训方式方法分年度按“诊断示范、研课磨课、成果展示、总结提升”四个环节实施培训。根据每个环节的重点任务，采用有针对性的方式方法，突出现场诊断、课例运用、实践指导、成果评价等，确保培训实效。以送教下乡培训带动校本研修。送教下乡培训的设计与实施，与乡村学校的特色校本研修活动相结合。乡村学校将项目纳入校本研修规划，制定本校项目实施方案，实现送教下乡培训和校本研修有机整合。强化过程性资源加工与利用，区县将送培课程及代表性成果进行再加工，形成培训资源包，支持乡村学校开展校本研修；乡村学校将区县培训资源和本校生成性成果有效转化为校本研修课程。

(3)乡村教师网络研修

网络研修与校本研修整合培训重在形成网络支持下的校本研修良性运行机制，提升校本研修质量。省级教育行政部门督促指导区县会同网络研修支持服务机构，结合本地实际制定项目实施细化方案。区县要督促指导各项目学校制定校本研修实施方案。实施方案突出重点，细化措施，明晰责任，操作性强，体现区域和学校特色。加大乡村教师信息技术应用能力，提升培训力度。区县会同网络研修支持服务机构完善“个人空间—工作坊—学校社区—区域社区”一体化的县域网络研修社区。健全“县域—片区—学校”三位一体的组织管理体系。依托县级乡村教师培训团队，建立网络研修培训者队伍。加强乡村学校校长培训，重点提升网络支持下的校本研修组织管理能力。督促指导乡村学校建立校级培训者队伍。重点开发符合乡村教育实际的优质资源。网络研修支持服务机构做好预设性课程资源开发建设工作，提供覆盖全学科(领域)、满足乡村教师跨年度、长周期研修需要的培训课程资源，为每个参训学员提供充足的选学课程。重点建设乡村教师急需的师德修养、学科教学、班级管理、心理健康和信息技术应用等方面的培训资源。区县及学校要会同网络研修支持服务机构加工培训过程性成果和学员结业成果，建立区域与学校资源库。扎实开展网络支持下的校本研修。学校及区县要会同网络研修支持服务机构有效开展常规研修和专题研修。常规研修结合备课、上课、评课和班级管理等日常教育教学工作，主要采取技能训练、课例研究、专题研讨、同课异构、同行评价、专家与培训者指导等方式，着力提升乡村教师课堂教学技能。专题研修主采取诊断示范、专题讲座、主题研讨、行动研究、成果展示等方式，定期开展主题鲜明的系列研修活动，着力帮助乡村教师解决教育教学突出问题。网络研修要为常规研修和专题研修提供资源支持、工具支持、专家与培训者指导和大数据分析支持等。

(4)教师工作坊研修

项目重在建立“用得好、辐射广、共成长”的骨干引领全员的常态化研修机制。统筹开展两级工作坊研修，省级教育行政部门采取工作坊研修方式，为项目区县培养工作坊主持人，原则上每学段每学科(领域)不少于1人；支持项目区县组建乡村教师工作坊，依托工作坊主持人，分学段分学科(领域)组织具备网络学习条件的乡村教师开展工作坊研修；乡村教师工作坊研修要将主题研修与常规研修相结合，以主题研修为主。各地要切实推行混合式培训，将网络研修、集中培训与现场实践相结合；网络研修重在支持主题研修的常态化开展；集中培训重在现场诊断示范、研修成果展示和经验分享等，营造研修氛围，巩固研修成效；现场实践重在推动乡村教师及时将网络研修与集中培训所学应用于实践，切实解决教育教学中的突出问题。

(5)乡村教师访名校培训

访名校培训重在为参训机会较少的乡村教师提供高水平培训，突出雪中送炭。加大省外培训力度，原则上村小和教学点教师赴省外培训比例应不少于1/2。加大特岗教师培训力度，提升跟岗研修实效。兼顾公办幼儿园(含部门、集体办幼儿园)教师和普惠性民办幼儿园教师培训，提升乡村幼儿园教师队伍整体素质。

(6)乡村校(园)长培训

乡村校(园)长培训着重提升校(园)长支持乡村教师专业发展的能力，要凝练培训主题，优化培训课程设置，选好用好典型案例，将集中培训、跟岗实践与网络研修相结合，确保培训的针对性和实效性，提升校园长专业能力。

>> 第二节　广西壮族自治区“国培计划”项目实施课程① <<

2015年，广西壮族自治区教育厅根据教育部办公厅、财政部办公厅《关于做好2015年中小学幼儿园教师国家级培训计划实施工作的通知》的精神和本区实际，将“国培计划”项目分为自治区统筹实施项目与市级统筹实施项目。自治区统筹实施项目包括中西部项目和幼师国培项目，包含教师培训团队置换脱产研修、乡村教师访名校、乡村校(园)长培训等子项目，市级统筹实施项目由各市根据本地实际安排。

一、培训项目

(一)教师培训团队置换脱产研修项目

1. 培训对象

培训对象是拟承担项目县(区)送教下乡培训和网络研修指导任务的中小学幼儿园骨干教师

① 广西壮族自治区教育厅：《广西2015年“国培计划”项目招投标公告》，http：www.gxedu.gov.cn/tem/10812.aspx，2015-06-08。

及教研员，人数为中小学 1 600 人、幼儿园 539 人。培训时间为 120 天，可跨年度分 2～3 次进行。

2. 培训课程

培训包括院校(机构)集中研修、县级教师发展中心与中小学幼儿园“影子教师”跟岗实践、返岗培训实践和总结提升四个环节，其中跟岗实践时间不少于全部培训时间的 1/3。建立教师工作坊，将网络研修贯穿始终。培训课程坚持教研类与培训类课程并重，内容需涵盖送教下乡培训、网络研修和校本研修的实施方法与技能等。这类培训能够全面提升骨干教师教研员的教育教学能力和培训指导能力，打造一支“用得上、干得好”的县级教师培训团队。

(二)教学点教师访名校培训

1. 培训对象

该培训组织 1 000 名教学点教师到区内中心城市高水平院校进行为期 10 天的集中培训。

2. 培训课程

针对教育教学突出问题，该培训采取专题讲座、案例研讨与名校课堂观摩等方式，帮助教师开阔视野、更新理念、提升小学语文和数学教学设计与课堂教学能力及班级管理能力。其中，案例研讨与名校课堂观摩学时所占比例不少于总学时的 1/2。

(三)村小紧缺薄弱学科专兼职教师访名校培训

1. 培训对象

该培训组织 1 000 名村小紧缺薄弱学科专兼职教师到区内中心城市高水平院校进行为期 10 天的集中培训。

2. 培训课程

该培训采取专题讲座、案例研讨与名校课堂观摩等方式，帮助村小教师开阔视野、更新理念、提升教学设计与课堂教学能力及班级管理能力。

(四)小学特岗教师访名校培训

1. 培训对象

该培训对 1 000 名小学“特岗教师”进行培训。

2. 培训课程

该培训组织学员到城市优质中小学校进行为期 15 天的跟岗实践研修，提升课堂教学能力。

(五)乡镇中心校校长培训

1. 培训对象

该培训对乡镇中心校校长 1 000 人进行培训。

2. 培训课程

该培训采取 5 天集中研修和 10 天跟岗实践研修方式，开展包括乡村教师发展政策、校本研修设计与实施、乡村教师发展支持策略与方法和学校常规管理等内容的培训，全面提升校长专业能力。

(六)普惠性幼儿园园长培训

1. 培训对象

该培训培训普惠性幼儿园园长 1 000 人。

2. 培训课程

该培训采取 5 天集中研修和 10 天跟岗实践研修方式，开展包括学前教育发展形势、任务、政策，幼儿园精细化管理知识与运用，幼儿园保教质量提高与管理等内容的培训，提升幼儿园园长办园能力。

(七)学前教育集团化办园龙头园园长培训

1. 培训对象

该培训培训学前教育集团化办园龙头园园长 169 人。

2. 培训课程

该培训采取 10 天集中研修和 5 天跟岗实践研修方式，开展包括学前教育发展形势、任务、政策，学前教育集团化高效办学与管理，学前教育集团化成功案例分析，集团化办园保教质量提高与管理等内容的培训，提升幼儿园园长学前教育集团化办园水平。

二、培训课程的实施

(一)项目负责单位掌握教师队伍及需求状况

项目负责单位应采取实地考察、问卷调查、座谈与访谈等方式到项目县进行全面细致的专项调研，重点把握项目县乡村教师队伍整体发展状况、乡村教师培训工作开展情况、乡村教师能力素质水平、乡村教师学习方式和乡村教师发展路径等；通过专项调研，明确乡村教师培训工作的薄弱环节，找准乡村教师发展的短板，摸清培训需求，做好项目整体设计。

(二) 培训方案设计科学

培训实施方案科学制定培训主题与目标，优选培训课程内容，创新培训方式与方法，完善组织保障，确保培训质量；将返岗实践作为培训的组成部分，做好教师返岗实践的指导工作。培训课程贯彻落实“国培计划”改革实施总体要求，遵循教师专业成长规律，紧密围绕各项目受训学员需求，参照“国培计划”课程标准进行设计。加强实践性培训，实践性课程原则上不少于总学时的 1/2，确保培训的针对性。

(三) 组建高水平培训专家团队

培训要组建高水平培训专家团队，优先遴选具有丰富培训经验的一线优秀教师、教研员和熟悉中小学幼儿园教育实际的高校专家。首席专家应为具有较深学术造诣，在全国具有一定影响力的本校教师。省域外专家原则上不少于1/3，一线优秀教师、教研员应不少于1/2，要优先遴选国培和各区培训专家库专家。

(四)创新教师培训模式

培训采取参与式、研讨式、案例式、情境式、体验式等多种方式，大力推进实践性培训，强化基于现场的培训环节；推行混合式培训，将集中面授与网络研修相结合，利用网络研修社区、教师工作坊为教师培训过程学习和训后跟踪指导提供有效服务。

(五)以区内高等学校为主体

教师培训团队置换脱产研修项目申报以区内高等学校为主体，联合国远程培训机构、县级教师发展中心、中小学幼儿园共同申报。申报院校要与项目县进行对接设计具有针对性的培训实施方案。

>> 第三节　海南省“国培计划”项目实施课程 <<

一、2014年专题项目研修课程[①]

海南省教育厅继续利用中央财政第二批专项资金，实施“国培计划(2014)”——中西部第二批项目、幼师国培第二批项目。根据教育部办公厅、财政部办公厅《关于做好2014年中小学幼儿园教师国家级培训计划实施工作的通知》，财政部、教育部《关于下达2014年“国培计划”专项资金预算的通知》和《教育部关于实施全国中小学教师信息技术应用能力提升工程的意见》等文件精神及省教育厅、省财政厅联合制订的《“国培计划(2014)”——中西部农村骨干教师培训项目、幼儿园教师国家级培训计划海南省第二批项目实施方案》。

(一)农村骨干教师培训项目

“国培计划(2014)”——海南省农村骨干教师培训项目(第二批)含“农村中小学骨干教师短期集中培训类”八项和“农村中小学教师远程培训类”两项，主要采取置换脱产研修、短期集中培训、远程培训等方式，对我省农村中小学教师、幼儿园教师进行有针对性的专业培训，重点关注未参训农村教师，特别是针对边远、贫困和民族地区，切实扩大培训受益面，实现对中西部农村义务教育学校和幼儿园的全覆盖，全面提高教师队伍整体素质和专业化水平。

1. 海南省中学优秀青年教师成长助力工程

该项目采取混合式培训模式，对全省选出的50名具备高级职务(职称)或能力特别突出的

① 《海南省教育厅关于实施“国培计划(2014)”——中西部第二批项目、幼师国培第二批项目的通知》，http：//www.hainan.gov.cn/data/hnzb/2014/08/3056，2014-08-21。

中级优秀青年教师进行为期 15 天的集中培训，网络研修不少于 80 学时。该项目属于“国培计划”——示范性综合改革项目，经教育部组织专家评审，由海南师范大学负责管理并完成培训任务。网络研修承担机构为北京师范大学继续教育与教师培训学院。

2. 海南省中学化学骨干教师集中培训项目

该项目采取集中培训与网络研修相结合的方式，对 40 名农村中学化学骨干教师进行为期 15 天的集中培训，网络研修不少于 50 学时。项目具体管理机构为海南师范大学，集中培训承担机构为东北师范大学，网络研修承担机构为北京师范大学继续教育与教师培训学院。

3. 海南省中小学教研员研训下乡项目

该项目采取研训下乡、集中培训与网络研修方式，分期分批组织 200 名中小学教研员与课堂教学名师开展为期 12 天的送教、送训下乡集中培训活动，网络研修指导不少于 50 学时。项目由海南省教育研究培训院负责管理并完成研训下乡、集中培训任务，网络研修承担机构为北京师范大学继续教育与教师培训学院。

4. 海南省农村小学教学常规管理培训项目

该项目采取集中培训、跟岗实践与网络研修等方式，对 200 名乡镇中心学校教导主任进行为期 15 天的集中培训，网络研修不少于 50 学时。项目由海南省教育研究培训院负责管理并完成集中培训、跟岗实践任务，网络研修承担机构为北京师范大学继续教育与教师培训学院。

5. 海南省艰苦边远地区教学点负责人集中培训项目

该项目采取集中培训方式，对 200 名艰苦边远地区教学点负责人进行为期 10 天的集中培训。项目由海南省教育研究培训院负责管理并完成集中培训任务，网络研修部分在“为艰苦边远地区办实事”小学教师信息技术应用能力提升工程项目中统筹安排。

6. 海南省中小学信息技术应用能力管理者高级研修项目

该项目采取集中培训方式，对 100 名中小学信息技术应用能力管理者、电教站管理者进行为期 20 天的集中培训，网络研修不少于 30 学时。项目具体管理机构为海南省电化教育馆，集中培训承担机构为华南师范大学，网络研修承担机构为北京师范大学继续教育与教师培训学院。

7. 海南省数字教育资源全覆盖小学骨干教师信息技术应用能力提升培训项目

该项目采取集中培训方式，对 100 名小学骨干教师进行为期 20 天的集中培训，网络研修不少于 32 学时。项目具体管理机构为海南省电化教育馆，集中培训承担机构为华南师范大学，网络研修承担机构为北京师范大学继续教育与教师培训学院。

8. 海南省边远农村初中教师信息技术应用能力集中培训项目

该项目采取集中培训方式，对 2 500 名边远农村初中教师分期分批进行为期 8 天的集中培训，网络研修不少于 30 学时，做到国培项目初中教师全覆盖。项目由海南广播电视大学负责管理并完成集中培训任务，网络研修承担机构为北京师范大学继续教育与教师培训学院。

9. 海南省初中教师信息技术应用能力提升工程项目

该项目采取网络研修与校本研修整合培训方式，依托全国教师教育网络联盟成员单位或国家推荐认可的远程专业教育机构的课程资源、技术服务及教学管理服务开展远程培训，利用

“海南省中小学教师网络研修社区”开设教师选学服务与网络研修，培训初中各学科教师共3 000人，不少于72学时。项目具体管理机构为海南师范大学，培训任务承担机构为全国中小学教师继续教育网(北京继教网教育科技发展有限公司)。

10. 海南省“为艰苦边远地区办实事”小学教师信息技术应用能力提升工程项目

该项目采取教师手机终端移动学习、光盘培训、网络研修与校本研修整合培训等多种方式，依托全国教师教育网络联盟成员单位或国家推荐认可的远程专业教育机构的微课程资源、技术服务及教学管理服务开展远程培训，利用省研修社区开设教师选学服务与网络研修，计划培训艰苦边远地区小学教师共3 500人，培训学时为72学时。项目具体管理机构为海南省教育研究培训院，培训任务承担机构为全国中小学教师继续教育网(北京继教网教育科技发展有限公司)。

(二)农村幼儿园教师培训项目

“幼师国培(2014)”——海南省农村幼儿园教师培训项目(第二批)包括短期集中培训、置换脱产研修、信息技术应用能力提升工程三类共五项。

1. 海南省幼儿园骨干园长高级研修项目

该项目采取集中培训与网络研修方式，对50名幼儿园骨干园长进行为期20天的集中培训，网络研修不少于50学时。项目具体管理机构为琼台师范高等专科学校，集中培训承担机构为北京师范大学，网络研修承担机构为北京师范大学继续教育与教师培训学院。

2. 海南省幼儿园骨干教师培训项目

该项目采取集中培训与网络研修方式，对100名幼儿园骨干教师进行为期20天的集中培训，网络研修不少于60学时。项目具体管理机构为琼台师范高等专科学校，集中培训承担机构为南通大学，网络研修承担机构为北京师范大学继续教育与教师培训学院。

3. 海南省幼教教研员(专干)培训项目

该项目采取集中培训与网络研修方式，对50名幼教教研员(专干)进行为期20天的集中培训，网络研修不少于50学时。项目具体管理机构为琼台师范高等专科学校，集中培训承担机构为苏州大学，网络研修承担机构为北京师范大学继续教育与教师培训学院。

4. 海南省农村幼儿园教师第二批置换脱产研修项目

该项目按2名学前教育专业毕业生顶替1名农村幼儿园骨干教师的比例，从琼台师范高等专科学校选派170名优秀师范生到有关市县农村幼儿园顶岗实习；同时，从各市县农村幼儿园中置换出85名在职教师到琼台师范高等专科学校进行为期90天的研修培训；集中培训时间为60天，跟班实践时间为15天，返岗实践时间为15天，网络研修不少于20学时。项目由琼台师范高等专科学校负责管理并完成集中培训、跟班返岗实践及师范生顶岗实习任务，网络研修承担机构为北京师范大学继续教育与教师培训学院。

5. 海南省幼儿园教师信息技术应用能力提升工程项目

该项目采取网络研修与校本研修整合培训方式，依托全国教师教育网络联盟成员单位或国家推荐认可的远程专业教育机构的课程资源、技术服务及教学管理服务开展远程培训，利用省研修社区开设教师选学服务与网络研修，计划培训幼儿园教师共 2 000 人，培训学时为 72 学时。项目具体管理机构为琼台师范高等专科学校，培训任务承担机构为全国中小学教师继续教育网(北京继教网教育科技发展有限公司)。

二、2015 年专题项目研修课程①

海南省教育厅根据《教育部办公厅　财政部办公厅关于做好 2015 年中小学幼儿园教师国家级培训计划实施工作的通知》和《教育部教师工作司关于做好全国中小学教师信息技术应用能力提升工程 2014 年评估总结和 2015 年实施工作的通知》等文件精神，制定实施了“国培计划(2015)”海南省中小学幼儿园教师信息技术应用能力提升工程专题研修项目。

(一)培训对象与目的

1. 培训对象

(1)中小学幼儿园教师

三亚、乐东、儋州、洋浦、文昌、陵水、琼海、琼中、五指山、临高、昌江、白沙 12 市县(开发区)中小学幼儿园教师不少于 5 000 人，其中临高、昌江、白沙幼儿园教师不少于 500 人，其他市县(开发区)幼儿园教师不少于 600 人，培训学时为 72 学时。

(2)工作坊主持人

项目工作坊主持人 500 名(每 50 名工作坊学员设 1 名主持人)及每市县项目管理员 1～3 名。集中培训时间为 3 天。

(3)管理人员

项目市县教师培训机构负责人、项目管理员各 1 名。培训时间为 1 天。工作坊坊主、市县管理员和基地校管理员本着择优推荐的原则，按照个人申报、学校推荐和主管部门审核相结合的程序进行，广泛宣传推动、认真组织申报和推荐，严查资格审核，保证推荐的质量。

2. 培训目的

培训目的是提升信息技术应用能力，通过创建市区、县教师网络研修社区，分学科(领域)组建教师工作坊，遴选具备网络学习条件的教师进行工作坊研修，以教师信息技术应用能力提升为专题。

(二)培训组织管理

1. 省级统筹组织

海南省教育厅负责统筹规划和指导全省项目实施工作，省教育研究培训院设“海南省中小学教师信息技术应用能力提升工程实施办公室”负责项目实施的组织协调、监督检查、总结评估及经费划拨等工作。

① 《海南省教育厅关于实施“国培计划(2015)”—海南省中小学幼儿园教师信息技术应用能力提升工程专题研修项目的通知》，http：//www.hainan.gov.cn/hi/H10108＊201509/t20150912_1667429.htm，2015-09-18。

2. 社会机构承办

项目由北京奥鹏远程教育中心有限公司负责项目人承办实施。

3. 市县负责管理

(1)人员职责

项目市县教育行政部门负责本市县工作坊学员及主持人的选派和协助管理工作，明确市县(单位)项目总负责人及管理员，督促检查本市县工作坊学员培训考核、研讨交流、信息反馈以及做好本项目实施总结等工作，指导本市县域教师网络研修社区建设工作等。项目市县教育行政部门培训管理不到位，出现教师参训率、合格率严重不足的，将予以通报并责成追究有关人员责任。

(2)管理方式

在项目市县开展项目创新实验区与创建示范校。各项目市县要建设中小学和幼儿园示范校(园)各一所，为本市县项目实施提供示范经验；要积极创新培训经验，争取成为项目创新实验区。项目集中培训活动被列入省级2015年中小学教师继续教育培训基地的学员按省级基地培训登记继续教育学时与学分；参加远程研修学习的学员按照远程培训类项目登记2015年度继续教育学时与学分。

>> 第四节　陕西省“国培计划”项目实施课程[①] <<

2015年，陕西省教育厅、财政厅按照《教育部办公厅　财政部办公厅关于做好2015年中小学幼儿园教师国家级培训计划实施工作的通知》和《陕西省教育厅、陕西省财政厅关于做好2015年“国培计划”——陕西省乡村中小学和幼儿园教师培训项目实施工作的通知》的精神以及中央财政下达的2015年度专项资金预算额度，制定了2015年“国培计划”陕西省乡村中小学和幼儿园教师培训项目。

陕西省项目课程安排紧密结合本省乡村教师队伍建设的实际，明确乡村教师培训工作的薄弱环节，找准乡村教师发展短板，摸清乡村教师培训需求，进一步细分培训对象，细化项目设置；分类、分科、分层设计递进式培训课程，将师德教育、法治教育、心理健康教育和信息技术应用作为培训必修内容；以提升教师课堂教学技能为中心，强化基于教学现场、走进真实课堂的培训环节；采取跟岗实践和情景体验的方式改进教学行为，通过现场诊断和案例教学解决实际问题，培训课程安排有很强的针对性和实效性。

一、教师培训团队置换脱产研修项目

该项目在项目县(区)内学前、小学、初中学段遴选学员1 250人，每项目县(区)50人，要求具有良好发展潜力、能够承担乡村中小学和幼儿园教师送教下乡培训和网络研修指导工作的

① 《陕西省教育厅 陕西省财政厅关于公布2015年“国培计划”——陕西省乡村中小学和幼儿园教师培训项目承办单位暨下达培训任务的通知》，http：//www.snedu.gov.cn/wap/？itemid=9701&mouduleid=21，2015-08-31。

中小学幼儿园骨干教师和教研员。研修时间为 3 个月。陕西师范大学等 13 所院校承担培训任务。

二、送教下乡培训项目

该项目培训项目县(区)乡镇学校、村小和教学点，镇中心公办园及乡镇村民办幼儿园教师共10 500人。每项目县(区)420 人，其中乡村体、音、美教师 20 人。同一乡镇片区同一学科每年送培不少于 4 次，每次不少于 2 天。陕西师范大学等 13 所院校承担培训任务。

三、教师网络研修培训项目

全省通过网络研修培训中小学、幼儿园教师共 95 000 人，分设三个具体项目。

(一)乡村教师网络研修与校本研修整合培训项目

该项目培训 25 个项目县(区)乡村学校全学科中小学教师 61 150 人，镇中心公办园及乡镇村民办幼儿园教师 5 100 人，共计 66 250 人。整合培训项目培训时间为 120 学时，其中凡未参加过信息技术能力培训的学员要进行信息技术应用能力提升培训 50 学时。中国教师研修网、全国中小学继续教育网、北京奥鹏远程教育中心、陕西师范大学远程教育学院分工承担培训任务。

(二)教师信息技术应用能力提升培训项目

该项目培训非项目县(区)内尚未参加信息技术应用能力提升培训的中小学和幼儿园教师，共计 25 000 人，安排信息技术应用能力提升培训共 50 学时，其中网络培训 40 学时、校本应用实践 10 学时。华东师范大学、北京大学分工承担培训任务。

(三)乡村教师工作坊培训项目

该项目培训项目县(区)乡镇学校、村小和教学点教师，镇中心公办园及乡镇村民办幼儿园教师共计 450 人。根据项目县(区)的实际情况，以主干学科为主，分学科组建工作坊，每个项目县(区)分别建立 3 个工作坊，每个坊 50 人。具体学科、学段由承办单位和项目县(区)教育行政部门商定。

实施安排：工作坊主持人集中面授每年不少于 15 天(分 2～3 次进行)，网络研修每年不少于 60 学时。坊员集中面授时间每年不少于 4 天(分 2 次进行)，网络研修每年不少于 80 学时。中国教师研修网、全国中小学教师继续教育网、北京奥鹏远程教育中心、中国教育电视台、陕西师范大学远程教育学院分工承担培训任务。

四、乡村教师访名校培训项目

乡村教师访名校培训项目采用访名校形式组织培训全省乡村教师共 12 999 人，分设 12 个具体项目。

(一)乡村教师访名校域外培训项目

该项目培训项目县(区)内长期工作在偏远山区、从未到过中心城市学习的教学点、村小和幼儿园教师共计400人，其中小学语文教师100人、小学数学教师100人、学前教育教师200人。培训时间小学教师为10天、幼儿园教师为15天。南京晓庄学院、西南大学、南京师范大学、徐州幼儿师范高等专科学校四所院校承担培训任务。

(二)乡村教师访名校“浸入式”培训项目

该项目培训项目县(区)内乡村中小学和幼儿园教师共1 320人。

初中教师含语文69人、数学68人、英语54人，共计191人。培训由西安市庆安初级中学等6所中学承担，时间为10天。

小学教师含语文97人、数学148人、英语34人，共计279人。培训由西安师范附属小学等9所小学承担，时间为10天。

幼儿园教师850人。培训由陕西师范大学幼儿园等19所幼儿园承担，时间为15天。

(三)乡村中小学“特岗教师”跟岗实践培训项目

该项目培训非项目县(区)内的“特岗教师”共800人。其中初中语文200人、数学200人、英语50人，小学语文150人、数学150人、英语50人。培训时间为15天，其中到城市优质中小学校跟岗实践研修10天，高校集中培训5天。陕西师范大学等6所院校和机构分工承担培训任务。

(四)乡村校园足球教师专项培训项目

该项目培训全省乡村中小学体育(足球技能)领域骨干教师400人，其中项目县(区)200人，非项目县(区)200人。项目县(区)200人培训由陕西师范大学承担，非项目县(区)200人培训由西安体育学院承担，时间为7天。

(五)乡村中小学教师书法传统文化专项培训项目

该项目培训项目县(区)乡村中小学教师书法等传统文化领域的骨干教师400人。项目县(区)400人培训由陕西师范大学、陕西学前师范学院、西北大学分工承担，时间为5天。

(六)项目县培训管理者研修项目

该项目培训全省25个项目县(区)教师培训实施与管理者100人。陕西师范大学承担培训任务，时间为5天。

(七)市级教学能手成长助力研修项目(跨年度项目)

该项目培训非项目县(区)内小学和幼儿园市级教学能手教师共200人，其中小学语文50

人、数学 50 人，由陕西师范大学承担培训；学前教育 100 人，由陕西学前师范学院承担培训，时间为 15 天。

（八）省级学科带头人高级研修项目

该项目培训全省中小学和幼儿园第二批省级学科带头人培养对象共计 260 人。其中中学 130 人，由陕西师范大学承担培训；小学和幼儿园 130 人，由陕西学前师范学院承担培训，时间为 15 天。

（九）乡村幼儿园教师访名校对口支援培训项目

该项目培训全省非项目县（区）内乡村幼儿园教师共 3 200 人，以提高保教实践技能。培训由陕西师范大学等 12 所院校承担，时间为 10 天。

（十）乡村幼儿园转岗教师培训项目

该项目培训非项目县（区）内新建幼儿园转岗教师共 1 100 人。培训由延安大学等 10 所院校承担，时间为 15 天。

（十一）乡村幼儿园优秀青年教师专项技能提升培训项目

该项目培训非项目县（区）内幼儿园教师幼儿教育专项技能，共 319 人，其中舞蹈教育 53 人、音乐教育 53 人、美术与手工教育 53 人、运动与健康教育 53 人、环境创设与区域构建 107 人。培训由陕西学前师范学院等 5 所院校承担，时间为 15 天。

（十二）乡村幼儿园教师远程跟进培训项目

该项目通过网络研修的形式培训幼儿园教师，共计 4 819 人。培训由高等教育出版社承担，时间为 50 学时。

五、乡村校（园）长培训项目

（一）乡村中小学、幼儿园校（园）长培训项目

该项目培训项目县（区）内中小学、村小、教学点学校校长和幼儿园园长共 1 150 人，其中乡村中学校长 300 人、乡村小学校长 350 人、乡村幼儿园园长 500 人。培训由陕西师范大学等 12 所院校承担，时间为 15 天。

（二）乡村中小学校长网络研修项目

该项目培训全省乡村中小学校长 5 000 人，其中包含集中培训的乡村中小学校长 650 人。培训由国家教育行政学院承担，时间为 60 学时。

第三章　区域教师培训课程

基础教育系统的教师培训包含了中小学、幼儿园和特殊教育各学段、各学科的多层次、多类别教师培训。经过长期的培训实践工作，目前各级教育部门和学校已拥有了基础设施完备、专业素质基本满足要求的培训条件，拥有了一批专业化培训机构和优质培训资源，初步形成全员、骨干、校本相结合的完整培训体系，打造国家培训、省级培训、市县级培训与校本培训整合套接的良好格局，能够基本满足基础教育教师培训的各项需求。

例如，广东省在省教育厅规划下授牌成立的教师培训机构有：广东省中小学校长培训中心、广东省中小学德育培训与指导中心、广东省中小学教师信息技术工程项目办公室、广东省中小学教师教育技术应用能力提升工程办公室、广东省高中教师培训协作组、广东省中小学校本培训指导中心等省级专业机构。其中师范类高等院校、专业培训机构承担着重要的任务，在培训示范、项目推广、决策咨询、培训研究、专业指导等领域做了许多开拓性的工作。广东第二师范学院作为教育部认定的“国培计划”基地之一，在2010年至2015年承担指导和管理的就有中小学校(园)长工作室60个，中小学校长培训实践基地95个，教育部—中国移动中小学校长影子培训项目实践基地10个，中小学教师工作室106个，中小学教师培训实践基地200个，中小学校本培训示范校371所，英特尔未来教育项目示范区10个、示范学校205所，学前教育专业实践基地32个，等等；同时，该校开发的广东省中小学教师继续教育管理信息平台成为广东省教育厅进行教师继续教育管理的重要平台，入库教师已有80多万；教师培训的总量大、项目多，年均培训人数达20万人次，仅2014年就超过25万人次；该平台不仅承担了各类省级校长和骨干教师培训项目，还承担了包括名校长领航工程、教师示范性及综合改革类等“国培计划”项目；承担着跨区域混合培训(如京苏粤优秀中青年校长培训和京苏粤浙骨干教师培训)、中英合作校长培训、中美合作教师培训、粤台合作幼儿园教师培训、省内挂职锻炼、省外跟岗学习、教师研修工作室培育等教师培训项目。

本章以广东第二师范学院实施的一系列中小学教师培训项目为例，对培训项目设置、课程结构、实施概况、培训效果进行了分析与反思。

>> 第一节　高端人才培训项目课程 <<

一、广东省中小学新一轮“百千万人才培养工程”

为进一步加强中小学教育人才队伍建设，根据《广东省中长期教育改革和发展规划纲要(2010—2020)》的要求，在总结前一轮“百千万人才培养工程”经验的基础上，打造广东省中小学高层次领军人才队伍，根据系统设计、高端培养、创新模式、整体推进的原则，广东省教育厅计划在2020年前培养出一大批师德高尚、具有先进教育理念和丰富理论知识、扎实的教育教学能力和教学管理水平、国际视野和创新能力、较大社会影响力和知名度、处于领军地位并发挥示范作用的名教师、名校长和教育家，从而为建设教育强省、推进教育现代化、打造南方教育高地提供人才保障。作为前一轮工程的延续，新一轮“百千万人才培养工程”在组织实施方面更具系统性和科学性，采用系统设计、高端培养、创新模式和整体推进的方式，确保整个工程设计合理、落实充分、成效显著。广东省教育厅2011年印发的《广东省中小学新一轮“百千万人才培养工程”(2011—2020年)实施方案》，标志着广东省新一轮“百千万人才培养工程”正式拉开了序幕，表明了地方政府全面提高中小学教师队伍整体素质、持续推进全省中小学高层次领军人才队伍培养工作的决心。

此项工程由广东省三所高等院校共同承担：教育家、中学名校长和高中名教师培养由华南师范大学承担；初中名教师、小学名校长、幼儿园名园长培养由广东第二师范学院承担；幼儿园名教师培养由广东外语艺术职业学院承担。广东第二师范学院承担的三个项目的培养任务，学习期限为2012年年底至2015年年底，2016年年初结业。在以高等院校教师为主的理论导师团队和以省名师工作室主持人为主的实践导师团队的指导下，学员以理论学习、校内岗位研修、省内外实践跟岗、成果交流等为主要方式，接受为期3年的培养培训。

(一)小学名校长、幼儿园名园长培养项目

小学名校长、幼儿园名园长培养对象共30人，其中小学校长26人，幼儿园园长4人，其间因工作调整各退出1人，结业28人。培养对象来自全省15个地级市。学员的总体特征是：所在区域分散、所在学校发展水平与发展环境差异明显，个人在教育认知、专业能力及科研水平等方面普遍存在较大差别。根据学员所在区域和个人特点，项目组为培养对象配备了理论与实践导师共计16人，导师团队由具有丰富科研成果及培训经验的教育专家和丰富教学经验的优秀校长、园长组成；同时，为保证培训质量，邀请5名教授组建学术委员会，指导、督查整个项目的实施质量和学员研修成果质量。

1.“名校长”培训课程原则

(1)渗透培训价值的多维取向

名校长培养是一项系统工程，要在3年时间内培养出能够居于全省中小学高层次领军人才梯队的名校长；在课程设计与组织实施的过程中，必须注重多维度合一的价值取向；课程要坚

持有利于提升参训学员的自主发展意识与能力，有利于推进学校的内部改进与品牌建设，有利于带动地方基础教育发展及全省的师资队伍建设，以及有利于促进教师继续教育的创新及师范教育的改革。只有牢牢把握这些维度的价值，名校长培训项目才能真正成为中小学校长培训中的高端项目，成为提升个人职业素养、推动学校自主变革、促进地方教育发展的强大支撑。

(2)贯穿培训工作的基本准则

基于以往多年的中小学校长培训工作经验，依据名校长角色的普遍特征与专业发展规律，培训将“六个突出”原则作为主导课程设计与实施的具体方针。这“六个突出”指在培养理念上，突出学员中心、问题导向和过程取向；在培养内容上，突出一个主题多个模块；在培训方式上，突出理论研修与实践行动相结合、导师引领与个人研修相结合、脱产学习与岗位研修相结合、国内学习与海外研修相结合、研修提升与示范引领相结合；在培训资源上，突出行政推动、专家引领；在培训管理上，突出专业化与精细化；在培训考评上，突出多元主体参与、系统标准设置和分阶段评估考量。

(3)强调课程结构的整合性

名校长的培养不是一蹴而就的短期行为，而是持续三年的协同式培养。课程设置必须遵循整合性的原则，既要重视课程构成要素与各年度具体活动纵横向度的整合与连贯，又要重视校长自身需求、发展程度与学习任务的关联，以及在实现个人、学校与地区三个层面共同发展上的效力，进而对课程结构及内容进行整体的设计，保证校长从培训中获得连续的经验，密切实践与理论之间的联系，实现知识、能力与价值观的融合统一。培训按照程序模块化构想和编制原则设计模块结构课程，凸显课程内容的模块化；聚焦“名校长的专业核心能力”及“实践中常见的问题难点”，组成一个个相对独立的小单元，贯穿在整个培训进程中；在保持各单元自身起点和终点的同时，又能与其他模块发生水平序列或领域方面的关系，可根据一定的原则进行灵活的拆分和组合，以适应实际培训过程中的变化。

2.“名校长”培训课程目标

课程目标设置的准确性直接影响整个培训的成效。要确保名校长课程目标的准确性，就要按照名校长专业素养的基本特质与普遍规律，对培养对象的整体发展水平与个性化发展作出综合性考量；同时，还要依据整个项目特点，细化三年培养周期的目标，既能保证各年度目标与总目标的内在一致性，又能使其成为各年度培养活动有序展开的科学指引。

(1)总体目标

以“学校改进与校长领导力提升”为研修主题，以科学发展观为指导，以全面提升中小学校长整体素质为核心，通过三年持续研修培养工作，努力造就品德高尚，办学思想先进，精通教育，善于管理，富有改革创新精神，具有鲜明的办学特色和办学优势，在国内享有较高美誉度和传播力的中小学校长。

(2)具体目标

① 提炼办学理念。拓宽校长的理论视野和国际视野，在实践反思、批判甄别与价值关照下形成独特合理的办学理念，完善学校文化品牌标识系统。

② 推进学校发展。通过学校诊断，以课题合作研究和岗位行动研究方式推进学校发展。名

校长出自名校，名校育名校长，实现学校发展与校长成长的良性互动。

③ 提升综合素养。倡导“理论研读”“改进中学”“浸润体验”和“自我修炼”，以“研究生培养”为方式提升校长专业能力和综合素养，让校长成为有思想、有行动、有品牌、有传播力的“四有”校长。

④ 传播学校品牌。通过“示范引领带学”，用校长论坛、高峰对话、成果展示、工作坊等方式，锻炼和提升校长的传播和辐射能力，充分发挥名校长的示范带动效应。

(3)阶段目标

第一年度：重点完成集中脱产研修和省内外考察学习。以“双导师”引领和校长外挂基地“浸润式”跟岗学习为主，实施校长读书修身工程，重在拓宽理论视野和国际视野，引发实践反思，厘清办学理念。

第二年度：重点完成岗位行动研究、课题合作研究与第一轮境外考察学习。以“学校改进”和“课题推动”为抓手，融自我反思、互动研讨与导师引领于一体，促进学校改进，提升校长专业能力和管理能力。

第三年度：重点完成示范引领带学和第二轮境外考察学习。以校长论坛、高峰对话、校长“外挂基地”活动及现场研讨会系列活动为依托，提升校长个人综合素养和传播能力，赢得社会广泛认可。

3.“名校长”培训课程内容

(1)课程基本架构

着眼学校内涵式发展的需求、立足培养对象原有的发展水平，课程围绕此项目培养目标，设置五个内容模块(图 3-1)。

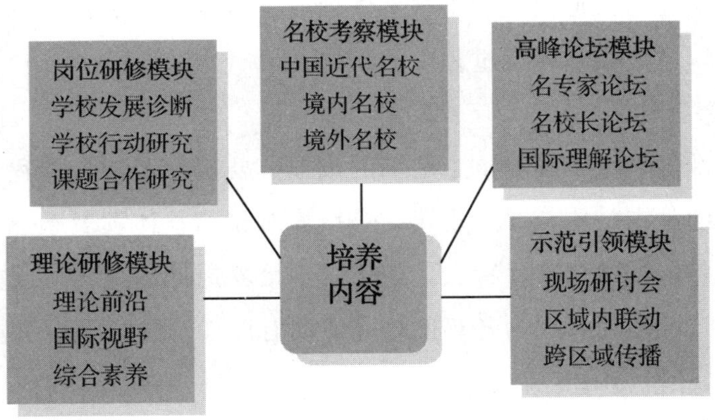

图 3-1 课程基本架构

(2)课程模块设计

依据“名校长”成长规律特点，各模块内容的选择与设计要突出办学新理念、领导力的提升、学校改革行动研究、办学思想的提炼与传播等。课程模块共五个。

①理论研修模块。秉持“与理论对话，与经典为友”的理念，以专题讲座与读书指导相结合的形式，协助培养对象了解理论前沿，拓宽国际视野，提升综合素养与教育科研能力。

②岗位研修模块。以“学校发展诊断”为起点，以“学校实践改进”与“教育科研行动”为核

心，融自我反思、互动研讨与导师引领于一体的在岗研修活动。注重研究过程设计和研究方法指导，注重阶段成果的分享与展示，在学校改进过程中提升校长专业能力和管理智慧。

③名校考察模块。在考察中国近代名校和境内外知名学校的过程中，了解“历史名人”和“教育家办学”的史与实，感悟大家风范，增进校长的历史厚重感和使命感；以行走在现实与理想之间的“教育改革家”为样板，在浸润与亲历中领悟名校成功的真谛和名校长的管理智慧与人格魅力。

④高峰论坛模块。以拓展思路、分享智慧为主旨，在同理论导师和实践导师持续沟通、研讨的基础上，广泛邀请有理论专长和实践智慧的国内外知名专家及校长，以专题论坛或教育沙龙等形式，进一步探析和交流学校管理过程中的热点、焦点和难点议题。

⑤示范引领模块。以示范名校长成长过程、引领地区学校发展为主旨，依托自我反思、研修提升与展示分享相融合的研修过程，通过“办学理念与学校改进”“阅读、写作与演说技巧”“成长机制与生涯规划”等主题研修经验的提炼、宣传、推广，形成“双名(名校长与名学校)”效应，推动区域教育的改革，带动地区学校的发展。

(3)课程内容详案(表 3-1)

表 3-1 培训课程与主要活动一览表

模块	主题	内容	年度	方式	学时
理论研修	理论前沿	学校发展定位与学校特色设计	1	理论研修与脱产学习相结合；导师引领与个人研修相结合	4
		学校安全管理与危机处理	2		4
		学校发展自我诊断	1		4
		教育改革与现代学校制度建设	2		4
		校长领导力的开发与提升	1		4
		有效教学与课堂改进	1		4
		班级管理与学生文化建设	1		4
		校长管理智慧与学校改进	2		4
		品牌学校的形象设计与传播	1		4
	国际视野	校长领导力修炼	1		4
		知识管理与学校效能	1		4
		新公共管理与学校管理变革	2		4
		日本儿童智能开发	2		4
		美国儿童发展适宜性实践	2		4
		现代儿童教育理论流派的审视与反思	2		4
		英美学校校本管理与学校改进	1		4
		多元智能理论与中小学教育改革	1		4
	综合素养	做成功校长，过幸福生活	1		4
		校长演讲的艺术	3		4
		校长读书指导	1		4
		名校长成长与生涯规划	2		4
	科研指导	学校改进与行动研究	1		4
		学校龙头课题的选择与申报指导	1		4
		校长论文写作指导	2		4

续表

模块	主题	内容	年度	方式	学时
岗位研修	学校发展诊断	自我、群体与专家多形式诊断	1	岗位研修与行动研究相结合；导师引领与个人研修相结合	30
	学校行动研究	制订《学校改进方案》	2		30
		分主题、分领域实施	2～3		200
		校长读书修身工程	全程		100
	课题合作研究	建立课题研究“合作共同体”，校长定期汇报、专家定期指导	2～3		300
名校考察高峰论坛	中国近代名校史考察	名校长传记、名校遗址、名校历史考察	全程	境内学习与境外研修相结合；导师引领与个人研修相结合	100 200
	境内名校考察	北京、上海、江苏、浙江等地名校考察	全程		100
		名专家论坛	全程		100
		名校长论坛	全程		200
	境外名校考察	从美国、英国、日本、澳大利亚等国名校中选择考察学习	1、3		100
		国际理解论坛	1、3		
示范引领	现场研讨会	办学理念与学校改进 阅读、写作与演说技巧 成长机制与生涯规划	全程	研修提升与示范辐射相结合	200
	区域内联动		全程		100
	跨区域传播		2～3		100

4. 课程的开发与管理

(1)成立以学院院长为组长的培训工作领导小组

以学院院长为组长的培训工作领导小组负责统筹、协调培训工作，确保培训有序、高效地进行。

(2)实行项目首席专家负责制

首席专家负责课程方案的制订、课程实施和效果评估等工作；成立专业化的项目管理团队，负责培训的具体实施、组织管理和后勤服务。

(3)实行双导师制

“理论导师”由相关领域资深教授承担，“实践导师”由国内教育家型小学校长和幼儿园园长担任。

(4)实行双班主任制

“教学班主任”由具有博士学历或副教授以上职称的专业教师承担，“行政班主任”由熟悉班务管理的资深教师承担，确保在教学和生活上为学员提供优质服务。

(5) 培养基地建设

依托省中小学校长培训中心平台，整合国内外优质培训资源，建立稳定的学校互访制度、国内外挂基地和国外合作培养基地。

(6) 重视宣传推广，充分利用媒体资源

联合《中国教育报》(校长周刊)、《中小学管理》《广东教育》《广东基础教育研究》等报刊，推广课题研究成果，推动名校长和名校的诞生。

5. 分阶段实施课程

为保证课程实施质量，在实际操作中，课程实施一般采用“五结合分阶段”的方式，推动整个项目循序渐进地展开。

(1)理论研修与行动研究相结合

课程既要提高培养对象的教育教学理论水平，又要与教育教学实践工作紧密结合，做到学以致用。

(2)导师引领与个人研修相结合

培养院校为每位培养对象配备导师，导师在培养全过程中加强对培养对象的指导、教学和示范。

(3)脱产学习与岗位研修相结合

培养对象既要集中到培养院校进行短期脱产培训，也要在平时的教育教学岗位上进行在职学习、反思、总结和提高。

(4)国内学习与境外研修相结合

培养院校有针对性地组织开展培养对象到国内外进行考察学习交流活动。

(5)研修提升与示范辐射相结合

培养对象通过参加培养工程要实现个人专业发展并在当地发挥示范引领、带动其他教师共同成长的积极作用。

“分阶段实施课程”包含集中脱产研修阶段、岗位行动研究阶段、异地考察交流阶段、示范引领带学阶段和课题合作研究阶段。在整个培养过程中，各阶段穿插进行，合理衔接，相互促进，根据具体情况适当调整(表 3-2)。

表 3-2　三学年年度课程安排表

年度	集中脱产研修	岗位行动研究	异地考察交流	示范引领带学	课题合作研究
第一年度	明确发展目标 深化理论认识 促进自我反思 组建共同体 定位个人发展 制订个人规划	学校发展诊断 学校个案分析 学校自我诊断 专家现场会诊 撰写诊断报告	名校文化考察 学习名校经验 交流办学难题 感悟名校文化 感知名校长(园)长风采	设立校长讲堂 定期主题演讲 定期论坛沙龙 资料整理汇编 (延续三年)	科研兴校战略 找寻核心课题 拟定研究方案 完善学校改进计划
第二年度	促进个性化发展 拓展理论视域 拓宽国际视野 强化读书交流	学校改进行动 指导过程方法 注重资料收集 协助成果生成	域外文化纪行 (英、美选一) 感知文化差异 走向国际理解 撰写考察报告	校长风采展示 教改现场展示 校长应邀演讲 区域经验交流 校长论文发表 (延续两年)	院校合作推进 专家定期指导 课题交流展示 持续质量督导 个别咨询指导 (延续三年)
第三年度	展示中促发展 高峰对话 名专家论坛 名校长论坛 校长论文答辩	反思调整提升 行动过程改进 行动经验提炼 学校自我评估 学校改进报告	域外文化纪行 感知文化传承 反思学校殊同 名校考察报告	见证成长 现场研讨会 校长论文发表 校长专著出版	精益求精 深化课题研究 促进实践改进 指导课题结题 生成展示成果

前两个年度分七个阶段研修，第三年度为第八阶段，其中包含赴我国台湾培训。第一年度的培养重点在集中脱产研修和省内外考察学习，以“双导师”引领和校(园)长外挂基地“浸润式”跟岗学习为主，实施校(园)长读书修身工程，拓宽学员的理论视野、学习多元化的办学经验，引发学员实践反思、帮助其厘清办学理念和改进重难点。第二年度的培养重在岗位协同研修和

课题合作研究，以岗位研修和核心课题研究为抓手，融自我反思、互动研讨与导师引领于一体，切实推动学校的改进，提升学员专业能力和管理能力(表 3-3)。

表 3-3　截至 2014 年 10 月已开展的培训活动信息一览表

年度	阶段(时间)	主题	主要形式	目的	学习任务
第一年度	第一阶段 8 天 (2012.10.8—2012.10.15)	“教育改革与学校发展”和“优质学校建设”	集中面授	通过专家讲座和互动研讨等活动，拓展学员对基础教育改革宏观背景的认识，提升其统领、驾驭学校教育观改革的能力	个人学习日志、个人发展规划
	第二阶段 14 天 (2012.12.3—2012.12.16)	“校长领导力”	集中面授 省内考察	以理论学习与实践观摩相结合的形式，增进学员对“领导力”的系统认识，深化对领导能力与学校现状的反思，感悟教育现场的领导及管理智慧，明确个人的发展方向与目标	个人学习日志、研修报告
	第三阶段 14 天 (2013.3.10—2013.3.23)	“学校制度建设”和“学校文化培育”	集中面授 跟岗学习	融跟岗学习和理论研修于一体的省外研修活动，深化学员对学校制度及文化内涵的理解，解析学校制度与文化变革中的问题及难点，掌握实践中一系列行之有效的经验与策略	小组研修日志、考察总结
	第四阶段 14 天 (2013.5.13—2013.5.26)	“学校诊断与改进”	集中面授 实践研修	以“小组行动”和“校长讲堂”活动为载体，以导师团队的专业引领为助力的研修活动，在共同问诊学校和示范辐射带学的行动中，引导学员确认学校发展进程中的优势与不足，明确发展定位、找准发展方向、厘清发展的思路与重点	小组研修日志、学校发展规划
第二年度	第五阶段 8 天 (2013.10.14—2013.10.21)	“课题设计与实践研究”	集中面授	以“课题设计与实践研究”为主题，通过专题讲座、自主研修、小组互动、导师协同等形式，帮助学员深化科研认识、拓宽科研视野，并能以自身的办学理念与学校发展规划为依据、确立统领学校改进行动中的“核心课题”	小组研修日志、学校核心课题研究方案
	第六阶段 14 天 (在 2013.11—2014.01 期间安排)	小组自拟研修主题	导师协同 实践研修	通过导师协同指导小组岗位实践研修活动，集中力量展开对学校发展与改进进程中的主要难点与热点议题的深入探究，并围绕各小组确定的焦点议题生成相应的研修经验或典型案例	小组研修报告
	第七阶段 10 天	学校内涵发展省思	导师协同 高峰论坛	通过导师协同指导，集中梳理和总结个性化办学经验、凝练个人办学理念，依托校长高峰论坛活动，以个人主题报告形式，发挥学员的示范引领作用	个人办学理念及办学经验报告

6. 课程实施成效

按要求履行广东省教育厅及新一轮“百千万人才培养工程”项目办提出的各项要求，课程实施严格执行项目高端定位目标，不断强化对名校长、名园长项目培训过程的管理，努力做到培训成果序列化、培训研究同步化、培训影响扩大化，使培训过程的展开过程与培训成绩的生成与共享过程保持一致。课程实施成效可以从三个方面归纳。

(1)培训工作成果

按照主题—总结、活动—反思、阶段—总结、阶段—简报的原则，培训落实各阶段的培养工作，以学员研修日志、学习总结和网络博文为基础，编制 7 期简报，整合文章 140 余篇。

(2)学员学习成效

根据 2014 年 7 月“百千万人才培养工程”中期考核的统计结果，两年间 28 名学员共发表博文 2 669 篇，公开发表论文 54 篇，撰写个人专著 3 本、参编著作 5 本，承担区级课题 4 项、市级课题 19 项、省级课题 19 项、国家级课题 7 项。

(3)辐射引领作用

此外，学员在每年度各阶段的研习结束后，都会主动以讲座、报告或网络博文的形式，与学校内外的校长、教师们共享个人的研修体会与经验成果。仅 2013 年，28 名学员面向来自一线的 500 余位校长、园长共做了 34 场专题报告。

(二)初中名教师培养项目

初中名教师培养方案以培养有独特“教学风格”的专家型教师为目标。培养对象共 42 人，2014 年因病申请退出 1 人。41 名培养对象分别来自全省 16 个地级市和广东实验中学、广东省教育技术中心两个省直单位。其中文科类 25 人，含语文、英语、心理、历史、政治、地理、音乐 7 个学科；理科类 16 人，含数学、物理、化学、生物、教育技术 5 个学科。学员的教育背景各不相同，教学科研水平差异明显。

根据学员人数少、学科分布广、地区差异明显等特征，项目组为培养对象配备了 42 名导师：其中理论导师 16 人，全部为教授，占 31.2%；其中国培首席专家 2 人，占 12.5%；广东省中小学教师继续教育专家委员会与学科指导组成员 9 人，占 56.3%；实践导师 15 人，全部为省名师工作室主持人。生师比达到 1∶1.3。

2012 年至 2014 年，项目组共开设涵盖国内外教育、文化、历史、社会等各个领域的专家讲座 34 场次；初中文科类、理科类名教师培养项目已分别完成 10 个阶段的集中研修，其中包括赴美国哥伦比亚大学第十阶段研修(表 3-4)。

表 3-4　广东省中小学新一轮“百千万人才培养工程”

初中文科类、理科类名教师培养项目分阶段研修情况表

年度	内容与形式	地点	时间	学员任务	项目实施情况说明	项目成果
第一年度(2012.10—2013.7)	集中研修 围绕职业专业化、教学改革动态、教学风格和教育科研四个主题开展专家讲座与互动研讨活动	广东第二师范学院	2012.10 共 8 天	建立个人博客；撰写学习日志	完成研究讲座、小组分享活动、研修体验交流等内容	完成《个人三年发展规划》《课题研究计划》《“我的教学风格”

续表

年度	内容与形式	地点	时间	学员任务	项目实施情况说明	项目成果
	问题诊断 同伴互助、课堂展示、问题澄清与诊断	学科基地	2012.11—12 共7天	拟定个人(小组)研修活动计划； 撰写学习日志	学员以学科小组(个人)为单位，在导师的引领下，厘清个人发展方向与研习重点	案例(初稿)》《第一年度研修经验总结》及《第一年度个人发展状况报告》
	生成计划 组内互动、教师指导、特色梳理、发展与改进方案的制定	学科基地	2012.11—12 共8天	撰写学习日志； 撰写研修活动总结； 拟定个人三年发展规划和课题研究方案(即行动研究计划)	结合个人经验与研修体验，提交规划文本及简表	
	个体研修 撰写"我的教学风格"案例：表达自己的教学风格、叙述自己的成长历程、提供典型的课堂实例、反思自己的教学行为、研读教育经典名著等	所在岗位	不限	撰写一篇《对我影响最深的一本书》(教育经典书籍读后感)	按计划执行	
	引领示范 名师讲堂活动、小组研修成果展示、个人公开课与示范课(地市教育行政部门组织)	欠发达地区	2013.3 共8天	撰写一份教学设计/专题讲座大纲； 完成一节公开示范课/专题讲座； 与学科教师进行互动研讨	2013.3.12—14在广州市花都区炭步镇进行示范带学活动，结合广州市花都区教研室教研活动，面向广州市花都区学科骨干教师1 000余人，开展公开示范课/专题讲座	
	现场追踪 走进名校，走近名师与名家，就教育观念、教学风格与教改体验及经验的交流研讨	香港	2013.4 共7天	撰写学习日志； 以小组为单位，在结业上就学科收获做汇报展示； 提交学习考察报告	基于学员在经过学科基地研习后，对多元文化教育观念理解的需求，经项目组专家研究，在香港建立名师联合培养基地，2013.4.14—20在香港进行学习。内容包括：专题讲座、优质学校考察、卓越教师分享等	
	小组研修 围绕"教得巧妙"和"教得有效"展开主题研讨，交流分享有关个人成长经验、认识和凝练教学风格方面的感受等	广东第二师范学院及学科基地	2013.7 共12天	撰写学习日志； 以小组为单位，就第一年度学习收获做汇报展示	基于学员的学校事务安排、中考时间等因素，经充分征询学员意见后，将时间调整到7月份，内容包括：高端研修讲座(3天)、学科基地研修(6天)、第一年度研修成果交流分享(3天)	
	网络交流 与"双导师"及其他学员间的沟通和研讨	所在岗位	不限		建立QQ群，拟建立信息共享平台	

续表

年度	内容与形式	地点	时间	学员任务	项目实施情况说明	项目成果
第二年度（2013.7—2014.7）	高端研修 跨领域人文素质提升	广东第二师范学院/广东实验中学	2013.7	撰写一份研修心得	邀请国家发改委、故宫博物院、凤凰卫视、香港教育学院、中国人民大学、浙江大学、广州美术学院等名家开展讲座与互动	按《个人三年发展规划》与《课题研究计划》完成第二年度发展任务，提交第一次《“我的教学风格”案例》修改稿，完成《期中考核表》及《期中总结与汇报》
	示范带学 个人公开课与示范课、名师大讲堂活动和小组研修成果的展示汇报活动（地市教育行政部门组织）	河源	2013.10 共8天	教学设计； 公开课课例	每位学员与当地教师进行一次同课异构与学科交流	
	教育视野 在集中研修中西教育思想、科学人文素养与科学研究方法等主题的基础上，赴哥伦比亚大学合作培养基地访学，体认中西教育的殊同，走向国际理解	广东第二师范学院/美国	2013.12 共26天	撰写学习日志； 一份总结报告	在美国哥伦比亚大学师范学院的安排下，哥伦比亚大学的专家给学员讲授前沿的教育理论，共进行了“批判创新式思维与课程改革”“教育领导力培养”“教师评价与教师管理”“项目式方法在科学教育中的应用”“如何管理纽约的特级高中”等7场讲座。访问了哈佛大学、麻省理工学院等高等院校，并到哥伦比亚数理科技高中、东区中学、卡罗尔学校、史岱文森高中等6所学校进行了跟岗研修与交流研讨	
	现场追踪 走进名校，走近名师	杭州	文科班：2013.11； 理科班：2014.9， 共10天	设计一份教案； 录制一堂课堂实录； 提交一份同伴诊断分析、一份自我诊断分析； 提交一份教学风格案例修改稿、一篇研修日志	分学科赴杭州跟岗学习：观摩特级教师课堂教学艺术和课堂管理艺术；观摩优秀学校管理特色和校园文化建设特色；观摩优秀学校教研组、备课组活动情况以及校本培训情况；在名师指导下开展教学活动	
	学科研修 围绕个人成长目标与特长，开展个性化研究，导师赴学员所在单位指导	学员所在学校	2014.4—5	每人上一堂汇报课； 每人将在所在单位开展的个人研究与学科建设情况进行汇报	导师回访；同组交流	
	期中总结汇报 每个人对培养期内的教学成果与科研成果进行汇报，全组评比	广东第二师范学院	2014.7 共8天	每人准备一份期中考核材料； 每人准备一份向导师组汇报的教学成果介绍； 每人准备一份教学科研进度与困难介绍	同组汇报评比； 导师组交流考核； 优秀成果全班共享	

至2014年年底，41名初中名教师培养对象共公开发表教学研究论文74篇，人均1.8篇；同时，出版学术专著与教学参考资料多部。学员举行专场学术报告30余次，被县级以上媒体报道近30次，逐步显现出名师培养对象的社会影响力。

对照省项目办发布的期满考核标准，有25名学员在两年内的“教研成果”“教学业绩及社会影响”“示范辐射作用”等方面已达到三年培养培训的规定指标，占培养对象总数的60.9%。

同时，依托广东省百千万名师培养项目的成功实践，广东第二师范学院“以提炼教学风格为灵魂，以双导师为依托，以名师工作室为阵地，以学员个性化成长为目标”的名师培养模式已得到省内外的高度认可。截至2014年7月，广东省百千万初中名教师培养模式成功获得市、区级平移立项4项，涉及广州市、肇庆市、广州市天河区等546名学员，覆盖高中、初中、小学各学段的所有学科。

(三)项目特色

到2016年年初，广东第二师范学院承担的初中名教师、小学名校长、幼儿园名园长三个项目均已按计划与进度完成了培养培训任务，且各具特色，从中可以总结出一些有价值的经验。

1. 项目方案主题明确

小学名校长、幼儿园名园长项目以构建引领名校/园长培养全景模式打造培养方案，初中名教师培养项目则以“培养有独特教学风格的专家型教师”为核心，在培养培训的理念、内容、方式、资源、管理、考评等方面均贯穿了“六个突出”的设计原则。

2. 多元发展、循序渐进的培养模式

在培养内容方面，按照“依目标定模块、依模块定环节/阶段、依环节定主题、依主题定内容”的方式，让宏观层面的“项目主题”转化为微观层面各阶段的研修主题，细化为具体的研修内容；在阶段性主题的研修形式上，采用“理论导入—技术引导—实践辅助—智慧行动”的活动方式，使学员对各阶段研修主题的认识能够经历一个从理论到实践、从认识到行动逐步深入、层层推进的过程。小学名校长、幼儿园名园长项目聚焦在学校变革历程的重难点上，并朝着契合于“名校长”角色定位与基本特征的方向发展，初中名师培养项目根据学科研修特点，以“1+1”的导师模式——1位高校理论导师(广东省教师工作室主持人的导师)+1位实践导师(广东省教师工作室主持人)——全方位促推名师成长，打造名师品牌。

3. 搭建共享的资源平台

根据当下教师培训观念的转变和本工程的定位要求，在培养过程中，项目组不仅要重视“研训一体化”，还要关注“培养使用一体化”。为此，在培训资源的综合运用上，项目组积极搭建四个平台，即学员与专家对话沟通的平台、学员与同伴协同发展的平台、学员与同行交流互动的平台和学员内省自我反思的平台；同时，强调教育素养的“内外兼修”，在培养过程中设置了“拓展教育”，定位于历史、艺术、社会、军事、文化、经济等领域，设立高端研修讲座系列，邀请非教育学科的著名学者开讲本学科与教育的关系，以期通过对教育的多学科审视，拓宽学员的专业视野，提高学员的专业水平。

4. 学员个性化发展

"百千万人才培养工程"是一个持续三年、逐步展开的培养项目。按照广东省教育厅对培训院校的工作要求和培养项目方案设计，在管理和学员研修任务方面，项目始终坚持培养与使用相结合、培养过程表现与日常工作业绩相结合、个人专业成长与学校整体发展相结合的原则，努力实现培训产出的序列化目标。比如，学员入学时，项目组根据其个人《学习档案》进行分类分层分析，并把分析结果以组为单位报告给理论与实践导师，每年研修结束，项目组会根据成长档案制作每位学员的成长比对表，以便学员、导师了解个人发展计划的完成情况与进展，便于培养过程调整。在培训工作成果方面，确保阶段—总结、阶段—简报；在学员学习成果方面，达到保证—主题—总结—活动—反思。这种持续性推进的培训与督导方式，不仅为培训工作质量提供了保障，也进一步丰富了培训资源，为其他同类培训的开展提供了借鉴。

(四)总结与反思

1. 根据培养对象的条件差异确定分类目标

项目组在分析学员个人成长档案与中期成果时，发现学员的教育教学背景与本身所处地市存在着相关性，导师对学员的培养过程也反馈出学员之间的水平差异非常明显。尽管所有参训学员都通过了培养对象遴选考核，但学员在实际发展水平、个人发展需求等方面存在着显著差异，这无疑成为培训课程设置与培训活动设计的突出难点。如何在培训活动设计上保持共性与个性之间的适度平衡，如何在培训质量评估上保持适度的弹性，保证每位学员都能在培训中学有所获，实现培训效能的持续提升，是整个培训工程需要谨慎面对和妥善处理的问题。

在高端教育人才培养领域，可以借鉴"国培计划"分为"示范性"与"中西部"等多种培训类型，按"珠三角"与"粤东、粤西、粤北"不同地区分类分层设计安排，使研修方案更切合学员个人的发展水平，更有效地推动学员成长，扩大其立足本地的区域影响力。

2. 制定与结业成绩相关的配套政策

经过三年艰苦学习培训的"名师培养对象"，通过了结业考核，如果能够有相应的身份认定，将有更大的激励作用。中小学教师中获得"特级教师""正高级教师""名师工作室主持人"等身份认定的名额有限，且认定年限与范围很窄。以广州市为例，在全市 13 万中小学教师中，在职的特级教师、名教师、名校长人数不足 200 人，真正承担培养骨干及青年教师任务的只有 130 人左右。以广东第二师范学院负责的名教师、名校长工作室主持人为例，珠三角地区的名师(校长)工作室承担着绝大部分的中坚力量培养任务，而欠发达地区的名师工作室主持人发挥的省级引领作用则微乎其微。

因此，名师培养工作应与身份认定、职称评聘相结合，打通从"培养对象"成长为特级教师、名师的上升渠道，培养充足的中小学教育教学高层次人才。

3. 深度整合、充分利用培训资源

承担广东省中小学新一轮"百千万人才培养工程"的华南师范大学、广东第二师范学院和广东外语艺术职业学院三所高校，在培养培训过程中，一校之内的几个培训项目之间交流较多，但与他校的承担机构沟通不足。除了在省教育厅组织的会议上交流外，基本没有组织过学员、

导师之间的交流活动，各种培训资源也没有在项目办的层面得到过整合与共享，基本上是各自设计、各施各法的。

为了更加有效地整合和充分利用培训资源，项目组可以搭建适当的平台，组织学员、导师多角度交流，便于各相关培训机构共享培训资源、交流培养心得和互相学习先进经验；并与省外如上海等的同类培养项目开展交流活动，组织各项目组的培训者研修，提高培训者团队素质。

4. 为学员参加学习培训提供有利的条件保障

很多学员反馈，在艰辛的培养过程中，个人的努力未得到市、县教育主管部门的认可与支持，在解决工学矛盾、办理省外境外学习手续、建立示范性教师工作室、开辟远程带学平台等方面存在着巨大困难。项目组在组织示范带学时也发现，以送教上门的方式与欠发达地区可以做到零接触，但长期连续性带学效果不明显。“名师”示范功能未凸显。

建议：项目组为学员参加省内外、境内外培训学习提供有力的政策支持，尤其希望得到学员所在单位、所在地市教育部门的大力支持；希望省教育厅在培养机构搭建学习平台的基础上，搭建配套的竞赛平台、交流平台、示范带学平台等，通过比赛交流等活动，激活名师资源，扩大准名师影响力；同时，要采取切实有效措施落实省内外跟岗学习，增强项目的整体设计和组织实施，拓宽学员教育视野，加强项目实施中的资源配套工作，进一步帮助承担培训任务的院校顺利开展各项培训活动，保证学员优质高效地完成各项研修任务。

二、广东省中小学骨干教师省级培训项目

广东省中小学骨干教师省级培训项目建立的目的是进一步加强中小学骨干教师队伍建设，造就一支在基础教育改革和发展中能够发挥示范引领作用的骨干教师队伍。根据广东省教育厅制定的《广东省中小学骨干教师省级培训(2009—2013年)实施方案》的部署，广东省从2010年开始正式启动了教师培养“双名工程”，提出了让“骨干教师成名”和让“名教师成家”的“双名”目标；同时建立起高等院校、中小学教师工作室、市县培训机构“三位一体”的教师培训培养体系，设立了“南粤名师大讲堂”“中小学教师跟岗学习”等具有开创性的教师培训项目。2011年1月，教育部颁布的《关于大力加强中小学教师培训工作的意见》指出：“骨干教师研修提高：重点是帮助骨干教师总结教育教学经验，探索教育教学规律，进一步提升教育教学能力、教研能力、培训和指导青年教师的能力，在推进素质教育和教师全员培训中发挥引领示范作用。”为广东省中小学骨干教师省级培训提供了重要的方向性指引。

2010年，广东省从小学到高中，各学科、各学段90个省级教师工作室陆续挂牌。2012年3月到7月，省教育厅评选授牌第二批省教师工作室主持人122人，在全省遴选200位教师工作室主持人的新一轮(2015—2020年)工作展开，旨在通过发挥主持人的示范引领作用，将“广东省中小学教师工作室”平台作为骨干教师跟岗学习的实践基地，促进骨干教师专业化发展，培养一大批学科教学骨干，适应新时期中小学教师队伍建设的需要。本部分将以广东第二师范学院承担的中小学骨干教师“三位一体”省级培训项目为例分析项目的基本情况。

(一)明确培训需求

2010 年，广东第二师范学院从承担第一批“三位一体”骨干教师培训开始，就对广东省中小学骨干教师专业发展现状开展深入的调研工作。例如，对珠三角某地级市的中小学骨干教师培训需求进行的专项调研，采用调查问卷对中小学骨干教师的培训需求进行调查，系统地了解不同教龄和不同职称教师对培训内容、培训形式、培训师资、培训目标、培训考评方式等方面的不同需求，旨在为骨干教师培训的方案设计提供参考信息，从而提高骨干教师培训的针对性和实效性。本次调研共回收有效问卷 248 份，其中公办学校问卷 171 份(男，55 份；女，116 份)，民办学校问卷 77 份(男，22 份；女，55 份)。最终形成调研报告《中小学骨干教师培训需求调查报告——以珠三角某地市为例》(发表在广州市教科所主办《教育导刊》2014 年第 7 期上)。通过调研，我们总结归纳出广东省骨干教师队伍基本状况呈现出四个特点：第一是数量少，省特级教师、百千万工程、骨干教师省级以上培训等项目所培养的骨干教师，相对于教师队伍整体来说，数量还很少；第二是影响弱，从符合公认、所做贡献、时间考验三项指标来看，骨干教师队伍的影响力还比较弱；第三是结构失衡，年龄、职称、学科、学段、性别等结构不均衡，经济欠发达地区分布更少；第四是发展规划缺失，从个人、学校、政府等层面对骨干教师队伍的持续发展缺乏系统规划。其队伍现状特点还呈现出全省各地区、各学段、各领域的骨干教师存在突出的发展不平衡的问题。

(二)确定培训目标

根据下达的培训任务和培训对象的需求，培训通过线上线下相结合的研训，帮助骨干教师总结教育教学经验，探索教育教学规律，进一步提升教育教学能力、教研能力和师德素养，使他们加速成长为在全省教育教学改革中能够发挥示范引领作用的带头人。

1. 培训对象及期限

培训对象为广东省教育厅在全省选拔的中小学中青年骨干教师 8 140 人，覆盖了全省各地小学、初中、高中各个学段的所有学科。培训期限为一年。

2. 培训目标

中小学骨干教师“双名”工程省级培训的总目标是实现“让骨干教师成名”“让名教师成家”。具体目标是提升教师职业精神，优化教师知识结构，形成教师独特的教学风格，提高科研意识与科研能力。

(三)培训实施

培训采用高等院校、广东省中小学教师工作室主持人、区县教师进修学校“三位一体”培训模式，以高校集中理论研修、广东省中小学教师工作室跟岗学习和在岗实践、学员之间交流总结和学习成果展示等形式进行培训。高校负责理论培训和专业引领，促进工作室主持人与骨干教师的共同成长；教师工作室负责骨干教师的实践培训，侧重经验分享和教育教学实践；市县培训机构负责教师工作室的业务管理与地方课程培训。高校导师、中小学名师工作室主持人、区域教师培训机构和骨干教师培养对象四个方面共同构成一个教师专业发展的学习共同体。

培训遵循“专业引领、实践导向”的思路，力求形式新颖和多样，注意将专家引领、跟岗实践、合作探究、做中学、角色扮演、互动交流、辩论等元素引入培训活动中，特别是“跟岗实践模式”具有创新性和实效性，使得培训模式本身也成为研修的内容。

1. 创新培训方式

(1)加入网络研修

试行线上线下一体化培训。通过语文、数学、英语三个学科的网络研修平台开发和培训资源整合，逐渐扩大到所有学段学科。

(2)选拔优秀骨干教师

省培学员参加“东部卓越教师发展计划——京苏粤浙中小学卓越教师高端研修”项目，接受更高层次、国内领先地区的研修，为学员专业发展打造高层次途径。

(3)加强与规范“三位一体”协同创新机制

建立可持续发展的中小学骨干教师发展新体系，加强与市、县(区)教育局、教师进修学校和高校的制度化合作，探索共同推动中小学骨干教师发展的工作机制，明确高校(中心)、地市教育局、中小学校三方的责任与任务。

2. 基本模式

培训工作流程按照提升骨干教师、教师工作室主持人专业能力培训模式进行(图 3-2)。

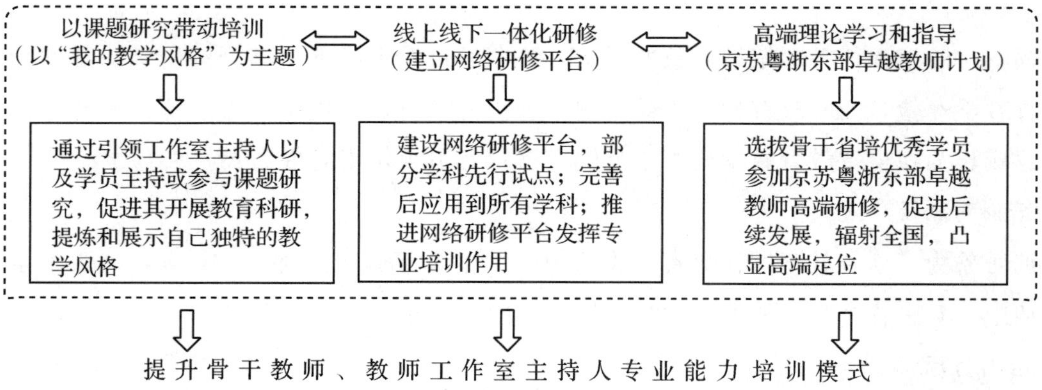

图 3-2　提升骨干教师、教师工作室主持人专业能力培训模式

3. 时间计划

一年培训周期分为集中理论学习、跟岗学习、岗位实践和总结答辩四个阶段(表 3-5)。

表 3-5　一年培训四个阶段安排表

培训阶段	培训形式	培训时间(天)	培训地点
第一阶段	理论培训	10	高校
第二阶段	跟岗实践	15	教师工作室
第三阶段	岗位实践	约 210	学员单位
第四阶段	成果总结	5	高校

备注：集中培训时间为 30 天，跟岗学习不少于两周，课题研究贯穿全过程。

4. 培训内容

集中培训项目的培训内容，按照《教育部关于印发〈幼儿园教师专业标准(试行)〉〈小学教师专业标准(试行)〉和〈中学教师专业标准(试行)〉的通知》的要求和国家相关规定，结合教师专业发展的需求确定。培训任务机构根据中小学骨干教师的特点和需要，科学设计培训内容，使培训课程贴近中小学骨干教师工作与生活，理论与实践课程要均衡，实践性课程比例不少于50%，课题研究贯穿全过程。

(1)培训设计

① 设计过程科学。基于需求分析设计培训目标，根据目标定位组织培训课程，按照培训课程优选培训专家等资源。

② 设计理念先进。例如，利用任务驱动变"被动培训"为"主动研修"，利用跟岗学习强化体验式和实践性培训，发挥过程性评价的监督管理作用，注意培训的"前延后展"。

(2)培训课程

培训课程设置了7个维度30多个模块近50个专题活动，突出了专家引领：理论提升；师徒结对：跟师学艺；亲身体验：深度体验；合作学习：交流分享；自主学习：个性化发展的培训模式，重视学员个体差异。

(3)培训管理

设立培训管理项目领导组、项目统筹组和12个学科专业的培训专家组、业务后勤组、班级管理组等多个管理机构，整合投入了整个学校的培训资源。成立班委会实行自我管理，制定体现过程性评价的学绩考核方案。明确"三位一体"骨干教师培训模式中各主体职责和执行方式(表3-6)。

表3-6　"三位一体"骨干教师培训模式中各主体职责和执行方式

阶段	学员	高校(导师)	工作室(名师)	区县机构
理论学习(10天)	熟悉培训方案，完成规定课程学习； 确定子课题的选题和撰写研究计划； 完成阶段小结，协助做好阶段考核	全面负责本阶段的设计、组织与实施； 解读培训方案，组织理论培训； 指导学员课题的选题和名师的开题； 对学员进行考核	视需要为学员开设专题讲座； 进行子课题开题，并为学员提供示范； 指导本组学员做好课题的立项和开题	指派相关人员对本阶段的培训进行观摩和跟踪
跟岗学习(15天)	教学实习：听评课不少于10节，上课不少于6节； 课题研究：子课题开题，并开展研究工作； 开发1节优秀课例，写3篇教学反思和2篇读书笔记	采用现场指导、远程跟踪等方式指导本阶段培训工作； 指导和检查学员的跟岗学习； 指导学员课题开题	全面负责本阶段的设计、组织与实施； 负责做好入室学员的接待工作； 确保学员完成跟岗学习任务(含开题报告)； 负责对学员进行阶段考核	协助和指导本阶段培训工作； 负责协调教育局、学校、工作室三方共同安排好入室学员的食宿和学习活动； 负责对工作室本阶段的工作进行考核

续表

阶段	学员	高校(导师)	工作室(名师)	区县机构
岗位实践	听课评课不少于10节，上课每周不少于6节； 完成子课题研究； 开发2节优秀课例(含录像课)，写3篇教学反思和2篇读书笔记； 指导青年教师	采用现场指导、远程跟踪等方式指导本阶段培训工作； 指导课题研究； 组织策划“名师讲堂”和“名师示范教学”活动	采用现场指导、远程跟踪等方式指导本阶段培训工作； 指导课题研究； 到学员所在地开设“名师讲堂”和“名师示范教学”	主持本阶段培训工作； 组织学员开设公开课； 组织实施本地区的“名师讲堂”和“名师示范教学”活动
成果展示(5天)	进行说课、录像课展示和优秀课例交流； 提交子课题结题报告，并进行答辩	全面负责本阶段的设计、组织与实施； 负责对学员进行阶段考核和综合考评	参与对学员成果展示的观摩和评价工作； 协助做好论文答辩工作	参与对成果展示的观摩和评价工作

5. 考核评价

为加强培训工作的整体质量监控，掌握各方培训工作的落实情况，有效保证广东省中小学骨干教师“三位一体”省级培训工作的质量，项目组制定了《中小学骨干教师省级培训工作质量评价办法》，组织各培训主体对培训质量和效果进行全程双向评价。其中包括对学员的评价、对各系及导师的评价、对工作室的评价、对各区县教师培训机构的评价等，运用问卷调查、访谈、实地督查、查阅有关资料等形式，核查培训工作的落实情况。制定的考核评价表包括：《各系对学员第一、二、四阶段的考核及汇总表》《工作室主持人对学员第二阶段跟岗学习的考核表》《学员对第一阶段教学活动评价表》《学员对第二、三、四阶段导师、工作室以及对整个培训管理评价表》《工作室主持人对各系导师指导情况和质量的评价表》《各系导师对所指导工作室的评价表》《给各区县教师培训机构的调查问卷》《工作室主持人对所在区县教师培训机构参与和支持力度的评价表》等。

具体执行由省级培训机构、市县教师培训机构、教师工作室、培训对象所在学校共同对参训骨干教师进行考核。考核内容包含学习态度和学习任务完成情况两个方面。

(1)学习态度

学员应积极参加培训方案规定的各项活动，原则上不予准假，若有特殊情况，须以书面形式向省教师继续教育指导中心请假，请假超过3天以上者，取消培训资格。

(2)学习任务完成情况

学员在培训期间需完成以下作业任务：

①撰写教育论文1篇；

②听评课20节，上公开课3节，开发优秀课例3节；

③写4篇读书笔记、6篇教学反思；

④担任本校1名青年教师的指导工作；

⑤写1份培训总结。

考核合格者，由省教育厅颁发《广东省中小学骨干教师省级培训合格证书》。

6. 培训结业后续工作

(1)继续参加深入培训

项目组通过选拔优秀骨干学员继续参加高端的“东部卓越教师发展计划——京苏粤浙中小

学卓越教师高端研修”，进一步提高优秀骨干学员的专业能力，到全国教育先进地区学习和交流，获得更高层次的专业发展，从而在骨干教师中更好的发挥引领作用。

(2)学员获得自主发展能力

项目组尊重学员的主体性，重视调动其内在发展需求和愿望，以增强其终身学习意识、提升其主体发展能力为重点，使其发展能从自觉到自主再走向自为。因此，培训结束后，学员仍然能够持续地自主发展。

(3)培养使用一体化

培训结束后，项目组将继续提供展示平台，特别是对培训效果明显、经过一段时间后继续逐步成长，扩大其辐射范围和影响的层级。

(4)编辑出版系列优秀成果

项目组跟踪指导、编辑出版“我的教学风格”丛书(图书和光盘)、优秀教学研究论文集、视频精品课例集等。

(5)定期回访

项目组要求各教学系与工作室主持人和学员保持密切联系，在培训结束后一年内进行回访，了解学员的训后情况。

(6)搭建长效交流平台

试点学科通过网络研修平台，未试点学科通过博客群与QQ群等网络平台，建立学员档案资料库，建立定期回访和跟踪指导制度，持续保持理论导师、主持人与学员、学员与学员之间经常性的沟通联系，为后续发展提供支持。

(四)总结与反思

调查结果显示，创造性的“三位一体”培训模式，以跟岗学习为亮点的实践方式，极大地提高了骨干教师培训的有效性。但是，随着基础教育改革发展和教师培训模式的不断发展创新，新模式也呈现出新问题，如培训内容需要调整、培训方式还需进一步多样化等。

1. 主要问题

(1)网络研修的缺失

培训还是以面授为主，缺少网络研修平台和相应的资源，而教育博客的形式在沟通交流、传播宣传、学习讨论等方面的功能非常有限，不利于骨干教师的培养和培训，迫切需要建立基于信息技术基础上的面授与网络研修相结合、线上线下同时进行的新模式。

(2)名师工作室主持人作用发挥不充分

名师工作室主持人在培训工作开展过程中反映的主要问题有如下几个。

第一，工作室建设和发展。工作室的定位和性质、工作室的内部分工与合作、培训方案的制订等。

第二，主持人的研修能力提高。主持人的展示交流平台、培训提高和队伍的规范管理。

第三，工作室主持人的工作量。地方教育局的支持力度、教学与培训任务的协调、与所在学校关系的处理。

第四，工作室主持人及成员待遇。证书与证明、评优评先等激励措施的建立、进入与退出机制的完善。

第五，项目中的一些具体问题。学员时间、人数、分配原则等。

(3)协同创新力度不足

高校教师培训机构、市县教师培训机构、省教师工作室这三个机构应该各司其职，同时发挥作用，但在实际中，市县教师培训机构被弱化，没有发挥应有的作用，三者迫切需要建立一种新型的协同创新机制。同时，与职前教育的卓越师范生培养也需要建立有机衔接，可以尝试将高校的卓越师范生培养也纳入协同创新主体的一部分。

2. 改进设想

(1)建立线上线下一体化网络研修平台

项目组以提升骨干教师和教师工作室主持人专业能力为目标，建立网络研修平台，部分学科先行试点，完善后应用到所有学科。广东第二师范学院远程教育中心与广东省中小学教师教育技术能力建设项目办公室合署办公，其独具特色的网络、平台、资源与服务体系，为骨干教师省级培训项目提供了硬件与网络环境、远程培训应用系统开发、数字化教育资源开发、培训管理、运行维护和客户服务的基础。该中心已于2013年下半年投入开发骨干教师省级培训研修服务平台，平台建设现已完成，培训可以通过推进网络研修平台发挥专业研修作用。

(2)提高教师工作室主持人的政策支持力度

为发挥名师的示范引领作用，项目需加强工作室主持人的激励机制，为主持人持续建设和发展提供政策支持。提高工作室所在地市教育局、学校的配套支持；能够满足主持人外出培训学习提高的愿望等。

(3)建立骨干教师可持续发展机制

广东省骨干教师省级培训取得了一定的成果，但是由于教师培训需要与时俱进，亟需加大研究深度，促使其形成更系统的规模，实现其专业性。在保证现有项目顺利进行的基础上，我们应加强培训研究，将多年的实践成果转化为理论与案例成果。按教育部及省教育厅、市县教育局关于教师培训改革的最新政策积极制定实施方案，做好省培项目的筹备、实施和总结工作，将培训项目从扩大规模的外延发展转向提高培训质量的内涵发展；在充分调研的基础上，学习兄弟省市的高端人才培养先进经验，积极开发省级培训资源，加强项目的制度与规则建设。

三、广州市基础教育系统新一轮“百千万人才培养工程”

2011年，广东省教育厅发布《广东省中小学新一轮“百千万人才培养工程”(2011—2020年)实施方案》的通知，并于2012年10月正式启动了新一轮的“百千万人才培养工程”。同年12月，广州市也启动了基础教育系统新一轮“百千万人才培养工程”，第一批培养人数480余人；2014年9月又启动了第二批，人数500余人。其中教育专家、名校长和中学名教师培养由华南师范大学承担，小学名教师培养由广东第二师范学院承担，本部分将以广东第二师范学院承担的小学名教师培养为例说明项目的基本情况。

(一)项目概况

广东第二师范学院承担广州市小学名教师培养项目，与省级初中名师培养项目基本同步，并参照省项目的排序方式，突出学段学科特点，以培养有独特“教学风格”的专家型教师为目标，第一批 171 人，学习期限从 2012 年年底至 2015 年年底，2016 年年初结业。在以广东第二师范学院教师为主的理论导师团队和以广东省名师工作室主持人为主的实践导师团队的指导下，学员以理论学习、校内岗位研修、省内外实践跟岗、成果交流等为主要方式。到 2016 年 3 月，培养培训任务已按计划与进度完成。第二批小学名教师培养对象 201 人，2014 年 9 月启动项目，学习期限至 2017 年年底。

1. 双导师制的专业管理

培训实行理论导师与实践导师相结合的双导师制。理论导师主要负责教育理论提升指导、课题研究指导与成果提炼指导等；实践导师主要负责学员个性化成长指导、跟岗学习指导、教学风格凝练指导等。其中跟岗环节对学员的促进过程如下(图 3-3)。

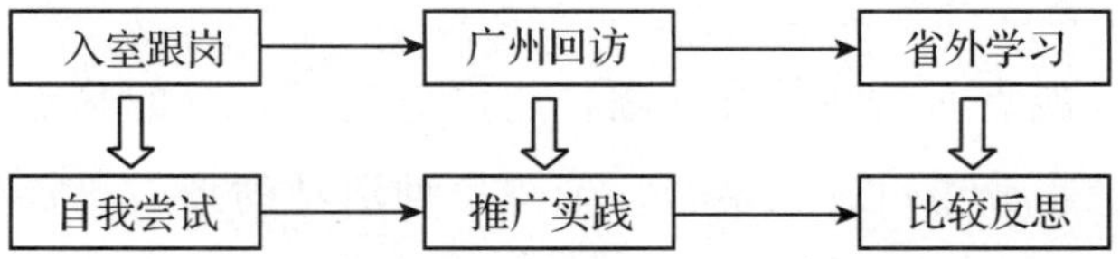

图 3-3　双导师制专业管理工作流程图

2. 项目负责制＋学员自主管理的事务管理

广东第二师范学院培训处统筹全校教学体系，每个项目实行项目负责制。承担项目的部门设专职负责人，项目团队分工明确，将不属于专业指导内容的所有项目事务工作分离，如学员考勤、作业催缴、活动联系、材料提交、分类统计与分析等。

学员自主管理：组长负责制。充分利用学员的自主管理能力，实行分组管理。

3. 成长档案制的学员管理

项目组为每个学员设立成长档案，档案内容包括学员信息、培养目标、年度成果、结业成果等。同时，对学员个体进行人性化管理。项目组每年年初发布年度培训计划，每次活动提前 2 周发布活动计划，以便学员提前调整时间，避免工学矛盾。对于培养周期在一年及一年以上的培训项目，项目组定期更新学员的成长档案表，将最新的培养成果进展与学员最初的目标相对照，同时发送给学员个人及导师，让学员明确目标并日益缩短成长距离。

此外，项目组还定期将项目活动情况制作成简报，应学员要求发给市教育局继教中心、区教育局及所在学校，一方面及时向教育主管部门汇报项目进展，另一方面向学员派出单位及时汇报本校教师的研修成果，为学员争取学校支持提供最大帮助。

(二)总结与反思

从学员的反馈来看，对项目组推动项目实施的主要诉求表现在以下几个方面。

1. 增强导师指导的针对性与有效性

目前的双导师制，由于项目组主要将指导职责分配给导师，由导师与学员根据项目安排的时间自主联系指导。实践导师是按学科进入工作室跟岗，效果比较明显。但理论导师部分的指导效果则存在差异——主动的学员与契合的导师互动较多，得到的指导就相对较多。因此学员特别希望加强导师与学员的互动指导，由项目组出面多组织互动活动。

学员一致认为理论导师对课题的选题与开展、教育理论的梳理、课题的申报、课题的研究、论文写作等方面指导较多，成效较大。实践导师在教学方法、教学策略、教学过程的实施、教学改革、教学技能、教学风格的凝练以及教学方式等方面给予的帮助和指导较多。学员对导师的期待：一是理论导师的指导更多侧重课题的申报；课题的开展和课题立项之后的准备工作；课题的研究；课题结题资料的撰写等。学员希望理论导师能为课题的立项提供理论支撑，时常跟学员分享心得，并组织学员进行辩论活动，就自身擅长的理论对学员做系统的培训。二是实践导师的指导更侧重如何凝练自己的教学风格；如何提升课堂教学实践技能；教学中如何融合工具性和人文性。

2. 增强培训内容的丰富性与有效性

学员希望培训的内容能直面当前教育问题，建议对当下教育的热点问题、教育的困境做集体讨论，同时将集体讨论和分组讨论相结合；希望培训活动的形式更加优化，尽量避免内容的重复，培训安排要更加紧凑，内容更加丰富，提高学习效率；专家讲座的针对性要加强，更倾向于学员在教学和科研活动中遇到的实际问题；希望更多地关注“育人”，而非过分关注教师的教学，即知识的教；建议在研修活动期间举行类似联谊会形式的休闲活动，便于学员之间进一步交流。

项目组根据委托单位考核要求、名师成长规律、学员发展现状与反馈，主要希望在学员与项目成果提炼方面重点加强第三年度的培养推动：①项目组打算在原导师负责制的基础上，更多发挥项目组的组织推动作用，如以每次任务表的方式细化导师指导任务，加强导师与学员(含所在单位)的紧密联系，督促加强导师与学员的任务驱动学习效果；②组织导师组加强对全省初中学校教学情况的调研，有重点、有选择地选派导师组成员深入学员派出地，为学员成长与扩大地区辐射力提供支持；③尽可能提供更多平台与机会，吸引学员参与项目活动。如赛课机会、指导青年教师机会、成果展示机会等；④以“教学风格”为抓手，迫使学员凝练自己的教学风格，以期有成果并出版。

3. 期待分层分类的学习安排

广州市小学名师班学员基数大，目前的分学科分组情况个性化兼顾还不够。例如，在培养过程中，部分优秀的学员已获评市级以上名师，而有的则连期满合格还存在困难。因此我们希望有更细致、更个性化的分层分类的学习安排，期待对成果提炼的指导更具体化，希望项目组提供更多的互动平台与展示平台。

>> 第二节 专项培训项目课程 <<

一、广东省农村中小学教师跟岗学习项目

为贯彻落实全国和广东省教育改革发展规划纲要提出的“以农村教师为重点，提高中小学教师整体素质”的要求，提高农村中小学教师的教学能力、专业水平和整体素质势在必行。2011 年 9 月到 2015 年 7 月，广东省组织了连续三期经济欠发达地区农村中小学教师跟岗学习培训活动，共2 300多名农村中小学教师参加了跟岗学习。跟岗学习学校为广东省教育厅评选出的 200 所中小学教师培训实践基地。项目围绕新时期教育发展对农村中小学教师素养的需求，以实践性为导向，以学科为基础，以问题为中心，整体设计农村中小学教师跟岗学习的培训方案，整合培训资源，增强培训实效，着力提高农村教师的教学能力、专业水平和整体素质，为促进教育均衡发展奠定基础，为推进教育现代化建设提供保障。

(一)项目实施基本情况

1. 培训目标

项目整体目标通过“师带徒”式的跟岗和体验式学习，搭建起欠发达地区与珠三角地区的教师互动平台，使学员掌握义务教育学科课程标准的理念、目标、内容和教学要求，提高其实施新课程的能力和水平。具体目标：通过参加班级管理，提高立德树人能力；通过课程标准学习，提高学科专业素养；通过参加备课、听课、上课、评课活动，提升课堂教学能力。

2. 培训内容

培训时间安排为集中研修 2 天、跟岗学习 12 天、总结 1 天三个阶段。集中研修和总结阶段在广东第二师范学院进行，跟岗学习阶段在珠三角的“广东省中小学教师实践基地”进行。广东第二师范学院组织专家团队参与培训，其中通识教育专家作新课程理论和教师专业成长方面的专题讲座，学科教研专家作学科课程标准解读和学科案例分析，高校学科指导专家通过远程和现场全程指导学员和基地。学员通过“专家引领、师徒结对、亲身体验、合作学习、自主学习”的模式，在 200 多名基地学校的指导教师的带领下进行“师带徒”式的跟岗学习。

3. 实施成效

跟岗学习达成了培训目标，取得了较好的成效。每所基地学校都提前制订好实施方案，并按照经专家指导修订后的实施方案完成了各项培训任务。跟岗学员每人都提前提交学习计划，建立了个人教育博客并在博客上提交跟岗日志。指导专家进行了通识教育、学科课程标准解读、分学科总结、到基地学校现场指导等活动。

学员认为在五个方面取得了明显收获。

(1)提升了职业道德素养

学员跟岗日志和感言都多方表达了对基地导师敬业的精神、专业的素质、热爱教育和学生的情怀的深深感动之情，从而促使自己注重职业素养修炼。

(2)增强了义务教育学科课程标准的把握能力

通过专家解读引领、基地导师示范指导，学员对课程标准的理念、目标、内容和教学要求有了一次深入的理解和探索。

(3)提高了教育教学水平

通过听课、评课、议课、说课、同课异构、汇报课、参加教研活动和班级管理活动等多种途径，学员锻炼和提升了自身教学水平。

(4)拓宽了专业视野

学员亲身体验基地学校的办学理念、管理策略、教师面貌、学生素质，受到较大的震撼。

(5)促使了个人专业发展的反思

很多学员表示这次跟岗学习有别于传统教师培训方式，受益匪浅，今后要树立终身教育思想，不断学习和发展。

同时，实践基地学校也有不少收获：传播和发扬了本校的办学理念和教育教学理念；交流和共享了先进地区的经验，为促进教育均衡发展作出了贡献；教学相长，指导教师感动于跟岗学员的勤奋好学，也从学员那里获得很多启发；跟岗学员，包括基地导师、其他教师都得以聆听高校专家对基地学校的现场指导等。

(二)总结与反思

“跟岗学习”模式有两个突出特点：一是专家引领，高校专家对学员跟岗前、中、后进行全程指导，通过专题讲座、博客交流、现场指导等形式，解析先进的教学理念和有效的教学策略，提升学员的理论素养；二是深度体验，学员深入基地学校 12 天，观摩基地学校导师教育教学的各个环节，体会基地学校的办学理念和特色，参与基地学校所在区域的教研活动，从而获得真实、全面、深刻的教育实践体验。在项目实施过程中，学员不仅注重面对面的研讨学习，还注重网络形式的交流分享。项目组建立了项目博客，每一位指导教师、每一位专家、每一位学员都在项目博客下建立自己的博客，大家在博客中进行多边的、持续的、个性化的交流。项目博客是一种培训方式，也是一种资源积累。通过参与“三位一体”的培训①，通过参与“南粤名师大讲堂”，通过参与指导农村教师的跟岗学习，学员实现了专业成长，焕发出一种责任感和使命感，逐步呈现出了一些教育家的特质。同时，跟岗学习过程也反映出一些值得思考与改进的问题。

1. 学员有更合理的学科分布

遴选学员应该有计划地考虑学科分布。这样做在集中研修和总结阶段不仅不便于安排，还不利于同学科学员之间的交流，学员被分配到基地学校时也难以兼顾其优势学科。今后应该有计划地集中实施一些较少学科教师的培训，选送有学科的统筹与人员要求。

2. 基地学校作用的发挥能够更充分

要充分调动基地学校的积极性，增强他们的凝聚力和向心力。绝大多数基地学校都能够明

① 王慧：《“三驾马车”教师培训的创新实践：广东省中小学教师培训专家访谈报道》，载《师资建设》，2012(2)。

确理念、任务、职责，并安排到位；或者存在问题时，经过项目组沟通后也能积极配合。但是，也有一些基地学校不重视跟岗任务和学员需求，不能落实跟岗学习环节和任务。这就需要多方采取措施调动其积极性，同时通过评估、评优评先、奖励和淘汰机制等措施激励基地学校。

3. 指导教师的职责应该更加明确

对指导专家和基地导师有更明确具体的要求。虽然整体方案已有规定，但各基地在具体实施过程中还是有许多不清楚的地方，有的导师不清楚该如何指导学员。因此，建议尝试建立更具体的规范性要求，或组织基地导师进行培训，使他们更好地胜任导师职责，更能凸显跟岗学习的实效。

4. 教育部门应该管理到位

在项目实施过程中，各地市教育局对跟岗项目的参与度都较低，支持力度也不够，学员需要其学校所在地教育局的支持才能够脱产培训 15 天。各地教育局要关注跟岗教师，了解他们的需求并给予支持和帮助，建立教育部门参与度更高的跟岗项目工作机制。

5. 对跟岗培训不断总结与创新

①形成一个序列化的培训过程，注重每一期每一年培训的关联性和创新性。既要吸取已有经验，也要在现有模式基础上不断创新。

②扩展跟岗学习的学员对象。例如，还未实施的高中教师跟岗学习、新任教师跟岗学习等。

③扩大承担任务的实践基地的范围。今年是珠三角的基地学校承担了农村地区教师的跟岗任务，对于非珠三角地区的基地学校，可以承担新任教师或还未评定职称的初级教师跟岗学习。

④基地学校导师指导学时和性质的认定。很多导师都提出指导学时应有一个认定并颁发书面证明，以利于他们评定职称等。

⑤加强研究，从实践中做研究，以研究带动实践。形成一批来自基地导师、学员、专家和项目组的研究成果，并以此带动对教师专业发展的反思和探讨。

二、“南粤名师大讲堂”活动

广东省教育厅组织的“南粤名师大讲堂”，是一个面向欠发达地区的教师培训项目，旨在推进农村中小学教师队伍建设，提高农村中小学教学质量，促进教育均衡发展。每年在两个欠发达地级市组织 3 天活动，组织 2～3 场示范课交流，当地 4 000 多名中小学教师参训。

(一)“南粤名师大讲堂”特点

1. 优质教师

该项目组织最好的教师、最好的教学为农村教育提供服务，“南粤名师”包括高校学科专家、广东省教师工作室主持人以及当地骨干教师，组成 30 余人的师资团队。

2. 优质课程

该项目遴选了广东省教育专家和212个教师工作室主持人的优质课程，集中展示了名师风采和课程改革优秀成果。围绕新课程理念下的有效课堂教学主题，每场活动分为专题讲座、同课异构和辩论课三个环节，主题鲜明，内容丰富，形式多样，互动性强。

3. 送教下乡

“南粤名师大讲堂”是一种“送教下乡”的教师培训活动，可以帮助农村中小学教师转变教育理念，开阔专业视野，促进课堂教学改革与创新，从而有效提高教育教学质量。

(二)项目实施的基本情况

1. 课程内容

(1)专题讲座：分享教育智慧

高校学科专家或省名师，根据新课程改革的要求和教育教学的实际，选择一个能与参训教师的经验产生共鸣的培训主题，讲授有关的教育思想和理论，帮助参训教师站在一个思想的制高点上，发现、分析、解决实践中的问题，让实践回归理论，理论指导实践。

(2)同课异构：体验精彩课堂

根据培训主题和专家的理念，省名师与当地优秀教师进行同课异构的课堂探索。同课异构能够呈现多样化的课堂教学成果，展示优质课堂的教学艺术，为参训教师提供可借鉴的、先进的教学程序、教学策略和教学方法。

(3)辩课论课：参与互动交流

专家、名师、听课教师一起辩课论课。以课例为“靶子”，采用“辩”和“论”的形式，努力创设民主开放的研讨氛围，使参训教师积极思考，充分表达，在思维的碰撞中加深对专题、课例的理解与认识。

(4)研究反思：实现能力提升

在培训两周内，每位参训教师根据现场学习观摩并结合教学实践完成一份教学改进计划，及时梳理自己的反思和感悟，并付诸教学实践，以提高培训的实效性。

2. 课程特点

(1)四个环节

一是设计过程科学，基于需求分析设计培训目标，根据目标定位组织培训课程，按照培训课程优选培训专家等资源。二是设计理念先进。根据各学科教学情况设计培训方案的四个环节：专题讲座、同课异构、辩课论课、研究反思。

(2)多种形式

培训模式：遵循“专业引领、实践导向”的培训思路，力求形式生动和多样，注意将专家引领、合作探究、辩论等元素引入培训活动。

(3)两类名师

每个学科至少配备一位理论导师和一位一线省级名师，安排了四个环节的活动，突出了专题讲座，理论提升；同课异构，体验差别；辩课论课，交流分享；研究反思，改进教学。

(4)整合资源

该项目设立了项目领导组、项目统筹组和业务后勤组等多个管理机构，整合投入了整个学校的培训资源。同时与地市教育局密切合作，争取最大程度实现活动效果。

3. 持续跟进

(1)持续关注欠发达地区教师专业发展

与活动举办地市教育行政部门、学校持续保持长期、深入的区域合作，保持着密切的合作关系，为该地区提供所需要的后续“定制式”培训，为区域教师专业发展作出贡献。

(2)建立名师与经济欠发达地区教师的沟通桥梁和平台

一系列活动的举办，使广东省名师持续、长期带动当地教师专业发展，建立他们之间“师带徒”式的长期关系，进一步提升我省经济欠发达地区中小学教师的教育教学能力和专业水平。

(3)听课教师获得自主发展能力

尊重主体性，重视调动内在发展需求和愿望，以增强终身学习意识、提升主体发展能力为重点，使其发展能从自觉到自主再走向自为。因此，培训结束后仍然能够持续地自主发展。

(4)培养使用一体

培训结束后，项目组将继续提供展示平台，特别是对培训效果明显、经过一段时间后继续逐步成长，扩大其辐射范围和影响的层级。

(三)总结与反思

在“南粤名师大讲堂”教师培训过程中，组织者通过《“南粤名师大讲堂”活动学员满意度调查问卷》对学员就授课效果及对本项目的意见和建议进行了调查，特别注重学员的感受及需求反馈，设计了“您对本次活动的感受”“您对本次活动的意见和建议”等开放式问题，对学员的需求进一步了解，获得了有价值的反馈。调查结果显示，活动在经济欠发达地区中小学教师培训中发挥了很大的影响和积极的作用，特别是“四个环节”的活动以专题讲座、同课异构、辩课论课、研究反思为亮点的理论指导和实践示范，极大地促进了教师的认识提升和技能提高。同时，教师们也反映，随着基础教育课程与教学改革的发展，对中小学教师不断提出了新的专业知识与技能要求，培训模式也需要不断发展创新。教师们反映，目前培训模式以短期为主，缺少教师长期的专业发展空间，应多组织此类培训活动，注意尽量涵盖各学段各学科，适当延长每次活动时间，根据当地需要精选培训内容，培训方式还可以进一步多样化等。以四个环节为主的培训模式效果究竟如何，培训的教师在随后的工作中是否能改进自身教学的不足，吸收先进的教学理念等问题依然无法进行后续跟踪。

>> 第三节　区域协作培训项目课程 <<

德国社会学家斐迪南·滕尼斯(Ferdinand Tonnies)第一次系统论述了共同体思想。他界定共同体是“持久的和真正的共同生活”，是“人的意志完善的统一体，并把它作为一种原始的或天然的状态”。他将共同体分为血缘共同体、地缘共同体和精神共同体三种，共同体以相互之间的、共同的、有约束力的思想信念作为意志，成员彼此相互依存，亲密互动，从而成为一个有机地浑然生长在一起的整体。[①]

共同体理论为“教师教育共同体”的探索提供了重要的参考框架和理论借鉴。在国内文献中，“教师教育共同体”还是一个泛化的概念，诸多学者进行了不同的阐释和界定，尚未达成话语共识。有学者认为国内学界对教师教育共同体概念的研究主要存在三种认识：社会学视野下的“关系团体说”、管理学视野下的“学习组织说”、哲学视野下的“有效模式说”[②]；有学者将其置于具体的情境中来理解，特别是基于项目的聚合、基于改革的驱动和基于实践的成长这三种情境[③]；还有学者从其实质上分析认为是包含了三种意蕴的结合体，即精神共同体、合作共同体和实践共同体[④]。教师教育共同体因参与主体范围及合作方式不同，内涵所指差异较大。例如，国内很多文献探讨的教师教育共同体主要指大学与中小学的合作共同体，被称为“U－S模式”和“U－G－S模式”。还有的称为教师共同体、教师专业共同体、教师发展共同体、教师学习共同体、教师实践共同体、教师网络共同体等，都是在共同体理论下的不同阐释和实践。

王慧在《基于区域合作的教师教育共同体运行要素分析》一文中探讨了教师教育共同体的合作方式，总结了实践运行的工作经验。[⑤] 教师教育共同体是指“由一群关注、研究教师教育并志在做好教师教育的个体或组织，基于一定的行业或专业规范，在充分合作的基础上所形成的密切、稳定、志同道合的团体。在这里，共同体成员有着共同目标或愿景，他们在真实的教育环境中，通过共同参与、相互配合和真诚合作，探索、改进和解决教师教育中的一系列问题。”这是现代意义上的共同体的内涵，与滕尼斯所阐述的意义相比已经发生了很大变化：“共同体的本质特征从本体性的共同理解转变为经过协商的‘共识’；共同体要素的结构从基于同质转变为基于异质；共同体成员从共同生活在同一地域转变为成员关系的‘脱域’；个体由于劳动分工或交互媒介的作用，因而有可能在多个共同体中拥有不同的身份认同。”[⑥]

一、东部卓越教师发展计划

“东部卓越教师发展计划”，指京苏粤浙四地区域教师教育共同体建设的探索，源于2012年正式启动的京苏粤优秀中青年校长高级研修项目，该项目为协同创新推动校长培训区域合作和可持续发展积累了较为丰富的经验。在此基础上，合作拓展到了教师教育领域，区域也扩大到京苏粤浙四地。经过一年多的筹备，北京、江苏、广东、浙江四省(市)教育行政管理部门和教师培训机构联合举办的首期“京苏粤浙中小学卓越教师高级研修项目”于2014年10月正式启

① Thomas G, Wineburg S, Grossman P, “In the compa-ny of colleagues: An interim report on the development ofa community of teacher learner”, *Teaching and Teacher Education*, 1998.

② [德]斐迪南·滕尼斯：《共同体与社会——纯粹社会学的基本概念》，林荣远译，45～48页，北京，北京大学出版社，2010。

③ 曾小丽：《批判与超越：教师共同体概念的再探析——基于生态哲学的视角》，载《当代教育科学》，2016(2)。

④ 沈佳乐：《教师共同体的要素及其情境分析》，载《课程·教材·教法》，2015(4)。

⑤ 王慧：《基于区域合作的教师教育共同体运行要素分析——以京苏粤浙中小学卓越教师高级研修项目为例》，载《中小学教师培训》，2016(10)。

⑥ 张增田、彭寿清：《论教师教育共同体的三重意蕴》，载《教育研究》，2012(11)。

动，2015年9月启动了第二期项目，每一期时间为一年。该项目的实施，试图探索四地区域合作教师教育共同体的运行机制。

教师教育共同体存在并维持运动需要诸多必不可少的因素共同作用。加拿大学者维斯西蒙(Joel Westheimer)为教师共同体提出了以下五个要素：共同信仰、合作与参与、相互依赖、关注个体和少数意见、有意义的关系，但他认为这还不能清晰揭示教师共同体的运作机制，主张“在实证研究中找到更合适的共同体定义”。① 按照古德莱德(Goodlad)和霍姆斯(Holmes)的解释，教师教育共同体的内涵应该具有这样几个核心要素：共同体各方应该有共同目标——提高学校教育质量；有共同的兴趣和利益——教育和教师教育；平等的权利和义务——共同决策和一致行动。② 京苏粤浙四地区域合作的教师教育共同体构建不仅已超出单个学校内部的范围，也超越了地方区域的单一文化视野局限，形成京苏粤浙四地区教师之间跨域的专业交流与协作。我们可以从多元主体、共同愿景、分享决策、综合内容、高效工具五个方面分析其运行的要素。

(一)教师教育共同体运行要素

1. 多元主体：区域教师教育共同体的建立前提和存在基础

第一，行政主体。近年来，顺应区域经济一体化的趋势，珠三角、长三角、京津冀已成为三大具有世界影响的都市经济圈，成为我国经济发展的核心引擎，北京、江苏、广东、浙江正是这三大区域的主要省市。根据“突破行政区划”的区域发展创新理论，在教育领域要打破各自为政的行政区划，走向开放融合、共享共赢，政府行政力量是其中的关键推手。京苏粤浙四地组成教师教育共同体，合作实施教师研修项目的构想和方案提出后，得到北京市教委、江苏省教育厅、广东省教育厅、浙江省教育厅四个教育行政管理部门的重视和支持，这才得以启动第一期项目。

第二，管理主体。北京教育学院、江苏第二师范学院、广东第二师范学院、浙江外国语学院是项目的四个管理机构，四方力量整合在一起成为共同体运行的核心成员。四个机构均是本省市教师培训的重要基地，具备丰富的经验和优质的资源。虽然各自承担的阶段性任务有所不同，但四个成员之间是民主平等、相互尊重的交往关系，大家为实现目标交换经验、共同商讨、合作对话、一致行动，实现优势互补。

第三，施训主体。项目要求集合四地最优秀、最有代表性的培训者，包括通识教育专家、学科首席导师、学科理论专家、实践导师等。与其他教师教育项目不同，在区域协作的教师教育共同体中，施训者本身的协调、沟通、一体化建设显得尤为重要。每一个施训者都处于多方联系的节点上。例如，各学科设立的首席导师，既要考虑本地本阶段的研修安排，更要与其他三地的学科导师建立业务共同体，共同探索如何保障四地四阶段学科研修的整体性和承接性，这对施训者提出了非常高的要求。同时，项目还设立了四位区域首席导师，可以在三个学科导师中选择一位，也可以另行设立，负责召集本地师资团队共同探索本地研修阶段的目标任务、逻辑结构、内容设置、形式与流程等。

① 赵健、吴刚：《学习共同体的建构》，8～9页，上海，上海教育出版社，2008。

② 沈佳乐：《教师共同体的要素及其情境分析》，载《课程·教材·教法》，2015(4)。

第四，受训主体。项目受训主体定位在各地骨干教师层面，四地学员推选标准一致，要求至少达到：①热爱教育事业，具有良好的思想品德和职业道德，教书育人成绩突出；②年龄在40岁以下，教龄8年以上(一般不安排进修学校教师和校长参加)；③具有小学高级教师及以上职称；④具有较强的教育教学研究能力和专业发展潜质，是本地学科骨干或带头人；⑤获省级以上优秀教师称号，在省级以上教育教学评比活动中取得优异成绩，或正承担省级以上研究课题的教师，可优先选派。各地遴选小学段的语文、数学、英语每个学科10人共30人，四地每个学科40人共120人。这些教师在社会背景、心理特征、学科知识、教学方法、教学风格等方面的差异呈现多元化、复杂化的特点，一个学员面临本学科内同地区、不同地区的差异，还面临不同学科同地区、不同地区学员间的差异。他们为共同体贡献了最大的差异性，正是这种差异性提供了碰撞交流的更大空间。值得注意的是，共同体中的受训主体同时也是施训主体中的一员，每个学员从与其他学员的密切交往中能获得反思和发展，同时自己又在共同体中影响着其他成员的反思和发展。

2. 共同愿景：区域教师教育共同体运行的价值取向和目标驱动

共同体成员必须具有共同的愿景，即创设共同目标和共同意识。京苏粤浙四地是地缘分散的异质区域，各具不同的经济文化特点，如京城文化、吴越文化、岭南文化等，四地基础教育也是各具特色、各有所长，发展并不均衡。四地教育行政部门、培训机构、中小学教师身处社会系统和教育系统的不同位置，担当不同角色，但对改善教师教育现状、促进教师专业发展，乃至对教育本质的理解、对教育公平的追求等，都有共同的信念和追求，这是多元主体之间能够达成共识的基础，也是共同体的根基，是四方聚在一起行动的前提。

京苏粤浙中小学教师高级研修项目的研修主题是“跨区域文化背景下的教师教学风格凝练”。仅就项目本身而言，研修目标是促进四地骨干教师加速成长为卓越教师，主旨在于“通过深度体验四地的教学风格，让学员把握前沿、走近优质、品味文化、梳理理念、创新模式”①。而在依托项目建立教师教育共同体的层面，以下五个方面是合作主体的共同目标：一是分享经验和诚实对话；二是聚焦课堂，探究学科教学问题；三是感悟地域文化，提炼独特的教学风格；四是组建共同体合作发展；五是资源共享，使个人资源走向共同教师资源。因此，四地期望这种合作是长期的、稳定的、多层次多领域的，而不是单一的。

3. 分享决策：区域教师教育共同体运行的组织策略和运行机制

分享决策是为充分发挥共同体成员的集体智慧，由成员共同参与决策分析并制定决策的整体过程。区域合作教育共同体的组织结构是多层次、多维度的(图3-4)。在第一层次中，四地教育行政部门制定规划、提出要求、进行监督，并对各执行机构的任务进行分配和协调。第二层次是四地培训机构之间的合作，其中设立领导小组、项目办公室和管理团队，主要负责推动共同体建设和项目进展，包括共同体目标制定、问题协商、冲突协调、解决方案制定等；同时负责召集施训主体组建专家团队，负责制定学员选拔标准和程序等。第三层次由施训主体和受

---

① 赵玉丹：《大学与中小学伙伴合作：国外研究的现状及述评》，载《内蒙古师范大学学报(教育科学版)》，2007(3)。

训主体共同组成，这是共同体的主要成员。他们作为两个团队，均按照学科和地域混合组队和编班。其中施训主体负责学科实施方案以及区域实施方案的制订和实施，受训主体在两种状态的行政班中，既进入含四地学员的学科班级中，也处在含三个学科的本地区域班级中。

为保障共同体各机构和主体各司其职、各尽所能，受训者就要合理分工，并且在不同层次主体和各层次主体之间有效协调合作。当出现问题和冲突的时候，圆桌会议可以作为教师教育共同体多元主体的决策方式。它强调互相尊重，通过平等协商、充分酝酿来分享决策。它包含着当代治理理论的核心观念：平等、尊重、协商、共赢等。① 从项目筹备，到两期培训的顺利实施，京苏粤浙四地的多元主体特别是培训机构和施训团队已共同展开了多次圆桌会议，四方对话式研讨、平等交流，从研修目标、对象、内容、形式等方面进行了顶层设计和论证。

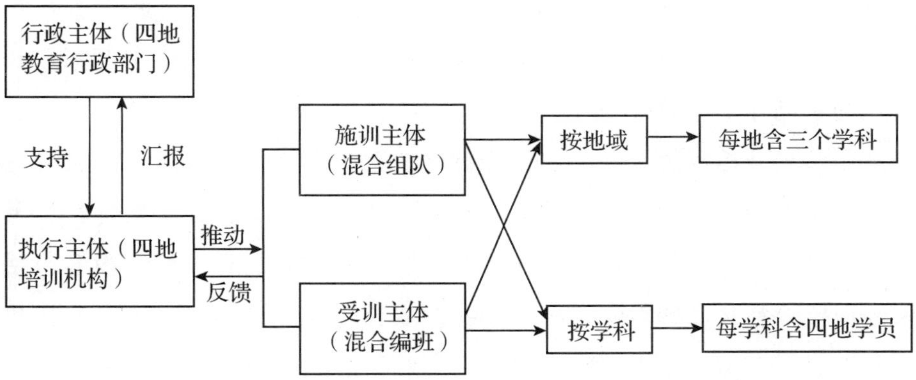

图 3-4　京苏粤浙中小学卓越教师高级研修项目组织结构图

4. 综合内容：区域教师教育共同体运行的载体和介质

京苏粤浙中小学卓越教师研修项目的内容设计不是单一的、纯粹的，而是多维度、多层次、多特色、多学科的综合性内容。

一是鲜活的经验型内容。帕尔默在《教学勇气——漫步教师心灵》一书中指出："同事的共同体中有着丰富的教师成长所需要的资源。"在项目实施过程中，我们设计了更多的活动性内容，包括团队建设、小组研讨、评课议课、辩课论课、合作学习、展示总结等正式对话，也包括师生之间、生生之间相互分享资源、情感、观念的各种非正式交流。从某种意义上说，这是教师教育共同体最大的魅力和价值所在。

二是综合的多学科知识。项目分四个阶段在四地开展集中研修，每个学科均设定了主题，每个阶段的课程安排围绕学科主题进行，开展方式可以是内容深化式的，也可以是阶段递进式的。例如，语文学科的主题是"小学语文教师教学风格提炼：观照'现象'的自我审视与同伴研判"，按内容深化程度分为四个阶段，理论：找准行动的坐标；实践：四地对比见特色；写作：思考与行动的调和；网络：陪同与引领。京苏粤浙四地都要进行这四个方面的内容，不过在难度和深度上是逐渐推进的。而数学和英语学科则采取了阶段递进的方式。例如，数学分别是阶段一：数学课程标准与数学概念（苏派教学风格提炼）；阶段二：小学数学计算教学研究（粤派

① 禹跃昆：《凝练四地教学风格 汲取四地教育精华—京苏粤浙携手助教师走向卓越》，载《中国教育报》，2015-06-09。

教学风格提炼)；阶段三：图形与几何教学研究(浙派教学风格提炼)；阶段四：问题解决教学研究(京派教学风格提炼)。英语分别是，阶段一：主题式教学整合(以单元为主题的整体教学)(江苏)；阶段二：主题式的英语教学(广东)；阶段三：主题式的语篇教学(浙江)；阶段四：主题式的绘本教学(北京)。

三是拥有个性特点的"个体性"知识。以对课堂教学和各种教学活动的反思为基础，教师可以在共同体中习得其他教师处理教学问题的方法。同时，每个人自身经验、知识水平、理解能力、认知体验以及行为能力的不同，会使他们形成自己独有的个人的、私有的个体性知识。京苏粤浙项目中的个体性知识集中体现在对独特教学风格的感悟、体会和提炼中，尊重并挖掘每一地基础教育特色、每一位教师教学的专长。例如，有学员认为苏派教学风格是："三实""三精""三活"，也有老师总结为"绵密、精巧、紧张，高效"；再如，有学员总结粤派教学风格是"兼容并包、开放自由、整体设计"等，学员们在这些差异化的教学风格中互相取长补短，再将个体性知识转化为共同体的集体知识库。

在此基础上，学员开始反思、总结和提炼自己的教学风格。教师的教学风格是学生个性成长的重要条件，也是教师自身专业发展的成熟标志。我们给学员设计了提炼教学风格的表达框架：通过一年的研磨和培育，每一位培养对象提炼"我的教学风格"案例。内容包括：①我的教学风格：表明并简要诠释自己的教学风格；②我的成长历程：讲述自己个人成长和教学改革的真实故事；③我的教学实录：提供能够匹配自己教学风格的课堂实例，可以是三五个教学片段，也可以是一堂完整的课；④我的教学主张：结合自己的课堂教学实例，表达自己对教育教学的看法；⑤他人眼中的我：学生、同事、专家等人对自己教学的评价。[①] 以首期研修班为例，在第二阶段的研修中，许多教师已开始反思自己的教学风格怎样提炼和表达，有教师认为自己是"巧妙的追问　智慧的启迪"；也有教师概括自己是"民主平等、简约风趣、思想自由"的风格。但是，由于各地推进程度的不同，首期项目的大部分学员只停留在认识风格阶段和思维反思层面，还没有对自己的教学风格进行凝练。在行动路径上，学员只有通过认识风格、凝练风格、展示风格、反思风格和升华风格五个阶段，经历实践—认识—再实践—再认识的不断递进、循环往复、螺旋上升的动态过程，才能引导自身独特教学风格的形成和巩固。

5. 高效工具：区域教师教育共同体运行的技术路线和实施途径

共同体的运行首先依托京苏粤浙中小学卓越教师研修项目的实施，而项目的实施则主要依靠两个工具。

一是情境的创设。建构主义学习理论提倡情境式教学，认为学习者的知识是在一定的情境下，借助他人的帮助，如人与人之间的协作、交流、利用必要的信息等，通过意义的建构而获得的。"情境""协作""会话"和"意义建构"就被认为是建构主义学习过程的四大要素。因此，当京苏粤浙四地的三个学科的学员碰撞在一起时，创设的情境是多层次、复杂性的。既有与其他三地培训者的对话，又有与其他三地同学科学员的交流，也有与四地不同学科学员之间的互动，这本身就形成一个真实的社会生活情境，与每个成员的教学、生活、发展融为一体。培训

---

① 王天晓：《教师教育共同体建设三题》，载《中国教育学刊》，2013(6)。

对象在这样的研修情境中，对同一问题展开交流和讨论，或者共同完成一项任务、解决某一问题、共研共进。

除了正规的课程以外，共同体的情境创设还体现为一些双方约定的活动。例如，举办“教学风格与教师个性化成长”的论坛，由代表性学者、一线名师分别从哲学意义、知识建构、心理学与统计分析、典型案例等方面围绕教师个性化成长进行解读。同时，各学科举办的分论坛则为四地学员创设了学科领域的讨论情境，语文的学科教学论坛的主题是“聚焦语用　寻‘真美’语文”；数学是“小学统计与概率教学探讨”；英语是“The Forum of Thinking Skills and ELT in Primary Schools”，在这些真实的情境中，学员们不断地经历肯定与否定、反对与接纳、平衡与不平衡的各种论争。

二是实践性的凸显。教师教育共同体的形成基于解决实践问题的需要，它本身就是一个实践共同体。因此，在运行中，它必须是扎根于教育教学实践，真正与实践前沿紧密结合，致力于群策群力地发现、关注和解决教育教学中存在的问题。正如费林(Fellin)所指出的，一个优秀的共同体应当是一个“有能力回应广泛的成员需要，解决他们在日常生活中遇到的问题和困难的共同体”①。京苏粤浙区域教师教育共同体为学员们的实践知识形成与交流创造了广阔的空间。每一期学员要进入至少 36 个(每个学科至少 12 个)优质学校，如北京市第二实验小学、北京市府学小学、南京师范大学附属小学、苏州市实验小学、华南师范大学附属小学、广州市天河区华阳小学、杭州市学军小学、杭州市西湖小学等，以及四地的特级教师和名教师工作室。在那里，本地学员代表与当地特级教师或名师工作室主持人进行同课异构，在专家团队的引领下辩课论课、研课议课。四个阶段下来，学员们对四地的教学理念、方法，特别是不同地域的教师教学风格有了生动的体验和感悟。在此过程中，学员们还必须围绕同课异构中的特定问题不断反思，形成反思日志和行动研究的计划。

(二)项目基本情况

研修时间为期一年。四地各集中研修 14 天，共 56 天。

1. 项目特点

(1)跨区域协同培训

“东部卓越教师发展计划”是京苏粤浙四省市中小学卓越教师培训的高端研修项目，由北京市教育委员会、江苏省教育厅、广东省教育厅、浙江省教育厅协同组织，是一次跨区域协同贯彻国家教育规划纲要精神，建设高素质、现代化的教师队伍，推进立德树人、促进教育均衡发展而实施的一项中小学高层次人才培养的联合行动。

(2)共享研修平台

根据 1986 年全国人大六届四次会议通过的“七五”计划，北京、江苏、广东、浙江四省(市)属“国家东部”，分跨京津冀、长三角、珠三角三个中国经济社会发展最具活力的地区，也是中国基础教育发展中最具特色的地区。三地中小学中青年骨干教师汇聚成一个研修平台，凝练跨

---

① 闫德明：《如何形成教学风格——名师典型案例的多维解读》，1～2 页，北京，中国轻工业出版社，2013。

区域文化背景下的教师教学风格，对于促进三地中小学校长的专业成长，促进三地基础教育优质、均衡发展，具有重要意义。

(3)专业化的培训队伍

承办“东部卓越教师发展计划”的北京教育学院、江苏第二师范学院、广东第二师范学院、浙江外国语学院均为当地省级教育行政部门直属的教师培训专业化学院，也是区域内中小学教师培训格局中最具特色、最为专业的培训基地。四方强强联手，为研修班学员提供了优质资源互补的专业支持和服务。

(4)创新培训模式

本次网络协同下的培训合作和培训模式创新，对于培训专业化建设、对于促进名教师群体的形成，进而促进区域教育均衡发展，将是我国中小学教师培训协同创新的一次有益尝试。

2. 培训对象

本次“东部卓越教师”研修班学员含小学语文、数学、英语三个学科，北京、江苏、广东和浙江四省(市)每个学科选派骨干教师 10 人，共 30 人；即每个学科 40 人，共 120 人。选拔条件包括四个方面。

第一，政治思想素质好，具有良好师德表现，热爱教育事业，积极实施素质教育，教书育人，关爱学生，为人师表。

第二，具有大学本科以上学历、小学高级以上专业职称，在教学一线任教。年龄在 45 岁以下，身体和心理健康。

第三，积极探索、勇于创新，在本区域和本学科领域内获得较好的教学业绩和人才培养成果，具有一定的影响力。

第四，具备上述三项条件，并曾获省级以上优秀教师称号、在省级以上教育教学评比活动中取得优异成绩或正在承担省级以上教研课题的教师，可优先选派。

3. 研修主题

为使培训指向更加精准，该项目首先组织了三个学科的首席专家分别设计了《2014 年京苏粤浙东部卓越教师高级研修班学员需求调查问卷》，从学员基本情况、自我认识、感兴趣的研修课程、感兴趣的研修方法、考核指标衡量、愿意带回去什么、最大期待、最大担心、愿意承担的班级角色等方面对来自四地的三个学科学员进行需求调查和分析。以语文学科为例，截至 2014 年 9 月 30 日，收到问卷 27 份，其中北京 9 份，浙江 12 份，广东 3 份，江苏 3 份。经过统计和分析，学科首席导师归纳出学员们的现状和最希望解决的问题是：参与过课题研究，但是最欠缺的是如何做研究；参加课题与教学研究的关系是什么；欠缺的是如何做研究，但是需要补充的知识是学科前沿的知识，而非解决教学实践中的问题；到底什么是“研究”。

在充分摸查学员需求的基础上，项目组确定了本次培训的研修主题：跨区域文化背景下的教师教学风格凝练。

(三)研修目标

1. 研修总目标

该项目通过协同合作，充分利用四地优质教育资源，搭建中小学骨干教师跨区域学习交流平台，学习借鉴四地名师先进教学理念，以实施素质教育和课程改革中遇到的问题为导向，聚焦课堂、探究问题，并在交流实践中总结教学经验、拓宽学科视野、形成研究成果、提炼教学风格，发挥示范辐射作用。学员结业时能够达到。

(1)掌握教学改革发展态势

引导和帮助学员置身教育前沿，学习研究当代教育教学的最新成果，熟知国内外教学改革与发展动态。

(2)建立共同发展机制

引导和帮助学员走进优质学校，走近卓越教师，结识良师益友，组建专业发展共同体，学习鲜活的教育教学经验。

(3)交流各地改革经验

引导和帮助学员用心品味不同地域的独特文化，学习良策，切磋教艺，博采众长，提升能力。

(4)初步凝练教学风格

引导和帮助学员系统梳理教学理念，准确把握专业成长中的关键问题和成长路径，凝练教学风格，形成自己初步的研究成果，为骨干教师成长为名教师奠定坚实的基础。

(5)共享四地优质培训资源

共同探究教育改革与发展中出现的新情况、新问题，搭建教育合作发展的平台；探索网络协同、区域合作、省级教师培训机构携手促进中小学教师专业成长的培训新模式。

2. 语文学科研修目标

(1)回归语文本质

扎入教学现场，从现象入手，通过跟岗实践、深度反思、同伴研讨、专家会诊等方式，发现并提炼自己的语文教学风格。

(2)厘清教学理念

借助理论补给与更新、跟岗实践与改进、同伴研讨与交流，重新明确自我教学定位，找到自己在语文教学中的“生长点”。

(3)个性化提升

在理论引领、互助合作及个性化辅导下，独立落笔沉淀，能够将自己的学习成果及教学想法形成较高水平的研究论文。

(4)建立共享平台

在研修中创建四地语文教学交流平台，促进优质资源的共享与共建。

3. 数学学科研修目标

把握京派、苏派、粤派和浙派小学数学教育教学风格与特色；解决当前小学数学教学中存在的共性问题；基于教学实践诊断学员真实的教学水平；通过研修活动打造学习共同体，获得可持续发展。

4. 英语学科研修目标

凝练京派、苏派、粤派和浙派小学英语教育教学风格与特色；解决当前小学英语教学中存在的共性问题；进一步提高理论水平和教学能力；学习研究当前英语教育教学的最新成果，了解国内外英语学科的发展动态；打造学习共同体；总结教学经验，凝练教学思想，提高教学水平，从优秀迈向卓越。

(四)研修内容

研修内容基于培训方案，各区域、各阶段结合本地特点适当调整设计安排。主要培训内容有四个板块。

1. 教育理论

这一板块旨在帮助学员熟悉现代教育基本理论，进一步转变教育理念，把握基础教育改革的前沿动态，全面提高实施素质教育的素养和水平。内容涵盖前沿理论、学科动态、教育科研方法、现代教育技术、案例研究等。

2. 学科研修

这一板块培养学员在本学段、本学科中的学术创新、变革和引领能力，促进专业学术素养和能力的提升，成为推动学科发展的重要力量。

3. 跟岗学习

学员按学科分小组进入省教师工作室跟岗学习，采用导师制，由省工作室主持人进行传、帮、带；学员跟岗学习，同时完成课题研究任务。考察优质学校，观摩名师教学风采，研究名师成长规律。

4. 教学风格

学员和导师集中到培训院校进行阶段总结和成果展示，具体活动可采取专题学术研讨会、小结性论坛、优秀课例展示、教学风格案例观摩等。

(五)研修原则

1. 共同学习原则

互为师生，取长补短，文化交融，共生发展。

2. 资源共享原则

体现各地教育特色，展示各自最高水平，拓展整合优质资源的途径，实现优质资源的深度融通。

3. 整体设计原则

整体谋划，分步实施，分段推进，循序渐进。

4. 多重结合原则

理论与实践相结合，面授与自修相结合，主题研讨和专项阅读相结合。

5. 研训一体原则

研究在培训中进行，培训在研究中实现。

（六）研修方式

总体模式为区域合作，京苏粤浙联合培养，网络协同，研训一体，实行混合式研修，建设学习共同体。具体实施方式有以下几点。

1. 混合编班分组

每省语文、数学、英语每学科10人，共40人；四省三科共120人。按照学员所关注的问题进行分类，成立学习小组。

2. 跨地区分阶段安排

周期一年：2015年10月—2016年5月，分四个阶段集中学习，每次一周时间。

第一阶段：2015年10月上旬，在南京进行。

第二阶段：2015年12月中旬，在广东进行。

第三阶段：2016年3月下旬，在浙江进行。

第四阶段：2016年5月上旬，在北京进行。

3. 实行双基地制

四地省级培训中心承担培训总方案和学科培训方案的设计。每地、每学科要设四个基地学校，承担培训实践工作。

4. 线上线下相结合

集中学习与网络社区学习相结合，由中国教师研修网全程提供支持。

5. 理论与实践相结合，多种方式方法相互为用

理论学习与名校访问研修相结合。

（七）后续发展

1. 学员获得自主发展能力

尊重主体性，重视调动内在发展需求和愿望，以增强终身学习意识、提升主体发展能力为重点，使其发展能从自觉到自主再走向自为。因此，培训结束后，学员仍然能够持续地自主发展。

2. 培养使用一体

培训结束后，项目组将继续提供展示平台，特别是对培训效果明显、经过一段时间后继续逐步成长，扩大其辐射范围和影响的层级。

3. 编辑出版系列优秀成果

项目组跟踪指导、编辑出版“我的教学风格”丛书（图书和光盘）、优秀教学研究论文集、视频精品课例集等。

4. 定期回访

四地项目小组要与参训学员、学科理论导师和实践导师保持密切联系，在培训结束后一年内进行回访，了解学员的训后情况。

5. 搭建长效交流平台

项目组通过博客群与QQ群等网络平台，建立学员档案资料库，建立定期回访和跟踪指导制度，持续保持四地理论导师、特级教师、教研员、一线名师与学员、学员与学员之间经常性的沟通联系，为后续发展提供支持。

(八)收获与特色

本高级研修项目是由京苏粤浙四地教育行政主管部门和培训机构共同组织、共同设计、共同实施的，是一次跨区域、高层次、高水平的联合行动。四地培训机构经过了一年多的筹备，召开了多次跨区域研讨和项目论证会，主要有四个方面的收获与特色。

1. 充分发挥了四地基础教育的资源优势

该项目通过协同培训，共同探索中小学卓越教师培养的路径策略。“京苏粤浙”地处京津冀、长三角、珠三角三个中国经济和社会发展最具活力的地区，也是中国基础教育发展中具有代表性、先进性的地区。四地基础教育各具特色，各有所长。通过协同合作，共同探究教育改革和发展中出现的新情况、新问题，充分利用四地优质教育资源，搭建中小学优秀教师跨区域学习交流平台，进而促进三地中小学教育教学质量的持续提升，引领我国基础教育的发展。

2. 总结提炼出四地的先进教学理念

学员在协同培训过程中交流研讨了卓越教师成长的规律。项目以四地在实施素质教育和课程改革中遇到的问题为导向，聚焦课堂、探究问题，这是四地教育教学的交流与融合、四地教育资源的整合与互补、四地教育教学名师的学习与领略，以及四地特色教师培训基地的体验与探求。可以预见，它必将是一次有意义、有实效、具有开创性的、值得期待的培训。

3. 构建起四地培训卓越教师的长效机制

该项目通过四地基础教育联合培养卓越教师，整体推进了区域基础教育教学的共同发展。此前于2012年举办的“京苏粤中小学优秀中青年校长高级研修”项目，已为区域合作打下了良好基础，创建了京苏粤联合培养的模式。此次将这种模式应用到中小学教师培训上来，既是这种培训模式的进一步完善，也是理念更新、课程设置、导师配备、质量监控等方面的创新。本次培训班建立的长效机制，成为一个跨区域之间的教育合作、教育资源共享与交流的优秀平台。

4. 达到了预期的目标

实践证明，京苏粤浙中小学卓越教师高级研修项目在实施中“重在通过协同创新建立教师培训的共同体，建立四地教师的学习共同体，关注教学文化的差异，形成一种教师教育新机制”①。四地学员互相启发、激励，逐渐呈现出各自鲜明的教学风格，地域文化、教育理念、教育方法的差异使他们产生了更多的思想火花。受训教师不仅将研修收获反映到工作岗位上，促进了自己教育理念的升华、教学行为和模式的改进、教学风格的凸显，还将自己的体会和感悟

① 《京苏粤浙携手推动中小学教师卓越发展》，载《光明日报》，2015-06-10。

分享给工作所在的学校、地区，产生了非常好的社会效益。但同时，基于四地区域合作的教师教育共同体只是一种初步探索，还存在许多阻碍共同体发展的问题，例如，共同体的运行还没有规范到制度层面，实质性合作还不够深入，合作项目还比较单一，合作效果的评估机制还没有建立，网络研修平台虽已建立但还未得到充分利用等，需要在接下来的实践中进一步研究推进。

随着项目的推进，学员们也获得了收获。通过研修实践，我们可以欣喜地看到学员的一些积极变化。

(1)感悟和体会到差异化的教学风格并互相取长补短

比如，江苏的焦肖燕老师说，苏派教学风格是“三实”“三精”“三活”，粤派教学风格是“兼容并包、开放自由、整体设计”；广东的王九红老师则认为在江苏感受到的是“绵密、精巧、紧张、高效”，在广东感受到“兼容并蓄，轻松自然，简洁明快，大胆创新”；广东的骆奇老师则将自身风格概括为“开放、包容、务实”。

(2)开始反思、总结和提炼自己的教学风格

比如，北京的马艳芬老师初步将自己的教学风格确定为“巧妙的追问　智慧的启迪”；浙江的张明敏老师沉下心来思考自己在教学中追求的是“民主平等、简约风趣、思想自由”的风格。具有自己独特的教学风格是名师的标识，各位学员开始研究自己的教学风格，是成长为名师的重要途径之一。

(3)激发了教育教学研究的新激情

通过专家点拨、跟岗学习、同课异构等活动，许多教师找到了自己教育教学研究的新课题，并已形成阶段性成果。例如，浙江的詹洪法老师感受到岭南派小学英语特别注重语音教学的渗透，就在研修结束后一个月专门进行了研究，形成了论文《新版〈英语课程标准〉的语音关注》；北京的赵东老师、浙江的黄吉鸿老师则受启发于“同课异构”的形式，对教师如何评课议课进行了潜心思考。

(4)找到了自己在教学中新的“增长点”

教师们借助理论补给与更新、跟岗实践与改进、同伴研讨与交流，重新明确自我教学定位，找到自己在教育教学中新的生长点和方向，为成长为卓越教师、名教师打下很好的基础。

二、苏、粤两省跟岗协作培训

2013年，受江苏省教育行政干部培训中心委托，广东第二师范学院对江苏省部分中小学校长、幼儿园园长分两批进行了为期一周的跟岗实践培训。培训校长、园长共339名，其中幼儿园62人、小学97人、初中180人。

2014年，受江苏教育行政干部培训中心委托，广东第二师范学院对江苏省283名幼儿园园长进行了为期4天的跟岗实践培训。选取了广东省26所省一级幼儿园。让学员感受广东省优秀幼儿园的办学理念、管理方法，熟悉广东优秀幼儿园的管理模式、团队建设、教育教学方式、德育、教师专业发展等工作方法。

培训采取师徒结对、现场体验、挂职参与、合作学习等方式，让参训学员在真实的学校现场环境中，通过“听、看、问、议、思、写”等自主学习行为，进行深度体验的实践培训。实践表明，跟岗学习项目有助于学员开阔视野，在实践中领悟先进的办学理念，从而促进其专业发展，提高领导和管理学校的能力。这些方式受到了参训校长、园长的普遍欢迎；同时，也使基地学校、幼儿园在指导跟岗学员的过程中进一步反思和提炼自身的办学理念和管理模式，真正做到了教学相长、共同发展。

三、区域协作的总结与反思

参与区域协作项目学习的学员都非常珍惜这次难得的学习机会，经常学习讨论到深夜，交流分享学习资料，讨论学习问题，不断总结反思不同教师的教学经验，提炼自己的教学风格。在每一阶段的总结会上，教师们的发言和分享展示了他们研修后的教育理念和教学智慧。研修班在四省市分别进行，项目进展的每一阶段都取得了较好的成效，都有很多精彩和成功之处，总体效果达到了预设目标。但在项目推进的具体工作中，也存在一些需要进一步改进的问题。

1. 培训课程与方式设计方面

(1)应关注学员的差异性

从已经实施的培训来看，学员有的是特级教师，有的是骨干教师，还有少部分是普通教师，水平差异较大，不利于凸显培训效果。如果适当统一学员的选拔标准，减小学员差异性，明确定位，培训效果可以更好一些。

(2)要加强项目设计的整体性

四个阶段的培训在实施中只是分阶段、分片、分地区完成培训任务，还没有形成一个统一的整体，几个阶段的培训之间衔接不够。项目设计的整体性在形式上，可以一个省为主，但要做得更深入些，其他三地采取游学的方式进行。

(3)增强培训的针对性

专题的聚焦不够，培训内容过于广泛，重点不够突出，也影响学员的培训效果。可以在两个方面加以改进：一是尽量满足学员的个性化发展，加强对学员个体的诊断，帮助学员形成个人的风格与特色；二是聚焦内容，一个地区聚焦一个名师，所有活动围绕深入研究特定名师，效果可能会比较好。

(4)形成一个系列化的培训过程

注重每一期每一年培训的关联性和创新性，围绕教育教学、教师专业发展等重点和难点问题不断创新，进行理论引领和实践经验总结，帮助学员进一步转变观念，不断提升学员的专业水平，增强培训效果。

2. 培训形式与管理方面

(1)学员的自身管理有待加强

在培训过程中，各地项目组全程跟进管理很到位，但学员自身的管理能力没有调动起来。各省市需要对学员跟进管理，进一步加强学员的自觉管理。

(2)给学员更多更充分展示的机会

在四个阶段的培训中，教师讲授较多，学员之间、学员与专家之间缺乏互动，学员个性发展尚未凸显，班级统一的培训多，针对学员的个人发展关注不够，学员参与度还不够。

(3)作业的跟进与评价应到位

从上交的作业情况来看，质量参差不齐。今后的培训要提升作业质量，保证学员学有所获。

3. 建立学员持续发展机制

(1)要深度跟进

加强各个阶段之间的衔接，培训后期要增加学员展示机会，结业之后要搭建长效交流平台，持续扩大卓越教师影响力。成果可通过多种方式呈现，如著作出版、教研刊物专栏、教学课程录像汇编、精品同课异构课程等。

(2)要持续扩大影响力

四地承办机构的工作机制、四地连续联合培训的模式、时间与内容和安排、网络研修社区的建立等多方面都要加强研究，资源信息需要随时更新，不断完善项目设计，可以通过微信公众平台、QQ群、博客等网络方式进一步提升培训质量和影响力。

第四章　教师通识培训课程

21世纪以来，教师培训与教师成长日益成为国家与学校关注的焦点，而如何提升培训质量、如何科学设置培训课程，则是教师培训实践中的关键问题。《教育部关于大力加强中小学教师培训工作的意见》明确要求："不断优化培训内容。加强教师培训需求调研。根据实施素质教育的要求，并针对不同类别、层次、岗位教师的需求，以问题为中心，以案例为载体，科学设计培训课程，丰富和优化培训内容，不断提高教师培训的针对性和实效性。"通识培训是教师培训课程体系的重要组成部分，从"提升培训质量"的要求出发，分析现有的各地区、各类型培训的课程设置，可以发现对通识培训的理解并不一致，培训实践中的具体做法差异也较大。教师通识培训课程的内涵界定与实践建构都比较宽泛、模糊，通识培训课程的设置仍是一个有所缺失且亟待认真研究与建构的领域。

>> 第一节　教师通识培训课程概述 <<

一、教师通识培训的意义

(一)教师通识培训是教育发展的时代要求

教师必须跟上社会发展的步伐。从当代社会变化的角度来审视，与传统社会相比，现代社会充满着多元性、开放性、综合性，并在不断地变化、变革中前进。改革开放以来，以素质教育为核心的教育改革逐步深入人心，并在全社会、全国范围内践行。现代社会的快速变化和素质教育理念的大力推行，使社会各界，尤其是教育界越来越注重学生综合素质的提升。作为新时期的中小学教师，有必要及时地调整自身的知识结构及教学方式，从而更好地适应当代社会变化的步伐。

(二)教师通识培训是教师职业的必然要求

从教师教育的内在要求立论，对教师进行通识教育有其独特的目的与意义，是教师教育内在规律的反映，是教师职业的必然要求。教师作为传递人类文明与知识的一种职业，必然要求其具备多方面的文化修养。教师如果视野狭隘、知识结构残缺，就很难胜任“传道”“授业”“解惑”的教学重任。通识教育能够促进教师文理兼备、具备多方面的文化素养。同时，教师作为人类灵魂的工程师，必然需要具备健全的人格，不仅要精通某种专门知识和技能，还应养成高尚的人文精神，成为既会做事又会做人的高素质人才。这就客观要求在教师教育方面重视通识教育，建构“全人格教育”课程体系。尤其是当前，中小学生的心理问题已成为一个日益严重的社会现象，这就要求教师的专业发展必须超越狭隘的专业教育的视野，更应重视道德教育、情感教育、人性教育，唯此才能够胜任塑造中小学生健康的情感与人格的工作。①

(三)教师通识培训是现代科技发展的必然要求

从当代人类知识发展的趋势立论，教师通识培训是现代科学技术发展的必然要求。现代科学技术在既高度分化又高度综合的发展过程中，日益呈现出综合化、整体化的趋势。边缘学科和综合学科日益增多，各门学科相互交叉、渗透。与此同时，科技发展日益综合化、整体化的趋势也要求人们的思维方式由以前的以分析为主向以综合为主转变。未来学家托夫勒在《第三次浪潮》一书中明确指出了这一趋势，“我们当前的任务是要像一个通晓多门知识的综合家而不是某项专门问题的分析家去思考问题，我们今天已处在一个新的综合时代的边缘”。当今社会的许多重大问题的解决，日益求助于多科融合的战略。例如，形势严峻的环境保护问题，就需要从天文学、地理学、大气科学、生态学、伦理学、人类学、历史学等学科多角度综合研究。而传统的“专才”教育模式过于强调“专业对口”，学生的知识面极其狭窄，反而不利于真正的知识创新。

(四)教师通识培训是基础教育课程与教学改革的需要

从新课程改革的角度立论，教师通识培训是基础教育课程与教学改革的需要。课程与教学改革的深入推进需要教师自觉提高专业素养。课程改革最大的变化在于增强课堂教学的自主性，加大课堂教学的自由度。课程改革的总体构思是将过去过于集中的权利分散和下放，从目标到内容、从方法到评价都留有充分的弹性余地，这就为任何一位有思想、有创意的教师自主地进行课堂教学改革提供了保障。随着教学自主性的增强，新课程的实施必然会扩大每一位教师专业发展的空间。例如，过去，我们对教师专业发展内涵的理解主要是强调特定学科的专业知识与专业技能，但是在新课程背景下，仅仅强调知识要素无法实现新课程在“过程与方法”“情感态度与价值观”方面的教育目标，这就需要教师必须有开阔的视野、丰富的知识与创新的意识。总之，新课程背景下的教师发展不是片面的学科专业知识与技能的培训，而是以专业素养为核心的“全人格”的发展。②

---

① 魏书敏、蒋湘祁：《谈高师院校通识课程的设置》，载《中国成人教育》，2011(4)。

② 杨小微：《课堂变革中教师智慧的成长》，载《中国教育学刊》，2006(6)。

二、通识教育的借鉴意义

教师通识培训是通识教育的下属概念，应该从通识教育的渊源中找寻概念界定的支点。从现有的各类教育文献来看，关于教师通识培训课程设置的讨论还比较少，在培训实践中通识培训课程的设计依据也不足，对通识教育的理解和把握还不够深入，总体上通识教育课程设置主要问题是过于随意。我国通识教育与培训课程设置通常是根据现有师资力量和个人喜好，列出拼盘式菜单供学生选择。这种课程设置既无通识理念指导，又无内在逻辑架构，课程呈现杂、乱、缺、浅，内容很少触及名著原著，只停留在一般了解层面。单学科知识性内容多，多学科整合课程少，难以达到“通融识见”之效。[①] 因此，有必要从通识教育研究的角度对教师通识培训课程进行更深入的探讨。

(一)通识教育的内涵

在教育实践中，通识教育的概念一直充满歧义。直到 1977 年，美国学者还在抱怨：“迄今为止，没有一个概念像通识教育那样引起那么多人的关注，也没有一个概念像通识教育那样引起那么多的歧义”，以至于有的学者认为，概念的混乱是通识教育实施不力的重要原因之一。[②] 国内学者李曼丽、汪永铨教授搜集了从 19 世纪初期通识教育一词被提出以来，一些知名学者及相关著作对通识教育的理解，发现迄今为止学术界对通识教育内涵的表述共计 50 种左右。通识教育依然是一个复杂的、充满歧义的概念。

1. 国际学者的理论认识

教育界把通识教育的精神追溯到古希腊亚里士多德提出的自由教育，这种教育以发展理性、培养心灵为目标，而不是专为有用而进行的训练。亚里士多德指出，“应当有一种教育，依此教育公民的子女：既不立足于实用，也不立足于必需，而是为了自由而高尚的情操”。[③] 这种古老的自由教育传统一直延续到现代。例如，第二次世界大战以后，英国教育哲学家赫斯特(P. H. Hirst)指出，“自由教育是一种由知识本身决定范围和内容，并由此与心智发展相关联的教育”。[④]“这种教育的定义以及对这种教育合理性的证明是以知识本身的性质和重要性为依据的，而不是以学生的偏爱、社会的需求或政治家各种反复无常的古怪念头为基础的”。[⑤]

在美国，通识教育很早就受到教育界的高度关注。例如，1929 年，芝加哥大学推出“赫钦斯计划”。著名教育家赫钦斯认为，“高等教育的首要目的是发展理智能力，其他的任何目的都是次要的”。他认为，知识本来是相互联系的统一整体，由于人的认识能力的局限，才把它人为地分成各个学科。如果只囿于单一学科的教授，就会使学生成为井底之蛙。因此，大学的教

---

① 钱志刚、祝延：《通识教育：在理想与现实之间》，载《高教探索》，2012(6)。

② 李曼丽、汪永铨：《关于“通识教育”概念内涵的讨论》，载《清华大学教育研究》，1999(1)。

③ 《亚里士多德全集：第八卷》，苗力田译，228 页，北京，中国人民大学出版社，1992。

④⑤ [英]赫斯特：《博雅教育与知识的性质》，见瞿葆奎：《教育学文集》，北京，人民教育出版社，1993。

育应该重在通才的教育、通识的教育。

1945年著名的“哈佛红皮书”——《自由社会中的通识教育》指出：“教育广义地可被分为通识和专业两个部分……这两方面不能割裂或对立……通识教育一词，它既不是指通用知识(如果这种知识存在的话)的教育，也不是指教育的全部，通常是指一个学生所受的全部教育中的一部分——培养其成为富有责任感的公民的那部分教育。与之相对应，‘专业教育’强调的是培养学生职业能力的那部分教育。”①

2. 国内学者的理论研究

李曼丽、汪永铨教授尝试用理想类型的方法，从通识教育的性质、目的和内容三个角度对通识教育的概念做出了初步建构。简言之，就其性质而言，通识教育是高等教育的组成部分，是所有大学生都应接受的非专业性教育；就其目的而言，通识教育旨在培养积极参与社会生活的、有社会责任感的、全面发展的社会的人和国家的公民；就其内容而言，通识教育是一种广泛的、非专业性的、非功利性的基本知识、技能和态度的教育。② 从上述两位学者的分析中，我们不难发现，通识教育具有非专业性、非功利性的特点，其内容应该是广博的，而且应该指向人的全面发展。

陈向明教授认为，通识教育既是大学的一种理念，也是一种人才培养模式。其目标是培养完整的人(又称“全人”)，即具备远大眼光、通融见识、博雅精神和优美情感的人，而不仅仅是某一狭窄专业领域的专精型人才。在通识教育模式下，学生需要综合、全面地了解人类知识领域的总体状况(包括主要知识领域的基本观点、思维方式和历史发展趋势)，在拥有基本知识和教育经验的基础上，理性地选择或形成自己的专业方向。学生通过融会贯通的学习方式，形成较宽厚、扎实的专业基础以及合理的知识和能力结构，同时认识和了解当代社会的重要课题，发展全面的人格素质与广阔的知识视野。陈向明教授对通识教育的理解强调的是个体发展的完整性、学习内容的广泛性、学习方式的融通性。因内容广泛，故学习才能融会贯通，而唯有通融识见，才能目光远大、慎思明辨。③

通识教育、通识培训的内涵，关键在于如何理解“通识”之“通”。既有的研究指出，“通识”之“通”，应该是贯通、融通的“通”，不是通才的“通”。即不同学科的知识能够相互通融，遇到问题时能够从比较开阔的、跨学科的视角进行思考，收集资料，与人交流合作，达到不同文化和不同专业之间的沟通。④ 据此可以认为，教师通识培训的核心旨趣，应该理解为培育教师全面的文化素养，帮助教师形成完整的世界图景和多视角分析问题的能力，提升教师教学创新的意识与能力。

---

① 刘燕、潘金山：《走向通达之路：通识教育的问题与改进对策》，载《江苏高教》，2013(6)。

② 李曼丽、汪永铨：《关于“通识教育”概念内涵的讨论》，载《清华大学教育研究》，1999(1)。

③ 陈向明：《对通识教育有关概念的辨析》，载《高等教育研究》，2006(3)。

④ 何秀煌：《从通识教育的观点看——文明教育和人性教育的反思》，74页，香港，海啸出版事业有限公司，1998。

(二)大学通识教育课程概况

1. 哈佛大学通识课程

罗索夫斯基关于哈佛大学通识课程设置的论述至今仍具有非常重要的借鉴意义。他认为通识教育应该包括六门核心课程：文学和艺术、科学、历史研究、社会分析、外国文化、道德理性。通过设置这六门核心课程，帮助学生获得对世界、社会以及自身的了解。

(1)文学和艺术

罗索夫斯基认为，文学和艺术课程涉及读、看、听。读、看和听对于我们多数人来说都是很简单的事，似乎没有必要经过专门的训练。但是能简单地读、看、听并不意味着我们具有艺术审美能力和艺术欣赏能力。事实上，很多人在艺术审美方面缺乏相应的素养。因此，训练有素的眼睛和耳朵就需要我们有充分的欣赏能力、正确的判断能力和对质量的理解能力，这正是文学和艺术课程的价值所在。罗索夫斯基认为，文学和艺术方面的人文课程重在向学生阐明“人类如何以艺术形象表达他们对世界的阅历”。为实现这一目标，必须要求学生学习三门课程：第一门，文学类主修课程，如 19 世纪末和 20 世纪初的小说；第二门，绘画或音乐类主修课程，如伦勃朗及其同代人的画作或弦乐四重奏的发展；第三门，艺术哲学类课程，如文艺复兴时期人的形象。这样，学生就会比较熟悉过去在学术、文学和艺术上的一些重要成就，了解人类的一些主要的宗教和哲学观念。

(2)科学

当代社会，科学技术迅猛发展，并已经深刻影响着我们的日常生活，因此，科学素养应该成为当代人必备的基本素养。如果一个人对科学的方法和原理缺乏某种了解，在今天的世界上就不可能被承认是受过广博教育的，这似乎已是十分明显而无须加以解释的了。虽然科学在当代社会如此重要，但是人们对科学总是充满畏惧。很多人会觉得科学太复杂、太深奥、太耗费时间、太专门并且太数学化了。今天，甚至只有很少科学家，从广义上说，是精通科学的人。同样地，很多文科大学生也会找出种种理由(比如，认为自己缺乏数学才能，或者认为中学时教师引导不利等)来拒绝学习科学。罗索夫斯基对这些观点进行了反驳，并认为作为通识教育的科学课程不同于专业取向的科学教育，这些课程是专为那些将来不是科学家的学生设计的，其目的不在于无限丰富学生的科学知识，而是传授作为观察人类和世界的一种方法的普通科学知识。

(3)历史研究

罗索夫斯基认为，历史研究同样是一种运用非常广泛的研究方法。不仅历史学家运用历史分析法，还有科学家在研究自然进化时会运用历史分析法，人文学家在分析某种特定艺术形式、社会科学家在研究经济史或政治理论时都会运用历史研究方法。因此，无论学生今后进入哪个领域，都应该了解历史研究的基本方法。罗索夫斯基还把历史研究法分为宏观研究法与微观研究法，认为这两种方法都应该进入通识教育的课程。

(4)社会分析

我们生活在社会之中，要深入了解我们的社会，就必须从社会科学中去寻找研究的方法。

19世纪以来，社会科学不断发展，形成了多种不同的学科，包括经济学、政治学、社会学、心理学等，研究方法也随着社会科学分支学科的发展而不断创新。这些学术研究深化了我们对现代人类行为的认识，是当代学生必须了解的重要领域。例如，学生在学习马克思、弗洛伊德、斯金纳、威尔逊的理论之后，就可以更好地了解社会科学家们是试图怎样来解释人类行为习性的。总之，在罗索夫斯基看来，社会分析这门课程的主要目的，不是传递给学生各种分散的社会科学知识，而是使学生能熟悉为调查研究现代社会的运转和发展情况所需要的某些主要分析方法和历史及定量分析技术。

(5)外国文化

世界原本是和而不同的，多元文化是世界的基本特征。在罗索夫斯基看来，当代大学生应该有开阔的文化视野，应该认识和了解异域民族的文化，并且学会尊重与自己不同的文化传统。总之，学习外国文化这门课程的目的是要开阔学生的文化视野，并对自己的文化概念和传统提出新的见解。

(6)道德理性

道德问题是人类的许多宗教和哲学概念中的基本问题，这些道德问题不是仅仅凭借主观臆断就能加以解决的，需要每一个社会公民做出理性的分析与判断。因此，道德判断与道德分析的能力是现代人的重要素养。

罗索夫斯基指出，道德理性这类课程的目的是告诉学生，诸如公正、义务、公民责任、忠诚、勇气和个人责任感等问题是可以合理地用分析的方法深刻地反映出来的。这种教学就是为了探究个人、群体、国家以及国家间道德生活的属性。①

2. 筑波大学通识课程

日本筑波大学的通识教育课程分为三类。

(1)人文学科

人文学科包含哲学、历史、考古学、民俗学、语言学等。

(2)社会学科

社会学科包含社会学、法学、政治学、经济学等。

(3)自然学科

自然学科包含数学、物理学、化学、地球科学等。

3. 台湾大学通识课程

中国台湾的高等院校也非常重视通识教育。以台湾大学为例，将通识课程整合为八大领域：文学与艺术、历史思维、世界文明、哲学与道德思考、公民意识与社会分析、量化分析与数学素养、物质科学和生命科学(图4-1)。通识课程体系强调不同学术领域之间的对话、沟通与融合，传统与现代的融合，全球化与本土化的整合。

---

① [美]罗索夫斯基：《美国校园文化：学生·教授·管理》，100～109页，济南，山东人民出版社，1996。

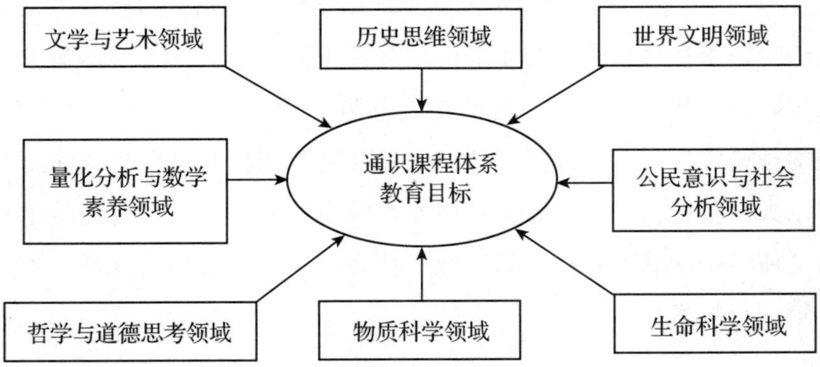

图 4-1　台湾大学通识教育八大课程领域

4. 复旦大学通识课程

复旦大学通识课程设置为六大模块。

(1)文学经典与文化传承

课程强调让学生直接阅读作品，重点讨论和分析作品的创作契机及境界，使学生体会汉语在表现人生境遇与人生感悟方面的精彩，增进学生对民族文化的认同与理解。

(2)哲学智慧与批判性思维

课程强调哲学经典的导读，力图帮助学生找到一条进入哲学家的思想境域的门路，使他们能批判常识性偏见，并形成人生的智慧境界。

(3)世界视野与现代化认识

课程设计意图引导学生真正理解当代西方世界及西方文明的本质，并由此去思考本民族的现代化道路。

(4)科学精神与科学探索

课程强调以科学思想与方法为教学重点，引导学生深入科学的理性维度之中，培养学生的学术精神。

(5)自然生态与生命关怀

课程强调在自然生态、生命科学与生命伦理三方面的联系中，让学生掌握生命科学的基础知识以及思考自然生态与生命伦理等问题。

(6)艺术创作与审美体验

课程意在激发学生的想象力、感悟力等心灵力量，并培养学生高尚的人生情操。

三、教师通识培训课程的理论探究

(一)教师通识培训的理论认识

1. 通识培训与专业培训之间的关系

通识教育与专业教育的关系，目前存在三种不同的观点。

(1)通识教育是专业教育的补充与纠正

学生在自己所学专业之外再学一些本专业外的知识和技能。在这里，通识教育与专业教育是并列的概念。

(2)通识教育是专业教育的延伸与深化

将专业教育通识化，使过分狭窄的专业教育得以拓宽。在此，专业教育是通识教育的上位概念。

(3)通识教育是专业教育的灵魂与统帅

大学教育的目的不是培养狭隘的专业人才，而是培育道德高尚、融通识见、身心健康的个人与公民。在此，专业教育是通识教育的下位概念。①

教师的通识培训具有三种功能。首先，教师通识培训需要拓宽教师的知识面。例如，文科教师可以选修一些自然科学方面的课程，而理科教师可以选修文科的课程，通过通识培训，拓宽视野，完善知识结构，激发教学灵感。其次，教师通识培训课程的设置需要着力凸显知识的内在关联，勾画知识复杂的文化脉络，使教师零散的知识变得有序。最后，教师通识培训还是要着力体现全人格教育的理念，包括提升教师的教育幸福感、形成教师良好的师德修养等，从而凸显教育工作原本具有的“教育性”。

2. 教师通识培训的目的

教师通识培训的目的是什么？拓宽通识教育的视野，总结通识培训的实践经验，可以从中获得启示。

(1)培养完整的人

1945年的“哈佛红皮书”主张通识教育的目的是培养完整的人、健全的人和自由社会中的健全公民。它认为，这样的人必须具备四种能力：有效思考、清晰地沟通思想、做出合适明确的判断、辨识普遍性价值的认知能力。

(2)达到五项标准

20世纪70年代，曾任哈佛大学文理学院院长的亨利·罗索夫斯基认为通识教育要使学生达到五项标准：良好的交流与表达能力；理解各领域研究的基本方法，具体来说，“他或她就应该对物理学和生物学的数学和实验方法，对现代社会的运行和发展进行调查所需的历史知识和定量技术，对过去的学术、文学和艺术上的重大成就，对人类在宗教和哲学上的主要观念，都应有一定的知识”；开阔的眼界，他认为，“有教养和无教养之间的一个重大区别就在于他是否能够用开阔的眼光看待自己的生活经历”；道德判断的能力，“一个有教养的人的最重要的素质很可能是当他们在进行道德选择时做出正确判断的能力了”；触类旁通，能够在广博知识的基础之上深化对主修专业的研究。②

(3)“全面”且“融通”

倪胜利区分了两种对通识教育的不同理解。第一种理解是在全面发展的意义上理解通识教

---

① 季诚钧：《试论大学专业教育与通识教育的关系》，载《中国高教研究》，2002(3)。

② [美]罗索夫斯基：《美国校园文化：学生·教授·管理》，90～92页，济南，山东人民出版社，1996。

育，把通识教育等同于通才教育、全面教育，并由此想当然地以为，只要把尽可能全面的知识传授给学生，那一定能够派上实际用场。他认为，这种理解在知识大爆炸的当代信息社会几乎是不可能的，而且在马克思关于人的全面发展的学说中，也找不到任何根据可以证明全面发展是通过全面知识的学习而实现的。第二种理解是将“通识”理解为融通一切的学识，这种见解在中国文化中具有深厚的渊源。例如，孔子曰“君子不器”、《学记》云“知类通达”、《中庸》曰“和也者，天下之达道也”，等等。从融通的角度来看，通识教育的目的，应该是在被分割的、专业化的知识领域之间重新架设意义联结的桥梁，而非不切实际地定位于获得全面的知识。事实上，在知识大爆炸的时代，任何人都没有能力掌握全面的知识。因此，从“什么知识最有价值”的思维角度来看，当代信息社会最有价值的知识应该是具有转换和生成功能的知识，这种知识能使专业知识与整体世界融会贯通，它是开放的体系，能通过与外部世界的交流汲取能量和信息，从而保持不断生长的活力。而这也正是通识教育的真正目的之所在。①

(4)多方面目的

罗伯特·哈里斯则对通识教育的目的进行了系统的论述。他认为，通识教育对人具有多方面的价值。例如，通识教育教会我们如何思考；通识教育倡导的多学科学习促使我们看到观点、哲学和主题领域的关系，确定它们各自的适当位置，从而帮助我们形成良好的判断力。又如，通识教育教会我们如何学习。通识教育重在通融识见，其所提供的结构化、一般性的知识有利于学习者理解和同化某个具体的知识。一旦我们借助通识教育形成了完整的世界图景，那么后续的、具体专业的学习就会变得容易。另外通识教育还可以增长我们的智慧、提升我们生活的幸福感等。

综合学界的讨论，可以认为，教师通识培训的目的应该包括四个方面的具体目标。

第一，拓宽视野。教师的工作往往与具体的学科教学有关，而且其职前教育也往往是分专业的，这种专业教育的培养模式容易使教师的思维局限于狭隘的学科专业之内。因此，通识教育的首要任务应该是尽可能拓宽教师的视野，丰富教师的知识储备，完善教师的知识结构。

第二，融通识见。如前所述，当代知识与文化的变化已经出现不断综合化的趋势，加之现代社会职业流动的加速，这些都需要我们的教育必须重视学生综合素养的形成，必须引导学生形成完整的世界图景。这就必然要求教师改变狭隘、单一的专业知识结构，不断扩大自身的知识面，并且积极探询各学科、各领域知识之间的交融与贯通。因此，教师通识教育的重点应该聚焦于知识的综合化，应该引导教师在培训和学习中感悟世界的有机联系，能够从不同的学科视角来分析和解决问题，从而不断激发教师潜在的教育智慧。

第三，提升能力。教师被界定为专业技术人员，教师的工作业绩仍离不开自身的专业品质的提升。通识培训不仅要扩大教师的知识面，还要在提升教师的学科教学能力上下功夫。例如，教师教育课程就应该成为教师通识培训的重要组成部分，这些课程内容能够与教师的学科教学能力提升密切结合。

第四，涵养德性。通识教育自提出以来，一直被视为非职业、非专业的教育，也就是说，

① 倪胜利：《通识教育：真谛、问题与方法》，载《教育研究》，2011(9)。

其首要目的不在于使学生“成才”，而在于引导学生“成人”。罗索夫斯基就认为美德教育应该成为通识教育的灵魂，他说：“一个医生应该对科学和疾病拥有丰富的知识；一个律师应该对主要案件和法律程序有深刻的了解；一个学者必须精通某学科发展的现状。然而，所有这些虽然必要，却是不够的。职业的理想境界不应仅限于成为一个合格的技术专家。比较合适的目标应该是专业上的权威同‘谦虚、仁慈、幽默’的结合。我要求我们的律师和医生能够理解痛苦、爱情、笑声、死亡、宗教信仰、公正和科学的局限。这些品质较之知道许多新药或受理上诉的法庭的最新判决要重要得多。”①

(二)教师通识培训课程的研究

克服教师继续教育中通识培训课程设置存在课程门类重复设置、学习内容简单拼凑、过分重视知识讲授等问题，可以借鉴大学通识教育的研究与实践成果，结合教师实际进行改进与建构。

1. 教师通识培训课程的特点

(1)教师通识培训的内容应该尽可能宽广

通识课程与专业课程相比，其最大的特点在于广度，而不是深度。因此，有必要对教师通识培训的内容进行梳理，并从人文科学、社会科学、自然科学的各个领域来建构完整的通识培训课程体系。

(2)教师通识培训的内容重在“融通”

通识培训不是内容越多越好，不是简单地把各个门类的知识一一罗列，而是把握学科内在的研究方法，引导教师在理解学科研究方法的基础上触类旁通、举一反三。正如罗索夫斯基所说，“常常有人问我们：一个人没有读过莎士比亚的作品，可不可以从哈佛毕业？可以。但是，如果没有在专家指导下用批判和分析的方法读过古典文学著作，那他就不能拿到学位了。没有学过经济学的人能毕业吗？能。但是，如果没有学过社会分析基础课(经济学只是其中的一个范例)的人则不能毕业。”罗索夫斯基所设计的通识教育核心课程的本质正是各个学科基本的原理与基本的研究方法，用著名心理学家布鲁纳的话来说，就是学科的基本结构。

(3)兼顾与教师背景专业的共通性

教师通识培训课程与普通高校通识教育有所不同，那就是教师的通识教育除了需要考虑宽广的学科领域外，还要兼顾教师专业的共同性、共通性。因为无论教师所教的是哪一门学科，所负责的是哪个领域(如班主任工作、德育工作、教学工作等)，其工作的性质始终是一样的，都是教育工作。因此，教师通识培训的课程设置需要体现师范性、教育性的特点。

2. 教师通识培训课程的类型

课程类型是课程内容组织与实施的方式。教师通识培训的课程类型，可以借鉴大学通识教育的课程类型。

---

①　[美]罗索夫斯基：《美国校园文化：学生·教授·管理》，97页，济南，山东人民出版社，1996。

(1)大学通识教育的课程类型

美国大学的通识教育课程大致有分布必修课程、名著课程、核心课程和自由选修课程四种类型。①

①分布必修课程。指对学生必须修习的学科领域以及在各领域内至少应修习的课程门数(或最低学分数)做出规定的通识教育课程计划。"分布必修"是被作为防止过分专业化的一种"策略"而发展起来的，它的指导思想就是"宽广"，旨在拓宽学生的知识面。这种课程类型的任课教师往往以各系科的专任教师为主，教学以课堂讲授为主。学生因主修不同，允许免修或少修某些与主修有关的通识教育必修课程，如理科类学生可以免修部分自然科学类课程，而文科类学生可以免修部分人文社科类课程。分布必修课程的优点是便于管理，容易实施，因为这种课程不需要改变大学现有的系科结构。但其缺点是课程过于分化，缺乏综合与融通。

②名著课程。是在永恒主义教育哲学观的指导下创立的，其倡导者认为，名著是历史上伟大人物对涉及人类生活的最基本、最重要的问题的讨论，具有永恒的价值，所以名著教学能够给予学生最好的教育。为达到广闻博识的目的，名著课程所选择的"名著"内容非常广泛，而其教学组织形式也比较独特，大多以讨论为主。这种课程的优点是突出了名著的教育价值，但缺点也同样明显，那就是名著选择的主观差异性大，难以形成基本的共同要求。

③核心课程。指一种综合传统独立学科中的基本内容、以向所有学生提供共同知识背景为目的的课程。核心课程与分布必修课程的不同在于：分布必修课程是按专业化的学科来设置的，缺乏内容上的综合，而核心课程则是跨学科性的。实施核心课程的教师通常是学术基础深厚、具有通融识见的优秀教师，其教学组织形式强调讲授与研讨并重。

④自由选修课程。指院校本身没有任何特别规定的通识教育计划，学生可以根据自己的兴趣自行制订一个属于自己的通识教育计划。"自由选修"建立在以杜威为代表的进步主义教育哲学基础之上，强调以学生兴趣为中心。其优点是能够充分体现通识教育培养"自由人"的价值追求，但是这种课程实施起来难度较大，而且容易偏离通识教育的初衷。

北京大学原中文系主任陈跃红教授比较分析了通识教育的深度模式与广度模式。他认为，从知识广度的角度来理解通识教育，并不能解决传统的专业化教育的弊病。在他看来，传统的专业化教育的问题在于，学生只懂得该专业的表层内容，只能僵化地、模式化地复制和翻版专业知识，却不大可能举一反三，通晓学科知识之间的内在联系，更不可能培养出深度思维能力、批判能力和创新能力。也就是说，传统专业化教育的主要弊端不在于知识的宽度不够，而在于知识的深度不够，不能够融会贯通。他还结合中小学应试教育的弊端进行了分析，认为在应试教育背景下，现行中学教育培养体制模式化、定型化、塑型固化，试图通过大学泛泛而论式的通识教育来改造和改变学生的知识僵局和思维惯性是不切实际的。因此，他主张大学通识教育不应该立足于拓展知识的广度，而是应该在有限的课时之内着重下功夫解决学生开放性、跨越性、普遍性的深度知识获得等难题。②

---

① 李曼丽：《美国大学通识教育实践研究》，载《高等工程教育研究》，2000(1)。

② 陈跃红：《大学通识教育面向广度还是面向深度》，载《探索与争鸣》，2009(6)。

(2)教师通识培训的课程类型

教师通识培训的课程类型，应该坚持多种课程类型的综合运用，其中核心课程类型应该成为通识培训课程类型的主体。从发达国家大学通识教育的改革实践来看，各种课程类型的综合运用已经成为主流的趋势。例如，当代美国大学通识教育采用最多的课程类型就是核心课程与分布必修课程，并且二者之间还有日益融合的趋势。[①] 同时，教师通识培训的课时和学分有限，要在有限的课时内完成通识培训的任务，就必须借鉴核心课程的经验，使教师在知识的广度与深度两个侧面都能有切实的提升。

>> 第二节 教师通识培训课程政策指引和改革实践 <<

一、教师通识培训的政策指引

教师通识培训的国家政策性要求在不断加强。

(一)1999年，教育部对中小学教师继续教育的规定

1999年，教育部颁布的《中小学教师继续教育规定》第八条规定："中小学教师继续教育要以提高教师实施素质教育的能力和水平为重点。中小学教师继续教育的内容主要包括：思想政治教育和师德修养；专业知识及更新与扩展；现代教育理论与实践；教育科学研究；教育教学技能训练和现代教育技术；现代科技与人文社会科学知识等。"其中的规定除了"专业知识及更新与扩展"之外，其他都可以涵盖在"通识培训"的领域之中。

(二)2011年，教育部关于教师培训工作的意见

《教育部关于大力加强中小学教师培训工作的意见》文件指出，新时期中小学教师培训应该"紧扣培养造就高素质专业化教师队伍的战略目标，以提高教师师德素养和业务水平为核心……全面提高教师素质"。其中，还提出要重视参与式培训、远程培训、校本培训、学分制管理等。

(三)2012年，教育部对教师专业标准提出的要求

2012年2月10日，教育部印发了《幼儿园教师专业标准(试行)》《小学教师专业标准(试行)》和《中学教师专业标准(试行)》，从专业理念与师德、专业知识、专业能力三个维度建构基础教育教师专业标准。

《中学教师专业标准(试行)》中"专业知识"分为教育知识、学科知识、学科教学知识和通识性知识四个模块，其中与教师通识培训密切相关的是"教育知识"模块和"通识性知识"模块。关于"教育知识"，《中学教师专业标准(试行)》列出了六个方面："掌握中学教育的基本原理和主

---

① 陈小红：《通识教育课程模式的探讨》，载《复旦教育论坛》，2010(5)。

要方法；掌握班集体建设与班级管理的策略与方法；了解中学生身心发展的一般规律与特点；了解中学生世界观、人生观、价值观形成的过程及其教育方法；了解中学生思维能力与创新能力发展的过程与特点；了解中学生群体文化特点与行为方式”。关于“通识性知识”，包括四个方面的内容：“具有相应的自然科学和人文社会科学知识；了解中国教育基本情况；具有相应的艺术欣赏与表现知识；具有适应教育内容、教学手段和方法现代化的信息技术知识。”

从教育部颁布的有关教师继续教育与教师专业标准的文件中归纳，涉及教师通识培训的内容主要包括如下四个方面。

1. 师德修养

教师专业标准把“师德为先”作为教师专业发展的重要理念，并且从教师与职业、教师与学生、教师与教学、教师与自身等多个侧面系统勾画了教师在教育工作中需要处理的各种伦理关系。

2. 教育知识

教师专业标准根据各个年龄段教育的不同特点，制定了不同阶段教师教育知识的要求与标准，如《幼儿园教师专业标准(试行)》对教育知识的要求主要是五项幼儿发展知识，《小学教师专业标准(试行)》对教育知识的要求主要是六项小学生发展知识。

3. 现代教育技术

教师专业标准中要求中小学教师具有适应教育内容、教学手段和方法现代化的信息技术知识，对幼儿教师的要求则适当降低，要求具有一定的现代信息技术知识。

4. 科技、人文与社会科学知识

教师专业标准中主要列出三个方面要求：“具有相应的自然科学和人文社会科学知识；了解中国教育基本情况；具有相应的艺术欣赏与表现知识。”

二、教师通识培训课程改革实践

(一)北京市教师通识培训课程

2011年，《北京市“十二五”时期中小学教师培训工作实施意见》提出构建并完善“分岗位、分学科、分学段、分层次的教师终身学习和发展体系，构建相应的培训目标与课程体系，使教师在不同发展阶段有针对性地参加培训，促进教师专业连续性发展。”并制定了课程管理的《北京市“十二五”时期中小学教师培训管理办法》，强调培训课程由必修课程、选修课程和校本研修构成。其中必修课程包括公共必修课和专业必修课；选修课程包括专题模块课程和自主选修课程。培训课程设置中，与通识培训有关的内容涉及公共必修课程、专业必修课程与专题模块选修课程。

1. 公共必修课程

公共必修课程包括教师职业理想与道德、学科教育心理学，目的是提高教师的教育专业素养，其中教师师德教育可以视为通识培训课程的部分。

2. 专业必修课程

该课程强调根据各学科、各层次教师的发展需求，设计不同程度和侧重点的课程体系，学科教师可根据自己的发展需要完成相关课程的学习。这部分内容主要涉及教师教育课程，因而也可以视为通识培训的课程内容。强调根据教师专业发展的不同阶段进行差异性的课程设置。例如，对于新任教师，其课程内容包括：职业生涯规划、教学设计、教学技能、教育技术、班级及课堂管理等；而对于骨干教师，其课程内容则包括：教育哲学、教育问题研究、教师专业发展等。

3. 专题模块选修课程

专题模块选修课程涉及的内容比较广泛，其中与教师通识教育密切相关的内容包括以下几方面。

(1)通识类课程

通识类课程含英语专题、艺术欣赏专题、健康专题、科学素养专题、人文精神专题等。

(2)条件性知识类课程

条件性知识类课程含可持续发展教育专题、国际理解教育专题、学习困难儿童教育专题、问题解决与创造性培养专题、减轻学业负担专题、研究学生方法专题等。

(3)教育研究类课程

教育研究类课程主要是研究方法专题。

(4)专业发展类课程

专业发展类课程含读书方法专题、思维方法专题、专业与自我认知专题、专业发展规划专题、专业发展策略专题、教师心理健康专题等。

北京市培训课程方案的突出特点是强调培训的针对性与个性化。通过分层次的培训课程设置，满足不同发展阶段教师的不同需求，尤其是关于教师教育课程的设置，更体现出了差异性的特点。

(二)上海市教师通识培训课程

2011 年，《上海市“十二五”中小学、幼儿园教师培训工作实施意见(试行)》提出，教师培训工作的总体目标是“进一步提升全体教师的教育境界、专业能力和综合素养”。方案有两个突出的特点。

1. 强调教师综合素养的提升

课程方案将教师综合素养培训的意义与教师创新素养结合起来，课程内容同样非常广泛，包括师德素养、法制素养、人文素养、科学素养、情操修养和身心健康等，其中“重点工作”领域第四条强调“以提升创新素养为重点，努力提高教师综合能力”。倡导实施通识教育，其中重要原因在于真正的创新往往产生于学科的交叉地带、边缘地带。教师只有具备广博的知识，才能在教育实践中激发思维的灵感。因此，综合素养、通识教育与教师创新素养之间存在着紧密的联系。方案对综合素养的重视还表现在把培训课程分为师德与素养、知识与技能、实践体验三大类别，将教师综合素养课程放在培训课程的第一类。教师综合素养的内涵也比较宽广，包括创新素养、人文素养、信息技术能力、财经知识和国际化意识等。

2. 强调差异性

课程设置按照教师专业发展的不同阶段开展培训。例如，关于教师教育知识课程规定："初级职称的教师侧重教育教学基本规范、基本技能的培训，中级职称的教师侧重提高课堂教学及实施新课程的实践能力和课堂教学研究能力的培训，高级职称的教师侧重教育个性化的自主学习，提倡形成个人教学风格及专业特长。"

>> 第三节　教师通识培训课程设计 <<

教师通识培训课程方案构建包含课程目标、课程内容、课程实施和课程评价四个维度。

一、教师通识培训课程目标

(一)促进教师认识视野的拓展

通识培训的内容与专业知识和技能培训相比具有更大的宽度和广度，要求进一步丰富教师的知识储备，引导教师形成更加完整的世界图景。

(二)促进教师知识结构的完善

通识培训重在通融与贯通，课程设计的重点在于凸显各学科知识之间的交叉点、融汇点、贯通点，引导教师宽视野、多角度研究与分析问题，自觉将知识综合化，激发教学的灵感，促进自身教学创新能力的提升。

(三)促进教师教育境界的提升

通识教育是非专业、非职业教育，培训的重点不在于教师的专业训练，而是帮助教师通过广博知识的学习，感悟人类文化的丰富与魅力，思考生命存在的价值与意义，提升对教育工作的责任感与使命感。

二、教师通识培训课程内容

课程设置是教师通识培训的核心问题。笔者以为，教师通识培训课程的设置可以借鉴国内外通识教育的一些成功经验，具体而言，就是以核心课程的模式来进行课程内容的选择与组织。就通识培训而言，核心课程模式有两个方面的优点：一是可以凸显通识培训的要义，即通融识见、举一反三、触类旁通，因为核心课程不是简单的拼凑，而是更强调知识综合；二是可以兼顾课程内容上的多元和教师专业上的差异，从而体现通识课程是所有学科教师共同、共通的课程。

结合教师的职业特点，并借鉴国内外大学通识教育与教师通识培训的相关经验，笔者认为，教师通识培训的课程设置可以分为师德修养、教育理论、中西文化、社会研究、科学探索、艺术欣赏六大类。

(一)师德修养

师德修养应该始终成为教师通识培训的核心。之所以如此理解，主要有两个方面的原因：一是教书育人是教师职业的特点与使命，教师的人格魅力与道德境界本身就是非常重要的教育手段，所以在中小学、幼儿园的教师专业标准中，“师德为先”的理念凸显了出来；二是道德境界的提升原本就是通识教育的根本追求，许多学者在论述通识教育的内涵与意义时都反复强调通识教育重在“成人”而不是“成才”。

从核心课程的视野来构建师德修养类通识培训课程，就不仅仅包括教师师德方面的内容，而是应该从哲学与伦理学的高度来全面地分析与构建。具体而言，笔者认为，可以包括三个方面的内容：中国哲学与人生境界、西方哲学与人生境界、教育伦理与教育幸福。

由于通识培训不是简单地拼凑内容，而是融会贯通，因此，师德修养类课程不应该简单地讲授哲学与伦理学的知识，而是应该把握哲学与伦理学的精髓与核心。并从这个核心出发，来全面、深入地诠释教师的职业生活，引导教师自觉提升自身的道德修养。

基于上述认识，笔者认为，在教师通识培训中，人生境界应该成为中西方哲学探讨的核心问题，此类课程也应该围绕人生境界的追求来解读中西方的哲学文化，使哲学真正成为智慧之学，使教师在这样的通识培训中真正感受到思想家的智慧与力量。事实上，从近代以来，哲学家们就始终把人作为哲学探究的主题，并且对人类自身生存的意义与价值、人生的境界与追求等问题给出了许多富有启发性的思考。从存在境遇与人生境界的角度来梳理哲学思想，既体现了通识教育之融通的意蕴，也真正促进了教师的生命感悟。

同样，思想家们关于伦理学的探讨，始终离不开“幸福”的话题，古希腊亚里士多德的《尼各马可伦理学》就是对如何过幸福生活的探讨。

(二)教育理论

教育部制定的《教师教育课程标准(试行)》主要是指向入职前的师范教育，但同时也是在职教师教育理论类课程构建不可或缺的重要依据。具体而言，教师通识培训中的教育理论课程应该具有如下特点。

1. 跨学科

教师教育理论通识培训课程应该具有跨学科的特点。教师入职前的师范类教育课程一般都分学科、分专业，并且主要以知识的学习为主。教师入职之后的通识培训类教育课程则不应过于分化、面面俱到，应该着力体现通识教育“融通”的特点，采用核心课程构架，寻找能够举一反三、触类旁通、纲举目张的核心要素。核心课程的实践表明，以问题为中心构筑的课程容易体现跨学科、交融性的特点，是教师通识培训中比较理想的一种课程模式。

在教育改革过程中出现的新问题、新理念都是具有极强统摄功能的核心要素。因为每一个新的教育问题的出现，背后都必然牵涉到教学理念、课程理论、学生研究、心理发展等多方面的内容，都必须要求教师进行多角度的探究。因此，教师通识培训中的教育课程应该着力体现当代教育教学改革的前沿，应该反映当代教育改革的新问题、新理念与新思路，而不是简单地列举一些既有的教育理论。例如，有效教学、学生研究、校本课程开发、学生探究学习等当前教育教学改革中的热点话题，都可以成为通识培训中的教育课程内容。

2. 体现教师发展的差异性需求

教师通识培训的教育课程应该体现教师发展的差异性需求。课程应该根据教师职业生涯的不同阶段来设计内容。初级职称的教师侧重现代教育技术、新课程理念、课堂教学技能的培训，中级职称的教师侧重有效教学探讨和课堂教学研究能力的培训，高级职称的教师侧重教育哲学、教学风格的探讨。

3. 强调教育教学实践导向

教师通识培训中的教育课程应该强调教育教学实践导向。教师的教育教学行动知识主要来自案例性知识、实践性知识，因此通识培训不是抽象理论教育，而是应该结合教育案例、教育故事来引导思考、展开研讨。

(三)中西文化

学习中西文化应该成为教师通识培训的重要内容。教育的根本任务是立德树人，要在教学过程中真正体现“育人”的根本，就要求教师具有文化意识与文化视野，自觉认识到知识是一种文化现象，认真地挖掘和梳理知识的文化脉络，构建人类的精神文化家园。以数学教育为例，学术界已经围绕数学教育做了很多有益的探讨。美国著名的数学教育家、数学史学家和数学哲学家莫里斯·克莱因在《西方文化中的数学》一书中指出，在西方文明中，数学一直是一种主要的文化力量，数学思想持续深入地影响着人类的生活和思想。在国内，郑毓信教授则从数学的文化观念、数学的文化价值和数学的文化史的研究三个方面构建起了数学文化学的初步理论框架。① 数学作为一种文化现象，已经成为数学课程改革的重要理念，如我国《义务教育数学课程标准(2011 年版)》指出：“数学是人类的一种文化，它的内容、思想、方法和语言是现代文明的重要组成部分。”教师的教学过程不仅仅在于知识的授受，还在于文化的陶冶。教育的真谛要求教师必须理解学科知识背后的文化脉络，自觉地从文化的深度审视学科教学活动。

设置中西文化课程的目的在于引导教师形成文化意识，帮助教师拓宽文化视野。中西文化培训内容可以从中国文化、西方文化、文化的交流与传播三个方面进行建构。

(四)社会研究

社会研究内容涵盖历史学、政治学、经济学、社会学等多个领域。教师通识培训内容的构建应该尽可能展现各门学科之间的内在联系，如社会科学研究方法、现代化进程等都可以成为社会研究的通识培训课程。

---

① 郑毓信：《数学文学学：数学哲学、数学史和数学教育现代研究的共同热点》，载《科学技术与辩证法》，1999(1)。

1. 社会科学研究方法专题

社会科学研究方法课程重在引导教师理解社会科学研究的价值取向、基本思路与主要观点，引导教师形成跨学科的研究视野。社会科学的各分支领域是相互联系的，如历史研究就离不开特定的政治、地理、经济和技术等要素。因此，历史教师如果缺乏政治、经济、地理等跨学科视野，教学就可能缺乏深度。同样，自然科学的发展也是与社会诸多的因素密切相关的，关于科学知识社会学的大量探讨揭示了科学与社会之间的紧密联系。无论教师的专业背景如何，都需要对社会科学研究具有一定的理解，从而能够以跨学科的视角来分析和理解学科教材的内容，深化对知识与社会关系的认识。

2. 现代化进程专题

现代化进程是分析中国与西方的社会发展研究的另一条主线。现代化进程课程通过引导教师比较分析西方国家现代化的进程，启发教师从历史、政治、经济、社会等多个不同角度来分析文明的本质，思考教育在现代化道路进程中的职责与担当。

(五)科学探索

科学的思想进程和辉煌成就代表了人类理性精神的成果，科学探索通识课程可以围绕科学方法与科技伦理两个专题来展开。

1. 科学方法专题

科学在本质上不是静态的知识体系，而是探究的过程。科学素养不仅仅指具备相应的科学知识，更重要的是具备科学精神与科学方法。具有良好的科学素养，才能够用科学探究的方法来解决日常生活中的问题，才能够用科学的态度来对待生活中的种种现象。科学方法专题课程以科学思想与科学方法为教学重点，引导教师领会科学知识背后的研究方法与探究历程，帮助教师深入科学的理性维度之中。

2. 科技伦理专题

科技的发展推动了社会的进步，也伴随产生了诸多的社会问题。从科技伦理的角度来理解科技与社会的关系已经成为当今科学发展的重大主题。科技伦理专题可以围绕科技与社会、科技与生态、科技与人类等方面来建构。

(六)艺术欣赏

艺术欣赏与审美体验是当代人应该具备的重要素养。艺术开启和守护人的想象力、感悟力等心灵力量，艺术还关乎人生的高尚情操的养成，关乎人类生活的真理的发生。蔡元培先生就曾经对美育给予高度评价，他说："提出美育，因为美感是普遍性的，可以破人我彼此的偏见；美学是超越性，可以破生死利害的顾忌，在教育上应特别注重。"对于通识培训而言，艺术欣赏课程不应该简化为艺术技能教育(诸如小提琴、钢琴、声乐、舞台表演、陶艺等)，而是应该强调艺术审美教育，这是由通识培训重在"融通"的特点决定的。具体而言，通识培训中的艺术欣赏课程可以包括艺术史论、艺术欣赏、科学美学等。

艺术欣赏与美育已经受到国家的高度重视。2015 年 9 月，《国务院办公厅关于全面加强和改进学校美育工作的意见》要求：“加强美育的渗透与融合。将美育贯穿在学校教育的全过程和各方面，渗透在各个学科之中。加强美育与德育、智育、体育相融合，与各学科教学和社会实践活动相结合。挖掘不同学科所蕴含的丰富美育资源……将相关学科的美育内容有机整合，发挥各个学科教师的优势，围绕美育目标，形成课堂教学、课外活动、校园文化的育人合力。”其中还特别强调：“支持教师合作开发开设美育课程，倡导跨学科合作。”“在中小学教师国家级培训计划(国培计划)中加大对中小学校教师特别是乡村美育教师培训力度。”

三、教师通识培训课程实施

(一)通识培训课程的教学方式

教师通识培训方式应该灵活多样，可以采用讲授式、参与式与案例式相结合的方式。集中授课的讲授式、置身其中的参与式教学大家都比较熟悉；案例式教学主要通过案例观摩与案例研讨，将通识培训与教师日常教育教学工作结合起来，架构起理念与操作、宏观与微观的桥梁，有效地促进理念、原则、策略在日常教学中的迁移。案例教学可以引导教师更积极主动地参与培训过程之中。在案例观摩与案例研讨过程中，培训者不是简单地讲授，而是通过引导、启发参与培训的教师自己主动发现问题、分析问题、解决问题。案例教学可以采取小组研讨的方式进行，参与者以积极主动的态度投入小组合作交流中，而不是被动地等待、接受、服从与静听，从而提升培训的实效性。

(二)通识培训课程的管理方式

1. 规定教师通识培训的课时总量

《教育部关于大力加强中小学教师培训工作的意见》指出：“今后五年，对全国 1 000 多万教师进行每人不少于 360 学时的全员培训。”统一规定了教师培训的学时总量，对各个课程模块的学时分配各地根据实际需要自行安排。根据通识培训在教师专业发展中具有的重要意义，通识培训模块的课时应该安排适当的比重。在各地的方案制订中，学时分配取决于政策制定者对各个课程模块价值与功能的理解，如上海关于教师培训的规定是：师德与素养课程为 12 学分，占据总学时的三分之一(上海把 10 个学时折算为 1 个学分)。

2. 采用学分制管理机制

采用学分制管理可以加强培训课程的针对性，解决必修课程与选修课程的动态管理。采取学分制管理，就是规定教师每年需通过培训获取规定的学分。培训内容、培训时间、培训类型可自行选择。通识培训课程的设置需要兼顾必修与选修的均衡：一方面，通识培训的内容十分广泛，而教师的专业背景也十分多元，因此需要给予教师更多的选择权利，引导教师根据自身的专业背景与知识结构自主地选择培训内容；另一方面，通识培训又必须有一定的规范，如培训内容必须涉及人文学科、社会科学与自然科学三个领域等。在处理必修与选修的关系问题上，不能只重视统一性、规范性的必修，还应留给教师自主选择的机会，拓展教师选择的空间。在中小学教师参加了某一通识培训课程获得合格成绩评定后，学分认定部门要按要求给予学分认定，学分可根据课程要求、培训方案、相关文件等确定。为防止教师偏重于学习某一类课程的情况出现，管理部门可采取限制选修的形式加以调整。学分制管理有利于满足不同参训教师多元化的学习需求。

3. 运用网络技术管理方式

管理方式运用信息技术与培训平台，采用网络实时管理。现代信息技术在教育教学领域中的广泛应用，为培训机构创新培训形式提供了新的思路。现代信息技术极大地丰富了学习资源，提供了新的认知手段，教师通识培训管理也应该积极创新培训的管理方式与方法，积极搭建基于网络的网络“虚拟学校”“空中教室”和“网络课程”等交互式的学习平台和远程教学系统，同时也实现学习培训的实时管理。①

四、教师通识培训质量评价

(一)评价的原则

1. 重视形成性评价

由于通识培训重在通融识见、举一反三，培训目标指向的是教师认识视野的拓宽和思维方式的转变。因此，简单的纸笔测验并不完全适合通识培训。教师研讨交流、教师教学展示等表现过程的形成性评价在教师通识培训中应该发挥更重要的作用。

2. 坚持多元化评价

教师通识培训的课程内容广泛、课程特质多元，采用单一的书面考试并不能适应多元化课程内容的需要，应该重视多元化取向，实行多元化的课程评价方法。对于多元的教师通识培训评价机制，评价方式应该从具体课程内容的实际特点出发，设计个性化的评价方案。通识培训的评价主体也应该多元化，因为参与式培训已经成为时代趋势，在培训过程中，教师应该成为主动的学习者，因此，教师自我评价、同伴评价、团体评价等方式应该受到重视。②

3. 选择适当评价模式

教师通识培训的评估属于项目评估，在教育实践中已经采用多种评价模式，项目单位可以根据现有技术、学术、经验等条件选择采用比较有把握的模式。

(二)评估指标体系建构

在项目评估的各种模式中，斯塔弗尔比姆(Stufflebeam)提出的CIPP模式应用较为广泛，也较为成熟。本节以CIPP分析框架为基础，构建教师通识培训的质量评估体系(见表4-1)。CIPP模式包括背景、输入、过程和成果四个环节的评价。教师通识培训质量评估中，背景评估(Context evaluation)主要表现为培训需求的分析和培训目标的拟定；输入评估(Input evaluation)包括课程资源的开发、课程方案的制订等；过程评估(Process evaluation)主要是监督、记

---

① 黄燕：《关于中小学教师新课程通识培训的实践探索》，载《成人教育》，2005(1)。

② 张春梅：《中小学教师通识培训课程建设研究》，载《中小学教师培训》，2013(1)。

录和评价方案进展中的各项活动；成果评估(Product evaluation)的主要任务是对培训活动所达到的目标进行衡量和解释。按照斯塔弗尔比姆理论去描述和评价长期的、真正成功的改革方案，成果评价具体分解为影响(Impact)、成效(Effectiveness)、可持续性(Sustainability)和可应用性(Transportability)评价四个侧面。

表 4-1　中小学教师通识培训质量评估指标体系

<table>
<tr><th>一级指标</th><th>二级指标</th><th>要求</th><th>评分</th></tr>
<tr><td rowspan="2">背景评估
(20 分)</td><td>培训需求分析(10 分)</td><td>能够通过定性与定量的调查研究撰写培训需求调查研究报告</td><td></td></tr>
<tr><td>培训目标制订(10 分)</td><td>培训目标明确、具体，并且能够反映通识培训的特点</td><td></td></tr>
<tr><td rowspan="3">输入评估
(30 分)</td><td>课程方案(10 分)</td><td>课程方案具体、翔实</td><td></td></tr>
<tr><td>课程资源(10 分)</td><td>能够开发多元性的课程资源，包括文本资源、音像资源、网络资源等
课程资源能够体现通识培训的特点</td><td></td></tr>
<tr><td>课程设置(10 分)</td><td>课程设置合理，能够体现一定的宽广度
课程内容能够根据教师发展的不同阶段进行差异性设计</td><td></td></tr>
<tr><td rowspan="3">过程评估
(20 分)</td><td>课程组织(10 分)</td><td>课程组织形式合理，能够采用多种不同的课程模式(包括分布必修、核心课程、名著研读等)</td><td></td></tr>
<tr><td>课程管理(5 分)</td><td>采用学分制，并且制定了合理的学分管理规定</td><td></td></tr>
<tr><td>学习评价(5 分)</td><td>评价方式多元化，能够体现教师的参与性、主体性</td><td></td></tr>
<tr><td rowspan="3">成果评估
(30 分)</td><td>教师满意度(10 分)</td><td>课程内容具有针对性
学习管理系统能向教师及时反馈学习结果
网络平台能让教师获得更多的互动与交流
培训时间的安排合理</td><td></td></tr>
<tr><td>教师学习的状态(10 分)</td><td>教师网络发帖、回帖的数量与质量较适中
教师作业的质量较好
培训期间的考勤情况较好</td><td></td></tr>
<tr><td>教师学习的质量(10 分)</td><td>教师教育观念发生改变
教师的认知结构有所拓展
教师的教育行为发生改变</td><td></td></tr>
<tr><td>合计</td><td></td><td></td><td></td></tr>
</table>

第五章　远程培训课程

>> 第一节　教师远程培训概述 <<

一、教师远程培训的条件保障

(一)教师远程培训的技术条件

1. 信息存储技术的发展

存储技术对于人类文明的发展具有深刻的意义，它使得信息跨越时间和空间得以传播。例如，古代的岩画、古书，近代的照相技术、留声机技术、电影技术等，极大地丰富了我们的信息获取和传播渠道。从 20 世纪进入信息技术时代以来，存储技术得到了突飞猛进的发展。

信息存储必然依赖一定的媒介，某种程度上信息存储媒介的发展就是存储技术的发展。最早期的数据存储媒介诞生于 1725 年由鲁修(Basile Bouchon)发明出来的打孔卡纸，一直用到了 20 世纪 70 年代中期。由于卡片能存储的数据太少，人们一般用它来保存不同计算机的设置参数，而不是用来存储数据。1950 年，IBM 最早把盘式磁带用在数据存储上，一卷磁带可以代替 1 万张打孔纸卡，成为直到 20 世纪 80 年代之前最为普及的计算机存储设备。1969 年发明的软盘，可以保存 80 KB 的只读数据。1973 年诞生了一种小一号但是容量为 256 KB 的可反复读写的软盘。到了 20 世纪 90 年代后期，我们可以找到容量为 250 MB 的 3.5 英寸软盘。硬盘是现在还在发展的一种技术，目前非常普通的一个 1 TB 容量的硬盘是 1956 年发明的 IBM 305 RAMAC 硬盘机的 24 万倍。我们面对的存储器的发展趋势很明显：存储器的体积越来越小，存储的容量越来越巨大，价格越来越便宜。纵观存储器的价格，存储的成本已经由 1995 年的大于 4 000元/GB 到现在的 0.5 元/GB，个人使用的云存储甚至是免费的。光存储技术从 1958 年发明光盘技术后也得到了极大的发展，一张双层 DVD 容量可达 8.5 GB，相当于 6 000 张软盘，或者 4 500 盘录音磁带。随着存储器存储容量的增加，为了能更快速地写入或者读取硬盘数据，硬盘接口技术也得到了飞速的发展，从 1986 年的并行总线发展到 2001 年的串行 SCSI，其最大理论带宽也从 320 MB/S 发展到 1.2 GB/S。

随着互联网的发展，单机存储无法满足需求，于是带动了网络服务器的存储系统的发展。20 世纪 50 年代直连式存储出现，将存储设备通过 SCSI 接口或光纤通道直接连接到一台计算机上，它又称为以服务器为中心的存储体系。当用户数量增加或服务器正在提供服务时，其响应速度会变慢，在网络带宽足够的情况下，服务器本身成为数据输入输出的瓶颈。网络附加存储的结构是以网络为中心，面向文件服务的。这种存储系统中，应用和数据存储有专用的应用服务器和专用的数据服务器。网络附加存储的主要功能之一便是以共享网络文件系统的方式提供存储服务，可以支持多台主机同时读写共享的网络文件夹，但是它不能很好地支持块级数据访问的应用，如数据库等。存储区域网络(Storage Area Network，SAN)存储方式是一种以光纤通道(Fiber Channel，FC)实现服务器和存储设备之间通信的网络结构。网络附加存储广义上指支持块级数据协议的传输网络和支持块级数据协议的磁盘阵列组成的存储网络环境；狭义上特指能够提供块级数据访问的磁盘阵列。其中的服务器和存储系统各自独立，地位平等，通过高带宽(传输速率为 800 MB/s，双全工时可达 1.6 GB/s)FC 集线器或 FC 交换机相连，可避免大流量数据传输时发生阻塞和冲突。当采用光纤或铜线实现连接，单线传输速率为 2.5 GB/s，可通过 2、4 或 12 线并行来扩展通道带宽，带宽高达 2.5 GB、10 GB、30 GB。存储区域网络连接存储设备拥有可以有效减少备用空间，支持异构平台，整合 UNIX 与 NT 存储增长需求，扩展能力强，传输距离远等优点。

目前网络附加存储和存储区域网络这两种主要的网络存储形态已经逐步代替直连式存储，成为存储产品的市场主流。信息存储技术的发展使得主流服务器的存储能力和传输能力能够满足各种需求。

2. 互联网络的发展

20 世纪 60 年代，计算机网络源于美国，原本用于军事通信，后逐渐进入民用。计算机网络经过几十年的发展，现在已经广泛应用于社会生活的各个领域并持续高速发展，成为社会结构的基本组成部分。20 世纪 90 年代末至今，计算机网络由于局域网技术发展成熟，出现了光纤及高速网络技术、多媒体网络、智能网络，网络发展开始进入高速网络技术阶段。

在我国，随着国家对宽带网络的建设和优化，全国宽带网速得到了很大的提升。2015 年第一季度民间测速机构测速网对全国网民网络传输速度进行了测速，得出如下结果：电信用户平均下载和上传值分别为 4.56 MB/s 和 2.76 MB/s，移动用户平均下载和上传值分别为 5.07 MB/s 和 3.43 MB/s，联通用户平均下载和上传值分别为 3.66 MB/s 和 2.57 MB/s，相比前一年有所提升。值得一提的是，以往中西部网络速度不如东部地区的情况得到改善，差距逐渐拉小。另外移动网络也得到了快速的发展，从 2G 网络到 3G 网络再到现在各运营商大力推广的手机 4G 网络，移动端网速已经能够满足高清视频通话。

随着网络基础设施的建设，我国的互联网取得了显著的发展，我国网民的规模也快速增长。根据中国互联网信息中心发布的数据，截至 2015 年 6 月，中国网民规模达 6.68 亿，半年新增网民 1 894 万人，互联网普及率 48.8%，手机网民规模达 5.94 亿，中国网站总数为 357 万个。互联网络的普及为远程培训奠定了良好的基础。[①]

3. 云存储的发展

网络改变了世界，以网络存储为核心的存储技术也正在改变人们共享信息的方法。“云”是当前比较时髦的概念，软硬件厂商开始将旗下产品逐渐移转到云计算，或提出各自在云架构中的发展方向，而云存储(Cloud storage)是将存储资源放到网络上供人存取的一种新兴方式。如此一来，使用者可以在任何时间、任何地方，透过任何可联网的装置方便地存取数据。值得注意的是，云存储所支持的存取装置也从计算机主机慢慢扩展到手机等行动装置上。换句话说，非透过计算机上网存取数据的时代已然过去，机动性更强的手机提供更具弹性的云端数据存取方案。简单来说，云运算服务就像水电等公共设施一般，使用者不需了解其背后运作技术及状况，企业用户也不必耗费可观的人力及管理成本，进行任何IT设备及资源的管理。所有资源的分配及管理，设备的汰换、更新与扩充，全都由云运算供货商负责，并依使用者需求提供可扩展性的高可用性服务，使用用户则只要按使用量付费即可。

(二)教师远程培训的政策支持

1. 大力推进教育信息化建设

进入21世纪以来，随着国家教育现代化战略的开展和教育改革趋势的推动，我国教育信息化建设开始加速发展。教育部秉承“以教育信息化带动教育现代化”的指导方针，出台并启动了一系列旨在完善教育信息化基础设施建设、促进中小学信息化应用水平以及开拓面向信息化的教师专业发展的政策、项目与计划。教育部推动教育信息化建设的指导政策主要有两个方面：一是展开信息化基础设施和资源建设，二是大力提高教师信息化素质。

(1)展开信息化基础设施和资源建设

1998年，教育部《面向21世纪教育振兴行动计划》指出，充分利用现代信息技术，实施现代远程教育工程，将现代远程教育作为重要的基础设施加大建设力度。计划利用国家已有的通信资源，进一步扩大中国教育科研网的传输容量和联网规模。改造广播电视教育传输网络，将卫星电视教育与中国教育科研网进行高速连接，进行部分远程办学点的联网改造，争取到2000年时全国农村绝大多数中小学都能收看教育电视节目。开发高质量的教育软件，重点建设全国远程教育资源库和若干个教育软件开发生产基地，同时注意引进国外优秀现代远程教育软件。[②]

2002年，教育部《关于推进教师教育信息化建设的意见》指出，“十五”期间教师教育信息化建设的发展目标是加快以各级各类师范院校为主体的教师教育机构信息基础设施和资源建设，逐步构建全国教师教育信息化网络教育体系，积极促进教师教育教学方法和手段、管理体制和办学方式的改革创新，探索并初步构建信息环境下教师教育的有效模式。根据这一目标，“十五”期间教师教育信息化建设采取了四个方面的措施：一是加快教师教育信息基础设施建设；

---

① 中国互联网络信息中心：《第36次中国互联网络发展状况统计报告》，http：//www.cnnic.net.cn/hlwfzyj/hlwxzbg/hlwtjbg/201507/t20150722－52624.htm，2015-07-22。

② 教育部：《面向21世纪教育振兴行动计划》，http：//www.moe.gov.cn/s78/A18/yys _ left/s3127/more)800/tnull _ 11563.html，1999-01-13。

二是加快教师教育信息资源建设；三是加强师范院校信息技术和教育技术等专业建设，培养、培训适应普及信息技术教育需要的中小学教师；四是以科学研究为先导，积极探索和构建现代信息技术环境下教师教育教学与教学管理新模式。①

2003年，《教育部关于实施全国教师教育网络联盟计划的指导意见》创建教师网联门户网站，开设中国教育电视台教师学习频道。充分利用中国教育卫星宽带多媒体传输平台和广播电视大学系统的学习支持服务体系，与“校校通”工程、农村中小学现代远程教育工程相结合，为农村地区中小学教师提供优质远程教育支持服务。2004年，《教育部关于加快推进全国教师教育网络联盟计划组织实施新一轮中小学教师全员培训的意见》，对于实施全国教师教育网络联盟计划给出了更详细的指导。建设教师网联的指导意见为远程培训建设培训平台提供了样例。②

2010年5月，国务院发布了《国家中长期教育改革和发展规划纲要(2010—2020年)》(以下简称《纲要》)，其中将“建成覆盖城乡的基本公共教育服务体系，实现基本公共教育服务均等化，缩小区域差距”列为战略目标。《纲要》中强调教育均衡发展，缩小教育发展区域性差异，方向指向提高中西部地区基础教育水平，符合我国当前教育发展现实需要。《纲要》指出加快教育信息化进程。一方面进行硬件建设。加快教育信息基础设施建设，到2020年，基本建成覆盖城乡各级各类学校的数字化教育服务体系，促进教育内容、教学手段和教学方法现代化。充分利用优质资源和先进技术，创新运行机制和管理模式，整合现有资源，构建先进、高效、实用的数字化教育基础设施。加快终端设施普及，推进数字化校园建设，实现多种方式接入互联网。重点加强农村学校信息基础建设，缩小城乡数字化差距。另一方面进行软件建设。加快中国教育和科研计算机网、中国教育卫星宽带传输网升级换代。制定教育信息化基本标准，促进信息系统互联互通。加强优质教育资源开发与应用，加强网络教学资源库建设，引进国际优质数字化教学资源，开发网络学习课程。建立数字图书馆和虚拟实验室，建立开放灵活的教育资源公共服务平台，促进优质教育资源普及共享。创新网络教学模式，开展高质量、高水平远程学历教育。继续推进农村中小学远程教育，使农村和边远地区师生能够享受优质教育资源。构建国家教育管理信息系统。制定学校基础信息管理方案，加快学校管理信息化进程，促进学校管理标准化、规范化。推进政府教育管理信息化，积累基础资料，掌握总体状况，加强动态监测，提高管理效率。整合各级各类教育管理资源，搭建国家教育管理公共服务平台，为宏观决策提供科学依据，为社会公众提供公共教育信息，不断提高教育管理现代化水平。③

教育部《2014年教育信息化工作要点》指出，要将“加快缩小区域、城乡、校际信息化基础设施差距”列为第一项核心目标，要改善义务教育学校基本办学条件，完成8.5万所中西部中

① 教育部：《关于推进教师教育信息化建设的意见》，http://www.moe.gov.cn/jyb_xwfb/xw_zllssj/more_183/tnull_1856.html，2002-03-21。

② 教育部：《教育部关于实施全国教师教育网络联盟计划的指导意见》，http://www.moe.gov.cn/jyb_sijzl/more_1695/tnull_38594.html，2003-09-03。

③ 国务院：《国家中长期教育改革和发展规划纲要(2010—2020年)》，http://www.old.moe.gov.cn//publicfiles/business/hemlfiles/moe/info_list/201407/xxgk_171904.html，2010-07-29。

小学宽带网络接入①，进一步缩小东西部教育资源的差距。

(2)大力提高教师信息化素质

为提高中小学教师教育教学技术能力，促进教师专业能力发展，2004年教育部制定了适用于中小学教学人员、中小学管理人员、中小学技术支持人员教育技术能力的培训与考核的《中小学教师教育技术能力标准(试行)》，规定了三类教育系统工作人员的知识与技能等标准，也为教师信息技术能力划定了标准。在《国家中长期教育改革和发展规划纲要(2010—2020年)》中也指出强化信息技术应用，提高教师应用信息技术水平，更新教学观念，改进教学方法，提高教学效果。鼓励学生利用信息手段主动学习、自主学习，增强运用信息技术分析解决问题能力，加快全民信息技术普及和应用。2013年，教育部《关于实施全国中小学教师信息技术应用能力提升工程的意见》指出采取符合信息技术特点的新模式，到2017年年底完成全国1 000多万中小学(含幼儿园)教师新一轮提升培训，以全面提升教师信息技术应用能力。《2014年教育信息化工作要点》目标之一是推动各地加大教育信息化培训力度，完成150万名以上教师信息技术应用能力培训、5万名以上中小学校长信息化领导力培训，完成2 000人左右县级及以上教育厅局长教育信息化专题培训。国家强调教师教育信息化能力，旨在提升教师信息化素质，更好地完成教育现代化任务，同时也为更好地开展远程培训提供支持。

2. 积极开展中小学教师远程培训

随着教育信息化的提升，教师培训的形式开始发生变化。远程培训在教师继续教育上的作用逐渐增大，通过在线教育的教学方式开展全国中小学教师继续教育工作在近10多年来也有了一定的发展。

2002年，教育部师范教育司下发文件，支持东北师范大学牵头成立“全国中小学教师继续教育网”。2003年，《教育部关于实施全国教师教育网络联盟计划的指导意见》第一阶段指出，教师网联以远程教育试点师范大学和中央广播电视大学等首批成员单位为主体，建立管理规范和技术标准，建立标准化开放性的公共服务平台，初步形成共建共享优质教育资源的教师教育协作组织。重点面向农村，配合中小学现代远程教育工程的实施，充分发挥教师网联的优势，因地制宜地运用光盘教学、卫星电视教育、网络教育等各种模式，共享优质教育资源，有效地开展各种层次和规格的教师学历教育和非学历培训，大幅度提高中小学教师队伍素质。2004年，教育部《关于支持“全国中小学教师继续教育网”开展远程中小学教师非学历培训试点工作的通知》支持全国中小学教师继续教育网在全国范围内开展远程中小学教师非学历培训试点工作，同年发布的《教育部关于加快推进全国教师教育网络联盟计划组织实施新一轮中小学教师全员培训的意见》指出，加快全国教师教育网络联盟公共服务平台建设的同时，积极开展中小学教师全员远程教育与培训。2010年，教育部、财政部《关于实施“中小学教师国家级培训计划”的通知》在“中小学教师示范性培训项目”和“中西部农村骨干教师培训项目”两项内容中都包含了远程培训项目。

---

① 教育部：《2014年教育信息化工作要点》，http：www.more.gov.cn/s78/A16/s5886/s6381/201404/t20140430_167764，html，2014-03-12。

2011年，《教育部关于大力加强中小学教师培训工作的意见》指出积极开展教师远程培训。适应现代信息技术迅猛发展的新形势，充分发挥现代远程教育手段在教师培训中的作用，将集中培训与远程培训相结合，采取混合学习模式，开展大规模的教师培训。深入推进全国教师教育网络联盟计划。构建开放兼容、资源共享、规范高效、覆盖全国城乡、“天网”“地网”“人网”相结合的中小学教师培训公共服务体系，更好地满足教师多样化的学习需求。①

二、教师远程培训的研究与设计

(一)教师远程培训的优势

随着信息技术和通信技术的快速发展，各国对远程培训的重视程度越来越高，而远程培训的形式并不是最近几年才出现的教师专业发展形式，一些发达国家在20世纪60年代就已经使用远程教学的方式进行教师教育和培训，以促进教师发展。当前教师远程培训之所以能快速发展并普遍推广，还扩展出多样化的培训形式，有研究者总结了四点原因。

第一，开放与远程教育规模的不断扩大，包括教师培训在内的专业化培训需求的增长，以及能够提供远程培训与教学的大学和机构数量的扩充。

第二，政府和培训提供者面临压力，寻求以高成本效益的方式实施教师专业发展与培训计划。

第三，随着各国政府对教师数量及质量要求的提升，教师资格的水平和标准亦逐渐被抬高，随之带动了培训计划的不断更新。

第四，整体来看，参训教师多半能够在自我管理的学习中取得成功。

以上所总结的四点原因，在根本上还是基于网络远程培训借用现代网络通信技术实现了时空分离的特点，使得它具有以下几点优势。②

1. 远程培训规模大、成本低

传统的面对面培训受到时间、空间和师资的限制，参加培训的教师数量有限，而远程培训将课程和相关学习资料放在网络上，对所有教师开放，增加了教师参与培训的机会。可以避免教师离开本职工作，免去了培训组织部门的一些辅助支持工作，也节约了成本和投入，扩大了教师培训的数量和规模。与传统的面对面培训相比，远程培训具有独特优势。

2. 远程培训实现了优质教育资源共享

远程培训实现了优质教育资源的共享，最大化地利用教育资源。远程培训通过网络课程等形式突破全国，甚至是全球范围内的时空限制，将优质教学资源共享，包括最新的教育理念和教育知识、超前的教育技术，还有优秀的课堂教学案例。理论与实践相结合，为全国教师提供了丰富的知识大餐，尤其是对于资源比较缺乏的农村或贫困地区，远程培训为其提供了一个寻

---

① 教育部：《教育部关于大力加强中小学教师培训工作的意见》，http://www.old.moe.gov.cn//publicfiles/business/htmlfiles/more/s4559/201101/114220.html，2011-01-04。

② 王建平：《远程研修与教师专业成长》，载《西北成人教育学报》，2013(5)。

求资源的最佳渠道。

3. 远程培训增强了教师学习的自主性、主动性

建构知识需要学习者具有主动性，传统意义上的教师培训中，教师作为被动的知识接收者参与学习，因为学习内容和学习时间不一定按照教师个人的意愿，主动性较差。而远程培训项目通常基于在线培训平台展开，一方面，在线培训平台能够提供丰富的资源，参训教师就可以根据自己的实际情况，选择自己感兴趣的、对自身有用的培训课程，可以从任意章节、任意知识点开始学习。另一方面，在线培训平台的交流能够以同步或异步方式进行。教师可以自主地安排学习时间，学习时间和地点不受限制，在办公室、家里等地点都可以学习。

4. 远程培训增进了培训多方的交互性

在线培训平台可以提供交互体验并整合文本、音频和视频资源，使得培训的生动性增强。传统意义上的教师培训，是培训者在教，参训教师在学，学生与教师、学生与学生之间几乎没有互动。而教师网络培训不仅可以让参训教师在线学习和研究，还可以在课后与教师和同期参训者进行交流与沟通，加深对所学内容的理解，同时也拓宽自己的视野。

5. 远程培训实现了实时教学管理

远程培训使教学管理更加快捷方便，基于网络的教师远程培训使教学管理更加方便。参训教师从报名、缴费、选课、开展学习、开展辅导、成绩管理等都能通过网络完成，使教学管理更加方便。

有研究者认为，高质量的培训或研修计划、学习弹性、学习资源的可访问性是教师专业发展的三个重要议题。远程专业发展形式能够跨越地理、文化和社会障碍，帮助参与其中的教师完成高质量的学习，为这三个议题的实施带来了正面效应。远程培训课程计划能够辅助教师拓展教学内容专业知识，并帮助不同学科的教师建立起共同的交流语言。同时，日益兴起的在线培训能够创建并支撑专业化的学习共同体，使在传统专业发展项目中某些难以达成的目标也能够在网络环境中得以实现。传统的教师培训项目通常是一站式的，即在几小时或几天之内，由某领域的专家给参训教师传授知识，当培训结束后学员很难继续交流和学习，但是教师远程在线专业发展模式却可以支撑专业学习共同体的长时间运作。①

综上所述，远程培训方式突破时间和空间的限制，可以完善教师专业发展模式和学习共同体协作学习模式，是教师培训方式的新突破，将成为教师培养的主阵地。

(二)教师远程培训的现状分析

对于教师远程培训现状的研究，主要是从人员构成、培训资源和组织管理三个方面进行研究的，整体发展趋势是良性的，但是也存在一些问题。

在人员构成方面。部分中小学教师对远程培训学习的认识不深刻，有的教师以敷衍的态度对待网络培训，部分教师为了“完成任务”学习，做作业、回答问题等流于形式，参训者用点击

① 张超：《教师远程培训的学习干预研究》，博士学位论文，华东师范大学，2010。

率代替学习时间①，在学习时容易错过良好的提升机会。在线学习短期行为严重，没有及时消化所学内容，内化成自己的知识和能力，应用于自身的教学实践。② 部分中小学教师自身的信息技术能力水平不高，电脑操作水平较弱，在平台的操控方法上存在困难，影响了远程培训的效果。③

在培训资源方面。在硬件设施上，部分农村中小学教育资金投入不足，计算机数量少，网络及硬件设备大多老化严重，网络条件受到限制，不能完全满足培训的需要。在培训内容上，培训内容丰富却不实在、缺乏针对性，与着力解决教师的教育教学实际问题的要求还有一定的差距。培训内容没有按照“问题—策略”的架构设计，没有有效落实“以问题为中心”。即便是关于“学科教学问题与对策”内容，因学员对实践问题掌握得不够准确，也出现了简单罗列问题、重点问题不突出、缺乏对问题解决策略的深度研讨等，或者有些问题并非是教师急需解决的，针对性不强。④ 此外，在网络上提供的交互性资源不足。

在组织管理方面。虚拟环境下的后台管理无法正常有效实施、服务体系不够完善，培训管理有待提升；管理体制不完善、责权不明确；网络教育培训没有专门的监管评价体系，仅仅从数量上来评价，大部分评价都是基于参加教学活动的次数、完成作业的次数，积极参加在线研讨与交流互动的数量等。

针对以上问题，研究者们也提出了相应的策略，主要包括：提高对远程培训的认识；加强远程培训网络平台建设，激发学习吸引力；创新评价与考核机制，激励学员主动学习；建立对培训机构的绩效考核机制；针对教师需求优化培训课程环节等。

综上可以看出，远程在线培训是教师专业发展的有效实践范式，但这种有效性是有条件的。一方面要考虑教师的信息技术能力、访问网络的便利性、技术支持、对待远程培训的态度等；另一方面教师教育的研究者和实践者在强调教师知识更新并呼吁教育部门加大投入的同时，还要提出可接受的评估方法，这样才能真正让远程培训得以改进并取得成功。

三、教师远程培训课程的开发

（一）学科课程开发

远程培训的学科课程资源供给有两个主要源头：一是高等院校的学科专家或者研究者，这类学者有丰富的、系统的理论知识，对某一学科进行过大量的研究，对于学科规律的把握很准确。二是有丰富学科教学经验的中小学幼儿园一线优秀教师，他们所讲授的课程能够贴近学生和教师的实际，但是对于学科的把握往往不够宏观。专家学者和一线教师所开发的课程各具特点，但是在开发远程培训所使用的网络课程时，还需要考虑很多因素，不能简单地将面授培训

---

① 郑小燕：《“在线师训”实效问题的研究——基于上海市 Y 区 W 中心块的实证调查》，硕士学位论文，华东师范大学，2010。

② 李春杰：《中小学教师远程培训管理中存在的问题及对策研究》，载《新课程学习(下)》，2014(7)。

③ 张慈珍：《“国培计划”下农村中小学教师网络教育培训现状及发展对策》，载《软件导刊》，2011(3)。

④ 汪文华：《“国培计划”远程培训项目的主要经验、问题与对策》，载《中小学教师培训》，2001(8)。

教材搬到网上，那不是真正意义上的网络课程。在开发网络课程时，要充分体现网络环境开放性、多元性的特点，遵循如下三项原则。

1. 符合成人学习的规律

教师继续教育是成人学习的一种形式，网络课程必须按照成人的学习特点和需求设计培训内容，开发设计课程要对教师的需求进行全面调查，使得课程能够根据需求端的实际情况进行开发设计。

2. 体现网络教育的特点

要按照网络教育的特点设计培训内容和形式，发挥出网络共享性和交互性的特点，体现出周到的学习支持服务理念。这需要计算机技术人员的支持，所以在开发课程时，最好是以团队为单位开发，团队中既有专家也有一线教师和技术人员，这样合力开发的课程，吸收了三者的优势，能更好地发挥课程效果。

3. 优化整合网络资源

优化整合网络教学资源，避免重复建设。开发的网络培训课程必须提供系统而丰富的学习资源，要有配套的文献资料、案例、媒体素材等信息资源支持。远程培训在我国已形成比较完整的国家、省、地(市)、县(区)四级培训体系，有些机构在开展远程培训的过程中已初步积累了部分资源，应恰当地整合这些优质资源，促进优质资源的共享。①

(二)专题课程开发

“英特尔未来教育”“微软携手助学”“乐高技术教育创新人才培养计划”“中国移动中小学教师信息技术能力培训”等项目，都可以称为“专题课程”或者“非学科课程”，其中以 Intel 未来教育项目专题课程的 PBA 课程最具代表性。PBA 是 Project-Based Approaches 的简称，即“基于项目的学习”，是一门网络在线交互自主学习课程。该课程由中国项目专家和项目教师共同翻译和本土化，已经形成了具有一定中国元素的、完整的、可用于中小学各个学科的教学设计培训。PBA 课程能够帮助中小学教师对“基于项目的学习”这种教学设计和教学方式有更深层次的认识和理解，提供了系列的教学设计理念和方法，可以引导教师在课程标准的基础上，创建本学科教学目标实现的途径和方法。

>> 第二节　远程培训的实施 <<

2013 年，教育部发出了《关于实施全国中小学教师信息技术应用能力提升工程的意见》，2014 年教育部又发出了《2014 年教育信息化工作要点》等文件，并提供了“全国中小学教师继续教育网”“中国教师教育网”等技术平台，中小学教师远程培训有了明确的政策指引和有力的技术支持。在教师“提高培训”“跟岗培训”“以面授为主”的同时，教师“全员培训”以远程培训为主已经成为业界的共识。远程培训平台集中了最优、最新的教育资源，传递了教学改革发展的主

① 赵京：《中小学校长网络培训的问题、对策与前景》，载《中小学教师培训》，2008(3)。

流信息：网站界面友好、信息容量大、交互性强、数据统计功能齐全、运行平稳。在培训学习方面，培训平台通过自主学习、辅导答疑、研讨交流等功能板块的有机融合，充分发挥了专家、辅导教师的专业引领作用，可以充分满足学员的个性化学习需求，充分实现培训过程中“教”与“学”的互动。在培训管理方面，平台通过功能全面的用户管理和实时的信息数据统计，使各级管理人员方便快捷地了解各地市、各院校、各学科的培训动态，及时有效地实施培训管理，保证了培训工作的顺利开展。本节以广东省普通高中教师职务培训(2009—2015 年)远程培训项目为例，介绍远程网络培训的基本情况。

一、政府主导组织推进

(一)政府主导

广东省教育厅根据广东省委省政府《关于加快普及高中阶段教育的决定》和《广东省教育现代化建设纲要(2004—2020 年)》的精神，于 2008 年制定和印发了《关于进一步加强我省高中教师继续教育工作的意见》，明确了高中教师培训的职责分工，对创新培训内容和形式，建立高中教师培训机制，落实高中教师培训措施提出了明确的要求，大力地推进普通高中教师培训。广东省普通高中教师职务培训于 2009 年开始启动，至 2015 年，经过六年的培训推进，广东省普通高中教师职务培训通过远程网络培训完成的累计已近 40 万人次。

(二)高校协作

按照广东省教育厅《关于进一步加强我省普通高中教师继续教育工作的意见》的精神，培训工作由华南师范大学、广东第二师范学院、广州大学、深圳大学、韩山师范学院、岭南师范学院、佛山科学技术学院、肇庆学院、惠州学院、嘉应学院、茂名学院、韶关学院 12 所高校共同承担。在广东省普通高中教师培训协作组(由 12 所高校培训部门负责人组成)的组织协调下，各高校密切协作，共同研制培训方案、确定培训内容、组织培训学习活动。协作组模式可以说是协同创新在中小学教师远程培训上的运用，实现了“省教育厅—地市教育局—培训院校—培训平台—高中学校—高中教师”的协同联动机制。

(三)整合资源

项目实施整合了各高校的优质培训资源，加强了各高校之间的培训合作，建立了高中教师培训的质量保障机制和资源共享机制。以华南师范大学、广东第二师范学院、广州大学、深圳大学的专家教授为主体组成了 50 多人的培训专家组，承担了开发制作地方课程、组织骨干培训者备课活动、引领培训学习过程、总结分析培训经验等工作，这就解决了远程培训最为困难的学科课程与专业引领问题；以 12 所高校的学科教师为主体组成了 500 多人的培训辅导教师团队，按照培训方案和实施计划进行了教学组织、学习辅导、交流研讨等培训工作。在各高校的共同努力下，顺利开展了普通高中教师职务培训工作。

(四)建立平台

“广东省普通高中教师职务培训”平台的建设，以“全国中小学教师继续教育网”与“中国教师教育网”为技术平台，同时结合广东省的实际研制开发。2002年，由东北师范大学联合全国14所省级教育学院、师范院校共同创办了面向全国中小学教师开展继续教育的“全国中小学教师继续教育网”，这个网站是全国教师教育网络联盟的专业培训网站之一。该网于2002年12月开通，并于2004年在全国范围内开展远程中小学教师非学历培训试点工作。为了推进基础教育课程改革，教育部于2006年发布了《关于实施中小学教师新课程国家级远程培训项目的通知》，在教师培训中大范围运用远程培训的方式。2007年，教育部除了举办普通高中新课程实验省(市)教育管理者和骨干培训者国家级通识培训班等一系列新课程方面的培训，还实施了“暑期西部农村教师国家级远程培训”和“万名中小学班主任国家级远程培训”这两项远程培训项目，使用远程培训的方式加大对农村中小学教师的培训。2008年，教育部投入3 500万元启动“2008年中小学教师国家级培训计划”，这个计划包含“教育部支持西部边远地区骨干教师培训专项计划”“普通高中课改实验省教师远程培训计划”“中西部农村义务教育学校教师远程培训计划”“中小学班主任专项培训计划”“中小学体育教师培训计划”。2009年，教育部发布“2009年中小学教师国家级培训计划”，补充完善了2008年的培训计划，并扩大了中西部农村教师的培训范围。这两年的国家级培训计划，远程培训的比例逐渐上升，发挥的作用也逐年增加。为了规范“国培计划”的管理，加强培训团队建设，保证培训质量，教育部还组织了“国培计划”教师培训机构和远程培训机构的遴选工作以及评选“国培计划”专家库人选活动和培训课程资源征集、遴选、推荐活动，并推荐了“国培计划”教师远程培训推荐机构，包括全国教师网联成员单位教师远程培训机构、网络培训专门机构和省级教师远程培训机构。2011年，教育部办公厅公布了首批“国培计划”专家库人选500人以及首批“国培计划”推荐课程资源目录，这些举措为“国培计划”的顺利实施提供了有力支持。

各省(市)在进行国家级培训计划的同时，也相继出台并实施符合各省实际的中小学教师远程培训计划，教师远程培训计划如火如荼地进行。自2009年至2015年，各省(市)针对中小学教师和校长所进行的地方性培训计划数量可观，如广东省100项、江苏省60项、浙江省55项、湖北省54项、福建省97项、海南省65项、辽宁省45项、四川省108项。这些培训为全国中小学教师提供了大量的学习晋升的机会，提高了教师各方面的素质。

二、培训课程方案设计

(一)培训方式

课程采取远程网络培训与校本研修相结合的方式，通过理论探索实践研究，建立中小学教师现代远程培训模式和机制。培训改变了传统的集中面授的培训方式，采用现代远程网络培训与校本研修方式开展，充分利用现代远程教育手段的优势，为普通高中教师提供了广泛交流与研讨的学习平台，从而实现了大规模、低成本、高效益地开展全省普通高中教师职务培训工作。具体的方式有以下几点。

1. 远程培训

远程培训以理论学习、在线交流、专题研讨、提交作业等方式进行。在培训过程中，各位学员可以通过网络学习平台阅读高质量的培训课程和丰富的课程拓展资源，还可以通过网络学习平台与专家、名师直接地交流对话，接受理念的、技术的、方法的指导和帮助，最大范围地共享优质资源。

2. 校本培训

校本培训结合远程培训内容，以课堂教学内容为对象，可以采取专题讲座、同课异构、辩课论课等形式展开；还可以通过网络学习平台与广大教育同行交流切磋，探讨教育教学实践中的热点、难点问题，最大限度地实现多边互动和经验分享。

3. 网、校结合

网络培训线上的互动分享与线下本校、本区域的研修学习活动结合，将校本研修活动的过程细节通过网络呈现，使培训的前期准备、专家引领、案例分析、效果评估等方面均实现分享，体现远程培训与校本研修的切实结合。

(二)培训课程

培训课程涉及使用对象(高中教师)、开发者(学科专家团队)、管理者(协作组)、使用载体(培训平台)。在课程方面，有国家课程与地方课程、专题讲座课程与名师课堂课程等内容；在开发模式方面，形成“调研—开发—使用与评价—再调研—再开发—再使用与评价”的课程开发模式。

1. 国家课程与地方课程

广东省普通高中教师培训经历了从引进国家资源到按个性化需求重构平台，再到网上网下深度参与的过程。在培训起动后，为了有效地整合最优质的培训课程资源，采用了国家课程与地方课程相结合的课程资源。可以说，国家课程与地方课程的点面结合为广大高中教师提供了全面系统、针对性强的培训学习资源，而通过大力开发广东特色课程，使得高中教师的学科培训实现了课程的真正选修。

国家课程部分引进“全国中小学教师继续教育网”和“中国教师教育网”课程。两家机构拥有权威的课程专家团队，课程理念先进、内容系统、注重实践，每个专题采取“理念—案例—点评—总结”的模式，既有纵向发展，也有横向联系，以点带面，深度解析了新课程，有利于帮助高中教师全面提升实施新课程的素质和能力；课程具有良好的网络制作技术，网络制作版式设计合理、画面美观，并采用了音频、视频、文本混合模式，适合高中教师进行网络自主学习。

地方课程部分由广东省50多位高校专家、教研专家和一线优秀教师组成的专家团队进行开发。2009年至2014年的课程内容为通识课程与学科课程，学科课程包括三大系列：专题一学科知识素养系列、专题二教材教法研究系列、专题三教学实录与点评。2015年的课程内容与国培课程标准的三大维度接轨：维度一专业理念与师德、维度二专业知识、维度三专业能力。

制定这些课程，一是为了交流展示我省新课程实施的经验和成果，分析探讨我省新课程实施中的问题、困惑和对策；二是内容编写以案例为主体，力求贴近实际、贴近课堂、贴近学科，注重启发引导学员进行经验总结、问题研讨和理念提升，可以有效地帮助教师解决自身遇到的教育教学实际问题。

2. 专题讲座与名师课堂课程

专题讲座课程的呈现形式为文本、PPT 演示与视频；内容包括课程简介(内容简介、课程特色、学习要求、教师简介)、专家主讲视频与辅助性学习材料、思考与活动、参考资料(拓展性资源、参考文献)、作业设计五项内容。名师课堂课程呈现形式为文本、视频与 PPT 演示，视频包括三个小视频(一个为名师的一节课的课堂教学实录、一个配套的说课视频与一个专家评课论课视频)；课程资源包括六项内容：课程简介(内容简介、课程特色、学习要求、教师简介)、课堂实录(说课视频、课堂视频、案例展示文本)、评课论课(专家点评视频、案例评析文本)、思考与活动、参考资料(拓展性资源、参考文献)、作业设计。

3. 课程实施的监测与评价

高中教师职务培训在培训过程中始终将质量管理与监控贯穿在全过程，内容包括课程设置、专家遴选、辅导教师配备、培训过程监控等方面，通过层层管理保证监督到位。具体措施有：采用学科专家评审与末位淘汰的机制，保证学科课程的质量；撰写每周质量报告，对每周的动态培训数据进行分析，保证教学过程的专业引领与辅导质量；对课程、专家引领工作、辅导教师工作、平台运行等方面进行满意度调查与数据分析，保证平台的功能不断完善；以培训院校与首席专家组建质量督导组，每日定时定点分截取数据，对数据进行动态分析，随时监督培训过程中的各方学习与教学完成情况。每周撰写每周质量报告下发至各参训方，反馈进程信息，保证监督效果。

高中教师职务培训还形成了完善的“调研—开发—使用与评价—再调研—再开发—再使用与评价”的良性循环开发模式。学科专家根据培训期间高中教师反馈回来的大规模问卷调查中课程满意度与课程需求，制订课程开发计划，提交课程文字材料进行评审；评审通过后进行制作和上线使用；高中教师在学习课程后又对新开发的课程进行评价。

(三)培训组织

1. 国家教育部和财政部共同组织的“国培计划”

“国培计划”包括中小学教师示范性培训项目实施方案和中西部农村骨干教师培训项目实施方案，两套方案中都包含远程培训的项目。示范性培训项目中的中小学教师远程培训包括农村义务教育学校教师远程培训和高中课程改革教师远程培训。农村义务教育学校教师远程培训主要采取电视课程收看、IP 卫星资源播放、网络在线学习和县域内集中研讨相结合的方式，帮助农村教师解决在实施素质教育和基础教育课程改革过程中面临的主要问题，以提高实施新课程的能力和水平。高中课程改革教师远程培训主要采用计算机网络远程手段，购买和开发一批新课程教师培训优质资源，供各地免费共享，提高教师实施新课程的能力和水平。中西部农村骨干教师培训项目中的中小学教师远程培训采取混合学习方式，做到教师线上学习、线下集中研讨和在职学习相结合的方式；培训以学科为基础，以问题为中心，以案例为载体，帮助农村教师解决教育教学中的现实问题，培养教师远程学习的习惯和能力；组建高水平专家团队，做好远程培训教学、线上辅导工作。同时充分发挥远程培训资源的辐射作用，让更多农村地区教师共享优质培训资源，促进中西部农村教师整体素质的全面提升。

2. 各级地方政府组织的培训

各省(市)根据国家计划的项目方案制定符合省内实际情况的项目实施方案时，一方面，积极开展专门的全员远程培训项目，如高中新教师远程培训、中小学骨干教师远程培训、义务教育骨干教师远程培训、班主任全员远程培训等。另一方面，随着网络设施的发展、培训平台的完善和网络培训经验的丰富，其他项目也逐渐开始采用远程培训的形式，如广东省普通高中教师职务培训、江苏省骨干教师高级研修等。培训就是以远程网络培训和校本研修相结合的方式进行，各培训院校组织学员在线学习视频课程和阅读相关资料，参与在线互动交流；与此同时，结合校本培训与研讨，按要求完成并提交作业。目前教师培训的研修项目在推广研修工作坊，教师除了集中培训学习外，还要按照学习小组成立网上工作坊，各小组所建立的工作坊丰富起来之后，既是成果也是资源，对于培训的效果具有良好的作用。

各省在开展远程培训时各有特色，如江西省在开展中小学教师远程培训时按照岗位来划分，分为新入职教师岗位适应培训、新到岗班主任培训、普通教师岗位强化培训、职业中学教师岗位强化培训、骨干教师提高培训、校长岗位任职资格培训和提高培训。这种纵向的划分方式遵循教师职业发展规律，针对教师职业发展不同时期的能力状况、心理特点、教学经验等进行培训，值得参考和借鉴。浙江省在开展中小学教师专业发展培训时按照学习内容进行划分，分为人文修炼专题培训、心理健康专题培训、学科专业发展培训、教师通识专业发展培训等，这种横向的划分方式增加了培训教师的选择性，不同专业教师根据所需内容有针对性地进行培训，扩大了培训项目资源的广度。浙江省还按照幼儿教师、小学教师、中学教师、中职教师进行培训，这种划分方式是针对教师所教学生的特点，不同年级所需教育方式、方法不同而进行的。无论哪种划分方式，最终目的都是有针对性地对教师进行培训，使培训效果达到最大化，如浙江省中小学教师专业发展培训的实施方案，可以体现远程培训的一般形式。这套远程培训方案分设四大模块。

(1)培训课程研修：学习日志＋互动研讨

参训教师在完成课程“专题讲座”“互动对话”“案例评析”和文字资料学习后，需提交学习日志，记录学习心得体会，整个培训至少提交4篇学习日志；同时需在同伴之间开展互动研讨活动，贡献自己或分享他人的实践智慧，互动交流通过评论同伴的日志形式或发布回复主题帖的形式体现。

(2)学科专题研修：培训作业＋教学设计与反思

参训教师围绕中心问题，在学习完相应模块课程后，需提交作业，作业要求由继教网学科专家结合中心问题及课程内容具体拟定，参训教师需按要求完成；参训教师在所有模块课程全部学习完毕后，需设计一堂课，并结合自身的实际教学情况实施，之后撰写相应的教学反思，总结经验与问题，提升教学能力。

(3)学科专业引领：学科论坛＋视频答疑＋学科频道

充分发挥省级学科专家的作用，培训期间在学科论坛板块根据需要组织三次的学科研讨交流活动，并编制专题简报，提炼研修成果，班级辅导教师配合组织实施，此项作为对省级学科专家及班级辅导教师的考核要求；发挥国家级专家的专业引领作用，在培训期间，组织本学科远程视频答疑活动，聘请各学科知名的专家参与，内容包括实时的专题讲座和实时的提问答疑，结束后，整理成网络资源上传平台，供学员回顾学习；同时在学科频道中，由国家级专家组织编写学科综述。

(4)日常教学研修：研修工作室＋教学实践

参训教师根据日常教学工作需要，通过实际教学实践，回顾培训内容，通过研修工作室反思所教所学，促进参训教师教学行为的改变，提升教学水平。整个培训将理论与实践结合，学习与思考结合，充分发挥了远程培训的作用。

三、远程培训的效果评估

以广东省为例，2009 年至 2015 年，广东省普通高中教师远程培训项目的培训内容包含语文、数学、英语、物理、化学、生物、政治、历史、地理、音乐、美术、体育、通用技术、信息技术、综合实践 15 个学科。目标是通过培训帮助参训学员提升专业理论、师德修养；拓宽学科视野，更新和扩展学科知识；更新教师教育理念、专业知识结构和提高学科教学质量；提高学科素养和教学业务水平，提高教育教学和教学研究能力，增强解决实际问题的能力。

(一)项目完成情况

2009 年至 2011 年每年举行一期，2012 年至 2015 年每年举行两期，另有两期基于项目的学习(PBA)培训。六年共完成 13 期，培训高中教师近 40 万人次。

第一期，2009 年，培训 48 204 人。

第二期，2010 年，培训 43 542 人。

第三期，2011 年，培训 41 747 人。

第四期，2012 年上半年，培训 14 021 人。

第五期，2012 年下半年，培训 25 788 人。

第六期，2013 年上半年，培训 33 978 人。

第七期，2013 年下半年，培训 27 673 人。

第八期，2013 年，基于项目的学习(PBA)培训 14 431 人。

第九期，2014 年上半年，培训 43 135 人。

第十期，2014 年下半年，培训 26 529 人。

第十一期，2014 年，基于项目的学习(PBA)培训 10661 人。

第十二期，2015 年上半年，培训 36 541 人。

第十三期，2015 年下半年，培训 30 325 人。

(二)课程建设情况

为保证课程更新，每年都对网络课程进行充实、调整，不断补充新课程，不断丰富新资源。培训平台按照每年更新不少于20%的原则，根据需要持续提供新课程，通过每年不断的课程更新，保证满足培训需要。“全国中小学教师继续教育网”与“中国教师教育网”两家培训平台2013年上线使用的课程为700门，2014年为724门，2015年为574门。同时，为了提高培训的针对性与实效性，广东省普通高中教师职务培训项目协作组每年都向项目学科专家组征集和开发广东特色课程，2013年上线使用的课程为152门，2014年为139门，2015年为142门。所有课程使用后都由学员对课程的使用满意度进行评估，并由专家对课程进行验收评审。

(三)项目实施特点

1. 加强和规范了教师培训管理

网络远程培训有关方的职责分工十分明确，建立了广东省教育厅、21个地市、12所培训院校、2家培训机构、500多所普通高中学校、12万名中教师的培训联动机制，使各项培训措施得到落实。在管理上加强了教师培训管理，在专业上提高了教师培训质量，使12万名普通高中教师继续教育步入可持续、规范化轨道。

2. 提高了教师培训效益

网络远程培训为大规模、低成本、高效益开展教师培训积累了经验。广东省中小学教师队伍，特别是欠发达地区农村教师队伍建设还存在不少困难和问题，提高中小学教师整体素质的培训任务非常艰巨。因此，创新培训模式，大规模、低成本、高效益开展教师培训已成为教师培训工作改革与发展的重要课题。经过六年网络远程培训的实践，通过现代远程教育手段开展教师培训可以拓展教育时空，缩小区域、城乡教育差距，促进优质教育资源共享，提高教育资源的传播速率和效能。

3. 提高了广大教师实施新课程的能力

普及性的网络远程培训提高了广大教师实施新课程的能力，推动普通高中课程改革向纵深发展。广东省作为我国第一批开展普通高中新课程实验的省份，积极进行实践探索，取得了不少经验和成果，也遇到了一些困惑和问题，广大教师都需要“再学习”“再认识”，结合实践体验，带着问题持续深入学习和理解高中新课程的理念和价值，并在理论学习的引领下，系统地总结反思新课程教育教学改革实践。

4. 为教师培训提供了新的理论认识

运用网络远程培训方式实施普通高中教师职务培训的实践，也为理论研究和政府决策提供了大数据、大样本的支持。从2010年以来，项目组专家发表了多篇以普通高中教师职务培训网络远程研修为案例的学术论文，如生物学科首席专家胡继飞教授的《基于远程培训的高中教师专业状态分析——以生物学科为例》、语文学科首席专家桑志军教授的《何提高远程教育培训的有效性——以2009年高中语文教师远程职务培训为例》、化学学科首席专家张秀莲教授的《高中教师远程培训模式的建构与实践——广东省高中教师远程培训案例剖析》等。这些学术研究分别从学科专业、项目管理等不同角度对教师网络远程培训项目进行了描述、分析与反思，在理论上进行了研讨和探究。

(四)师资团队建设情况

从2009年项目启动开始，项目组就围绕培训方案组建了学科专家团队、平台专家团队与辅导教师团队。采用首席专家负责制，每个学科组建一个学科专家团队，由高校专家、省市教研员、一线名师组成的基础教育专家组成。专家团队采用遴选与考核机制，遴选出学科素养高的核心专家团队，并根据专家的学科成就、业务水平、远程培训工作情况等方面对专家团队进行考核。指导专家主要有四方面职责。

1. 课程方面

一是开发符合地方特色的课程，二是评审和筛选平台课程供教师选学。

2. 教学方面

远程培训不用专家组教师直接教学，但是在远程培训过程中，专家要负责课程引领，包括点评学员作业、组织在线研讨、丰富“专家主页”、制作学科简报等工作；每个学科配备学科辅导教师团队，按学科分班，每班配1名辅导教师；辅导教师的主要职责是辅导学员学科知识的所有模块内容，进行辅导答疑，批改学员的主观题作业，批阅校本活动成果并推荐优秀校本资源。

3. 组织方面

专家组要经常组织在线交流与互动，组织学员参与专家的集中在线研讨，推送具有共性的难点、热点问题给学员讨论探究。及时总结培训工作，包括本学科课程培训的基本情况、辅导过程中的经验与收获、培训过程中的问题与分析、下一步开展培训的建议等内容。

4. 平台运转

远程培训网络平台运转团队由熟悉基础教育的平台技术专家组成，负责每年的平台完善、平台测试与平台支行监控等工作，保证平台功能的完善与平台运转性能的稳定。

>> 第三节　远程培训的总结与反思 <<

一、新技术的应用

目前培训平台无法使用语音与视频互动的方式的主要原因是培训平台自身的存储容量与带宽无法承受语音与视频流量。如果借助第三方的云技术平台，把语音和视频工具运用到教师培训中，不仅可以增加参训教师与专家的互动，还可以提升互动的质量，让参训教师真切地感受到专家站在面前讲授。目前国际上常用的音频工具有 Voice Thread 和 Sound Cloud(国内常用的是 YY 语音)，视频创作工具有 i Movie 和 Dropcam。这些在线的语音或视频交流将会极大地促进参训教师与专家之间的互动交流，是不可忽视的两项新技术。

1. 移动终端

移动客户端已经进入4G时代，而5G技术也已经提上研究日程。培训的平台与技术需要与时俱进，开发移动学习平台，如适合手机与平板电脑等移动端使用的学习与考核平台。

2. 云技术

迅速发展的云技术已经显现出强大的功能，“云计算”是指通过互联网的专门资源中心提供的易扩展、按需求的服务方式，让用户获得所需网络服务和技术支持的模式。许多机构运用云计算中的“软件即服务”和“应用程序接口”服务降低开销成本。例如，谷歌教育应用套件已成为中小学校的普遍选择，很多学校将他们的电子邮件基础设施转移到邮箱，并选择谷歌云端硬盘作为文件共享和协作的方式。运用云技术，可以拓展专家与学员的互动交流方式，从单纯在论坛进行文字交流，拓展到在线语音交流、在线视频交流甚至最新的“远端临场技术”。

二、课程实施的管理

教师培训方式的改革将呈现混合式、常态化、一体化的发展趋势。混合式指线上培训与线下培训的结合。常态化指国家—省—市—县培训体系的建立。一体化指研、训、用一体，学前培养与职后培训一体。高中教师职务培训目前在校本研修方式与内容的落实力度不如远程培训，原因在于虽然远程培训能最大限度地利用优质资源，促进教育公平，但对于网下的校本研修控制力相对较弱。因此，要提高培训质量，必须促进校本研修，实现从资源共享走向探究学习。在具体的方式上，要加强混合式培训模式，在远程培训的基础上，加强校本培训指导的针对性与示范性，探索网络环境下的校本培训创新之路，如强调校本现场—诊断校本问题—分析原因—找出措施的模式，从而进一步提升远程培训的有效性。管理上必须在三个方面予以强化。

(一)强化行政领导

要继续加强各级教育行政部门对于中小学教师培训的重视与推动。尤其要加强培训项目与基层教育行政部门的沟通，结合当地教育部门对教师队伍建设的整体规划与培训需求，争取地方在经费、时间、人员等方面给予足够保障，从外部条件上切实保障中小学教师的培训效果。

(二)强化需求分析

建立教师培训需求测评与培训需求分析的机制。在培训开始前对参训教师进行培训测评调查与分析，在测评分析的基础上实现个性化培训。

(三)强化后续措施

加强后续跟踪评价与成果转化。建立培训效果跟踪评价制度，建立反馈迅速、沟通顺畅的成果转化机制，将学员的优秀资源转化为教学资源，提高全员培训在质与量方面的参与度，真正实现教学相长一体化。

三、资源开发与课程建设

远程培训面临最大的问题就是课程资源不足。教师存在学科、年龄、教龄、地域、技能熟练程度等差异，对培训学习的需求各不相同。培训引进的平台课程与广东省新开发课程难以满足参训教师分层分类分岗培训的个性化需求。比如，在2014年第二期培训中，平台课程比例虽然占了85.92%，但是内容陈旧，与目前的高中课程不符；广东开发的普通高中新课程资源仅占14.08%，数量不足，无法满足全省高中教师的培训需求。因此，在课程资源方面，需要加大培训资源的建设力度，重点更新课程内容与提高地方课程的比例。

因此，为适应远程培训的学习社区趋势与学员的超市化自主选择需求，培训平台需在课程资源与平台功能方面不断完善。目前平台在课程资源开发、个人主页、选修课程、交流互动、成果展示、身份考核等方面还有很大的改进空间。随着移动通信设备逐渐参与远程培训，现有人网分离的格局必将被打破，培训平台也将像网络社区一样成为教师生活、学习、娱乐、休闲的重要空间，因此平台更需加快更新、修正步伐，以实现培训的真正高效运行。据此，培训课程应该在以下四个方面加以改进。

(一)课程形式

在课程形式上，运用更多新的教育理念与教育技术手段，如微课与慕课课程。目前慕课主要运用在学生的学习中，还没有大规模应用于教师培训。实际上慕课的课程特点更适合于教师培训。它可以组织教师通过观摩学习，克服陌生感，迅速掌握这种新的课程形式。并且，由于慕课在不断增长，它的形态相比最初的形态有了不少改变，呈现出多元化发展的趋势。慕课在未来很有可能会成为网络远程培训新的课程模式。

(二)课程内容

在课程内容上，开发具有结构性的培训课程。比如，从初级到高级，包括新教师培训课程、骨干教师培训课程、高端教师培训课程(如名教师系列)。开发具有个性化的培训课程，以“国培计划”的三大维度为例，包括专门以专业理念与师德为主题的课程、以专业知识为主题的课程、以专业能力为主题的课程。

(三)课程实施

在课程使用上，随着远程培训呈现学习社区的趋势，学员的超市化自主选择将会成为课程使用的发展方向。使用的市场化，根据观看与点击量来计算课程使用费，提高课程开发者或团队的积极性，一方面，应最大限度利用已开发的课程资源，包括平台课程与广东课程；另一方面，应敦促课程开发团队不断地更新课程内容与提升课程质量。

(四)课程开发

在课程的开发上，将会从教师单兵作战式的个人开发方式转变为团队合作与互补式的集体开发方式。同时可以发展课程展示与交流平台，让广大高中教师上传自己的教学实录，供专家与同行观看与点评。这样既有专家的引领性课程，又有高中教师自己的案例课程，可以极大地丰富培训课程资源库，让高中教师可以有足够丰富的课程进行学习。

四、培训团队

培训者包括学科培训者，即专家与辅导教师，培训管理者即项目组织与实施人员。随着高中教师培训走向专业化与个性化，培养一支精干有效、相对稳定的培训者队伍至关重要。目前的培训者队伍存在实践培训者人数少、不稳定与专业化程度不高的问题，为打造专业高效的培训者队伍，必须定期组织培训者培训。目前首要的是加强以下三方面的建设。

(一)加强核心专家团队建设

广东省普通高中教师职务培训已经成立了三支可独立运作的专家团队，分别负责课程建设、效果评估与培训辅导。在这个基础上，还可以进一步完善专家遴选机制，建立专家考核档案，根据专家的学科成就、业务水平、对远程培训的投入程度等遴选出相对稳定的核心专家团队，建立起一支思想先进、业务过硬、责任心强、威望高的培训导师队伍，使专家团队真正成为教师培训有力的学术支持力量。

(二)建立完善培训者培训制度

建立培训者准入机制，完善培训者培训制度。采取多种形式开展培训设计者、实施者、管理者等各责任方的培训，更加合理地配备培训师资，有效提高培训质量。

(三)夯实培训机构基础

中小学教师培训工作目前已经形成相对稳定的协作框架，不少高校也设立了专门机构承担中小学教师培训的组织和管理工作。高等院校培训机构与培训专家团队组建已经常态化，相关机构就应该有目的有计划地从教师专业发展的角度对培训需求、培训方案、培训内容、培训效果等方面进行研究；从项目管理的角度对培训的实施与管理等方面进行研究，不断探索教师远程培训的有效模式，为普及应用远程培训、提高远程培训质量打下坚实基础。

第六章　校长培训课程

中小学校长培训是我国教育事业发展的一项重要工作，《国家中长期教育改革和发展规划纲要(2010—2020年)》要求，“制定校长任职资格标准，促进校长专业化，提高校长管理水平”。2013年印发的《教育部关于进一步加强中小学校长培训工作的意见》要求，凡担任国家举办或社会力量举办的普通中小学校长(农村完小正、副校长以上)职务的，必须参加岗位培训，并获得岗位培训合格证书。因工作需要培训前进入岗位的，只能任代理校长，待获得岗位培训合格证书后再正式任命或聘任校长职务。这个文件的发布，进一步完善了中小学校长持证上岗制度。

>> 第一节　校长培训发展概况 <<

一、校长培训的规范化发展

1992年，中央组织部、国家教育委员会《关于加强全国中小学校长队伍建设的意见(试行)》指出：“今后新任命的校长应取得岗位培训合格证书，持证上岗。”要求各级校长主管部门和教育行政部门要按照规定和要求，认真做好中小学校长任免、培训、考核、奖惩等各项管理工作和校长后备人选的选拔、培养工作，要将参加培训情况作为任用校长的重要条件和考核校长的重要内容。

1994年，国务院《关于〈中国教育改革和发展纲要〉的实施意见》提出：“争取在1997年左右全国实行中小学校长‘持证上岗’制度。”

1997年，当时的国家教育委员会印发了《实行全国中小学校长持证上岗制度的规定》，这是加强中小学校长队伍建设的一项重要措施。实行中小学校长持证上岗制度以后，我国中小学校长队伍建设有了一个质的飞跃，校长培养培训工作已经成为我国教育事业发展的一项重要内容。

2013年，《教育部关于进一步加强中小学校长培训工作的意见》，进一步完善了中小学校长持证上岗制度，要求规范校长培训证书制度，新任校长必须参加不少于300学时的任职资格培训，持证上岗；在任校长实行5年一周期不少于360学时的全员培训制度。要求建立培训学分管理制度，探索建立培训学分银行，推动校长非学历培训与学历教育课程衔接、学分互认，把完成培训学分(学时)和培训考核情况作为校长考核、任用、晋级的必备条件和重要依据。

中小学校长培训20多年来的发展表明，政府的重视程度不断增加，财政投入不断加大，中小学校长培训工作越来越规范化、制度化、科学化，培训方式、培训内容越来越丰富多样、越来越切合实际。培训过程中各地都在努力增加培训课程资源，改革课程资源开发机制，采取政府购买、招投标等多种方式，吸引优质培训机构参与课程资源建设，重视开发典型案例、微课程和网络课程；探索校长自主选学机制，创造条件建设菜单式、信息化的选学服务平台，为校长提供多样化、个性化的选择学习机会，培训成效也越来越显著。

二、校长培训研究日显重要

(一)校长培训的“供给侧结构性改革”

中小学校长是一所学校的灵魂，是当前我国基础教育学校教育教学改革发展的带头人，一个好校长可以带出一批好教师，办成一所好学校。中小学校长培训是教育事业发展的一项重要举措，是加强校长队伍建设不可或缺的重要一环，是推动基础教育全面贯彻教育方针、全面推进素质教育的重要保证。《国家中长期教育改革和发展规划纲要(2010—2020年)》提出：“制定校长任职资格标准，促进校长专业化，提高校长管理水平。推行校长职级制。”规划纲要实施以来，各级教育行政部门把中小学校长培训作为重要任务。从2010年开始，国家财政部、教育部牵头组织开展了多种形式的中小学校长国家级培训，重点加强农村特别是中西部地区校长培训和名校长培养，取得了显著成效，为各地培养了一大批实施素质教育和推动基础教育改革的带头人。但是在这种大规模、高频率、持续不断的校长培训中，在理论上和实践中都还有不少问题亟待解决，如提供的培训内容是否是校长所需的？采用的培训方式是否适合？建立的培训机制是否高效？培训质量评价是否客观真实？……对校长培训实现“供给侧结构性改革”，按照当前基础教育改革发展新形势对中小学校长专业发展的新需求解决校长培训“供给端”存在的问题，提高培训的水平与质量，是当前和今后一个时期加强中小学校长培训工作的一个重要研究课题。

(二)实施名校长培养的背景

1. 造就一批教育家

名校长的成长与培养不仅关涉到某一所学校的教育质量，还对一个地区，乃至整个国家的教育教学改革进程产生重要的影响。《国家中长期教育改革和发展规划纲要(2010—2020年)》提出：“创造有利条件，鼓励教师和校长在实践中大胆探索，创新教育思想、教育模式和教育方法，形成教学特色和办学风格，造就一批教育家，倡导教育家办学。”并且要求要“制定校长任职资格标准，促进校长专业化，提高校长管理水平。推行校长职级制”。教育家办学，即要让教育家担任校长，让校长成为教育家。这既是政府的政策导向，也是社会民众的期盼，更是当下中国教育改革的呼唤。在此理念引导下，全国各地都纷纷拉开了选拔和培养名教师、名校长的序幕。

2. 名校长培养工程

为进一步加强中小学教育人才队伍建设，广东省教育厅根据《广东省中长期教育改革与发展规划纲要(2010—2020年)》的要求，制订了《广东省新一轮"基础教育'百千万'人才培养工程"实施方案》以下简称"百千万工程")。作为广东省"强师工程"的重要组成部分，"百千万工程"内含9个子项目，包括名教师、名校长培养和教育家培养两个层次，主要致力于培养出一批具有高尚的师德、先进的教育理念和丰富的理论知识、扎实的教育能力和教学管理水平、国际视野和创新能力、较大社会影响力和知名度、处于领军地位和发挥示范作用的名教师、名校长和教育家，从而为建设教育强省、推进教育现代化、打造南方教育高地提供人才保障。华南师范大学和广东第二师范学院，作为承担名校长培养任务的主要院校，在认真研究基础上制订了名校长培训课程和培训质量评价方案，采用系统设计、高端培养、创新模式和整体推进的方式，依托科学系统的组织实施与管理，确保名校长培养项目设计合理，落实充分，成效显著，如今整个项目已取得较为丰富和理想的培训成效。

3. 名校长的培训价值

名校长是否可以培养出来；应该如何培养；对于培养对象教育和管理经验丰富、办学成绩突出、学习起点高的特点，培训的价值取向如何确定；应该为他们提供怎样的培训课程；应该如何实施培训评价，都是需要研究的问题。

(1)适应人才持续发展需要

从微观上看，合适的培训能够满足中小学校长持续发展的需要，帮助优秀的教育实践者在更高层面上成就卓越的自我。任何一位校长从普通教师跻身领导岗位时，都会遇到职业后续发展方向与路径等诸多问题。以名校长典型特征和成长规律为基础的培训课程研究，将为这些骨干力量突破自身的发展瓶颈提供可资借鉴的知识与经验，为其准确定位自我、把握发展方向与可行策略等提供支持。

(2)打造教师队伍领军人物

从中观上看，名校长培养是加强中小学师资队伍建设的需要，能有效促进优质教育教师资源开发和管理工作。要抓好基础教育教学质量，除了要关注教师队伍整体素质的提高外，还要重视打造教师队伍中的领军人物，使其成为带动和示范地方优质教育建设的核心力量。而与培养名校长项目同步展开的专题研究，不仅致力于实现项目培养目标，同时也为后续同类项目的有效开展积累资源，提供相应的培训课程及其实施管理经验。

(3)促进教育家办学

从宏观上看，国家创新教师教育工作的发展趋势之一，就是推进教育家办学，将先进的教育思想与教学理念向教育的具体行动与实践转化。教育家办学是我国基础教育由粗放型向精细型转化的需要，是推进素质教育全面实施、推动基础教育回归人本的需要。倡导教育家办学的理念必须与造就和支持教育家办学的实践密切结合，名校长培养将为推动教育家办学理念向实践转化提供强大动力。

>> 第二节 校长培训研究状况 <<

校长培训已经是我国教师队伍建设的一项常态化工作，名校长则是一个很本土化的称谓。近年来，各省市基于教育家办学这一政策竞相开展的相关培训工作，其目标都指向为优秀校长成长搭建平台，创造良好的成长环境，使其成为中国教育改革的中坚力量。除了政策推动、实践行动之外，还有就此专题逐步开展的专门研究，其研究领域已从有关校长角色的分析论述，朝向名校长培养工作历程及其成效的研究与反思方向。

一、校长培训研究文献分析

(一)校长培训的性质

1. 对培训价值取向的定位

对校长培训工作价值取向的分析，现有的文献大致可归为两类：一类是从宏观上对整个培训项目价值的定位。比如，有论者将此类培训意义总结为校长的加油站、未来名师名校长的培训站和名师名校长理论的研究站。[①] 另一类是从微观上对此类培训给予个人的分析，提出此类培训应注意的三种基本价值取向，即注重培养反思性实践家的取向、实现校长的可持续发展的取向、开发名校长以及名校资源的取向[②]，提出了构建模块化、菜单化、导师制的名校长培训模式。

2. 对培训内容的分析

校长培训内容是同类研究中涉及较少的一个专题，这可能与各省市相对独立的组织开展此类项目有关。基于各地教育发展水平、师资队伍状况与教师教育资源等多方面都存在差异的现状，要在内容选择上达成共识有一定的难度。已有的论述提出，此类项目内容设置要体现时代性与挑战性统一、创造性与发展性统一、社会需求与参训者个体需要统一、参训者原有发展水平与新的发展水平相统一的原则。具体培训内容概括为养气、养魂和养术三个方面，即以更新教育理念、树立专业精神为目标的通识培训，以更新专业知识、提升专业理论为目标的专业理论培训，以更新专业技能、形成风格与特色为目标的实践技能培训。

(二)校长培训的模式与成效

1. 反思培训工作成效

在有序推进培训工作、提升培训成效方面，现有的研究主要包括两种类型：第一种是基于培训实践活动的反思，提出存在的问题与可能的策略。比如，有论者将名校长工作中的误区归

---

① 鲁林岳：《名师名校长培训体系的构想与实践》，载《教育研究》，2009(2)。

② 应俊峰、何杰：《构建促进名校长成长的培训模式研究——〈名校长成长的过程与规律研究〉之三》，载《教育发展研究》，2005 (5)。

纳为重评选、轻培养，重名气、轻实绩，重校长个人荣誉、轻学校集体成绩，重表彰形式、轻辐射与推广，重视正校长、排斥副校长。[①] 另有论者比照我国的教育传统、教育现实和教育家办学的实践进程，提出现存问题集中在角色定位、办学体制、资源配置和环境支持四个方面[②]；而培训过程中的具体问题包括理论与实践未能紧密结合、培训方法单一、缺乏校长主体参与、培训层次偏向基础等。[③] 第二种是围绕培训工作成效的影响因素，指明组织培训工作的注意事项。比如，有论者提出要造就教育家型校长应努力做好三项基础性工作，即制定校长专业标准，确定教育家型校长的发展目标；改革校长管理制度，营造教育家型校长成长的良好环境；变革校长培训方式，构建教育家型校长专业发展模式。[④]

2. 总结培训策略与模式

随着培训观念的转变、培训类型的拓展和规格的提升，有关培训组织策略和培训模式的研究日趋丰富。新兴的中小学校长培训策略包括专题研修、论文答辩、校长论坛、参与式研讨等多种形式。例如，江苏省的名校长名教师专项课题研究，依据名校长的特点与成长规律，提出了课题化、选择性、导师制培训模式。课题化的培训课程设置既可以满足名校长的成长和发展需要，也能够发挥培训机构在师资、科研等方面的优势；选择性既能够突出名校长在培训中的主体能动性、交互性，也能够有效地解决以往校长培训中存在的工学矛盾；实行导师制，让学员在和导师一对一的碰撞中提高理论水平，确保其在课题研究过程中能够得到专家指导。[⑤] 浙江省“十一五”期间对任务驱动式的名校长培训模式进行了专题研究，提出此模式的四个特点，即强调学员的自主学习，重视学员的个性化需求，着力对学员实践能力和创新精神的培养，关注学员之间的相互协作支持。[⑥]

3. 高层次校长培训有待探索

从整体而言，以培养教育家型校长为目标导向的名校长培训研究在我国尚处于起步阶段，尚难以为各省市乃至县区级已广泛开展的同类培训提供充分的学术支持，相关的理论阐述与实践探索都有待深化。就实践中的课程样态来说，尽管借鉴或移植了以往较为成熟的校长培训项目经验，但带来的问题也不容小觑。比如，课程模块划分标准模糊，模块间的关联性不强；课程结构较为单一，缺少与名校长培养层次相应的特点；课程评价尚未形成有效标准，评价方式、评价主体和评价对象单一，缺少对评价结果的分析和反馈，导致课程评价功能受限。确立独特的课程理论基础，建构富有特色并能有效实现培养目标的课程，探索与之相应的质量评估体系，是当前名校长培养的关键。

---

① 王庆文：《“名校长工程”实施中的误区及对策》，载《中小学管理》，2003(11)。

② 禹小慧：《教育家型校长培训的问题及对策研究》，硕士学位论文，华东师范大学，2012。

③ 侯琳：《教育家型校长培训策略研究》，硕士学位论文，东北师范大学，2012。

④ 周冬祥：《推进校长专业化建设 造就教育家型校长》，载《湖北教育(教育教学)》，2010(11)。

⑤ 何杰：《论名校长培训的价值取向及其培训模式的重构》，载《江苏教育学院学报(社会科学版)》，2005(6)。

⑥ 邵燕芬：《“任务驱动式”名校长培训的实践探索》，载《继续教育研究》，2008(7)。

二、校长培训改革发展趋势

(一)校长培训的制度化、专业化发展

美国、英国、加拿大与我国校长培训工作的比较研究结果显示，尽管各国在社会制度、发展水平、文化传统、国情等方面不尽相同，但在校长培训中形成了比较一致的运行取向，取得了一些相似的经验和做法：第一，在培训立法方面，都重视发挥国家能力，加强国家对校长培训工作的领导，发挥各级行政主体的规范化功能，把培训的自发行为转化为有目的、有计划、有组织的政府行为。第二，在培训目标方面，都体现出培训起点与层次比较高、对校长素质与能力的要求趋于全面和注重校长自身发展的特点。第三，在培训课程设置方面，普遍重视课程目标指向的时代性与挑战性、培训课程内容的针对性与适应性，以及培训课程设置的灵活性。第四，在培训机构建设方面，都设立专门的培训机构(包括高等学校的教育学院、专门承担培训任务的高等学校、地方教育行政部门、教育学术团体学院等)，注重发挥培训机构的主体作用，促进培训的专业化。①

(二)培训对象的专业分析与课程定位

1. 校长的职业能力

基于学校管理学的视角对名校长职业能力的理论阐述。具有代表性的观点即校长应该是全校教师思想的引领者、学校管理过程中的指挥家、学校文化的创设者，其应具有思想家的品质、行政决策者的视野和技能以及较强的创新精神②；应具备崇高的职业理想、自觉的法律意识、宽厚的理论素养、强烈的人格魅力、精湛的领导艺术、独特的管理能力、现代的经营意识和实践的研究能力③；应具有教育思想新、管理风格多、主体精神强、办学视野广、担险意识强、政治威信高等特点。④

2. 名校长的内涵

名校长的概念界定及内涵分析，现有的说法主要来自两个不同的维度：一是基于教育学视角对名校长角色特征的阐述，如具有正确的教育观乃至教育思想，能够促进学校发展、实现学校保值增值，能够引领教师专业发展、实现教师队伍整体素质的提升和个体成才，能够对学校进行文化管理。⑤ 二是基于逻辑学的视角对名校长角色特征的阐述，说明名校长是一个相对的、发展的概念，其“名”有空间上的相对性和时间上发展变化的特点，而名校长之“名”与名校之“名”没有必然的联系，其源头在于校长自身显著的工作业绩、独特的办学思想等。⑥ 作为先进

① 孙艳艳：《我国中小学校长培训实效性探析》，硕士学位论文，东北师范大学，2007。

② 王智慧：《何谓名校长》，载《教育信息报》，2007-05-31。

③ 郭景扬：《名校长角色定位与名校长素质要求》，载《上海教育》，2006 (14)。

④ 王才建：《当代中学名校长其名在哪》，载《中国教育报》，2004-05-18。

⑤ 王宏伟：《名校长的内涵》，载《教育信息报》，2005-01-15。

⑥ 应俊峰、王洪斌、胡伶：《名校长素质特征的研究》，载《教育发展研究》，2004 (12)。

教育思想的实践者、教育改革的先行者、教育发展的开拓者，名校长的思想、精神、事迹、经验是学校教育的宝贵资源，也是教育改革和发展的重要资源。①

3. 名校长专业素质分析

名校长的专业素质或角色特征方面，现有的研究基本可以归为两类：第一类是对国外校长职业素养的介绍和比较分析。比如，英国的校长国家标准(1998年)中，将其素质归为领导核心目的、领导关键成果、专业知识和理解力、专业技能和品质等领域②；美国(2000年)针对新世纪未来教育发展的需要，对全国中小学校长提出六条标准，分别从校长的知识基础、气质和个性、工作表现三个方面进行了具体的规定和解释③；此外，在"高质量蓝带学校"评比中，美国还提出了诸如沟通技能、教学领导技能、共同决策技能、学校经营技能、动机、运用现代技术的能力、辩护能力、达成共识的技能、发展积极的学校氛围的技能、灵活的思维技能等评价指标，反映出美国社会对校长职业能力的诉求④；基于英国、美国、中国三国校长专业素质的比较研究，有学者指出其共同之处在于，普遍重视校长的职业品质、校长的专业知识和实践经验，以及校长的教育领导能力。⑤ 第二类是对我国名校长专业素质及其角色特征的研究。校长群体问卷调查和名校长个案访谈的研究结果均显示，名校长应具有良好的个人品德和修养、组织管理水平和能力、教育知识和能力素养、先进的办学理念、人际交往能力、科学决策能力、协调和宏观思维能力。两项研究结果的不同之处在于，前者认为名校长还应该具备开拓进取能力和创新精神、感染力和合作精神，后者则更重视学校经营能力和市场运作能力、社会活动能力和学习能力。⑥ 此外，有研究者将名校长的素质特质归纳为六个方面：视野开阔的舵手、谦和大度的君子、勤于治学的学者、教育改革的先锋、道德风范的楷模和终身学习的典范。⑦ 还有研究者从角色思维和现代思维两个维度对名校长的思维特质做了详细的阐述。⑧

三、优秀校长成长规律研究

优秀校长成长规律分析都是围绕名校长成长历程展开的研究，从研究视角可以归纳为四个方面。

(一)基于业绩成果的归纳

以梳理总结名校长实践经验为基础，形成名校长类型的解说。比如，江苏省名校长名教师成长机制与规律在整合研究课题研究成果中，将名校长划分为教育改革领先型、信念成就型、

---

① 周在人：《江苏名校长成功类型及其特点的研究》，载《江苏教育学院学报(社会科学版)》，2004(1)。

② 董辉：《英国校长的国家标准》，载《外国中小学教育报告》，1998 (5)。

③ 王建良：《美国中小学校长标准介绍及特点分析》，载《基础教育改革动态》，2002 (5)。

④ 程晋宽：《美国中学校长的职责和角色》，载《外国中小学教育》，1998 (2)。

⑤⑥ 应俊峰：《名校长素质特征的研究》，载《教育发展研究》，2004 (12)。

⑦ 徐凌云：《名师名校长培养叙事》，265页，宁波，宁波出版社，2007。

⑧ 金辉：《名校长思维特质解密(上/下)》，载《校长阅刊》，2006 (5)(6)。

科研卓著行、管理绩效型、质量超群型五种基本类型，并对每种类型的特点做了相应的总结。[①]在此基础上，另有研究者对其进行了细化，列举了七种名校长类型，即理念先进型、改革创新型、科学管理型、特色发展型、质量超群型、科研先导型和学术有成型。[②]

(二)基于成长经历的归纳

以比较分析名校长成长经历为基础，提炼影响名校长发展的主要因素。比如，有研究者提出名校长的六个成长要素，即教师专业发展是名校长成长的基本条件，丰富的学校基层岗位管理经验是名校长成长的实践基础，先进明确的教育理念和学校发展愿景是名校长成长的航标，反复学习与反复实践的紧密结合是名校长成长的催化剂，敢于改革创新是名校长成长的突破口，政府的大力支持和公众的认可帮助是名校长成长的外部保障。[③] 另有研究者从能力、人格和理念三个维度归纳了成就名校长的内在要素，即敏锐的教育研究能力、杰出的教育管理能力、崇高的人格魅力、高度的事业心与责任感、坚定的教育信念、成熟的教育思想、独特的办学风格和不拘一格的学校管理理念。

(三)基于成长路径的归纳

通过比较研究探究名校长的成长路径。研究发现，普通校长与名校长的成长路径基本相符，两者都必须经过职前预备期、岗位适应期和称职期；两者分化为一般校长和骨干校长两部分；骨干校长进入岗位成熟期后，其中业绩卓著的那一部分逐步脱颖而出成为名校长。这部分校长的成长经历在不同阶段体现出如下特点，在成为预备校长之前多已是名师；在岗位预备期间大多担任学校中层管理职务，在岗位适应期都能积极向其他校长学习，在称职期勇于探索并有显著业绩；从称职期到成熟期在多所学校任职，在成熟期开始形成自己的办学思想和理念。

(四)基于成长条件的归纳

通过调查研究和个案分析，总结名校长的成长规律。有研究者提出名校长的成长是校长专业化发展的过程；名校长的成长过程是反复学习与反复实践相结合并相互促进的过程，是主体性发挥和主动发展的过程，是不断利用外部的资源和条件、进行优势积累的过程，是在校长主体与客观环境互动中发展的过程。[④] 另有论者指出名校长成功的六个要素，即拥有个性鲜明的教育思想是取得成功的前提，制订明确的办学目标是取得成功的关键，合理开发人力、物力资源是取得成功的重要条件，不断改革创新是取得成功的必由之路，出众的领导管理才能是取得成功的力量所在，高素质是取得成功的根本保证。[⑤]

整体而言，名校长在我国中小学校长角色序列中是一个新兴面孔，与此有关的实践在我

---

① 周在人：《江苏名校长成功类型及其特点的研究报告》，载《江苏教育学院学报(社会科学版)》，2004(1)。

② 吴恒山：《名校长的特点与成功之道》，载《大连教育学院学报》，2006(3)。

③ 应峻峰、胡伶、夏江峰：《名校长成长过程与要素分析》，载《教育发展研究》，2005(1)。

④ 康万栋：《关于中小学名校长内涵的思考》，载《天津教育》，2006 (11)。

⑤ 吴恒山：《名校长的特点与成功之道》，载《大连教育学院学报》，2006(9)。

国各省市也尚处于初始阶段。理论层面上有关名校长角色内涵与特征、专业素养与能力、成长历程与规律等方面的论述，为选拔、考核名校长的工作，组织开展名校长培训，完善中小学校长培训体系，促进校长的自我发展提供了支撑，也为本课题的展开提供了相应的依据。

>> 第三节　校长培训课程研究 <<

一、校长培训课程的基本理念

(一)多维合一的价值取向

校长培训课程设计与组织实施，必须注重多维度合一的价值取向。具体而言，就是要坚持有利于提升参训学员的自主发展意识与能力，有利于推进学校的内部改进与品牌建设，有利于带动地方基础教育发展及全省的师资队伍建设，以及有利于促进教师继续教育的创新及师范教育的改革。只有牢牢把握这四个维度的价值取向，才能使校长培训取得实效，使名校长培训项目真正成为中小学校长培训中的高端项目，成为提升个人职业素养、推动学校自主变革、引领地方教育发展的强大支撑。

(二)贯穿培训工作的基本准则

基于以往多年的中小学校长培训工作经验，依据校长角色的普遍特征与专业发展规律，将“六个突出”原则作为主导课程设计与实施的具体方针。这“六个突出”是指在培养理念上，突出学员中心、问题导向和过程取向；在培养内容上，突出一个主题多个模块；在培训方式上，突出理论研修与实践行动相结合、导师引领与个人研修相结合、脱产学习与岗位研修相结合、国内学习与海外研修相结合、研修提升与示范引领相结合；在培训资源上，突出行政推动、专家引领、同伴互助与自我驱动；在培训管理上，突出专业化与精细化；在培训考评上，突出多元主体参与、系统标准设置和分阶段评估考量。

(三)遵循课程设计的科学性原则

确保课程目标的准确性。课程目标设置的准确性直接影响到整个培训的成效。要确保校长课程目标的准确性，就要按照校长专业素养的基本特质与普遍规律，对培养对象的整体发展水平与个性化发展做出综合性考量；同时，还要依据整个项目特点，按照培训周期进行目标细化，以此保证各年度目标与总目标的内在一致性，使其成为各年度培养活动有序展开的科学指引。

凸显课程内容的模块化。按照课程模块化构想和编制原则设计课程内容，使课程能够聚焦在诸如校长的核心能力、学校文化建设、学校课程体系建构、教师队伍发展等实践中常见的问题难点上，形成不同阶段的培训主题和相对独立的课程单元，贯穿整个培训进程。此外，模块化的课程设计，能在保持各单元自身起点和终点的同时，与其他模块发生水平序列或领域方面的关联，可根据一定的原则进行灵活的拆分和组合，以适应实际培训过程中的变化。

强调课程结构的整合性。校长培训，特别是名校长培训不是一蹴而就的短期行为，而是持续培养的成长过程。培训课程设置必须遵循整合性的原则，既要重视课程构成要素与各年度具体活动纵横向度的整合与连贯，又要重视校长自身需求、发展程度与学习任务的关联，及其在实现个人、学校与地区三个层面共同发展上的效力。据此对课程结构及内容进行整体设计，以保证校长从培训中获得连续的经验，密切实践与理论之间的联系，实现知识、能力与价值观的融合统一。

二、校长培训课程的设置

(一)校长培训课程目标

以广东省小学名校长培养培训课程为例。此项目的总体目标是以学校改进与校长领导力提升为研修主题，以科学发展观为指导，以全面提升中小学校长整体素质为核心，通过三年持续研修培养工作，努力造就品德高尚、办学思想先进、精通教育、善于管理、富有改革创新精神，在国内享有较高美誉度和传播力的中小学校长。在此框架下，形成以提炼办学理念、推进学校改进、提升综合素养和传播学校品牌为核心的四个具体目标，作为引导整个课程体系设置的依据。

(二)校长培训课程内容

着眼学校内涵式发展的需求，立足培养对象原有的发展水平，围绕培养目标，设置五个内容模块，依次是理论研修模块、岗位研修模块、名校考察模块、高峰论坛模块和示范引领模块。每个模块又包含多个主题，如理论研修模块内含理论前沿、国际视野和综合素养三个主题；岗位研修模块内含学校发展诊断、学校行动研究、课题合作研究三个主题。

(三)校长培训课程管理

此项目实施项目首席专家负责制和理论导师、实践导师双导师制，以及教学班主任、行政班主任双班主任制。同时，依托省中小学校长培训中心平台，整合国内外优质培训资源，建立稳定的学校互访制度、国内外挂基地和国外合作培养基地。

>> 第四节　校长培训质量评价研究 <<

教育部《关于进一步加强中小学校长培训工作的意见》要求，对校长培训要“强化监管评估，保证校长培训质量”；要“建设培训信息管理和监测平台，建立培训质量保障体系”。具体要求“各地要采取专家实地评估、学员网络匿名评估和第三方评估等方式，加强校长培训的过程评价和绩效评估，并将评估结果作为调整培训任务和经费的重要依据”。这是有着非常明确针对性的要求，表明教育部不仅高度重视中小学校长培训，而且密切关注校长培训的质量与效果。

一、校长培训工作评估的功能

(一)评估目的

提高中小学校长培训质量和效益，实现培训项目管理科学化、规范化，完善中小学校长培训管理机制，建设一支高素质专业化的中小学校长队伍。近年来，随着各级教育行政部门不断加大校长培训投入与管理力度，广大中小学校长参加培训、学习提高的机会增加了许多，但提供的培训课程与校长发展水平的差异性、自主成长的个性化需求还存在一定差距，校长培训工作重点已经逐渐从常态化、普及性向高质量、高效益转变，从数量发展向质量提升转变。为促进培训内容、培训方式、培训手段等能够满足校长的实际需求，制定科学的中小学校长培训质量评估指标体系，建立完善的中小学校长培训质量评估机制，是必不可少的重要保障。

(二)评估原则

为确保校长培训评估的政策性、科学性、有效性，应以教育部《关于进一步加强中小学校长培训工作的意见》为指导，结合本地区实际和本项目任务目标制定评估标准。

1. 政策性原则

评估标准必须有充分的政策依据。由教育部牵头制定的校长培训课程标准和培训质量标准、教育部和本地区下达的培训项目要求作为校长培训评估的出发点和落脚点。

2. 科学性原则

制定评估方案必须有充分的科学依据。要确保评估过程真实客观，按教育部《关于进一步加强中小学校长培训工作的意见》要求采取专家实地评估、学员网络匿名评估和第三方评估等方式，加强校长培训的过程评价和绩效评估，将评估结果作为调整培训任务和经费的重要依据。

3. 有效性原则

按照质量评估指标体系进行评估，建立有效促进校长培训工作的评估机制，是着力推进政府管理模式创新的一项重要举措。教育部《关于进一步加强中小学校长培训工作的意见》提出，校长培训要引入竞争择优机制，建设培训信息管理和监测平台，建立培训质量保障体系，加大对校长培训的过程评价和绩效评估，创新政府管理方式。

4. 制度化原则

把校长培训评估纳入政府教育督导的工作内容。各级政府教育督导部门要将校长培训工作作为督导的重要内容，定期公布检查结果。

二、对校长培训对象的考核评估

为保证培训项目质量，评估对象既可指向参训学员，也可指向培养机构。其中，对学员的参训进程及其取得成果的评估最为重要。根据《广东省教育厅关于做好中小学新一轮

“百千万人才培养工程”第一批培养对象培养工作的通知》的要求，以广东省小学名校长培训为例，培养对象的考核包括年度考核、期中考核和期满考核三种形式。采用培养对象个人自评与培养对象所在单位、培养机构综合评价相结合的方式进行考核评估。

(一)评估原则

1. 以人为本，注重激励

把提高培养对象的素质和能力、实现培养对象的全面发展作为考核工作的出发点和落脚点，激发培养对象的学习热情，增强其学习动力。

2. 实事求是，客观公正

根据培养对象培养期间师德修养、学习成绩等情况，对培养对象做出客观、公正的评定，保证考核的公平性和严肃性。

3. 民主公开，综合评定

以百分制量化为基本形式，采取平时考核与期满考核相结合的方法进行综合评定。

4. 从严治学，务求实效

弘扬优良学风，促进自律与他律结合，保证考核工作的质量和效果。

(二)考核形式与要求

1. 年度考核

年度考核以学年为时限，每年7～9月，培养对象按要求填写广东省中小学新一轮“百千万人才培养工程”培养对象考核登记表(表6-1)，由培养机构组织培养对象进行年度学业总结和汇报，检查培养对象年度学习计划的完成情况，对培养对象做出科学、客观、公平、公正的评价。年度考核结果划分为合格与不合格两个等级。有下列情况之一的视为年度考核不合格：培养期间严重违反师德者；培养期间违反培养纪律，并造成不良影响者；年度累计缺课超过当年培养计划规定学时10%者；抄袭他人研究成果、弄虚作假者；其他不适合继续培养者。年度学习任务及考核指标见表6-2。

2. 期中考核

培养对象在培养两年后，由广东省中小学新一轮“百千万”人才培养工程项目办(以下简称“项目办”)负责实施期中考核。期中考核注重对过程的考核，侧重考核培养对象受培规划和年度计划的执行落实情况，分为“合格”与“不合格”两个等级。对期中考核合格的培养对象继续培养，不合格的退出培养。有下列情况之一的视为期中考核不合格：培养期间严重违反师德者；连续两年年度考核不合格者；请假总次数达到3次及以上，或累计请假天数达到15天及以上者；抄袭他人研究成果、弄虚作假者；经学术委员会认定，培养学习效果不显著，无后续培养发展潜力者；其他不适合继续培养者。

3. 期满考核

培养周期结束时，由广东省教育厅负责对培养对象实施期满考核。期满后全面考核培养对象的师德表现、科研成果、教学/办学业绩及社会影响、示范带学等情况。期满考核分为优秀、合格、不合格三个等级。优秀培养对象的比例不超过各子项目培养总人数的 20%。

有下列情况之一的视为期满考核不合格：培养期间严重违反师德者；年度考核 2 次及以上不合格者；请假总次数达到 5 次及以上，或累计请假天数达到 20 天及以上者；抄袭他人研究成果、弄虚作假者；未能达到广东省中小学新一轮“百千万人才培养工程”培养对象期满考核指标（表 6-3）要求者；其他不适合继续培养者。

4. 其他

根据《广东省教育厅关于做好中小学新一轮“百千万人才培养工程”第一批培养对象培养工作的通知》要求：“培养期间 2 次不参加集中活动，或调离所在单位的培养，取消本轮培养资格。”对取消培养资格的培养对象，不再进行相关考核。违法犯罪，或受党纪、政纪处分者，一经发现，立即取消培养资格。

表 6-1　广东省中小学新一轮“百千万人才培养工程”培养对象考核登记表

<table>
<tr><td colspan="2">姓名</td><td></td><td>工作单位</td><td></td><td colspan="3"></td></tr>
<tr><td colspan="2">性别</td><td></td><td>通讯地址</td><td></td><td colspan="3"></td></tr>
<tr><td colspan="2">出生年月</td><td></td><td>邮政编码</td><td></td><td>手机号码</td><td colspan="2"></td></tr>
<tr><td colspan="2">政治面貌</td><td></td><td>职务</td><td></td><td>职称</td><td colspan="2"></td></tr>
<tr><td colspan="2">最高学历</td><td></td><td>所学专业</td><td></td><td>任教学科</td><td colspan="2"></td></tr>
<tr><td colspan="2">导师姓名</td><td></td><td>单位</td><td></td><td>职务</td><td colspan="2"></td></tr>
<tr><td colspan="2">导师姓名</td><td></td><td>单位</td><td></td><td>职务</td><td colspan="2"></td></tr>
<tr><td colspan="2">本年度工作单位、职务变动情况</td><td colspan="6"></td></tr>
<tr><td colspan="2" rowspan="2">本年度实际完成学习情况</td><td>计划学时数</td><td>缺课学时数</td><td>请假天数</td><td>请假次数</td><td>全程请假次数</td><td>出勤情况是否合格</td></tr>
<tr><td></td><td></td><td></td><td></td><td></td><td>□是　□否</td></tr>
<tr><td colspan="2">工作业绩（请列举说明，300 字以内）</td><td colspan="6"></td></tr>
<tr><td rowspan="3">示范带学</td><td>平台建设情况</td><td colspan="6"></td></tr>
<tr><td>承担公开课、示范课、观摩课等教学任务情况或办学经验介绍、报告情况</td><td colspan="6"></td></tr>
<tr><td>工作室培养校长或培养指导青年教师情况</td><td colspan="6"></td></tr>
</table>

续表

承担科研课题研究及发表论著情况	
博客和个人网站建设情况	
所在单位对个人考核奖惩情况	
本人年度学习总结(包括年度计划完成情况)，可附页	
培养对象所在单位鉴定意见	单位负责人：（公章） 年 月 日
导师鉴定意见(包括年度学习评价，发展改进建议)	导师签名 年 月 日
培养对象所在县(区)级教育局审核意见	单位负责人：（公章） 年 月 日
培养对象所在市教育局审核意见	单位负责人：（公章） 年 月 日
培养机构鉴定意见	单位负责人：（公章） 年 月 日
项目办审核意见	单位负责人：（公章） 年 月 日
备注	

表 6-2　广东省中小学新一轮"百千万人才培养工程"名校长培养对象年度学习任务考核指标

培训年度	学习任务	相关说明
第一年度	《个人受培规划和年度计划》	专题报告明确培养目标及培养进程
	《我的领导力 SWOT 分析报告》	专题报告明确个人成长优势和发展方向
	《感知名校的风采·解析名校的办学经验与发展特色》	反思报告梳理总结考察学习经验
	《行知路上：个人的办学经验反思》	论坛形式传播个人办学经验与研修收获
	《学校诊断报告》/《学校发展规划》	专题报告明确学校改进思路与策略
第二年度	《学校核心课题研究方案》	专题报告确定学校发展的研究计划
	《推动学校改进的协同行动报告》	反思报告总结小组协同研究活动经验与成果
	《感知文化殊异·探寻教育真谛》	反思报告总结国外教育考察学习经验
	《行知路上：校长的领导责任与有效行动》	论坛形式分享个人参训活动经验与具体收获
第三年度	《感知名校长魅力·解析名校(园)长的人格特质与成长规律》	专题报告总结名校长的特质与个性，完善个人领导风格
	《解析校长办学理念·透视学校发展进程》	高峰论坛形式提升培养对象知名度和社会认可度
	《学校核心课题研究报告》/《学校改进成效反思报告》	专题报告总结核心课题研究与学校改进的经验成果
	《行知路上：名校长是怎样炼成的》	论坛形式分享个人成长进程中的亲身感悟，解读成长为名校长发展过程中的关键要素

表 6-3　广东省中小学新一轮"百千万人才培养工程"名校长培养对象期满考核指标

	考核指标说明
师德表现	热爱祖国，遵守国家政策法规，教书育人，为人师表，品德高尚，办学思想先进，富有改革创新精神
科研成果	培养期间，主持地市级以上教育科研项目 1 项以上，或作为主要成员(排名前 3 名)参与省级以上教育科研项目 1 项以上 若课题立项级别未达到市级立项要求，但是课题研究成果获得地市级教育教学成果奖或科研成果奖，具有很强的推广应用价值，也可视为达到课题要求
	培养期间在具有国内统一刊号(CN)或国际统一刊号(ISSN)的专业刊物上公开发表学校管理方面专业论文 2 篇以上，或公开出版学校管理类学术著作 1 部以上
	培养结束时完成结业论文答辩，且成绩合格
教学/办学业绩及社会影响	办学思想先进、形成办学特色、所在学校教育成效显著、办学经验省内、省外享有较大美誉度和传播力
示范带学	培养期间建立具有鲜明教育特色的个人网站(博客)或个人主持的工作室(县(区)级及以上)
	培养期间每年在县(区)级以上范围内作办学思想专题报告 1 次以上
	每年培养和指导当地青年校长或骨干校长人数不少于 5 人，且成绩显著

(三)考核程序

年度考核、期中考核、期满考核程序如下。

1. 培养对象自评

培养对象根据考核内容和要求，对本人在培养期间的师德表现、科研成果、教学/办学业绩及社会影响、示范带学、培养规划和年度学习计划完成情况进行自评并填写广东省中小学新一轮“百千万人才培养工程”培养对象考核登记表。

2. 导师考核

导师对培养对象在培养期间的表现做出评价并填写广东省中小学新一轮“百千万人才培养工程”培养对象考核登记表。

3. 培养对象所在单位考核

由培养对象所在教育行政部门及学校组织(人事)部门，通过访谈、群众评价和领导评价等多种方式了解培养对象个人发展和单位发展相互促进的情况，并填写广东省中小学新一轮“百千万人才培养工程”培养对象考核登记表。

4. 培养机构考核

培养机构根据广东省中小学新一轮“百千万人才培养工程”名校长培养对年度学习任务考核指标所规定的考核内容和评分标准，对培养对象进行全面考核。培养机构将考核结果反馈给培养对象本人并公示，对考核结果有异议的培养对象可在自收到考核结果起三日内向培养机构申请复核。

5. 广东省教育厅审核确定

培养机构将培养对象自评、导师考核、培养对象所在单位考核、培养机构自身对培养对象考核的结果汇总后提交项目办，项目办上报广东省教育厅，广东省教育厅审核无异议后，项目办将考核结果反馈给培养对象本人并公布，对考核结果有异议的培养对象可在自收到考核结果起三日内向项目办申请复核。

(四)考核组织实施

依据培养对象的年度学业任务和期满考核标准，由培养机构具体组织实施培养对象的考核工作，培养对象所在单位应协助做好相关协调与配合工作。

在评估过程中，培养机构应注意按照以人为本、从严要求的原则，明确相关部门、相关人员的职责，确保培养对象培养原始材料的真实、完整。保证考核过程的公开、公平、公正和考核结果的客观、真实、准确。培养机构要争取培养对象所在教育行政部门及学校的支持配合，跟踪了解培养对象培养成果的推广和转化，及时将培养对象学用结合的情况反馈给项目办。

学员所在单位、市县教育行政部门要支持和配合培养机构，对培养对象进行期中考核和期满考核，期中考核侧重考核培养对象受培规划和年度计划的执行落实情况，期满考核全面考核培养对象的师德表现、教学/办学业绩及社会影响等情况。

(五)考核结果的应用

1. 年度考核

年度考核合格的培养对象，由培养机构将学时证明颁发给培养对象，以此作为培养对象每学年度继续教育专业课和选修课学时认定的依据。

2. 期中考核

对期中考核合格的培养对象继续培养，不合格的退出培养。

3. 期满考核

对期满考核合格的培养对象由省教育厅统一印发结业证书。

4. 培养周期考核

为鼓励广大优秀教师、校长积极参加新一轮“百千万人才培养工程”，从进入培养周期的当年开始计算，按规定参与完成当年培养任务并考核合格的培养对象可认定为完成当年的继续教育专业课和选修课学时；完成培养周期(名校长培养对象培养周期为 3 年)并取得结业证书的培养对象，可认定为完成 5 年继续教育专业课和选修课学时的要求。

依据名校长培养项目各年度的研修主题与具体课程安排，明确学员各年度的学习任务，作为各年度培养对象考核的重要内容。

三、对校长培训机构的考核评估

每期培训结束后对培养机构进行考核。考核评价采用培养机构自评与培养对象、主管教育行政部门综合评价相结合的方式进行。考核包括培养内容与形式、培训资源的应用与效果、培养过程的实施与管理情况、培养的业绩与实效、与地方教育行政部门的沟通协调情况等内容。

(一)对导师的考核评价

对导师的考核评价，采用培养对象评价、培训机构评价相结合的方式进行。具体涉及以下几个方面：第一，每位导师指导培养对象的次数、时间、地点等的记录；第二，对培养对象的诊断分析报告；第三，所带培养对象课题研究、论文发表、教改行动计划及执行等情况；第四，培养对象对导师的满意度评价。

(二)对培训机构的考核评价

对培训机构管理服务工作的考核评价，主要采用机构自评、培养对象评价、教育行政部门总体评价相结合的方式进行。具体包括如下几个方面：第一，培养内容与形式的适合程度；第二，履行承诺情况：包括师资配备、培养环节设置、设施设备与管理服务等；第三，培养过程的实施与管理情况：包括有关制度的制定与执行，各培养环节的质量监控，对培养对象的自理、管理、满意度问卷调查，对培养对象的评价与相关资料的及时归档；第四，对理论与实践导师的选拔、管理、评价与奖罚工作；第五，有关材料汇集及上报情况：包括培养过程中的简报(不少于 6 期)、校长讲堂活动的录像光盘、参训学员成长档案袋、校长研修成果汇编、有关管理材料以及培养结束时的总结等；第六，培养成效情况：包括培养对象完成各项培养任务的情况，培养对象取得的成果与作用发挥情况等；第七，与地方教育行政部门的沟通、协调、配合情况。

（三）对考核评估结果的应用

第一，教育督导部门将校长培训工作作为督导的重要内容，定期公布检查结果。

第二，对培训机构的过程评价和绩效评估之后，评估结果将作为调整培训任务和经费的重要依据。

第三，充分运用评估结果的引导功能，鼓励培训机构依托优秀中小学建立培训实践基地，加强与省内外优质培训机构、高等学校的合作，探索联合培训、优势互补、资源共享的运行机制。

第四，教育管理部门从培训绩效评估切入，创新培训机制，激发校长培训工作的活力，择优遴选具备资质的专职培训机构、高等学校、中小学承担培训任务。

第五，引导培训机构开辟培训者队伍来源渠道，遴选熟悉教育规律、理论水平较高、实践经验丰富的教育管理干部、知名专家学者、优秀一线校长担任兼职培训者，建立起力量充实的培训专家库，推动优秀培训者资源共享。

第七章　学科教师培训课程

>> 第一节　语文教师培训课程研究 <<

一、中小学语文教师培训课程研究的背景

(一)课程与教学改革发展的新要求

2001年，教育部印发《基础教育课程改革纲要(试行)》，由此展开了新一轮的语文课程与教学改革，《义务教育语文课程标准(2011年版)》和《普通高中语文课程标准(2017年版)》先后颁布实施，对中小学语文教师的专业素质和专业发展提出了新的要求。

知识要求：不仅要求掌握学科专业知识，更强调掌握课程开发与课程设计的知识。

能力要求：首要的是课程设计与开发的能力，其次是多媒体运用与语文学科的联通能力，还有跨学科综合实践的能力。

转变教学方式：由教师教到学生学，再到师生共同探究学习的模式；采用探究的方式学习，最大限度地开发学生学习的兴趣和创造的潜能。

转变角色：由高居讲堂的教育者转为合作学习的组织者，由"传道授业"的教授者转为学习过程的引导者，由知识的记忆转为知识的创造，由教材的代言者转为教材的开发者，由课堂的管理员转为学习的参与者。

由此可见，新课程要求语文教师不仅要树立全新的教育理念，还要在专业发展的过程中树立终身学习的理念，加强学习培训，不断更新专业学科、教育理论知识，不断提高实践技能。随着时代的发展，新的课程理念要求教师重新定位，语文教师面临如何使自身专业发展能够适应新形势的要求、满足课程与教学改革实践需要的新问题，不少语文教师感到现有的知识和能力已经不能满足这种挑战，迫切需要不断深入地学习，实现教学理念、专业知识和专业技能的可持续发展。

(二)语文教师专业发展的需要

教师专业化发展，指教师在整个专业生涯中，依托专业组织，通过终身专业训练，习得教育专业知识技能，实施专业自主，表现专业道德，并逐步提高自身从教素质，成为一名良好的教育专业工作者的专业成长过程。[①] 新课程改革对语文教师专业化发展提出了新的要求。

1. 树立新课程语文教学理念

要求教师具有师生平等的现代教育教学观念。以学生的实际为教学的出发点，尊重学生的人格和学习的多样性，灵活地、有针对性地引导学生学会学习。以学生为主体，重体验，重实践，重创新。

2. 具有宽厚的专业知识

具有扎实的学科专业知识和一定的跨学科综合知识。《义务教育语文课程标准(2011 年版)》指出："语文课程是实践性课程，应着重培养学生的语文实践能力，而培养这种能力的主要途径也应是语文实践。""开展综合性学习活动，拓宽学生的学习空间。"这必然要求教师树立终身学习的理念，在培训与自修中不断拓宽自己的专业视野，夯实学科专业基础，积极关注语言学、文章学、文艺学、语文教育学以及教育科学的研究成果，不断更新和优化自身知识结构和能力结构，从而提高综合能力。

3. 不断改进教学

具有探究教育教学研究的理念与能力，积极研究和不断改进中小学语文教学策略，制定适合不同教学对象的教学策略。把握素质教育和语文课程改革的本质，探索语文教育教学的规律，不断提高自身的专业化水平，不断提高在中小学语文课程改革中实施素质教育的能力，实现教师自身与语文课程同步发展。同时，要加强对课程的创新性理解，挖掘课程资源，从而开发学生学习的潜能，开发课堂的各种有利因素。

4. 熟练运用现代教育技术

学习并熟练掌握教育技术，并能与语文教学有机结合。教师应该不断学习并熟练掌握教育技术，将语文教学与现代教学技术有机整合，不断更新自己的教育与教学理念，具有将语文教学与现代教学技术有机整合及有效实施的能力，提高课堂教学效率和质量，并能将信息技术在业务知识学习、业务能力发展上进行有效利用。从而拓宽语文课程视野，指导学生开展语文学科的研究性学习和综合性学习。

5. 具有教育教学研究能力

教师应该不断提高教育教学中的研究能力，针对教学中的问题开展课题研究，能有意识地从语文教育的前沿信息与理论探索中汲取营养，并用于反观和指导自己的教育教学实践，形成与自身特点相符合的教育教学特色。同时，具有校本教研意识和能力，能将自己的学习、研究、反思和实践加以总结，开展论文撰写与课题研究，及时升华和物化自己的经验。

---

① 张廷凯、丰力：《校本课程资源开发指南》，247 页，北京，人民教育出版社，2004。

(三)语文教师培训工作的现状

目前对于语文教师培训教育的培训机构即培训主体呈多元化趋势。据不完全统计，我国进行教师继续教育的培训机构大致有以下几类：一是科研团体，二是专门的教师继续教育机构，三是各类教育网，四是各大高校或专业培养师资的机构。在这种情况下，语文教师培训难免会因为主体的多元而出现各自为政的现象。此外，目前已有的各级语文教师培训理念、培训课程与培训方式都存在一些问题。

1. 培训理念

(1)强调培训者的权威性，忽视教师的主体价值

在这种情况下，教师个体的存在和发展被忽视，教师作为培训中的主体学习者处于消极被动状态，成为培训的旁观者而非参与主体，其主体意识和主体价值无法得到彰显。

(2)培训内容实效性、针对性不强

在现行的语文教师培训中，培训方重视现成知识的传授，忽视建构解决当前教学主要问题的课程，主要还是以集中培训和知识的传授为主。培训中，依然存在着被动接受学习、被动记忆的现象。

(3)忽视培训双方的合作和交往

现行的教师培训，因受传统教学观念的影响，强调培训者的地位权威。这就决定了培训者在教学中成为培训课程实施的执行者、知识的占有者和传授者，拥有高高在上的权威。这种培训者的角色定位使人们认为培训者所讲授的一切都是正确的、不容置疑的，参训教师只能被动接受。

经验总结：针对培训理念中存在的问题，在各级各类的语文教师培训中，可以尝试以下几种途径来有针对性地解决。首先，培训方应该以参训教师为中心，真正走入参训教师的内心，提高培训的实效，促使教师的个性日益丰满和完善。其次，在重视参训教师原有的知识和经验的基础上，促进参训教师对知识的主动建构。因为语文教师培训过程中的教学要想取得成效，培训者必须重视中小学语文教师原有的背景知识和经验，尊重教师学习的主体价值，应该借鉴参与式的教师培训模式。参与式的教师培训更为关注知识是如何建构的，它是国际上普遍推崇的一种培训方法，这种关注来自教师的经验、体验和感想。它强调为每一个参与者创设表达和交流的机会，让培训者和参训教师都积极参与到学习活动中，使培训者和参训教师在一种民主的培训过程中产生新思想，在轻松愉快的氛围中帮助参训教师理解新课程的理念，反思自身的教育经验，不断推动专业成长。可以说参与式的培训更加体现出对学习者的尊重，对经验的重视，也体现出对知识的独特理解。培训中要加强培训双方的合作与交往。一是加强培训者与参训教师之间的互动以及参训教师与参训教师之间的互动；二是加强教师学习共同体的建设，促进合作学习。

2. 培训课程

(1)培训课程设置科学性不够

培训内容的选择和确定存在较大的随意性，没有基于教师教学实践的需要和专业发展需要而科学系统的设计培训课程。同时，培训内容缺乏理论与实践的有机融合：或者理论性太强，脱离教学实践；或者停留在经验的层面上，缺乏理论的支撑。

经验总结：加强教师培训的课程建设，注重课程研发，是保证教师培训有效性的关键步

骤。针对传统课程设置的弊端，现在的多数培训机构往往采取尽量减少理论类课程，增加教学实践指导类课程，这在一定程度上增加了培训的有效性，也调动了参训教师接受培训的积极性，但这样缺什么教什么，教什么学什么的课程设置是一种贴膏药式的按需施教，只顾及参训教师业务技能的显性发展，而忽视了教师专业能力的全面发展和隐性发展，无法提高教师自我专业化持续发展的潜能和原动力。因此，应该把课程建设作为教师培训的核心工作，注重培训内容的整体性、系统性和实质性，构建一种理论与实践有机整合的教师培训内容体系。

(2)课程设置的目标欠精细

在培训目标上，着眼于提高参训教师的专业理念与师德、专业知识、专业能力，然而这样的目标大而空。

经验总结：课程设置应针对参训教师的专业理念与师德、专业知识、专业能力这三个维度形成具体细化的课程目标。目标要有一定的可测量性、可实现性和明确的针对性。确立目标的关键是目标要符合培训实际，与培训中的每位教师相关联，可望且可及。

(3)培训人员太单一

培训人员大多是来自大学、地市教研室的专家，极少部分是来自中小学教学一线的优秀教师。这些人员在理论和研究上有优势，但缺乏中小学一线教学方面的实践经验，对中小学教育教学中存在的现象、问题缺乏切实的体验。

经验总结：应该使培训教师人员结构更为多元化，除了来自大学、地市教研室的专家，还应适当增加一些来自教学一线的教学名师，让这些名师为课程培训提供智力支持和质量保证，使课程培训中的实践性与切实性增强。

3. 培训方式

目前的语文教师培训主要采用专家讲座、观摩考察、经验交流、专题研讨、案例评析、远程培训等课程形式。

经验总结：这些培训方式，各类培训机构都会采用，其实应该在现有的这些培训方式的基础上，根据培训对象的特点与不同培训机构的优势，尝试班主任沙龙或论坛、名师工作室、网上平台、学校实地考察、一线班主任分享等多种创新形式相结合的具有开放性、多样性的培训模式。

二、相关研究的现状与趋势

(一)语文教师培训研究文献分析

通过分析现阶段研究文献，现在国内的研究者很热衷对于中小学语文教师培训的研究，而且相关的研究成果也比较丰富，目前研究关注点主要集中在以下几个方面。

1. 培训现状研究与整体概述

在对于语文教师培训现状研究与整体概述的众多研究文献中，以下篇目具有较强的参考性。例如，《基于新课程的语文教师培训刍议》(刘忠华)对当下中小学语文教师培训工作的现状进行了整体描述与思考；《乌海市小学语文教师的现状与培训》(高娃)则是从区域角度来看当下的中小学语文教师培训现状；《触及学科教育根本，提高语文教师培训实效》(刘华)对当下的语文教师培训进行了反思性探讨。

2. 培训需求研究

在对于语文教师培训需求的现状调研、分析与相应策略研究的文献中，以下篇目具有较强的参考性。例如，《新课程高中语文教师培训需求报告》(万书红)对长春市高中语文教师培训现状与培训需求进行调查研究；《区域语文学科中青年骨干教师培训需求调查》(吴非)从区域角度对中小学语文的培训需求进行了调查与分析。

3. 培训模式研究

对于当前语文教师培训中的培训模式这一主题的研究成果颇丰。例如，《语文教师培训模式的探讨》(侯文卿)是对语文教师培训的多种模式进行介绍与研究；《互动式语文教师培训研究》(徐忠明)对培训模式中的“互动式”进行专题研究；《分层培训，整体推进——浅谈小学语文教师培训的有效性》(刘子龙)研究在语文教师培训中进行分层培训的必要性；《如何提高远程教育培训的有效性》(桑志军)强调信息化在当前教师培训模式中的重要作用；《如影随形“结对子”——语文教师培训实作方式》(张芹)探讨了在语文教师培训中专家团队和参训学员“结对子”这一培训模式；《实践取向：农村小学语文骨干教师培训模式重构》(罗之勇、韦芳)提出了“理论与实践交融”的农村小学语文骨干教师培训模式；《粤港语文教师培训方法之比较》(林晖)从区域角度来对比不同培训方法的优势所在。

4. 培训课程内容研究

对于语文教师培训中的培训课程内容研究是当下的一大研究热点，资料较多，以下篇目具有较强的参考性。例如，《论语文教师培训中〈语文教育学〉课程体系的建构》(张国伟)对于语文教师培训中的具体课程进行研究；《中学语文教师培训的课程设计及培训模式》(魏玉梅)强调在教师继续教育过程中，应加强中学语文师资培训工作的研究，着力设计和建设好相适宜的培训课程，建立起新型的中学语文教师培训模式；《农村小学语文教师“课堂教学设计”培训的实践与反思》(马晓霞、张玲)对于“课堂教学设计”这一培训内容进行了专题讨论；《小学语文骨干教师培训课程的设置》(张海峰)认为小学语文骨干教师继续教育课程应该包括师德修养、教育理论与学科教学等六大板块。

5. 培训评价体系研究

对于语文学科的教师培训评价体系研究目前还有较大的空间，这方面的成果很少。例如，博士论文《农村教师培训实效性评价体系研究》(秦磊)从农村教师专业成长的视角来看近年来的农村教师培训现状，分别从农村教师培训实效性评价体系理论依据、体系建构、评价体系构建的意义几方面深入研究。就以上研究成果来看，对于中小学语文教师培训还有一些课题方向具有研究的价值与空间，如如何实现城市优质师训资源对农村的带动作用，实现城乡教育协调可持续发展，是进一步推进教师培训工作的重要课题；中小学语文教师培训实效性的评价体系建构与有效实施的课题研究。

(二)语文教师培训工作的趋势研究

我国语文教师培训工作发展历程大致分为三个阶段。第一阶段重点是学历补偿，开始于20世纪80年代的教师合格学历教育，到90年代的提高学历教育，以补偿学历为主要的培训任务。第二阶段重点是加强技能，也就是教师教学基本技能的加强性培训，达到合格标准。第三阶段就是在新课程实施以来，对于中小学语文教师的要求更高，倡导教师专业发展并成为研究者。因此，基于当前中小学语文教师培训的阶段性现状，中小学语文教师培训工作有了新的需求与发展趋势。

1. 以需求为导向，深入基层调研

以需求为导向，深入基层调研，可以保障教师参训学习的均衡性和有效性。调研对象可以多元化，如教育行政部门负责人、培训机构负责人、学科负责人、高校学科教学法研究人员、学科教材编写人员、学科教研员、学科一线骨干教师、名师(特级教师)、学科普通教师。在调研数据分析的基础上，精心设计培训方案。要提高培训的效果，就要加强培训的针对性，为此先要准确了解学员的情况，包括参训学员的基本情况，参加培训情况，特别是对培训的需求及困惑与问题，并以此为导向精心设计培训方案。在培训实施过程中，应以学员为主体，突出培训主题，确保培训方案的有效实施，提高培训的成效。

2. 准确定位培训目标，精心选择培训内容

培训不应该是蜻蜓点水式的面面俱到，应该关注广大培训教师在教育教学实践中存在的最突出问题并提出解决策略。在培训目标设置和内容选择上要以解决实践中的问题为出发点和归宿。

3. 多方选聘师资，组建专家团队

随着教育理论、教学大纲和课程标准的不断变化，从事教师培训的工作者因为长期与基层教育相脱离，对于不同学科层次和不同岗位的教师教育教学能力的提升和专业化发展的需求缺乏认知，加上培训队伍水平参差不齐，也就无法保证培训在实施过程中的科学性和专业性。因此，培训教师的水平直接影响培训的效果，应该建立一种专兼结合、能进能出、动态更新的培训师资队伍。即在师资力量的配备上，要挑选了解基础教育现状和中学语文新课标的高校教师，还要聘请富有丰富的中学语文教育教学经验的省内外一线名师、特级教师，以及国内著名的语文教育研究专家。理论联系实践，以问题为中心，以案例为载体，这样的培训更受学员欢迎。

4. 加强过程管理，科学设置教学模块

在分析调研数据的基础上，根据教师的多元化发展诉求，既要重视理论的引领，也要重视实践技能的提升；既要照顾到教师显性能力的发展，也要照顾到教师隐性能力的培养。

5. 创新培训模式，提升课程实效化水平

通过基层调研—团队建设—过程管理—科学实现建立起培训质量保障体系，其中，最重要的一个环节是培训模式的研究和创新。有效的培训模式能够激发教师的参与度，充分发挥其主体作用。通过建立教师教育培训基地，走合作模式。在中学建立教师培训基地，与中学师生一起策划研修项目和研修形式。通过创新组织形式，走主体参与模式，即以自身为主体，全员参与的培训模式。这样的培训模式既可以照顾到个体的差异，又可以照顾到全体比较统一的培训诉求。在培训模式上可以进行创新，如研讨—讲座—评议式、上课—说课—评课式、观摩—研讨—实践式、主题沙龙式、学术论坛式、课题研修式和论文答辩式等多种灵活有效的培训模式。

在培训方式、方法上应注重四个方面的结合：一是专题讲座与参与互动相结合；二是听讲座、主题研讨、写反思、参观学校、组织活动与评课程相结合；三是积极搭建网络交流平台并使之贯穿始终，通过开设网上论坛、博客、QQ群、公共邮箱、微信平台等实现线上线下、课内课外相结合；四是集中学习、在职研修与专家追踪相结合。以此提高教师参与培训的积极性，确保教师培训质量保障体系的实效化水平，实现实景化的教学研讨和生活化的课堂回归。

6. 加强后续指导，科学评估培训工作

以往传统的培训模式不注重培训结束之后的后续指导与评估，其实，培训后恰当的反馈是对教师自修的一种持续的、有力的监督和激励。教育行政部门可制定相应的教师培训后的管理制度，培训专家团队与参训教师之间要定期互动，了解参训教师的动态，建立长期、有效的沟通机制；规定参训教师参训后的权利和义务；参训教师之间要加强联系和交流，确保培训后的良好的实效性、示范性和辐射作用。此外，教育行政部门与培训主办方可以制定教师职后培训优质资源标准，建立培训资源的开发、评审、应用机制，利用网络平台，形成培训资源共享、动态的教师职后培训优质资源库。

三、语文教师培训课程方案

提高中小学语文教师的专业水平，是加强教师队伍建设、实施素质教育和语文课程改革的迫切需要，是提高基础教育水平、实现教育均衡发展的重要举措。

(一)教师培训的性质

中小学语文教师培训是有目的、有计划、有组织地引导教师终身学习的非学历教育，是满足教师专业化发展需求的继续教育。中小学语文教师的培训，要根据课程改革背景下中小学语文课程实施的需要，符合当前中小学语文教师实施素质教育和实施新课程的能力，切实提高中小学语文教师教育教学的能力及教育科研能力。

(二)教师培训的理念

1. 理论联系实际，引导培训对象在行动中研究，在实践中提高

根据培训对象专业发展的需要，结合培训对象的工作年限与教学经验，增强培训对象的研究意识，不断提高他们研究和解决教学实际问题的能力，使教学工作和教学研究、教师专业成长融为一体，形成在研究状态下的工作方式，促进培训对象在教、学、研过程中形成可持续专业发展模式。培训要以先进的教育理论为指导，以语文教学的实践为核心，引导培训对象在实践中学习，不断对自己的教育教学进行研究和反思，经过反复的探索和实践，把新的教育理念真正内化为培训对象的教学行为，完成从教育教学理论到教育教学实践的转换，把培训与培训对象的教学实践、研究融为一体，促进培训对象专业能力可持续发展。

2. 注重培训对象的参与与培训过程的互动

中小学语文教师培训要以培训对象为中心，注重培训对象在培训过程中广泛深入地参与，注重培训者与培训对象以及培训对象之间的互动，使培训对象不再被动接受，而是主动发展、积极参与，使培训过程成为培训对象体验新课程、接受新理念的过程。

要鼓励培训对象反思自己原有的知识和经验，重新审视和认识自己原有的经验，将培训对

象原有的知识和经验看作重要的培训资源，引导培训对象在交流和分享中体会和认识新课程所倡导的新理念，以行动促进理念的转化，将理念落实到实际教学中，促进培训对象的提高和进步。要引导培训对象对自己已有的经验重新评价，并且能够从别人那里获得启示和灵感，在交流中生成新知识和经验，使具有不同知识和经验的培训对象在自己已有的知识和经验的基础上，获得适合自己的知识和经验。培训过程应建立真诚交流、资源共享的学习气氛，培训者应成为培训对象专业发展的引导者、促进者和激励者。

3. 符合语文教师专业发展的需要

教师培训课程既要符合本区域基础教育发展的实际需要，也要兼顾不同地区语文教师专业能力的具体需要，体现出以下五个方面的多元理念。

(1)培训目标多元化

可针对不同的培训对象进行多元化培训，如可对新教师、青年教师、骨干教师、名师设定不同层次的培训目标，更具针对性与科学性。在共同要求的基础上使不同层次、不同需求的教师在培训中各有所得。

(2)培训方式多样化

培训方式要脱产、半脱产、面授、网络远程、讲座报告、研讨交流、参观考察、现场观摩、跟岗实践等多种方式相结合。

(3)培训内容实施化

培训要注重内容的针对性、实用性和前瞻性，切实帮助教师在教育、学科专业理论与实践两方面提高专业素养。

(4)培训机构开放化

为教师培训开辟更多的渠道以满足教师不同的发展需要并提高教师培训的成效，在资质认定和目标管理的基础上实现培训机构开放化。

(5)培训管理制度化

对教师培训加强领导，统筹规范，分级实施，使教师培训制度化，激发教师参加培训的积极性，建立教师终身学习的培训体制。

(三)教师培训课程目标

1. 师德修养

中小学语文教师须具有热爱语文教育事业的敬业精神和高度的责任感；热爱自己的工作岗位，热爱自己的工作对象——学生，对自己的工作充满热情；人格健全，心理健康；有着积极进取、不断创新的工作热忱；能很好地从地区的文化特征出发进行有效的语文教育。

2. 专业知识

语文教师必须不断更新现有的专业知识，以获取更为广博的、综合的学科知识。因此，学科教学课程的设置既要能使教师的学科专业知识不断更新，又要优化其与邻近学科和边缘学科课程的合理搭配，以达到本学科内容和学科之间的相互渗透，进一步完善语文教师的知识结构。

在专业知识上应达到以下目标：熟悉中小学语文教育最前沿的信息动态和教学经验，关注语文教育的理论探索，能有意识地从中汲取营养，并用以反观和指导自己的教育教学实践，逐步形成与自身特点相符合的教育教学特色。能不断更新专业知识、提高专业技能，从而最大限度地提升自己的学科素养，适应新课程背景下中小学语文教育的新变化、新要求。积极思考中小学语文学科教学的本质规律以及新课程背景下小学语文学科教学策略的变革，能根据所任教学校和班级以及学生的实际情况采取行之有效的教学方法，提高语文教育的效率和质量。

3. 专业能力

在目前的中学语文教学中，大多数教师偏重于所教学科本体性知识的掌握，而对其教育理论与实践及相关学科的知识关注不够。所以，中小学语文教师的培训课程建设要重视教育理论、学科前沿知识、教育教学研究方法的更新与拓展。现代中学语文教师要更新拓展语文学科的专业知识和前沿知识，必须要掌握有关人文学科知识和现代教育的最新科研成果，改善知识结构，由单一型向综合型发展；掌握语文教学研究的基本方法和动态信息，提高教学科研能力。要能应对学科教学中的问题，要有敏锐的洞察能力，能围绕这些具体问题开展教学研究，并能提出合理的解决办法；具有较强的校本教研意识和能力，积极将自己的学习、研究、反思和实践加以总结，及时升华和物化自己的教学、教研经验。积极探索小学语文学科教学的形成性评价和终结性评价、定性评价和定量评价等多种评价考试方式，努力实现利用主体多元化的、行之有效的评价机制，提升学生全面的语文素养的目标。

4. 教育技术

重视现代教育技术提高性培训课程的设计与建设。从教育的角度来说，信息化将从本质上对课程内容、教学模式、教育思想、教学理念等起到先导、领衔性作用。在继续教育培训中应着重提高语文教师的网络知识水平，培养其运用网络技术迅速、快捷地捕捉信息、获取知识的能力。把计算机知识技能、辅助教学课程培训作为提高培训质量的突破口。教育技术方面应达到的目标：努力学习现代教育技术，熟练掌握教育技术的各项基本技能，并能将其与中小学语文教学有机整合，从而优化教学手段，提高课堂教学效率。

(四)课程内容

新课程改革的教师培训课程要充分反映课程变革的要求，使培训工作与推进新课程实践相适应。培训课程不仅要使语文教师的学科教育教学观念、方法得到转变，评价能力、教育教学反思能力得到提高，还要将充分体现语文学科基础理论研究的新成果，以及最新的学科发展动态、研究方法及学科教学的科学方法介绍给语文教师。培训课程真正以学员为本，以语文教育创新能力和语文教学实践技能的提高为重点，从而激发其不断更新知识、勇于探索、敢于创新并学以致用的潜能。应按照教育部 2012 年颁布的教师专业标准有针对性培训的要求，以中小学语文教育教学理论和实践、语文课程改革为核心，针对新教师、青年教师、骨干老师、名师等不同培训对象，将技能熟练型模式与反思型模式整合起来，从而更为有效地实现培训的针对性与培训效果的最大化。

新教师刚刚走上教学工作岗位，具备教师资格，有一定的教育教学知识，但实践教学经验较缺乏，教学技能有待在实践中加强。培训的重点主要是使新教师具有一定的中小学语文学科教学理论，能够理解教材体系，掌握教学方法并能熟练运用于中小学语文教学。让新教师通过实践操作、专家指导、校本教研等形式，逐步掌握课堂教学和课堂管理的基本技能，培养教学设计、教学反思等基本能力，并形成对教育事业的认同感。

青年教师从教时间往往较短，具备教师资格，有一定的教育教学知识和技能，但需提高其专业化水平。培训重点是如何把先进的教育教学理念、先进的教育教学方法成功地运用于教师的教育教学实践。通过培训，青年教师对基础教育的理解基本成熟，教育技能基本熟练，专业能力逐步提升，教学综合技能、创新技能逐步提高。培训课程应着眼于培养提升语文教师课堂教学方式的创新改革能力、教学问题的搜集研究能力，提高语文教师基本教学手段的综合运用技能、创新技能，使青年教师能成长为在中小学语文教学工作中做出成绩的骨干教师。

骨干教师一般从教时间 5 年以上，已经具备专门的教育教学知识和技能，教育教学工作中能独当一面，但需进一步提高其专业化水平。

培训重点：如何将先进的教育教学理念成功地运用于教育教学实践，并能对教育教学实践行为进行规律总结、归纳和提炼。

培训目标：提高语文骨干教师的思想政治与职业道德素质、专业知识与学术水平、教育教学能力与教育科研能力，提高其实施素质教育的能力和水平；发挥他们在实施素质教育中的骨干带头和示范辐射作用，使其尽快成长为学科带头人、教育教学专家或较高层次的骨干力量。

1. 师德修养

名师一般从教时间 15 年以上，初步显示出自己独特的教育教学专长和实践智慧，但不擅长教育教学经验的提炼和理论构建。

培训重点：教育教学规律的研究，探究实现新的教育教学理念的行为模式，并上升为新的教育教学理论。

培训目标：培养具有较高的中小学语文学科教学理论的专家型语文教师，通过高层次且更具个性化的培训使名师级别的受训教师具有更强的科研意识和独立教育科学研究能力，构建出前瞻且具有推广性的语文教育教学理论体系，能够向跻身于教育家教师行列而努力，从而使自己的语文教育理论与实践产生广泛且深远的影响。此外，发挥他们在实施素质教育中的名师带头和示范辐射作用，作为教育教学专家或学科带头人，能有效研究分析并指导本地区学校中小学语文教学工作。

教育以教师为本，教师以师德为本，提高师德修养是教师专业化发展的重要内容。中小学语文教师培训要根据《中小学教师职业道德规范》的具体要求，从以下方面着力提高培训对象的师德修养：对语文学科社会价值的崭新理解；语文教师的社会使命；尊重科学、勇于创新的精神追求；善于沟通、勤于自省的思维方法；教师法、教育法、义务教育法等教育法规学习；优秀教师模范事迹。

建议：教师职业道德教育要以榜样激励教师，以鲜活的案例感染教师；要注重在培训的其他课程中渗透师德教育，使培训对象在获取新理念、新知识、新方法的同时感受到蕴含其中的师德教育。

2. 学科素养

学科素养是语文教师专业素养的核心，是语文教师顺利实施语文教学的基础与保障，学科素养包括汉语言文学专业素养和语文教育学专业素养两个方面的内容。学科素养及语文教学策略具体内容有以下几个方面。

(1)汉语言文学专业素养

帮助培训对象了解语文学科最前沿的信息和动态，了解最新的研究成果，拓宽学术背景，提高相关学科的知识水平，增强相关领域的研究能力。

(2)语文教育学专业素养

中小学语文教师培训应将中小学语文新课程的探索研究作为重点，着重培养中小学语文教师在语文课程标准读解、语文教材把握，以及语文教学方法的灵活运用等方面的素养。培训的主要内容：语文课程的性质、目标及基本特征；语文课程标准的基本理念；语文课程标准中小学各学段语文教学识字与写字、阅读、口语交际、写作、综合性学习五项内容的具体要求；语文教材的一般体例、选文特点及体现的新课程理念；语文教学的一般方法等。

(3)语文教学策略

中小学语文教师培训应引导培训对象在新课程实施过程中，选取恰当的教学策略。培训要从教育教学的实践出发，结合典型案例，借鉴他人的先进经验，引导培训对象不断总结自己的教学智慧，形成有自身特色的行之有效的教学策略。教学策略重点关注语文新课程的实施过程，主要包括以下方面：中小学学生学习水平及课程资源状况的教学对策、农村中小学学生学习水平及课程资源状况的教学对策、中小学语文教材选用标准及适应性策略等。

建议：对于新教师应设置课堂教学实践课程，并将这一课程的开设贯穿整个培训过程，形成教学技能实践培训模式。培训初始上展示课(培训初始，培训对象展示自己的实际教学水平)；交流课(在培训中，培训对象展示以相互交流探讨为目的的教学实践，然后以小组为单位进行听课与评课，总结得失)；汇报课(培训对象在培训结束前上一节汇报课，汇报自己将培训所学到的理论、技能结合自己的思考转化为课堂教学实践的成果)。

3. 教育研究

中小学语文教师培训要增强培训对象的教育科研意识，提高其教育教学研究能力。培训要把学习、研究、反思和实践有机结合起来，注重案例研究和行动研究，引导培训对象发现和掌握本地区中小学语文教学，特别是新课程中小学语文教学的内在规律。培训具体内容：教育研究对促进语文教师专业发展的意义；如何培养抓住中小学语文教学实践中出现的问题，进行具体的教育研究的意识；中小学语文教学亟待解决的主要问题探讨等。

4. 教育技术

教育技术指运用各种理论及技术，通过对教与学过程及相关资源的设计、开发、利用、管理和评价，实现教育教学理论的优化与实践。教育技术应用能力作为现代中小学教师专业素养的一项必备素质，是衡量教师专业化水平的一项重要内容。

按照教育部《中小学教师信息技术应用能力标准(试行)》要求，中小学语文教师培训应在全员范围内，从意识与态度、知识与技能和应用与实践等方面，使中小学语文教师成为主动适应时代需要，适应现代科学技术发展，熟练掌握现代教育技术的教育工作者。培训的具体内容有以下几个方面。

(1)意识与态度

教育技术能力在教师专业素质中的重要地位；教育技术的有效应用对于推进教育信息化、

促进教育改革和国家课程标准的实施、优化教学程序、培养创新型人才的重要作用；教育技术对丰富语文学习资源、进行终身学习以实现专业发展与个人发展的作用。

(2)知识与技能

教育技术的基本概念、基础理论和基本内容；信息检索、加工与利用的方法；常见教学媒体选择与开发的方法。

(3)应用与实践

信息技术与中小学语文课程的整合及有效途径；信息技术在业务知识学习、业务能力发展上的利用；教育技术在与他人的沟通、交流过程中的具体运用。

(五)实施方式

1. 课程开发

(1)充分调研

培训课程的开发，要先进行充分的调研。针对中小学语文教师专业发展的各个阶段，选择不同层次的语文教师，如新教师、青年教师、骨干教师与名师，采用访谈、问卷、课堂观察等各种形式，搜集该层次语文教师专业提高需要具备的学科专业知识、课堂实践技能和教育教学科研需求。根据各层次语文教师的需求情况，依据语文教师培训课程内容标准，科学合理地开发培训课程，包括理论课程与实践课程，学习课程与活动课程。在数据翔实与分析科学的基础上不断完善语文教师的培训课程体系，提高培训质量。

(2)拓宽资源

在培训资源上不断拓宽，坚持多元化理念。例如，在专题讲座方面，根据高校教育专家学者对教育教学理论发展的把握，开展教育教学讲座；充分利用省、市、县(区)语文教研员多年从事基础教育实践指导的优势，开设教育实践问题讲座；发挥中小学名校名师和骨干教师的作用，开展示范讲堂等。在教研交流方面，鼓励和支持教师参与校本教研和区域教研，并纳入校本培训学时学分以及成绩管理。此外，根据语文教师专业发展的阶段特点，组织语文教师采取跟岗观摩考察的培训方式，有目标地参观考察名校名师的语文教育理念、教育模式、教学经验。通过网络平台，充分发挥语文名师及骨干教师的示范作用，将其实践教学的优秀案例作为新教师以及青年教师学习的重要资源，这也是不同区域的骨干教师、名师之间互相交流学习的资源。

2. 课程管理

(1)强化课程管理

课程管理要加强过程管理，保障教学模块的科学设置与科学实现。在分析调研数据的基础上，根据教师的多元化发展诉求，既要重视理论的引领，也要重视实践技能的提升；既要照顾到教师显性能力的发展，也要照顾到教师隐性能力的培养。

(2)创新培训模式

通过创新培训模式，提升保障体系的实效化水平。通过基层调研—团队建设—过程管理—科学实现建立起培训质量保障体系，其中，最重要的一个环节是培训模式的研究和创新。有效的培训模式能够激发教师参与度，充分发挥其主体作用。建立教师教育培训基地，走合作模式。在中学建立教师培训基地，与中学师生一起策划研修项目和研修形式。创新组织形式，走主体参与模式，即以自身为主体，全员参与的培训模式。这样的培训模式既可以照顾到个体的差异，又可以照顾到全体比较统一的培训诉求。在培训模式上可以进行创新，如研讨—讲座—评议式、上课—说课—评课式、观摩—研讨—实践式、主题沙龙式、学术论坛式、课题研修式和论文答辩式等多种灵活有效的培训模式。

(3)注重多种方式结合

在培训方式、方法上，应注重四个方面的结合：一是专题讲座与参与互动相结合；二是听讲座、主题研讨、写反思、参观学校、组织活动与评课程相结合；三是积极搭建网络交流平台并使之贯穿始终，通过开设网上论坛、博客、QQ群、公共邮箱等实现线上线下、课内课外相结合；四是集中学习、在职研修与专家追踪相结合。以此提高教师参与培训的积极性，确保教师培训质量保障体系的实效化水平，实现实景化的教学研讨和生活化的课堂回归。

(4)考核方式灵活

加强后续指导与评估，走循环增值模式。以往传统的培训模式不注重培训结束之后的后续指导与评估，其实，培训后恰当的反馈是对教师自修的一种持续的、有力的监督和激励。

3. 教学方式

(1)专题讲座式

专题讲座是最为传统的培训模式。专题讲座式培训模式有其不可替代的优势。教师在专业发展方面会有共性的需求，针对参训教师的实践需求来设置，就可以确定重点专题，进行专题讲座式的集中培训。

(2)参与式

参与式培训改变了以往专家讲、教师只能被动听的局面，这种培训模式更能调动教师的积极性。参与式培训通过小组活动，要求每个人都要完成本小组的任务，通过完成任务达到教师专业成长的培训目的。但参与式培训要求培训者的准备必须充分，并要紧紧抓住阅读教学中存在的问题和困难，强调针对性。

(3)案例教学式

案例教学式培训由案例形成和案例运用两个阶段组成。案例形成包括前期准备、确定主题、情境描述三个步骤。案例运用包括案例引入、案例设疑、案例讨论、理论诠释与研究四个基本过程。案例教学式的培训方式比较适合刚工作的年轻教师，即通过直接的案例来引导新工作的年轻教师先尝试上某一课型，然后让听课教师针对案例进行学习、研究、反思、感悟、借鉴。参加培训的语文教师可以根据指导有意识地在自己的教学实践中搜集和开发语文教育案例，反思自己的教学行为，这对于提升教育智慧、形成自己解决教育、教学问题的独特艺术等都至关重要。案例教学培训方式可模仿性强，有利于促进刚工作的年轻教师的专业成长。

(4)现场诊断式

“现场诊断”就是坚持集中教研指导。在教学现场观察，可以与任课教师一起有目的地对课堂教学过程进行严谨的理性分析，并面对面地讨论，然后提出改进策略。教学现场观察与诊断，须通过课前准备、现场观察、课后分析、形成报告、反思讨论五个步骤，采取点评、个别交流、座谈、小组讨论等方式，及时发现问题及时解决问题，使教师专业素质得到持续发展。

(5)问题探究式

新课程实施以来，教师在使用教材的过程中遇到了很多问题，针对这些问题，进行有目的地收集、分类整理，然后逐一进行探究培训。探究培训的基本步骤：提出问题—课例观摩—讨论交流—专家点拨—实践体验—反思总结。问题探究培训的关键是引导教师自己提出问题，自己分析问题，通过专家点拨、团队研讨与自我反思的方式有效解决问题。

(6)行动研究式

行动研究的培训模式特别有利于培养教师的学习习惯。教育中的行动研究就是教师与培训教师走进名校，走进课堂，一起去研究本学科的实际情况，解决日常教学中出现的问题，从而不断改进教育、教学工作的一种研究方法。行动研究把行动和研究结合起来，它要求教师结合自己的教学状况在行动(即教学实践)中研究和解决问题，从而保证研究工作的实际意义；它是一种旨在改进的研究方法，比日常经验总结要完善，因为它要求教师对有关情况做充分的了解，依据有关理论认真思考，按计划谨慎行动。

行动研究式是语文教师培训中十分重要的一种模式，在一个阶段的集中理论学习与集体研讨活动之后，可以将一些名校作为教师培训实训基地，参训教师按小组分配指导教师，走进真实的课堂，进行跟岗实践学习。

指导教师的培训职责：了解跟岗实践教师的需求，有针对性地对跟班研修教师提供个性化的指导；充分利用本校和区域培训、学习资源，为培训教师提供全方位学习考察服务；定期指导培训教师上课、说课、评课、课例分析等教学活动，及时发现问题并及时指导和纠正，指导参训教师开展基于关于中小学语文教学问题的教学行动研究；指导参训教师撰写跟岗实践学习研究报告。

参训教师的参训职责：明确个人教学中的问题和困难，与指导教师沟通、探讨，在指导教师指导下开展行动研究并完成跟岗实践学习研究报告；跟岗实践学习期间，听指导教师上课，在指导教师指导下上公开课、参加教研活动、组织班会活动，撰写教学反思；详细记录各项培训活动安排、学习观摩的收获和体会；跟岗实践学习期间，精读一定数量专业书籍并撰写读书笔记。

4. 学业评价

唐纳德·柯克帕特里克的四层评价法认为一个完整的培训评价过程应该包括反应、学习、行为、结果四个层面上的评价。[①] 因此，对于现有的中小学语文教师培训的评价体系要做进一步的完善，应该将教师培训的评价贯穿于其专业成长的始终。

(1)发展状况评价

对参训教师专业水平发展状况的评价，应围绕中小学语文教师的培训目标，综合考查参训教师的师德修养及法规意识、教育理论、语文学科素养、中小学语文教学策略、教育技术的基本技能及与中小学语文教学的整合，以及教育研究等方面提高的程度，并形成定量和定性的评价结果。

(2)过程评价

在培训过程中，沿着理论学习—跟岗实践—校本实践研修—返岗研修—考核评价的培训程

---

① 任丹、祁海英：《教师培训评价存在的问题及对策研究》，载《管理观察》，2013(13)。

序来分阶段对参训教师进行学业评价，注重对参训教师的过程性评价与结果性评价的综合。培训中的评价主要反映参训教师在学习层面上的效果，它主要考查参训教师培训过程的表现情况以及对培训内容的掌握情况。这一层面的评价可以通过参训教师在培训过程中的考勤、笔记、作业、笔试、论文、讨论发言、实践展示等表现情况和参与态度来进行。

(3)后续评价

参训教师接受了集中培训之后回原单位分散研修，同样要进行跟踪评价，时间可为6～12个月，这是对其行为层与结果层的评价。行为层的评价指培训结束后参训教师是否把培训内容运用到教育教学工作上去，主要评价方式是听课、评课、教学反思考查其能否进行教育实践和教育教学研究，撰写出有分量的学术论文。结果层的评价主要是考查参训教师经培训任教一段时间后班级学生成绩的整体变化、参训教师在教育教学方面的影响力、参训教师为学校教育教学质量的提升所做的贡献等。将参训教师的资料归类形成档案，在见证这些中小语文教师取得个人专业发展的阶段性进步的同时，也可以为其后续参加更高层次的教师培训准备翔实的数据，明确其培训需求，甚至有针对性地制定更适合的培训方案，进行培训模块的最优组合。

四、语文教师培训质量评估

(一)评估目的

语文教师培训工作质量评估指运用科学的理论、方法和程序对语文教师培训过程及其实际效果进行科学而系统的综合检测和考评，以测评语文教师培训工作的质量。对培训质量进行评估是对培训过程进行监督和测量的方法之一，通过测量培训人员的培训水平以及被培训人员对待培训的态度及培训的成效，了解培训活动的效果，找出培训过程存在的问题，发现新的培训需求，从而达到改进培训过程的作用。可见，语文教师培训质量评估是语文教师培训过程的重要环节，更是实现语文教师培训目标、提升培训质量、规范语文教师培训管理的重要手段。

评估是对培训的检测，必须明确通过评估所要达到的目的。一般而言，通过评估应能回答以下几个问题：培训过程的质量目标确定是否合理；培训效果是否达到了预设的培训目标；对于没有达到的培训目标应如何纠正并采取什么纠正措施。①

培训质量评估的根本目的是从各方面(如学员、教师、课程设置、培训时间等)检查该培训是否达到培训目的，为随后的培训工作提供改进依据。完善质量评估体系、加强项目的过程评价和绩效评估就成为培训机构非常关注的问题。培训评估至少具有以下三大功能。

一是激励功能。无论是对参训者还是培训者，培训质量评估不仅能够使他们更加明确培训的目标和努力的方向，更能激发他们的凝聚力和朝着既定目标努力的意愿。培训质量评估在给培训双方带来压力的同时，更能使他们把外在压力转变为自觉动力，进而保证培训的效果。

二是诊断功能。通过培训质量评估，可以对培训对象是否满意、培训方案是否有成效、培训目标是否实现、培训方法是否恰当、培训内容是否适宜等进行测量和估计。如果没有科学严

① 刘若鸣：《谈如何评价培训的有效性》，载《技术经济与管理研究》，2003(3)。

谨、操作便捷的培训效果评估体系，培训工作的效果就很难保证。

三是导向功能。通过培训效果评估，可以发现培训系统的各个环节存在的问题，为后续培训工作的改进提供依据，以便不断提高培训专业化水平。①

(二)评估原则

构建适应培训要求的质量评估体制机制，必须遵循科学性、可操作性、针对性、专业性、客观性和发展性原则。具体要求如下：

1. 评估标准的科学性

所谓科学性，指评估指标体系要涵盖语文教师培训全过程和培训后语文教师的工作实践。因此，不但要构建培训单位培训工作绩效和学员成绩的具体检测标准，还要建立语文教师运用培训所获进行语文教育教学的绩效检测标准。同时，评估指标体系本身的内容条目要求和结构层次要科学，各级指标的内容要求和评价权重设置要合理、准确。

2. 评估指标的可操作性

所谓可操作性，指标体系规定的形式、手段、方法有可操作性，可做定性、定量分析，可横向、纵向比较，可直接、间接观测计算。

3. 评估标准的针对性

所谓针对性，鉴于各个层次和类别的语文教师参训的要求、内容和形式都是有区别的，参训后的工作实践也各异。因此，检测评估指标体系不能搞“一刀切”，必须针对各层次、各类别的语文教师，分别制定各自的检测指标体系，确保检测体系的适用性和可操作性。

4. 评估标准的专业性

所谓专业性，指语文教师培训评估的标准和形式，必须充分考虑到语文教师、语文教育教学的专业性特征，要采取与之相符合的一套方法和标准。

5. 评估行为的客观性

所谓客观性，指在检测评估时，必须有相关主体全面参与，不仅要有培训单位的人员，还应有社会上的相关中介单位人员和专家；不仅要有语文教师所在部门的人员，还应有参训代表及参训语文教师单位的人员代表等方面的人员，以保证检测评估的客观公正性。

6. 评估目的的发展性

所谓发展性，指评估的目的在于促进语文教师综合素养、专业技能的发展。因此，无论是确定评价标准还是评价手段都必须围绕“发展”这个基本点，否则，就会偏离评价的目标，并失去其应有的价值。

(三)评估内容

对语文教师培训质量的评估，一般分为对培训机构的评估和对培训对象的评估两大类。其中，对培训机构的评估，包括对培训方案、培训师资、培训课程、培训管理等方面的评估；对

---

① 王冬凌：《建构教师培训效果评估模式：内涵与策略》，载《大连教育学院学报》，2011(4)。

培训对象的评估主要是对参训语文教师的培训成效的评估。从时段来说，分为培训前的评估、培训中的评估和培训后的评估。

1. 对培训方案的评估

对培训方案的评估内容主要包括方案制订前的咨询、方案实施监督、方案实施效果、方案执行反馈、经费投入的分配、经费投入执行、经费投入监督以及对培训效果的短、中、长期宏观和微观监控等。要重点关注以下四个方面的内容。

第一，培训方案是否有明确的目标定位，是否体现语文教师参训的需求；第二，培训方案确定培训主题、选择培训内容、运用培训模式和培训方法是否有培训者与参训者的共同参与；第三，培训师资是否符合要求，即培训师资是否为该领域的专家；第四，培训方案中所需的培训资料、培训场所与设施是否有充分的保障。据此制订语文教师培训方案评估指标体系(表 7-1)。

表 7-1　语文教师培训方案评估指标体系

项目名称：　　　　　　　　　　院校(机构)：

<table>
<tr><th>类别</th><th>指标</th><th>指标描述</th><th>分值</th><th>得分</th></tr>
<tr><td rowspan="4">组织管理</td><td>重视程度</td><td>院校(机构)主要负责人为项目主管领导</td><td rowspan="4">10</td><td rowspan="4"></td></tr>
<tr><td rowspan="2">管理机制</td><td>统筹管理部门与执行部门之间分工合理，协作有效</td></tr>
<tr><td>具有专职管理团队，管理流程规范、制度健全</td></tr>
<tr><td>培训条件</td><td>培训场所设备、教学、食宿及医疗保卫条件良好</td></tr>
<tr><td rowspan="3">培训优势</td><td>学科地位</td><td>所申请学科(领域)专业和学位、师资和办学水平较高</td><td rowspan="3">15</td><td rowspan="3"></td></tr>
<tr><td rowspan="2">培训优势</td><td>所申请学科(领域)在省内具有一定的地位</td></tr>
<tr><td>培训上优势明显，积累了丰富经验，社会影响较好</td></tr>
<tr><td rowspan="16">项目实施方案</td><td rowspan="3">目标任务</td><td>培训主题设计科学合理，重点突出</td><td rowspan="3">10</td><td rowspan="3"></td></tr>
<tr><td>目标定位符合项目总体要求，清晰、具体、可测</td></tr>
<tr><td>培训对象分析科学合理，需求把握准确</td></tr>
<tr><td rowspan="3">课程内容</td><td>课程设置结构合理，重点突出，逻辑性强</td><td rowspan="3">20</td><td rowspan="3"></td></tr>
<tr><td>课程内容新，与培训目标适切性高</td></tr>
<tr><td>实践类课程设置科学有效，比例在 30%以上</td></tr>
<tr><td rowspan="2">专家团队</td><td>首席专家有较深的学术造诣，具有一定的影响力</td><td rowspan="2">10</td><td rowspan="2"></td></tr>
<tr><td>专家团队水平高，高校专家与一线教师、教研员合理搭配</td></tr>
<tr><td>培训方式</td><td>培训方式多元，综合采取案例式、探究式、参与式、情景式、讨论式、任务驱动式等多种培训方式</td><td>10</td><td></td></tr>
<tr><td>考核评价</td><td>学员考核评价指标设置合理，过程性评价与终结性评价相结合</td><td>5</td><td></td></tr>
<tr><td>跟踪指导</td><td>学员训后跟踪指导的方式、手段科学合理，具有可操作性</td><td>5</td><td></td></tr>
<tr><td rowspan="2">培训资源</td><td>拟开发和使用的课程资源、案例资源、网络资源丰富适用</td><td rowspan="2">10</td><td rowspan="2"></td></tr>
<tr><td>教学观摩实践基地办学水平较高、特色明显</td></tr>
<tr><td>特色创新</td><td>培训方案设计有特色和创新之处，亮点突出</td><td>5</td><td></td></tr>
<tr><td colspan="3">合计</td><td>100</td><td></td></tr>
<tr><td>你的意见与建议</td><td colspan="4">评估人签名：</td></tr>
</table>

2. 对培训过程的评估

(1)对培训者的评估

对培训者的评估即对在语文教师培训中承担教学任务的教师的评价。主要是从教学目的性、针对性、教学质量和效果等方面，从教师的责任心、教学热情、知识结构以及服务意识等方面进行评估。当然，还要兼顾教师队伍的建设与管理。由于语文教师培训是一种专业性很强的培训，因此，对师资水平要求较高，包括授课教师的师德修养、语文素养、专业技能、职称、学位、责任心、教学经验等，是否能够满足参训者对语文教育教学前沿知识的了解，对语文教育热点、难点问题的破解等。还有授课效果，师生之间的学术氛围等方面，也都是评估的重要内容。集中到一点就是参训人员的满意度。据此制订对培训老师(专家)的评估评分表(表 7-2)。

表 7-2 对培训教师(专家)的评估评分表

<table>
<tr><td>培训老师姓名</td><td></td><td>学术职称</td><td></td><td>培训日期</td><td></td></tr>
<tr><td>专业班级</td><td></td><td>授课地点</td><td colspan="3"></td></tr>
<tr><td>课程名称</td><td></td><td>测评人</td><td></td><td>总分</td><td></td></tr>
<tr><td>培训内容</td><td colspan="5"></td></tr>
<tr><td>测评一级指标</td><td>测评内容</td><td colspan="3">测评指标</td><td>测评分数</td></tr>
<tr><td rowspan="3">培训内容
25 分</td><td>培训要求</td><td colspan="3">知识、技能要求明确；重点、难点突出</td><td rowspan="3"></td></tr>
<tr><td>课程内容</td><td colspan="3">符合大纲；讲解清楚、联系实际；学术前沿</td></tr>
<tr><td>培训资料</td><td colspan="3">规范、清晰、完善</td></tr>
<tr><td rowspan="5">基本素质
20 分</td><td>师德修养</td><td colspan="3">为人师表、言传身教、课堂管理</td><td rowspan="5"></td></tr>
<tr><td>培训思路</td><td colspan="3">思路清晰，层次分明，衔接紧密流畅</td></tr>
<tr><td>语言、板书</td><td colspan="3">语言规范，语速、语调适中，表达力强；板书条理清晰、字图规范清楚</td></tr>
<tr><td>教态、仪表</td><td colspan="3">教态自然，仪表端庄</td></tr>
<tr><td>应变能力</td><td colspan="3">掌握学员动态，应变能力强</td></tr>
<tr><td rowspan="7">培训方法
20 分</td><td>培训准备</td><td colspan="3">认真备课，准备充分、设备仪器完善</td><td rowspan="7"></td></tr>
<tr><td>培训设计</td><td colspan="3">培训环节完整、有效</td></tr>
<tr><td>培训互动</td><td colspan="3">培训老师启发培训、学员积极主动</td></tr>
<tr><td>操作、演示</td><td colspan="3">清楚、简捷、直观、易掌握</td></tr>
<tr><td>分组实训</td><td colspan="3">分组合理，组织得当</td></tr>
<tr><td>指导、解答</td><td colspan="3">巡回指导、耐心热情、严谨细致</td></tr>
<tr><td>讲评、总结</td><td colspan="3">讲评准确、总结到位</td></tr>
<tr><td rowspan="4">培训效果
35 分</td><td>互动效果</td><td colspan="3">气氛活跃，踊跃参与，开发思路</td><td rowspan="4"></td></tr>
<tr><td>参与程度</td><td colspan="3">培训老师积极主动，学员参与广泛</td></tr>
<tr><td>实训效果</td><td colspan="3">研讨、操作认真、掌握知识技能好</td></tr>
<tr><td>满意程度</td><td colspan="3">学员满意程度高</td></tr>
<tr><td>你的意见
与建议</td><td colspan="5">评估人签名：</td></tr>
</table>

(2)对课程设置的评估

针对性强、质量高的培训课程是增强培训实效性的重要前提，对保证培训质量尤为重要，因而也是培训质量评估的重要内容。要重点考查以下问题：课程设置是否与培训目标相适应，是否根据不同培训班的培训要求精心选择课程。培训课程设置的评估的标准：一是课程设计的科学性，即要从语文教师可持续发展和终身学习的高度，以先进的语文教育教学思想为指导，将当代语文教育教学发展的最新成果，合理地、及时地反映到课程体系中来，向相关专业领域要广度，向本专业学科要深度，向前沿学科要新度；二是课程内容的针对性，即是否符合当前语文教育教学改革的实际要求，是否符合语文教师今后发展的需要。总之，要围绕语文教师专业化发展需求来设计；三是课程结构的层次性，即以培训目标为方向，以更新观念为先导，以师德修养为基础，以培养实施语文教育教学的创新精神、实践能力为核心，以教育科研和现代教育技术为推进手段，通过专业化的培训实践，设置一系列旨在提高语文教师整体素质的课程。据此制订对培训课程设置的评估评分表(表7-3)。

表7-3　对培训课程设置的评估评分表

指标	指标描述	分值	得分
课程设置的目的性	1. 能否支持语文教师的可持续发展 2. 能否应用于语文教师的工作实践 3. 能否提高语文教师的专业素养	25	
课程设置的针对性	1. 能否针对语文教育教学改革的前沿问题 2. 能否针对语文教育教学普遍的难点问题 3. 能否针对学员普遍关心的语文教育问题	25	
课程设置的层次性	1. 是否具有系统性、科学性 2. 是否遵循了学员学习、发展的规律 3. 能否使学员建构起有效的知识体系	25	
课程设置的实践性	1. 课程中是否有大量实践性练习或活动 2. 实践课的比例是否超过30%或更高 3. 所学知识、技能能够较好地运用于教学实践	25	
合计			100
你的意见与建议	评估人签名：		

(3)对培训管理的评估

科学有效的管理，对确保培训质量至关重要。因此，必须对培训机构的教学运行与教学质量的监督、管理进行评估。对培训管理的评估应关注以下几点：第一，是否坚持向管理要质量，向管理要效益，从多方面促进语文教师培训质量的提高。第二，是否重视管理制度的建设，用严格制度来规范每一个学员的行为。第三，是否重视每个培训环节的管理，努力做到尊重每一个人，办好每一件事，组织好每一项活动。第四，是否认真做好服务工作。在语文教师培训过程中既要强调质量意识，又要强调服务意识，尽力为学员们提供热情、周到的服务，为培训学习创设良好的环境。

培训管理评估的具体内容：培训机构是否制订系列完整的培训管理文件、规章制度；是否有效协调有关行政、教学管理部门的工作；是否能确保培训项目的正常开展；是否能及时协调、解决教学活动中出现的问题；对教学计划的制定、修改、执行、课程设置、课程安排、考务管理、考试成绩、结业办法、学籍管理等方面是否采取现代化的管理手段和方法等。据此制订对培训管理的评估评分表(表 7-4)。

表 7-4　对培训管理的评估评分表

指标	指标描述	评价标准				分值	得分
		A	B	C	D		
管理队伍	管理领导小组设置情况	到位	基本到位	不到位	无	20	
	专职管理队伍结构情况	合理	较合理	不合理	无		
管理制度	培训管理制度	完善	较完善	不完善	无	20	
	培训质量监控制度	严密	较严密	不严密	无		
	培训反馈制度	健全	较健全	不健全	无		
	培训档案管理制度	完善	较完善	不完善	无		
管理过程	出勤率管理	严	一般	很松	无	30	
	后勤服务管理	完善	较完善	一般	混乱		
	培训进程管理	严密	较严密	一般	混乱		
档案管理	教学档案管理	资料齐全	资料较齐全	资料不齐全	无资料	30	
	实践教学档案管理	资料齐全	资料较齐全	资料不齐全	无资料		
	研究成果档案管理	资料齐全	资料较齐全	资料不齐全	无资料		
	后续跟踪调查档案管理	资料齐全	资料较齐全	资料不齐全	无资料		
	班级管理档案	资料齐全	资料较齐全	资料不齐全	无资料		
合计							100
你的意见与建议	评估人签名：						

3. 对培训效果的评估

美国威斯康辛大学的唐纳德·柯克帕特里克提出了“柯式培训评估模型”(表 7-5)。他认为，评估应从参训者的反应、学习、行为和结果四个层面分别进行。反应层面是对参训者反应的评估，可以通过对参训者的情绪、注意力、兴趣等的研究，得出参训者对培训的看法和态度。学习层面是对参训者学习收获的评估，主要是用来了解参训者学习到的知识、技能、态度等及其掌握的程度。行为层面是对参训者行为变化的评估，是用来测定参训者在回到工作岗位后将所学习的知识、技能转化为行为的情况，结果层面是参训者对组织绩效的评估，衡量该培训项目是否有助于整个组织绩效的提升。①

① 朱瑞娟：《企业培训效果评估方法研究》，硕士学位论文，湖南大学，2005。

表 7-5 柯克帕特里克四层次评估模型

层次	标准	反馈问题的重点
1	反应层面	受训人员喜欢该项目吗？对培训人员和设施有什么意见？讲程有用吗？他们有些什么建议？
2	学习层面	受训人员在培训前后、知识及技能的掌握方面有多大程度的提高？
3	行为层面	培训后，受训人员的行为有没有什么不同？他们在工作中是否使用了在培训中学到的知识？
4	结果层面	组织是否因为培训经营得更好了？

效果评估是利用一定的手段来检测语文教师参加培训后的知识目标、行为目标和结果目标的达成度。可以通过问卷调查了解参训者对培训的总体印象，通过考试检测参训者对培训内容的掌握程度，通过调查检测掌握参训者接受培训后工作态度和工作行为的变化，推知培训获得的最终结果。培训效果评估主要包括以下四个方面内容。

一是参训语文教师是否认为培训对自己有帮助，是否认可培训教师的水平以及认识培训的不足。

二是参训语文教师的知识和技能与培训前相比，是否有较大的提高。

三是参训语文教师在培训中所学的知识与技能是否运用到语文教育教学工作中去，培训后的工作态度和工作行为是否有变化。

四是通过培训后语文教育教学工作质量绩效指标是否得到改善。

本培训质量效果评估方案主要针对语文教师培训评估，前三项与其他类型培训评估大致相同，第四项是专门针对语文教师培训效果的评估，是本研究的重点和特色。依据柯克帕特里克的四层次评估模型，制订语文新教师、青年教师、骨干教师、名师等不同群体的教师培训都可以共用的学员满意度调查表(表 7-6)，并据此制订语文教师培训质量评估学员培训效果评分总表(表 7-7)。

表 7-6 学员满意度调查表

序号	调查内容	非常满意	满意	一般	不满意
1	培训目标				
2	培训主题				
3	培训课程与内容				
4	培训方式方法				
5	主讲教师				
6	培训环境与条件				
7	培训资源				
8	培训成果与收获				
9	培训组织与管理				
10	对该项目的改进建议	1. 2. 3. 学员签名：			

表 7-7　语文教师培训质量评估学员培训效果评分总表

培训学员姓名：＿＿＿＿＿　性别：＿＿＿　年龄：＿＿＿　工作单位：＿＿＿＿＿＿

培训时间：＿＿＿＿＿＿　培训层次：＿＿＿＿＿＿　评估时间：＿＿＿＿＿＿

评估层次		主要指标	评估方式	分数	得分
1	反应层面	1. 对此次培训是否满意？ 2. 对此次培训有何建议？ 3. 是否会推荐给你的同事？	学员满意度调查表	20	
2	学习层面	师德修养	观察、调查问卷、访谈	20	
		语文学科素养	测试、比较分析		
		语文教学策略	汇报课		
		语文教育研究	学术论文		
		语文教育技术	实践考查		
3	行为层面	1. 培训前后语文教育教学行为的变化； 2. 所学知识、技能是否应用于语文教育教学实践	观察、调查问卷、访谈、课堂考查、比较测评	30	
4	结果层面	1. 回到原学校后是否提高了工作绩效； 2. 是否给原学校带来良好的影响和效益	调查问卷、访谈、对比测评	30	
合计				100	

（四）评估方法与标准

对语文教师培训质量的评估方式有两种：一是对语文教师在培训前后的情况进行对比；二是参训的语文教师与未参训的语文教师进行对比。具体采用哪种测试方式应根据实际情况选择。一般而言，语文教师培训质量评估应坚持过程评估与总结评估相结合、静态评估与动态评估相结合、定性评估与定量评估相结合、自评与他评相结合、评价与指导相结合的评估方针。选择适宜的方法将有助于获得更加准确的评估结果，应根据语文教师培训的目标、内容以及教学模式的不同，选用相应的评估方法。评估培训质量可选用以下一些方法。

1. 静态评估法

培训活动的结果在某一时刻会呈现稳定的状态，采用此法就是评估稳定状态下被培训语文教师现有的思想、知识、能力、行为、表现等，以此对培训活动做出客观的评价，适用于集中培训阶段评估。静态评估方法一般在教师培训结束时使用，可以分别采用新教师、青年教师、骨干教师、名师静态评估表(表 7-8、表 7-9、表 7-10、表 7-11)。

表 7-8　语文新教师静态评估表

一级指标	二级指标	观测点	评估方式	分值	得分
语文学科素养 25	汉语言文学专业素养	文学史知识拓展	测试	5	
		语言学知识拓展		5	
	语文教育学专业素养	语文教育基本理论		5	
		课堂教学基本理论		5	
		语文课堂教学常用技巧与方法		5	
语文课堂 教学能力 35	钻研教材	熟悉教材	测试、 交流课、 汇报课、 反思笔记	3	
		吃透教材		4	
	教学设计	教学设计的一般知识		4	
		创新型教学设计		4	
	语文课堂教学艺术	导入艺术		4	
		提问艺术		4	
		激趣艺术		4	
	语文教学反思	课堂教学反思		4	
		语文教育反思		4	
语文教育研究 20	发现问题	问题意识	论文写作 情况检查	3	
		发现语文教育教学问题		5	
	论文撰写	教研论文格式		4	
		查找资料		4	
		撰写注意事项		4	
语文教育技术 20	现代教育技术	多媒体技术	实践运用	5	
		资料搜集整理技术		5	
	现代教育技术与 语文教育的整合	正确使用		5	
		合理使用		5	
总分				100	

表 7-9　语文青年教师静态评估表

一级指标	二级指标	观测点	评估方式	分值	得分
语文学科素养 25	汉语言文学专业素养	文学史知识深化	测试	5	
		语言学知识深化		5	
	语文教育学专业素养	先进的语文教育理论		5	
		先进的课堂教学理论		5	
		语文课堂教学创新技巧与方法		5	

续表

一级指标	二级指标	观测点	评估方式	分值	得分
语文课堂教学能力 35	灵活处理教材	吃透教材	测试、交流课、汇报课、反思笔记	3	
		灵活运用教材		4	
	教学设计	教学设计的新理念		4	
		创新型教学设计		4	
	语文课堂教学艺术	语文活动设计		4	
		课堂节奏把握		4	
		有效的教学策略		4	
	语文教学反思	课堂教学反思走向深入		4	
		语文教育反思走向深刻		4	
语文教育研究 20	发现问题	敏锐的问题意识	论文写作与发表情况	3	
		捕捉、分析语文教育教学问题的能力		5	
	论文撰写	资料搜集与整理		4	
		论文结构与逻辑		4	
		论文成果应用		4	
语文教育技术 20	现代教育技术	多媒体技术	实践运用	5	
		资料搜集整理技术		5	
	现代教育技术与语文教育的整合	合理使用		5	
		熟练使用		5	
总分				100	

表 7-10　语文骨干教师静态评估表

一级指标	二级指标	观测点	评估方式	分值	得分
语文学科素养 25	汉语言文学专业素养	文学史知识系统化，前沿性知识	测试	5	
		语言学知识体系化，前沿性知识		5	
	语文教育学专业素养	语文教育前沿理论		5	
		语文课堂教学前沿理论		5	
		语文课堂教学创新与改革		5	
语文课堂教学能力 35	教材和其他教学资源	灵活运用教材	测试、展示课、交流课、汇报课、反思笔记	3	
		合理引入其他教学资源		4	
	教学设计	教学设计理念创新		4	
		创新型教学设计		4	
	语文课堂教学艺术	语文活动创新设计		4	
		课堂节奏熟练把握		4	
		高效、灵活的教学策略		4	
	语文教学反思	课堂教学反思规律化		4	
		语文教育反思理论化		4	

续表

一级指标	二级指标	观测点	评估方式	分值	得分
语文教育研究 30	研究意识	敏锐、深刻的问题意识	论文写作与发表情况	5	
		广泛、深入地思考		5	
		科学、合理地研究		5	
	论文撰写	论文熟练撰写		5	
		寻找语文教育教学规律		5	
		理论提升		5	
语文教育技术 10	现代教育技术	多媒体技术	实践运用	2	
		资料搜集整理技术		2	
	现代教育技术与语文教育的整合	熟练使用		3	
		语文网络资源开发		3	
总分				100	

表 7-11　语文名师静态评估表

一级指标	二级指标	观测点	评估方式	分值	得分
语文学科素养 20	汉语言文学专业素养	文学史知识系统、前沿，擅长某些领域	分析、调查	5	
		语言学知识系统、前沿，擅长某些领域		5	
	语文教育学专业素养	语文教育教学的前沿理论		5	
		语文课堂教学创新、改革的前沿理论		5	
语文课堂教学能力 35	教学设计	教学设计理念有突破 课堂教学设计个性化	展示课、交流课、汇报课、影响力调查	5	
	语文课堂教学艺术	语文活动设计新颖、高效，个性化		5	
		课堂节奏灵活、多变		5	
		教学策略高效，个性化		5	
	语文教学反思	语文教育教学反思理论化		5	
	教学风格	形成稳定的个人化教学风格		5	
		课堂教学风格产生一定影响		5	
语文教育研究 35	学术研究	长期思考前沿问题	论文写作与发表情况、专著出版情况、影响力调查	5	
		在某领域进行深入思考与研究		5	
		形成系统性思考与研究		5	
	论文与专著	论文熟练撰写		5	
		专著出版		5	
		个性化的语文教育教学体系初步形成		10	
语文教育技术 10	现代教育技术	多媒体技术	实践运用、影响力调查	2	
		资料搜集整理技术		2	
	现代教育技术与语文教育的整合	语文网络资源开发		3	
		语文教研平台利用		3	
总分				100	

2. 动态评估法

动态评估法适用于集中培训后的跟踪行为评估。就是将被培训语文教师放到培训的整个动态过程中，通过对参训语文教师原状况和参训返回原单位一年后状况的跟踪访谈调查，对教师未来发展趋势做出全面的评价(表 7-12)。

表 7-12　参训语文教师返回原单位一年后的跟踪访谈调查表

参训教师姓名：________　　工作单位：________

参训时间：________　　填表时间：________

	师德修养	语文学科素养	语文教学能力	语文教育研究	语文教育技术	证明材料
校长访谈						
同事访谈						
学生访谈						
同行访谈						

3. 比较评估法

比较评估法是将参训语文教师在培训前后的思想、知识、能力、行为、技能等进行比较(表 7-13)，或将参训语文教师与类似的未参加培训的语文教师进行比较的评估方法。适用于参训语文教师的自我评估(表 7-14)。

表 7-13　参训语文教师本人对比测评分析表

对比分析一级指标	对比分析二级指标	评估方式	分值	培训前得分	培训后得分
师德修养	政治立场	观察、调查、座谈	5		
	职业道德		3		
	人格修养		2		
语文学科素养	汉语言专业知识	测试、前后对比分析、访谈	5		
	语文教育学专业素养		10		

续表

对比分析一级指标	对比分析二级指标	评估方式	分值	培训前得分	培训后得分
语文教学能力	语文教材处理	公开课展示、访谈	5		
	语文课堂教学艺术		10		
	学生语文学习兴趣的唤起		5		
语文教育研究	语文教学论文	论文分析、访谈	10		
	语文科研项目训练		3		
	语文教学资源的开发		2		
语文教育技术	教育技术的熟练	实践运用、访谈	5		
	技术与语文教育教学的整合		5		
工作实绩	语文教学成绩	调查、访谈、数据分析、成果证明	5		
	指导学生成果		5		
	其他业绩		5		
个人影响力	本单位的影响力	调查、访谈、座谈会、成果证明	10		
	在语文教育教学领域的影响力		5		
总分			100		

表 7-14　参训语文教师与同单位未参训语文教师的比较评分表

对比分析一级指标	对比分析二级指标	评估方式	分值	未参训语文教师得分	参训语文教师得分
师德修养	政治立场	观察、调查、座谈	5		
	职业道德		3		
	人格修养		2		
语文学科素养	汉语言专业知识	测试、前后对比分析访谈	5		
	语文教育学专业素养		10		
语文教学能力	语文教材处理	公开课展示、访谈	5		
	语文课堂教学艺术		10		
	学生语文学习兴趣的唤起		5		
语文教育研究	语文教学论文	论文分析、访谈	10		
	语文科研项目训练		3		
	语文教学资源的开发		2		
语文教育技术	教育技术的熟练	实践运用、访谈	5		
	教育技术与语文教育教学的整合		5		

续表

对比分析一级指标	对比分析二级指标	评估方式	分值	未参训语文教师得分	参训语文教师得分
工作实绩	语文教学成绩	调查、访谈、数据分析、成果证明	5		
	指导学生成果		5		
	其他业绩		5		
个人影响力	在本单位的影响力	调查、访谈、座谈会、成果证明	10		
	在语文教育教学领域的影响力		5		
总分			100		

4. 标准比较评估法

标准比较评估法是培训前确定通过培训应达到的标准，培训后，将参训语文教师达到的水平与事先确定的标准进行比较的评估方法。

5. 团队评估法

团队评估法是组织一个团队对语文教师培训效果进行讨论评价的方法。为避免参与评价人员对评估项目或指标的理解不同等情况，可由每一参与评估的人员单独评分，然后采用加权平均法得到评价结果以减少评估的偏差。

6. 个案评估法

个案评估法是对一个有代表性的参训语文教师进行评估，以此代表整体的评估结果的方法。

7. 定量评估法

定量评估法是应用量化表对培训效果进行量化分析的评估方法。适用于刚性指标的评估。

8. 定性评估法

定性评估法是只对培训过程和参训语文教师做出原则的、大致的、趋向性判断的方法。一般来说，这种评估法只能确定培训是有效的还是无效的，是消极的还是积极的。适用于柔性指标的评估。

在好方法的基础上，我们要采用科学的标准实施评估。目前，国内外运用得最为广泛的培训质量评价方法，是由柯克帕特里克提出的四阶段培训效果评价模型。至今，它仍是培训经理人经常使用的经典培训评价模型。因此，在语文教师培训质量评估中，可以依据其四个标准排列顺序来具体实施。该模型包括对参训语文教师的反应标准、学习标准、行为标准和结果标准的评估。

反应标准。指学员对培训的感觉，用于评价学员对教学内容、师资、教法和环境设备等是否满意，通过学员对培训的印象和感觉来评价培训效果。因为参训者对于培训的良好感受，将有助于营造较好的学习气氛，获得很高的学习效果。此标准通常用于表面效度的测量。比如，测量参训者的印象，培训是否有用，培训内容是否适合实际工作需要等。从中可以了解语文教师对课程内容、教学方法、讲课质量等的第一反应和主观感觉，分析语文教师的培训需求。反应标准常以问卷和测评表来评定。

学习标准。学习标准则是评价参训者了解或吸收由培训课程所提供的理论、事实、技术或任何信息与能力的纯熟度，主要用于测量其所学会的知识技能，通常采用考查方法，以检测语文教师在知识、技巧等方面学到了什么。反应标准和学习标准是用于评估培训方案本身效力的，统称为内部标准。

行为标准。行为标准以参训者回到工作岗位以后工作行为的变化量作为评价标准。用以考查语文教师的工作态度、工作表现、行为方式有多大程度的改善，培训成果转化得怎样即对所学内容应用得如何；行为标准还可以是出勤率、事故率等，这些是属于“硬标准”。但是如果培训的目标是要提高语文教育教学水平或者改进工作态度，就需要把这些软性的培训要求转换为比较客观的行为标准。

结果标准。结果标准是测量培训的最终价值，主要是对培训成本和效益进行评估。通过语文教育教学质量等可以量化的指标来看培训最终产生了什么样的成果，有何实际收益。结果标准是最重要的，但又是最难制定的。行为标准和结果标准是对培训方案以外的情况和效果所进行的评价，统称为外部标准。

(五)评估组织

1. 评估组织的主体与评估对象

评估主体指由谁来评估，被评估对象则是评估的客体。一般来说，培训评估是由评估主体、评估对象和其他参与者共同组成的。根据评估主体与培训组织(机构)之间的关系，可以把评估者主体分为内部评估者和外部评估者。内部评估者隶属于实施培训项目的组织本身，可能是专门从事教师培训评估的部门，如教学督导室、项目办公室、教师培训中心、教务处等教学管理或培训机构，也可能是从几个部门抽调部分人员组成的临时项目评估小组。外部评估者是来自项目组织以外的评估人员，如大学、研究机构、其他培训机构和中小学实践一线专家，或专门的教育评估机构的专业人员。

现在所做的评估，主要是语文教师培训机构对学员(参训语文教师)培训效果所做的质量评估，因此，评估主体是培训机构，评估客体是参训语文教师。“只有明确主客体，才能保证评估的针对性和有效性。”①

2. 评估程序

“培训评估的开展要遵循科学的程序，否则得出的培训评估结果很可能失去客观性”②，语文教师培训评估要建立有效、科学的评估流程(图 7-1)。

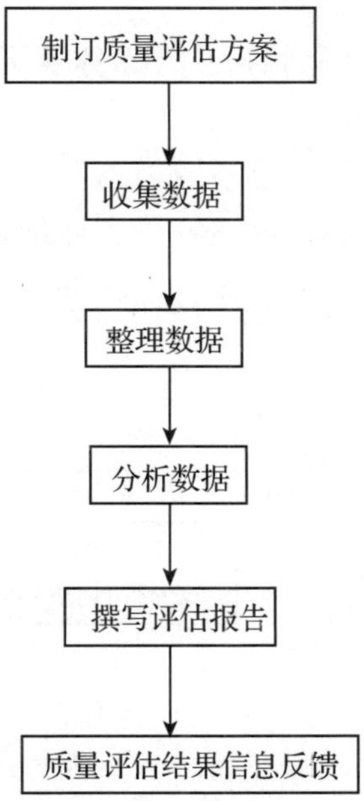

图7-1　语文教师培训质量评估流程图

---

① 李方：《教师培训管理工具箱》，194 页，北京，高等教育出版社，2010。

② 李燕萍：《培训与发展》，333 页，北京，北京大学出版社，2007。

（六）评估的价值

1. 评估结论

在大量文字材料和数据收集的基础上，在严格、科学的程序的基础上，我们要对本次培训评估形成一定的结论，这些结论既有各个层面的，也有整体性的。这些结论将会对今后的培训以及培训参与人员(包括培训的专家、参训学员和培训管理者)产生深远的影响。

通过培训的评价，应在以下方面得出结论：参训语文教师的工作态度、工作行为是否有所改善；这些改善是否是通过培训获得的；这些改善是否符合语文教育教学工作目标，是否有助于语文教师的专业成长，是否有助于这些目标、成长的实现；当对其他语文教师进行相同的培训时是否会获得相同的效果；培训后是否有负面效果，这些负面效果应如何避免；培训过程中是否有需要改善的地方，如何改善；是否需要进行进一步的培训，内容是什么。

2. 评估结论的功能

在评估的不同阶段，应该将评估结论及时告知相关方，以使其做出及时的、有效的调整，以便更好地进行语文教师培训工作。就培训机构来说，能够及时调整培训工作中的不足，保持优点、特色、亮点，能够把培训工作做得更好。就培训学员来说，与他们自己相关的培训评估指标，能够引起他们的重视，知道自己哪些方面还没有完成培训目标，哪些方面已经有很大的收获，这些对他们进一步的专业成长非常必要。对于培训学员的单位来说，好的培训方案、培训机构能够使他们找到更加有效、快捷的教师成长方式，其教育效益是惊人的。对于教育主管部门来说，这些培训评估结论能够使他们在选择培训机构时做出正确的判断，并能够对未来的语文教师培训产生积极的引领作用。

（七）评估指标体系及附表

一份有效的语文教师培训评估质量报告能够对我们的中小学语文教育产生重大、深远的影响。综合上述各量表评价，可以大致构建起语文教师培训质量评估指标体系(图 7-2)，形成语文教师培训质量评估结论(表 7-15)。

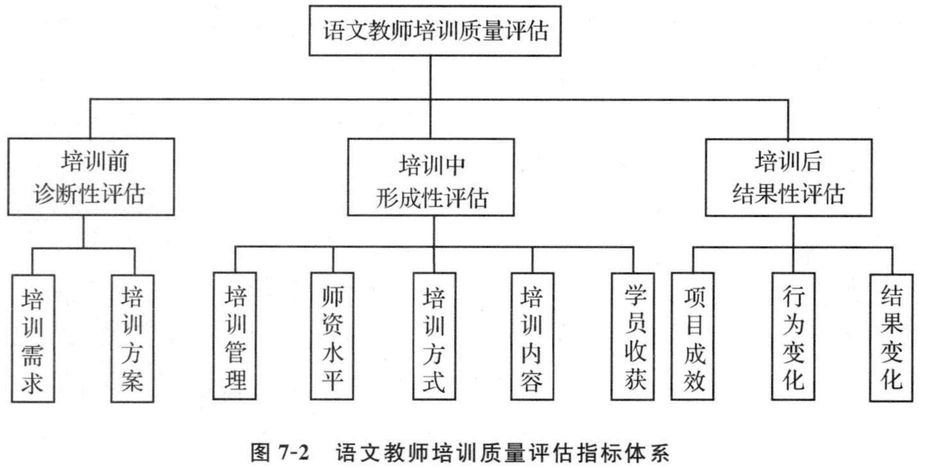

图 7-2　语文教师培训质量评估指标体系

表 7-15　语文教师培训质量评估结论表

评估层面	评估方式	结论	改进措施	整体结论
培训方案	学员问卷调查、同行专家评议、数据分析			
培训专家	学员问卷调查、课堂观察、数据分析			
课程设置	学员问卷调查、数据分析			
培训管理	学员问卷调查、数据分析			
培训学员	测试对比、问卷调查、教学展示、业绩成果、跟踪调查、访谈、座谈、比较分析、数据分析			
培训影响	问卷调查、访谈、座谈			

>> 第二节　外语教师培训课程研究 <<

一、外语教师培训课程研究的背景

(一)基础教育课程改革的新要求

2001 年，教育部印发《基础教育课程改革纲要(试行)》，由此展开了新一轮的课程改革。《义务教育英语课程标准(2011 年版)》和《普通高中英语课程标准(2017 年版)》(以下简称《英语课程标准》)先后颁布实施，要求改变以往英语教学过于注重语言知识传授的倾向，引导学生养成积极参与、主动探索的良好习惯，实现学生综合素质的全面发展。这无疑对外语教师的职业理想、教学理念、知识水平、教学能力等方面提出了前所未有的新要求。《英语课程标准》在教学原则中也明确指出，教师要不断提高专业化水平，与新课程同步发展。教师不仅要树立全新的教育理念，还需不断更新学科、教育理论知识、加强实践技能，做到专业发展与时俱进。面对新的形势，许多在职英语教师感到现有的知识和能力已经不能满足这种挑战。[①] 外语基础教育改革背景下外语教师在教学实施中如何定位，如何根据新课程的要求促进自身专业发展，是教师培训工作亟待研究解决的问题。[②]

① 方芳、孙如凤、范秀丽：《外语师资培训现状调查及对策分析》，载《中国校外教育》，2008(2)。

② 伍家文：《我国新时期中学英语课程改革与发展研究》，硕士学位论文，西南大学，2009。

(二)外语教师的专业发展

对外语教学的不同理解决定了外语教师教育与培训的不同取向。[①] 20 世纪 80 年代后，人们对教学本质的认识不断深化，教学被认为是教师基于其经验背景和所处环境对教学事件的个人解释，外语教师教育研究从侧重于传授教学方法和语言学理论的教师培训转向了侧重教师自我主动性的教师发展，教师角色经历了从学徒型到反思型的转变。[②]

外语教师专业发展可从动态和静态两个方面理解。一方面，它是外语教师不断学习、反思、发展和成长的动态过程，是个人在专业教学或外在教育及培训中的心理成长过程，成长的内容既包括专业信心、态度、价值观的增强，也包括专业知识能力的不断强化；另一方面，从静态来说，外语教师专业发展是指外语教师职业真正成为一种专业，外语教师成为专业人员得到社会承认这一发展结果。[③]

近年来，外语教师发展呈现出专业化、标准化特征，众多学者就外语教师应该具备怎样的知识和能力进行了深入探讨。吴一安认为优秀英语教师的专业素质应该包括外语学科能力、外语教师职业观和职业道德、外语教学观、外语教师学习和发展观四个维度；[④] 龚亚夫认为，外语教师专业标准应包括语言能力、语言知识、教学途径与方法、课程与教学过程、学习过程与学习者、测试与评价、教育技术等几大方面。[⑤] 借鉴国内外外语教师专业标准，2012 年 9 月北京教育学院发布了《中小学教师专业发展标准及指导（英语）》[⑥]（以下简称《标准及指导》），对处于不同发展阶段的外语教师的职业道德、英语学科和教育教学专业知识、英语教学实施能力等方面都做了具体的规定。虽然众多研究和政策对外语教师发展的内容规定略有不同，但都涵盖了外语教师的学科知识、将自身学科知识转化为学生知识所需的学科教学知识以及促进学生学习外语等方面的知识与能力。

专业发展现状是研究外语教师专业发展的立足点。实证调查研究发现，外语教师在专业基础、专业知识、专业能力几个层面的总体水平上都不理想，地区间发展很不平衡。[⑦] 李华、朱晓燕、黄自成对广东省近 400 名高中英语教师开展了调查，结果表明虽然大多数教师对自己所从事的职业有认同感，但有相当一部分人感受不到工作的乐趣；教师对传统教学目标和能力要求，如句法学应用、解释难句等能得心应手，但对新课程的新教学元素，如文化教学、学生评价手段、听和说的教学等方面的理解还有待加强。[⑧] 张慧军、刘满堂、陈璟对农村中学英语教师专业发展现状的调查显示，

---

① 赖恒静：《我国外语教师教育与发展研究现状及问题》，载《教育与教学研究》，2009(5)。

② 虽然有学者认为，两者内涵有所区别。但传统上我们多使用“培训”一词，不做具体区分。如教育部《2003—2007 年教育振兴行动计划》便提出组织实施新一轮中小学教师全员培训的意见。

③ 贾爱武：《外语教师的专业地位及其专业发展内涵》，载《外语与外语教学》，2005(4)。

④ 吴一安：《优秀外语教师专业素质探究》，载《外语教学与研究》，2005(3)。

⑤ 龚亚夫：《创建我国中小学英语教师知识和能力体系》，载《中国教育学刊》，2011(7)。

⑥ 中小学教师专业发展标准及指导课题组：《中小学教师专业发展标准及指导英语》，15～24 页，北京，北京师范大学出版社，2012。

⑦ 戴水姣：《新课程背景下小学英语教师专业发展研究》，硕士学位论文，湖南科技大学，2011。

⑧ 李华、朱晓燕、黄自成：《蚕路丝语——中学外语教师专业阶段发展实证研究》，100 页，长春，东北师范大学出版社，2008。

高达40%的外语教师表示考虑过自身的专业发展，但没有具体的目标和规划，仅18%的教师认为能够较好地适应新课程的改革。[①] 由上可见，加强教师培训，多渠道促进外语教师专业发展迫在眉睫。

(三)外语教师培训工作现状

20世纪70年代末到20世纪末，我国教师培训完成了从起初的补偿性培训向学历达标与水平提高并存的转变。21世纪初，教育部颁发了《教育部关于“十五”期间教师教育改革与发展的意见》，明确指出要大力推进中小学教师继续教育的全面开展，制定在职教师提高学历层次培训管理方法，建立继续教育评估体系，健全和完善继续教育制度。随后，教育部又颁发了《基础教育课程改革纲要(试行)》，其中明确指出：“中小学教师继续教育应以基础教育课程改革为核心内容……教师进修培训机构要以实施新课程所必需的培训为主要任务，确保培训工作与新一轮课程改革的推进同步进行。”可见，我国教师继续教育已迈进了新的发展阶段。

在教师培训蓬勃发展的大背景下，为促进教师更好地适应外语课程的改革，广东省中小学外语教师教育工作者开展了不同类型、不同模式、不同对象的培训。以下是近十年来广东省对外语教师常用的六种培训模式(表7-16)。

表7-16　广东省对外语教师常用的六种培训模式

培训名称	培训对象	培训目标	培训内容	培训方式与方法	培训考核与评价
模式1：网络培训(全员高中教师职务培训)	全省高中外语教师	培养具有现代教育观念，较强的教育、教学工作能力，以及具有较高专业水准的高中外语教师	外语学科前沿；中学英语课程教材教法研究；课堂教学实录与点评	网络课程的远程培训；采用网络视频、课程文本、拓展材料、论坛交流、作业点评和文章交流等	按时完成所规定的学习任务和学分，包括上网时间和所要求的文章和作业数量
模式2：集中、跟岗、实践和研究相结合培训(骨干教师培训)	全省各地骨干教师	提高思想政治与职业道德素质、专业知识与学业水平、教育教学能力，为他们发展成为有一定影响力的学科带头人和专家型教师奠定基础	提升外语教师职业道德水准；丰富外语学科知识；凝炼教师教学风格；提高科研意识与科研能力	集中培训、跟岗学习、岗位实践与行动研究	保障参与学习活动的时间，按时完成所规定的学习任务，如外语教育教学论文、公开示范课、研究课，读书笔记、教学反思、指导青年教师及撰写培训总结
模式3：高校、名师和教育部门三位一体培训	省外语工作室主持人(名师)	帮助主持人在师德修养、教育素养、学术水平、示范指导能力等方面获得进一步提升，帮助他们成长为省内外知名的专家型、研究型教师	制定工作室规划；研讨培训、教育科研方案，进行中外教育比较；凝练教师教学风格；展示课题研究成果	与高校、区级培训机构构建共同体；引领示范、指导青年骨干教师进行学习交流；名师讲堂、访学交流	教学风格的凝练状况、示范辐射带头作用、教育教学引领作用、教育科研成果展示

① 张慧军、刘满堂、陈璟：《农村中学英语教师专业发展现状分析与师资培训方案探究》，载《陕西教育学院学报》，2009(4)。

续表

模式4：集中与研修，百千万人才培养	特级教师、高级教师或当地名师	促进其成为在全省乃至全国有较高知名度和影响力的专家型教师	形成教学风格，具体内容表现在：认识、凝练、展示、反思和升华风格	集中研修、小组研修与个体研修相结合；现场追踪、网络交流与外出考察相结合	保障参与培养活动的时间；完成所规定的学习任务，包括完成个人规划、凝练教学风格、发挥示范辐射带头作用、展示教育科研成果
模式5：自主、反思校本培训	本校外语教师	建立主动参与、高效开放、满足教师自主性选择学习需要的教师培训体系；转变教师教学观念，提高教学、教育创新和科研能力，全面提升教师队伍的整体素质，促进教师专业化发展	提升教师师德、更新教学理念、发展外语教学技能、学习现代信息技术	专题培训、主题研讨、小组交流、案例分析、教学观摩、课题研究；师徒结对以及竞赛、反思、自学；参与、互动、合作、探究	参加培训或研究活动的考勤情况；个人计划、读书笔记、优质教案、听课记录、学习体会、经验总结、研究论文等
模式6：集中农村教师置换培训	农村小学英语教师	更新教育理念、扩充专业知识、促进教学反思，促进教师能力可持续发展	提高教师英语语言能力、教学能力，丰富有关小学生心理特点等方面的教育知识	集中授课；理论讲座；讨论互动；课题研讨	自我评价和综合评价相结合；将培训前后表现进行对比，结合个人的自我评价，形成培训的总体评价

上述六种外语教师培训模式分别针对不同的培训对象，设置不同的培训目标和培训内容，采用集中培训、网络培训、集中与网络相结合的培训、校本培训、参与式培训、研训一体化培训六种模式，最大限度地促进外语教师的发展。

二、外语教师培训课程的研究现状与趋势

（一）我国外语教师培训研究文献分析

国内对外语教师培训的研究大致可分为起始阶段和发展阶段。搜索主要外语期刊和教师继续教育发表的关于教师培训研究论文和硕博优秀论文库，21世纪初，该领域鲜受关注，论文数量少，研究内容局限于外语教师应具备的专业知识和技能。究其原因，主要是研究者受过程结果范式的影响，认为教师只要拥有足够的英语学科知识并能有效地加以运用，其教学行为就能得到有效改进，进而提高学生成绩。① 自2003年至今，对外语教师培训的研究成果明显增加，研究领域也有所扩展，除了培训内容外，还涉及培训模式、培训评价和国外培训经验等，研究

① 彭伟强、朱晓燕、钟美华：《外语教师教育与发展研究：现状、思考与展望》，载《外语界》，2008(5)。

方法也逐步从非材料性研究(如用思辨方法讨论理论问题或对培训方法实施的描述及个人经验的总结、反思等)开始转向通过问卷调查、个案研究等方式收集数据的实证性研究。以下为我国目前对外语教师培训的研究的主要方面。

1. 培训现状及需求

有学者指出，虽然各类旨在培养新课程、新教学理念的中小学教师培训正在如火如荼地进行，但当前的中小学英语教师培训也存在不少的问题，如对一线教学指导意义不大、不以学员为中心、缺乏学员的能动参与、没有合理的培训跟踪和评价体系等。① 造成上述问题的原因可归于培训项目主要采用的是自上而下推进的教师培训模式、培训项目对教师的态度和意识等主观层面重视不够、培训项目缺少对教师真实状态的了解等。②

孙二军通过问卷调查和开放式座谈对近500名中小学英语教师的培训内容、形式、目标等方面的需求进行了调查。结果表明，中小学英语教师的年龄呈年轻化趋势，教师对外语课程素养、跨文化素养、英语语言知识素养、英语语言机能、ICT素养和测试与评价能力几个方面的培训需求较为迫切，喜欢观摩教学研究课、案例分析和讨论与研讨的培训形式，对自主研修和校本研修方面的认可度较低，前者侧重教学水平的经验交流，后者侧重教师对自身专业发展的反思提升，这与中小学英语教师参与教改科研的力度有关。③ 这一调查结果得到了綦胜联的研究证实。④

2. 培训内容与课程

研究者从不同的角度展开了对外语教师培训内容的探求。有的从年龄阶段上分析了不同年龄段的培训内容⑤，也有的从地区分布上探讨了农村地区、西部外语教师培训的内容。⑥ 整体来说，在内容的选择和设置上，都强调了针对性，且都包括师德教育与职业素养、专业知识和专业能力等方面。

课程建设是英语教师继续教育中的重要部分，越来越多的专家学者正关注这个问题。调查并分析在职进修教师继续教育课程设置的主体结构、层次结构和形式结构之后，魏森提出了包括四大课程板块、七种课程类型和多元化、多层次的基础英语教师继续教育课程结构的基本框架。⑦ 翁燕文认为继续教育是英语教师专业发展的职前培养与职后进修一体化的必然趋势，并探讨了建立科学系统、多元化结构的继续教育课程设置方案。⑧ 一些学者在广泛调查当地基础英语教师继续教育状况后，提出了有关课程设置的基本原则、目的与意义，课程体系的基本课程以及各课程内容要点的基本构想。

---

① 方芳、孙如凤、范秀丽：《外语师资培训现状调查及对策分析》，载《中国校外教育》，2008(2)。

② 段文汇：《中小学英语教师培训现状及对策》，载《教学与管理》，2013(6)。

③ 孙二军：《中小学英语教师培训需求调研及对策分析》，载《教育导刊》，2013(7)。

④ 綦胜联：《 英语教师在职培训现状分析与培训策略研究》，硕士学位论文，山东师范大学，2010。

⑤ 李海峰、刘云芳：《中小学骨干教师信息技术培训的探索与思考》，载《基础教育》，2006(8)。

⑥ 闫梅：《农村小学英语骨干教师专业发展培训课程研究》，硕士学位论文，杭州师范大学，2010。

⑦ 魏森：《继续教育专业化课程的建构》，载《基础教育外语教学研究》，2006(6)。

⑧ 翁燕文：《谈中学英语教师继续教育课程设置》，载《宁波大学学报(教育科学版)》，2004(6)。

3. 培训模式

随着对外语教学本质认识的逐渐深入，研究者发现以技术理论为指导的培训模式存在种种弊端，进而提出了由内而外的教师发展模式，其标志性研究成果是研究者提出的外语教师反思性实践模式。[①] 从20世纪末到2016年，国内学者经历了从理论指导到具体实践的过程，反思教学、行动研究、自主发展等教师发展机制成为新的研究热点。

传统的教师培训模式难以适应当前基础教育课程改革对教师专业发展的要求。刘学惠认为，应建立以反思性教学为核心的英语教师发展机制，培训活动应引导通过确认问题—计划对策—行动与监控—评价成效四个环节引导外语教师进行行动前、行动中、行动后的反思[②]；刘慧探究了集中—跟进式的外语教师培训模式，分析得出该模式有利于理论与实践相结合，突出实践能力培养。[③] 上述模式都突出了教师在个人专业发展中的主体地位，强调教师在教学实践中，通过研究、探索和反思达到专业的可持续发展。

4. 培训评价

培训有效性评估是收集决定培训是否有效的结果信息的过程。针对培训评价存在的问题和成因，有研究探讨了基于不同教学理论[④]、教学媒介[⑤]、评价模式[⑥]的解决办法；有学者通过案例分析了反思培训模式的培训效果[⑦]，也有学者分析了造成目前培训绩效整体工作开展不足的原因[⑧]；但从整体而言，我国外语教师培训项目评价的现状不容乐观，缺乏根据教育教学培训理论及相关实证研究建立的系统性的评价指标体系。[⑨]

5. 国外培训理论与实践

国外从20世纪80年代中后期开始关注外语教师培训问题，1990年，第一部外语教师教育文集问世后[⑩]，有关该领域的研究成果以专著和论文等形式在各类期刊上发表[⑪⑫⑬]。江晓梅详

---

① Wallace M J，*Training Foreign Language Teacher*：*A Reflective Approach*，Cambridge University Press，1991.

② 刘学惠：《建立以反思性教学为核心的英语教师发展机制》，载《课程·教材·教法》，2004(12)。

③ 刘慧：《“集中—跟进式”英语教师培训模式探究》，载《教育与职业》，2011(5)。

④ 李静、李森：《基于发展性评价的教师培训方式》，载《继续教育研究》，2011(2)。

⑤ 谢贤春：《基于网络外语教师发展的多模性和交互性讨论》，载《四川教育学院学报》，2010(5)。

⑥ 李亚红、王正良、彭治民：《基于CIPP评价模式的中学英语教师培训实践研究》，载《宁波教育学院学报》，2011(4)。

⑦ 彭小凡：《反思式外语教师培训的效果研究》，硕士学位论文，云南师范大学，2004。

⑧ 庄玉昆：《中小学教师培训有效性缺失的原因分析及对策研究》，硕士学位论文，华南师范大学，2007。

⑨ 黄丽燕：《英语教师培训项目评价现状及改进》，载《中国教育学刊》，2013(4)。

⑩ Richards J & Nunan D，*Second Language Teacher Education*，Cambridge University Press，1990.

⑪ Richards J，*Beyond Training*，Cambridge University Press，1998.

⑫ Freeman D，“The hidden side of the work：Teacher knowledge and learning to teach，” *Language Teaching*，2002，35(1).

⑬ Tsui A B M. *Understanding Expertise in Teaching*：*Case Studies of Second Language Teachers*，Cambridge University Press，2003.

细论述了相关理论对外语教师教育的影响[①]；梁中贤、贾爱武论述了美国外语教师发展趋势[②③]，通过反思美国外语教师教育里程，提出我国外语教师教育及专业资格标准意见；彭伟强等多角度解读欧洲外语教师教育，并对我国国内外语教师教育改革提出构想[④]；滕云分析了美英两国农村中小学在职教师培训现状、策略与特点，总结得出两国都注重专业引领、同伴互助、目标取向，与我国提倡的基于课堂改进的中小学教师在职学习和专业化发展教育理念基本一致，值得借鉴。[⑤]

(二)外语教师培训工作趋势研究

上述研究现状表明外语教师培训研究主要存在以下问题：一是研究外语教师整体需求的居多，结合不同阶段外语教师的专业知识与技能，分析不同教师的培训需求的研究很少；二是对外语课程单一研究的多，缺乏系统的研究；研究停留在宏观层面的居多，微观层面如构建教师教育课程标准、制定课程方案、建立课程体系等方面的研究较少；三是对课程质量、外语教师的评价机制探讨较少。

要了解外语教师培训研究的未来走向，除了需要回顾过往研究文献外，还有必要了解在全球化背景下国内外外语教师教育面临的趋势。在美国，外语教师发展早在20世纪90年代已在政府的敦促下形成了政策化、标准化和终身化的趋势[⑥]；我国学者指出，21世纪我国外语教师教育的发展潮流是专业化、一体化，灵活、开放、多元、多层次化，现代化与信息化，终身化、规范化和法制化。[⑦]

1. 教师标准化形势下外语教师培训的阶段性与连续性

虽然国内外对外语教师专业标准的制定和作用以及可能带来的问题一直存在争议[⑧⑨]，但毋庸置疑的是，我国外语教师专业标准的颁布标志着外语教师的专业发展向标准化迈进。《标准及指导》较系统、全面地描述了不同级别的英语教师在教学以及专业发展方面所应具备的知识和能力，为各地各类培训机构设计培训课程内容提供了参照。由此可以预见，将有大量学者在现有研究的基础上，进一步探讨不同层次的外语教师发展需求、发展目标、培训方法以及教师标准如何满足不同学生的发展需要等实践性问题。

外语教师的连续性和阶段性还体现在职前培养和职后培训之间的合理衔接。如果说教师职前培养主要由师范院校承担的话，那么教师职后培训与发展体系，则需要政府部门、学校和教

---

① 江晓梅：《英国当代语言教师学习理论综述及启示》，载《外语界》，2003(1)。

② 梁中贤：《美国外语教师发展的新趋势》，载《外语界》，2004(6)。

③ 贾爱武：《美国外语教师教育及专业资格标准政策研究》，载《外语界》，2006(2)。

④ 彭伟强、何家驹：《外语教师技术与课程整合培训：问题与对策》，载《外语界》，2007(2)。

⑤ 滕云：《美英两国农村中小学在职教师培训现状、策略与特点》，载《杭州师范大学学报(社会科学版)》，2012(2)。

⑥ 梁中贤：《美国外语教师发展的新趋势》，载《外语界》，2004(6)。

⑦ 肖建芳：《我国英语教师教育的变迁与发展前景》，载《教育理论与实践》，2007(1)。

⑧ 吴宗杰、黄爱凤：《外语课程与教师发展：RICH教育视野》，合肥，安徽教育出版社，2008。

⑨ Richards Jack. C, "Second Language Teacher Education Today," RELC Journal, 2008(2).

师教育机构共同建构。《教育部关于“十五”期间教师教育改革和发展的意见》指出，教师教育体系的布局和层次结构还不合理，职前培养和职后培训相互衔接还不够好，教师教育制度建设还有待进一步加强。

2. 外语教师培训的评价

如文献所述，目前我国外语教师培训项目评价的现状不容乐观，缺乏系统的评价指标体系来评估教师在受训前后教育理念、教学知识和能力等方面的变化，这就使得培训项目的有效性难以得到确认。《标准及指导》具体描述了不同阶段教师的知识、能力目标，这为管理部门评估教师的发展水平提供了依据，由此可以预见对外语教师发展的过程性评价研究也将应运而生，教师的教案、教材、学生习作、工作报告都可能成为收集教师材料的来源。

对学员学习效果的评价应与基础教育新课程改革理念相结合，建立评价指标多元化的过程的评价体系，突破传统定量终结性评定的桎梏，采用定性与定量、过程与成果并存的评估方式。同时应针对参训学员作为成人学习者的特点，尽量采用开放性应用型试题，注重对知识理解力、实践技能和科研能力的考核。

3. 外语教师培训课程的系统化

培训课程的系统化是外语教师专业发展体系中非常重要的一个环节。课程设计上，系统化不仅表现为有不同的课程板块、课程层次结构，还表现为多元的课程形式结构(如必修课程与选修课相结合、显性课程与隐性课程相结合、操作性课程和修养性课程相结合等)和各个阶段课程的承接性和延续性；课程实施上，注重经验与体验方式并存、“天网”“地网”“人网”等多种途径并存。

4. 外语教师发展的信息化

开展教师培训以尽快适应教学模式革新需要一直是教育机构的关注热点。教育技术与教师教育协会提出了教师有效利用信息技术的三个原则：技术贯穿于整个教师教育过程；技术通过教学情景呈现；让学习者经历新的信息化教学环境。① 在新型教学模式中，技术将作为教学手段和教学工具贯穿于整个学习过程，学习者通过充分体验技术与课程整合环境学习新知识、新技能。信息技术培训将从技术工作学习模式转向技术和课程融合的模式。②

5. 外语教师培训的个性化

基础教育改革外语新课程标准提出，外语教学应突出工具性和人文性并存，应关注学生个体，注重学生的全面发展。同样，在外语教师继续教育中，每一个教师都是一个具有丰富人性的完整的人。过去的研究者注重对教师整个群体的继续教育进行探讨，在未来的研究中，需要研究者们从教师个体的角度对教师继续教育加以审视，探讨教师个性化发展问题。外语教师培训模式正经历从由外向内的技术指导到由内向外的教师专业发展的转变，这为将来在教师培训中关注教师的个体性、差异性创造了有利条件。

---

① 彭伟强、何家驹：《外语教师技术与课程整合培训：问题与对策》，载《外语界》，2007(2)。

② 彭伟强、何家驹：《外语教师技术与课程整合培训：问题与对策》，载《外语界》，2007(2)。

三、外语教师培训课程方案

（一）教师培训课程的基本理念

外语教师培训课程设置的基本依据有三类：一是我国基础教育课程改革的理念与策略以及英语课程标准为课程设置指明了方向；二是当代课程与教学论方面的理论为课程设置提供了理论依据[①]；三是国外基础英语教师继续教育的基本理念和培训内容为课程设置提供了有益的借鉴。

课程目标的设定以促进教师的专业发展和个性发展，最终实现教师个体的全面发展为导向。教师培训的主要目的在于提升教师的职业道德和专业能力，促进教师知识结构、能力结构的更新与优化，满足教师专业发展的要求及个人的自我发展需求；课程内容既要反应不同层次教师的不同的需求，符合教师的认知规律和要求，又要突出时代发展、外语学科前沿的主要知识以及将这些知识转化为能力的实践性知识和技能的应用过程；课程结构注重各课程之间的有序衔接及其开放性；课程实施过程注重要为学习者提供通过自己的探索获取直接经验的途径和机会。培训者和受训者不是讲授者与听众的关系，两者都需要共同经历基于课堂和教师提出问题一发现问题一探讨问题一解决问题的过程，其中有参与、分享、交流、反思、研究等多种形式的活动与互动，这与外语教学所提倡的“能动性”和“任务型”“交际法”“主动建构”等理念相通。[②]

（二）外语培训课程目标

外语培训的总体目标是根据教育部的相关要求，对中小学外语教师进行全方位的培训，为中学外语教育培养一批师德修养高、语言综合运用能力强、懂得现代教育理论、掌握现代教育技术的中学英语教师，推动我国外语教育教学的改革和发展。

总体目标之下又对不同阶段的教师专业发展从专业理念、专业知识和专业能力三个方面提出了更为具体的专业发展目标。与教师实际做比较，找出其中的差距，明确培训定位。

（三）外语培训课程的现实基础

开发外语培训课程需要从实践视角，对外语教师的实际发展状况进行分析研究。课题组首先将外语教师专业发展的三个维度细化成了更具体的指标，然后通过以下方式对教师在各个指标上的发展状况进行了调查研究。

1. 培训实践

近几年来，课题组部分成员参与了高中英语职务培训、国家英语教师培训、广东省中小学骨干教师培训、百千万人才培养等不同的培训项目，分析了典型学校 80 多所，从中收集了大量关于中学英语教师培训的数据。

---

① 魏森：《继续教育专业化课程的建构》，载《基础教育外语教学研究》，2006（6）。

② 夏纪梅、陈先奎：《外语教师培训中问题意识的唤醒与研究课题的导向》，载《英语教师》，2011(9)。

2. 深入访谈

研究者同时也走进了外语教师的课堂，现场观摩达580次，访谈整理数据约14.4万字，后续跟踪电子邮件等交流数据4万多字。

3. 群体状况调研

课题组成员先后对外语网络培训、外语骨干教师培训、外语百千万人才培养研修班的老师进行了问卷调查，共收回有效问卷约700份。

通过对以上数据的分析，课题组得出了不同发展阶段教师在专业理念、专业知识和专业能力的发展状况，即教师发展的实然状况。

（四）外语培训课程的内容

依据教师发展的实际，对照《小学教师专业标准（试行）》《中学教师专业标准（试行）》和《标准及指导》，设计各个不同阶段教师培训课程的内容（表7-17）。

表7-17　教师培训课程发展指标

发展维度	一级指标	二级指标
专业理念	教学理念	1. 对外语的认识与理解 2. 对外语教学的认识与理解
	师德修养	1. 对待学生的态度 2. 对待教育教学的态度 3. 教师人文素养
专业知识	学科知识	1. 外语国家文化知识 2. 外语教学中的语言学
	学生知识	1. 学生学习心理知识 2. 学生外语学习策略
	学科教学知识	1. 课程知识 2. 外语实践教学问题 3. 外语教学法及其应用
	通识知识	1. 语言与思维 2. 创新能力的培养
专业能力	教学设计能力	1. 教学目标设计 2. 教学过程设计 3. 教学内容分析
	教学实施能力	1. 教师话语 2. 课堂管理 3. 学生的组合与交流 4. 教学评价
	反思与研究能力	1. 反思的形式、内容和水平 2. 研究的主要方法与设计 3. 专业发展方式
	教育技术能力	1. 常用工具软件应用
		2. 网络公共资源获取与利用
		3. 基于网络校本课程开发

1. 合格教师培训课程内容

（1）合格教师的应然状态

《标准及指导》对合格教师提出的要求概述如下。专业理念方面：愿意从教、有责任意识；关爱学生，平等公正地对待学生，引导学生明辨是非；努力钻研、熟悉业务。专业知识方面：熟练掌握英语语言知识和跨文化交际知识；了解发展心理学、教育学及其他相关学科关于学生的知识；了解新课标的具体内容、了解英语主要教学法及其应用；具备良好的科学、人文素养。专业能力方面：能建立良好的师生关系，设计合理的教学方案，能用尽量流利、准确的语言组织和实施教学；能以多种方式激发学生兴趣；能开展多种形式的学习评价；能确保每位学生都参与到课堂教学中；具有问题意识，能掌握学习研究的基本方法，具有提升自我专业素养的意识，能积极吸收新理念、新方法并运用到教学中。

（2）合格教师发展的实然分析

①专业理念。

理解和接受教师作为传道者、授业解惑者和管理者的角色，教学管理和班级管理属于"学业成绩型"，班级管理多为"威权管理"；愿意关心爱护学生，但面对具体情境时又会缺乏有效的措施与学生进行良好有效的沟通。

②专业知识。

具备了基本的语言知识，掌握了教材中涉及的词汇、语法等知识，对教材中的话题知识略显不足；认可应激发学生学习兴趣的理念，但缺乏如何将学生兴趣转变成有效的教学组织的具体手段和方法；了解新课程标准的相关内容，对课程的人文性以及其中涉及的课程开发、评价等新型理念认识不足；知道一些英语教学流派的名称，但对各流派的应用情境认识不足。

③专业能力。

教学设计方面，体现了语言知识、技能、情感态度等多方面的教学目标，能根据课型设计常规的教学步骤，能突出常用的阅读或写作策略，但分析材料时局限于对材料内容进行概述，没有分析教材内容的话题、结构、功能；设计的活动缺乏理论指导，大多局限于低层次的认知活动，没有突出学生学习的过程，活动安排内在逻辑性不强；习惯用概括性的语言来描述所有学生的心理模糊特征，缺乏对学生知识、技能、策略等方面的具体阐述。

教学实施方面，能用英语发出指令，组织课堂，但需要进一步解释某个语言点或者与学生进行即时互动时，词不达意；对学生特点有一定了解，能完成常规教学；掌握了一些常规的处理课堂纪律的办法，但在处理突发事件时不能很好地结合当时的情境，不能将管理和教学结合起来；采用多种形式的小组活动，但组合略显随意，忽略了组员间在思想和语言意义上的讨论、协商；对形成性评价有一定的了解，但在实施时对学生的反馈不够敏感，容易忽略学生答案的独特之处，评价行为显得机械和重复。

反思与研究方面，有反思意识，思考的问题远离教师具体的教学过程，主要涉及公共性和常规性的教学知识；教师的精力主要用于处理自己课堂里的事务；个人会应学校的要求参加相关培训和学习，但尚不明确自我发展意向。

教育技术方面，能在教学中尝试运用现代化技术手段，通过教辅工具扩大课程的信息容量，简化教师的课堂操作，但缺乏有效整合技术的能力，有时教学技术未能很好地为教学服务，教辅呈现的内容与教学内容联系不够紧密，与学生的思维发展也不同步。

(3)合格教师培训课程内容

对照《标准及指导》，不难发现，合格教师的发展现状与《标准及指导》中的应然指标存在不同程度的差距，如专业理念方面，合格教师目前较为突出的问题在于有效处理师生关系。从教学的角度来说，教师更为注重知识的传授，关注学生的学业成绩；从班级管理的角度来说，教师仍崇尚权威管理，利用教师的影响、地位引导学生遵守规章制度，这无疑与《标准及指导》要求的关爱学生、平等公正地对待学生、引导学生明辨是非有所不同。据此，本书将合格教师的培训课程内容设置如下。

维度一　专业理念

模块一　教学理念

教学理念专题及培训内容见表 7-18。

表 7-18　教学理念专题及培训内容

专题	培训内容
对外语的认识与理解	了解结构主义、功能主义、交往主义等不同的语言观
对外语教学的认识与理解	了解行为主义、认知学习、建构主义等语言学习理论

模块二　师德修养

师德修养专题及培训内容见表 7-19。

表 7-19　师德修养专题及培训内容

专题	培训内容
对待学生的态度	树立科学的师生观念，引导学生遵守学生守则
对待教育教学的态度	教育核心价值观的主要内容及典型案例分析
教师人文素养	提高传承中国文化的意识，尝试与外语教学相结合

维度二　专业知识

模块一　学科知识

学科知识专题及培训内容见表 7-20。

表 7-20　学科知识专题及培训内容

专题	培训内容
英语国家文化知识	1. 了解英语国家的文化特征和文化常识 2. 培养中西跨文化比较的意识
英语教学中的语言学	了解语言知识以及语言知识各部分在课标中的相关论述

模块二　学生知识

学生知识专题及培训内容见表 7-21。

表 7-21　学生知识专题及培训内容

专题	培训内容
学生学习心理知识	1. 了解学生年龄特征，兴趣特点 2. 学习如何引导学生正确对待困难和挫折
学生外语学习策略	1. 了解学生语言学习策略和学习风格 2. 学习如何发现学生学习的问题

模块三　学科教学知识

学科教学知识专题及培训内容见表 7-22。

表 7-22　学科教学知识专题及培训内容

专题	培训内容
课程知识	1. 把握课程标准的专业理念和核心价值 2. 了解课程性质、目标、内容、组织评价等知识
英语实践教学问题	1. 了解如何在课程实施中发现问题 2. 了解如何诊断问题，以及解决问题的途径
英语教学法及其应用	1. 掌握英语知识和技能的教学基本原则与方法 2. 了解英语教学的新发展

模块四　通识知识

通识知识专题及培训内容见表 7-23。

表 7-23　通识知识专题及培训内容

专题	培训内容
语言与思维	1. 了解思维的基本特征 2. 了解语言与思维的关系
创新能力培养	1. 了解创新能力内涵 2. 了解培养创新能力相关策略

维度三　专业能力

模块一　教学设计能力

教学设计专题及培训内容见表 7-24。

表 7-24　教学设计专题及培训内容

专题	培训内容
教学目标设计	1. 初步学会分析教材 2. 能根据学情、内容确定合理的教学目标
教学过程设计	1. 掌握常规教学过程的内在联系 2. 学会设计合理的教学过程和教学活动
教学内容分析	1. 把握教材内容重、难点 2. 了解如何引导学生理解课文意义

模块二　教学实施能力

教学实施专题及培训内容见表7-25。

表7-25　教学实施专题及培训内容

专题	培训内容
教师话语	1. 掌握教师课堂用语 2. 了解课堂师生对话常用模式 3. 了解不同的提问类型及对学生产生的影响
课堂管理	了解教学常规，完成预定的教学任务
学生的组合与交流	了解合作学习的内容、作用、具体的组织方式
教学评价	1. 了解评价的目的、功能和改革的方向 2. 学习尝试运用多种形式进行学习评价 3. 学习根据学生的学习效果调整教学计划

模块三　反思与研究能力

反思与研究专题及培训内容见表7-26。

表7-26　反思与研究专题及培训内容

专题	培训内容
反思的形式、内容和水平	1. 了解反思的相关知识(形式、层次、作用等) 2. 了解如何根据教学中的真实情景，回顾教学实践和感受，记录和描述与主题相关的事件
主要的研究方法与设计	1. 了解调查法、观察法、访谈法、行动研究法等不同的研究方法 2. 了解撰写项目报告和论文写作的技巧
专业发展方式	1. 了解专业发展的内容和途径 2. 比较不同的发展途径，寻找适合自己的方式 3. 了解如何听课评课，提升专业素养的意识 4. 了解如何在教学中发现问题并尝试展开研究

模块四　教育技术

教育技术专题及培训内容见表7-27。

表7-27　教育技术专题及培训内容

专题	培训内容
常用工具软件应用	掌握在教学中常用的现代技术
网络公共资源获取与利用	了解如何有效利用网络信息与资源
基于网络校本课程开发	1. 了解校本课程网络呈现工具 2. 了解如何开展网络教学设计

2. 成熟教师培训课程内容

(1)成熟教师的应然状态

《标准及指导》对成熟教师提出的要求概述如下：热爱教育事业，认真履行教师职责；引导学生树立正确的人生观，重视培养学生的创新思维能力；刻苦钻研业务，不断学习新知识；具有扎实的英语综合知识，了解中西文化差异的深层内涵；了解发展学、教育学及其他相关学科关于学生的知识，并能初步应用于英语教学和学生管理中；能较好地把握英语课程的相关知识，能根据语料特点和学生水平选择恰当的英语教学方法和策略；能鼓励学生积极参与学习，能做单元分析，调整教材目标和教学活动；能设计合理的评价方式；能以尽量准确、流畅的语言组织课堂教学，引导学生参与到学习当中来；能引导学生运用有效的方法和策略进行学习；能根据专题进行初步研究，保持学习和反思的习惯。

(2)成熟教师发展的实然分析

①专业理念。

主张语言应服务于交流；更为深入地了解学生特点和学习需求，能理解教师作为传道者、授业解惑者、管理者、学生朋友等不同的角色；尝试在工作中寻找乐趣，偶尔会有迷茫、倦怠感，会努力积极调整；期待改善教师的经济地位和政治地位，表达对教学自主性的要求，有明确的教学改革决策参与诉求。

②专业知识。

具备了良好的语言知识，更容易看到不同语言知识之间的联系，教学中不满足于单一的机械性强化训练，能更灵活地整合教学内容，促进学生对教学内容的理解；具备一定的文化知识，但大多都围绕看得见的物质文化进行，多关注记忆性问题，对表层文化背后的理念和价值观重视不足，尚不能在文化教学中创设机会融入学生思维的培养；具有一定的语言学知识，并能将其融入教学当中；对学生的性格、特点等方面有一定的认识，但不能结合理论很好地把握成功的语言学习者的特征及不同学生学习风格、性格特点等方面的差异；能了解并实施新课程的基本理念，能注重语言知识教学的不同层面；了解目前外语教育中存在的主要问题，能看到网络与信息化时代的各种变化，并能调整个人教学理念；能创设信息沟进行有意义的互动，对教学情境中各种线索变化逐渐变得敏感，能在不同情境下设计适合的教学策略，但尚不能很好地兼顾学生智力与非智力方面的发展。

③专业能力。

教学设计方面，能分析教材的预设目的，并对教材进行分析、增减、整合，能尝试开发出贴近学生生活的主题和内容；能关注到学生的生活体验，预测学生可能存在的困难；教学活动能涉及较高层面的认知活动，但由于缺乏理论的支撑，一些活动不能服务于教学目的。

教学实施方面，能够用英语组织课堂、表达自我，但在与学生互动时更注重个人的表达，忽略学生的表达；熟悉教学常规，能根据学生当时关注的内容、思考的问题处理突发事件，在管理课堂的同时有时难以兼顾教学目标；能根据学生不同的特点进行组合，同时明确分工，促进合作学习，更新评价理念，尝试使用档案袋、自评等新的评价方式，但设定的评价标准比较笼统，缺乏更为具体的各项评估指标来帮助学生客观地描述和评价自己的表现。

反思与研究方面，反思时有明确的学生对象和背景，涉及普通的技术性知识和教师个人的直觉和经验；反思主要依靠个人经验分析原因，乐于和他人合作，在自身充分反思的基础上，通过共同备课、听课、评课跳出原有的狭隘的思维定式；通过技术性反思储备大量的教学方法、教学模式；有追求发展的意识，但不是十分明确如何有计划地进行专业学习，专业自我意象较模糊。

教育技术方面，能较熟练运用常规的外语教学技术，能根据学生需要适当使用教辅工具，能通过使用工具促进学生对教学内容的理解，能较好地服务于教学目的，但尚不能创造性地开发、设计教学资源。

(3)成熟教师培训课程内容

对照成熟教师的应然和实然状态，可以得知，在常规的教学技能方面，成熟教师较为娴熟，能较好地应对课堂中发生的各种情境，但与新课程提出的促进学生智力和非智力发展、教师自我发展等方面的要求，成熟教师尚存在一定的距离，如在教学设计方面，成熟教师目前的发展状态与《标准及指导》要求基本一致，而在反思与研究方面，与《标准及指导》的要求差距相对较大。本课题组将成熟教师的培训课程内容设置如下。

维度一　专业理念

模块一　教学理念

教学理念专题及培训内容见表7-28。

表7-28　教学理念专题及培训内容

专题	培训内容
对外语的认识与理解	1. 深入理解结构主义、功能主义等语言观的不同 2. 了解教师不同语言观对语言教学的影响
对外语教学的认识与理解	1. 深入理解行为主义、认知学习、建构主义等学习理论的不同 2. 具有运用理论分析自身教学的意识

模块二　师德修养

师德修养专题及培训内容见表7-29。

表7-29　师德修养专题及培训内容

专题	培训内容
对待学生的态度	通过案例学习对不同知识和能力的学生分别指导
对待教育教学的态度	1. 通过学习名师案例，了解名师的社会责任感 2. 了解职业倦怠的表现与成因 3. 尝试根据个人情况查找解决办法
教师人文素养	1. 深入理解中国文化历史 2. 了解如何在外语教学中灵活运用其他学科知识

维度二　专业知识

模块一　学科知识

学科知识专题及培训内容见表7-30。

表7-30　学科知识专题及培训内容

专题	培训内容
英语国家文化知识	1. 深入了解英语国家的文化特征 2. 把握表层文化背后的价值观
英语教学中的语言学	1. 熟悉语言学知识 2. 了解语言学知识在教材中的具体表现 3. 了解如何在教学中尝试运用语言学知识

模块二 学生知识

学生知识专题及培训内容见表 7-31。

表 7-31 学生知识专题及培训内容

专题	培训内容
学生学习心理知识	1. 了解学生不同阶段的规律和差异 2. 了解如何根据学生特点开展教学
学生英语学习策略	1. 了解如何诊断学生英语学习问题 2. 了解如何解决问题的对策 3. 了解如何引导学生学习合理的学习策略

模块三 学科教学知识

学科教学知识专题及培训内容见表 7-32。

表 7-32 学科教学知识专题及培训内容

专题	培训内容
课程知识	1. 理解新课程理念的工具性、人文性 2. 了解如何将课程理念落实到教学行为中
英语实践教学问题	1. 了解如何发现—诊断—解决问题 2. 了解在解决问题中寻找理论支持
英语教学法及其应用	1. 把握常用的语言知识教学方法 2. 了解如何将语言知识加以运用的相关教学策略

模块四 通识知识

通识知识专题及培训内容见表 7-33。

表 7-33 通识知识专题及培训内容

专题	培训内容
语言与思维	结合教学内容和生活实际，对比分析中西文化思维
创新能力培养	结合教学内容，提高培养学生创新能力的意识

维度三 专业能力

模块一 教学设计能力

教学设计专题及培训内容见表 7-34。

表 7-34 教学设计专题及培训内容

专题	培训内容
教学目标设计	1. 了解如何对单元教材与学习情况分析 2. 了解单元内语言知识、技能与能力的关系 3. 了解如何对教材进行加工和处理
教学过程设计	1. 了解语言教学的过程 2. 了解教学目标、教学过程、教学活动的关系 3. 了解如何设计以学生自主参加为主的学习活动
教学内容分析	1. 了解如何准确把握教学内容，以及与其他内容的关系 2. 了解教学内容传递的文化价值 3. 了解如何开发与内容相关的主题和内容

模块二　教学实施能力

教学实施专题及培训内容见表7-35。

表7-35　教学实施专题及培训内容

专题	培训内容
教师话语	1. 掌握如何用准确、简练的教师语言组织课堂 2. 掌握如何用简练的教师语言解释相关语言知识 3. 学习过程中通过提问、澄清、解释等策略与学生进行互动，引导学生参与课堂教学
课堂管理	1. 熟悉外语教学常规，预测可能出现的问题 2. 了解如何根据学生关注的内容处理突发事件 3. 了解如何引导学生为自己的行为承担责任 4. 了解如何将课堂管理和教学目标结合起来
学生的组合与交流	1. 了解合作学习的理论基础与实践准则 2. 了解如何根据学生特点进行组合，优化学习效果 3. 了解如何促进小组成员之间的交流与沟通
教学评价	1. 深入了解有关评价的知识 2. 了解如何运用新型的评价手段(自评、互评等) 3. 了解如何科学地设计测量学生知识和能力的试题

模块三　反思与研究能力

反思与研究专题及培训内容见表7-36。

表7-36　反思与研究专题及培训内容

专题	培训内容
反思的形式、内容和水平	1. 深入了解开展反思教学的相关知识 2. 了解如何在教学中反思
主要的研究方法与设计	1. 了解如何应用观察法、访谈法、行动研究法等不同的方法 2. 分析研究报告和论文写作中的常见问题
专业发展方式	1. 深入了解专业发展的内容和途径，避免职业倦怠 2. 了解如何开展校本研修活动 3. 了解如何在教学中开展研究

模块四　教育技术

教育技术专题及培训内容见表7-37。

表7-37　教育技术专题及培训内容

专题	培训内容
常用工具软件应用	掌握如何根据教学内容和学生特点灵活运用常用软件
网络公共资源获取与利用	了解如何对网络资源和信息进行加工和整合
基于网络校本课程开发	了解如何将网络平台和课堂教学结合起来，形成互补型教学模态

3. 优秀教师培训课程内容

(1) 优秀教师的应然状态

《标准及指导》对优秀教师提出的要求概述如下：热爱学生事业，全身致力于学生发展，成为学生健康成长的导师；具有对教育问题的宏观把握和批判精神，能适应外界环境的各种变化；具有多学科知识并且能很好地融通起来，能把握不同学习理论对英语教学的影响；深谙课程改革的基本理念，具有丰富的课程设计、实施等方面的知识；具有较高的教育理论素养，能从学科特点和学生实际出发，制订能促进学生智力发展和非智力发展的教学方案；能关注最新的教学策略发展，提高教学有效性；能指导其他教师的教学方案设计；具有果断的教学决策力，能敏锐地捕捉教学中的关键问题，善于利用评价促进自我管理能力和合作能力；能积极开展教育教学实验和各类教师培训，不断促进知能持续发展，注重研究成果的辐射作用，在专业领域发挥领军人物的作用。

(2)优秀教师发展的实然分析

①专业理念。

依靠教师的人格魅力进行教学和教育管理，信任学生的学习和自我管理能力，将教书和育人有机融合；面对困难积极乐观，将提高自身的专业地位放在首位，勇于接受作为研究者、学习者和教师领导者的角色，团结和带领同事共谋专业发展。

②专业知识。

具备扎实的语言综合知识，用词变化多样；能融会贯通其他方面的知识，在教学中通过各种策略促进学生对教师话语与教学内容的理解；文化知识储备丰富，能通过多种方式对教材的主题进行深度和广度上的拓展；具备较丰富的语言学知识，教学方法灵活、多样，能很好地把握成功的语言学习者的特征及不同学生学习风格、性格特点等方面的差异；能在教学活动中加深对学生的认识，同时有针对性的帮助学生完成概念转变；充当课程改革的“领头羊”，能将个人对新课程的认识及实施方法进行推广，能透过外语教育政策的变化的表象，从大背景下分析更深层次的原因；具备丰富的教学法知识，能将个人丰富的教学经验加以归纳、提升，在实践中反思，在反思中实践。

③专业能力。

教学设计方面，能从更宏观的视角与高中系列教材中的其他相关单元在主题、体裁等方面进行比较；以学生的已有知识、情绪、能力为出发点，设计符合学生学习特点和认知规律的教学活动，突出以学生为中心的教学理念；能根据教学材料和学科特点制定目标，既关注对课文意义的理解，也关注学生策略的使用；能利用自己的知识和经验，对教材进行创造性的开发。

教学实施方面，重视组员之间的合作与交流，能在关注提高学生语言能力的同时，注重培养学生的社会交际能力、协商意识，致力于创建相互关爱的学习氛围和人文环境；实施评价时能紧扣教学目标，引导学生逐步成长为一个自主和自立的学习者。

反思与研究方面，积极关注新课程改革的动向，深入开展各类教学实践，不断构建、更新个人实践知识，可能成为反思性的实践者；不再局限于个人的成长或进步，能带领团队进行专业研修活动，得到同行认可。

教学技术方面，教辅手段始终服务于教学目标，批判性地使用现代多媒体的图片，创造性地开发教学资源，达到了新课程的整合、开发课程资源的要求。

(3)优秀教师培训课程内容

对照优秀教师的应然和实然状态，不难发现，优秀教师在专业发展的三个维度大体都达到了《标准及指导》的要求。他们不局限于关注如何提高外语教学水平，更重视在外语教学过程中教师和学生作为“完全人”在知识、经验、情感、信念等方面的同步发展，也正因如此，他们和技术性、经验性教师处于不同的发展轨道上。因此，要促使成熟教师向优秀教师转变，培训课程更应该注重人文性和反思性。优秀教师的培训课程内容设置如下。

维度一　专业理念

模块一　教学理念

教学理念专题及培训内容见表 7-38。

表 7-38　教学理念专题及培训内容

专题	培训内容
对外语的认识与理解	1. 深入理解结构主义、功能主义等语言观的内涵 2. 理解不同的语言观对英语教学的影响
对外语教学的认识与理解	1. 深入理解行为主义、认知学习等理论的内涵 2. 了解如何根据不同流派对语言教学方式、教学过程等方面的认识灵活开展教学

模块二　师德修养

师德修养专题及培训内容见表 7-39。

表 7-39　师德修养专题及培训内容

专题	培训内容
对待学生的态度	1. 了解如何以行为诠释价值，引导学生健康成长 2. 了解如何引导学生发挥潜能，实现可持续发展
对待教育教学的态度	1. 了解名师自我修养，分享师德行为典型经验； 2. 了解如何形成批判性思维能力和培养创新精神 3. 了解如何在教学中探索教育教学规律
教师人文素养	1. 深入理解中国文化历史 2. 了解如何选择性吸收和转化其他文化 3. 了解如何在外语教学中利用其他学科知识

维度二　专业知识

模块一　学科知识

学科知识专题及培训内容见表 7-40。

表 7-40　学科知识专题及培训内容

专题	培训内容
英语国家文化知识	1. 理解深层文化教学 2. 了解如何在文化教学中注重培养学生思维
英语教学中的语言学	1. 掌握语言学知识 2. 了解如何根据语言学知识选择合理的教学内容 3. 了解如何根据语言学知识选择呈现内容的方式

模块二　学生知识

学生知识专题及培训内容见表 7-41。

表 7-41　学生知识专题及培训内容

专题	培训内容
学生学习心理知识	1. 把握成功的语言学习者的特征 2. 理解不同学生学习风格、性格特点等方面的差异
学生英语学习策略	1. 对学生个性问题的对策研讨 2. 了解如何辩证地看待影响学生学习的因素 3. 了解如何根据学生的经验、认知等因素促进学生完成概念转变，形成个人观点

模块三　学科教学知识

学科教学知识专题及培训内容见表 7-42。

表 7-42　学科教学知识专题及培训内容

专题	培训内容
课程知识	1. 理解深化课改理念和课程对学生发展的意义 2. 如何丰富课程设计、实施、资源等方面内容
英语实践教学问题	1. 理解如何将实践与研究结合起来 2. 了解如何指导教师解决教学中存在的问题
英语教学法及其应用	1. 分析、评判常用的语言教学方法 2. 综合运用各种语言教学策略 3. 把握英语教学的新发展

模块四　通识知识

通识知识专题及培训内容见表 7-43。

表 7-43　通识知识专题及培训内容

专题	培训内容
语言与思维	1. 深入理解中西文化的本质差异 2. 理解中西文化差异在语言教学中的表现和运用
创新能力培养	结合教学内容，引导学生在外语学习中提高创新能力

维度三　专业能力

模块一　教学设计能力

教学设计专题及培训内容见表 7-44。

表 7-44　教学设计专题及培训内容

专题	培训内容
教学目标设计	1. 学习从学科性质的角度深刻理解学生发展需求 2. 设计出既能促进学生语言发展又能促进学生非语言发展的教学目标

续表

专题	培训内容
教学过程设计	1. 学习设计符合学生学习特点和认知规律的教学活动 2. 既关注对课文意义的理解，也关注学生策略的使用 3. 学习设计如“合成”“评价”等高层次的认知活动
教学内容分析	1. 学习如何批判地、开放地理解教学内容 2. 学习利用自身的知识和经验，创造性地开发贴近学生生活的主题和内容

模块二　教学实施能力

教学实施专题及培训内容见表 7-45。

表 7-45　教学实施专题及培训内容

专题	培训内容
教师话语	1. 掌握不同的提问技巧 2. 学习如何有意识地监控自己的话语，根据教学任务和学生需要调整用词、结构 3. 了解教师话语的示范性和交际性
课堂管理	1. 学习关注学生表现，灵活处理生成性问题 2. 学习如何发挥学生的主体作用，引导学生做出更好的决策
学生的组合与交流	1. 学习如何提高组员之间的合作与交流 2. 学习提高学生语言能力的同时注重如何培养学生的社会交际能力和协商意识 3. 学习如何创建相互关爱的人文环境
教学评价	1. 掌握有关评价的知识和新的发展动向 2. 学习如何在评价主体、内容、方式和结果上体现多元评价思想 3. 引导学生在自评和反思中学会构建自己的学习目标、成长为自主和自立的学习者

模块三　反思与研究能力

反思与研究专题及培训内容见表 7-46。

表 7-46　反思与研究专题及培训内容

专题	培训内容
反思的形式、内容和水平	1. 了解如何深入阐述教学事件，并解析隐藏在事件背后的教育本质 2. 了解如何就反思问题得出导向性结论 3. 了解如何找到具体、深入且操作性强的解决策略
主要的研究方法与设计	1. 学习如何综合运用观察法、访谈法等研究方法 2. 学习如何在项目设计中突出特点
专业发展方式	1. 了解如何规划更高的职业目标，追求卓越 2. 了解如何帮助和指导教师分析问题，解决问题 3. 了解如何对校本活动开展评价与分析指导

模块四　教育技术

教育技术专题及培训内容见表 7-47。

表 7-47　教育技术专题及培训内容

专题	培训内容
常用工具软件应用	1. 了解如何使生成的作品兼具功能性和美观性 2. 学习如何对现有教学多媒体软件二次开发，使之贴近教学
网络公共资源获取与利用	了解如何基于教学需求生成网络资源信息，为学习者提供主动学习的便利
基于网络校本课程开发	了解如何利用网络平台和实际课堂教学的优势，形成线上和线下、个体学习和合作性学习结合的多层面、多模态和多元化的教学生态环境

对外语培训课程的分析不仅应包括对某一特定外语教师群体所应具备的态度、知识和能力的分析，还应包括对参训外语教师原有的知识、能力水平和学习特点的分析。但是，即便处于同一发展阶段的教师也会有一定的差异性，因此，在具体的培训项目中，要兼顾参训教师的群体特点。同时培训课程应关注个人体验，满足个性化需求，通过参训学员之间、学员与教师之间积极互动生成新的课程资源。

由于不同发展阶段的教师所需的培训内容和培训目标有所不同，具体的培训方法及培训活动也应有所区别。对于从刚入职迈向合格的教师来说，培训时就应更注重知识和技能的实践性，以教师课堂为本，通过师徒结对、开展示范课等活动促进教师了解学生，熟悉课堂，练习教学技能；对于从合格迈向成熟阶段的教师来说，培训时应以理论学习、实践反思为本，通过案例式、参与式等方式引导他们关注课堂关键事件，在名师、专家等引领下学会自我反思；对于从成熟迈向优秀阶段的教师，则应以研究为本，通过校本培训和自主实践反思等方式实现群体的合作发展。

四、外语教师培训质量评估

随着近年来教师培训规模的逐步扩大，各级教育主管部门对培训质量越来越重视。国家在颁布的一系列文件中多次提到要注重培训质量与实效，如教育部在 2001 年颁布的《关于开展基础教育新课程师资培训工作的意见》中指出，“在提高培训工作的针对性和实效性上下工夫”；2004 年《教育部关于进一步加强基础教育新课程师资培训工作的指导意见》中明确规定，“增强教师培训的针对性和实效性”；2013 年《教育部关于深化中小学教师培训模式改革全面提升培训质量的指导意见》提出，要“转变培训方式，提升教师参训实效”。在此背景下，有必要对如何评估培训的有效性进行研究，构建相应的综合评价指标体系，通过收集信息、研判问题、改进不足，促进教师培训工作的良性发展。

(一)外语教师培训质量评估研究概述

关于培训的定义有多种界定，早期的培训强调培训的设计和实施。随着人们对培训质量的重视，培训的焦点开始转移到培训的结果上，培训不再单纯地指教师在培训过程中学习、获取知识的过程，还包括学习者将这些知识、技能迁移到课堂情境中的过程。[①] 有学者指出，参加培训的教师常常面临的一个重要问题是，“学习的情境非应用所学的情境，他们需要把在学习情境中学到的东西在另外一个情境中进行应用。”[②]根据这一培训理念，教师在培训过程中是在学习和消化培训内容，所学的知识、技能或其他学习成果对整个培训活动来说，只是一个过程性结果；而教师培训结束后，在工作岗位上通过应用培训所学带来的工作能力和水平的提高，才是真正意义上的结果。

衡量教师培训是否有效，需要评估教师专业活动预期目标的达成度。所以，如何描述、测量教师专业发展的结果就显得尤为重要。从教师专业素质的角度来说，外语教师的专业发展表现为外语教学信念、外语教育教学知识与技能、外语教学能力等方面的逐步提高、丰富与完善；按照认知领域的分类方法，教师的专业发展涉及理解、记忆、应用、分析、评价和创造等不同的认知维度；从培训评估的理论出发，教师的专业发展表现为学员反应、学员学习、组织的支持和变化、学员对新知识和新技能的应用以及学生的学习结果五个层次。[③] 其中，前四个层次关注的是参训教师及其所处的组织的变化，后一个层次是建立在前一个层次的基础上的。

我国学者陈霞曾就衡量教师培训有效性的指标这一问题进行了实证调查。[④] 调查表明，从参训者的角度来说，评估指标主要涉及培训是否有现实针对性、培训是否促进了观念更新、培训是否促进了新知识和新技能的获得、培训是否具有可操作性、培训的实际应用程度、培训是否促进了学生的发展。

综合评估理论和实证调查结果，教师培训的结果从以下几个维度进行考察：学员的反应(如对培训内容、方式、培训者等方面的满意度)、学员的学习(如是否学到了新的知识、技能或者是否有所启发)、学员的应用(如能否在实际工作中应用所学知识)以及应用对组织和学生的影响(如能否促进学生智力或非智力因素的发展；能否有意识与同事分享或探讨新的内容；能否促进所在机构改进相关政策)。

(二)教师培训质量评估的研究与实践

1. 国外对教师培训质量的评估研究

自20世纪80年代后期开始，对中小学教师在职培训进行评价引起世界各国的重视，原用于商业、人力、工业中督导项目培训质量的模式被教育工作者迁移到了教育行业，如泰勒的评价模式、柯克帕特里克的评价模式等，这些模式对后来的研究以及各国实施项目评价产生了很大的影响。我国对国内教师培训的研究也大多基于这些理论和模式。[⑤⑥]虽然研究者对培训评价

---

① 陈霞：《教师专业发展的实效性研究》，41页，北京，北京大学出版社，2012。

② 吴怡、龙立荣：《培训迁移影响因素分析及其管理策略研究》，载《华东经济管理》，2006(2)。

③ [美]古斯基：《教师专业发展评价》，方乐、张英等译，58～64页，北京，中国轻工业出版社，2000。

④ 陈霞：《教师专业发展的实效性研究》，45～46页，北京，北京大学出版社，2012。

⑤ 卜彩丽、张豪锋：《Kirkpatrick培训效果评价模型及其对我国中小学教师培训的启示》，载《成人教育研究》，2010(4)。

⑥ 李亚红、王正良、彭治民：《基于CIPP评价模式的中学英语教师培训实践研究——以商洛市中学英语教师顶岗实习—置换培训为例》，载《宁波教育学院学报》，2011(4)。

的模式的优缺点认识有所不同①②，但达成共识的是培训评价不仅应评价学习者在培训过程中知识、技能的变化，还应收集数据对比学习者在培训结束后的行为、态度变化，这不仅关系到对学习者个人的评价，还涉及对学习者所处的组织环境的分析。③④

有学者指出，对外语教师培训项目的评价研究比较缺乏⑤⑥⑦，但在21世纪初期，涌现了很多对不同文化背景下外语教师培训评价的研究。从研究的内容来看，有学者聚焦在培训给教师带来的变化，如评估课程对参训教师外语教学信念⑧、教学技术⑨等方面的影响；研究方法大多采用定量和定性相结合的方式。值得一提的是，这些研究大多集中在教师通过培训所学的知识、技能等方面，对结束后教师把所学知识迁移、运用到个人的教学情境中的关注较少。

在研究蓬勃发展的同时，国外不少国家开始在教师培训中对项目的有效性进行评价，确保培训的质量和效益。英国师资培训咨询委员会在全国性的大规模调查的基础上，于1984年发表了《学校教师的在职教育、培训和专业发展》的报告，提出了对教师在职教育和培训进行评价的九项指标：教师是否根据学校、地方、教育当局及本专业的发展目标确定了自己的培训需要；校董事会、校长、高级管理人员、地方教育当局顾问是否支持、保证全体教职员参与培训；地方教育当局是否有师资培训的配套政策；是否拥有教师培训的校舍和设备；是否有可供教师选择的适当培训形式(校内培训或校外培训)；是否有可供教师选择的适当培训时间和活动方式；培训课程是否与教师需要相关，是否以解决实际问题为主；开设课程的高等院校和其他机构是否有一定的经验与技术；学校的培训准备是否充分，培训后是否积极推广培训成果。⑩美国在多元教师培训评价理论的基础上，把教师培训方案的性质、内容，教师的组织气氛和文化背景、学生的学业成绩纳入考核范围。

由上可见，国外培训质量评价凸显出以下特点：第一，理论与实践并重。既论述了有关教师培训活动有效性的理论、评估指标体系和测评方法，也开发了具体的评价工具和技术，这些理念、方法上的准备为具体实施有效教师培训评价提供了很好的保障，而在真实情景下的运用、实践，又有助于不断更新和完善相关理念、方法，从而对实践发挥更大的指导作用。第

---

① Holton E F, The flawed four-level evaluation model, *Human Resources Development Quarterly*, 2010, 7(1) 5～21.

② Alliger G M & Janak E A, "Kirkpatrick's level of training criteria : thirty years later," *Personnel psychology*, 1989(2).

③ Guskey T R & Peterson K D, "The road to classroom change. "*Educational leadership*, 1996 (4).

④ [美]古斯基：《教师专业发展评价》，方乐、张英等译，58～64页，北京，中国轻工业出版社，2000。

⑤ Mathew R, "Tracing the after-life of teacher development programmes: reopening closed chapters,"English Language Teacher Education and Development, 2006(9).

⑥ Ditfurth M S & Legutke M K, "Visions of what is possible in teacher education－or lost in complexity?"ELT Journal, 2002 (2).

⑦ Waters A, "Facilitating follow－up in ELT INSET,"Language Teaching Research, 2006 (1).

⑧ Simon Borg, "The impact of in-service teacher education on language teachers' beliefs,", 2011(39).

⑨ Yazan W & Muhamad B, "An Evaluation of Jordanian EFL Teachers' In-service Training Courses Teaching Techniques Effectiveness,"English Language Teaching, 2010(4).

⑩ 刘慧芳：《国外中小学教师在职教育和培训的比较与启示》，载《教育探索》，2001(11)。

二，多元性。就评估的主体和对象来说，既注重参训教师个人的评价，同时也对教师所在组织、培训机构及其他相关"利益人"提出了相应的要求和标准；评估方法方面，强调对不同的评估内容要采用不同的评价方法，对处于不同发展水平的教师要采用不同的评估手段。第三，虽然研究者和政府机构都强调要注重外语教师培训后对所学知识运用情况的跟踪调查，但这一块的研究仍稍显薄弱。可见，如何在众多影响教师专业发展的因素中确认某一具体的培训活动对教师的影响，仍是目前外语教育工作者面临的重要议题。

2. 国内对外语教师培训质量评估的研究

我国对外语教师培训质量评估的研究起步较晚。虽然自新课程改革以来，国内进行了大量的外语教师培训，但在数据库中能搜到的公开发表的文章较为匮乏。

目前仅有的研究中，有研究者从全局上分析了对外语教师培训项目评估的研究现状，并提出了相应的改进建议①；大多数研究者从微观的角度展开了探讨，有研究者对不同培训模式的有效性进行了探讨，如彭小凡通过问卷调查、反思日志、课堂观察以及开放式访谈等多种方式探讨了反思式培训模式的效果②；李华通过问卷调查、深度访谈和内容分析等定性与定量相结合的方式分析了 2009 年广东高中英语教师网络培训的有效性③；有研究者认为，培训项目评价应该是多角度、全方位和动态的，评价内容不仅包括培训所学，还应包括学成回到工作岗位后的表现，评价的主体可包括学员所在学校的领导、同事和学生等④；有研究者探讨了具体的评价方式，如张莹探讨了档案袋在外语教师培训中的应用⑤；也有教师培训管理者、培训者或教师将国外评价模式应用于实践，如李亚红等人介绍了如何运用美国教育评估专家斯塔弗尔比姆提出的 CIPP 评价模式，指出该模式能兼顾评价的过程与结果，有利于培训项目的改进。⑥

上述回顾也暴露出我国目前对外语教师培训质量评估研究的不足，主要有三个方面：一是研究者设计的项目评价内容较为单一、浅显，只涉及学员对培训的内容、资料、授课方式等方面的评价以及简单描述参加培训所学的知识和理念，对教师在培训结束后教学行为的变化以及学员的学习对所在组织产生的影响基本没有涉及；二是培训的评价工具比较单一、有效性不足。虽然有少数采用了定性与定量相结合的手段，但大部分研究都是通过参训教师进行自我评价收集数据，缺乏课堂观察、案例演示等教师呈现、展示所学内容的手段；三是大部分的研究都是关于普适性的、一般性的评价框架或评价方法，缺乏针对具体培训目标和内容的评价工具、过程设计、测量与统计方法等。外语教师迫切需要加强关于具体的外语教师培训的严谨的评价实践，积累与完善多样化的效果评价的工具、测量方法，只有这样，我们的教师专业活动效果的评价实践才会日益科学化。

---

① 黄丽燕：《英语教师培训项目评价现状及改进》，载《中国教育学刊》，2013(4)。

② 彭小凡：《反思式外语教师培训的效果研究》，硕士学位论文，华南师范大学，2004。

③ 李华：《广东省高中英语教师网络培训的有效性研究》，载《广东教育学院学报》，2010(6)。

④ 向士旭：《农村中学英语教师培训问题分析及对策》，载《教学与管理》，2008(11)。

⑤ 张莹：《培训档案袋评价在中小学外语教师培训中的应用》，载《成人教育》，2013(9)。

⑥ 李亚红、王正良、彭治民：《基于 CIPP 评价模式的中学英语教师培训实践研究：以商洛市中学英语教师顶岗实习—置换培训为例》，载《宁波教育学院学报》，2011(4)。

我国的外语教师培训评价实践也令人担忧。[①] 一方面，虽然我国现有的培训评价实践形式多样，但很多培训效果评价是出自培训单位自身所做的调查，且大多采用单一的问卷和成绩测试的评价方式，其调查结果具有较强的主观性，缺乏信度。另一方面，我国还缺乏培训后的跟踪调查研究、监督反馈，忽略了参训教师在实践中转化培训成果的情况，致使培训效果大打折扣。可见，构建科学、系统的培训评估体系，增强培训效果已经迫在眉睫。

(三)中小学外语教师培训质量评估体系

1. 评估体系的基本理念

首先，关注学习和学习者，通过参训教师的学习来评估培训的效果。国内目前对教师培训的评价主要从培训机构组织、实施培训的情况与参训教师的培训学习和收获两个维度进行评估。这样的划分不但容易将教和学割裂开来，而且对培训机构的评估依然依据对参训教师的培训效果进行判断，这就造成了很多指标之间的交叉、重叠。

其次，强调培训与教师教学生活的融合。成功的培训必须与教师教学紧密联系，并且能帮助教师改进实际工作。它不会随着某个具体的培训项目的结束而结束，相反，它能持续地融入参训教师的专业发展当中去，变成教师教学生活的一部分，从而推动个人变化，甚至是个人所处组织的变化。

最后，注重培训评估的诊断和发展功能。对教师培训项目进行评估，一方面是为了得出相对确凿的证据以判断哪些活动有效、哪些活动无效，另一方面是为了分析有效或无效培训活动背后的原因，供后续的培训活动提供参考和借鉴。由此可见，培训评价既是注重结果的总结性评价，也是强调过程的形成性评价，两种属性均为提高培训的有效性服务。

2. 五层次教师发展评价模式和 CIPP 评价模式

五层次教师发展评价模式是由古斯基教授于 20 世纪 90 年代末提出的。该模式主张从学员反应、学员学习、组织的支持和变化、学员对新知识和新技能的应用、学生学习的结果五大方面评价教师专业发展活动的质量。学员反应方面，评估学员是否喜欢他们的专业发展活动；学员学习方面，评估培训是否带来了学员知识、技能或信念等方面的变化；组织的支持和变化方面，主要是评估学员所在的学校为学员进行相关的专业活动提供的支持或发生的变化；学员对新知识和新技能的应用方面，评估学员在所处环境中是否应用了培训所学；学生学习的结果方面，旨在评估学员参加培训后对学生学习产生的具体影响 ，比如学生是否提高了学习成绩，或者是否改变了学习行为和态度。

古斯基还对各个层次进行评价提出了不同的评价方法，如档案袋、学习日志、案例研究等，为教师培训评价的实践与操作提供了很好的借鉴与指导，但古斯基没有提供评估效果的具体参考指标，评价者缺乏如何判断所收集到的信息价值的指导，而且这一模式重教师培训的结果，未能涉及培训前的规划和培训中的实施评价，无法凸显出评价的诊断功能。

CIPP 评价模式由美国教育评估专家斯塔弗尔比姆提出，由背景评价(Context Evaluation)、

---

① 乔洋：《中小学教师培训评价的问题与对策》，载《教育科学论坛》，2011(9)。

输入评价(Input Evaluation)、过程评价(Process Evaluation)和成果评价(Product Evaluation)四部分构成。斯塔弗尔比姆认为，评价是一种过程，将评价设计与教育计划相结合，从教育目标的选择、设定，到教育活动进行时会运用到的资源、实际进行状况，以及最后的成效等，每一部分都加以评价，且前后又可相互提供修正、调整与回馈的机会。[①] 在这一过程中，背景评价用于决定规划，主要是确定存在于具体情境下的问题、需要和机会；输入评价是对可利用资源的分析和实施方案的规划；过程评价提供关于决定实施的信息，它的目的在于确定项目中的不足以及如何纠正；成果评估是对一个方案的成就所进行的测量、解释与判断，为决策者和管理人员提供了是否要继续、终结、修改或再聚焦该项目或活动的参考。

上述这一评价模式主张对培训前的准备工作、培训中的实施和培训后的效果三个维度进行评价，以便全方位地掌握培训信息，发挥评价的决策、诊断与总结功能。本研究拟将注重教师实效结果的五层次评价模式和重过程的CIPP评价模式相结合，构建有效的教师专业发展活动的评价指标体系，突出对教师发展实效性的考察，同时设计具体的二级评价指标，供培训评价者参考。

3. 评估的内容

根据上述培训模式，本书拟根据培训计划(规划性评价)、培训实施(形成性评价)、培训结果(终结性评价)三个阶段来呈现评价体系的内容。

(1)培训计划的主要评估内容

①培训需求分析。

培训需求分析是培训活动的首要环节，其实质是找到培训对象的现状和想要其达到的理想状态之间的差距，主要决定是否需要进行培训，具体来说有谁需要培训、需要培训哪些内容等问题。可通过查阅文献了解研究者对相关培训现状及需求的分析，也可通过问卷调查分析调查对象存在的问题和急需克服的困难，还可通过正式或非正式的、结构性或非结构性的访谈调查教师的实际需求。

②培训方案分析。

培训方案分析包括两方面的内容，一是要分析培训方案的内容与需求分析是否一致，即培训的目标、内容、形式、日程安排等方面是否为学员所接受；二是要分析培训方案各个部分的内容之间是否一致，即培训的目标是否与内容、形式、考核方案等一致，培训师资、时间、地点、经费等是否与培训目标、内容或形式一致。可通过查阅培训机构存档的关于培训方案的相关资料；也可通过对教师培训方案的制定者或相关培训者进行问卷调查、座谈或访谈，了解方案的相关信息；还可向培训对象发放问卷或对其进行访谈，了解他们对培训方案的看法。

(2)培训实施的主要评价内容

①组织与管理。

有效合理的组织和管理对项目顺利进行的重要性不言而喻。要分析人员是否配备充足；管

① 王全兴:《CIPP评鉴模式的概念与发展》，载《慈济大学教育研究学刊》，2009(5)。

理是否有序；后勤服务是否有保障。

②培训教学。

培训教学是决定整个项目成败的关键环节。要分析是否遵守培训方案，能否根据学员反应和具体情况进行适当调整；授课教师是否有感染力，课堂有无生成性；课堂教学手段或资源是否丰富、多样。

③后续支持。

我们一直强调不仅要注重参训教师在培训过程中的过程性结果，还应注重参训教师在工作岗位上对培训所学的具体应用。因此，培训机构或参训教师所在的单位提供的后续支持显得尤为重要。

对培训实施过程进行评价，有利于培训机构加强对培训过程的管理与监控，以便及时、有效地对学员反应做出应对，调整培训安排，提高培训质量。可通过定期让学员填写培训过程反馈表或撰写学习日志，对培训机构管理人员、授课教师进行访谈，查阅培训机构相关资料等方式收集相关数据。

(3)培训结果的主要评价内容

结合上述培训和教师发展结果的成分分析结果，将以下内容界定为培训结果的评价内容。

①学员的反应。

学员的反应既可被看作收集信息的手段，发挥其指导与改进培训实施的评价性作用，也可被用来衡量教师培训效果的指标，体现教师专业发展效果的总结性作用。学员的参与度往往能体现其对培训课程与教学、组织与管理等方面的看法，具体来说涉及学员对培训教师、培训内容、培训方式、组织与管理等方面的态度。可通过问卷调查、访谈等方式收集相关资料。

②学员的学习。

要对学员所学进行评价，首先需要对不同类型的学习结果予以界定。参训教师培训所学可能是知识、技能类的习得，也可能是态度、情感等方面的变化。外语知识类的学习可涉及如对所教外语教材内容、外语教学新课标或外语教学流派的理论与基本原则的理解，或者对学生如何学习外语的认识、学生生理、情感与心理发展的认识等方面。这类学习可通过知识学习评价表、纸笔测试、访谈、个人学习日志与反思、案例研究等方式进行评价。外语技能类的学习主要指通过培训所获得的专业技能、策略与行为，如外语教师课堂话语、教学设计、课堂管理等。评估参训教师的技能变化就是要考察学员运用所学内容的能力。由于技能常与教学行为相关，案例研究、模拟、演示、实际操作等方法更具可行性。古斯基认为，教师情感变化的关键因素是学生学习结果变化的证据，也就是说教师信念、态度的改变关键不是教师培训本身，而是在课堂中成功实施所学知识、技能的经历让教师看到了专业发展的作用，教师的态度才得以发生显著变化。[①] 这也就意味着对教师情感变化的评估应该稍后进行，即在学员明显看到实施努力的结果之后，可通过评价表、问卷或其他纸笔测量工具对参训教师情感的变化进行前测和后测，还可应用具有类似的背景、经历、性别等的对照组来测量学员的学习(表 7-48)。

① ［美］古斯基：《教师专业发展评价》，方乐、张英等译，105 页，北京，中国轻工业出版社，2000。

表 7-48　外语教师培训所学评价表

所学类型	内容举例	外在表现	收集数据的方法
认知方面	对外语教材内容的理解、外语教学新课标或外语教学流派的理论与基本原则的把握等	了解或理解了某些知识、观点	知识学习评价表、纸笔测试、访谈、个人学习日志与反思、案例研究等
能力方面	外语教师课堂话语、教学设计、课堂管理等	在模拟或真实条件下实施某些技能或概念	案例研究、模拟、演示、实际操作等
情感方面	对外语职业的理解与认识、对外语教师角色与学生的态度和行为等	情感、态度上更积极，投入度更高，更乐意尝试新方法或从事外语教学工作	评价表、问卷或其他纸笔测量工具；采用有类似的背景、经历、性别等的对照组等

③学员对新知识和新技能的应用。

在任何一项培训活动中，学员对新知识和新技能的应用都不尽相同，要判断是否应用所学以及应用的不同程度依赖于清晰的行为指标。评价者必须正式地界定在教师层面哪些行为或活动应该是明显的。教师行为的改变通常不是一次性完成的，记录教师行为变化时难以用绝对的是或者不是来回答，一般应采用更为细化的分类，如总是、通常、偶尔、从不等。在此以外语教师组织课堂话语的演示语为例，来说明如何判断学员课堂行为的变化和进步，以确定其是否应用所学。组织课堂活动的话语，用来如布置课堂上的练习活动、课后作业或维持纪律等。较为实际和有效的信息收集方法有直接观察、与参训教师进行访谈、与学校管理者进行访谈、与学生进行访谈、问卷调查、实施日志或反思日志、参训教师档案袋等。评价表如表 7-49 所示。

表 7-49　外语教师演示语评价表

	具体指标	频率
组织课堂	教师话语清晰、重音突出，使用学生能听懂的词语和句型	总是（　）　通常（　） 偶尔（　）　从不（　）
	交代任务时有条理，有明确的路标指引，如 listen、then、so 等	总是（　）　通常（　） 偶尔（　）　从不（　）
	布置任务时，必要时能举例示范	总是（　）　通常（　） 偶尔（　）　从不（　）
	能使用检查学生是否理解的简短提问语	总是（　）　通常（　） 偶尔（　）　从不（　）

④应用所学对学生学习的影响。

与参训教师学习结果相似，学生的学习结果也分为知识、技能和情感三大类。对学生知识、技能类学习的变化情况，可通过标准化成绩测试、教师的课堂评价、小组任务或活动、档案袋、学生作业、对照组、问卷和访谈等方式收集相关信息。古斯基认为，学生情感变化的过程与参训教师的情感变化过程类似，直接改变学生态度、信念、情感的努力很少能取得成功，成功的努力往往集中在改变学生的个人经历上。[①] 同理，应在收集完评价知识、技能成果信息后再收集学生的情感变化信息。具体的方法有观察、问卷调查、访谈、学校记录等。

① ［美］古斯基：《教师专业发展评价》，方乐、张英等译，173 页，北京，中国轻工业出版社，2000。

⑤应用所学对机构的影响。

教师对所学的应用有赖于所在机构提供的支持与帮助，所在单位也期待教师所学对学校产生辐射作用。因此参训教师是否能与同事合作、交流，能否推动所在教学年级或科组采用新的教学方法与理念，乃至推动整个学校文化氛围的改变，成为这一环节评价的重要指标。可通过问卷调查，对参训教师的同事、领导进行访谈，查阅相关文档等方式收集所需数据。

(4)评估的主体

我国目前很多培训机构就是评价机构，由于其知识结构、观点立场等方面的因素，评价结果往往具有较强的主观性，缺乏可信度。为确保评价结果的公正、客观、科学，有必要让教师培训的个人、组织、机构或从事教师专业发展的专业人士参与到评价中来。总体来说，可分为内部评价者和外部评价者两大类。

内部评价者是指参训教师本人、参训教师所在单位以及培训机构三方。参训教师对整个培训有着最直接的感受和体验，他们的知识、能力是整个培训项目的出发点和归宿，他们的评价理应成为评价最为核心的内容；参训教师所在单位为参训教师提供了时间、资金和工作上的支持，是培训的“利益相关人”，同时他们能感受到参训教师展现参加培训后教学思想、行为上的变化，是教师培训效果的见证人；培训机构是培训计划的制订者、实施者、管理者，有责任和义务对整个培训的各个环节进行评估，以确保成本和成果匹配。由于对培训进行评价需要相应的评价技能和评价知识，培训结构和参训结构还可选择或培训一个专门负责教师专业发展的机构，选择具有专业的教师发展技能的教师作为核心成员，由他们负责记录、评估培训的效果。

外部评价者是指除上述三方外的第三方。在某一个特定的教师培训计划的实施中可能会出现争执，外部评价者与培训项目没有直接的利益关系，在具体评价中可实现最大限度的公正、客观。在一些重大的教师专业发展活动中，也可委托专家或其他机构对教师培训的效果进行评价。

(5)评估指标体系

相关内容见表7-50。

表7-50　外语教师培训工作质量评估指标体系

一级指标	二级指标	评价标准	数据收集	分值
规划性评价：培训计划	培训需求	1. 需求分析应与学员实际需求一致 2. 针对实施新课标教学中存在的普遍问题提出针对性的措施	查阅文献、对培训者和参训教师的问卷调查、访谈	20
	培训方案	1. 方案的目标、内容、方式、日程与需求匹配 2. 培训目标与培训师资、内容、形式、考核方式一致 3. 培训时间、地点安排恰当，经费预算充足		

续表

一级指标	二级指标		评价标准	数据收集	分值
形成性评价：培训实施	组织与管理		1. 专职管理团队，分工明确 2. 规章制度完备，管理流程规范 3. 食宿、交通安排合理 4. 场地、设备及应急医疗条件良好	对培训管理者、培训教师、参训教师的访谈、问卷调查，参训老师的日志，培训机构资料	25
	培训教学		1. 能有效执行课程方案 2. 能根据学员意见做出适当调整 3. 教师备课充分、有效管理课堂 4. 教学资源或手段丰富、多样，课堂具有生成性		
	后续支持		1. 培训机构提供指导，方式合理 2. 教师所在机构提供支持		
终结性评价：培训结果	学员的反应	学习状态	1. 参与讨论、发言、交流的投入度 2. 完成培训要求情况	考勤记录、作业完成情况、课堂观察记录、学员日志、座谈、问卷调查、培训机构资料	15
		对培训教师的反应	1. 培训教师队伍结构搭配合理 2. 培训教师的教学令人满意		
		对培训内容、形式的反应	1. 培训内容有针对性和操作性 2. 培训形式多样，与培训内容匹配		
		对培训管理的反应	1. 管理有序，服务到位 2. 食宿安排及有关服务令人满意		
	学员的学习与应用	学员所学	1. 学习了新的信息、知识和技能 2. 情感上有所变化	观察、问卷调查、访谈、学习评价表、测试、案例展示、对照组、反思日志、档案袋、课堂观察	20
		学员应用	1. 不同程度应用所学技能或方法 2. 能较长期地维持新的行为		
	学员应用所学对组织和学生学习的影响	对同事或组织环境的影响	1. 有意识地与同事分享、探讨 2. 促进学校文化或相关政策的改进	追踪问卷，与学员、学生、学员同事或领导进行访谈；对学生测试	20
		促进学生智力或非智力因素的成长	1. 学生的情感、态度等有所提高 2. 学生的知识、技能有所提高		

>> 第三节　数学教师培训课程研究 <<

一、数学教师培训课程研究的背景

(一)基础教育数学课程与教学改革发展的需要

2001 年，教育部印发《基础教育课程改革纲要(试行)》，由此展开了新一轮的基础教育课程与教学改革，接着2001年又颁布《全日制义务教育数学课程标准(实验稿)》，2003年颁布《普通高中数学课程标准(实验)》，2011年颁布修订后的《义务教育数学课程标准(2011年版)》以及2017年颁布修订后的《普通高中数学课程标准(2017年版)》，标志着数学课程改革及其课标新教材使用进入新的历史发展阶段。《义务教育数学课程标准(2011年版)》作为我国21世纪初期规范数学教育的纲领性文件，不仅规定了数学课程的性质、目标、内容框架，而且体现了国家对义务教育阶段数学课程的质量要求，是数学教材编写、教学评价和考试命题的依据，是国家管理、评价数学课程的基础。课程理念上，面向全体学生，以学生的全面发展为本，倡导建构主义学习观和激发学生学习的内在潜能，注重培养学生的创新意识和动手实践能力，促进学生情感、态度与价值观的全面发展。课程设计上，大力删除繁、难、偏、旧的内容，引进现代社会生产、生活中有着广泛应用的知识和内容，着力改变课程结构单一、缺乏整合、学科本位的现状。例如，义务教育阶段根据学生发展的生理和心理特点将九年的学习时间划分为3个学段，并统筹安排了数与代数、图形与几何、统计与概率、综合与实践4个部分的课程内容。课程内容要反映社会的需要、数学的特点，要符合学生的认知规律。它不仅包括数学的结果，也包括数学结果的形成过程和蕴含的数学思想方法。课程内容的选择要贴近学生的实际，有利于学生体验与理解、思考与探索。课程内容的组织要重视过程，处理好直观与抽象的关系，直接经验与间接经验的关系。课程内容的呈现应注意层次性和多样性。详见表7-51。

教学建议方面，《义务教育数学课程标准(2011年版)》突出强调了让学生经历数学知识的形成与应用过程。例如，数学概念的教学，要关注概念的实际背景与形成过程，帮助学生克服机械记忆概念的学习方式，发展应用数学知识的意识与能力，增强学好数学的愿望和信心。数学命题的教学，要引导学生从问题出发，根据观察、实验的结果，运用归纳、类比的方法首先得出猜想；在教学中，应使学生认识到有些命题可以通过观察和实验得到并获得大家的认可，但也有些命题仅仅通过观察和实验是不够的，从而使学生体会证明的必要性；把证明作为探索活动的自然延续和必要发展；要关注学生的个体差异，有效地实施有差异的教学，使每一个学生都得到充分的发展。《义务教育数学课程标准(2011年版)》中还要求对信息技术给数学教育产生的影响予以充分的注意，强调“应合理地运用现代信息技术”，开发学习资源，有效改进教与学的方式，使之成为探索数学活动的强有力的工具。

《义务教育数学课程标准(2011年版)》的颁布及其新教材的实施体现了基础教育数学课程的理念、内容、目标、教学、评价等全方位的变革。这对于中小学数学教师全面理解新课程的理念、目标、内容和核心概念，整体把握中小学数学课程内容，深入理解新教材的编写意图和教学内容的数学内涵，熟悉和掌握中小学数学新课程及其教学的前沿性知识、方法性知识、关联性知识，不断提升教师自身的数学素养，发展基于新课标理念的教学设计、教学实施、教学评价、信息技术应用等能力，深化职业理解与学生发展方面的认识，系统了解学生发展的知识和教育教学知识等方面提出了新的和更高的要求，因而成为中小学数学教师在职培训亟待研究和完成的新课题与新任务。

(二)数学教师培训工作现状

《国家中长期教育改革和发展规划纲要(2010—2020年)》提出了培养造就"高素质专业化教师队伍"的战略任务，2011年1月《教育部关于大力加强中小学教师培训工作的意见》提出，为贯彻落实全国教育工作会议精神和教育规划纲要，建设高素质专业化教师队伍，进一步加强中小学教师培训工作。2012年《幼儿园教师专业标准(试行)》《小学教师专业标准(试行)》《中学教师专业标准(试行)》等一系列标准文件。

《教育部关于大力加强中小学教师培训工作的意见》指出，"教育大计，教师为本。有好的教师，才有好的教育。教师培训是加强教师队伍建设的重要环节，是推进素质教育，促进教育公平，提高教育质量的重要保证。"又指出，"大力加强教师培训，是新时期教育事业科学发展的重要任务和紧迫要求。"同时，强调"当前和今后一个时期中小学教师培训工作的总体目标是：以实施'国培计划'为抓手，推动各地通过多种有效途径，有目的、有计划地对全体中小学教师进行分类、分层、分岗培训。今后五年，对全国1 000多万名教师进行每人不少于360学时的全员培训；支持100万名骨干教师进行国家级培训；选派1万名优秀骨干教师海外研修培训；组织200万名教师进行学历提升；采取研修培训、学术交流、项目资助等方式，促进中小学名师和教育家的培养，全面提升中小学教师队伍的整体素质和专业化水平"。

广东省紧随其后相继颁发了《广东省教育厅关于大力加强"十二五"中小学教师培训工作的意见》和《广东省中小学幼儿园(含特殊教育、中等职业学校)专业技术人员继续教育专业科目学习指南》，要求通过加强、完善教师培养培训工作，提高教师专业水平和教学能力，培养教育教学骨干，造就一批教学名师和学科领军人才。按照广东省中小学教师培训工作"十二五"规划要求，要对全省中小学教师开展分类、分层、分岗的全员培训，并保证每位教师今后五年接受不少于360学时的培训，同时将组织省级1万名、市县级9万名骨干教师培训，以及组织实施新一轮中小学"百千万人才培养工程"，项目研究者荣幸被聘为广东省新一轮中小学"百千万人才培养工程"学科理论导师。在教师培训蓬勃发展的大背景下，为促进中小学数学教师更好地适应基础教育数学课程的改革，近十年来广东省主要构建和采用了六种中小学数学教师培训模式(表7-51)。

表7-51　广东省中小学数学教师培训的六种常用模式

培训名称	培训对象	培训目标	培训内容	培训方式与方法	培训考核与评价
模式1. 网络培训。包括高中数学教师全员职务网络培训、小学数学教师示范性教师工作坊高端研修项目网络培训	广东省高中数学教师、广东省小学数学教师	培养具有现代教育观念和具备较强的教育、教学实践能力，准确把握教材、具有较高专业水准的中小学数学教师	数学学科前沿理论学习；中小学数学教材专题研究与教法研讨；课堂教学案例分享与评析	网络课程＋在线远程培训；采用网络视频、课程文本、校本培训成果分享、专题讨论、专家答疑、论坛交流、作业点评等形式	按时完成所规定的学习任务和学分，包括上网时间、提交一定数量的教学案例研究和主客观作业，以及点击率和参与讨论评析数量

续表

培训名称	培训对象	培训目标	培训内容	培训方式与方法	培训考核与评价
模式2. 数学骨干教师高校集中研修、名师工作室跟岗观摩、岗位实践和课题研究三位一体相结合培训模式	全省各地中小学数学骨干教师	职业理解、专业知识与学科体系，教育教学实践和科研能力等方面有显著提高，帮助他们成长为有一定示范引领作用的研究型教师	教师职业理解，数学思想方法与教学案例、数学学科素养，课题研究、论文写作，科研方法	高校集中研修、名师工作室跟岗观摩、岗位实践和课题研究三位一体相结合培训，成果展示与培训总结	保障参与学习研修的时间，完成规定的培训任务，包括小课题研究及成果展示、提交教育教学论文、示范课视频、读书笔记、教学反思、培训总结，指导青年教师专业发展
模式3. 广东省中小学新一轮“百千万人才培养工程”数学名师培养项目	广东省中小学数学高级教师或当地名师	职业理解、专业知识与学科思想，教育教学改革方法和科研能力等方面有显著提高，促进名师培养对象成长为在全省乃至全国有一定知名度和影响力的专家型教师	数学学科前沿理论，数学教材专题研究，课堂教学案例研究与评析，名师讲堂、评课研课，省外考察、国际交流，省级教育研究课题申报与研究实施	与高校、政府培训机构构建共同体，理论导师和实践导师双导师培养与指导。专家专题讲座、名师发展工作规划、省级教研课题申报与实施研究，省内外理论研修和评课研课，国际考察学习，教师风格凝练	保障参与培训学习的时间；完成所规定的培训任务，汇报个人规划的达成、教学风格的提炼概括情况；教育教学实践引领与示范辐射；课题研究成果展示
模式4. 各市中小学新一轮“百千万人才培养工程”数学名师培养项目	各市初中、小学数学高级教师或学区名师	在职业理解、专业知识与学科思想，教育教学改革方法和科研能力等方面有显著提高，帮助他们成为市内外有一定知名度和影响力的专家型教师	教育与数学前沿理论学习，中小学数学教材专题研究与教法研讨，课堂教学案例设计与评析，教学风格、课题研究，市级教育研究课题申报与实施研究	高校、名师工作室和教育部门三位一体培训，实践导师和课题导师双导师培养与指导。专家专题讲座，集中研修、案例分析、问题诊断；专业发展规划与教学风格提炼；外出考察、评课研课、观摩学习	完成所规定的培训任务，汇报个人规划达成与教学风格的提炼概括；教育教学实践引领和辐射作用；课题研究成果展示
模式5. 学区、校本和师带徒相结合的自主培训模式	本学区或本校数学教师	建立全员参与、贴近学校和教师课堂教学实践需要的教师培训方式；拓宽学术视野，提高教育教学实践能力和创新意识	数学核心素养研讨、教材分析策略研究、数学观课评课路径与方法、数学同课异构案例分析、教学策略反思与改进	专题讲座、教材研讨、师徒结对同课异构、案例分析、评课研课、课题研究以及教学竞赛、反思、合作、分享	专业发展计划、读书笔记、优质教案、听课记录、学习体会、案例分析、研究论文等；参加培训或研究活动的考勤

续表

培训名称	培训对象	培训目标	培训内容	培训方式与方法	培训考核与评价
模式 6. 专家进校园专题培训	高中和初中数学教师	更新教育理念、拓展专业知识、促进教学反思和教学创新，提高课堂教学质量、促进教师专业发展	教材的编写意图与知识内容之间的内在逻辑关系分析，数学思想方法与数学本质理解，典型概念与命题教学设计和案例分析	教材研讨、同课异构、案例分析、评课研课、教学设计研讨以及专家指导、教学反思、课题研讨	采用自我评价和综合评价相结合的方式，通过专家指导前后的教学案例研究与反思和个人的自我评价、小组评价、专家评价，形成培训的总体评价

上述六种数学教师培训模式分别针对不同的培训对象，设置不同的培训目标和培训内容，并综合采用网络培训、集中培训、网络与集中相结合的培训、高校和政府机构以及名师工作室三位一体相结合培训、学区与校本相结合的培训、高校专家进校园培训等多种策略。此外，自2014年10月以来，广东第二师范学院还参与承办北京、江苏、广东、浙江四省市教育厅牵头的“京苏粤浙中小学数学卓越教师高级研修项目”，旨在聚京苏粤浙四省市“最优秀最有代表性的培训者，包括通识教育专家、学科首席导师、学科理论专家、实践导师等”①，跨区域联合培养和打造四省小学数学卓越教师，每届培养周期一年。作为一种基于区域合作协同创新建立教师培训共同体的教师培训创新模式，体现了主体多元、内容综合、实践取向、风格凸显、能力提升等特点，产生了非常好的社会效益。

二、教师培训研究的理论综述

我国于1993年颁布了《中华人民共和国教师法》，并且在其中正式确立了教师职业的专业性地位。但是，长久以来人们并没有明确从数学教师专业化的角度考虑在职数学教师的培训问题。直到2002年8月“第24届国际数学家大会”40个卫星会议之一的“数学教育(西藏)国际会议”在西藏拉萨召开，大会明确了数学教师教育的专业化发展已成为国际潮流，同年在全国高师数学教育研究会常务理事会上，将数学教师专业化的问题正式定为当年学术年会的主题，并呼吁全体高师数学教育研究工作者要关注数学教师的专业发展②，努力探索我国数学教师专业发展的道路。

2011年，我国教育部首次颁布《教师教育课程标准(试行)》并明确提出：“要围绕培养造就高素质专业化教师目标，坚持育人为本、实践取向、终身学习的理念，实施《教师教育课程标准(试行)》，创新教师培养模式，强化实践环节，加强师德修养和教育教学能力训练，着力培养师范生的社会责任感、创新精神和实践能力”，并特别针对在职教师培训课程目标提出“要满足教师专业发展的多样化需求，充分利用教师自身的经验与优势，进一步深化和发展职前教师

① 王慧：《基于区域合作的教师教育共同体运行要素分析——以京苏粤浙中小学卓越教师高级研修项目为例》，载《中小学教师培训》，2016(10)。

② 陈静安：《ICM—2002数学教育(西藏)卫星会议的回顾与思考》，载《数学教育学报》，2003(3)。

教育的课程目标，引导教师加深专业理解、解决实际问题、提升自身经验，促进教师专业发展”。但是教师教育的发展历程表明，数学教师的专业发展任重而道远，尚有许多的理论与实践问题亟待我们去研究和探索。

为此，根据已有的教师培训研究成果，选取教师专业发展理论、隐性知识理论，作为研究的理论基础进行阐述。前者基于数学教师培训课程内容的考虑，后者基于数学教师培训方式的考虑。它们的共同特点就是关注数学教师的“学”与“教”。但由于这些理论本身内容丰富，不可能对它们作详细介绍，故主要阐述与数学教师培训相关的内容。

(一)教师专业发展理论

较早系统研究“专业(Profession)”的社会学家卡尔·桑德斯(A. M. Care Saunders)认为：所谓专业指一群人在从事一种需要专门技术的职业，这种职业需要特殊的智力来培养和完成，其目的在于提供专门性的社会服务。我国学者普遍认为：专业是社会分工、职业分化中形成的一类特殊的职业，指一群人通过特殊的教育或训练掌握了科学或高深的知识技能，并以此进行专门化的处理活动，从而解决人生和社会问题，促进社会进步的专门性职业。

1. 教师专业发展的内涵

综合国内外研究来看，对教师专业发展这一概念有很多不同的理解，归纳起来主要有以下三类：第一类指教师的专业成长过程；第二类指促进教师专业成长的过程；第三类认为以上两种含义兼而有之。

数学教师专业发展是教师专业发展的重要组成部分。1994 年 8 月在上海召开了国际数学教育委员会(ICMI)和中国联合举办的 ICMI－中国数学教育会议，会上国际数学教育委员会秘书长、丹麦罗斯基特大学的 M. 琼斯教授做了“论数学教师的培养”的大会报告。他认为高素质的数学教师应涵盖 4 个基本范畴：数学教师专业知识基础的构建；数学教师专业技能的娴熟；数学教师专业数学素养的形成与发展；数学教师专业情意的健全。在国内学者的研究中，王子兴在琼斯的基础上对数学教师专业发展的内涵做了如下界定：数学教师的专业发展指数学教师在整个数学教育教学职业生涯中，通过持续不断的数学教育专业训练，获得数学教育专业的数学知识、数学技能和数学素养，实施专业自主，表现专业道德，并逐步提高自身从教素养，成为一名良好的数学教育工作者的专业成长过程，也就是从一个“普通人”变成“数学教师”的专业发展过程。

上述清楚地表明，数学教师的专业发展包含着对数学教师的四个基本看法。①

(1)数学教师是专业人员

专业不是把数学的学科内容作为其专业表现，而是把“数学教育活动与行为”视为其专业表现的领域。其具体指标包括数学专业知识、专业能力、专业训练、专业组织、专业伦理、专业自主、专业服务、专业成长。数学教师应具备广博的数学专业知识，才能知道如何解决工作中

① 祝月：《初中教师在职培训现状、问题及对策的研究——以营口市初级中学为例》，硕士学位论文，辽宁师范大学，2008。

的问题，能动地参与数学教育改革，才能在错综复杂的教育情境中选择最佳的教育方法和手段，进而对自己的同事产生专业发展取向的影响力。

(2)数学教师是可持续发展的个体

作为一名教师，在生理上已经成熟或趋近成熟，但是在心智上任何教师都有无限发展的空间。教师需要不断学习、持续成长。这启发我们，教师在职培训的发展与创新必须与教师的成长和发展并进，只有教师个体的专业生活发生根本性的转变，学校教育改革才能向纵深发展。

(3)教师即学习者与研究者

数学教师专业发展是一种自我调控的结果，因此，数学教师必须对自己的教育行为加以反思、研究、改进，由教师来改进自己数学教学中的实际问题是最直接、最确切、最有效的方式。这里，强调的是教师自发的学习和研究，而不是在社会要求下的被动发展。

(4)数学教师专业化发展在多阶段中完成

从事任何职业都需要人们的倾情投入，对职业充满兴趣是做好工作的前提。通过职业指导，使其产生从事教师职业的情感，这种指导主要表现在基础的师范教育阶段。在这一阶段，重点学习和掌握数学教育的基础知识、技能和技术。然后是贯穿数学教师职业生涯始终的、分期持续进行的在职教育阶段。在职教育对数学教师发展的作用更大、更具体、更有吸引力，同时也更有针对性和实效性，更容易引发热情和得到直接的帮助。

2. 数学教师的专业知识结构

关于教师的专业知识，国外学者做了很多研究，主要观点如表 7-52① 所示。值得注意的是，自美国斯坦福大学李·舒尔曼(Lees. Shulman)于 1986 年提出教学内容知识(Pedagogical Content Knowledge，PCK)理论以来，该理论受到了相关研究者的高度关注。该理论强调在教学中仅有学科知识和教学知识是不够的，还必须具有“学科教学知识”，也就是“运用学生易于理解的方法来表达学科内容的知识”。②③ 1989 年格罗斯曼(Grossman)将 PCK 进一步解析为以下几部分：一门学科的统领性观点(关于学科性质的知识和最有学习价值的知识)；学生对于特定学习内容理解和误解的知识；特定学习内容在横向和纵向上组织和结构的知识；将特定学习内容呈现给学生的策略知识(表 7-52)。

表 7-52 教师专业知识分类及代表人物

研究者	教师知识分类
博科和帕特南	1. 一般教学法知识；2. 教材内容知识；3. 学科教学法知识
伯纳利	1. 学科内容知识；2. 学科教学法知识；3. 一般教学法知识

① 萨克逊迈埃尔：《在终身教育范围内的师资培养(下)》，张可明节译，载《外国教育资料》，1988(6)。

② Shulman LS，“Those Who Understand：Knowledge Growth in Teaching，”*Educational Researcher*，1986(2).

③ Shulman LS，“Knowledge and Teaching：Foundations of the New Reform，”*Harvard Educational Review*，1987(1).

续表

研究者	教师知识分类
格罗斯曼	1. 学科的统领性观点(关于学科性质的知识和最有学习价值的知识); 2. 学生对于特定学习内容理解和误解的知识; 3. 特定学习内容在横向和纵向上组织和结构的知识; 4. 将特定学习内容呈现给学生的策略知识; 5. 一般教学法知识; 6. 课程知识; 7. 情境的知识; 8. 自我的知识
舒尔曼	1. 学科知识;　2. 学科教学法知识;　3. 课程知识; 4. 一般教学法知识;　5. 有关学习者的知识;　6. 教育情境的知识; 7. 关于教育的目标、目的以及它们的哲学和历史背景的知识
考尔德黑德	1. 学科知识;　2. 机智性知识;　3. 个人实践知识; 4. 个案知识;　5. 理论性知识;　6. 隐喻和映像
申继亮和辛涛	1. 本体性知识;　2. 实践性知识;　3. 条件性知识

针对数学学科教学，美国前密歇根大学教育学院院长德博拉·鲍尔(Deborah Ball)及其团队研究发现，数学教师的知识结构可以通过“面向教学的数学知识”(Mathematics Knowledge for Teaching，MKT)来刻画。MKT由学科知识和学科教学知识构成，具体又可以分解为一般内容知识、水平内容知识、专门内容知识、内容与学生的知识、内容与教学的知识、内容与课程的知识。鲍尔还强调“对于专门化的数学知识不透彻理解，将使世界范围内改善教师教育质量的良好意图受挫”。[①]

香港学者黄毅英等人进一步提出“数学教学内容知识”(MPCK)，它主要指数学教师对特定的数学内容或专题，进行组织、整合、加工、解释，以一种学生易于接受理解的方式呈现出来，使学生易于理解和掌握，帮助学生解决对数学学习的困难和误解的策略与知识。[②] MPCK是数学知识(Mathematics Knowledge，MK)；教学法知识(Pedagogical Knowledge，PK)和内容知识(Content Knowledge，CK)的整合。它是以MK为基础，又超越MK。事实上，开展数学教学活动时，教师需要综合运用MK、PK、CK这三类知识(图7-3)以及MPCK，才能够更好地把科学形态的数学知识MK转化为学生易于接受的教育形态的数学知识，以帮助学生理解和掌握数学，达成教学目标。

如图7-3所示，MPCK为三个基本集合MK、CK、PK的交集，三者的交集越大，则表示MPCK越多。有研究显示，职前教师、职初教师、在职优秀教师的MPCK呈上升状态，也就是说，随着教学经验的积累，教师形成的MPCK会越来越多，越来越丰富。

① 徐章韬:《面向教学的数学知识——基于数学发生发展的视角》，37～39页，北京，科学出版社，2013。

② 黄毅英、许世红:《数学教学内容知识——结构特征与研发举例》，载《数学教育学报》，2009(1)。

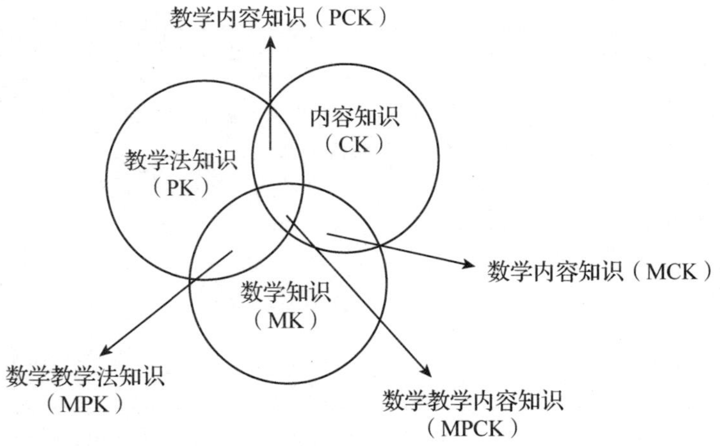

图 7-3　MPCK 结构图

3. 教师的专业发展阶段

教师的专业发展引起社会的广泛关注，但是教师教育的质量没有得到明显提高。有学者认为主要原因是人们对教师专业成长的规律没有清醒的认识，因而在教师成长的各个阶段缺乏相应的帮助。他们主张首先要研究教师成长分哪些阶段，每个阶段有哪些特征。类比皮亚杰提出的儿童成长具有阶段性和关键期，相应地，教师的成长过程也具有阶段性和关键期。国内外很多学者对此展开研究。1969 年，美国得克萨斯大学学者弗兰西丝·富勒(Frances Fuller)以其编制的《教师关注问卷》揭开了教师发展阶段理论研究的序幕。她指出“个人成为教师的这一历程是经由关注自身、关注教学任务，最后才发展到关注学生的学习以及自身对学生的影响(效果)这些发展阶段而逐渐递进的”。它具体包括四个阶段：一是教学前关注(pre-teaching concerns)阶段，即师资培养时期关注自己；二是早期生存关注(early concerns about survival)阶段，关注的是教师自己的生存问题，如班级管理、熟悉教学内容、学校领导的评价等；三是教学情境关注(teaching situations concerns)阶段，关注各种教学情境或环境的变化及对教师在知识、技能、能力上的要求；四是关注学生(concerns about students)阶段，关注学生的思想、学习、需要，与学生建立沟通和交往。①

在富勒之后，许多学者采取不同方法，从不同角度研究教师发展，各种教师专业成长阶段理论如雨后春笋般出现。这些理论貌似不同，实则有许多共同之处。首先，各阶段理论都以教龄为基准，都按照时间先后对教师成长阶段进行分割。其次，这些理论开始注意教师的个性差异和身边环境。最后，由教师成长阶段理论发展到关注教师整个职业生涯的持续、动态发展的过程。数学教师的专业成长过程也不例外，无论对其进行专业评估还是对其培训需求的了解，都应该考虑其教龄，以教龄为基准对其进行研究。因此，对数学教师培训的研究，必须认真考虑其教龄，分析其成长所在的阶段，积极帮助其渡过关键期。

① ［美］Ralph Fessler & Judithe Cstensen，《教师职业生涯周期——教师专业发展指导》，董丽敏、高耀明等译，北京，中国轻工业出版社，2005。

从国内的研究来看，主要有教师发展的六阶段理论。第一阶段，新手教师，指工作1～3年、教学技能不熟练、缺乏教学实践经验的教师。主要任务是学会分析教材，形成基本技能与规范。第二阶段，合格教师，指工作3～8年、有初级职称、教育教学技能比较熟练，但专业知识掌握不够系统、教学经验不够丰富、教学内容深度不够、对学生缺乏系统了解研究的教师。主要任务是解决知识加深加宽、了解研究学生。第三阶段，熟练教师，指工作10年左右、有中级职称、经验比较丰富，但教学尚没形成特色和风格、缺乏学科教学思想的教师。主要任务是解决教学特色形成、学科教学思想学习、教学问题初步研究与探索。第四阶段，成熟教师，指工作15年以上、获得了高级职称、经验丰富、有一定教学风格的教师。主要任务是解决教育研究和实验，形成自己的教学思想和风格，使大部分人能够成为骨干教师或学科带头人。第五阶段，骨干教师或学科带头人，指有一定的教学思想和教学特色，但还不够系统深入的教师。主要任务是解决教学经验与教学思想的凝练、教育教学课题研究等问题，使他们成为特级教师或专家教师。第六阶段，专家教师，指获得特级教师称号或具有潜力的学科带头人。主要任务是解决教育哲学思想、形成独特的教学风格、发挥示范引领培训指导作用问题，努力使他们成为教育家。

(二)隐性知识理论

1996年，经济合作与发展组织在《以知识为基础的经济》报告中，将知识的形态划分为著名的四种知识类型：知道是什么的事实知识(know what)、知道为什么的原理知识(know why)、知道是谁的人力资源知识(know who)和知道怎么做的技能知识(know how)。前两类知识可以编码、查阅，属于现性知识，后两类则属于依靠实践才能获得的隐性知识。这表明人们对知识的认识已经开始超越普遍性、客观性和中立性的束缚，正在走向一个更深入全面的转型，这一转型使得知识的实践性、情境性、个体性和多样性的特质开始凸显。

1. 隐性知识的含义

知识是人类认识世界和改造世界的经验总和。20世纪50年代，英国物理化学家和思想家波兰尼(Polanyi)在批判近代以来知识界形成的实证主义知识观时，在他的《人的研究》一书中明确提出知识的显性(explicit)与隐性(hidden)这两个概念，首次把人类知识划分为两个不同的发展纬度。他指出“人类有两种知识，通常所说的知识是用文字或图示、数学公式来表述的，这只是知识的一种形式。还有一种知识是不能系统表述的，例如，我们有关自己行为的某种知识。如果我们将前一种知识称为显性知识的话，那么我们就可以将后一种知识称为隐性知识或实践知识”，而且在更多时候，尤其是当我们从事某种活动时，隐性知识所发挥的作用往往多于显性知识，即“我们所认识的多于我们所能告诉的”。①

波兰尼隐性知识的提出不仅为知识的研究开启了一扇门，也为基于实践的教师在职培训提供了崭新的研究视角。事实上，20世纪80年代以来，教育研究领域最重要的一大进展是努力揭示教师专业知识的本质特征，并将教师知识的研究置于教师专业发展的框架下展开。这些研

① 陈霞：《教师培训有效性的评价指标体系构建研究》，载《中小学教师培训》，2008(10)。

究把教师知识的发展作为教师专业发展的重要内容，并主要集中在三个问题的探讨之上：一是教师需要什么知识；二是教师具有什么知识；三是教师怎样发展他们的知识。也就是说，教师知识的构成、教师知识的现状以及教师知识的提升。虽然不同时期和国度，教师的知识构成有所不同，但研究一致显示，在每个教师的知识谱系中，教育知识都可分为显性知识和隐性知识两个部分。其中显性知识指能用正式和系统的语言来表达、编码的知识，因此具有可传播性、科学性和权威性；隐性知识则是一种存在于个人经验并嵌入实际活动中的无意识的、直觉的实践知识，来源于教师个体的经验、理解、感悟和反思，是教师个体知识的核心，它根植于具体的行动与实践背景之中，更多地与个体的思想和行动过程保持一种共生关系；它具有个体性(特殊性)、情境性(具体性)、程序性(时间性)、互动性(生成性)、综合性、模糊性，难以形式化表达或通过他人的直接讲授而获得，只能在做中学，即通过具体的教育实践而感悟和习得。

根据上述对知识的特性与类型的描述，人们从知识的存在形态以及与知识认知主体的关系维度，把教师个体知识分为 4 个类型，这被称为教师个体知识的乔・哈利窗(表 7-53)。[①]

表 7-53　教师个人知识之窗

自己与他人共知、共享的知识 (对自己与他人都是显性的)	自己体验到的经验知识 (对自己是显性的，对他人是隐性的)
他人体验到的实践智慧 (对他人是显性的，对自己是隐性的)	尚不能共知、共享的知识 (对自己和他人都是隐性的知识)

2. 隐性知识理论对教师培训的启示

上述内容清楚地表明教师的知识是隐性知识与显性知识的整合体。其中，教师的隐性知识是教师长期的教学思维与习惯沉淀的结果，它与教师的教学实践紧密结合，与教师的思维方式、行为习惯、价值意识、教学策略、言谈举止等融为一体。

有研究显示，在教学实践中，真正发挥作用的是教师的隐性知识。教师知识的这种特性显示教师隐性知识的获得，既是教师成长和发展的关键，是教师教育智慧得以提升的主要因子，也是促使理论与实践发生关联的重要媒介。这就启示我们，教师隐性知识的获得，不能走传统培训与学习的老路，不能沿用先掌握理论知识后实践应用的旧模式。数学教师培训需要采取一种融入受训者工作现实的专业发展策略。就数学教师培训而言，这种策略体现为以行动为基础、以问题为中心的“案例式、探究式、参与式、情境式、讨论式”培训方式的应用，应凸显教师自身对经验的反思以及同伴、专家等群体之间交流对话的重要价值。

---

① 景毅君：《美国中小学教师在职培训的经验及启示》，硕士学位论文，河南师范大学，2012。

三、国际上数学教师培训课程与方式例析

(一)发达国家的数学教师在职培训

教师的专业发展是一个漫长的过程，并历经职前教育和职后培训阶段，其重要保障是建立教师职后培训制度。因此，在师资培养基本实现高等教育化的发达国家，他们更为关注中小学教师的职后培训，加强在职教师的培训工作，使其学识与能力特别是教育教学实践能力和水平，能够与时俱进达到从业标准。但是，文献检索发现，国内鲜见针对国内外数学教师在职培训的课程研究。下面仅以美、英、日三国为例，结合其新教师研修和在职培训的相关成果探讨这几个国家的数学教师培训课程与方式，从中窥一斑以见全貌。

1. 美国的数学教师培训课程与方式概述

美国是世界上高等教育最发达的国家之一，也是教学硕士、微格教学与教师专业发展学校等教师教育创新的发源地。在美国，不同的时代对教师的形象和职业性质有不同的认识。进入20世纪80年代，伴随着终身教育理念的深入发展和各国经济的快速腾飞，美国将其综合国力提升的希望再次寄托于教育的发展。1983年，美国发表《国家处在危机中，教育改革势在必行》，由此拉开了美国新一轮基础教育改革的序幕，此后随着《国家为培养21世纪的教师做准备》《学校与社会·明日之学校》等一系列报告的出台①，掀起了美国教师教育改革的第二次浪潮。这些报告指出，只有当教学转变为完全成熟的职业时，公共教育质量才能得以提高，并明确提出将通过中小学教师在职培训，提高教师队伍整体素质和教学质量。

美国的教师教育属于分权制管理，教师资格证书没有全国统一的标准，由各州教育行政部门负责，但所有州都规定在职教师必须参加教师培训活动。很多州近年来将教师资格证书的期限规定为5年，教师每5年都要学习175小时的在职教育课程，以促进教师对数学核心概念和学科结构的理解，亲历并获得必要而有益的数学学习经验，以确保教师熟悉和掌握所必需的数学专业知识，并且达到美国数学教师的行业标准和州的教师资格证书标准。以纽约州为例，公立学校的新教师在获取教师资格证书后每5年需要完成175小时的教师培训才能换取教师新资格证书。②

美国各州的教师培训课程同中有异、各有千秋。综合各州的教师培训课程，大致可以分为三大类：一是教育背景类，开设的专题很多，主要有哲学、经济、法律、教育政策研究、学校与社会、教育背景与青少年发展、人类能力与学习、健康教育等。重视文理交叉与相互渗透，目的是帮助教师形成对科学素养的开阔视野，感悟与获得关于学生、学校、家庭、社区、文化、教育等广博的知识背景，发展对人文、教育、社会与数学等领域之间内在联系的认识。二是学科专业类课程，为教师任教的学科专设的各种专题，如中小学数学研究、中小学数学课程

① 景毅君：《美国中小学教师在职培训的经验及启示》，硕士学位论文，河南师范大学，2012。

② 刘宇：《美国教师专业发展的范式转换及其启示》，载《比较教育研究》，2003(4)。

标准、数学教学研究等。目的是促进教师对数学核心概念和学科结构的理解，亲历并获得必要而有益的数学学习经验，并确保教师熟悉和掌握前沿性的学科专业知识，以达到美国数学教师的行业标准和州的教师资格证书标准。三是教育实践类课程，由教育理论、教学法和教学实践三部分组成。① 它包括教育心理学、发展心理学、教育评价与测量、教学策略和技术、各类学生的教学、教材教法和视听教育、教育实践等专题。目的是帮助教师从理论与实践两个维度了解个体学习差异，掌握儿童成长规律，进而发展和应用多种教学策略，熟悉和掌握沟通、协作、管理、教育、教学的方法与能力，深化对教育、教学实质的理解，并树立反思性实践意识。

美国教师在职培训的方式多种多样，如大学的教育学课程、大学的公开讲座；教育团体主办的在职教育活动、课程研究会、进修参观旅行、电视教育、脱产学习、出国进修；学区主办的专题讨论会等。教师专业团体是教师在职培训的主要力量，如美国教育协会、教学视导与课程编制协会、全美教师协会以及各地分会，每年都为其会员举办研讨会、讲习班及教学资源展示会等，还举办示范观摩教学、大学课程辅导和短期课，在诸类型的进修活动中以参加学区主办的专题讨论会最多②③④⑤，而利用大学提供的进修机会减少。

20 世纪 80 年代以来，美国教育界对教师教育的研究发现，教师的知识构成具有多元性，除了传统认同的学科知识和教育理论知识外，实践性知识对教师的专业发展具有十分重要的作用。现代认知心理学亦指出：任何领域专家的知识结构都由两部分构成，一是回答“是什么”的陈述性知识，这可以通过书本或教师的传授获得；二是回答“怎么办”的程序性知识，它又可分为应用于经常出现的熟悉情境的技能和应用于陌生情境需要创造性的认知策略，后者必须通过教学实践和个人的操作与体验才能获得和发展。在此基础上，关于专家与新教师的对比研究进一步发现，专家教师不仅在程序性知识的技能和策略上优于教师新手，而且在陈述性知识的内容与组织上也有区别，这导致二者在教学能力上的显著差异。这些理论和研究给人们的启示：应摒弃教师专业发展的静态观，促进教师在实践中应用和修正所学理论，不断解决问题，在实践中认识和反思，获得一个个与具体教学情境相联系的经验的过程，视为教师专业发展的前提条件。因此，为了提升教师的专业水平和教育胜任能力，美国大学的教育学院不仅与附近地区的中小学联合创建了合作培养师资的教师专业发展学校(Professional Development School)，“反思性教学”等也应运而生并且其发展方兴未艾，它们不仅作为教师教育改革的一种方案，而且“作为一种生活方式正在改变着教师教育的面貌”，有力地促进了数学教师的专业发展。⑥

---

① 刘丹：《对具有 5～15 年教龄的高中数学教师在职培训课程设置的研究》，硕士学位论文，华中师范大学，2004。

② 许建美：《美国的教师专业发展学校》，载《比较教育研究》，2002(3)。

③ 鞠玉翠：《美国教师教育中的证据：现状、问题与改进》，载《全球教育展望》，2011(10)。

④ 杨明全：《从教学专业化看美国在职教师进修计划》，载《外国教育研究》，2000(3)。

⑤ 李学书、高光：《美国教师教育模式的转型》，载《外国中小学教育》，2011(7)。

⑥ 陈静安、杨蕾、孙莅文：《中学数学教师职前教育及课程结构比较研究》，载《云南师范大学学报(自然科学版)》，2011 (1)。

2. 英国的数学教师培训课程与方式概述

英国被称为“世界继续教育之乡”，教师培训对世界各地的教师教育都产生过较为深远的影响。早在18世纪末19世纪初，英国就先后出现了导生制(Monitorial System)和见习教师制(Pupil-teacher System)培训方式。20世纪70年代以来，英国的教师培训无论是在理论层面还是在制度层面都进行了调整与改革，并显示出独有的个性特征。20世纪80年代后，英国的教师培训由地方分权制管理逐渐转向加强“两极(中央和学校)，弱化中间(地方教育当局)”的管理。同时，多重的教育目标、多样的培训方式、多元的课程类型以及不同层次的教育管理使教师培训走进了一个崭新的现代发展时期。①

英国十分注重依据教师的职业生涯理论和专业发展阶段设计不同的课程。为了满足和实现不同层次、级别的教师参与在职培训的不同需求和目标，英国为中小学教师设计了一年以上的全日制脱产课程、半脱产制的中期课程、业余不脱产的短期课程。其中，一年以上的长期课程又包括可以获得硕士、博士学位的课程和证书课程(如特殊教育证书、教育方法证书和评价教师质量证书)②，这些课程往往与提高教师学历和骨干教师的教育科研能力相关，面向5年以上教龄的教师，并且能够获批准的人数仅占申请者的1/3。

地方教育当局和学校鼓励教师参加一学期的中期课程或为期几天的短期课程。中短期课程针对各层次教师中小学教学实际需求，课程内容或是上述课程的某一单元或模块，或是为了某项教育改革，如基础课程改革、国家优先考虑领域课程，抑或是某一热点问题的研讨等，内容多样，形式灵活，虽然没有学历或文凭证书，但是“很多课程的学分可以被记入申请高级文凭的积分，同时可以成为攻读硕士学位的良好起点”。几乎所有开设有教师教育的机构都设置有非证书教师培训短期课程，课程都预先编订成册，分发到中小学，由教师自愿选择。这些课程多在晚上、周末、假期或教师发展日进行，常年开课，尽可能地给教师在职培训提供方便。这些课程的特点是内容新、针对性强，反映教育发展领域的最新成就或教师专业发展的最新信息，解决教师实际工作中的疑难问题。例如，英国曼彻斯特大学教育系为在职中学数学教师开设的“数学逻辑思维”“解题方法与技巧”“数学课堂教学方法”等培训课程③，旨在开阔教师的专业视野、更新教师观念、解决教学实际中的疑难问题、提升教师教学技能和改进中小学课堂教学实践。

英国的教师培训方式灵活多样，包括专题课程、研讨班、示范课观摩、教师会议、参观访学等。近年来，随着对校本培训的重视，他们更多采取以实践为取向的培训方式，如英国的大学教育学院虽然常年开设各种各样的教师培训课程，但是仅在大学院校内部进行的课程学习，已呈下降趋势。越来越多的大学教授走出学院，亲临中小学教学第一线，帮助教师开展校本培训。如近年来流行采用“三明治”活动方式，即教师的理论学习和学校实践交替进行，注重学用结合、学以致用。但无论选择哪种培训方式，都要立足于教师的课堂教学实践，把培训和教师

① 杜静：《英国教师在职教育发展研究》，博士学位论文，西南大学，2007。

② 陈静安：《英国中小学教师培训特点及其启示》，载《继续教育研究》，2015(5)。

③ 杜静：《英国教师在职教育发展研究》，博士学位论文，西南大学，2007。

日常的教育教学活动结合起来，力求达到教师教与学的统一。其中，最著名的校本培训方式是英国谢菲尔德大学教育学院在经过大量调查的基础上提出，以学校为基地，注重地方教育当局、大学等师资培训机构与学校密切合作实施的“六阶段培训模式”。[①] 其特色是培训机构与大学教师走进中小学，针对性地进行实地培训和指导，改变了过去传统的组织中小学教师到大学听课的培训方式。这种培训方式针对性强、效率高，促进教师学以致用、学用结合，极大地调动了教师学习的热情。

教学方法也由过去比较单一的系统讲授转向讲授和讨论并举，分享和研究结合，注重示范教学、参观见习、交流研讨的作用，并鼓励教师整合理论学习和教学实践，不断反思、自主探索。使培训纳入了经验分享、合作探究、反思教学和案例研究等策略，突出了教师培训的参与性、操作性和体验性，在培训内容和方式的针对性、专业性和实效性方面凸显优势与特色。

研究显示，英国教师对于培训中的合作交流学习有着特殊的兴趣。英国教师把同行交流看作是获得教学见识、促进专业发展的一个重要手段。在实践中，学校常常通过研讨班、社交聚会、课程培训、教师会议以及午餐、课间休息、放学后等机会进行学习交流。简言之，英国教师更喜欢通过交流、参观和相互间的合作来提升自身的专业能力和水平。

3. 日本数学教师在职培训的课程与方式概述

为确保教师的专业性，从20世纪70年代开始，日本除了强调培养教师的大学须不断提高教育质量和培养水平外，并在严格教师选考录用的同时，又逐步完善了教师在职研修制度。1989年，日本颁布和实施《新教育职员许可法》规定，日本的教师资格证书包括以下几种：一是专修许可证，其基础资格为研究生院硕士课程结业程度；二是一级许可证，其基础资格是大学本科毕业；三是二级许可证，其基础资格是短期大学毕业；四是临时许可证，发给小学、初中、高中临时教师(代课教师)的许可证；五是特别许可证，颁发给小学、初中及高中教师的特别许可证。但在日本取得教师资格证书的人并不都能谋得教师的职业，除符合年龄和身体条件外，还要参加由各县教育委员会组织的每年一度的教师聘用考试，通过者可被任命为该县的试用教师，再经过一年试用合格后，方可成为该地区的正式教师。[②]

1989年，日本颁布的《授予教师资格证书而开设课程的认定方法》中，师范教育开设的教育课程有以下十类：一是教育基本原理类，包括教育史、教育基础论、学校教育学、教育哲学、教育学概论、教育学原理；二是心理科学类，包括教育心理学、发展与学习心理学、青年心理学；三是教育社会学类，包括教育法学、社会教育、社会教育概论、现代学校概论、日本教育史、西洋教育史、教育经营学、学校教育论、教育法规；四是教学类，包括教育工学、教育媒介学、视听觉教育、视听觉教育实习、实习指导论、学习指导法、教育实践论；五是各科教材教法科目；六是道德教育科目；七是特别活动科目；八是教育指导类，包括生活指导论、临床教育学、教导论；九是教育学习；十是其他科目，包括教育评价、终身教育论、人权教育研

---

① 王颖：《近十年来英国中小学教师在职培训的新动向》，载《继续教育研究》，2008(1)。

② 杨民：《日本教师研修制与我国教师终身教育之比较》，载《中国教育学刊》，2002(4)。

究、教育社会学等40多门课。其中，教育课程占总课时数的13%，教育实习期间为7～14周，占总课时数的3%。①

日本教师在职研修形式多样，具有很大的灵活性。按时间区分，有长期与短期；按地点区分，有校内和校外，校外又分国内和国外；按主办单位区分，可分为中央和地方；按要求区分，有强制和非强制；按教师在职时间长短区分，有新任教师和在职教师研修。教师在职培训的机构大致可分为以下五类：一是大学及师范教育机构，80%以上国立、公立和私立大学经常举办各级教育行政部门所委托的教师研修活动，如专题研究、夜间部、函授部、公开讲座和研究会。例如，日本新设想教育大学主要招收有教学实践经验的教师，研修合格者能取得硕士学位，获得专业许可证资格。这种理论与实践相结合的研修方法为中小学骨干教师提高教育理论水平和教学实践能力提供了良好的发展平台。二是专门的研修机构，包括都道府县的教育研修中心、理科教育中心、教育会馆。例如，各地都设置一所教育研修中心，负责中小学教师的在职研修，并为中小学教师提供研讨会和教学器材等。三是教师专业团体，如日本教职员组织是日本最大的教师工会组织，每年举办各种教育研究会和讲习会，在争取提高教师待遇的同时，还进行促进中小学教师素质能力提高的研修活动，并出版和发行教育刊物。日本文部科学省每年给予全国教育研究团体经费补助，鼓励这些团体积极地展开研修活动。四是广播电视及函授教育机构，日本在1977年创办的放送大学(广播电视大学)是教师研修的重要机构。许多中小学教师还通过函授教育进行自主性研修活动。五是校内研修，20世纪80年代以来，由于校内以强凌弱、拒绝上学等问题的日益严重，作为对策之一，日本开始探讨改革新任教师研修的制度，并重视以学校为中心的教师在职研修方式，即校内研修。②③④

(二) 我国数学教师培训课程与内容概述

我国非学历教育的数学教师在职培训起步较晚，早期主要停留在各学校对新教师的培训，培训内容差异大，研究成果少。1999年，国务院批准《面向21世纪教育振兴行动计划》，并提出实施“21世纪园丁工程”，此项培训主要是针对骨干教师，分学科进行培训，培训时间大都在寒暑假。由于受训的教师数量太少，骨干教师又大都是学校的领导，回校后由于各种原因培训推广作用有限。2003年9月，我国启动了以新理念、新课程、新技术和师德教育(三新一德)为主题的中小学教师全员培训工程，并开展了新课程改革培训和“国培计划”。2011年教育部颁布的《教师教育课程标准(试行)》中在职教师教育课程设置框架建议如表7-54所示。

① 许英美：《日本新任教师研修制度的现状——以日本德岛县为个案》，载《比较教育研究》，2002(3)。
② 朱永坤、曲铁华：《中日教师继续教育之比较》，载《河北师范大学校报(教育科学版)》，2004(2)。
③ 刘岩：《从美日教师培养与培训看我国教师教育》，载《鞍山师范学院学报》，1999(4)。
④ 李宝山、王巨洲：《浅谈日本教师继续教育的做法及其对我们的启示》，载《教育探索》，2001(7)。

表 7-54 《教师教育课程标准(试行)》中在职教师教育课程设置框架建议

课程功能指向	主题/模块举例
加深专业理解	当代教育思潮、教师专业伦理、学科教育新进展、儿童研究新进展、学习科学新进展等；也可以选择哲学、人文、科技等研究领域的一些相关专题
解决实际问题	学科教学专题研究、特殊儿童教育、青少年发展问题研究、学校课程领导、校(园)本课程开发、综合实践活动设计与指导、档案袋评价、学生综合素质评定、教学诊断、课堂评价、课堂观察、学业成就评价、信息技术与课程的整合、校(园)本教学研究制度建设等
提升自身经验	教师专业发展专题研究、教育经验研究、反思性教学、教育行动研究、教育案例研究、教育叙事等

文献研究显示，我国数学教师在职培训课程主要集中在数学教育、数学专业知识、教育心理与技术、数学教育研究与方法四大板块。①②③ 以广州市中小学教师培训为例，廖运章和王卫东对广州市“九五”期间第 1～9 期的数学教师培训课程进行的统计与研究显示，“九五”期间广州市的中学数学教师培训共设置 49 门课程，并且所列 49 门课程都有教师报名选修，包括贴近中学数学教学实际的数学教育与数学教育技术课程，以及体现数学科学发展前沿的分形几何，表明数学教师的培训需求类多面广又存在个体差异。但有 11 门课程因选修人数未达到开班条件没有开设，实际上共开设了由数学科学课程、数学教育课程与数学教育技术课构成的数学专业知识类课程 38 门。平均每学期新开设 4 门以上课程，课程设置更新快，基本满足中学数学教师开展继续教育的课程需求。

该研究还发现，开课频数超过 3 次的课程占设置课程总数的 21%，按频数由高到低排序，依次是数学教育研究方法与论文写作、中学数学教学理论和教改实践、中学数学竞赛与课外辅导、数学新大纲新课标新教材研究、数学史、数学课堂教学技能训练、几何教学与素质培养、(中学)数学建模初步 8 门，全部属于数学教育课程。同时，有超过 1/3 的教师选修的课程分别是数学考试(中、高考)命题研究、数学教学软件使用与课件制作、数学新大纲新课标新教材研究、数学教学设计、数学教育研究方法与论文写作、数学教育心理学等 6 门，分属数学教育、数学教育技术类，占设置课程总数的 15%。④ 值得注意的是，少有教师选修数学科学课程。

研究显示，“数学考试(中、高考)命题研究”选择率为 60.1%，位居榜首，反映了中学数学教师渴望得到有关数学测量与评价理论的科学指导的强烈愿望或考试指挥棒的吸引力。52.6% 的教师选择数学教育技术课程，说明随着现代信息技术的发展，教师对计算机辅助教学、数学教学课件的制作这一类数学教育技术课程的需求越来越大。选择率为 46.4% 并且位居第三的“数学新大纲新课标新教材研究”，说明该课程较好地满足了数学教师面对新课程改革和全新的课标及教材，理解新课标、用好新教材、把握其内涵的要求。统计还显示，数学教学设计、数学教育研究方法与论文写作、数学教育心理学课程的选择率分别为 42.2%、36.6%、35.6%，

① 郑毓信：《中国数学教师培训的当务之急》，载《数学教学通讯》，2002(5)。

② 张雪梅、张进宝、宋媛：《我国中小学教师培训评估研究》，载《中小学教师培训》，2006(12)。

③ 廖运章、王卫东：《数学教师继续教育课程需求分析》，载《数学教育学报》，2005(4)。

④ 廖运章、王卫东：《数学教师继续教育课程需求分析》，载《数学教育学报》，2005(4)。

分别位居第四、第五、第六，说明数学教师重视对数学教育课程的再学习。侧重于应用实际但被传统教学忽视的“数学建模初步”选择率为26.5%，位居第七。在解释这些选项的理由时，大部分教师基于调整和优化自己知识结构的角度，认为数学教师应“明方向”(国内外数学教育改革发展趋势)，“懂心理”(数学教育心理学)，“会方法”(数学思想方法、数学方法论等内容)，“能实践”(教改实践、数学教学设计、数学建模与应用等)，“懂科研”(数学教育科学研究方法与论文写作)。① 该项研究还发现，图论、数论、金融数学、分形几何等数学科学课程的选择率均在5%以下。究其原因，或许是相关内容在中学数学课程标准中明确属于“选修系列3、4，并且不作为高校选拔考试的内容”，或者部分专题与中学数学教学缺乏直接联系，以及教师培训的时间有限。

“十五”期间，广州市依照教育部有关中小学教师继续教育“培训时间5年累计不少于240学时”的要求，进一步制订了“中学教师继续教育课程设置的内容、类别与学时学分分配方案”，并规定了以下三类课程及其学时：教育科学类(80学时)、学科专业类(专业知识课程与教研活动课程各100学时)和普通文化类(80学时)；同时设置了教育科学课程、专业知识课程、教研活动课程和普通文化课程，这四个板块的学分比例为4∶5∶5∶4(10学时记1学分)。其中，专业知识课程包括学科知识的新进展、学科新课程标准解读、新课程教材教法与教学设计、学科论文撰写、计算机信息技术与学科知识的整合方法、学科课外活动指导等。②

在培训方式方面，北京大学中国教育财政科学研究所于2010年对全国9省市区(北京、上海、江苏、山东、江西、河北、贵州、新疆、甘肃)中小学教师培训现状进行的大规模实地调查研究的结果显示，在被调查者接触的培训中，最常见的几种培训方法是集中讲授、听课评课与录像观摩，它们的比例分别为73.8%、65.0%和43.8%；其次是案例分析、小组合作学习和面授与网络相结合，它们的比例分别为31.4%、23.1%和14.1%；其他培训教学方法并不常见，比例均在10%以下。③ 可见培训方式总体上与教师培训的成人特点还存在较大差距。

四、基于数学新课程体系下的数学教师培训课程方案

为了进一步促进中小学数学教师加深专业理解，深化对数学新课程的基本理念、课程目标、核心概念的认识，整体把握新课改数学课程内容的主线，掌握中小学数学课程与教学的前沿性知识、方法性知识、关联性知识，发展基于学生学习认知规律的教育教学策略与方法，有效提升中小学数学教师的教学设计、教学实施、教学评价和现代信息技术应用的能力，我国将义务教育阶段数学课程划分为三个学段并设置“数与代数、图形与几何、统计与概率、综合与实践”四个部分的内容，高中数学采取必修模块与选修系列相结合的课程结构，在借鉴以往数

① 廖运章、王卫东：《数学教师继续教育课程需求分析》，载《数学教育学报》，2005(4)。
② 廖运章、王卫东：《数学教师继续教育课程需求分析》，载《数学教育学报》，2005(4)。
③ 薛海平、陈向明：《我国中小学教师培训质量调查研究》，载《教师教育研究》，2012(6)。

学教师在职培训课程经验的基础上，依据数学教师专业化等相关理论，同时考虑基础教育和数学课程改革对数学教师能力的紧迫要求，依据教育部《教师教育课程标准(试行)》职后培训课程的建议，以及中小学教师专业标准(试行)的要求等，并参照《"国培计划"数学教师培训课程标准(试行)》在课程目标、建议的课程内容和课程设置及实施建议中特别强调的"要注重设置实践类课程，短期集中培训项目实践类课程原则上应达到30%以上，置换脱产研修项目实践类课程原则上应达到40%以上"等要求；结合数学教师培训的最新理论和广东省中小学数学教师培训工作的实际，将中小学数学教师培训课程设置为 MPCK 课程、拓展课程两个部分，共计 62 门课程构成(表 7-55、表 7-56)。

MPCK 设置力求体现国家对中小学数学教师素养统一和基本的要求，并针对中小学新课程改革需要安排的课程，由"加深专业理解、解决实际问题、专业经验与提升"三个领域、十个模块、共计 38 门课程构成，具体可针对教师的学段、层次、岗位需要细分为数学学科知识、数学教学内容知识、数学学科教学知识三类课程。拓展课程分为四个系列，包括针对教师的学段、层次、岗位需要的学科拓展课和适应教师自身发展需要的教育背景拓展课两种。参训教师可以根据需要自由选择其中几门。拓展课设置力求小专题、大容量，以问题为中心、案例为载体，深度研究。各专题既可适当交叉，又可衔接，力求体现广东省数学教师培训课程的前瞻性、普适性和实效性。

表 7-55　中小学数学教师培训 MPCK 课程的目标、模块及其专题、课时、内容要点

目标领域	模块	专题	学时	内容要点	来源
加深专业理解	师德修养	模范教师的师德修养	4	模范教师的成长历程、先进理念与有益启示	国培课标
	专业理念	《数学课程标准》与核心素养解读	6	基本理念与数学核心素养的内涵、发展、作用	国培课标
		中小学教师专业标准(试行)解读	4	制定背景、内容要求、案例解释	国培课标
	发展专业知识与能力	学生发展知识	12	中小学生认知发展与学习	国培课标
		数学基本思想方法及教学研究	24	数学思想方法的内涵及其教学，案例分析	国培课标
		数学活动经验及教学研究	9	数学活动经验的内涵，已有研究成果，案例分析	国培课标
		整体把握数学课程——总结提升	9	不同主线的关系，螺旋上升与一步到位	国培课标
		启发式教学策略与学生主体地位在教学设计中的体现	6	理论概述、案例研讨	国培课标
		数学史专题选讲	18	以专题形式介绍与中小学数学有关的专题，如重大进展、伟大数学家	国培课标
		数学课堂有效教学策略研究	9	数学有效教学的策略与实践	国培课标

续表

目标领域	模块	专题	学时	内容要点	来源
解决实际问题专业经验与提升	课程教材教法研究	整体把握数学课程——数与代数主线分析	9	按照数学课标分学段提炼与分析主线(例如，数、字母、运算和量、符号、模型分别是从小学一年级一直到九年级，进而一直延续到高中的两个重要的基本主线)，结合案例研讨	国培课标
		整体把握数学课程——图形与几何主线分析	9	依据数学课标分学段提炼与分析主线(例如，图形分类及性质，零维的图像是点，一维的图形是线，二维的图形是面，三维的图形是体，以及基本图形与复合图形及研究图形基本方法等主线)，结合案例研讨	国培课标
		整体把握数学课程——统计与概率主线分析	9	按照数学课标分学段提炼与分析主线(例如，从描述性统计学到数理统计学，结合案例介绍统计作用)，结合案例研讨	国培课标
		整体把握数学课程——运算主线分析	9	依据数学课标分学段提炼与分析主线(运算及算法是中小学数学的一条隐性脉络，不仅是知识，而且作为一种数学思想，贯穿在中小学数学学习的始终)，结合案例研讨	国培课标
	课程教材教法研究	整体把握数学课程——函数主线分析	9	按照数学课标分学段提炼与分析主线(例如，从初等函数到复合函数、反函数、非初等函数(无限次运算——用极限给出函数)、用方程给出的函数，结合案例研讨	国培课标
		教材编写意图的分析和实践	9	分析的内容、方法，自我实践，交流反思	国培课标
		重要数学概念内涵及教学分析	9	案例分析，教学策略研讨	国培课标
		“数学应用”与数学教学	9	数学在科技、人文方面的应用案例、数学建模、数学探究，结合案例研讨	国培课标
	课程与学生及教学研究	选修系列的专题分析	18	选择性，内涵分析，拓宽视野，校本数学课程资源的开发与应用	国培课标
		数学课程改革与学生学习方式转变	4	数学课程改革的内容和特征及学生学习方式的转变	国培课标
		概念教学优秀案例分析	8	代数、函数、几何、统计等概念教学案例分析，教学策略研讨	国培课标
		命题教学优秀案例分析	8	公理、性质、定理、解题等教学案例分析，教学策略研讨	国培课标
	教学诊断与评价	数学新课程的教学案例与评价	4	提高观课评课有效性的方法、策略与案例分析	国培课标
		数学测试命题的理论与技术	8	数学试题命制的科学性、可操作性及其案例展示	国培课标
		数学教学诊断	4	数学教学诊断的理论与技术	教师教育标准
		数学课堂观察	4	数学课堂观察的理论与技术	教师教育标准
		数学学习档案袋评价	4	数学学习档案袋评价的理论与技术	教师教育标准

续表

目标领域	模块	专题	学时	内容要点	来源
解决实际问题专业经验与提升	现代教育技术能力	优秀数学软件的学习与创新应用	12	几何画板、Z+Z、图形计算器等在教学中的创新应用案例	国培课标
		现代信息技术在数学课堂教学中的应用	15	现代教育技术上机实训，各项操作的详细实训指导	国培课标
		课件制作与优秀课件分享	6	课件制作与课件收集分享，信息技术在数学课堂教学中的应用案例分析	国培课标
	教学设计	课程目标在教学设计中的体现	6	策略研讨，案例分析	国培课标
		数学复习课的设计与应用	6	策略研讨，案例分析	否
	班级管理	良好师生关系探析	4	良好师生关系的内涵，策略研讨，案例分析	国培课标
		合作学习有效性的策略	4	小组讨论有效性的标准，策略研讨，案例分析	国培课标
	学科教育研究	数学课堂教学实录与评析	12	教研活动、经验交流，特级教师等的专题讲座	国培课标
		数学教育案例研究	4	数学教学同课异构、观课议课，教研活动、经验交流等	国培课标
		数学教育叙事	4	数学有效教学与教研论文写作指导	国培课标
		数学教育行动研究	4	数学教研课题研究与教师专业发展，数学教研的常用方法及案例分析	国培课标

注：“来源”指课程是否来自《“国培计划”数学教师培训课程标准》和《教师教育课程标准（试行）》中在职教师教育课程设置框架建议的课程内容。

表 7-56　中小学数学教师培训课程方案之拓展课程系列与专题

选修系列	序号	课程专题
师德类	1	教师行为警示录
	2	师德热点与两难问题辨析
	3	教师心理调适策略
	4	家校合作与有效家长沟通（分学段课程）
	5	中小学教师专业标准（试行）解读（分学段课程）
	6	教师职业倦怠调节策略
	7	中小学生心理学（分学段课程）
	8	良好师生关系的探索（分学段课程）
教育类	1	学校心理咨询技术（分学段课程）
	2	教师礼仪与修养
	3	家庭教育学（分学段课程）
	4	中外教育思想流派
	5	人性教育
	6	不同家庭环境对学生成长的影响
	7	教学艺术案例分析（分学段课程）
	8	学生良好学习习惯的培养（分学段课程）

续表

选修系列	序号	课程专题
人文类	1	孔子的教育思想
	2	中国哲学简介
	3	教育中的伦理与社会
科技类	1	生活中的数学(分学段课程)
	2	信息技术与课堂教学的整合(分学段课程)
	3	课件制作(分学段课程)
	4	数学史文化专题(分学段课程)
	5	学科教学中的科研方法

五、数学教师培训质量评估研究

我国对中小学教师培训评价的研究还处于初级阶段，教育领域对此关注不多。实践中，评价教师培训的标准通常为是否完成教育行政部门规定的在职教育学时。近年来，随着我国基础教育阶段教师培训规模的急剧扩大和培训需求多元化发展，如何提高基础教育阶段教师培训质量，增强教师培训的有效性，已成为我国基础教育改革过程中相关教育管理部门、培训单位、参训教师关注和亟待解决的问题。因此，开展中小学数学教师培训质量评价指标体系研究，有助于培训机构通过比照质量评价体系，及时诊断培训方案和培训过程中存在的问题，为正在进行的培训活动反馈信息，以改进和完善培训工作、提高教师培训质量与效益，促进教师的专业化发展。

(一)核心概念解析

1. 培训、质量与教师培训质量

培训是培训主办者为了填补参训对象某方面的现状与一定的预估或预设目标之间的差距而进行的活动。[①] 相对于教学而言，培训强调了一种实践性的学习。在教育视域里，教学的重点是要解决是什么和为什么的问题。在培训视域中，培训的重点是要解决怎样做和谁去做的问题。前者体现了以教师讲授为主导、教材为中心、知识传授为核心的教学特点；后者则彰显了以学员为中心、以经验分享为主导，以提高能力和工作绩效为核心，以解决问题、满足工作岗位的现实需要为目标的培训特征。总之，培训与教学的根本区别在于培训内容不追求教材具有的系统化和逻辑性，而以解决问题、满足工作岗位的现实需要为目标；培训方式不仅仅是传授，更需要体验与行动。厘清这二者的关系是科学构建教师培训质量评价指标体系的前提。

质量在汉语词典里指“产品或工作的优劣程度”。美国质量管理专家朱兰博士则从顾客的角度出发，提出产品质量就是产品在使用时能成功地满足用户需要的适用程度。适用性恰当地表

---

① 刘耀臣：《论双讲式培训方法的应用》，载《天津行政学院学报》，2004(1)。

达了质量的内涵，因此本研究中，教师培训质量是指教师培训机构或组织通过实施规范的、与培训目标相对应的服务行为或活动，满足教师岗位职责对教师职业素质明确规定的和潜在的需求程度的总和。

2. 评价、教师培训质量评价

评价是根据一定的标准，以定量或定性的形式，对事物做出价值判断的活动。教师培训质量评价，是评价主体在一定的价值观指导下，对教师培训工作质量是否满足以及在何种程度上满足各方利益主体的需要而做出价值判断的活动。① 具体就数学教师培训评价而言，是指培训项目参照教育部《教师教育课程标准(试行)》和《"国培计划"中数学教师培训课程标准(试行)》等对中小学数学教师专业能力与素质要求所确定的培训目标，采取定性、定量的方法，对参训教师专业能力发展和职业素质提升进行测量分析，进而对所达到的目标和质量进行判断的活动。

(二)教师培训质量评价的依据

1. 教师学习理论

教师学习有明确的目的和认知需求，是基于问题的行动学习。正如诺尔茨所言"成人的学习是以问题为中心，而不是以教材为中心"。教师的学习需要往往由教学问题而引发，学习的直接目的是解决教学中的问题。只有针对教学实践中的问题进行专业性的行动学习，才能很好地把学习和实践结合起来，不仅使学习成为工作的一个部分，而且使实践中的诸多问题在学习中得到解决。因此，教师的学习与教学的现实需要紧密联系，与教师个体的发展任务紧密相关。

教师学习是知行合一、基于情境、即刻应用的学习。教师的学习追求是建立在"行"上的"知行统一"，即追求知识的可应用性，而非知识的积累、系统和对知识的好奇。而且，教师学习追求"知行统一"的现实性，不完全是为了将来的"行"，而是当前就要用。因此，有效的教师培训在内容上应有助于教师形成操作思路，不能就理论讲理论，要尽可能把理论具体化；在培训方式上，应尽量贴近教师真实的教育活动，促进学习迁移，即促进从学习到应用的顺利过渡。②

教师学习是基于经验的反思学习与合作学习。因为每位教师都拥有个人的知识经验和应对教育教学问题的方法，并且希望个人的经验在学习过程中能得到重视和采纳，能与同伴分享，同时，也希望能从同伴的经验中得到启示。因此，教师自身的经验是有效培训的基础，培训应及时引出他们的经验与视角，保证培训的内容与教师已有的经验相关。

2. 完整性培训理念

现代培训理论认为，培训不仅仅指受训者在培训过程中学习与获得知识的过程，它还包括受训者在迁移情境中运用这些学到的知识与技能的过程。因此，任何完整的培训，都应包括两

---

① 张娜：《中小学教师国家级培训质量评估的理论与实践研究——以重庆市 2010 年"国培计划"培训项目为个案》，硕士学位论文，西南大学，2012。

② 余新：《有效教师培训的七个关键环节——以"国培计划"——培训者研修项目"培训管理者研修班为例"》，载《教育研究》，2010(2)。

个阶段：一是学习，二是应用。学习是手段，应用是目的。如果受训者不能持续有效地将培训中所学的知识和技能运用到工作当中，将所学转化为所用，转化为组织效益的话，那么这个培训就是失败的培训。这种培训观被称为“完整性培训理念”。①

根据完整性培训理念，完整的培训，就培训方而言，不仅包括培训计划与培训实施过程，还包括培训活动结束后跟踪指导的方式、手段等后续介入过程；就参训教师而言，不仅包括在培训情境中的学习过程，也包括在工作情境中对培训所学的应用过程。因此，在构建教师培训质量评价指标体系时，不仅要关注培训的实施，还应关注培训结束后的后续安排，如培训方的追踪评价等；不仅要关注参训教师的即时学习结果，还应关注参训教师对培训所学的应用及其带来的组织效益。

3. 培训质量评价理论

在培训质量评价理论中具有首创意义的是美国威斯康星大学的柯克帕特里克于 1959 年提出的四层次评价模型，它实现了对培训质量进行规范评价的第一步。目前，该模型不但应用于企业的专业培训评价中，也正在被越来越多的学校所接纳和应用。该模型以参训者作为评价对象，依据行为学的研究结果由观念到行为直至结果的变化，将培训质量评价分为四个递进的层次：反应层、学习层、行为层和效果层(表 7-57)，并提出评价的目的：决定是否继续提供特定的培训计划，改善未来的培训计划，证明培训存在的价值。

表 7-57　柯克帕特里克四层次评价模型

序号	层次	评估内容
1	反应层	参训者对培训项目(包括师资与课程、培训内容与形式、管理与服务)的满意度
2	学习层	参训者在培训项目中关于原理、事实、技能、技术、态度、能力的收获与成长
3	行为层	参训者在多大程度上运用培训所学知识和技能并将其转化为工作行为的改进
4	结果层	判断行为的改变对学校绩效和组织(如教学质量和学生学习)是否产生积极的影响

柯克帕特里克的四层次评价模型，优点在于以受训学员为对象，侧重培训效果的评价，分层级对培训质量评价进行了较为系统、深入的研究，具有较强的说服力。不足之处是，评价体系中考虑的因素不够全面，忽略了对培训过程的评价。许多学者对此进行了完善，并提出了相应的模型理论。例如，美国肯塔基大学教育政策与评价系教授古斯基在前人的基础上，提出增加“组织的支持与变化”这一要素，旨在审查与特定的专业发展活动或形式相关的组织支持和变化程度，包括政策、资源，以确保活动不受干扰，获得校长或更高层次管理者支持，对成功的认识、时间上的保证等。②

这启发我们，在数学教师培训质量评价指标体系中，关于培训结果应建构以下 5 个方面的指标：一是学员反应，考核参训教师对于培训活动的满意度；二是学习结果，评价参训教师在

① 陈霞：《教师培训有效性的评价指标体系构建研究》，载《中小学教师培训》，2008(10)。

② [美]Thomas R. Guskey：《教师专业发展评价》，方乐、张英等译，62～84 页，北京，中国轻工业出版社，2000。

培训活动中的实际收获，包括新知识、新技能的获得，观念更新以及态度的变化等；三是应用行为，审查参训教师在工作实际中运用培训所学的行为或策略；四是组织影响，反映参训教师对培训所学的应用给组织带来的影响，着重表现在对同事引领和组织政策带来的改变；五是学生影响，中小学数学教师培训质量的优劣，最终必须通过学生的数学学习及中小学数学课程标准中的全面发展目标的达成来判断，对学生数学学习产生影响是数学教师培训活动的最终目标。

以上模型的设计只是针对培训活动中的最后一个环节“培训结果”进行评价，虽有助于下一次教师培训计划与实施的改进，但并不能对本次培训结果前面的环节进行监控和调整。这类“事后评价”方法无法弥补本次培训活动的不足，也不能提高本次教师培训的效果。为此，美国加利福尼亚大学洛杉矶分校评价研究中心提出了CSE(Center for the Study of Evaluation)评价模型，它包括需要评价、方案选择、形成性评价、总结性评价四个阶段，每一个阶段都与一种特定的决策相联系①，旨在将培训的设计、过程、结果都纳入评价活动，实现教师培训全过程的评价，这个模型使教师培训质量评价更全面与科学，是对教师培训质量评价模型的进一步丰富和完善。

上述讨论表明，教师培训质量评价指标是全方位、多层次的，不仅涉及培训结果、影响的评价，还包括对培训前确定培训需求、制定培训目标和研制培训方案，以及培训过程中对培训师资、培训内容、培训方式、培训管理和培训保障的考核与评价等。因此，在数学教师培训质量评价指标体系建构中，相应的应该依据教师培训的标准完善相应的指标，以力求实现数学教师培训全过程、全方位的有效评估。

4. 我国中小学数学教师培训的相关标准与要求

教育部颁布的中小学教师专业标准(试行)的基本内容包含“三个维度、14个领域、61项基本要求”。三个维度是“专业理念与师德、专业知识和专业能力”；在各个维度下，确立了4～6个不等的领域；在每个领域之下，又提出了3～6项不等的基本要求。并提出了“学生为本、师德为先、能力为重、终身学习”四个基本理念，不仅明确了中小学教师作为专业人员在专业实践和专业发展中应秉持的价值导向，而且强调了专业实践能力，要求教师要把学科知识、教育理论与教育实践相结合，不断研究，改善教育教学工作，提升专业能力。这就要求广大教师要主动适应经济社会和教育发展的要求，不断优化知识结构，不断提高文化修养，做终身学习的典范。

《教师教育课程标准(试行)》在“在职教师教育课程设置框架建议”中强调“在职教师教育课程要满足教师专业发展的多样化需求，充分利用教师自身的经验与优势，进一步深化和发展职前教师教育的课程目标，引导教师加深专业理解、解决实际问题、提升自身经验，促进教师专业发展”。《“国培计划”数学教师培训团队研修课程标准(试行)》则对中小学数学教师培训在分学段、分类别给出建议的教学内容外，普遍提出了以下具体的培训目标：一是加强数学教师在职业理解和学生发展方面的认识，提高师德实践能力；二是全面理解数学新课程的核心理念、

---

① 张雪梅、张进宝、宋媛：《我国中小学教师培训评估研究》，载《中小学教师培训》，2006(12)。

课程目标、核心概念；三是整体把握数学教材的主线、理解教材编写意图，掌握数学课程内容的内涵和方法性、关联性知识；四是理解教学内容的内涵，把握数学教学特征，提高数学教学设计、实施、评价和教育技术应用的能力；五是能够针对教育教学中的问题，开展教学研究，提高将新课程理念融入教学实践中的能力。

上述三个标准既是提高教师职业能力与素质、进行教师培训的重要指南，也是教师进行教育教学活动和专业发展的重要依据，因此是我们构建数学教师培训质量评价指标的重要依据和标准。

(三)数学教师培训质量评价指标体系的构成

研究在借鉴已有成果的基础上，参照教育部《教师教育课程标准(试行)》和《"国培计划"中小学数学教师培训课程标准(试行)》等对中小学数学教师专业能力与素质要求所确定的培训目标，综合应用CSE评价模型、古斯基五层次评价模型等方法，按照数学教师培训的进程，确定和选取培训设计、培训过程和培训结果作为数学教师培训质量评价指标体系的3个一级指标，建构13个二级指标内容和37个三级指标要点及其指标权重(表7-58)。

表7-58 数学教师培训工作质量评价指标体系及权重①

一级指标	二级指标	三级指标及评价要点	权重/分
培训设计 20分	培训需求 6分	培训对象分析科学合理，需求把握准确；课程设置结构合理，重点突出，逻辑性强	3
		培训内容符合数学教师专业发展的实际，培训形式切合数学教师现实工作需要	3
	培训目标 10分	加强数学教师在职业理解和学生发展方面的认识，提高师德实践能力	2
		全面理解数学新课程的核心理念、课程目标、核心概念	2
		整体把握数学教材的主线、理解教材编写意图，掌握数学课程内容的内涵和方法性、关联性知识	2
		理解教学内容的内涵，把握数学教学特征，提高数学教学设计、实施、评价和教育技术应用的能力	2
		能够针对教育教学中的问题，开展教学研究，提高将新课程理念融入教学实践中的能力	2
	培训方案 4分	培训方案具体、全面，有特色，与培训目标吻合、亮点突出，可操作性强	2
		考核评价指标设置合理，过程性评价与终结性评价相结合，清晰、具体、可测	2

① 陈静安、李样明：《数学教师培训质量评价指标体系探析》，载《继续教育研究》，2014(4)。

续表

一级指标	二级指标	三级指标及评价要点	权重/分
培训过程 54分	培训师资 10分	专家团队水平高，高校专家与一线教师、教研员搭配合理，一线优秀数学教师、教研员不少于40%	3
		培训讲师对所讲专题既有理论研究又有丰富的实践经验	4
		培训讲师具有娴熟的课堂组织和教学能力，教学效果好	3
	培训内容 20分	《“国培计划”数学教师培训团队研修课程标准（试行）》建议课程内容不少于50%	7
		基于数学课堂和实践应用指导的课程设置科学有效、针对性强，比例在30%以上	8
		自主设置课程科学、合理，与数学教育教学实际密切相关	5
	培训形式 10分	有专家提供引领或指导，报告、讲座的比例不超过50%	4
		培训方式多元，贴近数学教师教育实践活动的培训形式不低于30%	3
		体现教师参与，应用案例式、探究式、参与式、情境式、讨论式、任务驱动式等多种培训方式	3
	培训条件 6分	培训场所设备、教学、食宿及医疗、保卫条件良好	3
		教学观摩实践基地办学水平高、有特色，满足教师技能提升需求	3
	培训管理 8分	有专职管理团队，制度健全、分工明确、培训有序	2
		教学设施好，提供便捷的师生沟通和意见反馈渠道	3
		具有培训结束后促进学员应用培训所学的具体措施	3
培训结果 26分	学员反映 5分	80%以上的学员培训积极性高	2
		80%以上的学员对培训感到满意	3
	学习结果 8分	思想受到启发而产生了许多新想法	2
		固有观念发生了转变	2
		深化了对学生知识、学习理论的理解	2
		习得了数学教育教学的新方法、新技能、新技术	2
	应用行为 6分	对所学进行初步的尝试应用	2
		对所学进行举一反三，灵活运用	2
		专业行为得到改进	2
	组织影响 3分	与同事分享个人的新尝试	1
		促进了同事专业行为的改进	1
		促进了学校相关政策的改进	1
	学生学习 4分	学生的学习成绩有所进步	2
		学生的其他表现有所改进	2

其中，各层级的指标包括评价内容、评价标准和指标权重三个要素，尽可能囊括培训条件、培训过程和培训结果各环节涉及的基本要求；力求体现教师培训质量评价体系全面、具体、可测、协调的原则，旨在构建一个将评估活动贯穿于培训活动整个过程的培训质量评价体系，以便有效发现数学教师培训中所存在的问题，及时采取有效措施调控和改进教师培训工作中的不足。

>> 第四节 思想政治教师培训课程研究 <<

一、教师培训课程研究的背景

(一)课程与教学改革发展的新要求

本章研究所表述的“思想政治”包含现行普通高中“思想政治”、义务教育“道德与法治”(原义务教育1～2年级“品德与生活”、3～6年级“品德与社会”、7～9年级“思想品德”)。上述课程是中小学生素质教育的重要组成部分，是中小学德育工作的主要途径，是中小学的必修课程，在立德树人、推进素质教育中具有特殊的重要作用。2001年，教育部印发《基础教育课程改革纲要(试行)》，由此展开了新一轮的基础教育课程与教学改革，印发《全日制义务教育品德与生活课程标准(实验稿)》《全日制义务教育品德与社会课程标准(实验稿)》(2001年)和修订后的《义务教育品德与生活课程标准(2011年版)》《义务教育品德与社会课程标准(2011年版)》，2003年颁布《普通高中思想政治课程标准(实验)》和“品德课程”，2017年颁布《普通高中思想政治课程标准(2017年版)》，标志着思想政治课程改革和课标、新教材使用进入新的历史发展阶段，对中小学思想政治教师的专业素质和专业发展提出了新的要求。

思想政治课程直接体现了学校教育的性质，其中思想政治课、道德与法治课必须更直接、更及时地贯彻党和国家的意志与要求。由于课程的性质和任务特殊，所以教学内容更新较快，约五年就要调整一次。教师要吃透吃准教材的新精神、正确把握和贯彻党和国家的意志、有效培育学生的学科核心素养，必须接受有计划、有针对性的培训。

(二)思想政治课程是背景知识极丰富的综合性课程

思想政治课程是将具有内在逻辑和价值关联的学科课程相关内容整合而成的背景知识极丰富的综合性课程。思想政治课的学科知识背景涉及经济学、政治学、文化生活、哲学与生活、时事政策等学科知识领域。这就要求品德课教师有更宽的专业知识背景和更强的专业适应能力，要求教师务必与时俱进，及时更新自身观念与知识，了解、掌握时政与社会热点，而这仅仅依靠教师职前在校所学的知识是远远不够的。因此，对于思想政治课教师而言，接受更加系统、更加准确、更有效率地更新观念、更新知识和提高教学技能的专业培训尤为重要。

(三)亟须促进思想政治教师的专业发展，提高课程实施质量

目前，我国的中学思想政治教师已基本具有本科以上学历，但有相当一部分教师的本科学历是通过在职进修或其他形式达到的，而且有一部分教师所学的还不是思想政治教育专业，属于跨专业任教。因此，中学思想政治教师的知识结构、专业水平的充实与发展需求是迫切的。小学道德与法治的专任教师比例低于5%，95%以上的任课教师是由语文、数学等课程的教师或学校领导兼任，师资专业水平普遍不能适应教学需求，在农村小学尤甚。因此，亟须通过有计划、有针对性的培训提高思想政治教师的整体素质，促进思想政治教师的专业发展，以确保课程实施质量。

(四)思想政治教师培训工作现状

以广东省为例，2012年全省中小学专任教师771 122人，如果每名教师都按要求完成每年不少于72学时的培训，则培训总人数、培训学时总数都是非常庞大的。2009年以来，广东省中小学思想政治教师的培训规模总体上呈明显扩大的态势，其中比较有代表性的培训项目有：2009年、2011年、2012年、2013年，广东省举办了主要基于远程网络学习的普通高中教师职务培训项目，2009年参加培训的高中思想政治课教师人数有4 342人(未包括广州、深圳)；2011年广东省中小学思想政治教师跟岗学习项目；2012年、2013年广东省中小学思想政治教师省级培训项目；广东第二师范学院举办的2009年广州市小学品德骨干教师研修项目；广东第二师范学院承办的2010年东莞市初中思想政治骨干教师培训项目；广东第二师范学院举办的《义务教育思想品德课程标准(2011年版)》学习研讨班；地级市、县(区)的教研室、教师进修学校各自举办的政治科短训班或教研活动等。纵向比较，总体培训规模在扩大，但除了全员性参加的远程培训项目外，有机会参加非全员性的学科类培训的中小学思想政治教师只是非常小的一部分，中小学思想政治教师特别是广东省珠三角以外地区的教师普遍反映极少有机会甚至没有机会参加地市、省级的系统性专业培训，而普遍能参与的新教材培训、校本培训等却往往流于形式，教研活动则基本只是观课、议课而已。

二、思想政治教师培训研究的现状与趋势

(一)教师培训研究文献分析

近年来，针对思想政治教师培训的研究逐渐得到重视，同时在探讨教师专业发展问题时也多有提及。例如，《教育评论》2012年第6期的《农村初中思想品德新型教师的培养》指出，在农村初中思想政治课堂教学中，新课标、新理念得不到及时有效的落实，全面提高初中生的思想道德素养并使之成为合格公民的课程目标难于达成。各级政府要为农村初中思想政治新型教师的培养营造良好环境，高师院校要为农村初中思想政治新型教师的培训提供优质服务。河北师范大学2011年硕士学位论文《中学思想政治(品德)教师专业发展研究》结合现代教育发展的要求和中学思想政治(品德)教师专业发展的特点，阐述中学思想政治(品德)教师

专业发展的内容有思想品质素养、文化知识素养、综合能力素养、身心体质素养。《考试》2012年第4期发表《校本环境——初中思想品德教师专业成长的外推力》，阐述教师的专业发展绝对不会是一个自动的过程，而是一个主动规划、不断强化甚至需要强制发展的过程，学校有必要为教师的专业发展创造良好的外部环境。《思想理论教育》2008年第20期发表《改变从这里开始——小学品德课程教师专业发展的促进策略》指出，小学品德课程教师总体上还没有确立应有的社会地位，一个重要原因就是专业化程度较低，小学品德课程教师专业发展处于边缘化状态，应采用多种方式帮助小学品德课程教师确立专业精神，切实提高教师的专业素养，建立促进小学品德课程教师专业发展的有效机制与环境。山东教育出版社2001年出版的《中小学骨干教师培训内容体系研究》有两章专门研究“中学思想政治骨干教师”“小学思想品德骨干教师”的培训内容。

(二)教师培训工作的研究趋势

总体而言，专门针对思想政治教师培训工作与培训质量评估的研究尚且欠缺，有关研究基本类同普遍意义上的教师一般专业成长。教师继续教育是教师专业成长的必经之路，为进一步提高培训水平与质量，必须加大相关研究力度：明确培训课程性质、理念、基于各个专业发展阶段的课程主题、模块、专题等内容；研究建立思想政治教师专业培训课程体系、制订有效可行的培训工作方案；研制培训质量评估体系和评估方案；切实解决思想政治教师培训的理论与实践问题。

三、思想政治教师培训课程方案

(一)教师培训课程性质

思想政治教师培训课程服务于中小学思想政治教育教学，着眼于促进思想政治教师的专业发展，保证、提高思想政治课程的实施质量。作为教师教育课程的内容之一，培训课程一方面是对职前教育的深化理解和应用，另一方面又是在实践中对思想政治教育的不断创新和提高。中学教师通过学习培训课程既要丰富教育基本理论知识和思想政治学科新知识，又要提高教学技能，不断提高教师职业道德修养，成为与时俱进的合格教师乃至优秀教师。

(二)课程基本理念

1. 促进教师专业发展

思想政治教师专业发展具有阶段性，教师个体的专业发展又具有很大的差异性，要根据教师在每个发展阶段的特点设置培训内容，注重教师个体需求，以增强培训课程的系统性、针对性，帮助新教师逐步走向相对成熟，甚至成长为教学骨干乃至教学名师。

2. 促进教师教学反思

新课程标准向教师提出了基础教育下全面素质教育的实质性内容和具体要求。新课程目标以学生的学习为中心，让学生学会学习，促成学生的全面发展和终身学习。在这样的背景下，要培养与促使思想政治教师能及时地对自己的教育观念、教学行为、教学决策以及由此产生的结果进行审视和分析，增强探讨解决教学问题的自觉性与能力，提升教师的创新能力。

3. 满足教育改革的要求

在我国教育改革不断推进、新课程试行多年及逐渐完善的背景下，一名相对成熟的思想政治教师应满足更高的、多方面的素质要求：一是要具有优良的思想道德素质、高尚的人格修养、良好的政治理论水平、丰富的生活情趣和健全的心理素质；二是要掌握现代教育理念，具有扎实的教学功底，具有教育的智慧和实践能力；三是要有现代的生活观念、广博的社会知识和参与、适应社会生活的能力。这些素质要求是相互渗透、有机整合、动态发展的，并且对新教师的要求适当降低，对骨干教师的要求则有所提高。总之，要让教师通过培训有效提高自身素质，满足特定时期教育改革的要求。

4. 促进学员参与和合作学习

采取讲座式培训和参与式培训相结合的培训方式，重视学员参与和合作学习，引导学员在教育教学实践中发现问题、提出问题、协同解决问题，并通过实践提升专业水平。

(三)教师培训课程目标

1. 专业理念

思想政治教师通过培训学习，能增强专业信念，领会教师职业道德规范的内容，提高个人修养和道德品格；能树立以学生为本的教育理念，准确地把握新课程的理念和目标；能增强教学反思的自觉性与反思能力，提高研究意识与教研水平；能养成积极健康的职业心理，提高应对职业压力的能力。

2. 专业知识

思想政治教师通过培训学习，更新相关学科知识，完善知识结构；开拓专业视野，了解学科的发展动态；能够准确把握新课程的实施目标、结构、内容和教学要求。

3. 专业能力

思想政治教师通过培训学习，能提高课堂教学设计能力和教学实践能力，将学到的新理论、知识、技术融入自身教学实践；能够根据课程特点与学生的实际对学生进行有效激励、恰当评价和指导；能够积极探索有效教学方法和教学模式，探索与形成自己的教学风格；能够紧密联系教育教学实际独立开展课题研究，并能将研究成果运用于教学实践。

4. 教育技术

能够运用现代教育技术熟练地进行教学设计，优化教学过程，提高教学质量和效率；探索在网络时代开发课程资源、建设网络课程的方法并形成一定成果。

（四）教师培训课程内容

1. 新教师培训专业类课程

课程内容主要培养品德课教师将理论知识用于教育教学实践的能力、对学生的管理能力和与人沟通的能力，并促进其形成专业信念，为今后的专业发展进一步夯实基础。培训课程主要通过专家指导、校本教研、新教师实践锻炼等方式实施(表7-59、表7-60)。

表7-59　小学品德课新教师培训课程

培训模块	专题及课程	内容特别说明	实施建议
专业信念与师德	《小学教师专业标准(试行)》的理解与实践		专题讲座
	小学品德教师专业信念与专业成长		榜样示范、交流
	教师职业道德伦理		专题讲座、案例
专业知识	小学生的保护	了解关于小学生生存、发展和保护的主要法律法规及政策规定；掌握学生伤害的预防与应对方法	专题讲座、典型案例教学
	品德与生活、品德与社会课程标准学习	重点学习和研究课程目标、具体内容和评价要求等	专题讲座、案例
	《道德与法治》、《品德与社会》教材分析	掌握新教材的编写思路、结构内容、课程功能、课程评价、价值取向和要求等方面的特点	专题讲座、案例
	小学道德与法治课程知识的发展与更新	重点学习相关主要法律知识及社会主义法治理论	专题讲座、讨论
	小学品德课与少先队工作的关系	分析品德课与少先队思想政治教育工作的联系与区别，探讨品德课与少先队活动相结合的途径	讲座、案例、交流
专业能力	小学品德课程教学资源的整合		讲座、案例、合作学习
	小学品德课教学方案的编写		讲座、案例、合作学习、集体备课
	小学品德课课堂教学活动的有效实施		观课、交流、讲座
	课堂组织教学		观课、交流、讲座
	小学品德课程发展性课堂教学评价		专题讲座、案例
	教师如何与小学生沟通		专题讲座、案例
	如何开展教学反思		讲座、案例、训练
	说课及训练		讲座、案例、训练
综合	教学实践与指导		师徒结对、校本培训

表 7-60　中学思想政治新教师培训课程

培训模块	专题及课程	内容特别说明	实施建议
专业信念与师德	《中学教师专业标准(试行)》解读		专题讲座
	中学思想政治教师专业信念与专业成长		榜样示范、交流
	教师职业道德伦理		专题讲座、案例
专业知识	中学生的保护	树立保护中学生身心健康发展、保护中学生生命安全、维护中学生合法权益的意识并掌握必要的方法	专题讲座、典型案例教学
	课程标准学习	重点学习和研究课程目标、具体内容和评估要求等	专题讲座、案例
	教材学习	掌握中学思想政治教材的编写思路、结构内容、课程功能、课程评价、价值取向和要求等方面的特点	专题讲座、案例
	思想政治与共青团工作的关系	分析思想政治与共青团工作的联系与区别，探讨思想政治与共青团工作相结合的途径	讲座、案例、交流
	中学生的身心特点与思想教育	分析当代中学生的身心特点，学习正确的思想教育方式方法，有效落实情感、态度与价值观目标	专题讲座、案例、交流
专业能力	课程教学资源的合理利用		讲座、案例、合作学习
	中学思想政治教学设计		讲座、案例、合作学习、集体备课
	课堂教学活动的有效实施		观课、交流、讲座
	课堂组织教学		观课、交流、讲座
	中学思想政治学业评价		专题讲座、案例
	教师如何与中学生沟通		专题讲座、案例
	课堂教学评价与教学反思		讲座、案例、训练
	说课及训练		讲座、案例、训练
综合	教学实践与指导		师徒结对、校本培训

2. 在职教师提高培训专业类课程

本阶段的培训课程主要面向从事思想政治教学 3～5 年、能够胜任思想政治教学的教师。培训课程的重点是提升思想政治教师的职业精神，帮助其进一步增强学习意识和创新意识，更新学科知识，完善知识结构，提升专业能力，特别是提高教育教学反思能力与创新能力(表 7-61)。

表 7-61　思想政治在职教师提高培训课程

培训模块	专题及课程	实施建议
师德与人文素养	提高师德修养的途径与方法	专题讲座、榜样示范
	教师职业道德和专业成长	榜样示范、交流
	教师人文素养的提升	专题讲座、案例
专业知识	中西方德育理论	讲座、案例、讨论
	教材难点及处理方法	专题讲座、案例
	课程标准研习	专题讲座、案例
	学科新知识与课程教学	专题讲座、案例
	学生心理健康与品德教育	讲座、案例、交流
专业能力	课程教学资源的有效利用与整合	讲座、案例、交流
	思想政治、品德课如何激发学生的学习兴趣	观课、交流、讲座
	思想政治、品德课学生学业评价方式与问题	讲座、案例、研讨
	学生学业、品德与心理发展指导	研讨、交流
	教师与学生有效沟通的艺术	专题讲座、案例
	教学设计和说课能力训练	合作学习、交流
	课例研究与教师专业成长	案例、合作学习、研讨
	新课程教育教学理论的反思深化	讲座、案例、研讨
	思想政治、品德课教师行动研究方法	讲座、合作探究
综合	教学实践与指导	“影子教师”实践、校本研修

3. 骨干教师培训专业类课程内容

本阶段的培训课程主要面向思想政治骨干教师。骨干教师是指在一定范围的教师群体中那些职业素质比较优秀，在教育教学活动中发挥了突出作用的教师。[①] 培训课程的重点在提升思想政治骨干教师的教育理念，拓宽教育视野，掌握与教学相关的学科前沿知识；提升骨干教师在教学引领、实践活动、课程建设等方面的深层次专业能力，提高教育课题研究能力与引领能力；促进骨干教师在校本研修中发挥应有的带头作用(表 7-62)。

表 7-62　思想政治骨干教师培训课程

培训模块	专题及课程	实施建议
师德与人文素养	教师的职业理想与职业幸福	专题讲座、榜样示范
	中小学师德师风建设问题探讨	讨论、交流、参观
	思想政治、品德骨干教师人文素养的修炼	专题讲座、案例
专业知识	学科热点问题与前沿知识	专题讲座、案例、讨论
	思想政治、品德课教学疑难问题研究	专题讲座、案例、讨论
	思想政治、品德课学生学业评价理论	专题讲座、案例
	思想政治、品德课教学质量评价理论	专题讲座、案例
	思想政治、品德课素质教育理论研究	专题研讨
	高新技术发展与教育教学改革	学术报告、交流

① 李清民：《中小学骨干教师的特点、差异与培训对策》，载《山东教育学院学报》，2002(1)。

续表

培训模块	专题及课程	实施建议
专业能力	教育科研理论与方法	讲座、案例、讨论
	论文(课题)的研究计划制订、撰写、指导、交流	讲座、合作学习、论文或课题报告的撰写、交流
	思想政治教学策略研究	讲座、案例、研讨
	思想政治实践教学方法的运用	案例、研讨、交流
	骨干教师成就教学风格的策略	专题讲座、案例
	学生学业、品德与心理发展指导	讲座、案例、研讨
	校本研修的设计与实施	讲座、案例、交流
综合	教学风格展示	实践、观摩、评议
	教学实践与指导	“影子教师”实践、校本研修

四、思想政治教师培训质量评价

为了引导参加培训的教师积极参与培训学习交流，保障培训质量和培训效果，提高教师专业发展的实效性，应该重视并进行培训质量评价。

(一)评价内容

1. 评价内容的政策依据

2011 年，《教育部关于大力加强中小学教师培训工作的意见》为评价内容提供了方向指引。该意见提出了新时期中小学教师培训的总体要求，其中之一是“紧扣培养造就高素质专业化教师队伍的战略目标，以提高教师师德素养和业务水平为核心”，并明确要求将师德表现作为教师考核的重要内容。

2012 年，教育部印发的《中学教师专业标准(试行)》和《小学教师专业标准(试行)》明确了中小学教师在专业理念、专业知识、专业能力三个维度的专业标准，这些基于中小学教师胜任能力的中小学教师专业标准则是构建中小学教师培训学业评价内容的重要依据。

2. 评价内容

体现评价的价值导向作用。考虑思想政治课程的特点及其对教师在专业理念方面的更高要求，所以突出专业理念的评价权重；为了调动学员的积极性，设置“综合表现”的评价维度。

重视教师学员的尊严感，用发展的观点评价学员。

质性评价与量化评价相结合，合格评价与激励性评价相结合，评价主体适当多元化。由于思想政治教师培训学业质量的衡量标准是很难量化的，所以要坚持质性评价与量化评价相结合，且不宜以具体分数作为最终评价结果，评价主体也要多元化。

兼顾学员对学业评价指标的认可度与偏好。骨干教师学员认为考核最重要的指标是“学员研修成果”，占 58.60%，其余依次是“课堂参与”占 27.60%、“学员作业”占 10.30%、“其他”占 3.50%(图 7-4)。①

① 李方：《教师培训管理工具箱》，北京，高等教育出版社，2010。

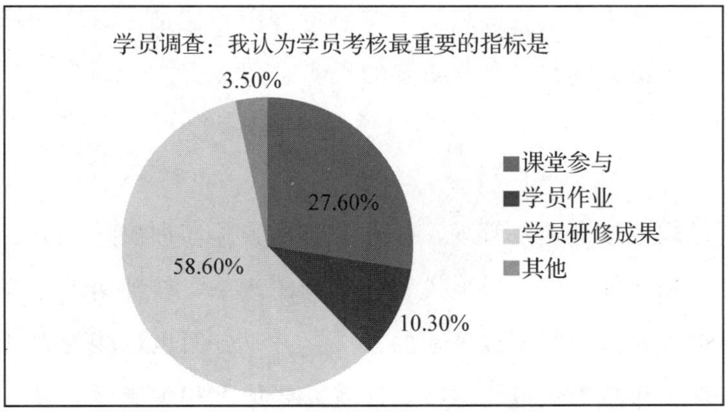

图 7-4 培训学员调查

考虑评价成本与现实可行性，评价内容与评价程序应避免烦琐复杂。

根据培训内容设置，在制定育课教师培训质量评价指标体系时需要考虑相关的内容（表 7-63）。

表 7-63 制定培训质量评价指标体系的相关内容

评价维度	指标或途径	建议权重	等级设置（1 为最高，4 为最低）	评价主体
专业理念	职业理解与认识，对学生的态度与行为，教育教学的态度与行为，个人修养与行为	30	1、2、3、4	承担培训教学、指导任务的教师从学员教学设计、课堂等方面进行观察、评价；学员所在学校领导评价；学员任教的学生评价
专业知识	主要根据培训内容进行理论考核	20	1、2、3、4	承担培训教学、指导任务的教师
专业能力	主要通过教学设计、说课评课、上课、教育考察报告、论文或课题报告的撰写、校本课程或网络课程的开发等方面进行评价	30	1、2、3、4	承担培训教学、指导任务的培训机构成立的评价小组
综合表现	学员于培训期间的学习参与度、遵纪守规情况、心得体会、自我评价、在培训中所做的服务与贡献等	20	1、2、3、4	自我评价；班主任（班级管理员）评价；培训班学员或学习小组成员互评

总的评价结果分为“优秀”“合格”“暂不定等次”3 种情况：总得分在 90 分以上或评价维度评价获“1”等级三个以上（含本数，下同）的总评为“优秀”，总得分在 60～89 分或评价维度评价获“3”和“3”以上等级三个以上但未达到总评优秀等次条件的总评为“合格”，总得分不满 60 分或评价维度评价获“4”等级二个以上的以“暂不定等次”代替总评价，并向学员反馈其存在问题的诊断结果与改进建议，在一定期限内再追踪评价。如果进行更深入、更全面的评价，则应做好前测工作，评价学员的工作行为及态度的改变、能力的提高、工作绩效的改善等情况。对应继续教育学分管理与学校人力资源管理，可以对在培训学习中总评获得“优秀”的教师奖励学分、考核评优中给予适当加分。

五、思想政治教师培训工作质量评估

随着中小学教师培训工作的精细化发展和对教师培训项目效益的最大化追求，培训工作质量评估开始受到重视。开展中小学教师培训工作质量管理和评估，对增强培训效果、促进教师自身的发展、提升教师队伍整体水平具有重要的现实意义。

(一)评估目的

评估的直接目的是规范培训项目管理，提升新时期教师培训质量。随着国家对教师培训工作投入力度的不断加大和教师培训项目准入管理机制的改革，教师培训实施主体之间的竞争越来激烈，这一方面促进了我国教师培训事业的发展，另一方面也可能为教师培训工作带来一定程度的混乱。教师培训工作急需规范化运行，这就需要加大相关制度建设，以保证教师培训的质量。在这一过程中，对教师培训工作的科学评估是相关制度建设的基础，也是教师培训质量得以保障的关键。① 教育部于2013年颁发的《关于深化中小学教师培训模式改革 全面提升培训质量的指导意见》已明确要求定期开展培训质量评估。

美国教育评估专家斯塔弗尔比姆强调“评价最重要的意图不是为了证明，而是为了改进”。对教师培训实施主体而言，应该通过内部质量评估体系及时诊断培训方案(计划)和培训过程中存在的问题，为正在进行的和以后的培训活动反馈信息，从而改进培训工作。

(二)评估原则

1. 科学性原则

本原则指评估者在客观事实的基础上按照质量评估的客观规律，通过建立科学的评估指标和标准体系，采用科学的教育评估技术和方法，取得评估结果和评估对象实际状况相符合程度最高的评估结果。本原则要求目标评估、过程评估与条件评估相统一，坚持他人评估和自我评估相结合、终结性评估和形成性评估相结合、基本评估和特色评估相结合，等等。

2. 可行性原则

本原则要求指标设计的信息易于获取，指标体系简洁明了。其根本问题是质量评估的效度问题。科学性原则和可行性原则是相对统一体，两者相辅相成。

3. 合作性原则

本原则指评估主体与接受评估的教师培训实施主体在工作质量评估的过程中自始至终密切合作。在评估的全过程中，评估主体以平等协商的态度组织教师培训实施主体参与评估的全过程，使教师培训实施主体认同评估结果，发挥评估结果的作用，帮助教师培训实施主体了解自己的成绩和问题，激励其发扬优势，解决问题。合作性评估过程是评估主体和教师培训实施主体价值观协调统一的过程。

4. 全面质量管理原则

能够系统反映中小学教师培训工作质量的要求，有助于教师培训实施主体进行培训质量管理，改进培训工作。

---

① 杨彦军、郭绍青：《国内教师培训评估研究现状综述》，载《中国人民大学教育学刊》，2012(2)。

(三)评估内容

这是对教师培训实施主体进行的评估，主要结合专业培训工作的流程，按目标评估、过程评估与条件评估相统一的原则来设置评估指标内容。

1. 课程管理

课程管理包括课程理念、管理制度、课程计划等。

2. 课程保障

课程保障包括培训师资、设施条件、基地建设、课程资源等。

3. 实施过程

实施过程包括教学实施、教学评价等。

4. 培训效果

培训效果包括发展性评价、终结性评价等。

另外，设置了加分项目，鼓励教师培训实施主体进行培训工作创新和办出特色。

(四)评估方法

从我国的理论研究来看，国内有关培训评估理论的研究基本上是围绕国外已有模型展开，例如，对各评估理论的比较和分析等。在实践中，人们已开始将这些评估模型，如柯克帕特里克的四层次评估模型、CIPP 评估模型等应用于教师培训评估。

为确保评估结果的全面性和准确性，在评估中需要选择多种评价方法和研究方法，合理利用各种收集评估信息的方法、分析评估信息的方法。在确定指标权重时，可以利用德尔菲法和AHP 层级分析法。利用模糊综合评价法可以将定性指标定量化，从而在一定程度上解决定性评估中的不确定性和难以控制性等。评价方式方法也要根据评价对象的特征、评价内容和评价目的灵活选择运用。例如，在对培训效果的评估上，涉及反应成果的评价内容一般采用问卷调查和访谈的方法，表单和调查问卷能够也起到较为理想的评价作用；教学评价以及对学员知识掌握与能力提升评估可以采用表现性评价方式，通过培训课堂或学员授课的现场观察、学员完成单位任务的情况来评定。其他评估方法如听取汇报、查阅材料、实地查看等可根据实际需要单独运用或结合运用。

(五)评估组织

1. 评估主体与评估客体

评估主体指发起评估的组织或个人，或者指接受委托实施评估的组织、联合工作组或个人。评估客体指的是评估的对象。相对评估主体自身而言，评估主体有外部评估主体和内部评估主体两大类。教师培训实施主体及其内部职能部门实施的评估为内部评估，教师培训实施主体以外的评估主体包括教师培训实施主体的业务主管部门、项目委托组织、第三方独立评估组织等属于外部评估主体。评估客体应该是全面性的，从专业角度说主要包括培训课程、培训方式、培训效果，从培训项目来说还包括项目管理、服务水平等。

2. 评估基本程序

第一，明确评估目的、评估对象和范围、时间要求等评估要素；

第二，做好问卷调查、访谈等过程性评估工作；

第三，听取汇报，查阅资料；

第四，现场查看、现场观察测评；

第五，座谈；

第六，分析确定评估结果，撰写评估报告；

第七，向教师培训实施主体通报评估报告；

第八，建立评估档案。

（六）评估的价值

德国狄林根教师进修与人才培训学院院长海林先生认为，评价中小学教师培训工作的唯一标准是培训对学员的教学和教育质量的提高。① 可以说，思想政治教师在职培训的价值最终是通过对学生进步的促进效果来体现的，特别是通过对中小学生的情感、态度与价值观等方面的发展的促进作用体现出来。教师参加了在职培训，其结果能够帮助学生达到所规定的学业目标，即证明这个在职培训是有效的、有质量的；学生进步越大，证明在职培训就越有效、越有质量。当然，学生进步与否、进步大小、进步快慢等涉及很多复杂因素，要判断评估培训工作质量与学生进步情况之间的关联程度不是容易的事。所以从现实出发，评估结论不应是“盖棺定论”，应富有发展性与建设性，侧重于肯定培训工作中的亮点和提出培训过程中的问题，有助于教师培训实施主体及时研究和改进培训工作，以保证培训的质量始终处于有效的控制之中。

（七）评估指标体系

思想政治教师培训工作质量评估指标体系如表 7-64 所示。

表 7-64 思想政治教师培训工作质量评估指标体系

一级指标	二级指标	基本要求	备注
课程管理 12 分	课程理念 3 分	1. 课程价值取向正确，反映深化基础教育课程改革、全面实施素质教育的现实需求 2. 符合成人的学习特点，注重学员参与	
	管理制度 4 分	1. 根据有关教育法律、政策，结合本地及教师培训实施主体自身实际情况，制定比较完善的中小学教师培训规定、规划 2. 根据具体教师培训项目制定内容规范、合理的管理制度 3. 严格贯彻上级的培训规定与文件精神 4. 严格执行教师培训实施主体的培训管理制度	
	课程计划 5 分	1. 培训目标明确、可行 2. 课程内容既突出核心内容，又关照教师的实际需求 3. 课程内容能与时俱进，与培训目标适切性高 4. 课程量适当 5. 课程结构合理，实践性课程占教师培训课程的比例达到 50%	第 5 项重点考察实践性课程的学时占比

① 张雳：《国内外教师继续教育比较》，载《成都教育学院学报》，1999(6)。

续表

一级指标	二级指标	基本要求	备注
课程保障18分	师资8分	1. 建立有思想政治教师培训专家库 2. 一线优秀教师所占比例达到50% 3. 有计划、有组织地派送专职教师参加培训，或有自我培训计划及活动 4. 与中小学保持长期联系，每年进行中小学教学调研或开展相关课题研究	第1项要求有关人员专业背景属思想政治教育及相关专业，有较高的理论水平和丰富的实践经验
	设施条件4分	1. 使用多媒体教室、能正常使用互联网等 2. 有足够的小型会议室，教室内桌椅等布置符合培训活动需要 3. 培训环境整洁、比较舒适 4. 居住环境安全、整洁、便利(互联网与交通等)、比较舒适	适用于集中培训
	基地建设3分	1. 有固定的实践基地、德育考察基地 2. 实践基地能满足相关培训项目层次的教学需要 3. 教师培训实施主体与基地有教研合作或科研合作	
	课程资源3分	1. 有可供学员和任课教师使用的图书资料室 2. 学科资料丰富，种类齐全 3. 能利用互联网开发与共享素材性课程资源	
实施过程30分	教学实施15分	1. 培训方式灵活、有效，体现民主性、参与性、开放性 2. 注重求知过程，紧密结合中小学教学实践 3. 能够和学员进行良好互动 4. 学员间建立了学习共同体，合作学习情况良好 5. 有必要的好教材或提供丰富有效的学习资料	
	教学评价15分	1. 态度积极，教学认真 2. 教学目标清晰实用 3. 教学内容有新颖性，重视培养学员的思想、情感、价值观 4. 教学内容安排合理，重点突出，条理清晰 5. 善于对学员进行指导，对学员的问题、评论做出恰当反应	
培训效果40分	发展性评价15分	1. 对比培训前，学员在中小学课堂上的教学能力得到提高 2. 学员所在单位对学员在培训后的进步给予肯定 3. 对比培训前，学员的自我评价有提高 4. 学员对培训项目各个阶段的满意度高	第2项由学员所在单位做学员的工作态度、工作能力和工作绩效的评价与对比
	终结性评价25分	1. 学员对整个培训项目的满意度高 2. 学员普遍反映对工作有帮助 3. 学员对学习结果的自评满意度高 4. 学员的培训学习成果质量好 5. 项目总结客观、全面	
加分项目5分	特色、创新5分	在教师培训理念、培训方式、培训研究、中小学思想政治(品德)教研、资源建设、实践基地建设等方面有效创新，形成显著的办学特色	

*说明：二级指标的内容、具体要求、分值应根据具体项目的实际做适当调整，并可对分值进行进一步细化。

>> 第五节　历史教师培训课程研究 <<

一、历史教师培训课程研究的背景

(一)课程与教学改革发展的新要求

2001年，教育部印发《基础教育课程改革纲要(试行)》，由此展开了新一轮的基础教育课程与教学改革，接着在2001年颁布《全日制义务教育历史课程标准(实验稿)》，以及2011年修订后的《义务教育历史课程标准(2011年版)》，2003年颁布《普通高中历史课程标准(实验)》，2017年颁布《普通高中历史课程标准(2017年版)》，标志着历史课程改革和课标新教材使用进入新的历史发展阶段。新课改对中学历史教师的专业素质和专业发展提出了新的要求。

教师培训是贯彻教师终身教育理念，提升教师整体素质的重要途径之一。《国家中长期教育改革和发展规划纲要(2010—2020年)》《国家教育事业发展第十二个五年规划》以及《中学教师专业标准(试行)》等一系列文件的出台，表明教师专业化发展已成为教育改革的趋势，教师培训从规模发展向质量提升转型，教师培训的难度日益加大。如何开发与设置培训课程，采取恰当的培训方式，满足不同层次历史教师的需求，提升培训质量，是各学科培训者必须深入研究的课题。

历史课程是基础教育课程体系的重要组成部分，历史课程改革是整个基础教育课程改革系统工程中的重要环节。自2001年新一轮基础教育改革实施以来，历史课程的性质、功能、内容，学生的学习方式、教师的教学方式和课程评价体制都发生了较大的变化。[①]

第一，在课程的性质上，明确了义务教育阶段历史课程的性质是国民素质教育的一门基础课程。以往基础教育历史教学大纲对历史课程性质的定位比较模糊，新的历史课程标准明确了“7～9年级历史课程是通过阐释人类历史发展进程和规律，初步培养学生的历史意识，提高学生的文化素质和人文素养，促进学生全面发展的基础课程，是义务教育阶段的必修课”。

第二，在课程的功能上，发挥了历史课程对学生发展的综合功能。传统历史教育注重史实的传授和思想的教化，侧重于历史教育的社会功能和史学的功能，忽视了学生的学习和发展需求。新课程确立了以学生为本的新理念，关注学生的学习过程和学习方法，使学生在获取知识、技能的同时，培养价值观、人生观、世界观和社会责任感，使学生得到全面发展。

第三，在课程的内容上，构建了符合学生学习特点的课程体系。传统的历史课程注重历史学科课程体系的系统性和完整性，有明显的专业化和成人化倾向，不符合学生的心理特征和认知水平。新课程以学习主题的形式构建了初中历史课程体系，以“模块”的形式构建了高中新的课程结构，并在内容的呈现方式上进行再创造，历史主线清晰，学习主题明确，符合中学生的认知水平和接受能力。

---

① 叶小兵:《义务教育历史课程改革十年回顾》，载《基础教育课程》，2011(Z2)。

第四，在学生的学习方式上，新课程倡导学生自主学习和探究式学习的方式。传统的历史教学强调学生接受学习，死记硬背、机械训练的弊端，不利于调动学生的学习积极性，不利于学生综合素质的提升。新课程强调学生参与教学、与他人合作学习，共同探讨，操作实践，培养了学生搜集处理信息的能力、获取新知识的能力和分析解决问题的能力。

第五，在教师的教学方式上，新课程倡导以学生为主的教学观念。传统教学以教师为主，基本上是采用填鸭式教学方式，不利于学生的个性发展和终身发展。新课程尊重学生的个性差异，注意培养学生的自我学习能力、实践能力、创新能力，关心学生个性的健康发展、终身发展。

第六，在课程评价体制上，新课程建立了科学的课程评价机制。传统教学基本上只有教师评价、终结性评价，对学生的评价不够全面、客观，存在明显的片面性。新课标要求运用各种评价方法，建立促进学生全面发展的评价体系，发挥评价对教师教学的反馈功能，通过评价促进教师教学水平的提高。在评价方式上将量性评价与质性评价相结合，将结果评价与过程评价相结合，将终结性评价与诊断性评价、形成性评价相结合，将教师评价、学生评价和学生互评相结合，形成了较为科学的评价体系。

总之，新一轮基础教育历史课程改革的实施，进一步确立了历史课程在基础教育中的地位，更新了教师的教学理念，带来了教师教学方法、学生学习方法和课程评价方法的巨大变革，有利于学生的全面发展。

(二)历史教师专业发展需求

新一轮基础教育课程改革的实施对教师提出了更高的要求，教师的专业化程度与水平直接影响着新课改的成效。美国的布莱克曼曾对教师的专业发展下了一个定义：不论时代如何演变，不论是自发的还是受赞助的，教师始终都是持续的学习者，这种学习就是专业发展。

1. 中学历史教师专业要求

20世纪90年代，我国颁布教育法。2001年开始，国家全面实施教师资格认定，教师的专业化建设进入实际操作阶段。2012年，教育部颁布了教师专业标准，教师专业化有了统一的标准。教师专业标准的基本内容包括专业理念与师德、专业知识和专业能力三个维度、14个领域、63个方面的基本要求。教师专业标准对中学教师专业发展提出了具体要求和发展方向。

2. 中学历史教师专业状况问题分析

目前中学历史教师专业素质发展亟待解决的问题主要有如下几个方面。

第一，历史师范专业毕业的专业教师不足，非历史师范专业毕业的从教人员较多。例如，参加2009年广东省台山市初中转岗历史教师培训的50位历史教师分别毕业于数学、语文、思想政治、计算机等其他专业。2012年广东省云浮市接受问卷调查的148位中学历史教师，只有24位是历史专业毕业，仅约占16.2%。

第二，中学历史教师的学历水平偏低，初中教师专科毕业者不少，高中教师也有一部分是专科毕业。据广东省肇庆市教育局统计，2011—2012年肇庆市中学历史教师共1 025人，其中初中教师675人的学历结构：研究生学历1人约占0.15%，本科学历270人占40.00%，专科学历397人约占58.81%，高中学历7人约占1.04%。高中教师350人的学历结构：研究生学历16人约占4.57%，本科学历323人约占92.29%，专科学历11人约占3.14%。2012－2013年肇庆市中学历史教师共1 030人，其中初中教师651人的学历结构：研究生学历5人约占0.77%，本科学历328人约占50.38%，专科学历312人约占47.93%，高中学历6人约占0.92%；高中教师379人的学历结构：研究生学历24人约占6.33%，本科学历344人约占90.77%，专科学历11人约占2.90%。

第三，教师专业知识老化，过分依赖教学参考书，缺乏创新能力。[①] 教学参考书较为详细地罗列了各章节的教学目的、教学要点、教学要求和建议，这对于教师正确理解课程标准，准确地把握历史线索、历史事件和历史人物，把握教学计划有一定的帮助作用。但是教师面对的学生千差万别，存在着个性差异和需求差异，只依赖教学参考书教学，无法满足学生的个性需求，也不利于培养学生的创新能力。

第四，教学方法老套，照本宣科现象仍然比较普遍。进入信息化时代的今天，人们获取知识与信息的渠道越来越广、越来越通畅，教师在知识方面的优势在逐渐丧失，教师的教学方法必须转向以引导、启发为主，侧重于培养学生的思维方法和学习能力。虽然新课程已经实施了十多年，但是多数中学教师仍采用传统的教学方法，照本宣科，在农村中学和欠发达地区的中学，这种现象尤为突出。高中历史教师为了拼高考成绩，提高升学率，也大都固守传统教学方法，搞题海战术，“满堂灌”，与课改理念相去甚远。

第五，教师知识面狭窄，缺乏综合能力和拓展能力。历史是一门综合性较强的学科。任何一个历史阶段，政治、经济、文化都会互相影响，由此构成每一个历史时期独有的特征。高中历史新课程又以政治史、经济史、文化史等专题史的形式展开教学，对历史教师的要求更高。但是传统教育方式培养的中学历史教师知识结构比较单一、知识面狭窄，综合能力和知识拓展能力都受到制约，这些都会直接影响教师课堂教学的效果。

第六，教学手段单一，不善于运用多样化、现代化的教育技术。在中学历史课堂中，因为一些主客观原因，很多教师仍然仅仅依靠一支粉笔、一张嘴的传统手段教学，较少使用多媒体和网络信息技术，陈旧落后的教学方式也必然会影响教学效果。

上述情况表明，目前中学历史教师专业发展离教师专业标准还有一定的差距，通过专业培训提升中学历史教师专业素养十分必要。

(三)中学历史教师培训工作现状

1. 中学教师培训工作的整体状况

教师培训是教师专业化发展的重要环节，因而教师培训作为建设一支高水平中小学教师队伍的重要举措，近几年受到了教育行政部门的高度重视。《国家中长期教育改革和发展规划纲要(2010—2012年)》提出要“完善教师培训制度，将教师培训经费列入政府预算，对教师实行每五年一周期的全员培训”。2011年，教育部《关于大力加强中小学教师培训工作的意见》提出“当前和今

① 杨竹芬：《新课程背景下中学历史教师专业素质发展探索》，载《思茅师范高等专科学校学报》，2010(2)。

后一个时期中小学教师培训工作的总体目标是：以实施‘国培计划’为抓手，推动各地通过多种有效途径，有目的、有计划地对全体中小学教师进行分类、分层、分岗培训。今后五年，对全国1 000多万教师进行每人不少于360学时的全员培训；支持100万名骨干教师进行国家级培训；选派1万名优秀骨干教师海外研修培训；组织200万名教师进行学历提升；采取研修培训、学术交流、项目资助等方式，促进中小学名师和教育家的培养，全面提升中小学教师队伍的整体素质和专业化水平”。在这些政策指导下，中小学教师培训进入了一个规模扩张的新时期。

中小学教师培训工作的广泛开展取得了显著的成绩。通过培训，教师提升了自身的职业道德、拓展了专业知识和改进了教育教学方法，强化了职业自豪感、从事教书育人的责任感和使命感，从而满足了自身发展进步的需求。① 北京大学中国教育财政科学研究“我国义务教育教师培训机制研究”课题组2010年7～10月对全国9省市区(北京、上海、江苏、山东、江西、河北、贵州、新疆、甘肃)中小学教师培训现状的实地调研结果显示：92.4%的被调查者认为教师培训对自己有明显的正向影响。30%～59%的被调查者认为教师培训能够丰富教学技巧、借鉴优秀的教学经验、开阔眼界、了解改革动向、学习教育理论知识、调整职业心态、更全面地认识自己、持续反思自己的教育观念和实践行为、优化学科知识结构。19.6%的被调查者认为教师培训有助于自己晋升职称、职务。17.1%的被调查者认为教师培训有助于自己结识志同道合的朋友。

当然，参加培训的教师对培训效果的评价也呈现一定的差异性：县城教师的培训效果要高于乡镇或农村教师，乡镇或农村骨干教师培训效果略低；教师任教学段越低，培训效果越好，小学教师培训效果高于中学教师；教龄在4～8年的教师培训效果略低；大专学历教师培训效果较好。②

同时，中小学教师培训也存在着一些突出的问题。2013年5月6日，教育部下发了《关于深化中小学教师培训模式改革全面提升培训质量的指导意见》，将目前中小学教师培训工作的主要问题归结为“针对性不强、内容泛化、方式单一、质量监控薄弱”。为了进一步提高培训质量，解决目前中小学教师培训中存在的突出问题，教育部就深化中小学教师培训模式改革，全面提升培训质量提出如下指导意见：一是增强培训针对性，确保按需施训；二是改进培训内容，贴近一线教师教育教学实际；三是转变培训方式，提升教师参训实效；四是强化培训自主性，激发教师参训动力；五是营造网络学习环境，推动教师终身学习；六是加强培训者队伍建设，增强为教师提供优质培训的能力；七是建设培训公共服务平台，为教师提供多样化服务；八是规范培训管理为教师获得高质量培训提供有力保障。

2. 广东省中学历史师资培训状况

广东省中学教师培训依据《广东省中长期教育改革和发展规划纲要(2010—2020)》，确立了教师全员培训以远程为主、骨干培训以面授为主、个性化培训以校本为主的培训体系，即形成了“三架马车”并驾齐驱的中小学教师培训格局与运作模式。2009－2013年，广东省按计划遴选

---

① 陈永福：《论中小学教师培训的实质与功能——兼论改进中小学教师培训的系统途径》，载《西北成人教育学报》，2013(4)。

② 关楠楠：《我国中小学教师培训效果的实证研究》，硕士学位论文，华东师范大学，2012。

3 000名左右的中小学骨干教师分期分批进行省级培训，组织高中教师于每年7月和11月进行远程职务培训，各学校还举办了形式和内容不一的校本培训。这些培训，对于提高广东中小学教师的专业水平起了较大的作用。

近几年广东省中学历史教师培训主要有省、市级骨干教师培训、转岗培训、远程培训、校本培训等。仅广东第二师范学院政法系承担过的培训就有两期历史骨干教师省级培训，人数近百人；东莞市初中历史骨干教师培训，人数36人；台山市中学历史转岗教师培训，人数50人；广东省普通高中历史教师职务培训2012年320人、2013年第1期318人。下面结合广东第二师范学院承担的高中历史教师远程职务培训及2013年中学历史骨干教师省级培训，略析近年来历史教师培训的境况。

(1)广东省中学历史教师远程职务培训的需求与效果分析

①培训需求整体分析。

根据网络平台发放的问卷调查统计，高中历史教师对各方面知识、专业能力和授课教师都有不同程度的需求。对培训手段、远程培训可能存在的问题、教师辅导的有效性、远程培训各种考评方式的评价也存在差异性①，这些需求和评价为我们设置下一轮培训的课程提供了很有价值的参考。

据表7-65可知，高中历史教师对各方面知识的需求程度都很高，其中对于学生心理发展与辅导、学科专业知识、课堂管理教学、新课改知识、教育科研方法、师生关系等方面的知识需求较强烈。

表7-65　历史学科高中教师对各方面知识的需求分析

知识 / 学科	现代教育教学理论(M ±SD)	学生心理发展与辅导(M ±SD)	学科专业知识(M ±SD)	课堂管理教学技巧(M ±SD)	新课改知识(M ±SD)
历史	4.09 ±0.68	4.12 ±0.67	4.15 ±0.67	4.17 ±0.66	4.15 ±0.67
知识 / 学科	教育科研方法(M ±SD)	师生关系(M ±SD)	班级管理(M ±SD)	科学人文(M ±SD)	自我调控(M ±SD)
历史	4.13 ±0.67	4.12 ±0.67	4.08 ±0.71	4.07 ±0.70	3.96 ±0.71

据表7-66可知，高中历史教师对各方面能力的需求均很高，尤其是对学科教学、班级管理与心理辅导三方面的能力需求更为突出，即如何有力地驾驭课堂教学以取得历史学科的有效性是高中教师所迫切期望提高的能力。

表7-66　历史学科高中教师对各方面能力的需求分析

能力 / 学科	学科教学(M ±SD)	教育技术(M ±SD)	教育测评(M ±SD)	班级管理(M ±SD)	心理辅导(M ±SD)	自我调节(M ±SD)	教育科研(M ±SD)
历史	3.98 ±0.68	3.97 ±0.69	3.95 ±0.68	3.98 ±0.70	3.99 ±0.68	3.96 ±0.71	3.97 ±0.71

① 数据来源于广东第二师范学院远程教育中心提供的《广东省2013年普通高中教师职务培训需求调查分析报告》。

据表 7-67 可知，高中历史教师更希望培训授课的教师是一线教学名师，其次是教材编写者，再次是高校教授。这说明一线教学名师的授课内容、方式更切合高中历史教师的需要和接受程度，而高校教师由于大多不在高中历史教学一线，因此在授课内容的选取及授课方式方面均与高中历史教师存在一定的距离感。

表 7-67　历史学科高中教师对远程培训授课教师的需求分析

授课教师 学科	一线教学名师 (M ±SD)	高校教授 (M ±SD)	教材编写者 (M ±SD)	教育行政 部门领导 (M ±SD)	非教育界 知名人士 (M ±SD)
历史	4.02 ±0.72	3.67 ±0.88	3.81 ±0.82	3.14 ±1.12	3.37 ±1.00

据表 7-68 可知，案例教学是最受高中历史教师欢迎的培训方式，其次就是体验式教学，此外论坛集中研讨、网上观课评课、与远程相结合的现场活动也较受欢迎，常态化网络社区学习接受程度较差。

表 7-68　历史学科高中教师对远程培训方式的有效性评价分析

方式 学科	案例教学 (M ±SD)	体验式教学 (M ±SD)	论坛集中研讨 (M ±SD)	常态化网络社区 学习(M ±SD)	与远程相结合的 现场活动(M ±SD)	网上观课 评课(M ±SD)
历史	3.85 ±0.68	3.80 ±0.68	3.69 ±0.75	3.60 ±0.76	3.65 ±0.75	3.69 ±0.75

据表 7-69 可知，培训方式及管理组织是高中历史教师最为不满意的地方，其次对培训举办者及培训理念也较有意见。这说明高中历史教师期待立意更高远、方式更科学、管理更完善的培训运作。

表 7-69　历史学科高中教师对远程培训可能存在问题的认同度分析

问题 学科	课程内容 不符需求 (M ±SD)	培训举办者 不符需求 (M ±SD)	授课教师 不符需求 (M ±SD)	培训方式 不符需求 (M ±SD)	培训理念 不符需求 (M ±SD)	管理组织 混乱 (M ±SD)
历史	2.81 ±0.96	2.84 ±0.95	2.81 ±0.96	2.88 ±0.97	2.83 ±0.95	2.85 ±0.92

据表 7-70 可知，高中历史教师认为一线教学名师的辅导效果最好，其次是高校教授，再次是高校教育类专业学者，最后较为不理想的是教育科研人员。这说明，一线教学名师的辅导更有针对性，更切实际，而高校教授及其他人员由于不在教学一线与一线教师存在一定的距离感。

表 7-70　不同学科对各类辅导教师辅导有效性评价的差异分析

辅导 学科	高校教授 (M ±SD)	教育科研人员 (M ±SD)	高校教育类专业学者 (M ±SD)	一线教学名师 (M ±SD)
历史	2.60 ±0.96	2.65 ±0.89	2.61 ±0.92	2.24 ±0.91

注：表 7-70 的差异分析维度计分方式为 1 表示很好，2 表示好，3 表示不确定，4 表示一般 ，5 表示不好，此表中平均数越小，表示培训效果越好。

据表 7-71 可知，高中历史教师最能接受的考评方式为交 1～3 篇培训心得体会，其次就是交 1～3 篇课堂教学案例及班级管理案例。最不能接受的就是 1～3 个自己上课的视频及 1～3 篇科研论文。这说明对于中学高中历史教师来说，上示范课及科研是他们视为最有难度的教学工作内容。

表 7-71　不同学科对远程培训各种考评方式的认同度差异分析

考评 学科	1～3 篇科研论文 (M ±SD)	1～3 篇课堂教学案例 (M ±SD)	1～3 篇班级管理案例 (M ±SD)	1～3 篇培训心得体会 (M ±SD)	1～3 个自己上课的视频 (M ±SD)	5～10 次在线主题研讨 (M ±SD)
历史	2.90 ±1.13	3.35 ±0.91	3.23 ±0.94	3.50 ±0.86	2.76 ±1.02	3.29 ±0.92

②培训效果整体分析。

以广东省 2013 年普通高中历史教师职务培训第一期培训为例，其培训效果分析如下。①

据表 7-72 可知，高中历史教师对专家团队专业引领的满意度依次为：非常满意者占 35.95%，比较满意者占 46.96%，一般为 15.47%，不满意为 0.92%，极不满意为 0.69%。这说明专家团队专业引领的满意度还有很大的改进空间。

表 7-72　历史学科高中教师对专家团队专业引领的满意度

学科	非常满意人数及百分比	比较满意人数及百分比	一般人数及百分比	不满意人数及百分比	极不满意人数及百分比	合计人数及百分比
历史	467	610	201	12	9	1299
	35.95%	46.96%	15.47%	0.93%	0.69%	100.00%

(2)历史骨干教师培训的需求与效果分析②

2013 年参加广东第二师范学院组织的中学历史骨干教师省级培训的教师共 42 人，其中初中 23 人，高中 19 人。从培训结束后学员所交的调查问卷结果来看，他们对课程内容、培训管理及培训效果也有不同程度的需求和评价。

关于通识教育模块评价。2012－2013 年为期一年的骨干教师培训所开设的通识教育模块有：加强骨干教师培养，引领高素质专业化教师队伍建设；新课程的理论反思与实践深化；做成功教师，过幸福生活；教师怎样做行动研究；认知心理学与中小学教学；如何形成自己的教学风格——若干典型案例评析；只在此山中——杂谈教师专业修为；教师的专业生活。其中，培训学员认为最有必要开设的是“教师怎样做行动研究”，占 97.4%，“做成功教师，过幸福生活”，占 92.2%；其次为“加强骨干教师培养，引领高素质专业化队伍建设”，占 89.4%，“新课程的理论反思与实践深化”，占 89.9%，“教师的专业生活”，占 87.1%；最没有必要开设的是“认知心理学与中小学教学”，占 76.0%。基本与开设必要性相一致，通识课程培训效果最为理想的是“教师怎样做行动研究”，占 94.6%，“做成功教师，过幸福生活”，占 93.1%，其次是

① 数据来源于广东第二师范学院远程教育中心培训处提供的《广东省 2013 年普通高中教师职务培训效果调查分析报告》。

② 该节所涉数据为广东第二师范学院远程教育中心培训处提供。

“如何形成自己的教学风格——若干典型案例评析”，占91.0%，认为培训效果最不理想的是“认知心理学与中小学教学”，占64.1%。

关于管理服务工作评价。2012—2013年骨干教师培训管理服务工作的评价内容涉及对培训时间的安排、培训地点的安排、所提供的多媒体等学习硬件设施、所提供的食宿等生活条件及服务、培训班的班级学习氛围、培训班的整体班级管理工作等是否满意。其中，学员最为满意的为“培训班的整体班级管理工作”，占58.6%，“培训班的班级学习氛围”，占55.8%，最不满意的为“所提供的多媒体等学习硬件设施”，占27.6%，“所提供的食宿等生活条件及服务”，占23.5%。学员对管理服务工作的总体评价并不高，非常满意度只占41.1%。

关于历史学科课程开设评价。2012—2013年历史骨干教师培训所开设的专业课程有：中学历史优秀课例研讨与分析；历史课程资源的开发与利用；中国古代史热点问题与研究前沿；中国近代史热点问题与研究前沿；历史教学研究方法示例；初中历史课堂有效教学的策略；初中历史课堂选题与研究设计；初中历史新课标解析与教学策略；中学历史教学评价问题；世界史热点问题与研究前沿；守得云开见月明：“小组合作探究”课堂教学模式实验和研究；历史教学设计与教材整合；中学历史教学反思；课题选题及交流分组；课题研究计划的制订。这些课程开设的必要程度都很高，除了“中学历史教学评价问题”外，均超过90%。至于教学效果，除了两个专题外，满意度均超过90%。

综上所述，广东省高中历史教师师资培训既具有全部学科师资培训的共性，受整个广东中小学师资培训政策和模式的制约，又具备自己的学科特点，其在师资培训对象的地域覆盖、培训课程内容、培训方式、辅导教师等方面都还有许多需要改进的地方。

二、历史教师培训研究的现状与趋势

(一)中学历史教师培训研究文献分析

随着中小学教师培训工作的深入开展，关于中小学教师培训的研究也出现了欣欣向荣的局面，研究成果十分丰富。2015年，通过搜索国家图书馆馆藏中文资料、馆藏中文电子图书、方正阿帕比电子书，我们发现，关于教师培训类的书籍就有440本；通过检索中国知网中国学术文献网络出版总库，我们发现自2004年以来关于中小学教师培训的文章信息有1070条。这些文献内容包括培训教材、教师培训发展报告、培训制度、培训现状及需求分析、培训项目的设计、培训机构、培训资源、培训模式、培训课程设置、培训的实效性、培训工作情况总结、培训问题及对策研究等各个方面。

关于中学历史教师培训的研究成果并不多。搜索国家图书馆馆藏中文资料、馆藏中文电子图书、方正阿帕比电子书，得到的结果只有280条，其中专著8本、文章272篇。专著基本上是关于中学历史教师教学技能、专业发展、经典课堂教学案例的，适用于中学历史教师培训或自学的教材或辅助性读物，如武文等著的《中学历史教师创造性教学研究》、朱汉国等著的《初中历史教师专业能力必修》、方美玲主编的《历史新课程教学与教师成长》、田瑞阳等主编的《经典教学案例与创新课堂设计——初中历史》。关于中学历史教师培训的文章主要研究以下几个方面的问题：中学历史教师培训教学模式问题、中学历史教师在职培训存在的问题及解决对策、中学历史教师专业化发展问题等。

关于历史教师培训教学模式问题。学者们根据历史学科的特点，提出了一些有效的教学模式。例如，“中学历史教师研修工作坊模式”，该模式具有参与性、普遍性的特点，是历史教师专业化的重要途径和手段，是一种创新的教师培训模式。①“主题研修培训模式”，该模式以集中培训和分散研修相结合为特征，充分体现了“以学员的发展为本”的培训理念，拥有传统培训模式所不具备的优势。② 也有学者提出了要发挥远程模式优势，科学优化历史教师培训。③ 还有学者认为对初中历史课程改革中的教师培训，必须改变单一的培训方式，实现多种形式的优化组合，如“大集中，小集合”“一变多，有侧重”“倡研讨，重交流” 。④

关于中学历史教师在职培训中存在的问题及解决对策。学者们总结出的问题主要如下：教师的在职培训观念滞后，缺乏专业发展的理念；对培训的教师来说，缺乏内在的学习动机；师资培训与中学基础教育相脱节；教师培训成效缺乏评估；教师培训的经费紧缺⑤；师资培训队伍不适应⑥；培训课程的针对性、实用性不大。⑦ 解决对策：转变传统教育，树立终身教育思想；充分运用现代教育技术，采取灵活多样的培训方式；积极探索“校本培训”模式，调动中学历史教师在职培训或继续教育的积极性；建立合理的评价体系，使中学历史教师在职培训或继续教育评价更加科学化、规范化；构建中学历史教师在职培训或继续教育经费保障系统⑧；建立一支高素质的师资培训队伍⑨；增强历史学科培训的实效性。⑩

关于中学历史教师专业化发展问题。学者们普遍认为教师的专业化程度与水平是影响课程改革成败的重要因素。中学历史教师的专业化发展对提高历史学科的教学水平起着至关重要的作用。一位优秀的中学历史教师，应研究型的教师⑪。多媒体教学手段的应用要求中学历史教师应具有更为广博的专业及多学科知识，要关注现实，掌握时事信息，要拥有现代教育的理论知识，要掌握必要的多媒体知识⑫。中学历史教师的专业化发展的主要对策：树立先进教育理

① 荀洁：《浅析中学历史教师研修工作坊的构建》，载《现代营销(学苑版)》，2012(4)。

② 余小明：《构建“主题研修培训模式” 增强教师培训的实效性——2010年福建省高中历史教研组长高级研修班培训模式及其构建探析》，载《福建教育学院学报》，2011(1)。

③ 王翠珍：《基于远程模式，优化历史教师培训探讨》，载《中国科教创新导刊》，2013(9)。

④ 刘远：《中学历史教师培训教学模式探讨》，载《科教文汇》，2009(2)。

⑤ 于文善、梁家贵、刘大鹏：《中学历史教师在职培训存在的问题及对策——以皖西北为例》，载《阜阳师范学院学报(社会科学版)》，2008(6)。

⑥ 刘万云：《中学历史教师继续教育存在的问题及对策》，载《河南教育学院学报(哲学社会科学版)》，2003(2)。

⑦ 王继平、热依扎·阿布德希：《南疆中学历史教师新课程实施的现状调查研究——以新疆和田地区教师调研为例》，载《课程教育研究》，2012(21)。

⑧ 于文善、梁家贵、刘大鹏：《中学历史教师在职培训存在的问题及对策——以皖西北为例》，载《阜阳师范学院学报(社会科学版)》，2008(6)。

⑨ 刘万云：《中学历史教师继续教育存在的问题及对策》，载《河南教育学院学报(哲学社会科学版)》，2003(2)。

⑩ 王继平、热依扎·阿布德希：《南疆中学历史教师新课程实施的现状调查研究——以新疆和田地区教师调研为例》，载《课程教育研究》，2012(21)。

⑪ 常耀根：《新时期中学历史教师应向“研究型”发展》，载《陕西教育》，2009 (4)。

⑫ 郭继福：《多媒体教学手段的应用对中学历史教师知识结构要求》，载《中国现代教育装备》，2011(2)。

念，重树教师职责观；丰富人文素质，提升教师专业精神；改进专业实践，提升教师专业能力；重组知识结构，改善教师教学方式；强化自主学习，激励教师专业发展；加强教学反思，促进教师专业发展；重视校本研究，带动教师专业发展。①

（二）中学历史教师培训工作趋势研究

虽然关于中学历史教师培训工作的研究成果不是很丰富，但还是呈现出一定的发展趋势。主要有以下三个方面。

1. 研究对象转向农村中小学教师

2009年之前，以农村教师为主要研究对象的研究论文还没有，2009年开始才有相关研究。例如，王海燕、杨光的《U-D合作下农村教师培训生活的现状调研》、杜红艳的《陕西农村中学教师个体专业化发展现状及对策研究——以陕西农村中学历史教师为例》、秦磊的《农村教师培训实效性评价体系研究》、张焱的《农村教师培训工作的现状及对策浅析》、康红兵的《农村中小学教师培训工作存在的问题及对策》。

2. 研究内容向教师专业发展集中

近些年来，中学历史教师培训工作研究的问题比较多地集中在教师的专业发展方面，包括中学历史教师的专业素养、专业能力、专业技术等方面，这是近十年来研究的一个热点问题，其中有不少是篇幅较长的硕士论文。

3. 研究方法更加重视个案研究、实证研究

近几年来，中学历史教师培训工作出现了较多的个案研究、实证研究。例如，乔迁的《一位优秀中学历史教师专业发展的个案研究》，杨朝晖的《北京中学历史教师专业素质现状及分析》，于文善、梁家贵、刘大鹏的《中学历史教师在职培训存在的问题及对策——以皖西北为例》，杜红艳的《陕西农村中学教师个体专业化发展现状及对策研究——以陕西农村中学历史教师为例》等。

综上所述，中学历史教师培训工作的研究与教师专业发展的主题联系密切，关注农村教师的需求与培训效果，更加注重培训工作的实效性。

三、中学历史教师培训课程方案

（一）教师培训课程的性质

中学历史教师培训课程服务于中学在职历史教师，着眼于中学历史教师的专业发展。作为教师教育课程的内容之一，培训课程一方面是对职前教育的深化理解和应用，另一方面又是在实践中对历史基础教育的不断创新和提高。中学历史教师通过培训课程的学习既要丰富教育基本的理论知识和历史知识，又要提高教学技能和各项基本能力，同时，还要不断提高教师职业道德修养，成为新时期历史基础教育改革的中坚力量。

---

① 谭颖辉：《中学历史教师专业化发展新探》，载《现代中小学教育》，2007(11)。

(二)课程基本理念

1. 促进教师专业发展

中学历史教师的专业成长是一个动态发展、不断提高的过程。培训课程要有助于推动新教师的成长，使其最终成为教学骨干乃至中学历史教学的名师。培训课程应根据教师在每个发展阶段的特点设置内容，强调课程的针对性。

2. 促进教师终身学习

培训课程的内容应体现时代性，向中学历史教师及时提供最新历史教育发展动态，吸纳历史研究的最新成果，促进教师更新知识，学习现代教育技能，紧跟时代发展，养成终身学习的习惯。

3. 解决教师需求

培训课程应根据中学历史教师在每个阶段的专业发展需求，设置中学历史教师专业提升急需的培训内容，采用多种培训形式，强调培训的实用性，力求解决教师在专业发展过程中存在的问题。

4. 实践取向

培训课程应立足于教育实践，注重引导教师案例学习、实践学习、实践教学，在实践中发现问题、提出问题、解决问题，通过实践提升专业水平，即强调培训过程的实践性。

(三)课程目标

通过培训课程的学习，中学历史教师主要在以下四个方面获得了专业发展。

1. 专业知识

学会关注历史学科理论发展前沿，及时了解历史教育理论的最新发展动态；不断提升历史教育理念，熟悉现代化教学方式；深入学习教育基本理论，理解青少年教育发展规律，了解学生的学习心理特点；掌握历史教育科研方法，了解观察教育现象，掌握教育研究课题的途径，知道研究历史教育规律的实施过程和成果表述。

2. 专业技能

能够熟练掌握中学历史课堂教学的实施、组织、管理、创新技能；熟练掌握课堂教学媒体应用技能；掌握中学历史课程资源的开发技能；掌握对学生进行发展性评价的技能。

3. 专业能力

通过培训课程学习，提高历史教育改革能力，能够根据教育形势发展，自觉运用现代教育理论和现代教学方式进行历史教育改革探索；提高历史课程管理、执行、建设能力；丰富历史课程内容，有效实施历史新课程；提高历史教育研究能力，具备主持科研课题的能力，形成高水平研究成果的能力；具有广泛合作能力；注重自我提升能力的培养，学会反思教学，总结提升，能够规划专业发展。

4. 职业道德伦理

通过培训课程的学习，领会教师职业道德规范的基本内容，逐步形成热爱历史教育事业，愿意为教育事业奉献的敬业精神；具有关心爱护学生、以人为本的人文精神；具有实事求是的科学精神；具有良好的个人修养和崇高的道德品格；具有积极健康的职业心理，能够应对职业压力；具有良好的人际关系，与学生、学生家长以及同事和谐相处。

(四)课程内容

1. 新教师培训课程内容

本阶段的培训内容是为中学历史新教师设计的。主要是为了满足新教师技能形成和专业发展的需求，培训课程应让新教师通过实践操作、专家指导、校本教研等形式，逐步掌握课堂教学和课堂管理的基本技能，培养教学设计、反思等基本能力，形成对教育事业的认同感(表 7-73)。

表 7-73　新教师培训课程内容

一级主题	二级主题
历史教育	1. 历史新课程 2. 历史教材
学习科学	1. 历史学习理论 2. 学习指导
教学实践	1. 教学表达 2. 课堂组织 3. 教学评价
教学研究	1. 教学设计 2. 学生表现分析 3. 教学反思
职业素养	1. 职业规划 2. 职业道德伦理

(1)历史教育

本主题所涉及的内容是针对新教师对于中学历史新课程标准理解不够深刻的问题，以及对历史教材的使用缺乏经验的实际情况，旨在帮助新教师加深对此类知识的理解。

①历史新课程。

第一，理解历史课程标准。领会历史新课程的基本理念，掌握历史新课程的目标，即知识与技能目标、过程与方法目标、情感、态度与价值观目标。能结合具体教学内容设计教学目标。

第二，了解历史新课程下的教学观，认识教学过程中教师与学生、教学内容之间的辩证关系。了解新课程下的学生观，认识学生发展的意义。了解历史教师在新课程中的角色定位，知道如何建立新型师生关系。认识发展性评价的意义，了解教学评价的形式、工具、方式以及策略等。

例：新课程下历史教师的角色发生哪些转变。

②历史教材。

第一，理解历史教材的编写和设计意图，了解不同版本历史教材的特点。学会分析教材的知识结构，能够灵活处理教材内容。

第二，能够区分教材中历史事件、历史概念、历史人物的呈现方式及其教学策略。

第三，学会把握教材内容的重点，正确把握教材重点内容的科学性，学会分析教材中相关资源的运用策略，了解教材分析和研究的基本思路和方法。

建议通过岗前培训、远程网络培训等形式，参与专家讲座与交流，深入理解历史新课程基本理论，深化对历史新教材的基本认识。

(2)学习科学

本主题的内容，以提高新教师对中学生历史学习规律的认识为目的。将一般学习理论与历史教学案例相结合，帮助教师正确把握历史学习指导策略。

①历史学习理论。

第一，了解学习的一般理论，理解认知学习及建构主义理论，了解历史学习的含义及行为特征，认识历史学习的内容及其分类、特征。

第二，理解历史学习过程的特点，历史认知的结构，认知学习的模式，历史认识的基本规律，即认识过程的第一次飞跃与第二次飞跃。历史认识过程的基本方法。

第三，了解历史学习的基本能力要求，即分析解决问题能力、信息收集能力、质疑能力、自主学习能力、创新能力等。了解历史学习的智力因素，即记忆、想象、思维等。了解历史学习的兴趣与动机特点，知道激发学生历史学习兴趣的方法，掌握提高学生历史学习动机水平的方法。

②学习指导。

第一，了解学生自主学习的内容、特点，对于学生成长的意义。了解指导学生养成自主学习习惯的重要性和方法。结合历史教学案例，知道培养学生自主学习能力的方法。

第二，了解合作学习的基本理论观点、内涵和意义，了解中学生合作学习的分类及其特点，重点掌握小组合作学习在历史课堂教学中的运用方式，结合历史教学案例，知道培养学生小组合作学习能力的方法。

例 1：历史自主学习与合作学习的关系。

第三，知道新课程下科学探究教学方式的基本要素及其意义，知道科学探究要素的实施要求和原则。了解探究教学方式与其他教学方式的关系，了解探究教学方式存在的问题，以及提高探究教学有效性的措施。

例 2 ：历史科学探究学习的指导方法。

建议通过岗前培训、远程网络培训等形式，参与专家讲座与交流，深入理解历史学习基本理论，深化对历史学习方式的基本认识。

(3)教学实践

本主题的内容，以强化新教师的实践技能为目的，通过校本培训、微格录像与点评等形式，针对性地提高新教师在教学表达、组织管理、评价操作等方面的技能。

①教学表达。

第一，通过校本培训、微格录像等形式，掌握教师语言的表达要求，学会使用科学、规范、简洁、易懂的教学语言，熟练掌握语速、语气、语调的变化和节奏，讲述具有启发性、形象化。讲解的时机和内容能够与其他教学手段相得益彰。

例 1：录制一段教学视频，由历史骨干教师对视频内容进行教学语言分析点评和指导，将整个活动的录像与点评制作成视频，作为新教师校本培训内容。

第二，通过校本培训、微格录像等形式，熟练掌握动作表达。能够自如运用恰当的肢体动作吸引学生注意，能够根据讲课内容和学生反应，调节手势、表情、目光等，能够根据师生互动和指导学习的需要，恰当处理教师在教室中的位置和走动。

第三，通过校本培训、微格录像等形式，熟练掌握板书板画表达。板书内容科学准确，布局合理，结构层次符合教学内容的逻辑要求，简洁美观。学会利用图表表达历史情境，板画简洁美观，突出主要因素，具有形象性、直观性。

例 2：录制一段教学视频，由历史骨干教师对视频内容进行板书板画分析点评和指导，将整个活动的录像与点评制作成视频，作为新教师校本培训内容。

②课堂组织。

第一，通过讲座，系统掌握历史课堂组织教学的基本环节，把握课堂教学的引入、展开、结束各个环节的要求及技巧，能在课堂教学中把握课堂节奏，各环节过渡自然、衔接紧密，课堂组织有整体感和层次感。

第二，通过讲座，了解课堂教学组织的基本形式，如问题式、交流式、情境式等。结合教学案例，认识每一类组织形式的特点和要求。学会利用多种组织形式开展课堂教学。

第三，通过教学实践，掌握课堂常规管理、环境管理、秩序管理以及自我情绪状态管理等常见方式。理解课堂组织管理技巧与管理艺术。

③教学评价。

第一，学会制订评价方案，能够根据学生的实际情况和历史教学目标，科学合理地制订学生评价体系，制订评价标准，分解评价指标，选择评价方式。

例 1：制订一份班级历史学习评价方案，作为新教师校本培训内容。

第二，能够根据评价需要，学会设计制作评价方法，能够利用档案袋评价，设计简单易操作的评价表格。

例 2：制订一份课堂探究实验的学生评价表，作为新教师校本培训内容。

第三，通过教学实践，掌握对学生学习过程进行评价的方法，能够根据学生的行为表现、完成学习任务情况、课堂学习效果等，给予恰当评价，促进学生学习。

例 3：将课堂教学评价录像以及历史骨干教师点评，制作成视频资料作为新教师校本培训内容。

建议通过远程网络培训讲座等形式，学习常用教学技能提高的策略，并在实践中加以运用，将实践情况进行录像，在校本培训中通过历史骨干教师对录像点评提高新教师技能。

(4)教学研究

本主题的内容主要针对新教师教学研究能力的培养。通过培训，培养教学设计的分析与优化基本能力，培养对学生行为表现和学习表现进行分析的基本能力，培养教学反思能力，养成教学反思的习惯。

①教学设计。

第一，通过讲座，领会历史教学设计的一般要领。学会根据实际情况，分析教学目标以及达成目标的措施，能够设计有效的教学方法，选择合适的教学手段和灵活多样的教学方式。

第二，通过案例分析以及同课异构，掌握教学设计的优化策略。学会依据学生的心理特点和学习规律，对教学过程的具体细节进行优化。

第三，通过案例，了解如何通过说课的形式，对某节历史教学内容的教学设计过程进行介绍，体现教学设计的基本思想和理论依据。

例 1：“鸦片战争”教学设计案例分析。

例 2：“鸦片战争”说课案例分析。

②学生表现分析。

第一，学会分析学生课堂行为表现。通过学生学习行为观察案例，了解如何采用行为分析法观察学生课堂行为。学会分析影响学生课堂行为的基本因素。学会观察学生课堂问题行为，并会分析问题行为产生的原因和解决的措施。

第二，学会分析学生学习表现。能够根据学生课堂知识掌握情况以及课后练习情况，分析学生的学习效果。能够根据学生学习中存在的问题，分析导致问题存在的原因，分析解决的措施。

③教学反思。

第一，学会如何进行教学反思。通过讲座，了解如何根据授课情况，反思教学设计是否合理、需要改进的地方，反思教师的教学状态、学生的适应情况，反思教学方式方法运用、教学技能技巧的有效性，反思课堂上预料之外现象处理的机智。

第二，养成经常进行教学反思的习惯。通过历史教学反思案例，掌握撰写教学反思的基本步骤方法，通过任务驱动，完成一些典型课例的教学反思，提高撰写教学反思的能力，并促进教学反思习惯的养成。

建议通过远程网络培训讲座等形式，采用案例学习结合任务驱动的方式，提高新教师教学研究的基本素养。

(5)职业素养

本主题的内容主要针对新教师的职业发展需求，侧重于职业规划的培训，通过培训，新教师能进行职业定位、职业发展规划，也能通过案例熏陶，奠定长期从事教育事业的良好职业道德和伦理关系。

①职业规划。

第一，学会制订新教师个人职业发展目标。通过案例讲座，了解如何分析教师的远期发展目标、中期发展目标和近期发展目标。了解每一个阶段目标所需要具备的基本条件，达到每一阶段目标所要努力的基本途径。提高教师职业发展的积极主动性。

第二，通过培训，能根据个人情况和职业环境，学会制定新教师阶段 3～5 年的详细可行的职业发展方案，包括个人优点缺点剖析，学习培训的课程内容和数量质量要求，教学技能与教学能力提高的主要方向和行动计划。

②职业道德伦理。

第一，教师职业道德的基本内容。通过讲座，领会教师职业特殊的道德要求，知道教师职业道德规范的基本内容，领会和践行教师职业道德规范。

第二，领会教师职业道德的意义、作用。通过案例，了解在实际工作中，与教师职业道德存在矛盾和冲突的问题，掌握解决职业道德冲突的方法。

第三，学会处理教师职业伦理中的几个关系：人际关系、教学与科研的关系、行政管理关系、教育合作与竞争的关系等。建立新型师生关系、和谐的同事关系等。

建议通过案例讲座，学习教师职业道德规范，受到先进模范教师职业形象的感染，思考社会形势对教师职业道德伦理的考验，坚定从业信念。

2. 青年教师培训课程内容

本阶段的培训内容是为中学历史青年教师设计的。青年教师对基础教育的理解基本成熟，教育技能基本熟练，但是专业能力需要进一步提升，教学综合技能、创新技能需要提高。培训课程应着眼于提升历史教师课堂教学方式的创新改革能力、教学问题的搜集研究能力，提高历史教师基本教学手段的综合运用技能、创新技能，提升历史教师的职业精神(表 7-74)。

表 7-74 中学历史青年教师培训课程内容

一级主题	二级主题
历史教育	1. 教材难点 2. 历史思维
学习科学	1. 教育心理 2. 学习方法
教学实践	1. 有效教学 2. 专题复习 3. 现代教育技术 4. 综合评价
教学研究	1. 案例研究 2. 论文撰写 3. 教育研究方法
职业素养	1. 历史科学精神 2. 教师职业心理

(1)历史教育

本主题的内容旨在培养青年教师对历史教材疑难问题的把握，提高对历史思维的认识，提高培养学生历史思维能力的教学技能。

①教材难点。

第一，准确把握教材中的难点内容。通过讲座、研讨、案例分析，掌握分析教材难点的科学方法。根据教材本身的知识呈现和课程标准要求，针对抽象程度高、综合性强的知识，分析难点内容。学会根据学生的知识储备和能力特点预判教材的难点内容。学会根据学生的成长变化，调整对难点问题的认识。

第二，正确处理教材中的难点内容。通过案例分析，根据难点内容的具体情况，学会采用恰当的教学手段和教学方法，正确处理难点问题，帮助学生化解疑难问题。

例：专制主义中央集权的解释。

②历史思维。

第一，历史思维理论。通过讲座等形式，了解历史思维理论的基本内容，掌握类比、比较等基本思维方法。

第二，历史思维能力培养。通过案例分析，了解如何培养学生的历史思维品质和思维能力。

建议通过远程网络培训等形式，开展关于中学历史教材难点分析和学生思维理论的讲座，结合案例，培养青年教师根据学生思维特点处理教材的能力以及培养学生历史思维品质的能力。

(2)学习科学

本主题的内容侧重于对学生学习心理的了解，了解学生学习的心理过程和差异，智力因素和非智力因素的特点，侧重于对学生学习方法的了解，一般的听课、复习、解决问题方法以及特殊的推理、观察方法等。

①教育心理。

第一，了解当代学习心理知识。结合历史学科特点，了解儿童学习的性质，知识和技能学习的过程，知识和技能的学习迁移，结合案例，了解学习动机的变化规律，了解历史学习兴趣、情感、意志等非智力因素的特点。

第二，了解差异心理知识。了解儿童在历史学习中的智力和人格等方面的差异，结合案例，了解如何因材施教，解决儿童历史学习的差异问题。

②学习方法。

第一，通过案例分析，了解中学生历史学习的常用方法，包括听课的方法、复习的方法，解决问题的方法、自学的方法等。

第二，通过案例分析，了解中学生历史学习的特殊方法，包括思维的方法、推理的方法、记忆的方法、理解的方法、创新方法等。

建议青年教师通过讲座，熟悉学生的学习心理和特殊学习方法；通过实际案例，学会因材施教，学会培养学生的学习方法。

(3)教学实践

本主题的内容要求青年教师掌握有效教师理论并运用于教学设计中，学会设计专题复习，尤其是中考、高考的专题复习，能熟练运用现代教育技术和创新实验，改进现代教学手段。能够对学生的综合素质进行发展性评价。

①有效教学。

第一，有效教学的基本理论。通过讲座等形式，掌握有效教学的基本含义，有效教学的国内外运用现状，有效教学的理念、模式、策略等，有效教学与其他教学方式的整合。

第二，历史有效教学设计。通过案例介绍，了解历史有效教学设计的基本要求。把握有效教学设计的注意事项，区分有效教学设计与无效教学设计。

第三，历史有效教学评价。通过案例介绍和校本实践，掌握教学设计与实施的有效评价技能，优化评价体系和评价策略促进新课程教学的实施。

②专题复习。

第一，通过讲座，了解如何分析历史专题复习的目标、专题复习的原则，如何构建专题复习的内容，如何选择复习的方法和策略。了解历史专题复习常用的基本模式。

第二，通过案例介绍和校本实践，针对历史期中、期末或毕业考试不同阶段，学会进行历史常见专题知识的复习设计。

③现代教育技术。

第一，通过计算机专题培训，掌握现代教育技术常用课件制作技术，会使用 PowerPoint，Flash 等工具进行课件制作。

第二，掌握现代信息技术与历史课程整合的能力，学会根据历史教学发展需要，优化现代教育技术与其他教学手段的关系。

第三，掌握现代教育技术运用技能，在历史教学实践中，熟练运用不同的媒体资源开展教学，提高教学的有效性。

④综合评价。

第一，发展性评价体系。学会建立学生发展性评价体系，通过调查问卷等，了解学生的学习兴趣、学习动机、学习效能等，了解学生发展中的需求，帮助学生认识自我，建立自信，形成良好的学习状态。

第二，学业成绩评价体系。学会建立学生成绩评价体系，通过书面考试、实验操作技能考核、课外活动作业等方式，合理评价学生的知识掌握与能力发展。

第三，教师评价体系。学会建立教师教学质量评价体系，能够根据学生的学业发展、教师的教学技能和能力，对教师进行全面系统的评价。

例 1：高中生历史学习综合素质评价表。

例 2：初中历史教师教学质量评价表。

建议通过专题讲座和案例，青年教师掌握有效教学设计理论、专题复习策略、教育技术和实验创新理论、综合素质评价理论，以任务驱动，在实践中参与教学设计、教学手段创新、评价方案设计等。

(4)教学研究

本主题的内容侧重于青年教师进行教学案例分析研究，了解教育论文撰写的基本知识，掌握从事历史教育研究的基本研究方法。

①案例研究。

第一，案例选取。通过校本培训等方式，根据教师专业发展需要，学会对于重要的概念课、复习课、专题研究课等，合理选取教学案例。

第二，案例分析。根据研究的需要，有目的地对教学案例的设计理念、难点处理、教学手段运用、实施效果等进行优劣分析，掌握案例分析的内容、要求和技巧。

②论文撰写。

第一，通过讲座和案例，掌握历史教学论文撰写的基本思路和格式要求，包括选题、摘要、引言的表述，以及论文的观点阐述、结论升华、参考文献的使用等。

第二，通过专题培训，培养青年教师在教学实践中参与教学论文的撰写、修改、定稿、答辩等过程，培养论文撰写的基本能力。

③教育研究方法。

第一，通过讲座等形式，了解教育研究的常用方法，包括访谈、问卷等调查研究法，了解实验研究法、文献研究法、比较研究法等教育研究方法。

第二，结合历史教育学科具体内容，在教学实践中，选择恰当的研究方法，开展教育调查、教育实验等研究活动。

例1：设计学生问卷调查表。

例2：设计课堂学习观察记录表。

建议利用校本培训、采用专家指导等形式，帮助青年教师选取教学案例和教学问题，采用科学的研究方法进行教学研究，撰写研究论文。

(5)职业素养

本主题的内容要求青年教师充分感受历史科学精神，提高精神境界，并以此感染学生的历史学习精神。要求青年教师了解自身工作特点和心理压力，学会调节职业心理状态。

①历史科学精神。

第一，领会历史科学精神的内涵，提高从事历史科学研究与教育的精神境界和工作态度。

第二，结合中学历史教育内容，充分发掘历史科学精神的教育价值，开发历史科学精神教育相关的素材资源。

②教师职业心理。

第一，通过讲座等形式，了解教师工作及心理的特点，教师心理压力的产生、调适，教师心理压力的影响因素、对教师职业的影响，如何预防职业倦怠心理和不健康心理等。

第二，通过案例培训，学会根据教师自身实际工作情境，不断调整自己的职业心理，保持健康的教师心理正确处理职业关系。

例：如何预防教师职业倦怠心理。

建议结合远程网络培训，通过讲座、案例分析等形式，提升青年教师的职业精神和职业心理素质。

3. 骨干教师培训课程内容

本阶段的培训内容是为中学历史骨干教师设计的。历史骨干教师经过成熟阶段的发展，在教育理论与实践等方面需要向纵深方面发展。培训课程应重点关注历史骨干教师的教育理念提升及教育进展最新知识，包括历史新科技发展、国内外历史教育进展、青少年研究进展等。培训课程应注重历史骨干教师在教学引领、实践活动、课程建设等方面深层次实践能力提升。培训课程还应注重历史骨干教师在教育课题研究与引领方面能力的提高(表7-75)。

表 7-75　历史骨干教师培训课程内容

一级主题	二级主题
历史教育	1. 历史理论发展 2. 历史教育发展
学习科学	1. 儿童心理学 2. 学习论
教学实践	1. 示范教学 2. 命题技术 3. 课程资源
教学研究	1. 经验总结 2. 课题申报 3. 课题实施 4. 教研规划
职业素养	教育理念

(1)历史教育

本主题内容旨在更新骨干教师历史理论知识，更新骨干教师对国内外现代教育发展的认识，强化骨干教师对现代教育进展的领会运用能力。

①历史理论发展。

第一，通过讲座，了解与中学历史教学内容联系密切的理论发展情况，了解史学界的研究前沿动态。

第二，通过校本活动，搜集有关历史教育课程资源以及历史教学辅助读物。

②历史教育发展。

第一，了解国内外历史教育发展趋势，掌握现代教学手段，领会现代教学方法，掌握现代学习方式、现代学习指导方式，了解历史发展性教学评价。

第二，通过校本实践，熟练运用现代教育方式，提高现代教育手段创新运用技能。

建议通过骨干教师培训、专题培训等方式，加强骨干教师历史理论知识、历史教育发展趋势的知识素养。通过校本实践提高骨干教师开发历史课程资源能力。

(2)学习科学

本主题的内容侧重于对儿童和青少年心理的了解，强调骨干教师对学习理论的掌握。

①儿童心理学。

第一，儿童心理。了解儿童心理发展的本质和原因、结构、因素，理解儿童心理发展的阶段性及其各个阶段的心理特征。

第二，青少年心理。了解青少年的心理特征、生理特征；了解青少年的认知特征、情绪特征；了解青少年的人格、品德、人际交往等。

例：历史学习中的学生心理特征分析。

②学习论。

第一，了解早期机械学习理论，刺激—反应理论、操作学习理论，把握这些理论在现代教育中的利与弊。

第二，理解现代认知学习理论、建构主义理论、认知结构理论、认知同化理论、信息加工理论、掌握学习理论、人本主义理论，注意区分每个理论的优点与不足，在教育过程中自觉运用学习理论。

例：历史学习中的认知建构。

建议通过骨干教师培训、专题讲座，掌握现代学习理论的主要内容，提升教师专业能力，通过校本实践，加强学习理论与历史教育的结合。

(3)教学实践

本主题的内容侧重于骨干教师在教学实践中示范作用的发挥，提高骨干教师在历史考试中试题命制技术，侧重于提高骨干教师在课程资源建设中的领导力。

①示范教学。

第一，骨干教师参加历史示范教学，有目的地针对各种研究型课堂开展公开示范课，同课异构，扩大骨干教师示范教学的范围和影响力。

第二，采用骨干教师培训、案例教学、观摩点评等方式，专家对骨干教师的示范教学进行点评，组织交流，提高骨干教师的示范能力。

②命题技术。

第一，通过讲座，领会历史试题命制理念，掌握试题命制要求，理解试题命制的难度、区分度，掌握命题双项细目表的运用。

第二，通过校本实践，练习命制各类测验考试的历史试题，分析命题理念和试题特色。

第三，通过骨干教师培训总结的形式，展示交流骨干教师命制的试题，通过专家分析点评，使得试题更加符合考试要求。

例 1：中考历史模拟训练题。

例 2：高考历史模拟训练题。

③课程资源。

第一，理解课程资源建设的功能、意义和重要性，结合资源开发案例，掌握课程资源开发的特点和技术要求。

第二，通过校本实践，开发历史课程资源，丰富学校的教学资源。通过骨干教师培训总结的形式，展示交流骨干教师开发的课程资源，结合专家分析点评，提高课程资源建设的能力。

建议通过讲座和案例分析，提升骨干教师的专业理论水平，以实践任务驱动，促进骨干教师的综合实践技能提高，并加强骨干教师实践成果的交流与总结。

(4)教学研究

本主题的内容注重骨干教师优秀教学经验的提炼，侧重于骨干教师参与历史教育课题研究的能力培养，包括课题的申报、实施，注重骨干教师在校本科研中的能力培养。

①经验总结。

第一，了解历史教育经验的来源、特征，教育经验总结的类型、要素、步骤。通过案例，了解历史教育经验总结撰写的结构、思路。

第二，通过教学实践，撰写历史教育经验总结，交流总结成果，结合专家分析，升华优秀教育经验。

②课题申报。

第一，通过专题讲座，骨干教师掌握教育研究课题申报的基本要素，理解选题的基本要求，研究背景、主要问题、研究价值、研究方法、研究步骤的分析论证等。

第二，结合历史教育实践研究需要，撰写历史教育研究课题申报书，经过专家指导，修改完善，提高课题申报书撰写的实践能力。

例：基于问题的历史学习方法研究。

③课题实施。

第一，掌握课题实施方案的设计，掌握课题实施步骤、实施方法的具体运用，掌握课题成果的总结撰写思路。

第二，结合教学实践，参与某子课题的研究，进行文献分析、调查研究、教育实验等。

第三，撰写课题研究报告，结合专家指导，提高教育课题研究的实施能力。

④教研规划。

第一，了解历史校本教研活动的意义、内容、组织，校本教研的规范、制度建立、制度创新，了解校本教研的发展规划。

第二，在实践中学会制订校本教研，促进教师专业发展的规划。展示交流教研规划的特色和优缺点，经过专家指导，修改制定更加符合本校实际情况的教研发展规划。

通过案例分析和讲座，提升骨干教师参与教育研究的能力，任务驱动促进骨干教师总结教育经验、撰写课题申报书，参与课题实施，制定校本教研发展规划。

(5)职业素养

本主题的内容注重骨干教师历史教育理念的深化，教育新理念在教学中的渗透。

通过专题讲座，深化骨干教师的教育新理念，包括以人为本、终身发展的教育理念，教学方式、评价方式改革的教学理念。通过案例，掌握教育理念与历史教学结合的方法，在实践中探索教育理念的运用，并通过交流总结展示和专家点评分析，使其进一步得到升华。

建议通过专题讲座和案例展示，提升骨干教师的理念层次，通过实践运用和交流点评，提高理念水平。

4. 名师培训课程内容

本阶段的培训内容为历史名师设计。历史名师既要更新历史研究的最新动态，历史教育的最新知识与进展，引领教育改革，又要指导青年教师和骨干教师的专业发展，指导的内容、方法、技能是名师培训要解决的重要问题(表 7-76)。

表 7-76　名师培训课程内容

一级主题	二级主题
历史教育	1. 历史研究前沿 2. 历史教育发展
学习科学	1. 青少年发展心理 2. 学习理论的新发展
教学实践	1. 名师讲堂 2. 课程改革 3. 教学指导
教学研究	1. 课题研究与指导 2. 论文撰写与指导 3. 成果总结与推广
职业素养	教育情操

(1)历史教育

本主题的内容旨在更新名师的历史研究前沿理论知识，提升名师对国内外现代教育发展的认识，强化名师对现代教育进展的领会、运用能力以及指导、推广能力。

①历史研究前沿。

第一，通过讲座，了解与中学历史教学内容联系密切的历史研究前沿动态。

第二，通过校本活动，搜集与中学历史相关的各类研究知识，开发历史教育课程资源以及历史教学辅助读物。

第三，搜集有关历史研究动态的各类资料，开发与中学历史教学内容相关的辅导材料，开展教师培训讲座。

例：专制主义中央集权的理解和把握讲座。

②历史教育发展。

第一，了解国内外历史教育发展趋势，掌握现代教学手段，领会现代教学方法，掌握现代学习方式、现代学习指导方式，了解历史发展性教学评价。

第二，通过校本实践，熟练运用历史现代教育方式，提高现代教育手段创新运用技能。

第三，搜集有关历史教育发展的各类资料，开发历史教育发展的辅导材料，开展教师培训讲座。

例：发展性学生评价理念与实施。

建议通过名师培训、专题培训等方式，加强名师历史研究前沿理论与知识、历史教育发展趋势的知识素养。通过校本实践，提高名师开发历史课程资源的能力和运用现代教育理论的能力。通过名师开展讲座，提供名师推广历史教育新知识的平台。

(2)学习科学

本主题的内容旨在加强名师对学习科学最新进展的认识，侧重于学生心理发展、知识本质、学习本质等研究。

①青少年发展心理。

第一，了解青少年心理发展的理论流派，通过案例，了解青少年人际关系、社会认知、品德与价值观、情感、个性与自我发展、创造力发展等特点。

第二，开发青少年发展心理的特色案例，开展教师培训讲座。

例：历史教学中学生创造力的发展与培养大讲堂。

②学习理论的新发展。

第一，了解学习科学的最新进展，了解关于知识本质的研究，学习模型的最新研究，网络与新技术环境下的学习研究。

第二，开发学习科学研究案例，开展教师培训讲座。

例：基于3G环境的历史学习大讲堂。

建议通过名师培训、专题培训等方式，加强名师对学习科学最新进展的了解。通过校本实践，提高名师开发有关青少年心理发展、学习研究案例的能力，提供名师推广学习科学最近研究的平台，开展名师讲堂。

(3)教学实践

本主题的内容旨在提高名师在教学实践中参与教学改革、推广教学经验、指导课堂教学的专业能力。

①名师讲堂。

组织参观考察先进地区名师开展讲堂的经验，学习开展名师讲堂的选题问题、热点问题、宣传组织问题。开发名师讲堂的专题内容，在区域内外组织开展讲堂活动。通过讲堂活动与观众互动，解决青年教师与骨干教师工作中的困惑。

②课程改革。

积极参与基础教育课程改革，提高课程改革的执行能力，推动国家课程改革整体目标的实现、总体任务的完成，以及课程内容结构的完善。引领区域乃至更大范围、更大程度上的课程改革，推广课程改革成果。

③教学指导。

积极参与教学观摩，指导青年教师、骨干教师的课堂教学，提高名师课堂教学指导能力。通过借班上班、同课异构等形式，现场示范名师的课堂教学风采，提高名师教学示范效果。

建议建立相关机制，理顺相关渠道，提供名师开展专题讲堂、课题调研、教学指导的机遇和空间。

(4)教学研究

本主题的内容旨在提高名师在教学研究中主持课题、指导骨干教师课题研究、指导论文的能力。

①课题研究与指导。

承担教育专家总课题的子课题、主持厅级以上教育研究课题，提高课题研究水平。指导骨干教师参与课题研究，提高课题指导能力。

②论文撰写与指导。

通过专家指导撰写较高水平的教育研究论文。指导骨干教师撰写教育研究论文，提高论文指导能力和论文修改能力。

③成果总结与推广。

能够将优秀教学经验、研究成果、研究论文、创新案例等，以结集出版的形式，进行编撰、出版、推广。

(5)职业素养

本主题的内容旨在提高名师在追求教育理想的道路上高尚的教育情操，包括高尚的职业道德、健康的审美情趣等。

教育情操。通过专家讲座、省内外考察，结合优秀案例，名师受到教育先进工作者的道德情操、审美情操的熏陶，提高从事教育事业的热情、积极性，激发教育创造力。

(五)实施建议

1. 培训建议

(1)教师培训形式多样化

广泛采用远程网络培训、校本培训、顶岗置换培训、跟岗实践培训、名师讲堂、集中面授培训、省外国外学习考察等形式。发挥远程网络培训覆盖面广、课程内容丰富的优势，充分利用远程网络培训满足大多数新教师以及青年教师的学习培训需求。充分利用校本培训灵活实用的特点，加强校本培训在教师技能提升中的作用。顶岗置换培训是解决师资短缺、地区教师外出培训的良好形式，充分利用师范生实习与在职教师外出学习培训互补的特点，增加中青年教师特别是农村地区中青年教师的学习培训机会。加强骨干教师跟岗实践培训力度，让骨干教师有机会到名师工作师进行培训学习，交流经验，在实践中提高专业水平。发挥骨干教师和名师的示范作用，广泛开展讲堂活动，让骨干教师和名师送教上门，拓展培训渠道，既提升骨干教师和名师的指导能力，又增加青年教师的学习机会。利用培训院校的学科优势和理论前沿优势，增加骨干教师和名师的集中面授机会，通过专家讲座和引领，提升骨干教师和名师的教育理论水平和教育科研水平。增加省内名师和区域名师到省外或国外交流学习的机会，拓展教育视野，引领本省教育改革与发展趋势。

(2)改革培训方式

采取讲座与交流研讨、网络论坛互动、任务驱动、微格录像分析、案例分析、参观考察等多种培训方式，增强教师学习培训的积极主动性，提高学习效果。通过讲座，向中学历史教师提供最新历史研究的前沿动态、历史教学发展趋势、教育科学、心理科学等丰富的知识内容。开展专题交流研讨，就教学改革、课程与教材研修、考试与评价等专题进行研讨。增强远程网络培训平台的互动功能，提供参与培训教师的论坛交流渠道，教师与教师之间互相探讨交流、分享成果，辅导教师利用论坛进行网上指导。任务驱动是教师培训的方式之一，在培训过程中，历史教师参与实践，完成相应的任务，作为学习培训考核的主要依据。充分发挥微格录像分析在校本培训和区域研讨中的作用，有针对性地解决教学中的具体问题，以弥补其他培训方式的不足。在各类培训中，倡导以案例分析为主，将中学历史教学中的问题解决、有效设计、实施操作等具体案例进行展示并做分析。参观考察是骨干教师培训重要的学习方式，通过考察，了解先进的教育方式、管理方式，领会先进的教育理念。

(3)立体化培训管理

培训管理应从教师专业发展与终身学习的角度，建立长效管理机制，实行立体化管理模式。教育主管部门制订科学合理的中长期培训计划，总体布局培训规划，配置培训机构和培训规模，选拔培养骨干教师和名师，引导教师选课，进行学时学分认定与管理。培训机构制订切实可行的培训方案，依据课程标准开发实用有效的培训课程，进行课程管理、课程辅导、考核评价。教师所在学校为教师的学习培训创造有利条件，鼓励教师参加校本培训和区域研讨，支持教师外出参加学习培训。区域教育部门的历史教研室、历史名师工作室积极参与教师培训工作，增加区域教研活动和讲堂活动，引领教师教研交流与学习培训。

2. 课程开发建议

(1)充分调研

为了提高培训课程的针对性，真正解决教师专业发展的实际需要，开发培训课程，必须先进行充分的调研。针对教师专业发展的各个阶段，选择不同阶段的历史教师，采用访谈、问卷、课堂观察等各种形式，搜集该阶段教师专业提高需要具备的基本专业知识、技能和能力。根据各阶段教师的需求情况，依据历史培训课程内容标准，科学合理地开发培训课程，包括理论课程与实践课程，学习课程与活动课程。对于课程的使用情况，包括学习情况、辅导情况，仍需要进一步调研，根据调研结果，修改课程内容，删减不合适的内容，增添新的内容，不断完善培训课程体系，提高培训课程质量。

(2)拓宽资源

教师培训机构及其相关部门为教师培训提供丰富的课程资源，有利于教师专业发展的内容都可以作为教师培训的课程资源。在专题讲座方面，充分利用历史学家和科研人员对于历史研究前沿的深刻理解的特点，开发历史研究前沿讲座；根据高校教育专家学者对教育教学理论发展的把握，开展教育教学讲座；充分利用省、市、县区教研员多年从事基础教育实践指导的优势，开设教育实践问题讲座；发挥各地中学历史名师和骨干教师的作用，开展示范讲堂等。在教研交流方面，鼓励和支持教师参与校本教研和区域教研，并纳入校本培训学时学分以及成绩管理；充分重视中学历史教师经验的资源功能，通过教研交流获取实践技能的提高；支持外出参观考察，根据教师专业发展的各个阶段的特点，组织教师外出参观考察是比较重要的学习形式；有目标的参观考察是教师学习办学理念、教育模式、教学经验的重要资源。在实践学习方面，充分发挥名师及骨干教师的示范作用，其实践教学和优秀案例是新教师以及青年教师学习的重要资源，也是骨干教师之间互相借鉴学习的资源。

四、中学历史教师培训工作质量评估

评估是一种价值判断，培训质量评估是检验培训工作成效的一个重要手段。中学历史教师培训工作质量评估是以培训需要为依据，运用可操作的科学手段，通过系统的收集、分析、整理信息，对中学历史教师培训过程和培训结果进行价值判断，为中学教师培训决策的制定提供可靠信息，以提升教师培训的效果。

(一)评估目的

评估主要是对培训过程、培训者工作质量、参训者提高程度进行的评估。评估目的在于：了解培训活动是否达到原定的目标要求；对受训者的品德、修养、学识、技能、态度、智慧、情感、接受创新能力和综合素质与潜在的发展能力进行评定；掌控培训质量，总结经验和教训，促进培训经验的交流；发现新的培训需求，从而为下一轮培训提供重要依据；客观评价培训者的工作(包括对待培训的态度和管理水平)；为管理者决策提供信息和依据。[①]

(二)评估原则

为确保评估工作的公正、公平和评估结果的科学性、有效性，评估工作应遵循以下原则。

1. 科学性原则

评估模式的建立要符合教师培训规律和教师专业成长规律，符合教师培训理论，体现教师培训思想，切合教师专业发展实际。

2. 系统性原则

评估必须建立在开放的系统之中，系统中的每个环节要相互联系。评估的指标体系既要包括课程管理、课程保障，也要包括实施过程、培训效果；即要包含定性方面的评估指标，又要包含定量方面的评估指标；既要有发展性评价，也要有终结性评价。评估的方法既要有直接评价，也要有间接评价。它们是相互联系、相互制约、相互补充的有机统一体。

3. 操作性原则

要使培训评估能够顺利进行，其设置的指标必须具有较强的可操作性。既要使设置的评估指标具有针对性，能反映培训的基本思想和基本要求，又要使培训后评估出的效果真实可靠、公正客观，要对培训活动的价值做出如实的判断。

4. 连续性原则

一个科学有效的培训效果评估方案绝不是一蹴而就的，它必须经历一个长期持续的过程，需要在教师培训实践中不断修改、完善和丰富。[②]

(三)评估内容

中学教师培训的评估内容分为课程管理、课程保障、实施过程、培训效果四个一级指标。每个一级指标又有相应的二级指标和观测点。

1. 课程管理

课程管理包括课程理念、管理制度、课程计划三个二级指标。

“课程理念”包含现代教育理念、师德修养、教师专业理念三个三级指标。它主要评估课程

---

① 金阳：《基于新课程的教师培训导论》，263页，北京，科学出版社，2006。

② 王冬凌：《建构教师培训效果评估模式：内涵与策略——兼论教师培训机构走向专业化的路径》，载《大连教育学院学报》，2011(4)。

设置是否符合现代教育理念；是否符合教师的师德修养；是否符合教师专业化发展的要求，能够提升教师的专业能力。

“管理制度”包括管理规章制度、管理队伍、质量控制和质量调节四个三级指标。它主要评估培训管理制度的完备与合适性；管理队伍的构成和人员分工的合理性、专业性，培训的督导评估人员的构成；培训质量的监控机制；对培训质量监控过程中发现的问题跟踪、反馈与改进情况。

“课程计划”包括培训目标、课程内容、课程实施方案三个三级指标。它主要评估课程计划的培训目标是否明确，是否符合中学教师的需求；课程内容是否符合目标要求；课程实施方案是否具有可行性，是否能够达成培训目标。

2. 课程保障

课程保障包括培训师资、设施条件、基地建设、课程资源四个二级指标。

“培训师资”细化为数量与结构、教学水平和实践指导能力三个三级指标。具体而言，它主要评价师资队伍数量是否适宜；职称结构、知识结构是否兼顾；中学一线教师、教研员、专家学者所占的比例是否合理；教师的教学水平是否有保障；教师专业实践技能和经验是否充分。

“设施条件”包括教学基础设施、食宿条件、观摩与实训学校的状况和利用三个三级指标。它主要评价教室、自习室、图书馆、宿舍、食堂等基础设施是否齐全；参训教师食宿条件是否具备；观摩和实训学校的条件是否符合培训的需要，是否得到有效利用。

“基地建设”包括教学观摩与实训基地、观摩与实训制度、实践课时的数量三个三级指标。它主要评估是否有合适的教学观摩和研讨的实训基地，观摩、实训基地的选择是否有典型性、代表性；是否有一套观摩、实训制度，能够保证参训教师观摩与实训的正常进行；为学员提供的实践课时数量是否充足。

“课程资源”包括课程资源的丰富性、课程资源的支持性和保障性两个三级指标。它主要评估课程资源是否包含人(教师、学员)和物(课程、课件、案例等)方面的资源；有无一定的资源库做保障。

3. 实施过程

实施过程包括教学实施、教学评价两个二级指标。

“教学实施”包含实施方案、教学方法和教学组织三个三级指标。它主要评估实施方案各要素的落实和调整情况；教学方法是否新颖吸引人，能够提高受训者的学习积极性，是否注重现代教育技术手段的运用；教学组织过程是否顺畅、有序，各个环节是否紧密衔接。

“教学评价”包含教学纪律、课件、课程内容、教学方法与手段、学习进度、满意度六个三级指标。它主要评估学员的出勤情况和听课状态；课件的准备情况和针对性；课程内容的有效性；教师的教学方法与手段是否具有多样性与灵活性；学员的学习进度，学员的满意度如何。

4. 培训效果

培训效果包括发展性评价、终结性评价两个二级指标。

“发展性评价”包括教育理论、教学理念、教学方法、科研能力、用人单位评价等六个三级指标。它主要评估培训后学员对教育理论的深层次理解、学员教学理念的更新、多样化教学方法的掌握、学员科研能力的提高、满足用人单位教学要求的程度。

“终结性评价”包括学员的出勤情况、学员的课堂表现、学员的作业成绩、学员的学习表现自我评价、学员的学习表现小组评价、培训单位对学员学习的评价六个三级指标。它主要通过学员考勤表、课堂的参与度、作业成绩单、综合评价表(自评、小组评价、培训单位评价)评估学员的培训成绩。

(四)评估方法

1. 信息分析法

信息分析法就是把信息涉及的复杂事物分解为若干个简单事物或要素以及单纯的关系，根据事物间或事物内部的特定关系，通过推理、判断等科学方法，从已知事实中分析出新的认识或结论。

事物间或事物内部特定关系的不同，决定了信息分析法有许多种类型。常用的信息分析方法有：层次分析法、因果分析法、相关分析法、比较分析法、推理分析法。层次分析法就是对信息加以立体性、结构式的层次分析，以透过现象看本质的信息分析方法。因果分析法是从事物所固有的这种因果关系出发，由原因推导出结果，或者由结果探究其原因的信息分析方法。相关分析法就是从一种或几种已知相关事物来判断未知事物的方法。比较分析法是对同类事物的信息进行对比以确定相似点和差异点，从而判断其优劣的逻辑方法。推理分析法是在掌握一定的事实、数据和事物相关性信息的基础上，通过某种特定的相关关系顺次地、逐步地合理推论，最终获得新的结论的一种逻辑思维方法，又叫逻辑推导方法。①

2. 多样化评价

教师培训工作质量评估应坚持过程评估与终结评估相结合、定性评估与定量评估相结合、静态评估与动态评估相结合、自评与他评相结合、评价与指导相结合等。根据教师培训的目标、内容以及教学模式的不同，选用相应的评估方式。②

3. 定性评价与定量评价结合

定性评价是通过对培训活动以及受训者的表现进行分析与综合，剖析其失误的根源，查找问题、分析原因，总结成功经验，最后做出结论性评价的方法。定性评价需要的资料不多，它只能对培训活动做出原则性的、大致的、趋向性的判断。但是，它不能给出十分准确的结论。

定量评价是对培训效果的大小、影响程度的深浅，以及评价对象的表现程度等各种数量关系进行收集、整理和分析，最后做出结论性评价的方法。

定量评价离不开定性评价，科学的考核指标是定性与定量相结合的。首先由初步的定性评价为定量评价规定方向和范围，然后根据方向要求和确定的范围，对培训活动的各种量进行比较、分析，找出规律性的结论，做出科学、准确的评价。③

4. 直接评价与间接评价结合

直接评价是对教学过程或结果进行抽样评价。例如，听某一位或某些教师的某一次或某几

---

① 高洁、江三宝等：《信息分析与预测》，40～49页，济南，山东教育出版社，1995。

② 杜华：《教师培训评估及考核体系探微》，载《黑龙江高教研究》，2007(9)。

③ 金阳：《基于新课程的教师培训导论》，275页，北京，科学出版社，2006。

次课；召开部分学员的座谈会，了解某一位或某些教师的授课情况、培训管理情况、学员的学习状况等。间接评价是指对培训质量与效果的各因素做出评估，据此间接地对培训的教学质量与效果做出判断。例如，可以通过对师资结构、教学的物质条件、管理制度和管理水平的评估等，间接地对培训质量与效果做出判断。

(五)评估组织

1. 评估组织主体与评估对象

评估组织主体应该是多元化的，除了组织的领导者(教育主管部门)、相关组织者(培训单位)、相关专家、教育机构(如学员所在单位)，学员本身也是教师，有一定的教育评价的能力，而且学员自己更了解自己的原有状况，更了解自己的学习过程。因此，如果参与评价的过程，客观上更容易发现不足，主观上更容易接受评价结果，从而使评价更具有激励性，更有利于自身的发展。所以，评价组织主体应由组织的领导者、相关组织者、相关专家、教育机构、学员组成。

评估对象包括培训对象(学员)、培训者、课程设置、培训管理等多个方面。对于培训对象，培训结束后可对参训教师采用面谈、座谈、电话调查、问卷调查等方法进行评估，问卷的内容涉及培训内容的针对性、授课教师水平、培训设施、受训者从培训中得到的收益等问题。对于培训者的评价，主要是对在培训中承担教学任务的教师的评价，主要从教学的目的性、针对性、教学质量以及教学效果等方面进行评估。对于课程设置，主要评估是否严格按培训目标的要求进行，是否根据不同培训班的培训要求精心选择课程，课程结构设计、课程体系是否有利于实现培训目标。对于培训管理，是指对教学运行与教学质量进行监督、管理。主要看培训者是否制订有系列完整的培训管理文件、规章制度；是否经常组织协调各有关行政、教学管理部门的工作；是否能确保培训项目的正常开展；是否能及时协调、解决教学活动中出现的问题；对教学计划的制订、修改、执行、课程设置、课程安排、考务管理、考试成绩、结业办法、学籍管理等方面是否采取现代化管理方法。[①]

2. 评估程序

(1)确定评估目的

评估有不同的目标，如旨在发现培训存在问题的培训评估，选拔优秀人才的培训评估，考察学员知识转化能力的培训评估等。确定科学的培训评估目标，有利于培训评估工作的有效展开。

(2)制订培训评估方案

培训评估方案的内容包括评估指标的设计、评估方法的选择、评估结果的统计和分析等。制订培训评估方案，有利于培训评估的有效实施。

(3)收集培训评估信息

作为培训评估者，要通过向学员发放调查问卷表、与学员座谈或交流等方式收集培训评估信息。信息越全面、越真实，将越有利于提高培训评估的质量。

---

① 杜华：《教师培训评估及考核体系探微》，载《黑龙江高教研究》，2007(9)。

(4)分析培训评估信息

培训工作质量评估是以培训评估信息为基础，对培训师的素质、培训课程的设置、学员参加培训的效果以及培训的组织与管理等工作进行考核。对培训评估信息进行分析，即通过对培训评估信息的甄别、整理、分类、统计、归纳等，就能对培训整体状况做出客观、公正的评价。

(5)撰写培训质量评估报告

评估报告的内容包括培训评估各种数据的统计分析、培训存在的问题及诊断、完善培训工作的思路和措施等。因此，撰写培训评估报告，既有利于对培训状况做出客观的评估，又有利于及时发现、解决培训过程中存在的诸多问题。撰写培训评估报告是培训评估的关键环节。

培训质量评估有两个途径，即自评和他评。自评，即自我评估，是指培训者就培训的整体效果进行客观的分析和评估，这包括培训的准备状况、培训教师的知识应用状况、培训教师的教学方法和技巧应用状况、培训课件的内容与形式结合状况等。作为培训者，应以客观、科学的态度对待培训效果评估，既要总结经验，也要指出不足。

他评，包括学员评估、领导评估等。学员评估是指通过向培训对象发放培训意见评估表和组织学员座谈的方式，对培训效果做出客观、科学的评估。学员评估是培训效果评估的主要途径。学员对培训效果所做的评估具有权威性，因为，他们是培训的主体，培训教师的培训能力以及培训的内容对他们近期、远期综合素质及工作业绩究竟起到了多大的促进作用，他们最有发言权。学员评估最常用的方法是通过设计评估表格的方式，对培训效果进行评估，其评估内容包括学员收效程度等。学员评估结果不仅能为培训者提高培训质量提供决策参考，同时也是培训者总结经验、反省培训失误的重要依据。领导评估是教育主管部门领导对培训效果的评估。领导对培训效果的评估方式，通常采用访谈沟通方法，即人力资源部管理人员或培训者就培训效果评估同教育主管部门领导进行沟通、交流，征求他们对培训效果的评估意见。①

(六)评估的价值

1. 评估结论

在完成培训质量评估之后，应对评估做出最后的结论。结论应该实事求是，清晰，明确。对于在评估过程中所发现的问题，要用适当的篇幅分析问题的成因，或是给予合理的解释。对于所提到的问题，在合理分析的基础上，提出可行的建议或意见，改进工作，以唤起高层对培训工作的重视，争取到更多的培训费用、更多的支持，为以后的培训工作争取一个良好的局面。

2. 评估结论的功能

评估结论主要有以下几个方面的功能：一是激励功能。评估效果能够使参训者和培训者更加明确培训的目标和努力方向。培训效果评估在给参训双方带来压力的同时，也更能使他们把外在压力变为自觉动力，进而保证培训的效果。二是诊断功能，通过培训效果评估，可以掌握培训对象是否满意，检测培训方案是否具有成效、培训目标是否实现、培训方法是否恰当、培

---

① 姚先桥：《培训智慧论》，105～108页，武汉，武汉出版社，2008。

训内容是否适宜等。三是导向功能，通过培训效果评估，可以发现培训系统各个环节中存在的问题，为后续培训工作的改进提供依据，以便不断提高培训专业化水平。①

(七)评估指标体系

指标是为实现培训目标而对培训过程中某些方面的具体规定，是具体化、可操作化、行为化、标明等级的培训质量和管理质量标准。一个完整的评估指标体系主要由评估内容、评估标准和指标权重三个基本要素构成。下面的评估指标体系是参照重庆市的"国培"项目评估指标评估体系，结合广东第二师范学院培训工作的对象和以往的培训经验而设置的初步的质量评估指标体系，因为不是很成熟，所以未列出指标权重(表 7-77)。

表 7-77　中学教师培训工作质量评估指标体系

一级指标	二级指标	基本要求	备注
课程管理	课程理念	现代教育理念 师德修养 教师专业理念	具体评估课程设置是否符合现代教育理念；是否符合教师的师德修养；是否符合教师专业化发展的要求，能够提升教师的专业能力
	管理制度	管理规章制度 管理队伍 质量控制 质量调节	具体评估培训进度表的实施；培训管理制度的完备与合适性，管理队伍的构成和人员分工的合理性、专业性，培训督导评估人员的构成；培训质量的监控机制；对培训质量监控过程中发现的问题跟踪、反馈与改进情况
	课程计划	培训目标 课程内容 课程实施方案	主要评估课程计划的培训目标是否明确，是否符合中学教师的需求；课程内容是否符合目标要求，课程实施方案是否具有可行性，能够达成培训目标
课程保障	师资	数量与结构 教学水平 实践指导能力	主要评估师资队伍数量是否适宜，职称结构、知识结构是否兼顾；中学一线教师、教研员、专家学者所占的比例是否合理；教师的教学水平是否有保障；教师专业实践技能和经验是否充分
	设施条件	教学基础设施 食宿条件 观摩、实训学校的状况和利用	主要评价教室、自习室、图书馆、宿舍、食堂等基础设施是否齐全；参训教师食宿条件是否具备；观摩和实训学校的条件是否符合培训的需要，是否得到有效利用
	基地建设	教学观摩与实训基地 观摩与实训制度 实践课时的数量	主要评估是否有合适的教学观摩和研讨的实训基地，观摩、实训基地的选择是否有典型性、代表性；是否有一套观摩、实训制度，能够保证参训教师观摩、实训的正常进行；为学员提供的实践课时数量是否充足
	课程资源	课程资源的丰富性 课程资源的支持性和保障性	主要评估课程资源是否包含人(教师、学员)和物(课程、课件、案例等)方面的资源；有无一定的资源库做保障
实施过程	教学实施	实施方案 教学方法 教学组织	主要评估实施方案各要素的落实和调整情况；教学方法是否恰当有效；教学组织过程是否顺畅、有序
	教学评价	教学纪律 课件 课程内容 教学方法与手段 教学效果	主要评估学员的出勤情况和听课状态；课件的准备情况和针对性；课程内容的有效性；教师的教学方法与手段是否具有多样性与灵活性；学员的学习进度，学员的满意度如何

① 王冬凌：《建构教师培训效果评估模式：内涵与策略——兼论教师培训机构走向专业化的路径》，载《大连教育学院学报》，2011(4)。

续表

一级指标	二级指标	基本要求	备注
培训效果	发展性评价	教育理论 教学理念 教学方法 科研能力 用人单位评价	主要评估培训后学员对教育理论的深层次理解、学员教学理念的更新、多样化教学方法的掌握、学员科研能力的提高、满足用人单位教学要求的程度
	终结性评价	学员的出勤情况 学员的课堂表现 学员的作业成绩 学员的学习表现自我评价 学员的学习表现小组评价 培训单位对学员学习的评价	主要通过学员考勤表、课堂的参与度、作业成绩单、综合评价表(自评、小组评价、培训单位评价)评价学员的培训成绩

>> 第六节　地理教师培训课程研究 <<

一、地理教师培训课程研究的背景

(一)课程与教学改革发展的新要求

2001 年，教育部印发《基础教育课程改革纲要(试行)》，由此展开了新一轮的基础教育课程与教学改革，接着在 2001 年颁布《全日制义务教育地理课程标准(实验稿)》，以及 2012 年颁布修订后的《义务教育地理课程标准(2011 年版)》；2003 年颁布《普通高中地理课程标准(实验)》，2017 年颁布《普通高中地理课程标准(2017 年版)》，标志着地理课程改革和课标新教材使用进入新的历史发展阶段。新课改对中学地理教师的专业素质和专业发展提出了新的要求。

1. 教师专业培训是国家教育发展战略

教师培训是贯彻教师终身教育理念，提升教师整体素质的重要途径之一。我国中小学教师培训制度历经中华人民共和国成立前的起步、中华人民共和国成立后至改革开放前趋于正规化、改革开放至今步入规范化与法制化这三个阶段。[①] 当前，基础教育发展的重点逐渐从扩充数量向提高质量转变，特别是正在实施的新一轮课程改革，在课程结构、内容、功能、实施、评价和管理等方面较旧课程都有了重大创新和突破，对中小学教师提出了很大的挑战。促进教师专业发展日益受到关注，教师培训工作也越来越受到重视，不仅中小学教师有着迫切的发展需求，而且政府和社会各界对教师培训的要求和投入也越来越多。

(1)加强教师培训是国家教育发展的重要战略

《国家中长期教育改革和发展规划纲要(2010—2020 年)》指出：“我国教育还不完全适应国家经济社会发展和人民群众接受良好教育的要求。教育观念相对落后，内容方法比较陈旧，中

① 王全乐：《我国中小学教师培训制度的历史研究》，载《继续教育研究》，2005(5)。

小学生课业负担过重，素质教育推进困难；学生适应社会和就业创业能力不强……”所以，加强中小学教师培训，转变教育理念至关重要。2011年教育部《关于大力加强中小学教师培训工作的意见》提出：“今后五年，对全国1 000多万教师进行每人不少于360学时的全员培训；支持100万名骨干教师进行国家级培训；选派1万名优秀骨干教师海外研修培训；组织200万名教师进行学历提升；采取研修培训、学术交流、项目资助等方式，促进中小学名师和教育家的培养，全面提升中小学教师队伍的整体素质和专业化水平。”

(2)加强教师培训是教育发展规划的重要内容

例如，《广东省中长期教育改革和发展规划纲要(2010－2020)》指出，加强教师培养体系建设，推进教师教育改革，充分利用本地教育资源，加快实施教师教育网络联盟计划，大规模、低成本、高效益培训教师。要围绕建设教育强省和人力资源强省，实现义务教育均衡化、学前教育到高等教育普及化、终身教育全民化、教育服务多元化、教育合作国际化，在全国率先基本实现教育现代化。

2. 专业培训是教师发展的迫切需求

由于地理学科的特殊性，地理教师的专业培训显得尤为重要，而且相当迫切。

(1)教师转变教学理念的迫切需求

基础教育地理课程改革是一次地理课程文化的深刻改革，而大部分教师此前接受的都是传统教育方式，传统教育理念一定程度上已经难以满足新课程改革的需求，通过专业培训可以促进教师转变教学理念，以适应新课程教学需求。

(2)教师提高教学技能的迫切需求

地理新课标教材中，渗透了很多新科技、新知识和新理论。地理教育领域在课程理念、课程目标、课程结构和教学实施上与原有课程相比，都有很大的发展和创新。此外，不仅地理知识更新比较快，而且地理学科也出现了很多新的专业术语。更重要的是，现代教学技术的使用越来越多，如地理教学信息资源和信息技术的利用等，地理教师急需知识更新，急需提高教学技能。

(3)帮助教师适应地理课程综合性增强的需求

地理学是一门跨领域的综合性学科，有综合性、地域性、开放性和实践性强等特点。随着经济社会的发展，地理新课程标准提出了一系列要求，如关注“促进学生发展的地理、关注贴近学生生活的地理、关注实践和应用的地理、关注与现代信息技术整合的地理”的课程理念，还有探究式学习实施、综合实践活动课程等问题不仅是新课标的重要内容，也是困扰一线地理教师的难点问题，而地理教师培训是解决这些问题的重要路径。

(4)提高发展学生创新思维的能力需求

新课标更加注重培养学生的生活认知能力与实际操作能力，而很多地理教师受制于传统教育的影响，更加注重考试评价标准和教学知识点的传授，缺少情境教学和问题教学的运用，忽视学生思维创新能力的培养。新旧教育理念的冲突不仅制约了新课标的贯彻实施，而且不利用学生综合素质的提高。

所以，正是由于地理学科的特点，地理教师培训急不可待。在教师培训的过程中，注重转变教师教学理念，更新教学方式，丰富教师的专业知识和加强教师的专业技能都需要培训来完成，故而加大地理学科知识体系的培训不仅具有重要意义，而且非常迫切。

3. 教师培训的有效性亟待提高

地理教师培训课程与培训质量研究不但具有课程论研究的学术价值，而且更重要的是具有提高教师培训课程有效性的应用价值。

(1)丰富地理培训课程方案研究

加强中小学教师培训，构建开放灵活的教师课程学习方案，是新时期教育事业发展的重要任务和紧迫要求。在对以往地理教师培训方案进行分析的基础上，结合中学地理教师的培训需求，开发适合地理教师专业发展的培训课程方案，不仅为地理教师培训提供指导，而且进一步丰富了地理培训课程方案研究。

(2)为教师培训质量评价提供新的研究视角

基于课程评价理论和人力资源管理等理论，借助于相关测量模型，从地理学科的角度切入分析教师培训质量，不仅丰富了教师培训工作评价研究成果，而且为教师培训质量评价提供了学科研究的视角。

(3)提升地理教师专业水平与业务能力。随着经济社会的发展，地理新课标提出了一系列要求。例如，“关注促进学生发展的地理、关注贴近学生生活的地理、关注实践和应用的地理、关注与现代信息技术整合的地理”的课程理念，还有探究式学习实施、综合实践活动课程等问题不仅是新课标的重要内容，也是困扰一线地理教师的难点问题。因此，对地理培训课程方案的研究有助于促进教师专业水平与业务能力的发展。

(4)为地理教师继续教育培训质量评价提供参照标准。教师培训是加强教师队伍建设的重要环节，是推进素质教育、提高教育质量的重要保证。近年来，国培、省培和地方性培训不断增多，对教师的培训力度也不断增大，但一直缺少科学合理的评价标准。通过研究可为各种层次的地理教师培训质量提高参照标准，进而有助于教师专业能力的发展，全面提高教师素质，为基本实现教育现代化，建设人力资源强国提供师资保障。

(二)地理教师培训课程研究文献综述

1. 国家和省市关于教师培训的相关文件

近年来，教育部先后出台了关于教师培训的一系列文件(表 7-78)，在这些文件中，都直接或间接地提到教师培训，明确教师培训的意义。特别是《广东省人民政府关于全面实施“强师工程”建设高素质专业化教师队伍的意见》把“强师工程”作为加强教师队伍建设的核心工程和重要抓手，以创新教师管理体制和工作机制为重点，以提升教师师德水平和专业素质为核心，推动教师队伍规模、质量、结构协调发展，全面提高整体素质和执教能力。

表 7-78　关于教师培训与发展的相关文件

《国家中长期教育改革和发展规划纲要(2010—2020 年)》
《中共中央国务院关于深化教育改革全面推进素质教育的决定》
《国务院关于加强教师队伍建设的意见》
《国务院关于基础教育改革与发展的决定》
《关于开展基础教育新课程师资培训工作的意见》
《基础教育课程改革纲要(试行)》
《义务教育地理课程标准(2011 年版)》
"中小学教师国家级培训计划"(简称"国培计划")
《珠江三角洲地区改革发展规划纲要(2008—2020 年)》
《2003—2007 年中小学教师全员培训计划》
《教育部关于进一步加强基础教育新课程师资培训工作的指导意见》
《教育部关于加快推进全国教师教育网络联盟计划，组织实施新一轮中小学教师全员培训的意见》
《教育部关于大力加强中小学教师培训工作的意见》
《教育部关于大力推进教师教育课程改革的意见》
《教育部办公厅关于组织实施"国培计划(2011)"—义务教育骨干教师远程培训项目的通知》
《中小学教师继续教育工程方案(1999—2002 年)》
《广东省教育厅关于大力加强"十二五"中小学教师培训工作的意见》
《广东省人民政府关于全面实施"强师工程"建设高素质专业化教师队伍的意见》
《广东省九年义务教育课程标准实验地理教学指导意见》
《2008－2012 年广州市中小学校长培训规划》
《广州市越秀区教育发展"十一五"规划(2006—2010)》
《2008－2012 年广州市中小学教师继续教育规划(征求意见稿)》
《广东省中小学骨干教师省级培训(2009—2013 年)实施方案》
广东省教育厅《关于做好"国培计划(2011)"——义务教育骨干教师远程培训项目的通知》

2. 地理教师培训课程研究综述

关于培训课程的研究比较多，但关于中学地理培训课程的研究相对较少，经过初步的文献梳理，主要集中在以下几个方面。

(1)教师培训需求研究

①培训需求内涵分析。

培训需求分析(Training Needs Analysis)这一概念是在 1961 年由麦基和泰勒等人提出的，他们认为培训需求分析是一种通过系统分析确定培训目标、培训内容及其相互关系的方法。具体来说，它是指在策划培训活动之前，工作人员运用各种方法与技术，对组织所期望达到的目标、参加培训人员的知识、技能等各个方面进行综合的分析和鉴别，以衡量是否需要参加培训及选择什么培训内容的一项活动。①

②教师培训需求的差异性。

据调查，99.7％的教师希望通过培训提高自己的素养。其中，最希望提升教育教学科研能力素养的占调查教师总数的42.8％；其次是文化素养，占26.2％；再次是教育技术素养，占19.8％；最后是理论素养，占11.2％。在对教师培训内容进行调查时，87％的教师认为培训内容不切实际，理论性知识过多，有指导价值的内容较少。② 此外，广东各地经济发展的不均衡性也导致了教育程度在各地发展存在很大的差异，特别是粤西和粤北等不发达的地方经济制约了师资队伍的提高。所以，设计符合教师需求的课程方案至关重要。

(2)培训课程规划方案研究

①培训课程设计研究。

课程设计是一个有意图而可修订的计划，包含正规和非正规的内容与过程，要素包含目标、内容、评价等，彼此是关联的，且为一致连贯的整体。③

②培训课程模块研究。

结合当前地理教师发展现状，应该以促进教师教育观念、教学科研能力和个性发展等为主要目标。有学者认为中学地理教师培训课程模块包括教育教学理念更新模块、地理专业教师教育提升模块、教学实践探索体验模块、教学经验交流分享模块、教学研修方案设计模块等。④也有学者认为，教师培训课程建设主要包括课程思想、课程体系、课程目标、课程内容、课程实施、课程评价及课程管理七大要素。⑤

③培训课程内容研究。

有学者提出开发教师参与式培训课程，根据培训目标勾勒不同层次的学习内容，精心设计学习活动便于学员在活动中直接获得或间接感悟知识、理念和方法等⑥，在这一过程中，培训者不是已有知识的讲授者，而是与教师一起平等的参与者，是培训过程中的组织者、引导者、协助者、合作者。也有学者认为中学教师面对的是未来人类社会的建设者和改造者，他们对学生的观念教育影响着受教育者的一生，也影响着未来人类环境的发展。中学地理教师继续教育培训应该增设灾害教育和旅游教育内容，为参训教师整理有关数据和典型案例，以解决中学教学中的实际问题。⑦

---

① 王学栋、牛向东：《培训需求分析在现代培训中的作用》，载《职业技术教育(教科版)》，2001(34)。

② 周玉元：《我们需要什么样的教师培训——中小学教师培训需求与现行培训矛盾的调查与建议》，载《学校党建与思想教育》，2011(3)。

③ 李子建、黄显华：《课程：范式、取向和设计》，21～22页，香港，香港中文大学出版社，1994。

④ 叶滢、刘岩：《中学地理教师培训内容与方式探讨》，载《地理教育》，2010 (12)。

⑤ 王冬凌：《构建区域教师培训课程新体系》，载《中国教育报》，2010-11-26。

⑥ 叶丽新：《参与式教师培训课程的定位与设计》，载《全球教育展望》，2008 (11)。

⑦ 秦志英、龙良碧：《中学地理教师培训的新内容——中学地理教学中灾害教育和旅游教育的重要性》，载《重庆教育学院学报》，2001(2)。

④地理教师培训课程发展滞后。

相比较基础教育地理课程改革而言，地理教师教育课程改革严重滞后，教育资源的供给不能够满足日益增长的教育规模发展，致使所提供的课程资源很难满足未来地理教师专业发展的需要，既不能反映地理科学的最新成果，也跟不上中学地理教学改革的步伐，在教育内容、观念、技术、方法等许多方面都格格不入，与中学地理教育教学的实际严重脱节，与基础教育地理课程改革的要求之间存在强烈的反差。①

(3)地理教师培训方式研究

2011年《教育部关于大力加强中小学教师培训工作的意见》，提出了全员培训与骨干研修相结合，远程培训与集中培训相结合，脱产进修与校本研修相结合，境内培训和境外研修相结合，非学历培训与学历提升相结合的培训原则。要求通过集中培训、置换脱产研修、远程培训、送教上门、校本研修、组织名师讲学团和海外研修等多种有效途径进行教师培训。有学者指出，当结合不同教师的优势和劣势，为他们提供个别设计时，教师的收获会更多。② 所以，尽可能为教师提供个性化、多样化的选择机会，鼓励教师自主选择适合的培训方式。

本课题在以上研究基础上，探索适合广东发展的地理教师培训课程与培训质量评价体系。《基础教育课程改革纲要(试行)》强调，改变课程过于注重知识传授的倾向，强调形成积极主动的学习态度，使获得基础知识与基本技能的过程的同时成为学会学习和形成正确价值观的过程。所以，教师培训也应该与时俱进、开拓创新，通过多种内容、多种形式的培训活动使教师思考课程，研究与开发课程，深入细致地做好每一项具体工作，为推进地理教师专业化发展不断努力。

(三)中学地理教师师资情况和培训需求分析

1. 广东省中学地理师资情况个案分析

(1)义务教育地理教师队伍结构③

据2012年的调查，义务教育地理教师性别、学历结构方面的基本情况如图7-5所示。

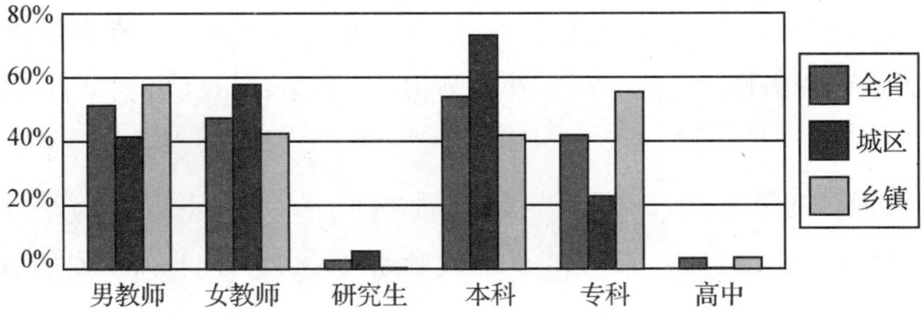

图7-5　师资性别与学历基本情况

① 杨娅娜、李晴：《地理教师教育课程资源建设的问题与对策——基于教师教育课程标准背景》，山地环境与生态文明建设——中国地理学会2013年学术年会·西南片区会议论文集，昆明，2013。

② Bernadet de Jager, Gerry J. Reezigt, & Bert P. M. Creemers, "The effects of teacher training on new instructional behaviour in reading comprehension," *Teaching and Teacher Education*, 2002(18).

③ 广东省教育研究院：《广东教育蓝皮书：广东教育改革发展研究报告——基础教育课程教材教学研究卷》(下)，913页，广州，广东高等教育出版社，2013。

在年龄结构方面，30 岁以下的教师占 18.52%，31～40 岁的教师占 44.44%，41～50 岁的教师占 33.33%，51 岁以上的教师占 3.71%；在教龄结构方面，任教 5 年以下的占 16.67%，任教 6～10 年的占 12.49%，任教 11～20 年的占 41.67%，任教 21 年以上的占 29.17%。同时，在边远地区，特别是农村地区，义务教育地理教师 80.00%都是其他专业的专科以上的毕业生转岗的，缺少地理专业的教师。

综上可以看出，城区地理女教师所占比例较大；城区教师的学历基本达标，乡镇地理教师的学历有待提高；中青年以一级教师为主，教师队伍年富力强，正处于发展的上升期；边远地区，特别是农村地区，转岗的教师比例较大，地理学科知识不够丰富扎实，较难胜任新课程的教学。

(2)高中教育地理教师队伍结构①

据 2012 年的调查，高中地理教师学历结构情况如表 7-79 所示。

表 7-79　2012 年广东省高中地理教师学历情况　　(单位：人)

项目	城区	乡镇	全省
高中	5 103	2 753	8 216
女	2 654	1 264	4 059
少数民族	115	48	178
研究生毕业	452	49	525
本科毕业	4 501	2 424	7 229
专科毕业	150	280	462
高中阶段毕业			
高中阶段以下毕业			

在学历结构方面，全省高中地理教师硕士以上占 6.39%，本科占 87.99%，大专占 6.62%；城区地理教师硕士以上占 8.86%，本科占 88.20%，大专占 2.94%；乡镇地理教师硕士以上占 1.78%，本科占 88.05%，大专占 10.17%。在性别方面，全省男教师占 50.60%，女教师占 49.40%；城区男教师占 48.00%，女教师占 52.00%；镇区男教师占 54.10%，女教师占 45.90%。

在职称结构方面，高级占 24.52%，一级占 55.36%，二级以下占 20.12%；在年龄结构方面，30 岁以下的教师占 16.52%，31～40 岁的教师占 46.44%，41～50 岁的教师占 31.33%，51 岁以上的教师占 5.71%。

(3)中学地理师资结构地区差异大②

由于经济水平、自然条件等的不同，省域中学地理教师队伍结构地域差异性很大，尤其表现在发达的珠三角地区与欠发达的贫困山区之间。以广州和河源两地为例，据调查，广州被调

① 广东省教育研究院：《广东教育蓝皮书：广东教育改革发展研究报告——基础教育课程教材教学研究卷》(下)，1157～1158 页，广州，广东高等教育出版社，2013。

② 陆广增：《广州与河源中学地理教育区域差异分析》，硕士学位论文，广州大学，2011。

查的初中地理教师中，地理教育专业毕业任教的教师人数占调查总人数的89.66%，河源为59.81%；广州初中地理教师具有本科及以上学历人数占调查总人数的95.69%，河源为75.70%；广州初中地理教师具有高级职称人数占调查总人数的24.14%，河源为18.63%；广州初中地理教师中具有一级、二级职称人数占调查总人数的百分比分别为30.17%、45.69%，河源则分别为33.65%、47.72%。可见，广州初中地理教师中地理教育专业毕业的人数高于河源，学历总体水平也高于河源；而职称方面广州初中地理教师具有高级职称人数比例高于河源，一级教师比例大致相当，二级教师人数比例则是河源高于广州。同时，两地初中地理教师中二级教师比例都占调查人数的40%以上，比例较大(图7-6)。

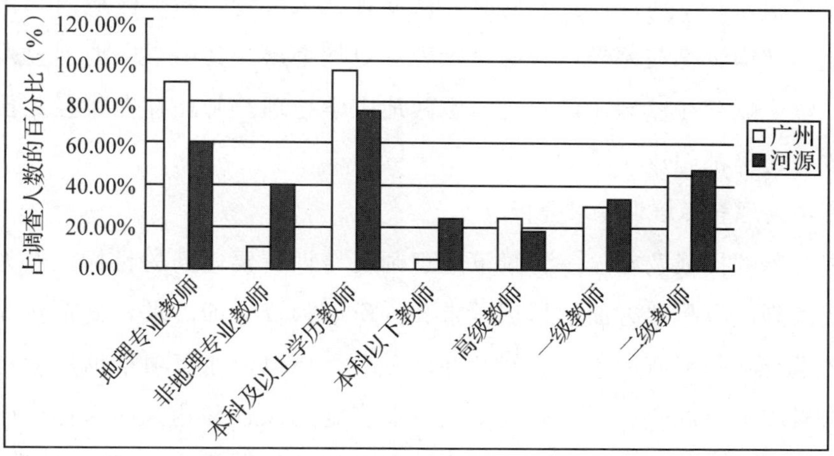

图7-6　广州与河源被调查初中地理教师结构

又据调查，广州被调查的高中地理教师中，地理教育专业毕业任教的教师人数占调查人数的94.50%，河源为70.15%。从学历方面看，广州高中地理教师具有本科及以上学历的人数占调查人数的98.17%，河源为80.60%。而从职称方面看，广州具有高级、一级职称人数占调查总人数的百分比分别为22.02%、33.49%，河源分别为20.15%、29.85%；至于二级教师，广州为44.49%，河源为50.00%。可见，广州被调查高中地理教师的学历水平及专业化水平明显高于河源，而两地高级、一级教师的比例差异不大，地理二级教师比例则是河源地区明显高于广州地区(图7-7)。

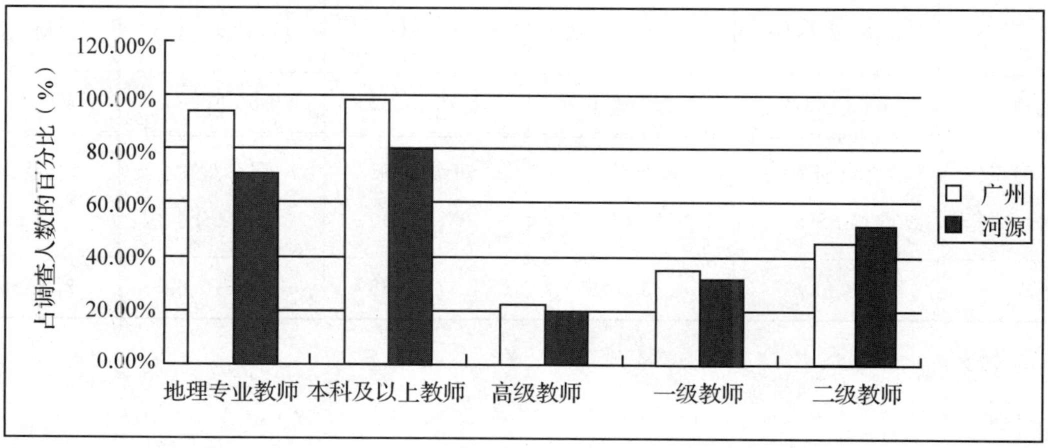

图7-7　广州与河源被调查高中地理教师结构

此外，广州与河源两地中学地理教师年龄结构与性别比例、来源等也存在差异。根据被调查地理教师统计结果可以看出，广州与河源被调查的中学地理教师中青年教师所占比例较大，其中广州35岁以下青年教师数占调查教师人数的65.84%，河源为67.41%。广州具有5年以下教龄的教师数为32.75%，河源为34.58%。而广州有53.18%的地理教师教龄是10年以下，河源则为63.49%。从性别比例方面看，广州被调查地理教师的性别男女比例为1.95：1，河源为3.94：1，性别比例差异较大。从教师来源方面看，广州有较大一部分地理教师来自外省，河源外省籍地理教师则相对较少，且外省籍地理教师大部分来自江西省。

综上可知，广州与河源相比，广州中学地理教师专业化结构相对河源地区更加合理，中学地理教师师资力量明显高于河源地区。同时，从调查结果来看，两个区域内部不同校区、不同学校之间地理教师结构也存在差异，河源地区表现更加突出，其中市区地理教师结构与县区和广大乡村地区中学明显存在差异。广州与河源两地中学地理教师还存在年轻化现象，其中二级教师占调查人数的比例都超过40%。

2. 广东省高中地理教师培训需求分析

面对新课程改革的挑战及在这一背景下地理师资培训所要达到的目标，作为新课程实施的主力军，地理教师到底有哪些方面的培训需求呢？所谓师资培训需求，就是新课程与教学对教师提出的素质要求与教师现有的素质之间存在的差距。所以，在每项培训活动之前，要对参与培训的教师结构素质进行综合分析，确定培训所要实施的课程和达到的目标。广东中学地理教师在培训内容、方式及培训教师等方面有更为切实具体的培训需求。现以《广东省2013年普通高中教师职务培训需求调查分析报告》①为基础，对新课程背景下广东中学地理教师的具体培训需求加以了解。

(1)高中地理教师对各方面知识的需求

据表7-80可知，广东高中地理教师对各方面知识的需求程度都很高，尤其对课堂管理教学技巧、学科专业知识、新课改知识、学生心理发展与辅导的知识需求最为突出，其次就是对教育科研方法、师生关系、班级管理等方面的知识需求较为强烈。

表7-80　高中地理教师对各方面知识的需求

知识／学科	现代教育教学理论(M ±SD)	学生心理发展与辅导(M ±SD)	学科专业知识(M ±SD)	课堂管理教学技巧(M ±SD)	新课改知识(M ±SD)
地理	4.08 ±0.72	4.15 ±0.67	4.16 ±0.69	4.21 ±0.65	4.15 ±0.65
知识／学科	教育科研方法(M ±SD)	师生关系(M ±SD)	班级管理(M ±SD)	科学人文(M ±SD)	自我调控(M ±SD)
地理	4.13 ±0.67	4.13 ±0.67	4.11 ±0.68	4.07 ±0.69	3.97 ±0.75

① 由广东第二师范学院远程教育中心培训处提供。

(2)高中地理教师对各方面能力的需求

据表7-81可知，广东高中地理教师对各方面能力需求均很高，尤其对学科教学、心理辅导等方面的能力需求最为突出，其次对班级管理、教育技术和教育科研等方面的能力需求较为强烈。这说明高中地理教师迫切希望提升自己有效组织课堂教学的能力。

表7-81　高中地理教师对各方面能力的需求

能力 学科	学科教学 (M ±SD)	教育技术 (M ±SD)	教育测评 (M ±SD)	班级管理 (M ±SD)	心理辅导 (M ±SD)	自我调节 (M ±SD)	教育科研 (M ±SD)
地理	4.01 ±0.67	3.99 ±0.68	3.94 ±0.70	3.99 ±0.68	4.00 ±0.70	3.96 ±0.72	3.99 ±0.74

(3)高中地理教师对培训授课教师的需求

据表7-82可知，高中地理教师更希望培训授课的教师是一线教学名师，其次是教材编写者，再次是高校教授，最不受欢迎的就是教育行政领导。这说明一线教学名师的授课内容、方式更切合高中地理教师的需要和接受程度，而高校教师等由于大多不在高中地理教学一线，因此在授课内容的选取及授课方式上均与高中教师实际有距离感。

7-82　高中地理教师对培训授课教师的需求

授课 学科	一线教学名师 (M ±SD)	高校教授 (M ±SD)	教材编写者 (M ±SD)	教育行政 部门领导 (M ±SD)	非教育界 知名人士 (M ±SD)
地理	4.09 ±0.73	3.68 ±0.91	3.83 ±0.83	3.21 ±1.13	3.37 ±1.06

(4)高中地理教师对培训手段的有效性评价

据表7-83可知，案例教学是最受高中地理教师欢迎的培训手段，其次就是体验式教学，此外论坛集中研讨、网上观课评课、与远程相结合的现场活动也较受欢迎，常态化网络社区学习接受程度较差。

表7-83　高中地理教师对培训手段的有效性评价

方式 学科	案例教学 (M ±SD)	体验式教学 (M ±SD)	论坛集中研讨 (M ±SD)	常态化网络 社区学习 (M ±SD)	与远程相结合的 现场活动(M ±SD)	网上观课 评课 (M ±SD)
地理	3.92 ±0.67	3.83 ±0.68	3.73 ±0.76	3.63 ±0.76	3.68 ±0.76	3.71 ±0.76

(5)高中地理教师对培训可能存在问题的认同度

据表7-84可知，培训方式及管理组织是高中地理教师最不满意的地方，其次就是对课程内容、培训举办者及培训理念也较有意见，这说明高中地理教师期待旨意更高远、内容更适切、方式更科学、管理更完善的师资培训运作。

表7-84　高中地理教师对培训可能存在问题的认同度

问题 学科	课程内容 不符需求 (M ±SD)	培训举办者 不符需求 (M ±SD)	授课教师 不符需求 (M ±SD)	培训方式 不符需求 (M ±SD)	培训理念 不符需求 (M ±SD)	管理组织 混乱 (M ±SD)
地理	2.86 ±0.98	2.85 ±0.96	2.83 ±0.96	2.91 ±1.00	2.85 ±0.99	2.91 ±0.95

(6)高中地理教师对辅导教师的有效性评价

据表7-85可知，总体来看，高中地理教师认为一线教学名师的辅导效果最好，其次是高校教授，再次是高校教育类专业学者，最后较为不理想的是教育科研人员。这说明，一线教学名师的辅导更有针对性，更切实际，而高校教授及其他人员由于不在教学一线与一线教师存在一定的距离感。

表7-85 高中地理教师对辅导教师的有效性评价

辅导 / 学科	高校教授 (M ±SD)	教育科研人员 (M ±SD)	高校教育类专业学者 (M ±SD)	一线教学名师 (M ±SD)
地理	2.57 ±0.98	2.63 ±0.94	2.57 ±0.91	2.15 ±0.91

注：该维度计分方式为1表示很好，2表示好，3表示不确定，4表示一般，5表示不好，此表中平均数越小，表示培训效果越好。

(7)高中地理教师对培训考评方式的认同度

据表7-86可知，高中地理教师最能接受的考评方式为交1～3篇培训心得体会，其次就是交1～3篇课堂教学案例及5～10次在线主题研讨。最不能接受的就是1～3个自己上课的视频及1～3篇科研论文。这说明对于中学一线高中地理教师来说，上示范课及科研是他们视为最有难度的教学工作内容。

表7-86 高中地理教师对培训考评方式的认同度

考评 / 学科	1～3篇科研论文 (M ±SD)	1～3篇课堂教学案例 (M ±SD)	1～3篇班级管理案例 (M ±SD)	1～3篇培训心得体会 (M ±SD)	1～3个自己上课的视频 (M ±SD)	5～10次在线主题研讨 (M ±SD)
地理	2.90 ±1.15	3.35 ±0.94	3.23 ±0.96	3.49 ±0.93	2.77 ±1.08	3.34 ±0.94

从上述分析可知，高中地理师资培训的具体需求，与整个中学地理师资培训宏观意义上的需求基本上是吻合的，可以看作宏观意义上的培训需求的细节化。因此，上述分析尽管所涉及的对象仅为高中地理教师，但还是可以为确定整个中学地理教师培训方案以及检验其培训效果提供有效的参照系数。

(四)地理教师培训得失分析

我国中小学师资培训发展到今天，进入培训制度规范化和法制化以提升教师素质教育的第三个阶段。① 自21世纪以来，伴随着基础教育新一轮课程改革的实施并步入深化，在新课程背景下的中小学师资培训实践、模式与策略呈现出与以往师资培训大为不同的新特点，依据《广东省中长期教育改革和发展规划纲要(2010－2020)》的规定，广东省确立了全员培训以远程为主、骨干培训以面授为主、个性化培训以校本为主的培训体系。这种“三驾马车”的培训模式，地域特色显著，素有“广东样本”之称。②

① 吴俊娜：《改革开放以来中小学培训的历史演变和改革走向》，硕士学位论文，杭州师范大学，2012。

② 刘良华：《解读教师培训的“广东样本”》，载《中国教师报》，2011-01-12。

1. 广东省高中地理教师职务培训的成效分析

据广东省普通高中教师培训协作组所作《广东省2013年普通高中教师职务培训需求调查分析报告》和《广东省2013年普通高中教师职务培训效果调查分析报告》可知，高中教师远程培训具有以下优点或特点①，培训效果是明显的。

(1)不受时空限制

远程培训方式具有突破时空限制的便利性和灵活性，人性化的设计使广大学员从中获益。网络培训方式由于培训时空的灵活性和便利性，非常适合平时忙碌的教师，使他们能够就地利用假期或休息时间上网进行学习和交流教学心得，而且一些专家研究成果和优秀教师的视频案例为那些少有机会去外地或外校参观学习的学员提供了优质的学习资源。

(2)资源丰富

优质的视频课程资源获得了参训学员一致好评。视频课程具有专业性、针对性、实用性、示范性和指导性。知识较全面系统，可操作性强，实例分析和专家点评很到位，拓展资料也很丰富。学员认为该项目可以通过视频以及拓展资源给他们带来了一些优质课或者专家的教授内容，符合其需求。

(3)实时互动

培训平台具有强大的学习交流功能，学员能与同行共同探讨教学工作中遇到的困惑，并有专家与同行的解答，有利于学员的成长和进步。

(4)专家和辅导教师工作认真负责

辅导教师作业批阅得细心和耐心，专家和辅导教师对作业的点评中肯，到位。

(5)平台开放性、操作性很强

学员不仅能看到本学科优秀学习资源，还能学习其他学科知识。

据统计，97.41%的学员表示本次培训具有针对性，符合学员的培训需求；97.84%的学员认为本次培训有助于其今后的教学工作。具体的培训效果，79.79%的学员认为，此次培训开阔了视野，丰富了理论知识；58.92%的学员认为提高了教学能力；53.36%的学员认为增强了学习的意识、兴趣和信心，促进了交流；49.67%的学员认为通过培训认识了很多同行。从参训地理教师对于专家团队专业引领和学科简报的满意度可以进一步了解这次的培训效果。

据表7-87可知，82%以上参训地理教师对于专家团队专业引领作用是持比较满意以上的认同度，一般满意的认同度在15%以上，不满意以下的认同度占一成以上。

表7-87 高中地理教师对专家团队专业引领的满意度

学科	非常满意人数(%)	比较满意人数(%)	一般人数(%)	不满意人数(%)	极不满意人数(%)	合计人数(%)
地理	450	588	192	12	9	1251
	35.97%	47.00%	15.35%	0.96%	0.72%	100.00%

① 这两份报告由广东第二师范学院远程教育中心培训处提供。

据表 7-88 可知，77%以上参训地理教师对于学科简报持比较满意及以上的认同度，一般满意的认同度在 21%以上，不满意以下的认同度占一成以上。这说明地理学科简报改进的空间还很大。

表 7-88　高中地理教师对学科简报的满意度

学科	非常满意人数(%)	比较满意人数(%)	一般人数(%)	不满意人数(%)	极不满意人数(%)	合计人数(%)
地理	404	562	265	10	10	1251
	32.30%	44.92%	21.18%	0.80%	0.80%	100.00%

培训效果也可以从学员培训成绩及其通过率看出来。以 2012 年广东省第二批高中地理教师培训东莞、清远两地参训学员成绩为例①，两地参训学员共 258 名，有 255 人总成绩及格，及格率约为 98.84%。从分数段分布来看，呈现出明显的中间大、两端小的纺锤形分布，优秀率约为 63.95%，符合一般成绩分布的常态规律，培训整体效果良好(图 7-8)。

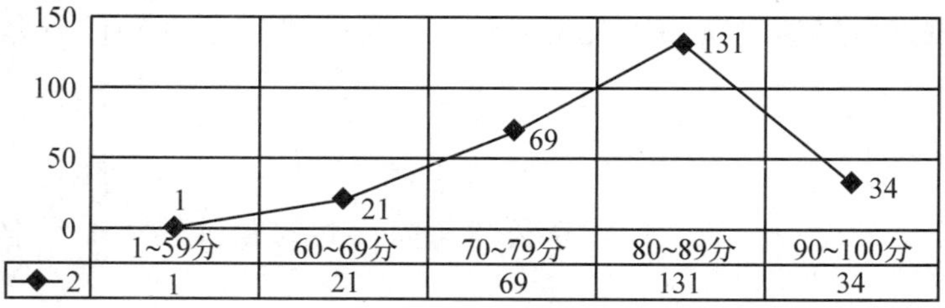

图 7-8　2012 年东莞、清远两地高中地理教师职务培训成绩总体分布

2. 广东省中学地理骨干教师培训的成效分析

广东省中小学骨干教师培训为期一年，采用省级培训院校、市县教师培训机构和名师工作室三位一体的培训方式，分理论研修、跟岗学习、岗位实践和行动研究、成果展示与培训总结四个阶段进行，以达到“骨干教师成名”和“名教师更出名”的“双名”培养目标。因此，其培训效果的总体把握需建立在各个环节或阶段的检验上，现以 2012—2013 年广东省中学地理骨干教师省级培训为例来对培训成效加以了解。②

(1)理论学习阶段的课程设置与授课效果

据表 7-89 可知，就课程设置来看，与课堂教学组织、教学设计和手段、命题备考及教学科研联系最直接的课程设置，其认同度都比较高。课程设置认同度高低也连带影响其授课效果。三门设置认同度最低的课程，其授课效果均低于其他课程的授课效果。例如，单就授课效果来看，中学一线教师的最为理想，其次为高校老师，最后为教研员。此外，导师组组织的课题选题、研究计划制订也较受学员欢迎。这是学员最为薄弱的环节，但恰恰也是骨干培训最首要完成的任务，所以他们的关心度自然很高。其实，这与前面学员职务培训需求的分析是一致的，

① 数据来源于《广东省 2012 年第二批普通高中教师职务培训：东莞、清远地理学科辅导总结》，由广东第二师范学院远程教育中心培训处提供。

② 资料来源于《广东省 2012—2013 年中小学骨干教师省级培训第一、二批问卷调查统计》《广东省 2012—2013 年中学地理骨干教师省级培训总结》，由广东第二师范学院远程教育中心培训处提供。

学员普遍轻理论学习而重一线教学的实践。

表 7-89　中学地理骨干教师省级培训课程设置与授课效果统计

课程名称	主讲人	课程设置			授课效果		
		必要(%)	一般(%)	没必要(%)	好(%)	一般(%)	差(%)
地理学中的信息技术及其应用	大学教师	71.4	21.4	7.2	51.4	40.5	8.1
中学地理命题与备考	中学教师	90.5	9.5	0	91.9	8.1	0
中学地理课题选题与研究设计	大学教师	92.9	7.1	0	76.3	23.7	0
中学地理课题研究方法指导	大学教师	92.9	7.1	0	78.9	21.1	0
初中地理新课标解读与教学策略	省教研员	89.2	10.8	0	87.9	12.1	0
教学风格交流	导师组	97.6	2.4	0	89.5	10.5	0
野外考察的组织与实施	大学教师	76.2	19.0	4.8	59.5	32.4	8.1
中学生地理思维能力的培养	大学教师	90.5	9.5	0	68.4	28.9	2.7
地理环境与可持续发展教育前沿	大学教师	90.5	9.5	0	88.9	11.1	0
初中地理优秀教学课例研讨	市教研员	89.7	10.3	0	74.3	25.7	0
地图在中学地理教学中的应用	中学教师	95.2	4.8	0	86.5	13.5	0
中学地理课堂实验教学的组织与实施	市教研员	73.2	24.4	2.4	57.9	34.2	7.9
初中地理与高中地理的衔接问题	市教研员	76.2	21.4	2.4	63.9	33.3	2.8
教学风格交流	导师组	100.0	0	0	85.7	14.3	0
课题选题与研究计划研讨、交流	导师组	100.0	0	0	94.1	5.9	0
课题研究计划制订	导师组	100.0	0	0	96.9	3.1	0

(2)跟岗学习阶段的课程学习与学员考核

跟岗学习这种“学徒”培训方式对学员的教学实践助益很大。例如，深圳、广州、顺德、东莞四地工作室跟岗学习课程内容具有高度的一致性，同课异构、观摩研讨、集体备课、讲座座谈、外出考察等课程几乎被每个工作室都列为学习内容。尽管没有关于这些课程设置必要性和效果的调查数据，但是根据学员的跟岗总结，同课异构、观摩研讨、外出教研等课程内容在他们当中认同度最高，他们普遍认为从这些课程中收获最大(表 7-90)。

表 7-90　深圳、广州、顺德、东莞四地地理名师工作室学员跟岗课程安排

名师工作室	课程学习内容
深圳观澜中学工作室(高中组)	(1)学科讲座(省市专家、主持人)；(2)教学研讨；(3)外出考察；(4)同课异构，分六批次完成；(5)跟班上课、观摩；(6)论文指导；(7)地理命题探讨
广州市第六中学工作室(高中组)	(1)学科讲座(专家、主持人、教研员)；(2)学员三年专业发展规划；(3)教学研讨；(4)听课评课；(5)上考核课，采取同课异构的方式进行；(6)学员选题开题；(7)学习交流总结
顺德一中实验学校工作室(初中组)	(1)听课评课；(2)座谈分享；(3)课题开题；(4)参观学习；(5)集体备课；(6)学员上课、双向听课、说课评课；(7)课例开发；(8)同课异构；(9)专题研讨
东莞长安实验中学工作室(初中组)	(1)主持人公开课；(2)专业发展讲座；(3)集体备课；(4)同课异构；(5)专家讲座；(6)外出教研；(7)观摩研讨；(8)地理考察；(9)开题研讨

跟岗学习中，学员的表现还是有一定地域差异的。以高中组为例，深圳、东莞、佛山、肇庆、江门等珠三角学员岗位考核成绩，在整体上，比清远、云浮、阳江、茂名、汕尾、潮州等粤北、粤西和粤东的学员要优良一些，在科研上尤其如此。不过，欠发达地区的一些学员在充分利用有限的教学资源上形成了一套独特的教学风格。例如，潮州的陈裕聪老师，其板图教学模式就显现出了多媒体手段所无法具备的诸多优势。

(3)岗位实践阶段的学员教研活动和成果

这个阶段是学员将前两个阶段所学理论和所取教学经验加以消化、吸收、内化和运用的阶段，也是前两个阶段培训效果是否彰显的检验场所。对于岗位实践阶段教学现场的实际效果，由于缺乏问卷调查和实地考察，无法掌握其真实情况，但根据第四个阶段学员的成果汇报，学员在岗位实践阶段所取得的教学和科研成绩还是很突出的。

从岗位实践成果来看，骨干培训对于学员自身教学能力和科研能力的提升大有助益，充分地体现了“三位一体”骨干教师培训模式所提倡的“研、训、体”一体的培训理念。“研”是“训”中之“研”、“训”前之“研”，没有“研”就无法“训”。培训的目的是提高教师的教育教学能力和水平，促进教师专业发展，培训是为了应用，“用”是检验“训”的质量标准，反过来也促进培训工作的改进。研、训、用是一个整体，互为联系、互为促进。[①] 当然由于地域条件、教学环境条件和自身起点不同，骨干培训所发挥的助益作用程度是不同的。很明显，珠三角地区学员在教学能力、科研能力尤其是科研能力的提高和表现方面占有绝对的优势，提升程度高出欠发达地区很多(表 7-91)。

表 7-91 地理骨干教师岗位实践成果不完全统计

区域	地区	公开课		参与或主持课题					发表论文	获得荣誉称号	论文或课件制作获奖
		市级	校级	国家级	省级	市级	县级	校级			
珠三角	深圳	3 人次		1 项	2 项				1 篇(国家级)	1 人次 1 项	
	东莞	1 人次	1 人次			1 项			2 篇(国家级)	3 人次 3 项	2 人次 8 项
	佛山	1 人次	3 人次							2 人次 2 项	3 人次 3 项
	肇庆									1 人次 1 项	
	江门		2 人次								
粤北	清远		3 人次							1 人次 1 项	
粤西	云浮	2 人次									
	阳江		2 人次				1 项				2 人次 2 项
	茂名	1 人次	1 人次								2 人次 2 项
粤东	汕尾										
	潮州		1 人次		1 项			1 项	1 篇(省级)	1 人次 1 项	

3. 广东省地理教师培训存在问题分析

广东中学地理师资培训依托骨干教师培训和远程培训等培训模式，逐步探索出一套教师培训模式的有效途径和服务体系，诚如前述所分析，在教师培训中收到了实效，取得的成果是显

① 黄忠：《广东省中小学教师培训的创新实践与思考》，载《中小学教师培训》，2011(1)。

著的。同时，也涌现出许多新的问题。这需要我们结合中小学教师的不同区域教学环境、培训需求与培训效果进行反思和总结。

(1)师资培训分层不够细化

广东省中学地理师资队伍结构中，边远地区，尤其是农村地区，地理专任教师严重不足，由其他专业转岗的地理教师所占比例很大，义务教育阶段竟超过80%。这些地理教师的专业知识和学科素养存在先天不足，缺陷很大，很难胜任新课程的教学，况且边远地区的地理教师所拥有的教学条件、教学环境和教学氛围均远不如城镇地理教师，因此，他们更迫切需求切合其教学实际需要的培训课程内容。然而，实际上，无论是教师职务远程培训，还是骨干教师培训，由专家团队所开发的培训课程，基本上是以城市尤其发达地区的城市中学教师及其所在教学环境为预设前提或背景的。这样一来，由专家团队辛辛苦苦所开发的培训课程，却在一定程度上限于两难境地。对于珠三角地区那些拥有优质教学资源的地理教师来说，这些培训课程也许并没有超出他们的期待，甚至还不如他们自己。而对于那些教学条件落后的边远地区的地理教师来说，这些培训课程所呈现的精彩和妙处，限于教学设备、教学环境和教学对象的局限性，根本无法在他们所在地加以克隆或移植。因此，对于他们来说，常有精彩只属于别人拥有、妙处任由他人叙说的距离之感。即便如此，我们一些培训项目在选拔培训对象时也往往更倾向于发达地区。

如表7-92所示，很明显，珠三角地区学员所占比重要高一些，尤其是深圳、佛山、东莞三地所占比重要远高于其他地区。学员选拔在地域分配上的失衡现象还是很严重的。其实，欠发达地区的地理教师更需要“骨干教师省级培训”这类项目支持。

表7-92 广东省地理骨干教师省级培训学员生源地分布①

组别		高中组		初中组	
区域	地区	人数	占比(%)	人数	占比(%)
珠三角	深圳	4	17.4	3	14.3
	东莞	3	13.1	3	14.3
	佛山	3	13.1	2	9.5
	肇庆	1	4.3	2	9.5
	江门	1	4.3	2	9.5
	合计	12	52.2	12	57.1
粤北	清远	2	8.7	2	9.5
粤西	云浮	2	8.7	1	4.8
	阳江	2	8.7	1	4.8
	茂名	1	4.3	2	9.5
	合计	5	21.7	4	19.1

① 数据来源于《广东省2012—2013年中学地理骨干教师省级培训总结》，该总结由广东第二师范学院远程教育中心培训处提供。

续表

组别		高中组		初中组	
区域	地区	人数	占比(%)	人数	占比(%)
粤东	汕尾	2	8.7	1	4.8
	潮州	2	8.7	2	9.5
	合计	4	17.4	3	14.3
总计		23	100.0	21	100.0

在全省范围内，由于地域条件的不同，各地教学境况千差万别，这种一视同仁、包打天下的课程开发显然是不符合培训对象需求实际的。因此，有必要进一步细化师资培训对象的分层，将远程培训和集中培训、校本培训结合起来，开展分层、分类、分岗的全员培训①，并在此基础上开发出分别适合欠发达地区和发达地区的课程内容。

(2)培训内容与教学实际脱节

培训内容与教学实际脱节主要表现：第一，课程内容与现实需求有点脱节。这不仅指课程内容与当代中学生需求不太吻合，而且指其没有考虑落后地区尤其农村地区的需求。第二，高校专家或培训高校的授课内容与中学老师的教学实际相脱节，以致学员认为这些专家所授内容指导性不强，不能满足其实际需要。第三，一线教学名师参与培训授课或培训辅导不够充足。据统计，31.01%的学员认为培训方式不符合教师工作需要，认为高校教育类专业的学者、高校教授和教育科研人员辅导效果好的只有46%左右，74%～78%的学员认为最有效的培训方式是与真实情境相结合的案例教学和关注自身感受的体验式学习②。

(3)重技能轻教学理论

在纠正培训课程内容与教学实际脱节的偏向时，要谨防另一种重教学技能轻学科理论的偏向。一些属于学科前沿性理论的课程，或者属于教学科研指导方面的课程，之所以受到学员一定程度上的排斥，其实并不在于这些课程内容没有开设的必要，而在于它们不能直接套用于实际的课堂教学上，需要经过消化、吸收和内化后才能彰显作用。例如，有关中学地理课题选题与研究设计和中学地理课题研究方法指导的课程，90%以上学员认为有开设的必要性，但仅有77%左右的学员认为授课效果好。事实上，从现场授课监听来看，授课教师就如何从事教学科研选题、设计研究和开展研究讲得非常扎实，但很多学员认为没有必要讲那么精细，直接告知如何写一篇教学论文就好了。这种态度使得他们听课时采取漫不经心的态度，结果，他们在论文选题、开题和撰写论文时，有关论文的学术回顾、文献参考、摘要等环节非常不规范，问题很多。其实，这些在相关课程讲授中，授课教师就专门做了示范式的讲解，但很大一部分学员在听课时并没有认真对待。另外，从培训现场和统计数据来看，凡是那些有关高考备考、教学设计、教学组织的培训课程压倒性地广受欢迎。两相对比，一方面说明培训课程应切合一线教

---

① 黄忠：《广东省中小学教师培训的创新实践与思考》，载《中小学教师培训》，2011(1)。

② 数据来源于《广东省2013年普通高中教师职务培训效果调查分析报告》，该报告由广东第二师范学院远程教育中心培训提供。

师的教学实际，同时也反向说明受训学员具有重教学技能轻教学理论的倾向。一味强调教学技能，而没有相关学科理论支撑，会导致一线教师教学能力后劲不足，也会对其科研能力的提升带来限制。

(4)培训运作监控力度不够

无论是职务培训，还是骨干培训，都存在一个对师资培训远程监控的问题。职务培训采取远程网络方式，尽管有各方培训辅导力量参与，但是对于受训学员的学习实况监控很难，总有部分学员采取各种方式巧妙地规避有关培训要求而顺利通过考试。例如，有的学员根本没有认真学习过有关课程视频，只是通过网络刷新技巧来直接获取学习时间流量，然后直接做题。当得分不高时，就通过发帖、回帖和发文章等方式来弥补分数的不足。学员采取这种学习方式，其学习效果如何就可想而知。至于骨干培训，虽然以面对面的集中受训为主，网络作为辅助手段占比很少，但是对于跟岗学习、学员岗位实践这两个环节，也存在如何有效监控的问题。尽管在跟岗学习阶段，会有高校导师组的教师下到“名师工作室”进行指导，但毕竟很有限。在岗位实践阶段，学员是否获得所在学校的有力支持顺利开展实验性教学和科研，也较难监控。结果，由于监控不力，对于培训效果，要展开科学而客观的评价也就难以实现。

(5)地市教研员有行政化倾向

骨干教师培训的部分授课教师来自一些地市教研员，但是从授课效果来看，很不理想，远低于一线教师授课，即使同那些与一线教学有很大距离感的高校教师相比，也要低出一些。按道理，地市教研员原本都是从一线教师中选拔出来的，应该深谙一线教师的实际需求，但是在这次培训中，授课效果很不理想。这说明部分地市教研员具有行政化的倾向，越来越脱离一线教师群体及其教学现场，脱离那个自己曾经非常热爱和熟悉的三尺讲台。这就要求地市教研员勇于去行政化，不断地接地气，经常下到一线教师课堂教学现场，去指导、交流和温习。这样，地市教研员才能在中学地理教师培训中有力地担当起应有的角色。

总之，在中学教师培训走入深化的今天，我们应该在现有培训模式的基础上，及时进行反思和总结，克服缺点，弥补不足，发扬优势，不断创新，尤其是要充分发挥校本培训的功能和作用，以之作为师资培训效果落实、师资培训监督和师资培训方式创新的试验场所和检测基地。如何加强、推动和落实省域校本培训，理应成为今后师资培训的重要努力方向，成为为中小学师资培训的广东特色再添新亮点的重要载体。

(五)课程方案设计

1. 地理教师培训课程状况

《国家中长期教育改革和发展规划纲要(2010—2020年)》提出，深化教师教育改革，创新培养模式，增强实习实践环节，强化师德修养和教学能力训练，提高教师培养质量。培训课程作为教师培训的直接载体和中介，不仅是提高教师培养质量的关键所在和教师培训目标的具体体现，也是教师培训活动中最为直接、最具稳定性的因素，更是制约教师培训实效性的关键所在。就地理教师培训而言，培训课程有多种类型，如理论型、操作型、实践型和研究型(表7-93)。中学地理教师培训课程系统的内容是比较细致的划分，不仅包括通识类课程，而且将专业培训课程进一步划分为操作、实践和学术三种类型。

表 7-93 中学地理教师培训课程系统

课程类型	课程模块	培训专题
理论型	教育理论课程	现代教育理论、各种学习理论等
	专业理论课程	地理科学发展动态、海洋地理、城乡规划、旅游地理、地理课程价值观教育、自然灾害与防治等
操作型	教育实践课程	地理优质课的展示研讨与再创造、地理新课程标准解读、地理课件设计制作、地理课堂教学设计、地理课程资源开发与利用、地理课中的探究学习等
实践型	专业实践课程	自然地理考察、人文地理考察、地理信息系统的构建和使用、Google 地图的使用、天文观测、地理景观审美鉴赏、区域地理的教学、地理课程资源等
研究型	教育科研课程	教育研究方法、地理教育论文写作、中外地理教育比较、地理教育热点问题探讨、地理教学评价、地理教育专题研讨、中学地理教育研究与试验等

下面再以高中教师培训课程为例进行分析，结合当前高中地理教师培训课程，主要分为通识类和专业类。以下是广东省 2013 年普通高中教师职务培训二期分为通识类和专业类(表 7-94、表 7-95)。

表 7-94 广东省 2013 年普通高中教师职务培训二期通识类课程

序号	课程名称
1	《中学教师专业标准解读(五)》(反思与发展)
2	《中学教师专业标准解读(四)》(善于沟通与合作)
3	《中学教师专业标准解读(三)》(教育教学的态度与行为)
4	《中学教师专业标准解读(二)》(对学生的态度与行为)
5	《中学教师专业标准解读(一)》(职业理解与认识)
6	中小学生学习压力的表现、成因与对策
7	中小学生人际关系的发展与指导
8	中小学生人格发展与建构
9	学生品德的形成与培养
10	学生脑发展规律及教师学习新方式
11	孟子、荀子的教育思想
12	孔子的德育思想及现代价值
13	《大学》《中庸》和《学记》的教育思想
14	师生关系中的师德
15	课堂教学中的师德

表 7-95　广东省 2013 年普通高中教师职务培训二期专业类课程

序号	课程名称
1	区域地理研究的理论与方法
2	地理学中的信息技术及其应用
3	环境与可持续发展教育前沿
4	高中地理高端备课(一)
5	高中地理高端备课(二)
6	高中地理“区域农业可持续发展”高端备课
7	高中地理“如何测量学校的经纬度”高端备课
8	高中地理“地理信息系统的应用”教学研讨
9	高中地理“我国西北地区荒漠化的原因”教学研讨
10	高中地理“地形对交通线路分布的影响”教学研讨
11	高中地理“地理环境的整体性”教学研讨
12	高中地理“气压带与风带”教学研讨
13	高中地理Ⅰ教学整体设计
14	高中地理Ⅱ教学整体设计
15	高中地理Ⅲ教学整体设计
16	地域文化与城市发展
17	高中地理“工业地域与地域联系”课例展示
18	高中地理“人口增长模式的主要特点及地区分布”课例展示
19	大规模的海水运动
20	工业区位
21	“长江的开发”课例赏析
22	《自然界的水循环》同课异构案例研讨与反思
23	高三第二轮复习“区域自然地理特征分析”
24	高三第一轮复习“北美洲区域可持续发展——以美国、加拿大为例”
25	能源资源的开发——以我国山西省为例
26	大气的受热过程

在广东省 2013 年普通高中教师职务培训二期中，一共有 26 节专业课，与以往培训相比，增加了很多新课程，如高中地理“人口增长模式的主要特点及地区分布”课例展示、大规模的海水运动、工业区位、地域文化与城市发展等课程；一共有 15 节通识类课，涉及教师专业标准解读、教育思想、中小学生特征和师德等方面。值得注意的是，中小学生学习压力的表现、成因与对策、师生关系中的师德这两门课的选修人数特别多。

此外，还有学者针对专家型地理教师的培养目标，构建了分别以理论学习、实践学习和创新学习为主的课程板块群，实现职前、职后课程体系一体化，做到目标引领、重点突出，创新了地理教师教育培养的课程新模式(表 7-96)。①

表 7-96　专家型地理教师教育课程模式

课程类型	职前课程	职后课程
以理论学习为主的课程板块	地理教学论、地理教育发展简史	地理课程与教学论、中学地理教学设计、地理教学评价、地理教育比较研究
以实践学习为主的课程板块	地理教学技能训练、地理微格教学、计算机辅助地理教学、地理教材分析、地理实验教学、经典地理课例赏析、地理教具制作	地理试题编制与地理竞赛、地理教学专题研究(人文地理教学论、自然地理教学论、区域地理教学论等)
以创新学习为主的课程板块	乡土地理、校本地理课程	中学地理教学改革前沿、地理科学新进展、地理教学诊断学、地理名师思想研究、地理教育科研

综上所述，在地理教师培训过程中，虽然教师培训课程类型较多，培训内容也很多，但是教师不需要学完所有课程，只需要按照自己发展的维度，根据一定的比例来选择相应的课程完成学分即可达到培训要求。这也是当前教师培训的一个特点，不仅提供多元化的培训课程，而且更加尊重教师的主体性，让教师自由选择培训课程，从而更好地完成培训，增强培训效果。

1. 地理教师培训课程方案

一般而言，课程方案设计基于教师的培训需求，就广东省中小学地理教师培训需求而言，主要是根据教育厅或学校的发展战略，结合地理课程培训目标和教师实际情况(知识、技能和专业素质等)，对教师整体素质和专业素养进行全方位分析。当前，有些培训课程设置结构不合理，缺乏针对性与实用性，也没有教育教学案例等，满足不了一线地理教师的实际需求。其中，最主要的原因就是缺乏前期调研，不了解当前的教学情况。所以，本课程方案的设计与开发首先在前期调研基础上，指对参训教师在知识、技能、能力等方面进行鉴定和分析，从而确定培训内容，设计课程方案。

(1)地理课程方案的开发流程

课程方案是教师培训的核心要素，也是实现教师培训目标的核心载体，不仅决定着教师学习什么内容，而且是影响教师培训与学习的关键问题。在地理教师课程方案设计与开发过程中，明确课程目标，细化教师培训课程目标，同时，要尊重个性差异，根据不同需求灵活设置课程内容。培训活动的成功与否，首先取决于培训方案的科学性与合理性。当前，不同学历与教龄的教师对培训内容与课程方案有不同的需求，即使同一学科相同年龄的教师往往也有不同的需要。所以，科学分析教师培训需求至关重要，课程方案的确定要取决于教师需求，这也是保证培训活动取得成功的重要前提。本次课程方案的开发设计主要基于以下流程(图 7-9)。

① 李家清、户清丽：《创新地理教学论课程模式　培养专家型地理教师》，载《内蒙古师范大学学报(教育科学版)》，2011(2)。

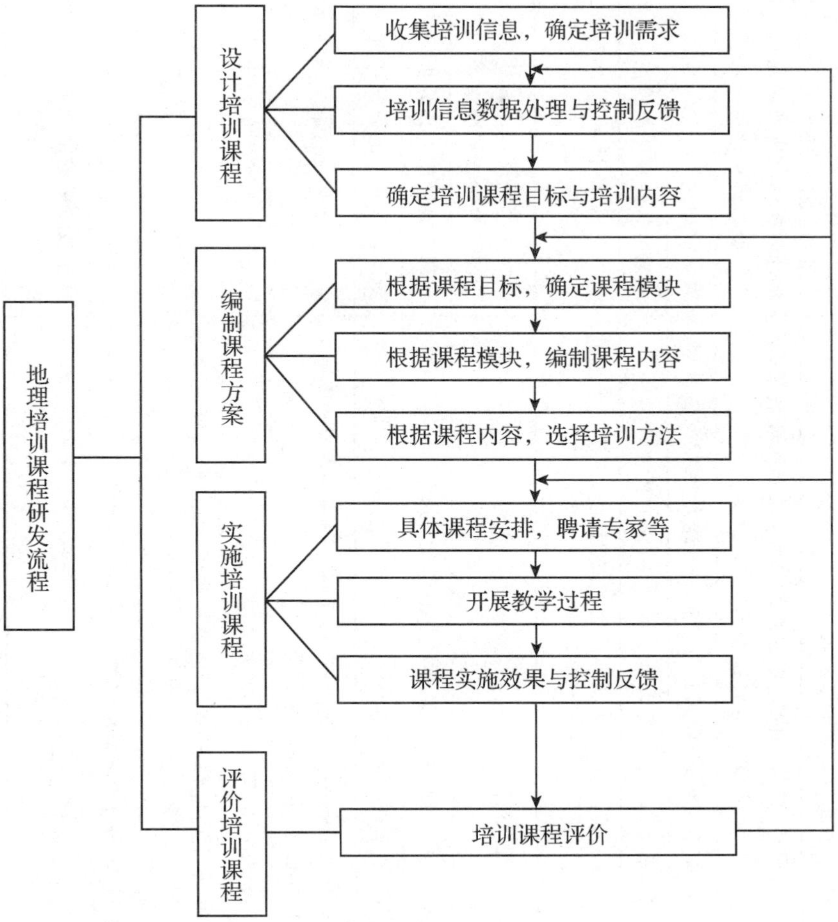

图 7-9　培训课程设计与开发流程

(2)地理课程方案的内容模块

由于教师所在的地区和学校条件存在一定的差异性，教师自身个性化的发展，导致教师的培训需求也存在多元性。当前，由于很多培训内容与教师需求不一致，产生了很多问题，如迟到、缺勤、对培训应付了事等。中学地理教师由于年龄、学历、职称等方面的不同，对培训的需求必然是多元化的，如教学名师、骨干教师与青年教师参加培训的需求肯定存在一定的差异性。所以，设计科学、合理的培训课程至关重要。

2011 年《教育部关于大力加强中小学教师培训工作的意见》提出，以提高教师师德素养和业务水平为核心，以提升培训质量为主线，以农村教师为重点，开展中小学教师全员培训，全面提高教师素质。对教师成长的不同阶段如新教师、在职青年教师和骨干教师进行相应培训。培训课程设置也应该根据教师的教学能力、兴趣、教学情况的不同而有所差别。所以，本培训课程方案设计根据该精神，涵盖了新教师、在职青年教师和骨干教师三个层次的内容，并增加了教学名师的课程内容，对不同层次的教师培训课程有所侧重。同时，为了满足大部分教师发展需要，紧密结合《义务教育地理课程标准》《中学教师专业标准(试行)》和《教师教育课程标准(试行)》，立足课程培训的差异性，适应教师多元化发展需求，依据新教师、青年教师、骨干教师和教学名师的发展维度，从教师定位分析、培训课程目标、课程模块、培训内容和课程建议等方面设置地理教师培训课程方案(表 7-97、表 7-98、表 7-99、表 7-100)。

表 7-97 地理教师培训课程内容

定位分析	课程目标	学习模块		主要培训内容	培训课程建议
新教师刚刚走上教学工作岗位，具备专业技能，有一定的教育教学知识，但对于教材、教学实践等方面都很陌生，实践教学经验较为缺乏，对地理新课程标准不了解，教学技能在实践中有待提高	满足新教师技能形成和专业发展的需求，让新教师逐步掌握课堂教学和课堂管理的基本技能，培养教学设计、反思等基本能力，形成对教育事业的认同感。培训重点就理论和实践并重，促进其尽快成长	地理教育	地理新课程	依据地理新课程标准，分析教学理念、教学方法、教学手段、探索教学规律，通过不断的课堂教学实践，加深对新知识和新方法的理解	地理新课程标准的解读
			地理教材	地理教材的设计意图、编写思路、结构和内容等方面的特点，区分地理现象、概念和原理，把握重点难点、教材分析、教学方式转变等	地理教材的分析与研究 地理教材教法分析
		学习科学	学习理论	学习的一般理论，地理认知结构与模式、学习过程的特点与能力要求	教育学理论等
			学习指导	学生自主学习的特点，培养学生小组合作学习能力的方法，探究式教学	中学生认知规律与特点
		教学实践	教学表达	教学组织能力、教学风格、教师语言、动作表达要求，“三板”技能，灵活调整表达方式等	地理教学设计的理论与实践、课例赏析等
			课堂组织	地理课堂教学基本形式与主要环节、课堂组织与管理技巧等	地理课堂管理艺术等中学地理课堂教学技能训练
			实验操作	演示实验、学生实验的操作方法与要求，讲解等方法在实验中的应用	地理实验操作流程分析
			教学评价	常用评价方法与测量工具，教学评价要素等	新课程背景下的教学评价
		教学研究	教学设计	教学设计流程、分析教学对象、设计教学目标、教学方法的甄选与运用，课堂导入、提问、讲授、承转和结课技能，以及如何说课等	教学整体设计分析
			学生表现分析	学生课堂行为分析、学习表现分析、存在的问题及解决方法等	结合案例分析学生行为
			教学反思	反思教学设计、教学方法、学生适应情况等，如何撰写教学反思，典型课例分析和教学反思研究等	教学反思的作用与方法
		职业素养	职业规划	教师职业发展定位与规划、长期与短期目标分析、个人的全面剖析等	教师职业发展规划
			职业道德伦理	教师职业道德规范、新型师生关系、同事关系等	课堂教学中的师德 师生关系中的师德

表 7-98　青年地理教师培训课程内容

定位分析	课程目标	学习模块		主要培训内容	培训课程建议
从教时间往往较短，对基础教育的理解基本成熟，有一定的教育教学知识和技能，但专业能力需要进一步提升，教学综合技能、创新技能需要提高	提升地理教师课堂教学的创新改革能力、教学问题的搜集研究能力与教学手段的综合运用技能，提升地理教师的职业精神，成长为教学工作中的骨干教师	地理教育	地理学特点	地理学的研究对象、地理学特点、学科性质、学科功能教材难点的预判与分析，难点问题的处理与学生接受程度分析	地理学与地理教育 计算机辅助地理教学
			地理思维	一般思维过程，如何培养学生的地理空间思维能力	地理空间思维能力培养
		学习科学	教育心理	心理学知识、知识与技能的学习迁移、因材施教	教育心理学
			学习方法	地理学习常用方法，记忆方法、理解方法、观察方法等	学生学习方法的培养等
		教学实践	有效教学	有效教学的基本理论与主要方法，有效教学设计与教学评价等	地理有效教学分析
			专题复习	专题复习的目标，构建专题复习内容，选择专题复习方法和策略等	高考专题复习解析
			现代教育技术	现代信息技术与地理课程的整合、现代多媒体资源的运用	地理信息技术
			综合评价	学生发展性评价体系、成绩评价体系、教学质量评价体系等	科学的评价体系探讨
		教学研究	案例研究	如何选取案例，案例分析的要求、内容和技巧等，一线教师掌握很多鲜活生动的教学案例，要积极、主动的进行课例研究，不断总结教学经验	教学案例分析
			论文撰写	论文的选题、撰写思路和格式要求，论文的答辩流程等	如何撰写教研论文
			教育研究方法	问卷、访谈、观察等调研方法，选择研究方法，开展调研活动等	结合案例分析调研活动
		职业素养	科学精神	结合地理科学家精神，挖掘科学精神的教育价值，开发相关地理资源等	地理科学精神探讨
			教师职业心理	职业道德修养、教师工作心理特点、教师心理压力与调试、教师职业倦怠、健康的教师职业心理等	如何预防教师职业心理倦怠，师生心理健康等

表 7-99　骨干地理教师培训课程内容

定位分析	课程目标	学习模块		主要培训内容	培训课程建议
骨干教师，一般教学能力强、经验丰富，不少教师有自己独特的风格和对学科知识独到的见解，应注重骨干教师在教学引领、实践活动、课程建设等方面深层次实践能力提升	加强地理骨干教师的教育理念提升及教育最新知识的掌握，加强理论层面的指导外，更应该发挥他们的优势，多采取互动的方式，通过交流促进共同成长和进步。还应注重骨干教师在教育课题研究与引领方面能力的提高	地理教育	地理新课程	地理课程改革的背景，重点学习新一轮课程改革的指导思想、教育观念、课程目标及相关的政策、措施	新课标背景下的地理新知识和教学策略
			地理教育发展	国内外地理教育发展趋势，现代教学方法与教学方式等	地理教育发展趋势，新课程背景下的地理课堂教学改革
		学习科学	心理学	青少年心理发展特征、生理特征、认知结构和人际交往等	青少年心理探究 中学地理教学心理研究
			学习论	现代教育理论学习，如建构主义理论、人本主义理论、刺激—反应理论和操作学习理论等	学习理论在地理教学中的应用
		教学实践	示范教学	特级教师的公开示范课、同课异构与教学实践、案例教学、观摩点评与反思、专家的点评课等	“自然界的水循环”同课异构案例研讨与反思
			综合实践	案例培训、专题讲座、校本实践、课例研讨、小组交流研讨、微格教学、说课赛课、评课等	地理优质课的展示研讨与再创造，地理课外活动指导
			命题技术	地理试题命题理念、要求、难度等，命题双项细目表	地理试题命题特点
			课程资源	地理课程资源建设的功能、意义等，实验资源、信息技术资源和文本资源等的开发特点与技术要求	地理信息技术与地理课堂教学整合实例分析
		教学研究	经验总结	地理教育经验总结的类型、要素、特征和步骤，撰写的结构和思路	地理教育经验总结的撰写
			课题研究	科研意识，课题申报的基本要素、课题申报书的撰写、课题实施等	地理教育科研方法
			教研规划	校本教研活动、教研规划交流等	校本教研发展规划
		职业素养	教育理念	终身发展理念，教学方式、评价方式改革理念等，探索教育理念的运用	教育新理念的深化与发展 优秀地理教师教育思想及教学艺术评析
			职业道德	教学与科研关系的处理、家庭与工作的矛盾、教师职业道德修养等	教师的师德修养与人格魅力

表 7-100 地理教学名师培训课程内容

定位分析	课程目标	学习模块		主要培训内容	培训课程建议
一般从教时间15年以上，初步显示出独特的教育教学专长和实践智慧，知识存量丰富，信息整合能力强，但教育教学理论的提炼与构建、地理教育科研能力等方面还需要进一步加强	培养具有较高的学科教学理论的专家型地理教师，既要引领地理教育改革，又要指导成熟教师和骨干教师的专业发展，并具有较强的科研意识和娴熟的地理教学技能，能高效率地解决地理教学难题	地理教育	地理科技发展	与地理教学内容联系密切的最新高科技发展，如GIS、GPS、RS等，计算机多媒体技术和公共信息资源、能源科技等	地理科学发展动态 多媒体地理图表的制作
			地理教育发展	国内外地理教育发展特点、地理教学论、现代地理教学方法应用、现代学习方式等	中外地理教育比较
		学习科学	教育学、心理学理论	现代教育学、心理学理论以及研究前沿，具体如青少年心理发展、品德与价值观、社会认知、情感、个性与自我发展等	学生创造力在地理教学中的培养与发展
			教育科学进展	教育科学最新进展、地理学科发展的历史和趋势学习模型研究、知识本质、研究案例等，跨学科知识引导学生认识地理现象的本质	教育发展理论在地理教学中的应用
		教学实践	名师讲堂	名师大讲堂的选题问题、热点问题等，解决骨干教师工作中的困惑	地理教育热点问题探讨
			课程改革	基础教育课程改革、课程内容结构的完善、课程改革成果讨论等	地理教育课程改革研讨
			教学指导	通过教学观摩、同课异构、借班上课、课例研究等形式提高教学示范效果，帮助骨干教师反思培训效果，解决困惑和难点，内化学习效果	地理教学专题讲堂
		教学研究	课题研究与指导	组织教师结合自身教学经历，运用教育学与心理学理论，研究地理教学方法和技能、新课程改革等课题，指导骨干教师参与地理教育课堂研究	地理教育课题的研究
			论文撰写与指导	论文撰写的基本要求，指导骨干教师撰写教育研究论文	地理教育论文写作
			成果总结与推广	教学心得、研究成果和创新案例等的经验分享与编撰出版	地理教育研究成果的推广
		职业素养	教育情操	领会素质教育的精神实质，重视学生的地理观念、地理技能和实践能力的形成，培养学生的创造力和创新精神	素质教育的精神实质与学生的全面发展
			师德修养	学生为本，具有开拓创新意识，注重教育家榜样的力量激励受训名师	教育专家师德报告

在培训课程方面可以设置必修课和选修课，对地理教师而言，从事这一职业的基本要求是一致的，因而所有教师具有共同的需求，由此可规定必修的课程，但由于他们的学历、教龄、经验、能力各不相同，又来自不同地区、不同类别的学校，其认识水平和培训需求就不尽相同，为了使不同层次的学员在各方面的需求得到满足，故而开设选修课。同时，适当增加选修课课程以供不同水平的教师灵活选择课程方案(表 7-101)。

表 7-101　地理教师培训课程主要类型

<table>
<tr><td rowspan="4">培训课程类型</td><td rowspan="2">必修课</td><td>通识课程</td><td>政府和教育部门规定的必选的继续教育课程，一般是以专家讲座或报告形式，让教师了解地理课程改革的背景，学习新一轮课程改革的教育理念、课程目标和相关政策、措施等</td></tr>
<tr><td>地理专业类必修课程</td><td>这类课程主要是围绕地理教师在教学改革中出现的问题和改进教学能力而设置的课程，不仅包括地理知识与技能应用、典型教学案例，而且包含学科前沿知识和研究进展，以及对地理课程目标和教材的解读、综合实践活动课开展和学校地理课程开发等</td></tr>
<tr><td rowspan="2">选修课</td><td>教育教学理论</td><td>关于教育教学理论的选修课，如新的教育教学理念、教育政策法规、师德修养和心理健康教育专题等</td></tr>
<tr><td>地理学科拓展性课程</td><td>教学名师经验讲座、地理教学专题讲堂、地理课题的研究过程、地理学术论文写作、教育教学案例、地理学科专题学习、灾害教育、环境教育和旅游教育等</td></tr>
</table>

值得注意的是，课程方案的内容要根据社会需求而不断发展变化，如通识课中的教师现代教育技术的培训，随着经济社会的发展，教育教学技术与方法也不断更新发展，所以在教师培训课程中也应该体现出来，教师也要适应时代需求，及时将现代教育技术运用到教学过程中。同时，选修课要结合时代发展尽量多设置如灾害教育、环境教育和旅游教育等课程。进入 21 世纪以来，自然灾害和人为灾害都有日益严重的趋势，教师可结合地理教材中有关的灾害种类进行灾害教育，了解灾害形成的原因，学习一些逃灾避灾的常识。所以，培训内容建议介绍自然灾害的空间分布规律，成灾机制，灾害发生的前兆，逃、避、减灾的应急手段，自救措施，以及灾害与人类环境的关系等内容，并概括介绍主要自然灾害的发生基础、诱发因素、防灾减灾的各项具体措施以及人为灾害的可控性、灾害的严重性等。同时，随着经济社会的发展，生态文明建设日益重要，环境教育也成为中小学的必修课。地理学是研究人类与环境关系的科学，其学科性质决定了地理课程成为环境教育与可持续发展教育的主要内容，所以，该课程也应当是教师培训中的重点课程。此外，当前的旅游业迅速发展，在国民经济发展中的作用日益突出，国民素质急需进一步提高，以适应旅游市场的发展。该课程为旅游教育提供了丰富的背景知识，使受教育者从小树立起正确的人地观和环境保护意识。因此，培训内容建议以旅游资源开发与保护、旅游者心理以及旅游影响为重点，并简要介绍旅游资源的种类、特色等。

2. 培训方式

在课程方案设计过程中，选择合理的培训方式与科学的培训策略非常重要。随着教师培训工作的不断开展，教师参加培训的机会越来越多，对培训形式的要求也越来越高。在 2011 年《教育部关于大力加强中小学教师培训工作的意见》中，提出改进教师培训的教学组织方式，倡导小班教学，采取案例式、探究式、参与式、情境式、讨论式等多种方式开展培训。也有学者指出，应当结合不同教师的优势和劣势，为他们提供个别设计，教师们的收获会更多。① 所以，尽可能为教师提供个性化、多样化的选择机会，鼓励教师自主选择适合的培训方式(表 7-102)。

表 7-102 教师主要培训方式分析

培训方式	特点分析
专家讲座	这是教师培训中常用的形式，比较适合通识性课程，该培训方式培训效率高，信息资料丰富。如果在讲座过程中，留出一定的时间来供教师讨论交流，培训效果会大大增强，参加培训的教师满意度也会提高。但很多教师对此持反对态度，认为听讲座往往过于强调整体统一教育，仍然沿袭传统灌输式培训方式，形式呆板，过分强调演讲者的主导作用，忽视了教师的个性教育和实际需求，难以满足日常课堂教学的需求等
参观学习	即组织教师“走出去”，教师通过参加教学与课程研讨会、高效课堂成果展示等教学研究活动，扩大教师视野，学习外面的先进教学理念与教学模式，促进本校教育教学质量的提高，但花费时间、精力和经费较多，组织难度也较大
骨干引领	发挥骨干教师的作用，通过地理骨干教师的现场课堂学习，给年轻和非专业地理教师提供学习的机会，学习骨干教师的长处经验，如何依据学校教材、学科优势以及教育、教学效果开展教学内容重构、教学反思等教学活动，以此激励年轻教师的教学积极性，带动地理教师整体水平的提高
专家互动	地理新课程注重合作、对话与探究的学习方式。一般而言，专家有若干年的教学实践经验，对中学地理教师开发教学课程具有重要的指导作用。专家互动学习的过程中，教师之间也可以互相交流、合作学习，主动积极地进行探讨，进而取长补短、相得益彰，但要求教师都参与互动的话，难度较大，时间难以掌控
课例研讨	以“地理课例”为载体，围绕如何上好一节地理课，贯穿备课、理教学设计、学案、评课等环节，参训教师不是被动接受某种现成理论和知识的人，而是新知识、新思想的建构者和创造者。教师通过课例研讨的方式，共同交流、分享各自的教育经验，一致解决教学难题。尽量选取教学方法不同的课例，以开拓教师的教学思路。课例研讨改变了被动听讲的学习状态，在分析别人案例中反思自己的教学行为，共同提高教学技能，提升教学智慧。但设计典型案例难度较大，对学员要求较高
远程教育	远程教育主要是采用现代信息技术对教师进行地理新课程内容培训，以直观、形象的方法通过网络向教师传递教学信息，介绍相关培训课程，教师可以根据自己的需求选择培训内容。远程教育具有一定的灵活性和便利性，受训面广泛，信息资源丰富，利于解决地理教师专业发展中需求不同和资源分布不均的问题。但远程教育不利于教师之间的沟通与交流，双方交互性差，信息反馈也不及时
现场观察	主要是观摩完整的一堂地理优质课或地理教学技能活动等，对于一堂课的导入与结束、板书设计、教学方法的选择、教学手段的运用、教学目标的达成、重点难点处理、讨论与提问、过渡与衔接等过程进行现场观察与学习，体验新课程标准的教学理念，利于参训教师产生有益启发，促进教师教学水平的提升。但对情境设计要求较高，需要花费一定的时间和精力
送课到校	聘请高等院校专家来校讲学，学习先进的教育教学理论，并将相关教学理论运用到教学实践过程中，促进教师业务能力的提高与发展。也可能是聘请教育专家或教学名师对本校教师进行指导，对新课程理念实施过程中出现的问题，从理论高度进行针对性的讲座，并提供教学现场诊断，研讨课堂教学改革的疑难问题，进而不断提高教学质量

① Bernadet de Jager，Gerry J. Reezigt，& Bert P. M. Creemers，“The effects of teacher training on new instructional behaviour in reading comprehension，”*Teaching and Teacher Education*，2002(18).

续表

培训方式	特点分析
进修学习	组织教师到师范类大学进行集中培训，通过教育教学理论和专业课程的学习，促进教师了解教育教学理论，增加对新课程的认识，了解地理新课程发展理念，并应用到实际教学中。就地理专业课而言，可以一人同课多轮实战、多人同课多轮实战、课题与非课题式同课异构、反思式互观议课等，以地理教师间的交流、讨论为主，进行有针对性的教学研修
基地研修	一般而言，选择基础教育课程改革实验区的优秀学校作为研修基地，组织参训教师进行调研、教学实践(每个人在基地学校上两节课)与课题研究。操作方法是将参训教师分为若干小组，每个组配备一个导师，导师对学员的基地研修活动进行全程跟踪管理并参与指导，以保证基地研修的质量。在导师的帮助下以小组为单位分别到指定的研修基地学校，进行教育教学实践，并结合教学实践进行课题研究
自修反思	主要指地理教师进行自我学习的一种研究性学习，学员通过自我进修，撰写学习总结或反思笔记。该方式灵活方便，利于学员根据自身需求调节学习进程，但缺乏互动与交流，受制于学员的自学能力和资源的占有量
行动研究	在培训活动中，学员结合自身需求，应用科学方法研究学校领域的问题，理论联系实际，将科研与教学紧密结合，适合于校本课程的开发。但问题设计一定要合理，并要求学员具备一定的科研能力

回顾以往地理培训的发展，先后经历了专题讲座、课例研讨、远程、面授等多种活动形式。近来，比较常见的教师培训组织形式主要有集中骨干教师学习一两周以及跟岗培训，请教育专家为教师开设讲座，或者教师去大学或培训机构听教育专家的讲座，或者远程全员培训等。其实，每一种培训方式都有其适用范围，每种模式既有其优势，也有局限性，地理新课程教师培训倡导多种培训模式的整合、优化，如观摩优秀教师示范课、与专家研讨互动、交流对话、专家讲座或报告、教学展示、共同研讨、案例评析、参与式培训和讲座与交流、研讨、听课结合等多种培训形式综合运用。由于地理学科的学科特殊性，地理教师培训方式应该是教学现场观摩、专题讲座与问题研讨相结合，同课异构、教学反思与教学实践相结合，并做好教师培训后的跟踪指导问题，使培训真正落到实处，加强体验式培训，开展针对性培训，注重培训内容的系统性和实用性以及强调培训课程开发的广泛性等，以促进地理教师培训的发展。因此，在具体培训活动中，应该结合当前培训的实际需求和课程目标，选择合适的培训方式，并将多种培训方式优化组合。

3. 课程时间计划

培训时间和课程计划安排至关重要，培训时间的选择直接影响着培训效果。有一项国际调查，美国、意大利、英国、俄罗斯、日本、德国、以色列、智利、中国、土耳其、墨西哥、津巴布韦的教师回答“我参加在职培训的大部分时间是令人失望的”的比例，依次为40%、35%、32%、29%、24%、24%、23%、19%、19%、14%、12%和12%。① 所以，对于培训时间的安排，应该采取灵活多样的方式，充分尊重大多数教师的意见。短时间的培训可以安排在周末，系统培训最好安排在假期内，但培训时间也不应该太长。网络培训具有一定的灵活性，教

① [美]厄内斯特·波伊尔：《基础学校——一个学习化的社区大家庭》，王晓平，等译校，44～45页，北京，人民教育出版社，1998。

师可以根据个人需要，自由选择培训时间，只要在规定时间内完成学习任务即可。

按照当前要求的五年共360学时，每年72学时计划安排，这72个学时包括了通识课和专业课。根据调研教师的培训意愿，大多数教师不希望占用上课时间，也就是学期内的教学时间，也有一部分教师选择在周末或寒暑假时间参加培训。在此，尊重绝大多数教师的意见，根据教师需求合理安排课程计划。

(1)网络培训的课程计划

网络培训可以选择一个周期，比如两个月或一学期，只要教师利用自己的业余时间完成培训课程即可，因为每个教师的专业能力存在一定的差异性，有的教师来自基础教育薄弱地区，教学科研的基础较差，对教育理论与教学技能理解也需要一段时间，这些教师可自己安排时间，反复学习直至理解透彻。

(2)面授课程或集中培训的课程计划

如果是面授课程或集中培训的话，则安排两个时间段，即周末和假期，由教师自由选择培训时间，在此基础上，培训主管部门再进行统筹考虑，根据学员的实际情况来安排学习时间，可采取某阶段延长、另一阶段压缩的办法，灵活调节，合理安排培训时间和课程计划。

(3)跟踪指导或校本研修的课程计划

如果是跟踪指导或校本研修的话，建议和教学计划保持一致，将课程计划放在学期中，根据参训教师和指导教师的时间灵活安排课程计划。在校本研修阶段，有些教师本职工作很忙，每周一二十节课，还有很多担任班主任或其他行政职务工作，不可避免地与培训任务有冲突，这时就需要参训教师与培训导师进行提前沟通，合理安排课程计划，此外，导师可通过QQ、微信、博客等现代网络工具进行远程指导。

根据教师的培训需求和时间计划进行培训活动，培训效率才相对比较高，因此，在培训之前，应尽可能地做好充分调研，了解教师的时间计划和培训安排。

二、地理教师培训工作质量评估指标体系研究

(一)培训工作质量评价概述

1. 教师培训质量评价的相关理论

(1)评价与培训评价的内涵分析

①评价的含义。

评价在词源学上的含义就是引出和阐发价值。评价的本质是一种价值判断活动，是对客体满足主体需要程度的判断。[①]

②培训评价的含义。

培训评价包括评价过程和培训效果的评价，不仅要有培训方法、培训资源、知识和技能的

① 陈玉琨:《教育评价学》，7页，北京，人民教育出版社，2003。

反馈信息，也要对被培训者的业绩表现和生产力提高进行评估。[①]

③培训评价的理论模型。

关于培训评价理论模型主要有柯克帕特里克四次模型理论、美国斯塔弗尔比姆提出的CIPP模型理论、考夫曼五层次培训评价模式和菲利普斯五级投资回报率评价模型等。

④教师培训的评价体系。

教师培训的评价体系直接关系到教师参加培训的质量。在“你最喜欢哪种评价方式”调查问答中，34.7%的教师选择综合各方面的表现(考勤、考绩、态度、跟踪评价等)，20%的教师选择了上缴听课笔记检查，18%的教师选择了撰写教学反思，还有18.6%的教师选择了撰写文章，最不受喜欢的就是单纯的书面考试，只有8.7%的教师选择了。[②] 所以，选择合适的评价理论体系至关重要。

(2)课程评价与新课程中的地理评价

①课程评价的含义。

课程评价是指依据一定的教育目标，采用多种方法和手段全面系统地搜集、分析和整理信息资料，对教学活动中的对象、要素、过程和结果进行价值判断，从而为学生全面发展、教师专业化发展和教育决策科学化服务的过程。[③]

②新课程理念中的地理学习评价。

新课程理念倡导：地理学习的评价，既要关注学习结果，也要关注学习过程以及情感、态度、行为的变化。实现评价目标多元化、评价手段多样化、形成性评价和终结性评价并举、定性评价和定量评价相结合，创设一种“发现闪光点”“鼓励自信心”的激励性评价机制。[④]

(3)教师培训质量相关理论研究

①教育效能理论。

教育效能理论的基本内涵是使教育组织全面实现教育目标的特性和有效作用，即教育目标达到的程度。衡量教育效能有两个参照坐标，一是教育对于社会发展的效能如何，即教育对社会发展目标的实现程度；二是教育对于受教育者个人发展的效能如何，即教育对人的发展目标的实现程度。[⑤]

②课程评价基本理论。

我国《基础教育课程改革纲要(试行)》也明确提出：要改变课程评价过分强调甄别与选拔的功能，发挥评价促进学生发展、教师提高和改进教学实践的功能。

③人力资源管理理论

人力资源管理(Human Resource Development，HRD)是一门提升组织人力资源质量的管理

---

① 张毅：《铁路企业员工培训效果评估体系研究》，硕士学位论文，中南大学，2005。

② 周玉元：《我们需要什么样的教师培训——中小学教师培训需求与现行培训矛盾的调查与建议》，载《学校党建与思想教育》，2011(3)。

③ 赫兴无：《新课程下中学地理教师应具备的课程观》，载《北京教育学院学报(自然科学版)》，2013 (3)。

④ 教育部：《义务教育地理课程标准》，北京，北京师范大学出版社，2012。

⑤ 储朝晖：《60年中国高等教育效能分析》，载《江汉大学学报(社会科学版)》，2011 (2)。

战略活动，伦纳德·纳德勒认为HRD是特定时期为了增加业绩改善的机会而进行的有组织的学历经历。①

(4)教师培训质量评价研究

①教师培训评估存在的问题。

有学者认为，我国的教师培训评估存在管理导向模式、绩效导向模式和过程优化模式，理论研究还处在低水平的研究阶段，符合我国国情的成型理论体系严重缺乏，教师培训评估研究机构较多，但缺乏有代表性的机构，研究代表性人物较少，且缺乏成体系的理论成果。②

②评估标准多元化。

有学者指出，可根据评估对象和评估内容的不同选择使用不同的评估方式，进行多方式、全过程、360°的评价。例如，可采用座谈会、问卷、考核、学术讲座、个人访谈以及即时与短期跟踪等方式进行评估。③

③教师培训评估相关经验。

有学者提出，在培训教学过程中，通过"制度性反馈(24小时反馈和定期总结)""评价性反馈""教学反馈"和"群体性反馈"等手段，加强彼此交流，不仅能够增加课程活力，而且可以提高学员对课程的满意度。④ 英特尔未来教育教师培训的评价具有借鉴性，一是电子学习档案袋，记录他们在全部培训过程中的一切学习成果，主讲教师根据参训教师电子档案袋的完成情况给出合格还是不合格两种评分等级；二是评价量表，是学员进行自我评价和同伴评价的依据；三是培训日志，记录了教师在培训过程中的全部思考过程，项目最后的学习作品整理与交流汇报等。⑤

2. 教师培训质量评价的原则

在教师培训活动中，培训质量的评价要尽可能全面化，不论是评价内容还是评价主体，都要体现出多元性的原则，具体如下。

(1)评价内容全面性

当前，有些教师培训管理部门评价较为局限，主要依据教师成长规律理论、发展性课程评价理论等，评价内容不太全面。因此，只有制定科学的评价内容，才能评价培训结果是否有效。就地理教师培训质量评价而言，不仅要关注教师对地理新课程的理解、地理教学技能的掌握情况，还要关注地理科学研究过程的体验状况与地理科学方法的应用质量，以及在地理培训过程中所表现出来的地理情感、态度与价值观等，力求使教师培训质量的评价内容全面化。

---

① 张春虎：《从传统培训到学习的转变——简评国外人力资源开发理论的研究进展》，载《人力资源管理》，2010 (8)。

② 杨彦军、郭绍青：《国内教师培训评估研究现状综述》，载《中国人民大学教育学刊》，2012(2)。

③ 周高仪：《高校师资培训评估机制探析》，载《文教资料》，2012 (29)。

④ 郭文革：《从一门网络培训课程到"虚拟"教师培训学院——北京大学教育技术能力建设计划(初级)网络培训课程的设计与实施》，载《中国电化教育》，2009 (7)。

⑤ 杜光胜：《英特尔未来教育教师培训课程与我国中小学学科教师教育技术能力培训课程对比研究》，载《电化教育研究》，2008 (5)。

(2)评价主体多元化

在教师培训质量评价中，改变以往单纯由培训主管部门或者辅导教师评价参训教师的状况，鼓励教师本人自评和教师他评，构建辅导教师、培训主办方、教师本人和第三方机构等多元主体参与的评价体系，变评价主体单一化为多主体共同参与，力求使教师培训质量的评价更加客观，真实地反映出地理教师培训的实际效果，提高教师培训评估的效度与信度。

(3)评价指标科学化

在地理教师培训过程中，存在很多问题，如课程目标不明确、课程内容合理性有待加强、课程实施方式单一、授课教师类型和教学方式与教师意愿存在差距，等等。所以，地理教师培训质量评价指标的选取一定要科学合理，可操作性强，既要保持地理学习评价原有的鉴定与甄别功能，又要着眼发挥地理学习评价的定位与分置功能，同时还要体现地理教师培训的主旨，即改进发展功能、诊断功能、展示与激励功能、导向功能等，让参训教师全面了解本人情况，从而明确以后的努力方向。

(4)评价体系完整性

在地理教师培训过程中，要注重评价体系的完整性与连续性，要对参训教师进行长期跟踪评估，根据培训计划进展，对培训前、培训中、培训后连续进行完整的评估、监测、跟进，并从课程目标、课程内容、课程实施、课程教学、课程管理和课程保障等方面系统评估教师培训课程，并在每个时段给出评估结论，及时让参训教师知道评估结果，进而确定下一步的培训计划。

3. 教师培训质量评价的意义

(1)进一步提高地理教师教育教学质量

教育部原部长袁贵仁指出，“抓紧质量标准体系的建立与健全，抓好教育质量的监测与评估……要在完善教育质量监控体系上下功夫。科学确立质量标准，加强质量监控机构建设，完善教育质量保障体系，强化教育督导与评估，把教育资源配置和学校工作重点进一步集中到提高质量上来。”所以，教师培训质量评价有利于进一步提高教师教育教学质量。

(2)促进地理教师培训质量的提升与发展

培训需要通过评价来检验，评价结果又是改进培训工作的重要依据。地理教师培训质量评估体系按照科学性、全面性、可操作性和多元性的原则，从培训项目背景、内容设计、课程方案设计、实施效果过程性评价、总结性评价等纬度全面展开，并贯穿于教师培训的实施周期，有利于提升地理教师培训质量，这也是提高培训课程满意度的精髓。

(3)利于地理教师终身学习与全面发展

由于地理学科具有一定的特殊性，不仅具有区域地理、人口地理等人文学科的特点，还具有自然地理、地球科学等理学的特点，而通过培训课程和培训质量评估，可以更好地强化教师的学科知识更新度，促进临近学科与边缘学科的相互渗透、文科和理科之间的相互综合。特别是教师培训质量评估体系可以促进教师的终身学习和全面发展，这也是教师继续教育培训课程的主旨所在。

(二)地理教师培训工作质量指标体系

当前，中学地理教师培训的课程设置、教学内容和评价体系等缺乏长期、系统和科学规划，不仅培训方式比较单一，而且缺乏科学有效的考核评价和激励机制。更重要的是，注重理念灌输、缺乏实践性和操作性，培训后缺乏有效的跟踪指导和管理等。这些问题均制约了地理教师培训质量的提高。结合广东地理教师培训的实际情况，根据教育部和教育厅关于教师培训工作的要求，研制了中学地理教师培训工作质量评估指标体系，包括指标系统、基本要求和权重赋值三个部分。指标系统分为四个一级指标和十四个二级指标，基本要求设定了每个二级指标包含具体观测点，在观测点的选取上既考虑到了现代地理学知识体系，又考虑到了初中地理教学的相关内容，尽量从核心地理要素入手来确定观测点。在此基础上，根据每个二级指标和基本要求的重要性，设定了相应的权重比例(表 7-103)。

表 7-103　中学地理教师培训工作质量评估指标体系

一级指标	二级指标	基本要求	权重
课程管理	课程目标	1. 课程目标表述清晰性 2. 课程目标符合教育改革要求 3. 课程目标符合教师专业发展 4. 课程目标符合地理新课程理念 5. 特色(如人文地理各培训内容重点放在地理学科方法的分析运用、人地关系的学科视角、空间分布的学科特征等方面)	5%
	课程内容	1. 课程规划系统科学，具有实用性 2. 课程主题具体明确，各主题联系密切 3. 课程方案符合培训目的和相关专业标准 4. 实践性课程具体明确，紧密结合地理教学实践 5. 特色(如地球概论部分重在知识培训；地理学工具部分重在技能训练等)	10%
课程管理	课程组织	1. 课程组织科学合理 2. 课程组织符合培训目标 3. 课程组织满足教师需求 4. 课程组织方式与方法符合课程方案 5. 特色	5%
	管理人员	1. 管理人员素质高、责任心强 2. 管理人员教育理论水平高，统筹能力强 3. 管理人员能够把握现代教育教学的理念 4. 管理人员高效完成培训任务 5. 特色	2%
	管理制度	1. 课程管理制度表述的明确性 2. 课程管理制度制定的规范性 3. 课程管理制度制定的可行性 4. 课程管理制度落实的实效性 5. 特色	3%

续表

一级指标	二级指标	基本要求	权重
课程保障	师资条件	1. 师资信息明确 2. 师资结构多元化 3. 师资质量最优化，教学水平和教学艺术高 4. 师资队伍稳定性 5. 特色	15%
	基地建设	1. 实践基地数量满足培训需要 2. 实践基地培训内容与方式适应教育改革发展趋势 3. 实践基地的培训管理科学规范 4. 实践基地软件硬件条件满足培训需要 5. 特色	5%
	教学设施	1. 教学场所满足培训需要 2. 培训与受训人员交通食宿条件 3. 实验设备满足教学要求 4. 现代化教学设备满足教学要求 5. 特色	5%
	专项经费	1. 专项经费到位及时 2. 专项经费结构比例科学 3. 专项经费支配合理 4. 特色	5%
教学实施	课程实施	1. 按照课程计划实施教学，注重示范性 2. 教学方式灵活多样 3. 参训教师全过程参与性 4. 教学管理规范化 5. 特色(如侧重地理观察与调查技能、地理观测仪器操作技能、地理教具和学具的使用技能等)	15%
	课程评价	1. 教学评价方法的科学性 2. 教学评价工具的合理性 3. 对参训教师学习评价结果的使用 4. 对培训者教学与管理评价结果的使用 5. 特色(自然地理与人文地理等具有一定的侧重)	10%
培训效果	过程评价	1. 培训过程充分调动参训教师的积极性 2. 培训过程解决参训教师的实际问题 3. 培训过程注重参训教师意见建议收集处理 4. 培训管理体现人本化 5. 特色	7%
	总结评价	1. 参训教师知识技能的提高 2. 参训教师教学能力的提高 3. 参训教师对学生的影响 4. 参训教师专业化成长 5. 特色	7%
	跟踪评价	1. 参训教师科研能力提高，主持市级以上教育科研项目 2. 参训教师教育教学成果突出 3. 参训教师具有较强的信息技术与课程整合能力 4. 参训教师熟练应用现代教育技术能力 5. 参训教师促进学生综合素质发展的教学拓展能力和育人能力进一步提高	6%

在中学地理教师培训工作质量评估指标体系中，共赋值 100 分，每个指标拥有一定的权重，根据德尔菲法确定 85 分以上为优秀，60 分以上为合格。其中，“培训效果”部分中的“总结评价”和“跟踪评价”均是关于参训教师的基本要求，共 13 分，确定 10 分以上为优秀教师，7 分以上为合格教师。因为有后续跟踪评价，所以该评估指标体系相对耗时较长。

(三)地理教师培训工作质量评估办法

1. 地理教师培训工作质量评估的主体与客体

一般而言，地理教师培训工作质量评估的主体是培训项目的立项或委托单位，一般是教育主管部门，客体是培训的实施或项目执行单位，评估对象就是参训教师。评估主体在培训项目启动之前，向评估客体说明评估的目的，评估的时间阶段以及评估的内容。评估客体根据评估工作安排，组织相关人员，收集评估材料，对参训教师和培训过程做出评价，客观反映培训过程中的各项工作情况。评估主体主要是为了通过评估工作，推动评估对象更好地做好培训工作，达到培训的预期目的。

2. 地理教师培训工作质量评估的程序与流程

地理教师培训工作质量评估程序主要经历以下几个步骤。

首先，确定评估目的。根据政策文件和培训目标，明确评估目的。

其次，制订评估方案。评估方案的内容主要包括评估的目的、内容、方法、评估体系等。

再次，实施评估。收集评估信息资料，建立培训评估信息库，利用信息分析法分析评估结果。

最后，撰写评估结论或评估报告。根据评估结果，对培训项目进行总结、鉴定，提出评估改进或整改建议(图 7-10)。

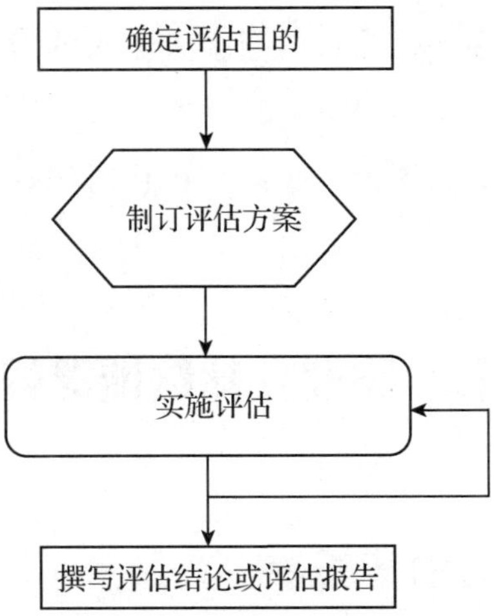

图 7-10　地理教师培训工作质量评估流程

3. 地理教师培训工作质量评估的方法

在地理教师培训工作质量评估中，应注意不同地理学习评价类型的综合运用，将多种评价方法有机结合，如定量评价与定性评价相结合、自我评价与他人评价相结合、诊断性评价与终结性评价相结合，反思性评价与激励性评价等相结合的评价模式。

(1)多元性评价

在地理教师培训质量评价工作中，要把评价渗透到地理教师培训过程的所有环节，同时坚持多元性的评价方法，除了常见的测验法、问卷法和档案袋评价等，还要注意运用观察法、质性和量性方法等进行评价，观察教师在培训过程中的课堂讨论与辩论。如以地理实验、地理观测、地理制作等为主的地理操作实践活动，以地理社会调查、地理论文写作等为主的地理课题研究活动等均需要采用多元性评价方法。

(2)层次分析法

层次分析法，主要从多个角度和层面衡量培训的效果，是目前企业培训普遍采用的评估方法，也值得教师培训借鉴。层次分析法根据参训教师的反应、学习成果、工作表现以及工作业绩来进行评估；通过对参训教师学习满意度的调查了解，可以掌握培训的针对性、培训课程设置的科学性，以及培训管理的合理性；通过参训教师培训知识技能提高的测试，可以了解培训的实效性；通过对参训教师工作表现的观察调研，可以判断培训在解决教师实际工作方面的有效性。培训评估还可以从另外一个层次分析参训教师在工作中的进展与成绩，了解培训对参训教师的专业成长带来的变化。

(3)定量评价与定性评价相结合

定量评价通常指采用数学的处理方式，对评价客体以量化形式得出结论。例如，地理教学测量就是通过采用数理统计的方法，以量化的形式表述地理教学活动评价客体的属性。定性评价根据对评价客体行为表现的观察分析，以描述性语言的方式作出的评价，可以通过平常记录或者查阅相关资料，如评定等级，批示评语等。在具体评价的过程中应该将定量与定性评价结合起来进行分析。

(4)自我评价与他人评价相结合

自我评价是课堂教学中由掌握评价信息的当事人作出的对原始信息的评价，它的失真性较低，可以较全面地搜集捕捉细微信息，但由于其由本人进行评价，因此主观性较强。他人评价通常是指评价主体与评价客体分离的评价，所以在评价时客观性较强。在具体评价过程中，应该将两者有机结合起来，发挥两者评价方式的优势。

>> 第七节　物理教师培训课程研究 <<

一、物理教师培训课程研究的背景

(一)课程与教学改革发展的新要求

2001年，教育部印发《基础教育课程改革纲要(试行)》，由此展开了新一轮的基础教育课程与教学改革。教育部接着颁布了《全日制义务教育物理课程标准(实验稿)》和修订后的《义务教育物理课程标准(2011年版)》；以及《普通高中物理课程标准(实验)》和修订后的《普通高中物理课程标准(2017年版)》(以下统称《物理课程标准》)，标志着物理课程改革和课标新教材使用进入新的历史发展阶段。这对中学物理教师的专业素质和专业发展提出了新的要求，对中学物理教师的知识结构提出了严峻的挑战。①面对新课程，物理教师尚存在教学资源、课堂环境、教学与考试等种种困惑。② 新课程倡导以学生终身发展为本，关注学生个体差异、物理要与生活和社会紧密联系、关心科技发展、教学方式转变及其多样化、发展性学生评价等理念，对教师传统的教育理念产生了较大的冲击。新课程的三维培养目标、学生发展核心素养，至今在中学物理教学中落实起来还有一定的难度。特别是科学探究作为新课程的基本内容，在实施中教师们仍然有很多缺失。③课程资源开发，课程组织管理，课程研究等仍然存在种种问题。随着课程改革的不断深入，教师需要与时俱进，加强学习培训，掌握理论知识和实践技能，提升专业化水平，适应教育发展的新需求。

(二)中学物理教师专业发展

自从20世纪80年代国际上提出了“教师专业发展”主题以来，世界各国非常重视教师的专业化问题，加强在职教师的进修和培训。④例如，在美国，教育部拨出经费补助各项进修计划，各州和地方教育部门负责制订并实施这些计划。并且规定将义务接受进修作为更新教师资格证书的必要条件。美国有特殊形式的教师专业发展学校，教师在职的中小学，即目前较为普遍存在的教师专业发展学校。在英国，较为系统的教师进修制度规定所有教师每5年有一次带薪进修的机会，期望他们在任教7年中至少有一学期带薪到师资培训机构选读长期课程的机会。日本教育部门规定：教师必须不断地参加在职培训，教育管理者必须为在职教师提供这种机会，并督促教师参加。为此，各级部门都制订并组织了多种培训计划。

我国明确提出教师专业发展问题并予以关注是在较近期的事，时间尚短。但种种迹象表明，教师专业发展正愈益成为我国教育理论工作者、教育政策制定者、教育决策者和广大教师所关注的焦点。⑤物理教师专业发展，是指中学物理教师通过各种物理教育专业训练，获得从事中学物理教学所必需的物理教育专业的物理知识、物理教学技能，不断提高物理教育素养，逐渐达到专业成熟的过程。⑥国内的物理教育研究者越来越关注中学物理教师的专业发展问题，并提出加强学习与培训是提升中学物理教师的专业成长的基本途径。⑦⑧⑨⑩ 因此，物理教师培训

---

① 张玲霞：《面向新课程的高中物理教师知识结构及发展问题研究》，硕士学位论文，湖南师范大学，2009。

② 严立云：《面对新课程改革高中物理教师的困惑和出路》，载《现代企业教育》，2008(6)。

③ 何静、王晶莹：《中学物理教师对科学探究和科学本质的迷失性认识》，载《物理教师》，2011(10)。

④ 周南照、赵丽、任友群：《教师教育改革与教师专业发展：国际视野与本土实践》，80～132页，上海，华东师范大学出版社，2007。

⑤ 叶澜等：《教师角色与教师发展新探》，207页，北京，教育科学出版社，2001。

⑥ 刘光兵：《中学物理教师专业发展研究》，硕士学位论文，苏州大学，2007。

⑦ 赵锦荣、逯有为：《谈新课改下物理教师的专业成长》，载《现代教育科学》，2008(2)。

⑧ 刘婷婷、孙海滨：《我国物理教师专业发展研究述评》，载《教学研究》，2010(3)。

⑨ 谢茹、祝恒江：《面向新课程的物理教师专业化初探》，载《新疆师范大学学报》(自然科学版)，2007(3)。

⑩ 孙海滨、刘婷婷：《高中物理教师专业化发展策略探析》，载《教育与教学研究》，2010(8)。

课程与培训质量研究适应了物理教师专业发展的需求。

（三）中学物理教师培训工作现状

中小学师资队伍建设，特别是教师专业化水平的提高，越来越受到各级政府和教育主管部门的重视。在《国务院关于加强教师队伍建设的意见》中明确强调大力提高教师专业化水平，完善教师专业发展标准体系。并指出“建立教师学习培训制度，实行五年一周期不少于360学时的教师全员培训制度”。可见，在职教师的学习培训成为教师专业发展的重要内容。自2010年以来，教育部与财政部联合实施了“中小学教师国家级培训计划”（简称“国培计划”），每年安排专项资金5亿元用于“中西部农村骨干教师培训项目”以及5 000万元用于“中小学教师示范性培训项目”。全国各省区近年来已广泛开展各种形式的中小学教师培训工作。就广东省来说，2011年教育厅发布了《广东省教育厅关于大力加强“十二五”中小学教师培训工作的意见》，这份文件第二部分明确要求，广东省“十二五”期间“保证每一位教师每五年接受不少于360学时的培训（每年不少于72学时）”。在教师学习培训制度指导下，培训课程建设也成为教师培训工作的核心，《教育部关于大力推进教师教育课程改革的意见》提出了“在职教师教育课程设置框架建议”。

物理学科教师培训的规模也越来越大。以广东省为例，2007年以来，组织培训了高中物理实验教师，参与职务培训和提高培训的教师达到1 000余人次。2009年以来，广东省开展了基于远程网络的高中教师职务培训，仅2012年参加培训的高中物理教师人数就达到了3 000人以上。从2010年以来，广东省还举办了“三位一体”骨干教师培训，每年选拔100名左右中学物理骨干教师参加培训。除此之外，还有物理教师参加广东省“百千万人才培养工程”名师培养项目等。在广东省的一些地市，物理骨干教师培训也在陆续开展。例如，东莞市在2008年和2010年与广东第二师范学院物理系合作举办了两期初中物理骨干教师培训班，共培养全市初中物理教师近100人。2011年以来，各地农村中学的物理教师还通过置换培训的形式参与了教师培训。

随着全国各地物理教师培训形势的蓬勃发展，培训课程的深入开发和培训质量体系的建立已越来越迫切。

二、相关研究的现状与趋势

（一）中学物理教师培训研究文献分析

在国内，中学物理教师培训的研究成果比较丰富，主要集中在以下几个方面。

1. 培训需求研究

孙雪梅分析了长春市初中物理骨干教师的培训需求。通过问卷调查归纳了初中物理骨干教师的培训需求集中在几个方面：在新课程实施中遇到的困惑或问题是目前最需要培训的内容，还有培训方式、考核方法和培训者。① 肖幼华也通过问卷调查，归纳了长春市高中物理骨干教

① 孙雪梅、肖幼华：《长春市初中物理骨干教师培训需求调查报告》，载《长春教育学院学报》，2011(11)。

师的培训需求：培训具体内容、培训方式和培训者。[①]郑州云研究了广州市高中物理教师继续教育需求，从教师继续教育学习的动机、内容、方法、途径、条件、管理风格和手段等方面调查了高中物理教师的培训需求。[②]

2. 培训现状研究

宋静通过调研高中物理新课程教师培训方案中的培训目标、课程设置、培训方式等，收集了教师对于培训目标、课程体系、培训方式的反馈结果。[③]

3. 培训模式研究

戴金平总结了上海闵行区青年物理教师培训模式：分段—集中的研讨模式、对照—反馈的展示模式、系列—评议的专家引领模式。[④]强利军探讨了农村中学物理教师校本培训模式：以赛促训法、校际交流法、师徒结对法、课题带动法和自学提高法。[⑤]

4. 培训内容研究

张芳通过调查提出了针对跨专业教初中物理的教师的培训课程：物理学科知识、物理教学研究和教学实践研究课程。[⑥]孙雪梅、肖幼华等人也提出了物理教师培训的内容设计。

(二)中学物理教师培训工作趋势研究

根据目前的研究现状，以上的物理教师培训研究还存在两个方面的问题。一是培训课程研究不够系统化，培训内容缺少动态性，未能体现教师专业发展的阶段性。二是培训质量研究比较缺乏，培训工作的评估目标不够明确，评估方法不够系统，评估内容缺少针对性，评估方案、评估体系不够具体，可操作性不强。鉴于目前的研究背景，本书认为，以下两个方面的研究将是物理教师培训研究的发展趋势。第一，物理教师培训课程方案。建立促进物理教师专业发展的课程体系，明确课程性质、理念、基于各个专业发展阶段的课程主题、模块、专题等内容。第二，物理教师培训工作质量评估方案。提出物理教师培训工作的评估方法、评估内容，制定有关培训工作的质量评估指标体系等。

三、中学物理教师培训课程方案

(一)课程性质

中学物理教师培训课程服务于中学在职物理教师，着眼于物理教师的专业发展。作为教师教育课程的内容之一，培训课程一方面是对职前教育的深化理解和应用，另一方面又是在实践

① 肖幼华、孙雪梅：《长春市高中物理骨干教师培训需求调查报告》，载《长春教育学院学报》，2011(10)。

② 郑州云：《广州市高中物理教师继续教育学习需求与有效培训策略研究》，硕士学位论文，广州大学，2011。

③ 宋静：《高中物理新课程教师培训现状的调查研究》，硕士学位论文，西南大学，2006。

④ 戴金平：《上海闵行区青年物理教师有效培训模式》，载《物理通报》，2010(1)。

⑤ 强利军：《农村中学物理教师校本培训模式探究》，载《硅谷》，2008(7)。

⑥ 张芳：《初中物理“教非所学”教师培训的课程设置》，载《北京教育学院学报(自然科学版)》，2009(4)。

中对物理基础教育的不断创新和提高。中学教师通过培训课程的学习既要丰富教育基本理论知识和物理科技发展新知识，又要提高教学技能和各项基本能力，同时，还要不断提高教师职业道德修养，成为新时期物理基础教育改革的中坚力量。

（二）课程基本理念

1. 促进教师专业发展

中学物理教师的专业成长是一个动态发展、不断提高的过程。培训课程要有助于推动新教师逐步经过成熟阶段达到教学骨干乃至成为物理教育的名师。培训课程应根据教师在每个发展阶段的特点和需求，设置物理教师专业提升急需的培训内容，强调培训的实用性和课程设置的阶段性、连续性、针对性。

2. 促进教学反思

教学反思作为教师对自己的教学活动进行反省、思考、探索、解决问题的重要过程，是教师创新教学方式的动力，也是教师专业提高的重要途径。培训课程采用示范讲解、案例分析点评、同课异构、观课评课等方式，促进教师进行教学反思，取长补短，养成终身学习的习惯。

3. 满足教育改革需求

培训课程应适应基础教育改革现状，根据中学物理教师实施课程改革需求，体现时代性。培训课程应及时提供最新物理教育发展动态以及科技发展动态，及时吸纳物理教育最新成果，促进教师更新知识，学习现代教育技能，紧跟时代发展，力求解决教师在教育改革过程中遇到的问题，满足教育改革需求。

4. 研讨教育实践案例

实践取向。培训课程应立足于教育实践，注重引导教师案例学习，实践学习，实践教学，在实践中发现问题、提出问题、解决问题，通过实践提升专业水平，强调培训过程的实践性。

（三）课程目标

通过中学物理教师培训课程的学习，物理教师主要在以下四个方面获得专业发展。

1. 专业理念

物理教育理念。通过培训课程的学习，教师要领会物理教育以人为本、关注学生个体差异的理念，领会物理课程贴近生活、体现时代性基础性的理念，领会物理课程实施方式多样化理念。

科研兴教。通过培训学习，教师要树立教育科研促进教育发展的基本理念，正确认识教育科研在教师发展中重要作用，养成自觉反思教育问题，积极参与教育科研的习惯。

职业道德伦理。通过培训课程的学习，教师要领会职业道德规范的基本内容，逐步形成热爱物理教育事业，愿意为教育事业奉献的敬业精神，具有关心爱护学生以人为本的人文精神，具有实事求是的科学精神，具有良好的个人修养和崇高的道德品格。教师要具有积极健康的职业心理，能够应对职业压力；具有良好的人际关系，与学生、学生家长，以及同事和谐相处。

2. 专业知识

通过培训课程的学习，教师要及时关注物理学科技发展前沿，了解最新科技动态在物理教学内容中的地位；及时了解物理教育理论的最新发展，熟悉现代化教学方式；深入学习教育基本理论，理解儿童及青少年教育发展规律，了解学生的学习心理特点；掌握物理教育科研方法，了解观察教育现象、形成教育研究课题的途径，知道研究物理教育规律的实施过程和成果提升。

3. 专业能力

通过培训课程学习，教师要提高物理教育改革能力，能够根据教育形势发展，自觉运用现代教育理论和现代教学方式进行物理教育改革探索；提高物理课程管理、执行、建设能力，丰富物理课程内容，有效实施物理新课程；提高物理教育研究能力，具备主持科研课题的能力、形成高水平研究成果的能力，具有广泛合作能力；注重自我提升能力的培养，学会反思教学，总结提升，能够规划专业发展。

4. 教育技术

通过培训课程的学习，教师要熟练掌握物理课堂教学的实施、组织、管理、创新技能；熟练运用信息技术搜集教育信息，丰富课程资源；熟练掌握课堂教学媒体应用技术；熟练掌握物理演示实验、学生实验的操作技能、创新开发技能；掌握物理课程资源的开发技能；掌握对学生进行发展性评价的技能以及利用信息技术平台进行学生评价管理的技能。

(四)课程内容

1. 新教师培训课程内容

本阶段的培训内容是为新教师设计的，主要为了满足新教师技能形成和专业发展的需求，培训课程应让新教师通过实践操作、专家指导、校本教研等形式，逐步掌握课堂教学和课堂管理的基本技能，培养教学设计、反思等基本能力，形成对教育事业的认同感(表 7-104)。

表 7-104　新教师培训课程内容

一级主题	二级主题
物理教育	1. 物理新课程 2. 物理教材
学习科学	1. 物理学习理论 2. 学习指导
教学实践	1. 教学表达 2. 课堂组织 3. 实验操作 4. 教学评价
教学研究	1. 教学设计 2. 学生表现分析 3. 教学反思
职业素养	1. 职业规划 2. 职业道德伦理

(1)物理教育内容要求

本主题所涉及的内容针对新教师对于物理新课程的标准理解不够深刻的问题，以及对物理教材的使用缺乏经验的实际情况，旨在帮助新教师加深对此类相关知识的理解。

①物理新课程。

理解物理课程标准。教师能领会物理新课程基本理念，掌握物理新课程目标，即知识与技能目标、过程与方法目标、情感态度价值观目标；能结合具体教学内容设计教学目标。

教师能了解物理新课程下的教学观，认识教学过程中教师与学生、教学内容之间的辩证关系；了解新课程下的学生观，认识学生发展的意义；了解物理教师在新课程中的角色定位，知道如何建立新型师生关系；认识发展性评价的意义，了解教学评价的形式、工具、方式，以及策略等。

例 1：新课程下物理教师的角色发生哪些转变。

②物理教材。

理解物理教材的编写和设计意图，了解不同版本物理教材的特点。学会分析教材的知识结构，能够灵活处理教材内容。

能够区分教材中物理现象、物理概念、物理原理的呈现方式及其教学策略，能够恰当处理教材中的习题。

学会把握教材内容的重点。正确把握教材重点内容的科学性。学会分析教材中相关资源的运用策略。了解教材分析和研究的基本思路和方法。

例 2：“动量守恒定律”教材分析。

建议：通过岗前培训、远程网络培训等形式，参与专家讲座与交流，深入理解物理新课程基本理论，深化对物理新教材的基本认识。

(2)学习科学内容要求

本主题的内容以提高新教师对中学生物理学习规律的认识为目的。将一般学习理论与物理教学案例相结合，帮助教师正确把握物理学习指导策略。

①物理学习理论。

了解学习的一般理论，理解认知学习及建构主义理论，了解物理学习的含义及行为特征。认识物理学习的内容及其分类、特征。

理解物理学习过程的特点，物理认知的结构，认知学习的模式，物理认知的基本规律，即认识过程的第一次飞跃与第二次飞跃。物理认知过程的基本方法。

了解物理学习的基本能力要求，即分析和解决问题能力、信息收集能力、质疑能力、自主学习能力、创新能力等。了解物理学习的智力因素，即观察、记忆、想象、思维等。了解物理学习的兴趣与动机特点，知道激发学生物理学习兴趣的方法，掌握提高学生物理学习动机水平的方法。

②学习指导。

了解学生自主学习的内容、特点，及其对学生成长的意义。了解指导学生养成自主学习习惯的重要性和方法。结合物理教学案例，知道培养自主学习能力的方法。

了解合作学习的基本理论观点、内涵和意义，了解中学生合作学习的分类及其特点，重点掌握小组合作学习在物理课堂教学中的运用方式，结合物理教学案例，知道培养学生小组合作学习能力的方法。

例1：物理自主学习与合作学习的关系。

知道新课程下科学探究教学方式的基本要素及其意义，知道科学探究要素的实施要求和原则。了解探究教学方式与其他教学方式的关系，了解探究教学实施中存在的问题，以及提高探究教学有效性的措施。

例2：物理科学探究学习的指导方法。

建议：通过岗前培训、远程网络培训等形式，参与专家讲座与交流，深入理解物理学习基本理论，深化对物理学习方式的基本认识。

(3)教学实践内容要求

本主题的内容以强化新教师的实践技能为目的，通过校本培训，以微格录像与点评等形式，针对性地提高新教师在教学表达、组织管理、实验操作以及评价操作等方面的技能。

①教学表达。

通过校本培训、微格录像等形式，掌握教师语言的表达要求，学会使用科学、规范、简洁、易懂的教学语言，熟练掌握语速、语气、语调的变化和节奏。讲述具有启发性，形象化。讲解的时机和内容能够与其他教学手段相得益彰。

例1：录制一段教学视频，由骨干教师对视频内容进行教学语言分析点评和指导，将整个活动的录像与点评制作成视频作为新教师校本培训活动内容。

通过校本培训、微格录像等形式，熟练掌握动作表达。能够自如运用恰当的肢体动作吸引学生注意，能够根据讲课内容和学生反应，调节手势、表情、目光等，能够根据师生互动和指导学习的需要，恰当处理教师在教室中的位置和走动。

通过校本培训、微格录像等形式，熟练掌握板书板画表达。物理公式、定义等内容的板书科学准确，布局合理，结构层次符合教学内容逻辑要求，简洁美观。学会利用图表、示意图表达物理情境，板画简洁美观，突出主要因素，具有形象性、直观性。

例2：录制一段教学视频，由骨干教师对视频内容进行板书板画分析点评和指导，将整个活动的录像与点评制作成视频作为新教师校本培训活动内容。

②课堂组织。

通过讲座，系统掌握物理课堂组织教学的基本环节，把握课堂教学的引入、展开、结束各个环节的要求及技巧，能在课堂教学中把握课堂节奏，各环节过渡自然、衔接紧密，课堂组织有整体感和层次感。

通过讲座，了解课堂教学组织的基本形式，如问题式、交流式、实验式、情景式等。结合教学案例，认识每一类组织形式的特点和要求。学会利用多种组织形式开展课堂教学。

通过教学实践，掌握课堂常规管理、环境管理、秩序管理以及自我情绪状态管理等常见方式。理解课堂组织管理技巧与管理艺术。

③实验操作。

通过讲座，了解常见的演示实验、学生实验的实验方法与操作要求，了解演示实验的创新与改进，了解学生实验的操作难点、实验过程的组织与控制、实验数据的记录与处理等。了解物理实验在培养学习兴趣、提高学生学习能力方面的作用。

通过教学实践，学会在实验教学中配合讲解以及其他教学方式和手段，能够做到实验方法科学、方案合理、过程流畅。体现实验是认识物理现象，探究物理规律的基本手段。

例1：根据教学需要，进行演示实验器材创新制作，应用于课堂教学，并制作成视频资料作为新教师校本培训活动内容。

例2：开展“探究欧姆定律”实验教学，由骨干教师进行分析点评，整个过程制作成视频作为新教师校本培训内容。

④教学评价。

学会制订评价方案，能够根据学生实际情况和物理教学目标，科学合理地制订学生评价体系，制订评价标准，分解评价指标，选择评价方式。

例1：制订一份班级物理学习评价方案，作为新教师校本培训活动内容。

能够根据评价需要，学会设计制作评价工具，能够利用档案袋评价，设计简单易操作的评价表格。

例2：制作一份课堂探究实验的学生评价表，作为新教师校本培训活动内容。

通过教学实践，掌握对学生学习过程进行评价的方法，能够根据学生行为表现、完成学习任务情况、课堂学习效果等，给予恰当的评价，促进学生学习。

例3：将课堂教学评价录像以及骨干教师点评，制作成视频资料作为新教师校本培训活动内容。

建议：通过远程网络培训讲座等形式，学习常用教学技能提高的策略，并在实践中加以运用，将实践情况进行录像，在校本培训中通过骨干教师对录像点评提高新教师技能。

(4)教学研究内容要求

本主题的内容主要针对新教师教学研究能力的培养，通过培训，培养新教师对教学设计进行分析与优化的能力，培养新教师对学生行为表现和学习表现进行分析的基本能力，培养教学反思能力，养成教学反思的习惯。

①教学设计。

通过讲座，领会物理教学设计的一般要领。学会根据实际情况，分析教学目标以及达成目标的措施，能够设计有效的教学方法，选择合适的教学手段和灵活多样的教学方式。

通过案例分析以及同课异构，掌握教学设计的优化策略。学会依据学生的心理特点和学习规律，对教学过程的具体细节进行优化。

通过案例，了解如何通过说课的形式，对某节物理教学内容的教学设计过程进行介绍，体现教学设计的基本思想和理论依据。

例1：“探究欧姆定律”教学设计案例分析。

例2：“探究欧姆定律”说课案例分析。

②学生表现分析。

学会分析学生课堂行为表现。通过学生学习行为观察案例，了解如何采用行为分析法观察学生课堂行为。学会分析影响学生课堂行为的基本因素。学会观察学生课堂问题行为，并学会分析问题行为产生的原因和解决的措施。

学会分析学生学习表现。能够根据学生课堂知识掌握情况以及课后练习情况，分析学生的学习效果。能够根据学生学习中存在的问题，分析导致问题存在的原因，分析解决的措施。

③教学反思。

学会如何进行教学反思。通过讲座，了解如何根据授课情况，反思教学设计是否合理、需要改进的地方，反思教师的教学状态、学生的适应情况，反思教学方式方法的合理性、教学技能技巧的有效性，反思课堂上意外情况如何处理。

养成经常进行教学反思的习惯。通过物理教学反思案例，掌握撰写教学反思的基本步骤方法。通过任务驱动，完成一些典型课例的教学反思，提高撰写教学反思的能力，并促进教学反思习惯的养成。

建议：通过远程网络培训讲座等形式，采用案例学习结合任务驱动的方式，提高新教师教学研究的基本素养。

(5)职业素养内容要求

本主题的内容主要针对新教师的职业发展需求，侧重职业规划的培训。通过培训，新教师能进行职业定位、职业发展规划，也能通过案例熏陶，奠定长期从事教育事业的良好职业道德和伦理关系。

①职业规划。

学会制订新教师个人职业发展目标。通过案例讲座，了解如何分析教师的远期发展目标、中期发展目标和近期发展目标。了解每一个阶段目标需要具备的基本条件，达到每一个阶段目标所要努力的基本途径。提高教师职业发展的积极主动性。

通过培训，能根据个人情况和职业环境，学会制订新教师阶段3到5年内的详细可行的职业发展方案，包括个人优点与缺点剖析，学习培训的课程内容、数量及质量要求，教学技能与教学能力提高的主要方向和行动计划。

②职业道德伦理。

这是教师职业道德的基本内容。通过讲座，领会教师职业特殊的道德要求，知道教师职业道德规范的基本内容，领会和践行教师职业道德规范。

领会教师职业道德的意义、作用。通过案例，了解在实际工作中与教师职业道德存在矛盾和冲突的问题，掌握解决职业道德冲突的方法。

学会处理教师职业伦理中的几个关系：人际关系，教学与科研、行政管理关系，教育合作与竞争的关系等。建立新型师生关系、和谐同事关系等。

建议：通过案例讲座，学习教师职业道德规范，受到先进模范教师职业形象的熏陶，思考社会形势对教师职业道德伦理的考验，坚定从业信念。

2. 成熟教师培训课程内容

本阶段的培训内容是为物理成熟教师设计的。成熟教师对基础教育的理解基本成熟，教育技能基本熟练，但是，专业能力需要进一步提升，教学综合技能、创新技能需要提高。培训课程应着眼于提升物理教师课堂教学方式的创新改革能力、教学问题的搜集研究能力，提高物理教师基本教学手段的综合运用技能、创新技能，提升物理教师的职业精神(表 7-105)。

表 7-105　成熟教师培训课程内容

一级主题	二级主题
物理教育	1. 教材难点 2. 物理思维
学习科学	1. 教育心理 2. 学习方法
教学实践	1. 有效教学 2. 专题复习 3. 现代教育技术 4. 实验创新 5. 综合评价
教学研究	1. 案例研究 2. 论文撰写 3. 教育研究方法
职业素养	1. 物理科学精神 2. 教师职业心理

(1)物理教育内容要求

本主题的内容旨在培养成熟教师对物理教材疑难问题的把握，提高对物理思维的认识，提高培养学生物理思维能力的教学技能。

①教材难点。

准确把握教材中的难点内容。通过讲座、研讨、案例分析，掌握分析教材难点的科学方法。根据教材本身的知识呈现和课程标准要求，针对抽象程度高、综合性强的知识，分析难点内容。学会根据学生的经验、知识储备和能力特点预判教材的难点内容。学会根据学生的成长变化，调整对难点问题的认识。

正确处理教材中的难点内容。通过案例分析，根据难点内容的具体情况，学会采用恰当的教学手段和教学方法，正确处理难点问题，帮助学生化解疑难问题。

例：位移的矢量性及其教学策略。

②物理思维。

物理思维理论。通过讲座等形式，了解物理思维理论的基本内容。认识物理思维灵活、批判、创新、敏锐、精确等主要品质，提出问题、猜想假设、实验观察、分析论证、建立规律的一般思维过程；区别抽象思维、形象思维等物理思维的基本形式；掌握类比、等效、模型等基本思维方法。

物理思维能力培养。通过案例分析，了解如何培养学生的物理思维品质和思维能力。

建议：通过远程网络培训等形式，开展关于中学物理教材难点分析和学生思维理论的讲座，结合案例，培养成熟教师根据学生思维特点处理教材的能力以及培养学生物理思维品质的能力。

(2)学习科学内容要求

本主题的内容侧重于对学生学习心理的了解，了解学生学习的心理过程和差异，智力因素和非智力因素的特点，侧重对学生学习方法的了解，一般的听课、复习、解决问题方法以及特殊的推理、观察方法等。

①教育心理。

了解当代学习心理知识。结合物理学科特点，了解儿童学习的性质、知识和技能学习的过程、知识和技能的学习迁移，结合案例，了解学习动机的变化规律，了解物理学习兴趣、情感、意志等非智力因素的特点。

了解差异心理知识。了解儿童在物理学习中的智力和人格等方面的差异，结合案例，了解如何因材施教，解决儿童物理学习的差异问题。

②学习方法。

通过案例分析，了解中学生物理学习的常用方法，包括听课的方法、复习的方法、解决问题的方法、自学的方法等。

通过案例分析，了解中学生物理学习的特殊方法，包括思维的方法、推理的方法、观察的方法、记忆的方法、理解的方法、创新的方法等。

建议：通过讲座，成熟教师熟悉学生的学习心理和特殊学习方法，通过实际案例，学会因材施教，学会培养学生的学习方法。

(3)教学实践内容要求

本主题的内容要求成熟教师掌握有效教学理论并运用于教学设计中，学会设计专题复习，尤其是中考、高考的专题复习，能熟练运用现代教育技术和创新实验，改进现代教学手段。能够对学生的综合素质及核心素养进行发展性评价。

①有效教学。

有效教学的基本理论。通过讲座等形式，掌握有效教学的基本含义，有效教学的国内外发展现状，有效教学的理念、模式、策略等，有效教学与其他教学方式的整合。

物理有效教学设计。通过案例介绍，了解物理有效教学设计的基本要求，会从有效性的角度设计物理概念、规律、实验、复习、习题课堂教学等。把握有效教学设计的注意事项，区分有效教学设计与无效教学设计。

物理有效教学评价。通过案例介绍和校本实践，掌握教学设计与实施的有效评价技能，优化效评价体系和评价策略促进新课程教学的实施。

②专题复习。

通过讲座，了解如何分析物理专题复习的目标、专题复习的原则，如何构建专题复习的内容，如何选择复习的方法和策略。了解物理专题复习常用的基本模式。

通过案例介绍和校本实践，针对物理期中、期末或毕业考试不同阶段，学会进行物理常见专题知识的复习设计。

例 1：中考物理的“电路”专题复习。

例 2：高考“滑块与滑板”专题复习。

③现代教育技术。

通过计算机专题培训，掌握现代教育技术常用课件制作技术，会使用 PowerPoint、Flash、几何画板等工具进行课件制作。

掌握现代信息技术与物理课程整合的能力，学会根据物理教学发展需要，优化现代教育技术与其他教学手段的关系。

掌握现代教育技术运用技能，在物理教学实践中，熟练运用不同的媒体资源开展教学，制作微课程视频，提高教学的有效性。

④实验创新。

实验改进能力。学会根据实验条件和学生实际，对实验或演示的方案进行调整，对实验或演示器材进行改进，变通新的实验或演示，提高实验或演示的安全性、可靠性、直观性和可行性。

实验自制技能。在教学实践中，学会根据实际需要，自行制作演示器材，取材方便，原理科学，制作简易，演示直观。

整合数字化实验。掌握利用传感器、数据采集器、数据分析软件进行物理实验的技能。对于常规实验或演示无法完成的现象，利用数字化实验进行数据采集和图像分析。

⑤综合评价。

发展性评价体系。学会建立学生发展性评价体系，通过调查问卷等，了解学生的学习兴趣、学习动机、学习效能等素养，了解学生发展中的心理需求，帮助学生认识自我，建立自信，形成良好的学习状态。

学业成绩评价体系。学会建立学生成绩评价体系，通过书面考试、实验操作技能考核、课外活动作业等方式，合理评价学生的知识掌握程度与能力发展水平。

教师评价体系。学会建立教师教学质量评价体系，能够根据学生的学业发展和教师的教学技能和能力，对教师进行全面系统的评价。

例 1：高中生物理学习综合素质评价表。

例 2：初中物理教师教学质量评价表。

建议：通过专题讲座和案例，成熟教师掌握有效教学设计理论、专题复习策略、教育技术和实验创新理论、综合素质评价理论，以任务驱动，在实践中参与教学设计、教学手段创新、评价方案设计等。

(4)教学研究内容要求

本主题的内容侧重成熟教师进行教学案例分析研究，了解教育论文撰写的基本知识，掌握从事物理教育研究的基本方法。

①案例研究。

案例选取。通过校本培训等方式，根据教师专业发展需要，学会对于重要的概念课、规律课、实验课、复习课、专题研究课等，合理选取研究案例。

案例分析。根据研究的需要，有目的地对教学案例的设计理念、难点处理、教学手段运用、实施效果等进行优劣分析，掌握案例分析的内容、要求和技巧。

例1：高中物理“电动势”教学案例分析。

例2：高中物理“电磁感应”教学案例分析。

②论文撰写。

通过讲座和案例，掌握物理教学论文撰写的基本思路和格式要求，包括选题、摘要、引言的表述以及论文的观点阐述、结论提炼以及参考文献的使用等。

通过专题培训，物理教师在教学实践中参与教学论文的撰写、修改、定稿、答辩等过程，培养论文撰写的基本能力。

③教育研究方法。

通过讲座等形式，了解教育研究的常用方法，包括观察、访谈、问卷等调查研究法，了解实验研究法、文献研究法、比较研究法等教育研究方法。

结合物理教育学科具体内容，在教学实践中，选择恰当的研究方法，开展教育调查、教育实验等研究活动。

例1：设计学生问卷调查表。

例2：设计课堂学习观察记录表。

建议：利用校本培训采用专家指导等形式，帮助成熟教师选取教学案例和教学问题，采用科学的研究方法进行教学研究，撰写研究论文。

(5)职业素养内容要求

本主题的内容要求成熟教师充分感受物理科学精神，提高精神境界，并以此提高学生的物理学习精神。要求成熟教师了解自身工作特点和心理压力，学会调节职业心理状态。

①物理科学精神。

领会物理科学精神的内涵，受到物理学家刻苦钻研、精益求精、坚韧不拔等科学精神熏陶，提高从事物理科学研究与教育的精神境界。

结合中学物理教育内容，充分发掘物理科学精神的教育价值，开发物理科学精神教育的相关的素材资源。

例：焦耳的科学精神与热功当量。

②教师职业心理。

通过讲座等形式，了解教师工作及心理的特点，教师心理压力的产生、调适，教师心理压力的影响因素对教师职业的影响，青年教师如何预防职业倦怠心理和不健康心理等。

通过案例培训，学会根据教师自身实际工作情境，不断调整自己的职业心理，保持健康的教师心理，正确处理职业关系。

例：如何预防教师职业倦怠心理。

建议：结合远程网络培训，通过讲座、案例分析等形式，提升成熟教师的职业精神和职业心理素质。

3. 骨干教师培训课程内容

本阶段的培训内容是为物理骨干教师设计的。骨干教师经过成熟阶段的发展，在教育理论与实践等方面需要向纵深方面发展。培训课程应重点关注物理骨干教师的教育理念提升及教育最新知识进展，包括物理新科技发展、国内外物理教育进展、青少年研究进展等。培训课程应注重骨干教师在教学引领、实践活动、课程建设等方面深层次实践能力提升。培训课程还应注重骨干教师在教育课题研究与引领方面能力的提高(表 7-106)。

表 7-106　骨干教师培训课程内容

一级主题	二级主题
物理教育	1. 物理科技发展 2. 物理教育发展
学习科学	1. 儿童心理学 2. 学习论
教学实践	1. 示范教学 2. 综合实践 3. 命题技术 4. 课程资源
教学研究	1. 经验总结 2. 课题申报 3. 课题实施 4. 教研规划
职业素养	教育理念

(1)物理教育内容要求

本主题的内容旨在更新骨干教师的物理科技知识，侧重高新科技与物理教学的联系。更新骨干教师对国内外现代教育发展的认识，强化骨干教师对现代教育进展的领会运用能力。

①物理科技发展。

通过讲座，了解与中学物理教学内容联系密切的高科技发展，包括新材料科技、航天科技、计算机技术、能源科技等。

通过校本活动，搜集有关物理科技发展的各类资料，开发科技教育课程资源以及物理教学辅助读物。

例 1：光线通信技术讲座。

例 2：纳米材料简介。

②物理教育发展。

了解国内外物理教育发展趋势，掌握中国学生发展核心素养的内容，掌握现代教学手段，领会现代教学方法，掌握现代学习方式、现代学习指导方式，了解物理发展性教学评价。

通过校本实践，熟练运用物理现代教育方式，提高现代教育手段创新运用技能。

例：物理课堂核心素养教育实践。

建议：通过骨干教师培训，专题培训等方式，加强骨干教师物理现代科技知识、物理教育发展趋势的知识素养。通过校本实践提高骨干教师开发物理科技资源能力和运用现代教育理论的能力。

(2)学习科学内容要求

本主题的内容侧重于对儿童和青少年心理的了解。强调骨干教师对学习理论的掌握。

①儿童心理学。

儿童心理。了解儿童心理发展的本质和原因、结构、因素，理解儿童心理发展的阶段性及其各个阶段的心理特征。

青少年心理。了解青少年的心理特征、生理特征；了解青少年的认知特征、情绪特征；了解青少年的人格、品德、人际交往等。

例：物理学习中的学生心理特征分析。

②学习论。

了解早期机械学习理论，刺激—反应理论、操作学习理论，把握这些理论在现代教育中的利与弊。

理解现代认知学习理论，建构主义理论、认知结构理论、认知同化理论、信息加工理论、掌握学习理论、人本主义理论，注意区分每个理论的优点与不足，在教育过程中自觉运用学习理论。

例：物理学习中的认知建构。

建议：通过骨干教师培训、专题讲座，掌握现代学习理论的主要内容，提升教师专业能力，通过校本实践，加强学习理论与物理教育的结合。

(3)教学实践内容要求

本主题的内容侧重于骨干教师在教学实践中示范作用的发挥，强化骨干教师综合实践指导能力，提高骨干教师在物理考试中试题命制技术，侧重提高骨干教师在课程资源建设中的领导力。

①示范教学。

骨干教师参加物理示范教学，有目的地针对各种研究型课堂开展公开示范课，同课异构，扩大骨干教师示范教学的范围和影响力。

采用骨干教师培训、案例教学、观摩点评等方式，专家对骨干教师的示范教学进行点评，组织交流，提高骨干教师的示范能力。

例1：电动势教学示范与点评。

例2：凸透镜成像示范教学与点评。

②综合实践。

通过案例培训、专题讲座，提升骨干教师指导综合实践活动的理念，提高指导技能，创新指导方式和指导特色，引领综合实践活动。

通过校本实践，骨干教师开展综合实践活动的指导工作，总结指导成果，通过骨干教师培训总结的形式，展示交流骨干教师的综合实践活动指导工作。

③命题技术。

通过讲座，领会物理试题命制理念，掌握试题命制要求，理解试题命制的难度、区分度，掌握命题双项细目表的运用。

通过校本实践，练习命制各类测验考试的物理试题，分析命题理念和试题特色。

通过骨干教师培训总结的形式，展示交流骨干教师命制的试题，通过专家分析点评，使试题更加符合考试要求。

例 1：中考物理模拟训练题。

例 2：高考物理模拟训练题。

④课程资源。

理解课程资源建设的功能、意义和重要性，结合资源开发案例，掌握实验资源、信息技术资源、文本资源等课程资源开发的特点和技术要求。

通过校本实践，开发物理课程资源，丰富学校的教学资源。通过骨干教师培训总结的形式，展示交流骨干开发的课程资源，结合专家分析点评，提高课程资源建设的能力。

例：信息技术与物理教学整合实例分析。

建议：通过讲座和案例分析，提升骨干教师的专业理论水平，以实践任务驱动，促进骨干教师的综合实践技能提高，并加强骨干教师实践成果的交流与总结。

(4)教学研究内容要求

本主题的内容注重骨干教师优秀教学经验的提炼，侧重骨干教师参与物理教育课题研究的能力培养，包括课题的申报、实施，注重骨干教师在校本科研中的能力培养。

①经验总结。

了解物理教育经验的来源、特征，教育经验总结的类型、要素、步骤。通过案例了解物理教育经验总结撰写的结构、思路。

通过教学实践，撰写物理教育经验总结，交流总结成果，结合专家分析，升华优秀教育经验。

例：综合实践活动课指导经验总结。

②课题申报。

通过专题讲座，骨干教师掌握教育研究课题申报的基本要素，理解选题的基本要求，研究背景、主要问题、研究价值、研究方法、研究步骤的分析论证等。

结合物理教育实践研究需要，撰写物理教育研究课题申报书，经过专家指导，修改完善，提高课题申报书撰写的实践能力。

例：基于问题的物理学习方法研究。

③课题实施。

掌握课题实施方案的设计，掌握课题实施步骤、实施方法的具体运用，掌握课题成果的总结撰写思路。

结合教学实践，参与某子课题的研究，进行文献分析、调查研究、教育实验等。

撰写课题研究报告，结合专家指导，提高教育课题研究的实施能力。

④教研规划。

了解物理校本教研活动的意义、内容、组织，校本教研的规范、制度建立、制度创新，了解校本教研的发展规划。

在实践中学会制订校本教研促进教师专业发展的规划。展示交流教研规划的特色和优缺点，经过专家指导，修改制订更加符合本校实际情况的教研发展规划。

通过案例分析和讲座，提升骨干教师参与教育研究的能力，任务驱动促进骨干教师总结教育经验、撰写课题申报书，参与课题实施，制定校本教研发展规划。

(5)职业素养内容要求

本主题的内容注重骨干教师物理教育理念的深化，教育新理念在教学中的渗透。

教育理念：通过专题讲座，深化骨干教师的教育新理念，包括以人为本、终身发展的教育理念，教学方式、评价方式改革的教学理念；通过案例，掌握教育理念与物理教学的结合，在实践中探索教育理念的运用，并通过交流总结展示和专家点评分析，进一步升华，形成独特的教学风格。

建议：通过专题讲座和案例展示，提升骨干教师的理念层次，通过实践运用和交流点评，提高理念水平，促进教学风格的形成。

4. 专家型教师培训课程内容

本阶段的培训内容是为物理专家型教师设计的。物理专家型教师既要更新物理科技与教育的最新知识与进展，引领教育改革，又要指导成熟教师和骨干教师的专业发展，指导的内容、方法、技能是专家型教师培训要解决的重要问题(表 7-107)。

表 7-107 专家型教师培训课程内容

一级主题	二级主题
物理教育	1. 物理科技发展 2. 物理教育发展
学习科学	1. 青少年发展心理 2. 学习科学进展
教学实践	1. 名师讲堂 2. 课程改革 3. 教学指导
教学研究	1. 课题研究与指导 2. 论文撰写与指导 3. 成果总结与推广
职业素养	教育情操

(1)物理教育内容要求

本主题的内容旨在更新专家型教师的物理科技知识，侧重高新科技与物理教学的联系。提升专家型教师对国内外现代教育发展的认识，强化专家型教师对现代教育进展的领会、运用能力，以及指导、推广能力。

①物理科技发展。

通过讲座，了解与中学物理教学内容联系密切的高科技发展，包括新材料科技、航天科技、计算机技术、能源科技等。

通过校本活动，搜集有关物理科技发展的各类资料，开发科技教育校本课程以及物理教学辅助读物。

搜集有关物理科技发展的各类资料，开发物理科技教育辅导材料，开展教师培训讲座。

例：新能源开发技术讲座。

②物理教育发展。

了解国内外物理教育发展趋势，掌握现代教学手段，领会现代教学方法，掌握现代学习方式，现代学习指导方式，了解物理发展性教学评价。

通过校本实践，熟练运用物理现代教育方式，提高现代教育手段创新运用技能。

搜集有关物理教育发展的各类资料，开发物理教育发展的辅导材料，开展教师培训讲座。

例：发展性学生评价理念与实施。

建议：通过专家型教师培训，专题培训等方式，加强专家型教师物理现代科技知识、物理教育发展趋势的知识素养。通过校本实践，提高专家型教师开发物理科技资源能力和运用现代教育理论的能力，通过专家型教师开展讲座，提供专家型教师推广物理教育新知识的平台。

(2)学习科学内容要求

本主题的内容旨在加强专家型教师对学习科学最新进展的认识，侧重学生心理发展、知识本质、学习本质等最近研究。

①青少年发展心理。

了解青少年心理发展的理论流派，通过案例，了解青少年人际关系、社会认知、品德与价值观、情感、个性与自我发展、创造力发展等特点。

开发青少年发展心理的特色案例，开展教师培训讲座。

例：物理教学中学生创造力的发展与培养大讲堂。

②学习科学进展。

了解学习科学的最新进展，了解关于知识本质的研究、学习模型的最新研究、网络与新技术环境下的学习研究。

开发学习科学研究案例，开展教师培训讲座。

例：基于4G移动环境的物理微课学习大讲堂。

建议：通过专家型教师培训、专题培训等方式，加强专家型教师对学习科学最新进展的了解。通过校本实践，提高专家型教师开发有关青少年心理发展、学习研究案例的能力，提供专家型教师推广学习科学最新研究的平台，开展名师大讲堂。

(3)教学实践内容要求

本主题的内容旨在提高专家型教师在教学实践中参与教学改革，推广教学经验，指导课堂教学的专业能力。

①名师讲堂。

组织参观考察先进地区名师开展讲堂的经验，学习开展名师大讲堂的选题问题、热点问题、宣传组织问题。开发名师大讲堂的专题内容，在区域内外组织开展讲堂活动。通过讲堂活动与观众互动，解决成熟教师与骨干教师工作中的困惑。

②课程改革。

积极参与基础教育课程改革，提高课程改革的执行能力，推动国家课程改革整体目标的实现、总体任务的完成以及课程内容结构的完善。引领区域乃至更大范围、更大程度上的课程改革，推广课程改革成果。

③教学指导。

积极参与教学观摩，指导成熟教师、骨干教师的课堂教学，提高专家型教师课堂教学指导能力。通过借班上班、同课异构等形式，现场示范专家型教师的课堂教学风采，提高专家型教师教学示范效果。

建议：建立相关机制，理顺相关渠道，提供专家型教师开展专题讲堂、课题调研、教学指导的机遇和空间。

(4)教学研究内容要求

本主题的内容旨在提高专家型教师在教学研究中主持课题、指导骨干教师课题研究、指导论文的能力。

①课题研究与指导。

承担教育专家总课题的子课题，主持厅级以上教育研究课题，提高课题研究水平。指导骨干教师参与课题研究，提高课题指导能力。

②论文撰写与指导。

通过专家指导撰写较高水平的教育研究论文。指导骨干教师撰写教育研究论文，提高论文指导能力和论文修改能力。

③成果总结与推广。

能够将优秀教学经验、研究成果、研究论文、创新案例等，以结集出版的形式，进行编撰、出版、推广。

(5)职业素养内容要求

本主题的内容旨在提高专家型教师在追求教育理想的道路上高尚的教育情操，包括高尚的职业道德、健康的审美情趣等。

教育情操：通过专家讲座、省内外考察，结合优秀案例，专家型教师受到教育先进工作者的道德情操、审美情操的熏陶，提高从事教育事业的热情、积极性，激发教育创造力。

(五)实施方式

1. 课程开发与管理

(1)充分调研

为了提高培训课程的针对性，真正解决教师专业发展的实际需要，培训课程的开发必须先进行充分调研。针对教师专业发展的各个阶段，选择不同阶段的物理教师作为调查对象，采用访谈、问卷、课堂观察等各种形式，搜集该阶段教师专业提高需要具备的基本专业知识、技能和能力。根据各阶段教师的需求情况，依据物理培训课程内容标准，科学合理地开发培训课程，包括理论课程与实践课程，学习课程与活动课程。对于课程的使用情况，包括学习情况、辅导情况，反复进行调研，根据调研结果，修改课程内容，删减不合适的内容，增添新的内容，不断完善培训课程体系，提高培训课程质量。

(2)拓宽资源

教师培训机构及其相关部门为教师培训提供广泛的课程资源。在专题讲座方面，充分利用物理学家和科研人员对于物理科技前沿深刻理解的特点，开发科技前沿讲座，根据高校教育专家学者对教育教学理论发展的把握，开展教育教学讲座，充分利用省、市、县区教研员多年从事基础教育实践指导的优势，开设教育实践问题讲座，发挥各地中学物理名师和骨干教师的作用，开展示范讲堂等。在教研交流方面，鼓励和支持教师参与校本教研和区域教研，并纳入校本培训学时学分以及成绩管理。充分重视中学物理教师经验的资源功能，通过教研交流获取实践技能的提高。支持外出参观考察，根据教师专业发展的各个阶段的特点，组织教师外出参观考察是比较重要的学习形式。将有目标的参观考察作为教师学习办学理念、教育模式、教学经验的重要资源。在实践学习方面，充分发挥名师及骨干教师的示范作用，实践教学和优秀案例是新教师以及青年教师学习的重要资源，也是骨干教师之间互相借鉴学习的资源。

2. 教学方式

(1)培训形式

教师培训形式多样化，广泛采用远程网络培训、校本培训、顶岗置换培训、跟岗实践培训、名师大讲堂、集中面授培训、省外国外学习考察等形式。发挥远程网络培训覆盖面广、课程内容丰富的优势，充分利用远程网络培训满足大多数新教师以及成熟教师的学习培训需求。充分利用校本培训灵活实用的特点，加强校本培训在教师技能提升中的作用。顶岗置换培训是解决师资短缺地区教师外出培训的良好形式，充分利用师范生实习与在职教师外出学习培训互补的特点，增加成熟教师特别是农村地区成熟教师的学习培训机会。加强骨干教师跟岗实践培训力度，让骨干教师有机会到名师工作室进行培训学习，交流经验，在实践中提高专业水平。发挥骨干教师和专家型教师的示范作用，广泛开展大讲堂活动，让骨干教师和专家型教师送教上门，拓展培训渠道，既提升骨干教师和专家型教师指导能力，又增加成熟教师学习机会。利用培训院校的学科优势和理论前沿优势，增加骨干教师和专家型教师的集中面授机会，通过专家讲座和引领，提升骨干教师和专家型教师的教育理论水平和教育科研水平。增加省内专家型教师和区域专家型教师到省外或国外交流学习的机会，拓展教育视野，引领本省教育改革与发展趋势。

(2)培训方式

改革培训方式，采取讲座与交流研讨、网络论坛互动、任务驱动、微格录像分析、案例分析、参观考察等多种培训方式，增强教师学习培训的积极主动性，提高学习效果。通过讲座，向中学物理教师提供最新物理科学技术前沿动态、物理教学发展趋势、教育科学、心理科学等丰富的知识内容。开展专题交流研讨，就教学改革、课程与教材研修、考试与评价等专题进行研讨。增强远程网络培训平台的互动功能，提供参与培训教师的论坛交流渠道，教师与教师之间互相探讨交流、分享成果，辅导教师利用论坛进行网上指导。任务驱动是教师培训的方式之一，在培训过程中，物理教师参与实践，完成相应的任务，作为学习培训考核的主要依据。充分发挥微格录像分析在校本培训和区域研讨中的作用，有针对性地解决教学中的具体问题，以弥补其他培训方式的不足。在各类培训中，倡导以案例分析为主，将中学物理教学中的问题解决、有效设计、实施操作等具体案例进行展示并做分析。参观考察是骨干教师培训重要的学习方式，通过考察，了解先进的教育方式、管理方式，领会先进的教育理念。

(3)培训管理

培训管理应从教师专业发展与终身学习的角度，建立长效管理机制，实行立体化管理模式。教育主管部门制订科学合理的中长期培训计划和总体布局培训规划，配置培训机构和培训规模，选拔培养对象，引导教师选课，进行学时学分认定与管理。培训机构制订切实可行的培训方案，依据课程标准开发实用有效的培训课程，进行课程管理、课程辅导、考核评价。教师所在学校为教师的学习培训创造有利条件，鼓励教师参加校本培训和区域研讨，支持教师外出参加学习培训。区域教育部门的物理教研室、物理名师工作室积极参与教师培训工作，增加区域教研活动和讲堂活动，引领教师教研交流与学习培训。

3. 学业评价

(1)评价内容

根据教师专业发展的阶段性内容，制定相应的培训评价内容体系。评价内容应多元化，为教师的专业发展提供更大的空间。评价内容既包含专业课程学习，也包含教学实践；既包含开放作业，也包含交流讨论；既包含区域教研活动、学术交流活动，也包含外出参观考察。培训机构应根据教师参与学习培训的内容或活动，作出相应的成绩考核、质性评价、学时学分认定。对于专业课程学习的考核，要注重教师对于课程知识的掌握和教学能力的提升。对于教学实践的考核，要注重教师教学技能的运用和教师职业道德伦理的体现。开放作业的评价主要是收集教师的校本活动成果、创意作品、特长、风采等。交流讨论的评价可以根据网络培训中的论坛交流，集中学习过程中的专题发言，也可以根据教师的示范性授课说课、公开讲堂等。教师所在学校应对于教师参与区域教研活动、学术交流活动、外出参观考察活动的质量和数量进行考核，进行学时学分认定，纳入教师培训考核体系。对于由培训机构组织的教师外出参观考察活动，培训机构还可以结合考察内容进行相应的考核，进一步提高教师考察学习的成效。

(2)评价方法

根据培训评价内容的不同，采取测试、活动记录、答辩、成果展示等灵活多样的评价方法。采用测试的方法对教师专业知识和能力进行考核，是教师培训评价的常用方法。通过测试，了解教师对专业知识的理解程度以及教师专业能力提升的情况。通过活动记录，对教师参与培训学习的过程进行评价。记录教师参与交流、研讨、论坛、评论的次数，根据活动的主题、内容、效果，评价教师参与过程培训的质量。从参与活动的数量与质量两个方面，完成对教师活动过程的考核以及学时学分的认定。对于教师培训期间完成的论文以及创意作品等，恰当采用答辩的形式进行评价。通过答辩，了解教师对特定教育内容的深刻理解，根据答辩情况，考核教师经过培训所获得的能力提升。充分重视教师学习成果的展示。教师根据培训学习的任务要求，完成实践教学、资源开发、特色改革、创新设计、课题研究等一系列教育成果。培训机构要利用培训平台，为教师提供展示交流成果的机会，通过成果交流与评价，促进教师专业发展。

四、物理教师培训工作质量评估

国内外的企业培训和公务员培训都比较重视培训工作质量的评估。[①②]国内也有一些研究者对中小学教师培训工作质量评估进行了研究。[③]但是，中学物理教师培训工作质量评估目前还缺乏比较系统的研究。本书从评估的目的、原则，评估的内容、方法，评估的组织、价值，以及评估的指标体系等方面进行全面的阐述。

(一)评估目的

物理教师培训工作质量评估就是要从培训内容、培训实施、培训效果等方面，检查培训工作是否达到培训目标，为培训提供改进的依据。通过对培训需求分析、培训目标、培训方案、课程计划等进行评估，提供培训决策依据，用于分析判断培训的必要性和可行性。通过对培训过程中实施条件、教学管理、课程执行、师资力量、教学方式等评估，提供诊断信息，帮助培训者调整培训计划，完善培训流程，提高工作质量。通过对培训学员培训后的知识能力评价、工作影响评价、对教学对象的影响评价等，提供培训效果分析，用于判断物理教师培训项目的价值，衡量培训目标实现的程度，以及为后续的教师培训提供必要的改进建议。

(二)评估原则

1. 目的性原则

评估的目的决定并保证物理教师培训工作质量评估的正确取向。为保证这一正确取向，在每一次评估之前，应明确评估目的。评估主体应按照评估目的选择合适的评估模型、评估方

① 袁凌、朱瑞娟：《国外企业培训效果评估方法的比较分析》，载《湖南经济管理干部学院学报》，2004(4)。

② 罗哲、易艳玲：《基于CIPP模型和柯式模型构建我国公务员培训评估体系》，载《中国行政管理》，2007(4)。

③ 张雪梅、张进宝、宋媛：《我国中小学教师培训评估研究》，载《中小学教师培训》，2006(12)。

法，科学设计相应的评估指标体系。避免评估的随意性和盲目性。

2. 实用性原则

培训工作质量评估，应注重实效，着眼于诊断物理教师培训的实际问题，判断培训的效果，促进培训工作科学持续稳定发展。评估应操作简单、方法简便、时间合理、结果宜被培训者接受。避免因评估工作给物理教师培训工作造成不必要的人力物力资源浪费。

3. 客观性原则

评估人员在进行评估时，要坚持实事求是、客观公正的态度，全面科学地收集评估数据和意见材料，真实地反映出物理教师培训的实际效果，提高评估的效度与信度。避免因数据材料遗漏或偏差，给评估结果带来不公正性，影响评估的效力以及培训者的积极性。

4. 连续性原则

培训评估主体应坚持长期连续对培训项目进行评估，根据培训计划进展，对培训前、培训中、培训后连续进行完整的评估、监测、跟进，及时给出评估结论。真正发挥评估的作用，激励物理教师培训者、管理者形成持续的压力和动力。

(三)评估内容

1. 课程管理

培训工作质量评估应该从课程理念、管理制度、课程计划等方面，对课程管理进行定量与定性评估。在培训方案里面，应该对课程理念有完整清晰的表述，其理念应该符合当前教育改革新形势，能够促进教师专业发展，并与“教师专业标准”“培训课程标准”等相关专业标准相一致。对于课程管理应该制定明确、规范的课程管理制度，并有相应的措施，确保课程管理切实可行，并能够取得实际效果。培训课程必须有系统科学的规划，课程主题具体明确，课程内容符合培训目的和相关专业标准，注重实践性课程的设置，并对实践性课程的具体内容和实施有明确的规定。

2. 课程保障

培训单位必须根据培训内容，确保培训师资的数量和质量。在培训方案里面，教师的工作单位、职称、专长、联系方式等信息应明确列出。师资来源应该多元化，既有本区域的也有其他区域的，既有学科领域的专家也有教育领域的专家，既有高校专家也有地市教研人员以及一线优秀名师等。对于同类型的培训来说，应形成一支长期相对稳定的师资队伍。在同行业里面，根据参训教师需求，首选名气威望较高的师资作为培训教师。培训单位应具备数量足够、安全、舒适、方便的培训场所，并配备教学所需现代化教学设备，以及必要实验设施。培训单位能够为师生联系提供便利的交通和食宿条件。培训单位应创建足够数量的实践基地，保证参训教师的观摩、考察以及实践教学。对实践基地应承担的培训任务以及教学方式应该有明确的要求，实践基地对所承担的培训项目应该制订科学规范的管理规定，实践基地的软件、硬件应该具备合作培训的资质。培训单位必须为参训教师提供丰富多样的课程资源，包括信息资源、介质资源、平台资源等。注重课程资源的生成性，充分挖掘参训教师的优点与特长作为培训共享资源。关注课程资源的拓展与延伸，使参训教师能长期获得广泛的资源支持。

3. 实施过程

培训工作质量评估严格执行培训实施过程的考查，包括教学实施和教学监管等。培训单位必须按照课程计划实施教学，保证教学内容、主讲教师、教学时间、场所等按照原计划执行。主讲教师采取灵活多样的教学方式，如案例分析、交流研讨、现场示范、学员实践等方式，增加与参训教师的互动，提高参训教师全过程参与的积极性。及时收集学员反馈意见，改进教学方式。教学过程中，进行科学规范的学习学籍管理，包括考勤、考核登记，学时学分认定、上报，培训档案材料整理，培训成绩单与证书电子系统录入、登记发放等。培训单位对参训教师和培训者进行教学评价。培训单位采取科学的学业评价方法，利用纸笔测验、实践作业、汇报比赛、活动记录、论文等形式收集学员的学习成绩，关注优秀率与及格率。教学评价工具合理，评价规则明确，记分方便，统计表格便于整理，能够真实反映学员的学习表现和实际收获，促进参训教师参与培训学习的积极性。能够对教学评价中，表现不够积极，完不成学习任务的学员采取跟进措施，逐项进行指导。对教学评价中表现突出的学员，能给予相应的激励以及优秀成果推荐等。能够通过座谈、问卷等形式，了解学员对培训者教学与管理的评价，并根据评价结果对培训工作进行总结和反思。

4. 培训效果

培训工作质量评估注重培训效果的考核，通过过程评价促进培训工作改进发展，通过终结评价，对培训工作进行鉴定。培训过程应注重参训教师的主动参与，培训者应创造良好的交流平台和渠道，创新培训模式，充分调动参训教师积极性。培训应倾听和收集参训教师在工作中存在实际的问题，帮助解决问题，注重实效。重视学员对培训者教学与管理的意见与建议，并能够对这些意见和建议进行分类登记，协调处理，跟进学员对建议处理的满意程度，增强培训效果。培训管理考虑成人培训特点，关心学员的学习与工作、生活的关系，考虑学员复杂的社会压力，尊重学员的合理需求，体现人本化管理，增强学员对参加培训学习的认可以及终身学习的愿望。通过对参训教师培训后一段时间的观察了解，评估参训教师相应的物理专业知识、教育基本知识、课堂教学技能等是否真正获得提高。观察参训教师课堂教学，了解其教学设计能力，课堂实施能力等教学能力是否真正获得提高。调查了解参训教师所在单位，其所教的学生在身心发展、科学素养提升等方面是否受到更好的影响。调查了解参训教师在课程资源开发、教学研究、专业影响力等方面是否逐步成长。

(四)评估方法

1. 层次分析

根据参训教师的反应、学习成果、工作表现以及工作业绩来进行评估。通过对参训教师学习满意度的调查了解，可以掌握培训的针对性、培训课程设置科学性以及培训管理的合理性。通过对参训教师培训知识技能提高的测试，可以了解培训的实效性。通过对参训教师工作表现的观察调研，可以判断培训在解决教师实际工作方面的有效性。培训评估还可以从另外一个层次分析参训教师在工作中的进展与突出成绩，了解培训对参训教师的专业成长带来的变化。从多个角度和层面衡量培训的效果来看，层次分析法是目前企业培训普遍采用的评估方法，也值得教师培训借鉴。

2. 多样化评价

培训工作质量评估一方面要通过参训教师的学业及格率和优秀率衡量培训的客观效果，另一方面也要通过参训教师的问卷调查搜集学员对于培训收获的感想。既要量化评价培训单位的考核成绩，又要听取培训单位的经验介绍。既要注重培训过程评价以改进提高质量，又要注重培训终结评价以鉴定培训项目的价值。评估的主体、内容、方法，要坚持多样化、多元化。

3. 定性评价与定量评价结合

根据评估量表，对评估指标系统及权重进行分数评定，用于培训单位量化考核、业绩排名、评定先进淘汰后进。对于培训中的一些特色案例、创新做法、优秀经验，评估部门给予定性评价、推广。定量评价易操作，数字客观、直接，有说服力，但是，缺点是指标太僵化、不够全面，有些指标难以量化，不利于培训单位的自主创新。定性评价搜集信息灵活全面，能够注重细节，发现特色案例，但是，定性评价的主观随意性比较大，没有客观的标准，不便于统计。只有将定量评价与定性评价相结合，才能使培训工作质量评估更全面更完整，才能使评估工作更适合于培训评估实际和评估需要。

4. 直接评价与间接评价结合

对评估单位的工作质量培训评估中，坚持直接评价与间接评价相结合的方法获取评价数据。直接评价就是通过调查培训单位的培训资料，包括培训方案、实施材料、汇报材料等作出培训评价。而间接评价则是把对培训效果的评价交给参训教师、参训教师所在单位、参训教师所教的学生等，根据他们的评价搜集评价资料。评估中，既要直接调研培训单位的计划与实施情况，又要听取参训教师的评价意见。

(五)评估组织

1. 评估组织主体与评估对象

评估组织主体主要是指培训项目的立项或委托单位，一般是教育主管部门，评估对象主要是培训的实施或项目执行单位。在评估工作中，评估主体应该在培训项目启动之前，向评估对象说明评估的目的，评估的时间阶段以及评估的内容。评估对象，应该根据评估工作安排，及时收集评估材料，客观反映培训过程中的各项工作情况。评估组织主体主要是为了通过评估工作，推动评估对象做好培训工作，达到培训的预期目的。

2. 评估程序

开展培训工作质量评估，首先要制订评估方案。评估方案的内容主要包括评估的目的、内容、方法、评估体系等。其次要根据评估方案制订的步骤实施评估，收集评估信息资料，利用信息分析法分析评估结果，撰写评估结论或评估报告。最后，根据评估结果对培训项目进行总结、鉴定，提出评估改进或整改建议，表彰推广先进的评估对象。

(六)评估的价值

1. 评估结论

根据评估过程中定性与定量评价结果，对培训工作的方案设计、实施过程以及培训效果等作出全面的评价，撰写评估结论并给出相应的等级。评估结论主要有分析培训课程设置的适切性、教学方式的灵活性、教学管理的规范性、教学效果的显著性等。肯定成绩与特色，指出不足，提出建议。评估等级，主要是根据评估体系量化表格计算评估分数来确定，如四等级制，90分以上为优秀、80分至89分为良好、60分至79分为合格、60分以下为不合格。或者二等级制，达到60分为通过、60分以下为不通过。

2. 评估结论的功能

通过评估，撰写评估报告，获得评估结论，在一定范围内公布评估结果，对教师培训工作起到一定的督促与推动作用。一是通过评估指标和评价体系促进培训单位规范培训中的各项工作，自觉提高培训质量。二是通过评估发现培训单位培训过程中存在的问题或不足，督促其及时整改。三是通过评估总结培训经验和先进做法，及时组织同行业进行交流学习。四是通过评估，对培训项目的价值作出判断，鉴定该培训项目的必要性。对培训单位的资质作出判断，表扬先进淘汰落后。

(七)评估指标体系

培训工作质量评估体系包括指标系统、标准系统、权重系统三个部分。指标系统分为四个一级指标和十一个二级指标，标准系统规定了每个二级指标包含四个量化观测点和一个定性描述观测点，权重系统根据每个二级指标和标准的重要性，设定了相应的赋分比例(表7-108)。

表7-108　中学物理教师培训工作质量评估指标体系

一级指标	二级指标	标准系统(基本要求)	权重
课程管理	课程理念	1. 课程理念表述清晰性 2. 课程理念符合教育改革要求 3. 课程理念符合教师专业发展 4. 课程理念符合相关专业标准 5. 特色	5%
	管理制度	1. 课程管理制度表述的明确性 2. 课程管理制度制定的规范性 3. 课程管理制度制定的可行性 4. 课程管理制度落实的实效性 5. 特色	5%
	课程计划	1. 课程规划系统科学 2. 课程主题具体明确 3. 课程主题符合培训目的和相关专业标准 4. 实践性课程具体明确 5. 特色	10%

续表

一级指标	二级指标	标准系统(基本要求)	权重
课程保障	师资	1. 师资信息明确 2. 师资结构多元化 3. 师资质量最优化 4. 师资队伍稳定性 5. 特色	15%
	设施条件	1. 教学场所满足培训需要 2. 培训与受训人员交通食宿条件 3. 实验设备满足教学要求 4. 现代化教学设备满足教学要求 5. 特色	5%
	基地建设	1. 实践基地数量满足培训需要 2. 实践基地培训内容与方式适合培训要求 3. 实践基地的培训管理科学规范 4. 实践基地软件硬件条件满足培训需要 5. 特色	5%
	课程资源	1. 课程资源丰富多样 2. 课程资源具有生成性 3. 课程资源具有拓展性 4. 课程资源具有长效性 5. 特色	15%
实施过程	教学实施	1. 按照课程计划实施教学 2. 教学方式灵活多样 3. 参训教师全过程参与性 4. 教学管理规范化 5. 特色	10%
	教学评价	1. 教学评价方法科学性 2. 教学评价工具合理性 3. 对参训教师学习评价结果的使用 4. 对培训者教学与管理评价结果的使用 5. 特色	10%
培训效果	发展性评价	1. 培训过程充分调动参训教师积极性 2. 培训过程解决参训教师实际问题 3. 培训过程注重参训教师意见建议收集处理 4. 培训管理体现以人为本 5. 特色	10%
	终结性评价	1. 参训教师专业知识的提升 2. 参训教师教学技能的提高 3. 参训教师对学生产生影响 4. 参训教师专业获得发展 5. 特色	10%

>> 第八节　化学教师培训课程研究 <<

一、化学教师培训课程研究的背景

(一)课程与教学改革发展的新要求

2001年，教育部印发《基础教育课程改革纲要(试行)》，由此展开了新一轮的基础教育课程与教学改革。之后教育部颁布了《全日制义务教育化学课程标准(实验稿)》《普通高中化学课程标准(实验)》《义务教育化学课程标准(2011年版)》以及《普通高中化学课程标准(2017年版)》，标志着中学化学课程改革和课标新教材使用进入新的历史发展阶段，对中学化学教师的专业素质和专业发展提出了新的要求。

化学新课程在课程功能、结构、内容、实施、评价和管理等方面都较以往有了重大创新与突破，这使得教师开始从课程改革的边缘走向中心，成为课程改革的参与者、课程的研制者。新课程的实施要求教师在教育观念、思维方式、教学方式等方面发生相应的变化，从而给教师提出了新的挑战，而这种挑战又为教师的专业发展提供了直接的动因，能促使教师不断学习，不断提高专业素养。在课程改革的反省过程中，人们逐渐认识到教师在教育改革中的重要作用，认为教育改革的关键在教师，教师的发展是教育改革的原动力，教师的发展水平决定着教育的质量，只有教师专业水平的不断提高才能造就高质量的教育水平。教师对于课程的理解与实施直接影响着学生的学习。专业素养的提升有利于教师课程意识的增强，更好地理解课程，然后将课程解释给学生，从而体现和落实新课程的理念。没有教师的专业化发展，新课程构建的宏伟蓝图就不可能变成现实。从某种意义上讲，课程改革的过程就是逐步实现教师专业发展的过程，“课程发展即教师专业发展”。可以看出，课程改革与教师专业发展是一种互相依托、互相促进的互动关系。课程改革既依托于教师的专业发展，又为教师的专业发展提供舞台。

(二)教师专业发展的迫切需求

教师专业发展是一个动态的、处于不断地流变和革新的过程，具有累积性和生长性的特点。在这个过程中教师不断获得新知识，不断增长专业能力，内在专业结构也随之不断得以更新、演进与丰富。这个过程既包括量的增加，如教师的专业知识、教学经验、教育理论素养的积累扩展；也包括质的升华，由处于角色适应的新手阶段向创造发展的成熟阶段过渡。鉴于当前教育事业的发展、科学技术的进步、课程改革的深入推进对化学教师专业发展的水平要求越来越高，对教师素养要求越来越全面，化学教师亟待通过培训达到新形势背景下的教学工作需求。

1. 专业精神

2012年教育部制定的《中学教师专业标准(试行)》(以下简称《教师专业标准》)对教师的专业精神提出了“师德为先”的具体要求：“热爱中学教育事业，具有职业理想，践行社会主义核心价值体系，履行教师职业道德规范，依法执教。关爱中学生，尊重中学生人格，富有爱心、责任心、耐心和细心；为人师表，教书育人，自尊自律，以人格魅力和学识魅力教育感染中学生，做中学生健康成长的指导者和引路人。”教师专业精神的具体体现为教师在专业实践中的种种美德。我们把这些美德分为理性精神、道德精神和审美精神。在教师专业精神的发展过程中，教师专业精神发展需要教师对其职业具有认同感，包括对自我的认同，即认同自我所从事职业的价值，还包括组织认同，即认同自我和组织之间的职业关系。教师的专业性体现在教师在教学过程中以智力、情感的投入提升教学本身的质量。芬斯特马赫提出，因为教师行业和其他行业的不同，教师的工作对象是健康、独立但又是不成熟的个体，这就决定了教师的专业性和其他行业的专业性存在实质性的不同。教师的专业性不能仅通过教师知识或技能的专业化完成，而且必须回到对教学本身的理解。师爱是一种力量、一种品质，是教育成功的秘诀。如果没有爱，教师的工作就失去了意义和价值。教育的爱心是空气，是阳光，是土壤，是食粮，是布匹……你可以把它比喻为人类生存和发展必不可少的一切，而且绝不过分。当前由于受教学评估和升学率的影响，有不少学校由学生成绩的提高决定教师个人的晋升。在一些学校教师的角色简化成纯粹的知识传递者，教师作为人格和道德上的模范和引领者的角色萎缩，甚至消失了。很多教师的确缺乏内在的精神力量来回应这种情境，教师的无力感和虚无感弥漫在他们的日常教学中，教学的价值和意义被空洞地解读，造成了师生关系紧张，社会对教师的专业精神不满。为促进中学教师专业发展，建设高素质中学教师队伍，《教师专业标准》明确要求：“中学教师是履行中学教育教学工作职责的专业人员，需要经过严格地培养与培训，具有良好的职业道德，掌握系统的专业知识和专业技能。”

2. 专业知识

教师必须掌握的教育专业知识包括：掌握中学教育的基本原理和主要方法，掌握班级、共青团、少先队建设与管理的原则与方法，掌握教育心理学的基本原理和方法。要求教师了解中学生思维能力、创新能力和实践能力发展的过程与特点。教师除了要不断更新专业知识外，还需要与时俱进地运用心理学、生理学、脑科学以及新的专业理论指导教育教学工作。比如运用皮亚杰的同化和顺应理论、格式塔心理理论中的系统科学思想、元认知、以学习者为中心的理论、批判性思维进行能力的培养等。再比如教师通过学习认知心理学了解认知活动涉及知觉、记忆和思维过程的方方面面：学生是如何注意到并获取信息的，信息在头脑中是怎样储存和加工的，我们是怎样解决问题、进行思考以及产生语言的。通过学习心理学，了解青少年如何学习知识和如何思维、其心理发展的规律是怎么样的。教育的过程必须遵循这个规律，否则，不是事半功倍，而是徒劳无功。运用心理学知识引导学生在认知、智能方面以及个性、人格方面得到发展。

3. 专业技能

教师专业技能包括学科教学技能、教学管理技能、教学研究技能、教学实践性知识转换技能和人际交流技能等，是支撑教师走向专业发展的重要支柱。美国要求中小学教师要有多方面的教学技能，如会进行启发式讲课，会指导小组讨论，会与学生进行合作学习，会正确地评价学生的学习，注意开发学生的多元智能，培养学生的思维技能，会运用现代化的教学工具等。苏格兰要求教师应具备的技能有教与学的设计、班级组织与管理、学生评价、专业反思与交流等。教师除了教学技能外，还需要具备教学诊断能力、教学评价力和学情分析能力，需要不断拓展专业技能。教师专业能力指教师在从事教育教学活动中，顺利完成教学任务所表现出来的个性心理特征，是教师素质结构的外在表现形式。教师的教学能力是教师专业能力的主要方面，是影响教育教学效果的决定性因素。但是教师的教学能力不仅仅是传授知识的技巧，更不是教师能力的全部。在实施新课程背景下，教师的专业能力结构，具备了更加丰富的内涵。化学教师必须具备的学科技能，有研究和把握课标、教材的能力，课堂教学的能力，组织管理的能力，教学研究的能力，与人沟通的能力，改进实验、设计实验、创新实验的能力等。实验探究是转变学生学习方式和发展科学探究能力的重要途径。如何发挥实验的探究功能、设计创新实验是摆在中学化学教师面前的新课题。信息技术的迅猛发展要求教师利用现代教育技术提高教学效率。

(三)教师培训工作现状

中学教师肩负着高强度的教学任务，面对改革后的新课程、新要求，工作殚心竭力，很容易产生职业倦怠，忽略自身专业发展，满足于做一个教书匠。因此，适时为教师提供有效的专业培训尤为必要，近年来教师培训体制和培训工作一直在不断完善和改进。

1. 改革培训体制，提升培训活力

我国完善的教育干部培训体系在国际上一直备受称道，这样一个体系在提升教育干部素质、推动我国教育改革发展中发挥了重要作用。近年来，教育部尝试新的培训体制，培训机构从等上级计划任务、等别人上门联系转向主动为基础教育发展服务、为基层服务、为教育薄弱地区服务，在坚持高水平、高质量完成计划培训任务、不断提高培训质量的基础上，探索多主体合作培训的体制与机制。这样的努力大大增强了培训中心服务基础教育的能力，提升了培训机构的活力。

2. 整合培训力量，多部门合作

教育部直属培训机构作为我国最高级别的校长、教师基地，承担着中学校长、骨干教师和其他教育干部的国家级示范性培训。这些任务早期主要通过计划下达，多年来教育部中学校长培训中心的领导和教师深入基层、深入学校，在指导学校发展中积累了丰富的实践经验。为发挥这样的优势、探索教育干部的新途径，近年来，教育部与地方合作实施了以促进学校持续改进、推动区域教育发展为目标的新的校长培训尝试，将培训立足学校改革发展。教育部与地方教育行政部门共同推动基于培训的区域教育提升试点，这样的试点取得极大成功，得到地方政府的充分肯定，受到学校的热情欢迎，获得家长、社会和学生的高度认同。

3. 发展远程培训

传统的面授培训模式由于规模有限，不能满足广大教师对培训的需求，远程培训具有大规模、低成本的特点，逐渐成为培训的重要形式。远程培训不同于面授，其实现方式也因组织形式和教学模式的不同而呈现多样性特点。通过远程培训使学员对新课程新要求有了进一步的了解，从与其他学员的互动中得到了教学启发，更新了观念，学员感觉对提升教学能力很有帮助。远程培训给教师带来了可喜的变化，注入了新的生机和活力，崭新的教育理念和先进的教学模式触动着每位教师的心灵，通过培训促进了教师特别是农村教师素质的提高，推动了基础教育改革的发展。远程培训质量的高低关系到培训目标能否实现。如何提高远程培训的质量，有效地组织大规模的培训，是摆在教育行政部门和培训单位面前的一个课题。

二、相关研究的现状与趋势

(一)教师培训研究状况分析

更新教师教育观念、名师专业引领、考察学习教改先进样本、教学案例分析、理论与实践相结合等，都是各地经常采用的培训方式；教师更加自主、形式更加多样、学习更加便利等，是当前教师培训改革发展的趋势。

1. 教师远程培训的分析

以广东省普通高中教师培训为例，目前主要采用两种模式：一种是骨干教师的培训，主要采取“三位一体”的培训模式；另一种是普通教师的全员培训，主要采取远程培训的模式。从2009年开始，在广东省教育厅及教师培训工作协作组的统筹和指导下举办的大规模远程培训，每年有6万多普通高中教师参加，培训时间为每年两次，7月份培训半个月，11月份培训一个月。远程培训采取“学员网上通过视频和文本资料自学—辅导老师网上答疑—专家布置作业—学员完成作业—辅导老师批改作业”“专家在线主题研讨答疑”“论坛发帖—回帖”“发表文章—优秀文章推荐”的互动模式，建立了“多元开放”“在线交流互动”的培训体制。在培训中，安排2～4次专家在线答疑，学员和学员、专家和学员在线交流，由专家提出若干个交流主题，引导交流。利用网络平台互动交流，发帖、发简报等方式进行交流。

2. 广东省中学骨干教师“三位一体”培训模式

广东省从2010年开始，每年培训1 000名中小学骨干教师，主要由华南师范大学和广东第二师范学院承担培训任务。围绕广东省基础教育改革发展和中小学教师队伍建设的目标任务，遵循高中化学骨干教师成长规律，培训、建立一支高素质、专业化、具有创新精神的高中化学教师骨干队伍。骨干教师省级培训，促进了广东省中小学骨干教师的师德水平和业务能力的提高，实现了“让骨干教师成名，名教师更出名”的目标，打造了广东省高中化学教师标志性和示范性的领军团队，带动了广东省中小学教师队伍整体素质和水平的提升。建立“三位一体”的省级教师培训培养体系，高校、市县教师培训机构和中小学教师工作室在充分发挥各自优势的基础上，形成广东省中小学教师专业发展的学习共同体、研究共同体和发展共同体，协同作业，互联互动，促进优质资源整合。总体目标是实现“骨干教师成名”和“名教师更出名”的“双名”目标。

(1) 分别确定具体“教师工作室主持人”和“骨干教师”两类不同培训目标

“教师工作室主持人”培训目标：使主持人在师德修养、教育素养、学术水平、示范指导能力等方面获得进一步提升，帮助他们成长为省内外知名的专家型、研究型教师。

“骨干教师”培训目标：使骨干教师在思想政治与职业道德、专业知识与学术水平、教育教学能力与水平等方面有显著提高，为他们发展成为有一定影响的学科带头人和教书育人的专家奠定坚实的基础。

(2)培训的四个阶段

第一阶段，学员在高校集中进行通识培训和专题培训。

第二阶段，跟岗学习，来自全省各地区各所中小学的骨干教师分散到教师工作室，在主持人的指导下进行为期20天的跟岗培训，教师工作室指导4～16名学员，在培训期间高校导师分别去各个教师工作室进行开题指导和听课、说课、点评等。主持人为学员开专题讲座、组织骨干教师的同课异构、专家点评。跟岗培训期间，学习任务繁重，学员们白天听课、评课，晚上写日志、教学反思、读书笔记等。

第三阶段，岗位实践，回任职学校进行岗位实践，时间为两个月。学员自觉进行教学改革，总结教学实践，提炼个人教学风格，结合个人教学风格继续完成教育教学课题的研究。岗位实践期间举办一次“名师讲堂”活动，发挥名师和骨干教师的教学示范和辐射作用，通过名师的专题讲座、骨干教师的示范说课和高校导师及名师对骨干教师说课的点评，引领当地基础教育改革，促进教师专业成长。为“名师更名”搭建平台。展示名师工作室主持人及骨干教师的教育教学理念和教学风格，进一步扩大名师的社会影响力。

第四阶段，成果展示与培训，组织本阶段学员和教师工作室主持人，集中到高校进行成果展示，具体活动有论文答辩会、说课点评、成绩评定等。骨干教师“三位一体”培训模式提升了学员的职业道德水准，优化了专业知识结构，提炼了教育教学风格，提高了教育教学研究的意识和能力，这种模式确实让学员受益匪浅。培训学员反映：“培训给我留下了难忘的印象，培训期间每天感觉是幸福而又充实的，每一天都能感受到思想火花的冲击。”

（3）市县组织培训

如广州市2010年组织农村中学骨干教师培训，对来自广州市农村中学语文、数学、英语等10个学科的骨干教师进行了专业培训，经过理论培训、挂职锻炼、考察学习三个阶段的，为期一个月的培训，收到了良好的效果。

3. 北京市的教师培训规划

《北京市中长期教育改革和发展规划纲要(2010—2020年)》提出：“培养、造就一大批名师、名校长，为全面推进首都教育现代化提供强有力的人才支持。”骨干教师培训的重要性是由骨干教师群体在基础教育中的地位和作用决定的。例如，北京市学科带头人与骨干教师培训(以下简称骨干教师培训)，是《北京市“十二五”时期中小学教师继续教育规划》明确规定的重要培训项目，属于市级高端培训。参加培训的教师普遍具有十几年以上的教学经验，具有较高的政治素养和专业素养，具有较强的教育和科研能力，并形成了一定的教育教学特色，是学校和市区基础教育的优秀代表和领军人物。自2008年起，北京市市级学科带头人及骨干教师培训开始采取工作室的培训模式。“十一五”以来，北京教育学院的市级骨干教师培训，一般先由学院设立的骨干教师培训大项目组，先行提出项目总体实施方案。总方案遵从市教委和学院领导对培训的指示精神、目的与要求，就培训模式与主题、原则与要求、研修计划等方面，提出规范性要求和指导性意见。各个学科的骨干教师培训项目，依据总方案的精神来执行。从2008年开始，北京教育学院对骨干教师培训模式实行具有战略意义的调整，将传统大班培训的模式转变为小型工作室的研修模式。工作室切准骨干教师成长和课程改革以来大家共同关注的重要问题，展开专题研修，为骨干教师的专业发展提供新的平台。

(二)教师培训工作趋势研究

1. 培训目标设计

注重教育教学改革、学科发展的理论前沿与动态以及国际视野，学习、科研与交流活动，引领教育观念、教育理念的变革与创新，使教师在基础教育改革进程中能够真正发挥作用。培训课程的设置应该建立在培训需求调研的基础上设计，围绕当前教育实践工作中面临的突出问题以及教育教学改革的重点、难点与焦点，强化培训的针对性；同时结合教师专业发展规律的研究，在教师专业发展诊断的基础上设计培训课程模块和内容，增强了培训的科学性。

2. 培训注重案例分析和专题研讨

培训案例分析，可以是对一个教学名师课件的点评以及学员课件的点评，专家引导学员一次点评、一节课或点评同构异构，创新课堂教学的模式。专题可以是当前教育理论中的热电话题或有争议的话题，也可以是教学中的重点、疑难问题，通过引导学员积极发言、专家点评，容易激发学员研究教学的激情和迸发新思想。培养学员的批判性思维和质疑的精神。学员与专家、学员与学员之间的思想交流在培训中起着十分重要的作用，只有在交流与碰撞中才能闪现智慧的火花。

3. 发挥现代教育技术对培训的作用，建立网络培训平台

可以充分发挥网络技术对培训的支撑作用。网络交流具有便利性和快捷性，学员在网上不仅能更新知识，还能与高校专家、其他学员进行交流，在交流中可以互相取长补短，从而兼容吸收，不断完善自身。通过交流，一些教学疑难问题便可以迎刃而解。除了目前的远程培训平台外，还可以建立网络培训平台，学员可以自由选择面授或远程学习，只要完成相同的培训课程模块，达到培训学分，面授或远程学习就可以获得同等的培训合格证，学员可以自由选择培训时间。远程学习的平台，有利于山区的学员获得和城市学员同等的学习资格、分享到优质的学习资源，促进教育公平，均衡发展，有效推进教师的专业发展。

4. 优化培训模式

多样化的培训方式有利于吸引学员积极参与学习，提高培训质量，强化培训效果。调动培训学员的积极性和主动性，使学员既是学习者、参与者，又是合作者，将学员和培训的知识、智慧、经验、情感融合在一起，培训老师在培训过程中与学员一起同步成长。

5. 伦敦教育研究院的培训模式

伦敦教育研究院是英国最大的教师培训机构，伦敦教育研究院的培训是分层次培训的，设置不同的培训课程模块，培训层次分初级、中级和职业教育证书级别，根据学员的学习程度，学员可以获得荣誉学位的职业教育证书、硕士学位的高等教育研究生证书。所有的职业教育证书的培训内容都是60个学分，新入职的合格教师只需要学习120个学分的课程，就可以获得硕士学位的高等教育研究生证书。学员可以利用业余时间五年内修完学分。学员可以选择面授学习，也可以选择远程学习。

6. 规范远程培训管理

(1)调查意见反馈

学员的意见不仅是评价本次培训质量的重要依据，也为研究、制定今后的培训方案、不断

完善培训课程提供了重要的建议。因此在培训开始之前就应该从教育教学理念、课程内容、培训模式、培训效果等多方面因素出发精心设计问卷调查的内容，要求参训人员认真填写，对课程、培训者及培训管理作出客观的评价。

(2)培训资料收集和归档

培训资料的规范收集和及时存档是评价培训工作的一个重要指标，不仅是培训工作的总结，也是对今后进一步开展培训工作提供的完善、全面、详细的第一手资料，为今后培训方案的设计提供重要的信息。每次培训结束后将培训的文件、培训的规章制度、培训方案、培训课程资源、培训专家和学员的信息、培训意见反馈表、培训总结等及时整理存档，为今后不断提高培训质量提供有益的借鉴。

三、教师培训课程方案

(一)教师培训课程的性质

教师培训课程是教师职后教育的培训课程。课程强调学员的主体性，突出学习、实践、反思、协作、提高、研究、创新的成人教育特征。根据学员教师专业化发展的不同阶段，为学员提供了专业发展的各个阶段的、多样的、可供选择的课程模块，包括理论研修模块和提升教学能力的实践模块，为学员未来的专业化发展打下良好的基础。

教师培训课程应有助于学员主动构建自身发展所需的专业理念、专业知识和专业基本技能，进一步了解我国最新的教育方针政策，学科前沿知识，吸收教育学、心理学、认知科学和学习科学、脑科学的最新理论成果，加深对学科专业知识的理解和掌握，学习开展教育教学研究和论文写作的基本方法，提高教学反思的能力。更深刻地认识知识、理解与教学技能之间的相互关系。认识提高教学研究能力对支撑自己职业发展的价值。通过考虑自己的知识、理解和教学能力意识到职业角色、价值以及责任。提高学员对学习的反思能力，加深对提高自己理解力的反思、对自己批判性意识的反思能力。

(二)教师培训课程的基本理念

立足于满足教师教学工作的要求和教师未来专业化发展的需要，贯彻落实广东省政府提出的“强师工程”，建设一支高素质高水平的中小学教师队伍，以《国家中长期教育改革和发展规划纲要(2010—2020年)》和《中学教师专业标准(试行)》为指导，构建专业精神、专业知识、专业能力相融合的中小学教师培训课程目标体系。

设置多样化的培训课程模块，努力开发课程资源，拓展学员选择的空间，以适应教师个性发展的需要。

结合学科发展的趋势，吸收教育学、心理学、认知科学和学习科学、脑科学的最新理论成果，引导学员加深对学科专业知识的理解，掌握教学技能和教育教学研究的基本方法。

从学员已有的经验和未来教师专业化发展的要求出发，帮助学员认识知识、理解与教学技能之间的相互关系，认识提高教学研究能力对支撑自己职业发展的价值。认识知识、理解和教学能力与教师职业角色、教师的价值以及责任感之间的关系，培养学员的历史使命和责任感、自我批判性意识和教学设计能力。

通过专家引领、名师示范和实践创新多种学习活动，使学员体验教学反思、教学研究的过程，激发群体智慧，强化教学研究的意识，促进教学方式的转变，提高学员的教学设计和教学研究的能力。

积极倡导学员的自我评价、自我反思、活动表现评价等多种评价方式，关注对学员个性的指导，激励每一个学员走向成功。

为学员教学实践提供更多的机会，引导学员学习、实践、反思、协作、提高、研究、创新。在课程改革的实践中引导学员不断反思，促进教师的专业发展。

(三)教师培训课程目标

为了贯彻落实广东省政府提出的“强师工程”，建设一支高素质高水平的中学化学教师队伍，以《中学教师专业标准(试行)》为指导，满足教师专业化发展过程中多样化培训需求，通过围绕师德与专业精神、专业知识、专业能力，构建中学化学专业化发展的培训体系，通过专家引领、名师示范和实践创新等提高中学化学教师的职业道德水平、专业知识水平和专业能力水平，激发群体智慧，培养一批在基础教育改革和发展中发挥示范和引领作用的领军人物和一大批骨干教师。

(四)培训课程内容

培训内容分为：师德与专业精神、专业知识、专业能力三个领域或维度，每个领域由若干模块组成，每一模块由若干专题组成；每一个模块都有明确的培训目标，并围绕某一特定内容，整合学员经验和社会现实，构成相对完整的学习单元；每一个模块应体现时代发展对培训内容提出的要求和学员学习方式的要求；模块之间既相互独立，又反映了培训知识体系内在的逻辑联系；每个模块 2 学分，每个专题 3 学时。

1. 培训课程结构要求

培训课程结构分“师德与专业精神”“专业知识”“专业能力”三个维度，原则上每个维度及课程性质(必修、选修)的浮动比例不超过 5%(表 7-109)。

表 7-109　培训课程结构表

对象	维度(领域)	比例	课程模块	课程性质	课程性质比例
新教师	师德与专业精神	16%	若干专题	必修	43%
			若干专题	选修	57%
	专业知识	57%	若干专题	必修	40%
			若干专题	选修	60%
	专业能力	27%	若干专题	必修	75%
			若干专题	选修	25%

续表

对象	维度(领域)	比例	课程模块	课程性质	课程性质比例
青年教师	师德与专业精神	14%	若干专题	必修	64%
			若干专题	选修	36%
	专业知识	58%	若干专题	必修	40%
			若干专题	选修	60%
	专业能力	28%	若干专题	必修	75%
			若干专题	选修	25%
骨干教师	师德与专业精神	8%	若干专题	必修	38%
			若干专题	选修	62%
	专业知识	28%	若干专题	必修	44%
			若干专题	选修	56%
	专业能力	64%	若干专题	必修	92%
			若干专题	选修	8%
名师	师德与专业精神	10%	若干专题	必修	40%
			若干专题	选修	60%
	专业知识	40%	若干专题	必修	27%
			若干专题	选修	73%
	专业能力	50%	若干专题	必修	70%
			若干专题	选修	30%

2. 培训课程内容要求

培训课程内容将“师德与专业精神”“专业知识”“专业能力”三个维度再分解成模块、专题，每个模块有特定的性质要求，每个专题有规定的内容要点(表 7-110)。

表 7-110　培训课程内容方案

维度(领域)	模块	专题	模块性质	学时	内容要点	新教师	青年教师	骨干教师	名师
师德与专业精神	师德修养	《中小学教师职业道德规范》解读	必修	3	《规范》核心内容的分析及实践案例	√	√		
		教师职业价值观	必修	3	引导学员正确理解教师职业的价值观	√	√	√	
		如何成为一名合格的教师	选修	3	成为一名合格的教师应具备的知识、能力和素质	√			
		教育的理想与使命	选修	3	如何实现自己的教育理想，结合社会历史发展看教师的使命			√	√
		优秀教师先进事迹介绍	选修	3	优秀教师先进事迹的启示	√	√		
		教育家的师德情怀	选修	3	教育家的理想、事迹和人格境界			√	√
		师德热点问题和价值观的研讨	必修	3	责任心、尊重与关爱学生、身教言教并重、团结协作等			√	√
		如何成为一名学生喜欢的教师	选修	3	成为一名学生喜欢的老师应具备的素质和能力、知识结构	√	√	√	

续表

维度（领域）	模块	专题	模块性质	学时	内容要点	新教师	青年教师	骨干教师	名师
师德与专业精神	专业精神	《中学教师专业标准（试行）》解读	必修	3	分析《中学教师专业标准（试行）》中的核心内容，介绍一些实例	√	√	√	
		教师专业化发展的理论和实践	选修	3	教师专业化发展的内涵、各阶段特征、途径、方法	√	√	√	√
		骨干教师成长的路径	选修	3	骨干教师成长的有效途径、案例启示			√	
专业知识	教育教学理论	国家最新教育政策解读	必修	3	了解国家最新的教育政策、文件	√	√	√	√
		中学生心理	必修	3	13～18岁青少年的心理特征	√	√	√	√
		化学学习心理学	选修	3	化学学习动机、非智力因素、元认知对学习的影响	√	√	√	
		学习科学专题	必修	3	13～18岁青少年的脑与学习的关系	√	√	√	√
		认知心理学专题	选修	3	对人类心智—思维、推理过程、语言以及记忆的最新研究成果	√	√	√	√
		中学生心理案例研究	必修	3	一些典型的中学生心理案例研究	√	√	√	√
	专业知识	学科前沿	必修	3	化学与社会发展的国际最新科技前沿知识	√	√	√	√
		文献研究	选修	3	化学教学研究的最新文献解读和剖析	√	√	√	
		国外中学化学教材研究	选修	3	国外教材分析及与国内教材对比分析	√	√	√	√
		实验安全教育	选修	3	实验室危险化学品安全管理	√	√	√	√
		课题申报书撰写及课题研究方法	必修	3	全国教育科学“十二五”规划项目以及广东省教育科学“十二五”规划项目的申请、课题的研究方法			√	√
		教育教学研究和论文写作	必修	3	教育教学研究和论文写作的方法和案例分析	√	√	√	
	学科教学知识	实验创新设计	必修	3	介绍一些实验创新的典型案例和创新思路设计	√	√	√	√
		高中化学教材分析与课堂教学研究	必修	3	分析教学的重点、难点以及课标要求，如何落实课标和教学要求等	√	√	√	
		课堂教学评价	必修	3	如何有效地评价学生的学习效果和教师的教学效果	√	√	√	
		新课程理念下的高中化学教学	选修	3	高中化学教师对化学学科的现状和发展趋势的认识以及现代教育学和学科教学研究提供的新理念和方法	√	√	√	
		高中无机化学教学研究	必修	3	无机化学在整个中学化学体系中的地位与作用，无机化学知识结构分析、重点、难点，无机化学的教学策略。教学案例分析	√	√	√	
		高中有机化学教学研究	必修	3	有机化学在整个中学化学体系中的地位与作用，有机化学知识结构分析、重点、难点，有机化学的教学策略、有机合成的方法。教学案例分析	√	√	√	

续表

维度（领域）	模块	专题	模块性质	学时	内容要点	新教师	青年教师	骨干教师	名师
专业知识	学科教学知识	高中化学“化学反应与能量”教学研究	选修	3	化学反应能量在整个中学化学体系中的地位与作用、知识结构分析、重点、难点。教学策略。教学案例分析。该主题的高考核心内容。考核题型、赋分	√	√	√	
		高中化学“元素周期律”教学研究	选修	3	元素周期律在中学化学体系中的地位与作用，该主题的知识结构分析，教学策略、重点、难点。教学案例分析。该主题的高考核心内容。考核题型、赋分	√	√	√	
		高中化学“溶液中的离子平衡”教学研究	选修	3	溶液中的离子平衡在整个中学化学体系中的地位与作用，该主题的知识结构分析，教学策略、重点、难点。教学案例分析。该主题的高考核心内容。考核题型、赋分	√	√	√	
		高中化学“化学反应速率和化学平衡”教学研究	选修	3	化学反应速率和化学平衡在整个中学化学体系中的地位与作用，该主题的知识结构分析，教学策略、重点、难点。教学案例分析。该主题的高考核心内容。考核题型、赋分	√	√	√	
		高中化学“原电池”教学研究	选修	3	“原电池”在整个中学化学体系中的地位与作用，该主题知识结构分析，教学策略、重点、难点。教学案例分析。该主题的高考核心内容和考核题型、赋分	√	√	√	
		高中化学“盐类水解”教学研究	选修	3	“盐类水解”在中学化学体系中的地位与作用，该主题的知识结构分析，教学策略、重点、难点。教学案例分析。该主题的高考核心内容。考核题型、赋分	√	√	√	
		高中化学“氧化还原反应”教学研究	选修	3	“氧化还原反应”在整个中学化学体系中的地位与作用，该主题的知识结构分析，教学策略、重点、难点。教学案例分析。该主题的高考核心内容。考核题型、赋分	√	√	√	
		高中化学必修1“硫及其化合物”教学研究	选修	3	“硫及其化合物”在整个中学化学体系中的地位与作用，该主题的知识结构分析，教学策略、重点、难点。教学案例分析。该主题的高考核心内容。考核题型、赋分	√	√	√	
		高中化学总复习研究	选修	3	高中化学总复习的策略研究			√	√

续表

维度（领域）	模块	专题	模块性质	学时	内容要点	新教师	青年教师	骨干教师	名师
专业能力	教学设计能力	学员说课、专家点评	必修	12	学员分小组说课、专家点评	√	√	√	√
		观摩听课、评课	必修	9	带学员去名校观摩名师的课，专家点评	√	√	√	√
		教师领导力	选修	3	有效的课堂管理和教学设计			√	√
	课题研究能力	文献研究	选修	3	学员进行文献研究、汇报，专家点评	√	√	√	
		课题研究	必修	6	学员开展课题研究，专家指导			√	√
		论文答辩	必修	12	学员论文答辩			√	√
	实验创新能力	国外创新实验操作	选修	6	导师或名师指导学员做国外（如剑桥实验）创新实验、体验国外创新思想			√	√
		国内实验创新设计操作	选修	6	导师或名师指导学员做国内创新实验、体验创新思想	√	√	√	√
	课堂实践能力	跟岗学习	必修	120	学员跟岗到省级教师工作室，专家指导			√	
	教学反思能力	教学反思研讨、交流	必修	3	反思个人及职业学习和对学习作出积极的反应	√	√	√	√
		学员对话交流	必修	3	组织学员在同行之间就教学和学习方面进行对话交流	√	√	√	√

（五）培训实施方式

1. 培训课程开发与管理

（1）培训课程开发的方法

根据20世纪90年代末由加拿大研究开发的能力本位教育模式可知，课程开发的方法应利于中学教师的职业岗位能力的提升，分析对象应定位于某一具体的职业岗位，应根据需要培训的专项能力的要求设置课程模块。

（2）提供分层次的培训模块内容

广东省珠三角地区和山区经济发展的不平衡，造成了学员的层次和素质有较大差异。因此培训的内容要分层次设计不同的课程模块，供学员根据自己的需求和兴趣选择，给每个模块设定学分，学员只要完成规定的学分，考核合格就可以完成学习任务。

（3）培训内容的设计要有实用性

培训内容的设计要满足学员的需求，培训内容应该是引领学科发展的最新知识、最新的教育教学理论和理念以及教学中的热点、难点和疑惑问题的解答等。调查结果表明学员希望培训内容中理论少一点，实践多一点；作业少一点，辅导多一点；脱离实际少一点，结合教学实际多一点。课程资源开发要以“新课程、新知识、新技能、新技术”和“师德”为主要内容。培训内容应最大限度地贴近教学实际。

(4)学科前沿模块

随着科技日新月异的发展，高中教师特别是教龄较长的教师，在大学所学的专业理论有些已经陈旧。学员原有的知识结构需要不断更新，与时俱进。因此高中教师的培训课程中，不能缺少学科前沿知识培训，应开拓学员的视野，使学员及时了解国内外学科前沿动态，对于启迪学员的创新思维、增强学员的专业理论知识起到很大的促进作用。

(5)培训中的生成性资源模块

在培训过程中，不仅要把学员看作“对象”“主体”，还要把学员看作教学“资源”的重要构成者和生成者，而专家和辅导教师在培训过程中的角色，不仅是“对话者”、学习的“指导者”、学业的“评价者”，更重要的是培训过程中呈现出的信息“重组者”。只有专家或辅导教师对学员在培训中的及时反馈进行及时总结、及时调整，在培训中不断形成新的培训资源，使培训学员的优质资源和思想火花被及时应用到培训中，才能使培训过程真正呈现出动态生成的创生性质，使培训过程中实现专家或辅导教师与学员之间，以及学员与学员之间积极、有效、高质量的全方位互动。生成性资源是提供学习者互为资源的重要途径，有利于推动信息沟通和资源分享。应努力为每个学员的主动参与提供广泛的可能性，让培训过程充满生命气息，让学员“活”起来，提升培训的针对性和有效性。

(6)论文写作模块

一线教师因为教学任务繁重忙于日常的教学事务，常常忽略了教学研究。现在有些中学特别是重点中学的教师，开始认识到教学研究对于教学工作的重要性，对要求培训论文写作的呼声很高。有些学员写论文无法下手，主要是很少读文献。在培训中引导学员发现自己教学中最迫切需要解决的问题，通过发现问题—提出问题—探究问题—讨论问题的研究模式引导学员学会研究教学中的问题，提出自己的观点和解决的方法，写出初稿，专家进行指导。逐步培养学员养成在教学实践中反思，勤于动笔，经常读文献的良好习惯。让思考和写作成为一种习惯，从写论文中体会到的不仅仅是一种过程的辛苦，更多的是成功的喜悦和思考的乐趣和由此带来的工作热情。

(7)学生发展模块

设置学生发展模块，培训中结合脑科学、认知科学、教育学、心理学的最新理论成果，培训学生发展的研究，特别是学生学习规律、学习心理的研究以及中学生生理学与学习的关系的研究。这使得对高中生的认知发展的水平、高中生对多样化教学方式的需求以及21世纪条件下学生成长对教育的要求有了全新的认识。

2. 培训教学方式

培训要重视理论与实践相结合。培训形式灵活多样，生动活泼，尤其是设计案例研讨、交流互动、课例开发、说课评课等教师们喜闻乐见的实践性环节。通过实践探究，使教师们获得切实的体验和感悟。强化协同性过程指导和管理，加强各培训环节的跟踪性指导与过程性考核。

3. 教师培训考核管理

教师培训考核是培训管理不可或缺的工作。全方位考核学员素质能力提升程度是教学评估工作的延伸，也是检验培训实效的重要载体，着重从学员自评、互评，知识掌握与转化运用，素质能力提升等全面考量。

(1)学员自我评价

着重从理论掌握与认识提高、知识的更新、观念和思维方式的转变、眼界和思路的拓展、心智模式的改善(情商)、学习力的提高、岗位认知和对履职尽责的新思考、新举措等方面，用量表的形式，组织学员开展自我评估；围绕学员的学习态度，参与教学活动的积极性、主动性以及现实表现，支持配合小组、班级管理以及遵守纪律情况等开展学员的相互评估；针对学员自评、互评数据进行分析对照，客观地考察学员的培训表现，考量学员素质与能力的提升程度。

(2)项目组跟踪考核

培训期间，项目组坚持全程跟班听课制度，尤其是通过研讨交流、学员论坛、演讲赛、论文答辩赛等学员自主性教学环节，更加全面翔实地考察学员学习态度与综合表现。采取课前点名或签到、课堂检查、课后抽查等方式严格考勤，并定期核对、公示学员出勤结果，对学员遵章守纪的情况跟踪考核。坚持点面结合，从学员个人参与、小组综合表现两个维度实施培训全过程考核，既深度关注个体发展，又积极引导团队精神的培育、学习型班级的构建；把小组集体教学活动参与情况，主要包含学员开题报告、文献演讲赛、论文答辩、实验操作、实验创新研究成果、实验视频、张贴创新实验的海报、优秀经验分享活动等纳入考核指标体系；同时，坚持个人考核成绩与小组考核结果相结合，按照小组集体教学活动参与实际得分，科学分配各小组评选优秀名额。

(3)创新考核方式，检验培训实效

考核坚持突出实验研究主题，围绕培训目标，采取学前测试、学后考核、课堂教学、辩课、论课、研究论文和答辩，对学员的综合素质能力进行全方位的考核。具体的量化考核可施用《教师培训考核表》(表 7-111)。

表 7-111　教师培训考核表

培训学员______　初中______　高中______　学科教师______　总分______

指标及权重	考核内容	满分	得分
考勤	学员在培训期间的考勤	10 分	
专题讲座反思报告	学员听完每个专题讲座后的反思	10 分	
说课、辩课、论课		10 分	
论文	学员在培训结束时提交一篇实验创新研究的论文、实验操作视频	20 分	
岗位实践阶段	学员在自己所在学校完成培训规定的任务、根据所提交材料考核	10 分	
论文答辩		10 分	
跟岗阶段表现	由基地学校的实践导师考核	20 分	
学员自评		5 分	
学员互评		5 分	

四、教师培训工作质量评估

(一)培训质量评估的理论

1. 教育评价学

教育评价学是以教育为对象，研究教育目标以及相应的教育现象之间的关系等，并给予价值判断的学科；教育评价学构建在教育测量学和教育统计学基础上，在学科体系上主要由教育评价的基本概念、基本理论、指标体系、评价程序与方法等构成，是一门应用性学科。教育评价涉及的范围很广，包括学员评价、教师评价、教学评价、课程评价、对培训机构评价等方面。

2. 系统方法论

系统方法作为一种综合方法，强调整体性、综合性观点，注重从整体上研究事物的结构、层次、过程、关系和信息反馈等。依据系统方法论在进行教师培训质量评价时，首先要把事物看成一个由若干相互联系、相互依存、相互作用的要素组成的，具有特定功能和运动规律的整体系统，而不是各部分的简单组合。只有从系统内的部分与部分之间，以及系统与环境之间的相互联系、相互作用中进行整体性考察，才能科学地把握事物。系统方法论中的系统是按一定的层次结构组成的复杂的等级系统，不同结构具有不同的功能，组成系统的整体具有新的质的特征，它不等于各组成部分的总和。也就是说，系统内各要素的局部优化，不等于系统整体的优化，整体功能的大小取决于组成系统的结构是否合理。因此我们在研究整体结构时，要力图利用系统整体中各成分相互联系、相互作用所提供的“附加量”来发挥和提高整体功能，避免用孤立、片面、静止的观点和方法来研究教育。系统方法论所揭示的整体性，以及整体内部关系的观点和方法，合乎教师培训质量评价指标体系，及其内部各评价要素之间关系的实际。利用现代系统论方法进行教师培训质量的评价时，把培训过程作为一个系统，全面地研究其各种要素、结构和功能，揭示这些要素之间必然的、有规律的联系及其在特定结构中的地位和作用。在分析培训过程中各个环节基础上提出的优化的方法体系，把培训过程作为整体系统，细致地分析内部、外部各种条件，如时间、地点、培训组织管理、师资、培训模式、培训形式、培训对象、环境、培训后勤保障、学员反馈等，在比较、优选基础上设计最好的培训质量评估方案，实施后进行效果检验，从而进一步对培训质量评估系统进行调节和控制。

3. 马斯洛的需要层次理论

马斯洛认为，人是有需要的动物，人的需要是按重要性的等级排列的，人就是为满足需要而不断工作的。马斯洛把人的需要分为五个等级：生理的需要；安全的需要；爱的需要；尊重的需要，它包括自尊心，自信心，对能力、知识、成就和名誉地位的需要，能够得到别人的承认和尊重等；自我实现的需要，这是最高一级的需要，指一个人需要做他适宜的工作，发挥他最大的潜在能力，表现个人的情感、思想愿望、兴趣、能力意志和特性，实现自己的理想，并能不断地自我创造和发展。这五个等级中最后两种需要是高级需要，是人的发展的持久性的动力。人们的注意点已经从较低级的需要转向较高级的需要，有越来越多的人希望获得尊重的需要和自我实现的需要。教师培训是教师专业化发展的一个重要组成部分，教师在参加培训前自觉地根据内在成长需要和动力，结合个人生活实际，想通过培训提升自身的专业精神、专业知识和专业技能，完成自我价值的实现。因此评估培训质量高低的一个重要组成部分就是评价培训课程内容是否能满足学员的要求和期望。

4. 终身教育理论

终身教育是当今世界教育的大趋势，要求用“贯穿一生的教育”逐步替代“管用一生的教育”。终身教育的提出，从社会方面来说，社会快速发展，使得人们不可能在完成一次正规教育后便能应付一生的各种挑战。同时，新技术革命突飞猛进，使得劳动者只有不断地更新自己的知识和技能，才能适应生产发展的需要。从个人角度来说，现代社会政治、经济、技术和文化的不断进步，使得人们发现自己总是置身于一个急剧变化的社会中，而担负着一定社会职能的个人，只有连续地进行适时训练或再受教育才能胜任自己的社会职责，才能免遭落伍。

(二)培训质量评估的目标

运用培训质量评估的相关理论，科学准确地评估培训的质量水平所建立的评估指标能反映培训质量的实际水平和促进教师的专业发展。要贯彻教育评价的科学性原则，首先，要求评估要有科学的态度。一切以事实为依据，按照客观规律办事。其次，要求评估要有科学的指标和标准，即评估标准的选取要有科学的根据。另外评估要有科学的技术和方法，评估方案的设计、信息的采集、结果的合成与处理等要具有可靠性和有效性。培训质量评估强调面向未来，以发展为目的。其最终目标是促进培训机构提高培训质量、促进教师的专业化发展，为今后教师的培训工作指明努力的方向。因此，在确定评估目标、评估标准、评估程序、评估方法等环节上，既要符合教师培训工作的特点，又要充分考虑把培训工作发展的需求结合起来，最大限度地发挥教师培训质量评估的导向功能。

(三)培训质量评估的内容

评估的指标内容对被评对象起着指挥棒的作用。培训质量评估要以现代教育理论和现代教育评价理论为指导，其评估目标、评估标准、评估方法等不仅要符合教育规律、教学原理、教师的职业特点和心理特点，也要能被全体评估者和评估对象所接受。评估的指标必须是具体化的目标。指标要素之间要避免重叠和相互包容，要具有整体完备性，即指标体系能完整地反映教师培训工作的各个方面，而且权重设置也应适宜，既要注意同级指标之间的相互独立性，又不使之偏颇。指标体系中的指标要全面反映培训工作的实际水平，不遗漏任何一项重要的指标。评估的结果客观、可信，评估信息的搜集也应完备。要抓住主要因素，舍弃次要因素，突出目标的本质属性。

(四)培训质量评估的方法

评估的方法要力求科学合理，评估设计的指标和标准在内容和形式上要简化、力求简单明了，便于操作。指标和标准进行评估以后所得到的评定结果具有可比较的性质。评估的方法切实可行，要求有足够的信息可以利用。设计的指标系统必须从实际出发，不能主观臆测。要符合被评对象的实际水平，不能过高或过低。总之，指标体系的建立必须慎重，建立的指标体系既要反映培训的全面情况，又要便于推行。

(五)培训质量评估指标体系构建

评估指标及指标体系的科学性是获得准确评价信息的前提条件，初选指标体系必须进行完善，以保证每一个指标的合理性和可行性，以及整个指标体系的完整性、系统性。我们根据这一理念制定本研究方案。具体过程是依据教师培训的内容，结合化学学科的特点，搜集大量相关文献资料进行分析，以便收集评价指标。根据收集的指标编制成问卷进行调查，对回收的问卷采用因素分析法提取关键性指标，对提取的指标进行专家咨询，根据专家的意见或建议对指标进行修订，最后对指标的科学性和可行性进行检验。

(六)制定培训质量评估的研究方案

1. 培训质量评估指标体系设计流程

培训质量评估研究的核心部分就是设计科学、合理、可行的中学化学教师培训质量评估指标体系。要设计好一个指标体系，除了必须非常熟悉被评估的对象，深刻了解社会及教育主管部门对被评对象的要求外，还必须掌握设计指标体系的技术和方法。设计指标体系的过程如图7-11所示。

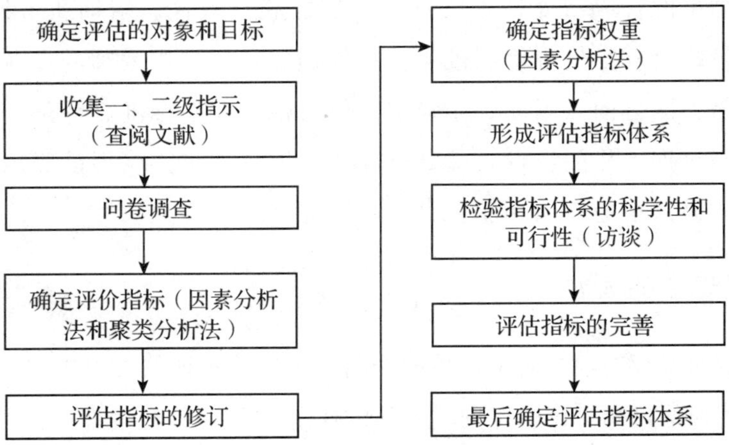

图 7-11　设计评估指标体系的过程

2. 评估具体操作过程

第一步，确定评估的对象和目标。此研究是构建中学化学教师培训质量评估指标体系，该评估方案是用来评估中学化学教师培训质量的情况，通过评估提供的信息，使教育主管部门和教师了解到教师培训质量中存在的优势和不足，从而确定评估的对象和目标。

第二步，收集一、二级指标。通过查阅文献，分析教师专业发展的含义、了解当前国家和省对中学教师继续教育的文件精神、结合化学学科特点收集一级指标。通过参考国内外有关教师专业发展、教师教育、教师培训、《中学教师专业标准(试行)》的内容，结合《化学教学论》《普通高中化学课程标准(2017年版)》以及《义务教育化学课程标准(2011年版)》等文献资料，收集二级指标。

第三步，问卷调查。根据收集的二级指标来编制调查问卷，请高等师范院校化学教学论专家、教研员以及中学一线教学名师对评估指标做进一步的筛选和修改，并对这些指标的重要性进行排序，确定各级指标的内涵及评估的方法。

第四步，评估指标的修订。根据问卷调查中专家提供的建议对部分评估指标进行修订。

第五步，确定评估指标。问卷回收后采用因素分析法，对所有指标做进一步的分析综合，以便取主舍次、去难存易、归类合并、筛选淘汰、根据专家的建议对部分指标进行修改，从而确定评估指标。

第六步，确定指标权重。根据前面问卷调查中的数据，采用因素分析法确定评估指标的权重。

第七步，形成评估指标体系。将评估指标及权重整理成表格的形式，形成初步的评估指标体系。

第八步，检验指标体系的科学性和可行性。根据初拟的评估指标体系来编制访谈提纲，请中学化学教学专家对评估指标体系的科学性和可行性提出自己的看法。

第九步，评估指标的完善。根据访谈中专家提供的建议，对指标进行修正与完善。

第十步，最后确定评估指标体系。根据专家的建议对指标体系进行修改与完善，从而形成最后的评估指标体系(表 7-112)。

3. 中学化学教师培训工作质量评估指标体系

表 7-112 中学化学教师培训工作质量评估指标体系

一级指标	二级指标	指标解释
培训方案的制定 10%	培训目标(2 分)	培训目标明确，主题突出，符合教师专业化发展的要求
	培训内容(5 分)	培训内容设计科学、合理、针对性强、有前瞻性，整体在同类培训院校中处于领先地位
	培训措施(3 分)	培训计划措施具体、保障有力
培训特色与协同创新 10%	培训特色(3 分)	培训模式改革创新、特色明显、培训资源共享、协同创新机制等方面有系列综合改革的研究与实践，具有较好的指导意义和可推广性
	培训的基础和社会声誉(4 分)	培训单位在过去承担的培训项目的级别、类型、数量、培训效果和社会声誉
	与中学协同创新培训基地数量(3 分)	已有的、与名牌中学协同创新培训基地的数量
培训师资队伍 20%	培训师资队伍结构(10 分)	培训师资中教研员或一线名师比例 30%以上(5 分)，省外专家 2、3 人(2 分)，本校以外专家比例 50%以上(3 分)
	培训师资队伍资质(10 分)	培训教师资质和国内影响，教授(含中学正高)比例达 30%以上(7 分)，在国内有影响的师资(院士、千人计划、长江学者特聘教授、珠江学者、省市领军人才、“千百十人才工程”省级以上培养对象，教育部专家、省外的国内知名专家等)(3 分)
培训内容 20%	师德(5 分)	以《中学教师专业标准(试行)》为指导，有针对教师专业精神提升的培训模块
	专业知识(10 分)	培训的内容能满足学员的需求、针对性强、有教育教学最新理论、学科前沿知识和专业理论知识的提升的培训模块
	专业技能(5 分)	培训内容中有课堂教学能力的提升：如观摩听课、试讲、评课等实践环节、跟岗培训、教育科学研究能力、实验操作能力、教学诊断能力、教学评价力和学情分析能力等的培训模块

续表

一级指标	二级指标	指标解释
培训效果 20%	培训考核(5 分)	对学员的考核方案科学、合理、可行
	培训问卷调查(15 分)	有培训学员的问卷调查及分析，并且学员的满意度在 90%以上(12～15 分)，80%以上(10～12 分)，60%以上(9 分)
培训方式 5%	培训方式(5 分)	培训形式多样化，有学员互动交流、实践环节
培训组织管理 5%	培训组织管理(5 分)	培训组织管理科学、合理、机制创新，管理到位、服务周到细致
培训后勤保障 5%	培训后勤保障(5 分)	培训场所设备先进，食宿条件优良
培训后跟踪指导 5%	培训后跟踪指导(5 分)	培训后跟踪指导有计划和措施，执行良好，有学员反馈资料

>> 第九节　音乐教师培训课程研究 <<

一、音乐教师培训课程研究的背景

(一)课程与教学改革发展的新要求

教育部 2001 年印发的《基础教育课程改革纲要(试行)》，引发了新一轮的基础教育课程与教学改革。随后，教育部先后颁布《全日制义务教育音乐课程标准(实验稿)》《普通高中音乐课程标准(实验)》《义务教育音乐课程标准(2011 年版)》以及《普通高中音乐课程标准(2017 年版)》，这些举措标志着音乐课程改革和课标新教材使用进入新的历史发展阶段，对中小学音乐教师的专业素质和专业发展提出了新的要求。

教师继续教育是促进教师专业发展的一种重要方式，它是政府有目的、有计划、有组织地对已获得教师任职资格的教师，所实施的促使其专业发展的学历性和非学历性的教育活动的总称。新时期教育改革与发展对教师整体素质提出了新的要求，加强教师培训工作是提高中小学教师队伍整体素质的重要举措，对于推进义务教育均衡发展、促进基础教育改革、提高教育质量具有重要意义。在这种背景下，应该提供怎样的培训课程才能适合中小学教师专业发展需求，是一个亟待研究的课题。

(二)音乐教师专业发展的需求

新课程实施以来，各级政府教育部门和学校就十分重视教师教育，由教育部到各级地方院校组织各种类型的教师培训，各省、市教育部门每年都有针对各地教师的岗前培训、骨干教师培训等。特别是从 2010 年开始，财政部、教育部启动大规模“中小学教师国家级培训计划”，全国各地参加全员培训、各类培训的教师大幅增加。

“中小学教师国家级培训计划”，简称“国培计划”，由教育部、财政部于 2010 年开始全面实施，是提高中小学教师特别是农村教师队伍整体素质的重要举措。它包括“中小学教师示范性培训项目”和“中西部农村骨干教师培训项目”两项内容。2010—2012年中央财政每年投入5.5亿元支持“国培计划”的实施。“中小学教师示范性培训项目”是由中央本级财政每年划拨5 000万元专项经费进行支持，教育部直接组织实施面向各省(市、区)的中小学教师示范性培训，主要包括中小学骨干教师研修、培训团队研修、中小学教师远程培训、班主任教师培训、中小学紧缺薄弱学科教师培训等示范性项目。项目将为全国中小学教师培训培养骨干，作出示范，并开发和提供一批优质培训课程教学资源，为“中西部农村骨干教师培训项目”和中小学教师专业发展提供有力的支持 。“中西部农村骨干教师培训项目”主要包括农村中小学教师置换脱产研修、农村中小学教师短期集中培训、农村中小学教师远程培训。该项目是在教育部、财政部统筹规划和指导下，2010年由中央财政安排专项资金5亿元，采取转移支付的方式支持中西部省份按照“国培计划”总体要求实施的。在对中西部农村义务教育教师进行有针对性培训的同时，引导地方完善教师培训体系，加大农村教师培训力度，提高农村教师的教学能力和专业水平。

2011年，教育部培训工作的总体目标是以实施“国培计划”为抓手，推动各地通过多种有效途径，有目的、有计划地对全体中小学教师进行分类、分层、分高培训。五年内，对全国1 000多万教师进行每人不少于360学时的全员培训；支持100万名骨干教师进行国家级培训；选派1万名优秀骨干教师参加海外研修培训；组织200万名教师进行学历提升；采取研修培训、学术交流、项目资助等方式，促进中小学名师和教育家的培养，全面提升中小学教师队伍的整体素质和专业化水平。由此可以看出，中小学音乐教师专业发展呈现出较大的提升空间。

(三)国内外音乐教师培训课程比较分析

音乐教师继续教育，是国家教育系统对音乐教师进行有计划、有规模的促进音乐教学的培训。目前来看，由于组织者不同以及培训目标不同，培训课程的安排也各不相同。

1. 国外的教师继续教育

综合针对国外继续教育的各种文献研究，我们发现许多国家在以下四个方面具有普遍共性，极具特色，值得我们学习和借鉴。

第一，把中小学教师的在职培训和提高教育当成一种持续性教育活动，长期坚持。

第二，培训政策配套，培训经费使用到位。

第三，在职培训模式切合各地中学教师的实际，具有实际效应。

第四，能根据中学教育发展实际，不断研究和发展中学教师在职培训教育活动，使其形成社会共识，逐步完善并得到发展。①

2. 我国的教师继续教育

在推进“国培计划”的“中小学教师示范性培训项目”和“中西部农村骨干教师培训项目”的同

① 易长发：《外国中学教师继续教育培训模式例析》，载《比较教育研究》，1999(3)。

时，我国也借鉴了国际上教师教育的经验，结合我国实际情况，确立了教师终身教育的思想和机制。

中小学音乐学科的培训课程内容包括以下五方面。

第一，专业理念与师德。

第二，通识性知识，如传统文化与音乐、西方文化与音乐。

第三，教育学与心理学方面，如中小学学生生理发展需求与音乐审美心理发展特征等。

第四，学科知识，也是最重要的一部分，包括新课程标准的解读、合唱、声乐训练、即兴伴奏等实践操作方面的知识。

第五，教学研究方面，对教学实践校本科研特色的研究等。

幼儿园教师培训则主要包括以下四方面。

第一，幼儿教育与师德。

第二，幼儿心理学。

第三，幼儿教育学。

第四，学科知识。区别于中小学，专业知识主要集中在教学法这一模块，包括奥尔夫音乐、达尔克罗兹体态律动等各种国外先进的音乐教学法体系，以及游戏教学的方法和教师基本技能钢琴即兴伴奏等方面。

二、音乐教师培训的实施

1989 年，国家教委颁发《全国学校艺术教育总体规划》(以下简称《总体规划》)，它是我国第一个全国学校艺术教育的纲领性文件，提出了教学、师资等方面的具体要求。《总体规划》出台后，各地师资培训相继开展。

(一)国家级音乐教师培训相关政策与实施

1993 年，国家教委社科与艺术教育司主办“93 全国省级音乐教研员培训班”，来自全国大部分省市的 20 多名音乐教研员参加了这次培训。

1997 年，国家教委艺术教育委员会组建“艺术教育专家讲学团 ”，开展骨干艺术师资的培训工作。期间，青海省、河北省都举行了省级骨干教师的培训。

2000 年，教育部主办的全国国家级骨干教师培训班正式开班。这期的国家级音乐骨干教师培训由首都师范大学和西南师范大学(今西南大学)承办，共有全国各省市的 170 余名教师参加了培训。

2007 年 4 月至 2010 年 6 月，中央音乐学院音乐教育系举办北京市骨干音乐教师培训班，分三期进行培训。课程设置：合唱、视唱练耳、身体与动作、教学法、中国音乐教育史、西方音乐教育史、钢琴即兴伴奏、元素性音乐创作、教材研读、小型乐队编配、综合能力课。

中小学音乐教师培训是“国培计划”的一项重要内容，通过创新培训机制，采取骨干教师脱产研修、集中培训和大规模教师远程培训相结合的方式，对中西部农村义务教育骨干教师进行有针对性的专业培训。2012年开始，又增加了“幼儿骨干教师培训项目”。

“国培计划”中的音乐教育培训课程，主要推广“学校音乐教育新体系”。该体系树立以人为本的教育理念。明确素质型学校音乐教育新体系的基本理念就是进行以人为本的音乐素质教育，强调音乐教育应以人为本，而不是以乐为本；不应以传授音乐知识、掌握音乐技能为目的，应注重培养学生感受音乐、表现音乐、理解音乐的能力，让音乐为学生快乐服务，为学生健康成长服务。

培训内容主要围绕学校艺术教育专题讲座、合唱教学法、合唱训练法、合唱指挥法及合唱指挥实践进行研讨学习。项目主要采用“集中培训”方式进行。各环节独立教学，教师讲授与学员互动相结合，专业知识与教学技能实践相结合，专题讲座与个案分析相结合，采取多种方法开展培训。

普教班培训课程包括视唱、钢琴即兴伴奏、教学法、奥尔夫乐器、合唱指挥基础、中外音乐分析、音乐与动作、乐队指挥等。幼教班培训课程包括音乐活动与游戏、体态律动等，培训课时为120学时。

课程设置有新体系歌唱教学、音乐与动作、音乐与舞蹈、教学法、钢琴即兴伴奏、奥尔夫乐队编配、音乐作品分析、合唱与指挥。

(二)省、市、校级培训文件及实施情况

2000—2016年，全国各省、市都非常重视中小学及幼儿园的教师培训，多个省、市每年都举办省、市级中小学音乐教师的培训，特别是2008年国家计划实施“国培计划”以来，全国各地都响应中央的号召，除了在各地办好培训之外，也围绕“国培计划”每年举办各省、市的培训计划。

以广东省为例，“十一五”期间，全省组织了12万名新课改骨干教师培训，有9 000多名中小学学科骨干教师参加了省级培训，40余万名教师参加了教育技术能力项目培训；2011年至今，仍在进行每年的中青年骨干教师培训，培训的学时由之前的240学时增加到不少于360学时。继续教育概况如下。

1. 2004年，开展一轮中小学教师培训工作

2004年8月，省教育厅发布了2004年至2007年广东省中小学教师继续教育计划，规定中小学教师新一轮全员培训时间不少于240学时(新教师岗前培训不少于120学时)，其中每年参加培训时间不少于48学时。具体学时分配：师德与专业培训60学时，新课程培训60学时，校本培训60学时，信息技术应用培训60学时。

2. 2005年，开展中小学骨干教师省级培训

2005年9月开展的中小学骨干教师省级培训，对象除中小学教师外还包括幼儿园教师，培训总人数(音乐学科包含其中)2 000名，培训时间为1年，集中培训一个月。同时采取教育考察、利用远程教育手段进行跟踪指导和开展教育科研。

同年华南师范大学负责组织普通高中新课程骨干培训者国家级和省级研修班，其中包括音乐教师省级研修，培训时间为5天。

3. 2006年，举办普通高中新课程骨干培训者省级研修班

2006年6月省教育厅举办了全省普通高中新课程骨干培训者省级研修班，其中音乐学科50人，由华南师范大学负责，研修时间为4天。

4. 2007年，组织中小学骨干教师省级培训

2007年7月省教育厅组织了广东省中小学骨干教师省级培训，培训对象为中小学(包括中职、幼儿园)在职教师，培训总人数2 000人，其中初中音乐教师50人，幼师50人。

5. 2008年，印发《关于进一步加强我省普通高中教师继续教育工作的意见》

2008年10月，广东省教育厅印发《关于进一步加强我省普通高中教师继续教育工作的意见》，要求新任教师在试用期内培训时间累计为120学时；在本周期内教师职务培训累计时间不少于240学时，其中教师教育技术能力培训不少于50学时，校本培训不少于40学时。

6. 2009年，认定一批省级中小学教师继续教育校本培训示范学校

2009年2月，省教育厅认定了广州市东风西路小学等371所学校为首批广东省中小学教师继续教育校本培训示范学校。

同年，省教育厅印发了《广东省中小学骨干教师省级培训(2009—2013年)实施方案》，要求该周期内在全省遴选3 000名左右的中小学骨干教师分期分批进行省级培训，采取省市县共建的方式在全省成立100个左右的“名师工作室”，通过省级培训的实施，建立起我省高校、市县教师培训机构、中小学“名师工作室”三位一体的省级中小学骨干教师培训培养体系，提高中小学骨干教师培训的质量和效益。

7. 2010年，委托高等院校组织中小学骨干教师省级培训

广东第二师范学院和华南师范大学负责组织广东省中小学骨干教师省级培训，有1 000名中小学骨干教师参加了培训。

8. 2011年，确定首批广东省中小学教师培训实践基地

通过评选，2011年9月省教育厅确定华南师范大学附属中学等200所中小学，为首批广东省中小学教师培训实践基地。实践基地的任务为承担中小学新任教师培训，承担中小学骨干教师跟岗学习任务，承担省教育厅组织的中小学教师的教学观摩和考察交流等活动。

9. 2012年，成立广东省中小学教师培训中心

广东省中小学教师培训中心在华南师范大学成立。该中心将建成以师范大学为主体、综合性大学等多方参与的教师培训体系，形成教师培训机构的整体合力，全面提升教师培训的整体质量和水平。

三、音乐教师培训课程研究现状

随着我国教师继续教育的提出与发展，许多学者纷纷从各个方面对教师继续教育问题展开一系列探讨，并取得了许多研究成果。其中，主要的研究内容有以下几个方面：关于教师继续教育定位的认识，关于教师继续教育内容的确定，关于教师继续教育方式方法的探索，关于教师继续教育师资队伍的思考，关于教师继续教育评估的研究。从培训性质来看，由侧重学历教育转向非学历教育；从培训内容来看，由侧重教材教法转向教师专业发展；从培训机构上看，由单一封闭转向多元开放。这些方面的转变，都推动着我国教师继续教育的专业化发展。①

(一)2010年之前以省为主的音乐教师培训

2003年开始，我国各地都逐步建立起教师培训制度，有机构、有计划、有部署地组织实施。2010年之前，省级培训多以国家下达的政策文件为指导，由省、市、区各地的教育专家组成团队，对各地区的中小学教师进行培训。培训多由省、市、区各级教育部门主管，培训项目一般都会根据本地实际需要确定。文献表明，这一时期我国中小学音乐教师继续教育培训模式主要有四类：以获得学位或证书为主要目的的“课程本位”模式，以掌握教学新方法、新知识为主要目的的“教师本位”模式，教师任职学校自发组织的“校本培训”模式，各单位、机关之间的“协作培训”模式。

四种模式中又以“校本培训”模式为主要继续教育形式。“校本培训”模式关乎学校对培训工作的态度与能力，对课程的多样性与选择性、音乐教师参与的积极性与自主性，都有较高的要求。在“国培计划”实施之前，各地的培训工作虽然都有条不紊地进行着，但缺乏资源的整合和统一的管理。这种类型的培训的优点是更能突出地方特点，能够较好地利用地方优势。如某些地区民族音乐发展得比较好，或相关专家比较多，可能这一地区就比较关注这方面的相关培训，但对其他方面可能就有所忽视；同时，这种地方性的培训可能缺少各地之间的交流、学习，培训过于重视“点”而对“全面性”涉及不够。

(二)2010年之后音乐教师培训的改革与发展

2010年开始，“国培计划”在全国范围全面实施，给了各地音乐教师培训明确的指导方针和培训方向，使全国中小学、幼儿园音乐教师培训有了宏观的、整体的、清晰的培训目标和培训计划，将音乐教师培训的“点”与“面”结合了起来。实施“国培计划”之后，各级各类音乐教师培训的培训方式和培训课程紧密地结合在了一起，音乐教师培训更加系统了。文献研究结果显示，2010年之后，音乐教师对于“教师继续教育”这方面的相关论文以及教学日记、心得体会日益增多。综合各类文献，“国培计划”在政策上最重视的、最大的优势，就是更加注重培训资源的开发、整合和利用，同时积极创新教师培训模式和方法，充分完善和补充了此前各地组织教师培训时所存在的问题与不足。特别是“示范课”方面，为各地音乐教师培训做了非常好的模范，让各地教师更透彻地领悟了“新体系”音乐教育的宗旨和教育方式，使各地教师培训有模范可以学习。而各地的音乐教师培训作为“国培计划”的有效补充，更科学、更有效、更体系化了。同时，文献研究还显示，广大教师对于教育部门近年来所举办的培训还是持肯定态度的。对于培训心得、感受方面，更多地体现在音乐教师网络的个人主页和教学日记上。

---

① 唐一笑：《湖南省湘潭县农村中小学音乐教师继续教育研究》，硕士学位论文，湖南师范大学，2010。

1. 培训的主要内容与特点

教育理念的更新：让音乐属于每一个学生。教学内容的更新：以音乐的艺术性活动过程为主要教学内容；以学生获得感性经验为主要教学目的；以自主情感体验为关键教学环节；以内心音乐联觉为重要音乐能力；将音乐实践活动作为主要教学方法；认识到“终身学习”对于中小学音乐教师的重要性；不断反思，加强深刻钻研、不断创新的动力。

2. 培训时反映出来的主要问题

培训过于强调普适性，忽略针对性①；培训时间短，培训任务重；培训课程需细化。

目前，各级教育部门所组织的培训，多以“综合能力”作为培养目标，因此，在课程设置上，综合课程为主要内容。以“国培计划”为例，“新体系”的即兴伴奏和歌唱教学，要求教师视唱、弹奏、多声部演唱等多方面均有一定能力，在“综合素养”的基础上，建构一种真正意义上的新体系音乐课。但是在教学第一线，还有相当部分音乐教师在基本技能方面存在单一或不够灵活等专业能力缺失的问题，在此基础上建构“新体系”的音乐教学就存在一定困难。这就要求教师本人在某些薄弱单项上入手，提高基础水平之后才能达到真正的综合。而这些单项的培训，教育部门是比较少涉及的，目前这些方面的培训，更多地依靠社会培训承担。

综上所述，音乐教师培训对于音乐教师在教学理念和教学方法等方面提升自己、不断更新知识与技能有非常重大的益处。毋庸置疑，各类教师培训的内容与形式都应当丰富多样，各级各类培训还应更加紧密地结合“国培计划”，更有计划性、更加针对地方特点组织实施。

四、音乐教师培训课程方案

(一)课程性质

中小学音乐教师培训课程服务于中小学在职音乐教师，着眼于音乐教师的专业发展。作为教师教育课程的内容之一，培训课程一方面是对职前教育的深化理解和应用，另一方面又是在实践中对音乐教育的不断提高和创新。中小学教师通过培训课程的学习既要丰富教育基本理论知识和音乐教育发展的新知识，又要提高教学技能和各项基本能力，同时，还要不断提高教师职业道德修养，成为新时期音乐基础教育改革的中坚力量。

(二)课程基本理念

1. 促进教师专业发展

提高教学设计和实践能力，结合地区教学的实际情况，探索符合其地区特点的中小学音乐教学改革，将音乐理论、学科知识、专业技能等内容融入自身教学实践，熟练运用现代教育技术进行教学设计，学习优质、科学的教育教学方法、模式，形成自己的教学特色，成为具有更

① 李洪玲：《中小学音乐教师继续教育问题与破解》，载《中国教育学刊》，2012(6)。

高素质与发展潜力的中小学音乐骨干教师。

2. 促进教师长期学习

开展中长期研修，同地区集中培训、教育考察，利用现代远程教育手段进行跟踪指导和开展教育科研的教师培训，专家带领教师进行教育科研，举行论文答辩，并进行长期网络式继续教育辅导，构建教师教育网络联盟。

3. 解决教师需求

培训课程应根据中小学音乐教师在每个阶段的专业发展需求，设置音乐教师专业提升急需的培训内容，采用实用有效的培训形式，强调培训的实用性，力求解决教师在专业发展过程中存在的问题。

4. 研讨教育实践案例

结合实际教学案例进行分析比较研究，以《义务教育音乐课程标准(2011 年版)》为指引，针对中小学现行使用的教材进行系统细致的分析探讨，结合音乐课程具体案例展开有效性教学研究设计，开展教学反思。

(三)课程目标

1. 专业知识

现代音乐教师的培训注重国际先进音乐教育体系与中国本土文化、民族音乐文化的结合，启发学员们改变旧观念，强调“体验式”的音乐教学。

2. 专业技能

专业技能包括：基本教学行为强调音乐基本知识和技能在教学中的运用；策略教学行为强调如何引导学生主动参与音乐活动，包括感知、体验和表现。通过专业实践培训，实现教师教学行为现代化专业技能的目标。

3. 专业能力

通过培训课程的学习，提高音乐教育改革能力，能够根据教育形势发展，自觉运用现代教育理论和现代教学方式进行音乐教育改革探索。提高课程管理、执行、建设能力，丰富音乐课程内容，提高研究能力，具备主持科研课题的能力、形成高水平研究成果的能力、广泛合作的能力。

4. 职业道德伦理

通过培训课程的学习，领会教师职业道德规范的基本内容，逐步形成热爱音乐教育事业、愿意为教育事业奉献的敬业精神；具有关心爱护学生以人为本的人文精神；具有良好的个人修养和崇高的道德品格；具有积极健康的职业心理，能够应对职业压力；具有良好的人际关系，与学生、家长、同事和谐相处。

(四)课程内容

1. 青年教师培训课程内容

本阶段的培训内容是为青年教师设计的，主要是为了满足青年教师专业发展的需求，培训课程应让音乐教师通过艺术实践、专家指导、校本教研等形式，逐步掌握课堂教学与管理的基本技能，掌握教学设计、反思等基本能力(表 7-113)。

表 7-113 青年教师培训课程内容

一级主题	二级主题
专业技能	1. 歌唱教学技能研究 2. 音乐教学法 3. 即兴伴奏编配与应用 4. 音乐剧表演与工作坊 5. 舞蹈创编 6. 活动设计
专业综合技能	1. 歌曲写作 2. 民谣歌舞表演(地方民谣)
艺术实践	1. 学校综合实践活动考察 2. 学校交流综合实践活动课程调研 3. 学员交流课题研究
理论与教学研究	1. 通识培训 2. 国际音乐教育动向 3. 音乐鉴赏教学研究 4. 课题研究与教研论文的撰写

(1)专业技能

本主题的内容侧重于国际先进音乐教育与教学实践的联系，加深青年教师对国内外现代教育发展的认识和创新，强化青年教师对现代教育进展的实践能力。主要针对以下几方面技能进行培训。

①歌唱教学技能研究。

通过歌唱发声训练、讲授歌唱基础知识，学员掌握歌唱的基本技能和基本教唱方法，掌握声乐集体课教学技能，能初步理解分析一般歌曲，懂得青少年嗓音训练方法，具有教唱和范唱能力。

②音乐教学法。

音乐教学法是一门实践性的理论课程，它所涵盖的内容是培养教师职业专门化所必不可少的核心组成部分。针对我国学校音乐教学的课程标准、教学内容、教学方式、教学资源以及教学评价进行探讨，结合具体优秀案例进行分析展示。另外，对世界音乐教育进行比较研究，尤其是围绕世界四大著名音乐教育体系，重点介绍其教学方法与实践运用，力求突出其实用性和创新性特征。

③即兴伴奏编配与应用。

通过钢琴演奏基础技能和钢琴即兴伴奏的训练，掌握和声编配手法与和声色彩，获得中小学音乐教师应具备的钢琴弹奏与伴奏的实践能力。

④音乐剧表演与工作坊。

本课程通过整合音乐剧中“歌唱，戏剧，舞蹈”为主线的训练方式，讲授音乐剧的基本知识和训练方法，通过“表演工作坊”的方式，让学员掌握音乐剧片段的创作和编排。

⑤舞蹈创编。

本课程通过简单的舞蹈动作组合，让学生接触多种类型的舞蹈，了解不同地区、不同民族的舞蹈风格，培养学生多方面的爱好，开拓学生的视野，激发学生的创造力。

⑥活动设计。

该课程的学习，使教师清晰地了解如何通过游戏来达到教学的目的，在游戏的操作方法和知识点的切入上着重讲解分析。

(2)专业综合技能

"专业综合"要求青年音乐教师具备综合音乐教学的能力，课程注重启发音乐体验能力和教师综合技能的培训，着眼于发展音乐教师对音乐的体验和组织能力，培养感受音乐及其艺术之间的联系的能力。

①歌曲写作。

联系青少年教学实践，吸收国内外新型的、成功的教学思想、观念和方法，突出儿童的心理特点和语言特点，讲述儿童歌曲的基本特点、主题音调的写作、歌曲的曲式等内容。

②民谣歌舞表演。

它作为传统文化的载体之一，富有浓郁的生活气息和本土特色，可以成为中小学的课程资源。本课程讲述民间歌谣的选择、课程中的应用以及融入各领域教学活动的方式方法等。

(3)艺术实践

根据艺术类学科的特点，音乐教师的教学行为可分为基本教学行为、策略教学行为两个方面。基本教学行为强调音乐基本知识和技能在教学中的运用，策略教学行为强调如何引导学生主动参与音乐活动，包括感知、体验和表现。通过专业实践培训，实现教师教学行为现代化的目标。

艺术实践内容包括学校综合实践活动考察、学校交流综合实践活动课程调研以及学员交流课题研究。

(4)理论与教学研究

结合广州市教学的实际情况，探索符合其地区特点的中小学音乐教学改革，将音乐理论、学科知识、专业技能等内容融入自身教学实践，讲述中小学音乐教师的课题的选择、研究过程、研究特性、研究管理及论文的撰写。此课程提高了教师的教育理论水平、教育教学能力，使他们成为具有更高素质与发展潜力的中小学音乐骨干教师。

①通识培训。

本课程探讨国家基础教育课程改革新进展、教学方式和学习方式的改革、国内外中小学音乐教育发展的趋势。

②国际音乐教育动向。

本课程着眼探讨21世纪国际竞争和本国经济及社会发展背景下的最新音乐教育体系，分析美国、日本等具有代表性的国家的学校音乐教育发展现状，包括音乐课程的价值与地位、课程标准、教学内容与教学方法等。

③音乐鉴赏教学研究。

中外音乐鉴赏的教学扩展了学生的音乐欣赏范围及欣赏能力，使学生掌握了中外音乐在形势及内容上的特征，具备了分析各类不同体裁的音乐作品的能力，从而扩展了学生的视野，增强了学生的艺术素养以及对艺术类的认识。

④课题研究与教研论文的撰写。

本课程课题着重讲述中小学音乐教师的课题的选择、研究过程、研究特性、研究管理及论文的撰写。通过课程提高教师的教育理论水平、教育教学能力，激发教师的自主意识和创造精神。

2. 骨干教师培训课程内容

本阶段的培训内容是为中小学音乐骨干教师设计的。骨干教师对基础教育的理解基本成熟，教育技能基本熟练，但是专业能力需要进一步提升，教学综合技能、创新技能需要提高。培训课程应着眼于提升音乐教师课堂教学方式的创新改革能力、教学问题的搜集研究能力，提高音乐教师基本教学手段的综合运用技能、创新技能，提升教师的职业精神(表 7-114)。

表 7-114　骨干教师培训课程内容

一级主题	二级主题
专业技能	1. 歌唱教学技能研究 2. 音乐课程与教学论 3. 即兴伴奏编配与应用 4. 音乐剧表演与工作坊 5. 舞蹈创编 6. 合唱指挥 7. 中小学教材分析
专业综合技能	1. 音乐创编基础 2. 地方戏剧实践与研究
艺术实践	1. 学校综合实践活动考察 2. 学校交流综合实践活动课程调研 3. 学员交流课题研究
理论与教学研究	1. 通识培训 2. 国际音乐教育动向 3. 多声部歌曲的编配 4. 音乐鉴赏教学研究 5. 课题研究与教研论文的撰写

(1)专业技能

本主题的内容侧重于国际先进音乐教育与实际教学的联系，更新骨干教师对国内外现代教育发展的认识，强化骨干教师对现代教育进展的领会运用能力。

①歌唱教学技能研究。

歌唱发声训练、讲授歌唱基础知识，使学员掌握歌唱的基本技能和基本教唱方法，掌握声乐集体课教学技能，初步理解分析一般歌曲，懂得青少年嗓音训练方法，具有教唱和范唱能力。

②音乐课程与教学论。

音乐教学法是一门实践性的理论课程，它所涵盖的内容是培养教师职业专门化必不可少的核心组成部分。针对我国学校音乐教学的课程标准、教学内容、教学方式、教学资源以及教学评价进行探讨，结合具体优秀案例进行分析展示。另外，对世界音乐教育进行比较研究，尤其是围绕世界四大著名音乐教育体系，重点介绍其教学方法与实践运用，力求突出其实用性和创新性特征。

③即兴伴奏编配与应用。

通过钢琴演奏基础技能和钢琴即兴伴奏的训练，掌握和声编配手法与和声色彩，获得一名中小学音乐教师应具备的钢琴弹奏与伴奏的实践能力。

④音乐剧表演与工作坊。

本课程通过整合音乐剧中"歌唱，戏剧，舞蹈"为主线的训练方式，讲授音乐剧的基本知识和训练方法，通过"表演工作坊"的方式，让学员掌握音乐剧片段的创作和编排。

⑤舞蹈创编。

本课程通过简单的舞蹈动作组合，让学生接触多种类型的舞蹈，了解不同地区、不同民族的舞蹈风格，培养学生多方面的爱好，开拓学生的视野，激发学生的创造力。

⑥合唱指挥。

合唱与指挥是一门实践性较强的课程，在掌握了合唱与指挥理论知识的基础上，要求学生通过合唱及合唱指挥的基本技能训练。学员初步掌握了各种基本的合唱指挥技法，对合唱的理论知识、合唱学、指挥法等主要知识有所了解后，达到小学音乐教师应具备的水平。

⑦中小学教材分析。

以《义务教育音乐课程标准(2011 年版)》为指引，针对中小学现行使用的教材进行系统细致地分析探讨，结合各种音乐教学方法展开有效性教学研究设计，培养学员具有创新性教学的实践操作能力。

(2)专业综合技能

本主题"专业综合"要求现代的音乐教师，具备音乐、歌唱、指挥，甚至文学、戏剧、舞蹈等方面的知识和技能等全方位的综合能力。这种新型的音乐教师的综合能力的培训，更注重启发教师的音乐体验能力和教师综合技能的培训，着眼于培养音乐教师对音乐的体验和组织能力、感受音乐及其与其他艺术之间的联系的能力，培养音乐教师学习和掌握音乐知识，通过音乐创作、音乐表演和音乐欣赏表达自我情感的能力。

①音乐创编基础。

以音乐创作和分析为宗旨的音乐课程教材，讲授歌曲创作理论、和声理论、作品分析理论和钢琴伴奏理论。内容包括四部和声写作、键盘和声、曲式分析、儿童音乐创作、钢琴伴奏写作等。

②地方戏剧实践与研究。

本课程概述了戏曲舞台呈现的独特形式及其蕴含的艺术精神，传授基本知识，培养欣赏能力，进而对某些实践中提出的艺术课题和争鸣热点加以研讨。学生得以提高自身的艺术素养，了解民众的审美趣味，为进一步学习戏曲戏剧理论打下基础。

(3)艺术实践

根据艺术类学科的特点，音乐教师的教学行为可分为基本教学行为、策略教学行为两个方面。基本教学行为强调音乐基本知识和技能在教学中的运用，策略教学行为强调如何引导学生主动参与音乐活动，包括感知、体验和表现。通过专业实践培训，实现教师教学行为现代化的目标。

艺术实践内容包括学校综合实践活动考察、学校交流综合实践活动课程调研以及学员交流课题研究。

(4)理论与教学研究

结合广州市教学的实际情况，探索符合其地区特点的中小学音乐教学改革，将音乐理论、学科知识、专业技能等内容融入自身教学实践，讲述中小学音乐教师的课题的选择、研究过程、研究特性、研究管理及论文的撰写。此课程提高了教师的教育理论水平、教育教学能力，使教师成为具有更高素质与发展潜力的中小学音乐骨干教师。

①通识培训。

本课程探讨国家基础教育课程改革的新进展、教学方式和学习方式的改革、国内外中小学音乐教育发展的趋势。

②国际音乐教育动向。

本课程着眼探讨21世纪国际竞争和本国经济及社会发展背景下的最新音乐教育体系，分析美国、日本等具有代表性的国家的学校音乐教育发展现状，包括音乐课程的价值与地位、课程标准、教学内容与教学方法等。

③多声部歌曲的编配。

本课程培养教师多声部音乐的分析能力，以及适应普通学校音乐教学及校内外音乐活动所需的多声部音乐的写作能力，提高教师对音乐作品的理解、鉴赏、表现及创作的能力，为学生专业素养的进一步提高和终身学习与发展奠定基础。

④音乐鉴赏教学研究。

中外音乐鉴赏教学扩展了学生的音乐欣赏范围及欣赏能力，使学生掌握中外音乐在形势及内容上的特征，具备分析各类不同体裁音乐作品的能力，从而扩展了学生的视野，增强了学生的艺术素养以及对艺术类的认识。

⑤课题研究与教研论文的撰写。

本课程课题着重讲述中小学音乐教师的课题的选择、研究过程、研究特性、研究管理及论文的撰写。通过课程，提高教师的教育理论水平、教育教学能力，激发教师的自主意识和创造精神。

(五)实施方式

1. 课程开发与管理

(1)充分调研

为了提高培训课程的针对性，真正解决教师专业发展的实际需要，培训课程的开发必须先进行充分的调研。针对教师专业发展的各个阶段，选择不同阶段的音乐教师，采用访谈、问卷、课堂观察等各种形式，搜集该阶段教师专业提高需要具备的基本专业知识、技能和能力。根据各阶段教师的需求情况，开发与利用新音乐课程资源，拓宽可利用资源，为课程的开发奠定良好的基础。

(2)拓宽资源

音乐课程资源存在的形式可划分为“学校内的音乐课程资源、学校外的音乐课程资源、信息化音乐课程资源”三大部分，课程开发应充分利用各方音乐资源。其中学校内音乐课程资源包括“音乐教育场所资源、音乐教育因素资源、音乐教育环境资源、音乐教育人才资源”等；学校外音乐课程资源包括“有组织的各种形式的音乐文化活动资源、社区广场音乐资源、民族民间音乐资源、民间民俗音乐资源、旅游文化音乐资源、音乐会与歌剧合唱资源、社会音乐人才资源、非正规音乐教育资源、音乐心理、医疗资源、老年人音乐文化资源、校外音乐考级资源、音乐休闲文化资源、宗教音乐资源”等；信息化音乐课程资源包括“校内音乐文献资源，校内音乐教育技术资源”。

(3)培训管理

培训管理应从教师专业发展与终身学习的角度，建立长效管理机制，实行立体化管理模式。教育主管部门制订合理的中长期培训计划，总体布局培训规划，配置培训机构和培训规模，选拔培养骨干教师和名师，引导教师选课，进行学时学分认定与管理。培训机构制订切实可行的培训方案，依据课程标准开发实用有效的培训课程，进行课程管理、课程辅导、考核评价。教师所在学校为教师的学习培训创造有利条件，鼓励教师参加校本培训和区域研讨，支持教师外出参加学习培训。区域教育部门的教研室、名师工作室积极参与教师培训工作，增加区域教研活动和讲堂活动，引领教师教研交流与学习培训。

2. 教学方式

同地区集中培训、教育考察，利用现代远程教育手段进行跟踪指导和开展教育科研等。坚持理论与实践相结合，以提高综合素质、加强实践技能为主导，专题学习与实际操作相结合。

(1)集中培训

组织专家统一培训，进行师德教育、专题讲座、专业技能训练等教学。

(2)教育考察

教学实践技能实操。

(3)跟踪指导

利用网络平台进行交流，论文写作、教学实践同步指导。掌握学员课题研究的参与程度与表现。

(4)教育科研

举行论文答辩，将优秀的论文结集成册，推荐优秀的文章到省级专业刊物发表。

(5)网络式继续教育辅导

构建教师教育网络联盟，开设班级 QQ 群、班级邮箱、博客等，导师参与，专家加入，在网络平台上实现全面满足教师终身学习的需要，以远程教育为连线，构建新型的区域性教师继续教育交流空间。

五、音乐教师培训质量评估研究

(一)中小学、幼儿园音乐教师省级培训工作质量评估概述

中小学、幼儿园音乐教师省级培训工作质量评估，是由广东省教育厅直接对培训质量进行监测与评估的一项制度性管理工作。旨在促进教师专业发展、提高学前和基础教育质量为原点；提升参训学员教师专业化素养和能力为核心；引导培训机构进一步重视中小学、幼儿园教师培训工作，监督完善教师培训工作以及保证相应的社会效益为终极目标。

1. 培训质量评估依据

本项培训质量评估方案是在贯彻落实《国家中长期教育改革和发展规划纲要(2010—2020年)》《国务院关于加强教师队伍建设的意见》和《教育部国家发展改革委财政部关于深化教师教育改革的意见》等政策文件的精神背景下，结合近年来各级音乐教师骨干培训实践研究构建而成的。其宗旨在于健全教师教育标准体系、完善教师培训制度、设计出音乐教师培训质量评估指标体系。

2. 培训质量评估目标

围绕加强音乐师资队伍教学与科研能力建设，通过培训前的诊断性评估、培训过程中的形成性评估和培训后的终结性评估三种类型，学员能够充分认清自己教师专业成长的轨迹与变化，从“终身学习”的观点以不断提高教师素质为目的，建立和完善培训质量评估指标体系和标准，逐步实现培训质量评估工作的科学化、规范化和制度化。以致力于保证广东省学前教育和基础教育的音乐教学改革与创新，为建设文化强省起到积极促进作用。

3. 培训质量评估理念

树立发展性评估理念，提高音乐教师培训质量评估的导向性。要将原有的“评价—奖惩”模式向“评估—反馈—改进—发展评估”模式改变。通过学员检验自己借助学习培训取得的新收获、新进步和发现的新差距、新方向，提出以改善教学培训和管理服务工作的建议为着重点的工作模式。将传统教育的终结性评估即目标性评估转向发展性评估，是以促进学员的发展、培训师资以及管理机构的发展为出发点的。

重视评估主体的多元化和互动化，强调评估对象的个性特征，每个评估对象都有多种潜能和表现方式，并且存在差异性。可采用自评、参训学员和第三方评估相结合的方式进行。评估过程中强调主体间的双向选择、沟通和协商，关注评估结果的认同问题，即如何使评估对象最大限度地接受评估结果，而不是评估结果本身的正确性。除此之外，更要关注评估对象发展变化的过程，注重发展过程中多次、及时、动态地实施评估，把静态评估与动态评估、终结性评估与形成性评估有机地结合起来。

(二)培训质量评估原则

1. 科学性原则

以当前最新的教育教学新理念为基础，采纳多种经实践验证的科学方法与手段，并在评估操作中强调科学的程序，使其具有较强的科学性①，在最大程度上既能客观反映音乐教师培训的效率、效果和效益，又能体现出以人为本、科学发展的特征。

2. 发展性原则

着眼于学员、培训机构、管理机构的改进和提高，需要采用以形成性评估为主、与终结性评估相结合的方式。侧重过程性评估，及时了解、改善、促进培训质量的整体发展。

3. 系统性原则

从终身学习教育理念出发，教师培训是个具有动态、复杂、延续性的系统，因此，其评估指标体系也应当遵循系统性原则。

4. 民主性原则

发展性评估是一种面向全体的评估，要求评估过程必须是民主性最大限度的认同。强化评估主体意识，人人参与，促进培训质量的不断提升。

5. 可操作性原则

建立的音乐教师培训质量指标体系应该简便易行，能够客观地反映培训质量、效果及效益。复杂的操作不仅耗费大量人力、物力和时间，与设计评估指标的初衷则相向背离。

(三)培训质量评估内容与方法

培训质量评估内容主要包括综合评估和课程评估两大方面。

综合评估是对培训目标完成情况的全方位、全过程的评估。主要对培训方案、培训实施、培训管理和培训效果等进行评估。具体标准列表如下(表 7-115)。

表 7-115　中小学音乐教师培训质量评估指标

一级指标	二级指标	评估标准
培训方案	培训目标	培训前针对培训需求认真调研；培训方案设计科学；培训目标定位准确，符合国家、省级政策文件精神要求
	培训内容	培训课程设置合理，注重理论与实践相结合；课程内容针对性强，具有实用创新性
	培训形式	形式多样，体现开放性、民主性与参与性；注重师生互动和学员研讨
	计划实施	培训时间、进度安排科学合理；计划执行良好，各环节实施到位；实施过程中，能据情况作适度、合理的调整和完善

① 姜凤华：《新课程的教育理念与实践研究》，广州，广东人民出版社，2005。

续表

一级指标	二级指标	评估标准
培训实施	师资结构	授课教师地区分布合理，教育教学一线名师占一定比例
	专业水平	教学团队具有较高的专业理论水平和丰富的实践经验
	教学方法	教学方法科学有效；教学形式和手段先进
	教学内容	教学理论与实践课程比例合理；包含音乐教学理论基础、音乐专业技能和教学研究能力等模块设计合理
	教材资料	使用体现最新教育理念和教学成果的教材；国内外相关音乐教学资料翔实并具有参考价值
培训管理	管理组织	培训基地管理机构健全，有主管领导，有项目负责人，有专职管理人员
	教学管理	有教学管理制度；有教学质量监控机制；有完整的培训档案
	资源建设	有教学管理制度；有教学质量监控机制；有完整的培训档案；建立远程交流平台，音乐教学资源共享
	学员管理	有学员管理制度；有学员考核评价机制；及时向学员所在地教育行政部门反馈培训情况
	后勤管理	教学场所、教学设施满足培训要求；生活服务设施满足培训需要
	经费管理	培训经费专项管理，专款专用；支出结构合理，经费使用效益高
培训效果	目标程度	达到预期培训的目标
	培训绩效	音乐教育教学能力得以提高，培训效果明显
	学员满意度	学员满意度高

注：对每项指标的评估可分为满意、较满意、一般、不满意四个等级。

培训质量评估一般采取问卷调查的方法进行。也可采用召开由培训主办单位、施教机构和学员代表共同参加座谈会，组织专家听课，听取学员单位意见和对学员学习效果进行追踪等方法进行。

1. 中小学幼儿园音乐教师培训工作质量指标体系

综上所述，提出下列中小学、幼儿园音乐教师培训工作质量指标体系（表 7-116）。

表 7-116　综合评价评估指标

指标	指标界定	指标赋分	评估方法	实际得分
组织管理20分	培训院校及机构领导重视，组织机构健全；主要负责人主管培训计划	2	1. 听取培训任务承担机构汇报 2. 查阅相关资料 3. 实地考察 4. 问卷调查 5. 与学员、培训教师及培训机构有关人员座谈 6. 约谈、质询、访谈相关人员	
	具有培训资质；有承担培训任务的能力	3		
	有规范的培训计划；有健全的管理制度	4		
	教学管理、考勤管理、教学设计及论文批改管理等各项管理制度健全、完善	2		
	管理者团队健全、分工明确、责任到人	2		
	实行班主任负责制	1		
	建立学员奖励和处分机制	1		
	对培训学员有报到、上课、请假、毕业的信息记录	1		
	有健全的安全制度，未发生公共卫生、安全责任事故，有安全应急预案	2		
	按照教育部、省教育厅对项目的要求建立有项目绩效考评制度并能付诸实施	2		

续表

指标	指标界定	指标赋分	评估方法	实际得分
课程设置25分	项目实施前，进行过相关音乐教师教学需求的调研	3	1. 查看需求调查问卷或记录 2. 查看培训项目设计方案 3. 查看课程模块及开设记录 4. 发放调查问卷 5. 约谈	
	在调研的基础上制定科学、合理、规范的培训方案	3		
	课程设置满足具体培训目标任务和培训对象需求；提供具有针对性的课程模块选择数量	4		
	课程设置符合《音乐课程标准》中的课程结构要求；做到通识课程和专业自主课程相结合；注重设置实践型课程模块，所占比例达到70%	5		
	优化课程设置；有特色和创新课程	4		
	能够按照培训方案，保证开足各门课程和课时	3		
	培训方式多样性、多元化，符合教师学习特点。充分利用现代教育技术的教学手段	3		
课程内容20分	培训内容遵循省教育厅制定的文件精神要求设置	4	1. 听取汇报 2. 查阅相关资料 3. 查阅培训内容及考核表	
	培训内容符合项目要求、贴近培训对象的需求；具有针对性、引领性	4		
	课程结构合理、逻辑体系清晰	3		
	完成培训方案所规定的内容；无更换、替代或缺失内容	5		
	按照设定培训者授课，无更换、替代或缺失培训者	4		
专家团队15分	实行导师+名师制。导师应为培训机构专家、学者和教师，在该学科领域有知名度；名师为省级音乐学科优秀教师	2	1. 查阅专家信息表 2. 实地考察 3. 访谈培训专家	
	设置首席专家制，负责主持制定培训方案、参与、指导本单位的培训工作	2		
	培训团队专业结构合理，外请专家占20%；一线优秀教师、教研员占20%；团队总人数不少于10人	4		
	培训团队整体水平较高，团队教师职称均在中级以上，其中副高级以上职称教师占80%以上	4		
	能做到集体备课。让培训者了解教学目标、内容要点、活动设计、作业形式等，能提供教学课件及相关培训资源	2		
	承担培训任务机构有专人负责与专家团队联系、沟通机制	1		
后勤保障15分	提供符合标准的教学场地和设备，确保有良好的教学条件	4	1. 听取汇报 2. 实地查看 3. 听取学员反馈信息	
	食宿、医疗条件符合要求，为学员提供服务	3		
	有为不同的教学方式提供基本的教学空间和条件	3		
	有可供学员使用的网络平台，有促进资源共享、延伸培训的空间和学习周期	3		
	对培训教学资源不断更新，生成新的教学资源，建立新的培训支持系统	2		
经费管理5分	项目资金管理制度健全，遵守财务制度，严格按照中小学教师培训计划合理使用经费和管理经费	2	1. 听取汇报 2. 检查相关账目 3. 查阅审计报告	
	无挪用、挤占和平调资金，做到专款专用	2		
	为教学提供支持及学员生活费及时拨付到位	1		

2. 培训课程评价

课程评估主要是对每门课程进行评价。其主要指标包括教学态度、教学目的、教学内容、教学方法、教学组织、教师素质和教学效果(表 7-117)。

表 7-117　培训课程评估指标

课程名称：　　　　　　被评教师姓名：　　　　　　评定时间：　　年　　月　　日

指标	指标界定	指标赋分	等级划分及分数				得分
			A	B	C	D	
教学态度	1. 备课认真、教学负责、治学严谨、要求严格 2. 明确培训目标，深刻领会培训精神，熟知方案和课程设计	10	8～10	5～7	3～4	0～2	
教学目的	1. 面向全体学员，兼顾专业与地域差异 2. 教学目的明确，要求恰当 3. 从学员实际出发，课堂内容始终围绕教学目的展开	15	13～15	10～12	7～9	1～6	
教学内容	1. 基本概念、原理讲解清晰，示范准确具有感染性 2. 能够突出重点、讲解难点，紧密结合学员教学实践解决问题 3. 改革教法，善于有效利用现代教育技术手段 4. 融合最新音乐教学成果，展现最新学科动向及发展	20	16～20	11～15	6～10	1～5	
教学方法	1. 教法灵活、循序渐进、富有启发性 2. 注重培养学员的教学能力，教学和专业技能训练设计合理，有利于学员熟练掌握新知识和音乐表现技能 3. 注重知识系统化，紧密联系中小学、幼儿园教材内容设计教学方法 4. 作业布置适当、目的明确	20	16～20	11～15	6～10	1～5	
教学组织	1. 教学各环节安排周密，课时分配恰当 2. 课堂秩序井然，学习气氛活跃，师生互动配合密切	10	8～10	5～7	3～4	0～2	
教师素质	1. 教态亲切自然，精神饱满 2. 语言规范、准确、清晰，流畅自如 3. 音乐专业技能示范准确自如，表现力丰富	10	8～10	5～7	3～4	0～2	
教学效果	1. 教学思路清晰，明白教学知识点及练习要点 2. 有启发，教学及科研能力有提高 3. 能够举一反三，灵活运用于教学实践	15	13～15	10～12	7～9	1～6	

资料来源：甘肃省中小学(幼儿园)教师培训项目督导评估指标体系(试行)

3. 中小学幼儿园音乐教师培训工作质量评估办法

(1)自评

培训机构依据评价标准对组织实施的培训项目进行自我评价，形成书面报告；通过内部驱动、认识自我、分析自我，促进培训项目的良性发展与质量的提升。

(2)满意度调查

通过纸质、网络或手机等方式调查全体培训学员对培训活动的满意度。

(3)发放问卷调查

评估人员向学员发放测评问卷，学员以无记名方式填写测评问卷。问卷调查对象为培训班全体学员，收回有效问卷数应不少于参训学员总人数90%。附：调查问卷1、问卷2。

(4)召开学员座谈与访谈

由评估人员随机确定参加座谈会学员名单，人数不少于参训学员总人数30%。学员座谈会由评估人员直接组织，培训承办方人员回避。了解学员收获、感受、意见和建议等，必要时可进行相关访谈。

(5)进行实地考察

听取培训情况的介绍；考察相关设施及教学设备；查阅原始资料；反馈意见交流。

(6)提交评估报告

由评估人员撰写评估报告。主要内容包括：培训班背景情况、实施概况、评估实施情况、评估的结果及分析、评估结论及相关建议等。

附问卷1

尊敬的各位教师：

本调查旨在为进一步了解培训需求，提高培训质量，使我院培训工作更有针对性，更具实效性，在此向您征询宝贵意见和建议，本次问卷调查采用匿名填写方式，调查结果不涉及对学校和个人的评价，请您如实填写。

感谢您的支持与合作！

一、个人基本信息

1. 您的性别(　　)

A. 男　B. 女

2. 您现任的职务是(　　)

A. 校长(副校长)　B. 教研组长　C. 年级组长　D. 教研员

E. 没有　F. 其他__________

3. 您现在的职称是(　　)

A. 中学高级　B. 中学一级　C. 中学二级　D. 小中高　E. 小学高级

F. 小学一级　G. 小学二级　H. 其他

4. 您的最高学历是(　　)

A. 中专　B. 大专　C. 本科　D. 硕士　E. 博士

5. 您获得最高学历的专业是(　　)

A. 师范类本学科本专业

B. 非师范类本学科本专业

C. 师范类其他专业(请注明专业名称__________)

D. 非师范类其他专业(请注明专业名称__________)

6. 您的音乐学科教龄是(　　)

A. ≤3 年　B. >3 年且≤5 年　C. >5 年且≤10 年　D. >10 年

7. 您曾参加过哪级培训(可多选)(　　)

A. 国家级　B. 省级　C. 市级　D. 区县级培训　E. 未参加过培训

8. 您曾参加过哪些类型的音乐教师培训(可多选)(　　)

A. 当地教研员组织的教师培训　B. 出版社组织的中小学教材培训

C. 教育部门组织的教师培训　D. 学校组织安排的校本培训或挂职进修

E. 专业相关培训　F. 未参加过任何培训　G. 其他__________

9. 您之前接受的培训内容主要包括哪些?(可多选)(　　)

A. 通识培训　B. 课程标准　C. 教学理论　D. 测试和评价培训

E. 教法培训　F. 教材培训　G. 专项技能培训 H. 教育技术

I. 其他__________

10. 您主持或参与过校级以上的研究课题吗?(　　)

A. 3 次及以上　B. 1～2 次　C. 从未参与

11. 您正式发表过市级或市级以上的学术论文、教学论文或出版过书籍吗?(　　)

A. 3 篇及以上　B. 1～2 篇　C. 从未发表

12. 您目前担任几个年级的音乐课程?(　　)

A. 1 个年级　B. 2 个年级　C. 3 个年级　D. 4 个年级　E. 其他__________

13. 您任教的班级平均学生数为(　　)

A. 30 人以下　B. 31～40 人　C. 41～50 人　D. 51～60 人　E. 60 人以上

14. 您目前任教音乐科目的周课时是__________

15. 您觉得您的教学工作量(　　)

A. 很大,工作很吃力　B. 不小,但是我喜欢我的教学工作

C. 不是很大　　　　　D. 很小,工作很轻松

16. 您在以下哪些专业技能方面具有优势,可多选(　　)

A. 声乐　B. 钢琴　C. 器乐　D. 舞蹈　E. 合唱指挥　F. 其他

17. 您估计一下自己的教学水平,大约在本校排第(　　)

18. 您目前上课使用的教材是(　　)

A. 人音版　B. 花城版　C. 国外引进版(请写明__________)　D. 其他版

19. 您平时在课堂上主要使用的语言为(　　)

A. 普通话　B. 粤语　C. 英语　D. 其他__________

20. 您目前在课堂教学中使用的教学方法(可多选)(　　)

A. 讲授法　B. 讨论法　C. 演示法　D. 情景创设法

E. 欣赏法　F. 练习法　G. 探究法　H. 其他__________

21. 您认为对于您所教学段的学生进行音乐教育的目的是(可选两项)(　　)

A. 培养学生爱好音乐的情趣　　B. 陶冶高尚情操

C. 培养学生的音乐表现能力　　D. 发展学生的音乐感受与鉴赏能力

E. 提高学生音乐文化修养　　F. 促进学生的创新思维发展

G. 提高考试成绩，完成升学任务　H. 其他＿＿＿＿

22. 您认为学生学好本学科的关键是(可选两项)(　)

A. 对本学科有兴趣　　B. 掌握有效的学习方法　C. 教师有魅力

D. 具备良好的学习习惯　E. 课程设计科学系统　　F. 具有音乐天赋

G. 具备良好的艺术学习环境　H. 其他＿＿＿＿

23. 在日常教学工作中，您开展的教学活动主要有（可选三项）(　)

A. 聆听鉴赏活动　B. 音乐探索活动　　C. 歌唱活动　D. 器乐合奏活动

E. 音乐律动活动　F. 技能练习指导活动　G. 即兴创编活动　H. 音乐唱游活动

I. 音乐发表活动　J. 音乐评价活动　K. 音乐知识竞赛　L. 其他＿＿＿＿

24. 在本学科教学中，您特别注重的教学环节是(可多选)(　)

A. 钻研教材教法 B. 范唱范奏 C. 课堂精讲精炼 D. 考核评估 E. 其他＿＿＿＿

25. 本学科课堂教学，您侧重培养学生哪方面的能力？(可多选)(　)

A. 专业技能　B. 乐理知识　C. 艺术审美　D. 音乐表现　E. 其他＿＿＿＿

26. 您本学科课堂教学的主要目的是(可多选)(　)

A. 完成本学科《课程标准》规定的教学目标　B. 完成教学进度

C. 应付各种考试　D. 提高学生的本学科水平　E. 其他＿＿＿＿

27. 您对本学科《课程标准》的了解程度如何？(　)

A. 不了解　B. 部分了解　C. 相当了解　D. 非常熟悉

28. 根据《课程标准》提出的课程目标，您觉得在哪些方面需要优先培养(　)

A. 音乐基础知识　B. 音乐表现技能　C. 音乐创作与历史背景　D. 情感态度

E. 音乐与相关文化　F. 价值观　G. 过程与方法　H. 其他＿＿＿＿

29. 在教学中，您主要通过什么途径来提升自己的教学水平？(　)

A. 教学实践　B. 自学研修　C. 教研活动　D. 其他＿＿＿＿

30. 您采取的反思方式与教学评价方式是什么？(可多选)(　)

A. 通过学生作业、听课等来反思　B. 撰写教学日记　C. 撰写教学体会

D. 贴标签进行教学研究积累　E. 录音录像　F. 自我评价

G. 什么都不做　H. 其他＿＿＿＿

31. 您在本学科教学中最大的帮助来自(　)

A. 教研员的辅导　B. 同事的帮助　C. 参加各种培训

D. 与学生、家长的沟通　E. 其他＿＿＿＿

32. 您是否有机会参加学校或教研片区举办的本学科教研活动(　)

A. 很多　B. 经常　C. 很少　D. 几乎没有

33. 您在学校或教研片区是否上过公开课？(　)

A. 经常　B. 有时　C. 没有

34. 在教研过程中，您认为存在的具体问题有(　　)(可多选)

A. 没时间搞研究　B. 缺乏一定的理论知识　C. 不太了解国内外学术动态

D. 没创新　E. 缺乏撰写论文的知识和能力　F. 其他__________

35. 您在日常工作中上网查找教学资料的情况为(　　)

A. 每天　B. 经常　C. 有时候　D. 从不

36. 您在教学中经常使用的设备，请选出您使用频率最高的三种(　　)

A. 钢琴　B. 录像机　C. DVD /VCD　D. 录音机　E. 投影

F. 计算机　G. 其他__________

37. 您对电脑的熟悉程度是(　　)

A. 非常熟练，网络办公　B. 熟悉基本操作　C. 一般，很少使用　D. 基本不用

38. 您经常使用的网上交流方式(可多选)(　　)

A. QQ、微信等聊天工具　B. 博客/BBS　C. 邮件 E-mail　D. 飞信　E. 其他__________

39. 您是否参加过以网络为媒介进行的培训？(　　)

A. 是　B. 否

40. 如果参加远程培训，您最喜欢哪种交流互动方式？(可多选)(　　)

A. 论坛(网络社区，文字性)　B. 博客(网络空间，文字性)

C. QQ 群(即时消息，文字性)　D. 网络视频会议(即时交流，音视频同步)

E. 线下面对面座谈　F. 其他__________

41. 参加本次培训前，您对本次培训项目的了解程度(　　)

A. 非常了解　B. 了解　C. 一般　D. 不了解　E. 非常不了解

42. 对于本次培训项目，您认为组织专门的宣传(　　)

A. 非常有必要　B. 有必要　C. 一般　D. 没必要　E. 非常没必要

43. 您是如何获得开班通知信息的？(　　)

A. 所在单位通知　B. 当地教育行政部门通知　C. 培训院校通知

D. 自主查询　E. 其他__________

44. 您认为培训项目最好安排在什么时间段？(　　)

A. 上半年　B. 下半年　C. 暑假期间　D. 寒假期间　E. 周末　F. 其他__________

45. 如果需要自费，您能否承担得起培训费用？(　　)

A. 很轻松　B. 勉强负担　C. 难以承受

46. 当接到参加本次培训项目的通知时，您的心情是(　　)

A. 高兴，因为正想通过培训使自己得到提高

B. 烦恼，因为忙得要命，没有时间去参加培训

C. 无所谓，反正去参加培训也是走形式

D. 既高兴又烦恼，高兴是因为有机会外出考察，烦恼是因为还得听课

E. 其他__________

47. 作为一名本学科教师，您追求教学水平不断进步的主要动力是(　　)

A. 责任心 B. 热爱教育事业、爱学生 C. 学校考评压力 D. 其他__________

48. 您认为什么最能体现音乐教师事业的成功？(可多选，限选三项)( )

A. 学生获得良好的发展 B. 自身业务能力强

C. 任教班大部分学生对本学科感兴趣 D. 个人修养的提高与完善

E. 受人尊重 F. 职务职称提升 G. 收入水平提高

H. 大部分学生以后想从事本学科相关的工作 I. 其他__________

二、所在学校基本信息

49. 您所在的学校是( )

A. 乡镇普通学校 B. 乡镇重点学校 C. 城市普通学校 D. 区、县重点学校

E. 地市重点学校 F. 省重点学校 G. 外语特色校 H. 其他__________

50. 您目前任职的学校是否要求教师坐班？( )

A. 全体教师坐班 B. 部分教师坐班(是哪部分教师__________) C. 不需要坐班

51. 目前您所任教学校本学科教学存在最大问题在于( )

A. 语言环境 B. 教学方法 C. 生源质量 D. 师资质量

52. 贵校音乐教师教学中目前普遍所面临的主要挑战有(可多选)( )

A. 知识陈旧老化 B. 知识面窄 C. 缺乏对新教育教学方法的了解和运用

D. 缺乏教育学、心理学知识支持 E. 缺乏新教育信息的交流渠道

F. 缺乏对电脑信息技术手段的了解和掌握 G. 缺乏教学科研意识和方法

53. 贵校本学科教学目前面临的主要困难是(最多限选三项)( )

A. 教学目标和要求与实际情况差距过大 B. 师资水平亟待提高

C. 教学设备陈旧 D. 教材不理想 E. 教师投入不够

F. 严重缺编 G. 升学压力过大 H. 班额过大，很难照顾到每位学生

I. 课时不够，很难完成教学任务 J. 学校电教设备、图书条件较差

K. 缺乏钢琴等专业教学设备 L. 其他__________

54. 贵校是否对本学科教师的教学做任何评价？( )

A. 有评价 B. 无评价

55. 您任职的学校针对本学科校本教研开展状况是( )

A. 定期有组织开展(请注明周期__________) B. 不定期开展校本教研活动

C. 学校较少组织教研活动 D. 没有学校方面组织的教研活动

56. 这些教研活动中最受学校教师欢迎的是(多选，限选三项)( )

A. 集体备课 B. 互相听课评课 C. 公开课/示范课 D. 教学基本功大赛

E. 与教研员沟通 F. 阅读教学相关的书籍资料 G. 承担科研课题项目

H. 利用网络开展教研活动 I. 专题式校内教学研讨会

J. 邀请教学方面专家讲座 K. 其他__________

57. 您在学校组织的教研活动中承担的角色是( )

A. 策划教研活动的主题、内容、形式 B. 对教研活动进行组织联络

C. 参加教研活动并积极发言参与　　D. 只是参加，一般不发表意见

E. 很少参与

58. 您认为校本教研活动的最主要目的是(　　)

A. 教师的本学科语言素养　　B. 组织教师学习教学法

C. 帮助教师理解大纲和教材　　D. 为教师提供解决教学难题的方案

E. 帮助教师自我反思　　F. 其他(请注明＿＿＿＿＿＿)

59. 您认为目前贵校教研活动中存在的最大问题是(　　)

A. 次数少，时间短　B. 重形式，实质内容少　C. 教师不愿意互相分享

D. 缺少带头人　　E. 缺少相关资源　　F. 其他＿＿＿＿＿＿

60. 您认为当前各级教研活动对您教学能力的提升帮助(　　)

A. 非常大　B. 比较大　C. 一般　D. 不大　E. 基本没有

61. 贵校是否为本学科教师提供必要的教辅材料(期刊、挂图、卡片、教学实物、专业教学设备、多媒体设备等)(　　)

A. 比较充实　B. 只提供一部分　C. 很少　D. 几乎没有

62. 目前贵校对本学科教师采取的培训方式为(　　)

A. 专门组织每学期一两次的集中培训　B. 不定期的适时培训

C. 召开工作会议，以会代训　D. 召开全体教职工会议，顺便讲一下学生心理和生活管理问题

E. 从不培训　F. 其他＿＿＿＿＿＿

63. 您认为您所在学校的哪些方面影响您参训的效果？(　　)

A. 激励机制不完善　B. 培训机会不足　C. 没有实践环境

D. 学校条件　E. 其他＿＿＿＿＿＿

64. 您认为学校如果对骨干教师培训经费投入不足，最大原因在于什么？(可多选)(　　)

A. 地方没有落实相关政策，配套专项经费

B. 培训经费的使用不够合理，缺乏统筹规划

C. 学校资金匮乏，无教师培训专项经费

D. 教师收入过少，拿不出钱参加培训

E. 培训工作未能得到足够重视

F. 经费充足，不存在此方面问题

G. 其他＿＿＿＿＿＿

65. 您所在学校领导对您参加本次培训项目培训的态度(　　)

A. 非常支持　B. 支持　C. 一般　D. 不支持　E. 非常不支持

66. 针对参加教师继续教育培训，您属于下列哪种情况？(　　)

A. 所在学校同意，并且愿意出资金

B. 所在学校同意，但是不出资金

C. 所在学校不同意，个人愿意出资，挤时间参加培训

67. 您所在学校本学科教师参加培训普遍遇到的最大困难是(　　)

A. 学校不支持 B. 工学矛盾，时间不允许 C. 路途遥远，地域受限

D. 没有内驱力 E. 费用过高

三、培训情况及需求

68. 在教学过程中，您感到最困难的是(最多选三项)(　　)

A. 语言能力知识有限 B. 班额过大，对学生的特点不够了解

C. 教学方法有限，自己在教学上想有所突破

D. 对教材和大纲的理解不到位，新课程教学增加了教学难度

E. 考试压力大 F. 不会利用多媒体技术

G. 教材量过大、过难，难以完成 H. 其他__________

69. 您认为自己所教学段学生学习音乐的主要困难是(最多选两项)(　　)

A. 对本学科没兴趣 B. 学习方法不佳 C. 学习动力不足，目标不明确

D. 自身条件不足 E. 注意力不集中 F. 课时少

G. 学校不重视，缺乏本学科学习资源和环境 H. 其他__________

70. 您觉得自己现阶段最需要接受的培训内容有(可多选)(　　)

A. 教育理论知识 B. 专业技能 C. 课程标准解读 D. 教育教学能力

E. 学科知识 F. 教育科研能力 G. 其他__________

71. 在音乐教师教育教学中，您最需要获得哪些知识？(可选三项)(　　)

A. 师德修养 B. 学科专业知识 C. 现代教育理论 D. 现代教育技术

E. 教育科研方法 F. 心理健康教育 G. 其他__________

72. 在教育理论知识方面，您需要补充的是(多选题，限选三项)(　　)

A. 校本课程知识 B. 研究性学习知识 C. 教育学原理

D. 教育心理学知识 E. 音乐教学方法研究 F. 班级管理与课堂管理方法

G. 其他__________

73. 在专业知识技能方面，您认为自身需要接受培训的是(多选，限选三项)(　　)

A. 声乐集体课 B. 钢琴即兴伴奏 C. 合唱指挥 D. 音乐剧 E. 音乐理论知识

F. 音乐教学教法 G. 其他________

74. 在提高科研能力方面，您需要提升的是(多选题，限选三项)(　　)

A. 选题方法与技巧 B. 研究方法 C. 撰写研究报告 D. 将研究成果用于教学实践

E. 教育叙事研究 F. 其他__________

75. 课题研究是本学科教师深入培训的重要组成部分，您感兴趣的课题有(多选题，限选三项)(　　)

A. 新课程标准探讨和研究 B. 新课标和校本课程资源开发

C. 多元音乐文化研究 D. 形成性评价的理论与实践

E. 艺术(音乐)高考和教学改革 F. 情感态度和本学科课堂教学的关系

G. 任务型教学和学生音乐综合能力的培养 H. 本学科教学情境创设的理论与实践

I. 其他__________

76. 在专业发展方面，您需要提高的是（多选题，限选三项）(　　)

A. 师德修养　B. 教育理论水平　C. 学科专业知识　D. 现代教育技术

E. 专业技能　F. 研究能力　G. 其他__________

77. 您认为能最快速提高教学水平的教研方式是(　　)

A. 说课、公开课　B. 教学案例分析　C. 专业技能培训　D. 集体备课观摩

78. 您希望参加的培训教学模式是(可多选，限选三项)(　　)

A. 专题讲座　B. 经验分享　C. 案例教学　D. 参与式培训　E. 参观考察

F. 课例观摩　G. 专业技能训练　H. 研讨会　I. 其他__________

79. 您希望本次培训能涉及哪些内容(可多选)(　　)

A. 音乐学科专业技能训练　B. 新目标课程标准的解读

C. 新课程背景下的教学实施　D. 信息技术与学科教学的整合

E. 教学方法专题探讨(教学法、课件制作等)

F. 学生学习心理方面　G. 其他__________

80. 您对下面哪些人所授课程最感兴趣？（可选三项）(　　)

A. 课改专家专题讲座 B. 高校教授进行技能训练 C. 教研人员案例教学

D. 参与式培训教材编写者　E. 教育行政部门的领导

F. 经验丰富的教学一线骨干教师　G. 其他__________

81. 您不想参加的培训课程模块是（多选题，限选三项）(　　)

A. 师德和心理健康教育　B. 课程标准解读与核心知识体系研析

C. 有效教学与课堂设计　D. 课堂教学问题交流与分享

E. 学科教育科研方法与实践　F. 职业素养与专业发展　G. 其他__________

82. 您希望自己参加教师培训的最大收获是(可多选)(　　)

A. 了解最新教育动态、教育信息　B. 学习新的教学理念

C. 改进教学教法　D. 得到教育部门颁发的相关证书，对职业发展有帮助

E. 广交同行朋友，结识专家学者　F. 其他__________

83. 如果学员之间开展交流研讨，您对哪类话题最感兴趣？（可多选，限选三项）(　　)

A. 师德和心理健康教育　B. 教育教学中的实践问题或困惑

C. 当前社会教育热点问题　D. 课程标准解读与核心知识体系研析

E. 职业素养与专业发展　F. 有效教学与课堂设计

G. 学科教育科研方法与实践　H. 教学问题交流与分享　I. 其他__________

84. 您认为对学员最有效的培训评价方式是(多选题，限选三项)(　　)

A. 结业考试　B. 根据培训课程完成作业　C. 撰写论文与心得

D. 提交教学案例或现场说课　E. 建立基于培训课堂表现的纪实档案

F. 学员互评　G. 其他__________

85. 您希望采用哪一种方式作为培训考核方式？（最多选三项）(　　)

A. 试卷　B. 作业　C. 答辩　D. 专业技能展示　E. 平时出勤率＋考核成绩

F. 其他考核方式建议：__________

86. 您希望参加培训后能取得哪些成果？（多选，请选三项）（　　）

A. 获得适用的新知识　B. 获得新的理念　C. 理顺教学工作中的模糊概念

D. 提高工作上应用的一些有效技巧或技术

E. 帮助对过去的工作进行总结和反思　F. 其他__________

87. 您认为最适合您的培训是（　　）

A. 脱产集中进修　B. 短期进修 ＋ 校本研修

C. 专家到校进行指导　D. 自主学习为主　E. 其他__________

88. 您参加本次培训项目的主要动因是（可多选）（　　）

A. 应付上级行政命令　B. 为提高学校管理水平　C. 为提高个人的修养

D. 为评优升职准备条件　E. 取得相应培训证书　F. 有机会到外地考察

G. 学习新知识，更新理念　H. 有与同行专家交流的机会　I. 其他__________

89. 您认为参加一次培训适宜的时间是（　　）

A. 2 天　B. 3 天　C. 一周　D. 两周　E. 其他__________

90. 您认为教师远程培训最合适的培训周期是（　　）

A. 3 个月　B. 4 个月　C. 5 个月　D. 6 个月　E. 其他__________

91. 您希望培训机构通过哪种方式进行跟踪服务？（最多选三项）（　　）

A. 课题研究指导　B. 建立培训学员资料库　C. 发放培训课程资源光盘

D. 定期沟通与交流　E. 其他__________

92. 您是否有下列国外经历（可多选）（　　）

A. 学历学习　B. 进修　C. 访学　D. 讲学　E. 参加学术会议

F. 参加博览会（展览会）　G. 参观、考察　H. 商务洽谈　I. 否

93. 外出考察时，您希望能去哪里？（单选）（　　）

A. 本省　B. 外省　C. 港、澳、台　D. 国外　E. 其他__________

94. 您能接受的自费考察费用最高上限是（　　）

A. 低于 500 元　B. 500～1000 元　C. 1001～3000 元　D. 高于 3000 元

95. 培训期间，您希望组织者对培训学员的纪律要求是（　　）

A. 严些　B. 宽松些　C. 严宽结合　D. 适度从严

96. 培训期间，您希望选择的食宿方式是（　　）

A. 统一安排　B. 现金补贴，自主决定　C. 无所谓

97. 您认为哪里是住宿的最佳地点？（　　）

A. 学校学生宿舍　B. 校内招待所　C. 学校周边旅馆

D. 有班车接送的郊区度假村

98. 对于本次培训的实施，您还有哪些建议、想法或期待？

附问卷 2

尊敬的各位老师：

依照改革创新、按需施教、注重实效的培训原则，为满足广大教师多元化和个性化学习需求，提供更具针对性的教育培训服务，针对本期已报名参加培训骨干教师开展学习意愿的问卷调查，本问卷同时以教师作业的形式，纳入考核内容。请各位老师按照要求，认真填写。谢谢合作！

所在县区				所在学校			
姓名		性别		年龄		职务	
任教学科				任教年级			
是否是骨干教师	□是(□市级、□省级)□否			是否是班主任	□是　□否		
是否参加自主 高效课堂实验		□是　□否		联系方式	手机：		
参加实验时间					E-mail：		

培训内容	如果您是一名课任教师，您最希望学习的内容（可多选，班主任也需填写）	□构建自主高效课堂改革的理论与实践 □学科教学理论及实施策略 □师德 □学科德育渗透 □信息技术 □本学科专业技能的提升 □本学科最新国际动态 □其他：________________
培训模式	教学模式 （多选）	□专题报告讲座　□教学观摩研讨 □案例分析　□知名学校观摩考察 □现场诊断　□问题探究 □座谈(互动研讨交流)　□专业技能教学 □名师经验介绍　□个别指导 □名师公开课、评课与说课 □其他：________________
	组织模式 （多选）	□自主学习　□校本培训 □离岗培训　□异地培训 □协同组合培训(跨学科、跨学段、跨角色培训) □巡回流动培训(送教上门) □远程网络视频培训 □网络培训和线下培训相结合(即1＋1培训) □其他：________________
培训考核	您希望接受哪种形式的培训考核 （多选）	□学时学分考核　□参培课堂表现评价 □课堂教学能力评价　□个性教学成果展示与汇报 □作业　□考试 □其他：________________
培训时间	一年当中您离岗学习的理想时间 （多选）	上半年：□开学后3周　□4月　□5月　□6月　□期末考试后放假前 下半年：□开学后3周　□10月　□11月　□12月　□期末考试后放假前 暑假：7月□中旬□下旬　8月□上旬□中旬□下旬 寒假：1月□中旬□下旬　2月□上旬□中旬□下旬

>> 第十节　美术教师培训课程研究 <<

一、美术教师培训课程研究的背景

(一)课程与教学改革发展的新要求

21 世纪以来，我国进入了新一轮基础教育课程改革阶段，标志是 2001 年教育部印发的《基础教育课程改革纲要(试行)》，新一轮的基础教育课程与教学改革实验正式开始。中小学美术教育也开始进入重大变革时期。随后，教育部先后颁布《全日制义务教育美术课程标准(实验稿)》《普通高中美术课程标准(实验)》《义务教育美术课程标准(2011 年版)》《普通高中美术课程标准(2017 年版)》以下统称《美术课程标准》。当然，在世纪之交进行全国范围的基础教育课程改革，自然有着深刻的背景因素：一是国际竞争的压力，以及世界各国基础教育课程改革浪潮的推动；二是我国当前基础教育的质量与新世纪社会发展的要求存在着一定的差距；三是随着时代的发展，美术学科自身也在发生变化；四是国外当代美术教育理论的介绍与传入。

在新课程与新课标的要求下，美术课程的教师观、学生观、教学方法等均发生了重大变化，传统的美术教育理念与教学方法受到了强烈冲击，美术教育的综合性、与其他学科的联系也开始得到高度关注，美术观念由狭隘走向宽广。基础教育美术课程改革需要美术教师在专业理念、专业知识、专业能力、教育技术等方面不断提升，跟上时代发展的步伐，需要教师不断参加专业培训，树立继续教育与终身学习观念，适应教育发展的新需求。

在这种背景下，应该提供怎样的培训课程才能适合中小学教师专业发展需求，是一个亟待研究的课题。

(二)中小学美术教师专业发展的需求

教师继续教育是政府主导的有目的、有计划、有组织地对已获得教师任职资格的教师所实施的，促使其专业发展的学历性和非学历性的教育活动的总称。新时期教育改革与发展对教师整体素质提出了新的要求，加强教师培训工作，是提高中小学教师队伍整体素质的重要举措，对于推进义务教育均衡发展、促进基础教育改革，提高教育质量具有重要意义。

1. 中小学教师专业发展的必要性

教师是一门专门的职业，1994 年我国开始实施《教师法》，首次从法律角度确立了教师的专业地位。1995 年国务院颁布《教师资格条例》，2000 年教育部颁布《〈教师资格条例〉实施办法》，2001 年起全面开展教师资格认定工作，标志着我国教师任用开始走上科学化、规范化和法制化的道路。① 教师的专业发展指的是作为专业人员的教师在教学上不断成长的过程，通过这一过

---

① 钱初熹：《美术教学理论与方法》，284 页，北京，高等教育出版社，2005。

程，教师得以更新专业结构，提升专业水准，获得持续发展。它包括职前教师的培养、新教师的入职辅导和在职教师的持续进修这三个有机统一的阶段。①

为提高公共教育质量，美国在20世纪70年代中期就提出教师专业化的口号，《明天的教师》和《国家为21世纪的教师作准备》两份报告先后发表，提出确立教师的专业地位，培养教师达到专业化的标准。美国教师专业化发展运动对国际社会特别是西方社会的教育产生了深远的影响，许多国家将教师发展纳入政策视野。在美国，“教育部拨出经费补助各项进修计划，各州教育委员会和地方学区委员会负责制订并实施这些计划”。并且规定“将义务接受进修作为更新教师资格证书的必要条件”。在英国，“其较为系统的教师进修制度规定所有教师每5年有一次带薪进修的机会，期望他们在任教7年中至少有一学期带薪到师资培训机构选读长期课程的机会”。在日本，相关条文规定“教师必须不断地参加在职培训，教育管理者必须为在职教师提供这种机会，并督促教师参加”。我国自20世纪80年代以来，教师专业发展已经成为教育研究的主题之一。我国教育部在继2010年全国教育工作会议和教育规划纲要颁布之后，为贯彻“建设高素质专业化教师队伍”的战略目标，先后印发了《教育部关于大力加强中小学教师培训工作的意见》和《教育部关于大力推进教师教育课程改革的意见》，并组织实施，大力推动了我国教师专业化的进程。

自20世纪80年代世界教师专业化的重心由关注教师的地位转向关注教师的角色以来，教师教育研究的重心从主要关注“教师应该具有什么样的素质”之类规范性问题转向主要关注“教师是如何发展的”之类的生成性问题，教师专业发展开始成为教师教育研究中最为引人注目的问题。

2. 中小学美术教师专业发展状况简述

长期以来，美术学科在中小学教育中一直被称为“副科”或“小三门”(音、体、美)，美术教师在学校中也往往不被重视。这种教育观念和教育环境决定了美术学科在基础教育中的特殊位置及美术教师专业化问题的特殊性。一些偏远地区的中小学由于主客观方面的原因，甚至都没有专职的美术教师，美术课由其他学科教师兼任的现象比比皆是。同时，目前美术师范教育普遍存在着重专业而轻师范的弊病，从而导致高校师范毕业生不能很好地适应中小学美术教育的实际需求。另外，随着社会的不断发展，美术学科自身也在不断进行着改革与发展。如文化的视觉化、新媒体艺术的发展等，均为美术教育内容的选择带来了广阔的空间。

美术教师原有的知识在一定程度上已难以应对一些新的美术现象。同时，义务教育和普通高中课程改革对美术教育和美术教师也提出更高更新的要求，美术教师的专业化问题呈现紧迫性与复杂性的特点。

美术教师的专业发展，关键在于培养教师自我发展的意识和自我发展的能力。在终身学习的背景下，美术教师专业发展的意义不仅在于美术教师个体的成长，更在于通过美术教师专业发展更好地促进学生发展，培养学生的创新能力，促进学校美术教育的改革与发展。

---

① 钟启泉、崔允漷：《新课程的理念与创新——师范生读本》，249页，北京，高等教育出版社出版，2003。

(三)中小学美术教师培训工作现状

2010年开始，教育部与财政部联合实施“中小学教师国家级培训计划”(简称“国培计划”)，每年安排专项资金5亿元用于“中西部农村骨干教师培训项目”、5 000万元用于“中小学教师示范性培训项目”。2012年《国务院关于加强教师队伍建设的意见》明确要求大力提高教师专业化水平，完善教师专业发展标准体系，建立教师学习培训制度，实行五年一周期不少于360学时的教师全员培训制度。在职教师的学习培训已经成为教师专业发展的重要内容。

就广东省而言，为加强中小学教师队伍专业化建设，2009年省教育厅制定了《广东省中小学骨干教师省级培训(2009—2013年)实施方案》。根据方案部署，评选出广东省首批90个中小学教师工作室，2010年起开展了多轮骨干教师培训。2011年教育厅印发《广东省教育厅关于大力加强“十二五”中小学教师培训工作的意见》，提出要保证每一位教师每五年接受不少于360学时的培训(每年不少于72学时)。培训课程建设是教师培训工作的核心，为此，《教育部关于大力推进教师教育课程改革的意见》提出了“在职教师教育课程设置框架建议”。

教师培训的规模越来越大、频率越来越高。以广东省为例，2009年以来开展了基于远程网络的高中教师职务培训；美术学科从2010年开始连续举办了多期“三位一体”中小学美术骨干教师培训；仅2012年参加培训的高中教师人数就达到了360人以上。除此之外，还有部分美术骨干教师参加广东省“百千万人才培养工程”等名师培养项目。全省各地的美术骨干教师培训也在持续开展，如东莞市在2008年、2010年与广东第二师范学院美术系合作先后举办了两期初中美术骨干教师培训班，共培养全市初中美术教师近130人。2011年以来，各地农村中学的美术教师，还通过置换培训的形式参与了教师培训。

随着全国各级各类美术教师培训工作的大规模持续开展，对教师培训课程的系统开发建设和建立培训质量评估体系的研究已越来越迫切。

二、中小学美术教师培训课程研究的状况

(一)美术教师培训研究文献分析

1. 专业发展状况与培训需求研究

如《云南民族地区中小学教师继续教育需求研究》，作者对云南民族地区中小学教师继续教育现状、中小学教师对继续教育的需求、影响教师参加继续教育的主要因素进行了问卷调查和统计分析。经统计分析得知，云南民族地区中小学教师虽然对教师职业有很高的职业情感，但在其职业生活中仍然普遍存在着一系列自身难以解决的问题，他们迫切需要通过继续教育提升自身素质，提高处理问题的能力。

2. 对培训现状的研究

此类研究较普遍，如2007年广州大学的国惠在硕士学位论文中探究了我国高中美术教师培训现状及问题，对高中美术新课程基本性质、国内外高中美术教育发展的共性与展望、高中美术教师应具备的素质结构、高中美术教师应实现角色转变和专业发展等作了较全面的研究，

并提出了高中美术教师培训模式和培训内容设置的构想。《中小学美术教师继续教育之我见》对当前我国中小学美术继续教育的现状和存在的问题进行了概括性分析，并提出了改进办法和建议。[①]

3. 培训模式研究

如《地方高校中小学美术教师培养模式探究：以湖北科技学院艺术学院为例》[②]，作者结合教育部的文件精神和地方院校的培养目标实际，对湖北科技学院艺术学院的美术学专业人才培养现状及中小学美术师资进行了相关调查，发现国培计划的实施中还需注意结合中小学美术教学的实际，美术学专业的课程内容设置与中小学美术教材内容相离太远等，并提出应有机整合中小学美术教师培养模式的理念与想法。又如《基层美术教师培训策略初探》[③]，作者提出丰富的地方美术文化资源是教师培训课程的重要来源，艺术家及其艺术馆应是教师培训的重要内容及场所。这些研究对提高教师培训实效具有积极的现实意义。

4. 培训内容研究

如《农村中小学美术教师专业继续培训课程设置》[④]，作者从农村基础美术教育的发展需求和农村中小学美术教师的现有素质出发，认为培训内容应包括教育能力、审美能力、专业基础能力、专业拓展能力、综合能力五个课程体系。又如《学校艺术教育教师队伍继续教育的培训课程体系的研究：常州市中学美术教师继续教育课程纲要的编写》[⑤]中，作者提到，常州市教育局为提高教师素质，专门组织了常州市专家学者为本市教师的继续教育编写了各科教师继续教育的课程纲要，而作者本人则负责并撰写了常州市初中、高中美术教师的继续教育课程纲要部分。

5. 相关国外资料研究

如《美国中小学美术教师职前培养特点及启示》[⑥]，作者提到，在美国，美术教育的受重视程度与日俱增，中小学美术教师的职前教育也得到了美国教育界的普遍关注。其中特别提到，理论课程为美术师范生学习的重点，美术师范生需要掌握多种视觉艺术的基本技能，应多种途径促进美术师范生教学实践能力的发展。这些对我国美术师范生与教师继续教育都具有较好的借鉴意义。

目前掌握的资料，体现出当前对中小学美术教师培训的研究已经成为全国各地教育界共同关注的课题，而且尝试从不同角度对培训的各种构成要素作出分析研究，这也是培训形势所需，同时也是目前培训存在诸多问题的反映。

目前研究成果的不足之处主要体现在以下几方面。

---

① 李洪波：《中小学美术教师继续教育之我见》，载《长春教育学院学报》，2011(12)。

② 向宏年：《地方高校中小学美术教师培养模式探究：以湖北科技学院艺术学院为例》，载《新课程研究·教师教育(下旬刊)》，2012(04)。

③ 李永亮、李古月：《基层美术教师培训策略初探》，载《新课程研究·教师教育(下旬刊)》，2013(09)。

④ 王东兵、刘辉：《农村中小学美术教师专业继续培训课程设置》，载《继续教育研究》，2012(02)。

⑤ 李世俊：《学校艺术教育教师队伍继续教育的培训课程体系的研究：常州市中学美术教师继续教育课程纲要的编写》，载《科技信息》，2012(14)。

⑥ 杜丽姣、易晓明：《美国中小学美术教师职前培养特点及启示》，载《外国中小学教育》，2011(9)。

一是对中小学美术教师培训的研究往往过于笼统，不能区别义务教育阶段和普高阶段美术教师在培训需求、课程设置方面的差异性，培训内容的研究也缺乏针对性，不够系统化。

二是缺乏对中小学美术教师培训质量评估的研究，没有建立培训效果反馈系统和培训评价具体方案。而这也是继续教育屡遭诟病的重要原因。

三是对中小学美术教师培训的国际动态发展研究非常不足，仅限于零星资料，或是国外中小学教师培训的笼统概述，学科特色不够鲜明。

(二)中小学美术教师培训研究趋势

1. 构建切实、有效、可行的中小学美术教师培训课程体系

建立能切实促进美术教师专业发展的课程体系，明确课程性质、理念，根据教师所处的不同教学学段、不同专业发展阶段，设置相应的课程主题、模块、专题等内容。

2. 构建客观、科学的中小学美术教师培训质量评价体系

提出美术教师培训的具体评价方法、评价内容，根据不同类型、不同层次的培训，制订有针对性的质量考核方案。

三、中小学美术教师培训课程目标

(一)美术教师培训课程的性质

美术教师培训课程是以促进美术教师适应岗位要求，适应教育工作需要，适应新形势和新科学技术的发展，提高教学能力与水平，提升教学态度和行为为目的的培训活动设置。一般包括思想政治教育和师德修养学习、专业知识更新与扩展学习、现代教育理论与实践学习、教育教学技能训练与人文社会科学知识学习，以及教育科学研究等内容。

(二)美术教师培训课程的基本理念

1. 促进美术教师专业发展

教师专业发展一般可以分成两类，一类是使教师成为专门职业并获得应有的专业地位的过程，另一类是强调教师个体的专业精神、专业知识与专业技能的发展，即教师个体的发展，这一点也是我们在此关注的重点。

中小学美术教师作为一类职业个体，其专业精神、专业知识与专业技能是一个动态发展中的不断变化的过程。美术教师培训课程应根据美术教师在不同发展阶段的特点设置内容，强调课程的针对性，并让教师及时学习先进的教育理论，了解国内外学校教育改革与发展的经验和做法，优化知识结构，提高文化素养，从而有效促进美术教师的个体专业成长，使教师由新任教师逐步成熟，并成为教学骨干甚至美术教育的名师。

2. 促进教师教学反思

教师的教学反思是对教学活动的理性认识。它要求教师必须具有敏锐的观察能力、分析能力与评判能力。它可以帮助教师发现和解决教育实践中的问题，帮助教师获得、批判和改善实

践性知识，从而促使教师成为探究和解决教学问题的研究者。教师的教学反思不仅是一种促进专业发展的途径，而且是一种学习式的反思。因此，教师培训也是一种促进教师教学反思的方式。

3. 满足教育改革需求

随着时代的发展，教育发生转变在所难免，学科教育在教学理念、教学内容与教学方法等方面不断发生着变化。美术教师的培训课程，能促进教师更新知识，及时吸纳美术教育最新成果，满足美术教育改革的需求。

4. 研讨教育实践案例

教育是一门实践性很强的工作，教师工作离不开教育实践。教育实践是美术培训课程不可缺少的内容，它包括案例分析与学习，观摩与参观学习等多种方式，通过在实践中直接发现问题，提出问题并解决问题，从而提升专业水平。

(三)美术教师培训课程目标

中小学教师是履行中小学教育工作职责的专业人员，需要经过严格的培养与培训，具有良好的职业道德，掌握系统的专业知识和专业技能。中小学教师在教学过程中，应树立以生为本、师德为先、能力为重、终身学习的思想观念。为促进中小学教师专业发展，建设高素质中小学教师队伍，根据《中华人民共和国教师法》和《中华人民共和国义务教育法》，教育部制定了《小学教师专业标准(试行)》与《中学教师专业标准(试行)》。这些标准不仅是中小学教师开展教育教学活动的基本规范，也是引领小学教师专业发展的基本准则，以及教师培训课程设置的目标。根据《小学教师专业标准(试行)》与《中学教师专业标准(试行)》，中小学美术教师在教师培训中，主要应从专业理念与师德、专业知识、专业能力方面获得专业发展。

下面依据《小学教师专业标准(试行)》与《中学教师专业标准(试行)》，结合美术学科特点，分小学与中学两部分阐述美术教师培训课程的目标。

1. 小学美术教师培训课程目标

(1)专业理念与师德方面

小学美术教师培训课程应使教师在职业理解与认识，对小学生的态度与行为，教育教学的态度与行为，个人修养与行为得到发展。

在职业理解与认识方面，小学美术教师培训课程应促进教师贯彻党和国家教育方针政策，遵守教育法律法规；理解小学教育工作的意义，热爱小学教育事业，具有职业理想和敬业精神；认同小学教师的专业性和独特性，注重自身专业发展；具有良好职业道德修养，为人师表；具有团队合作精神，积极开展协作与交流。

在对小学生的态度与行为方面，小学美术教师培训课程应促进教师关爱小学生，重视小学生身心健康，将保护小学生生命安全放在首位；尊重小学生独立人格，维护小学生合法权益，平等对待每一个小学生。不讽刺、挖苦、歧视小学生，不体罚或变相体罚小学生；信任小学生，尊重个体差异，主动了解和满足有益于小学生身心发展的不同需求；积极创造条件，让小学生拥有快乐的学校生活。

在教育教学的态度与行为方面，小学美术教师培训课程应促进教师树立育人为本、德育为先的理念，将小学生的知识学习、能力发展与品德养成相结合，重视小学生全面发展；尊重教育规律和小学生身心发展规律，为每一个小学生提供适合的教育；引导小学生体验学习乐趣，保护小学生的求知欲和好奇心，培养小学生的广泛兴趣、动手能力和探究精神；引导小学生学会学习，养成良好学习习惯。

在个人修养与行为方面，小学美术教师培训课程应促进教师富有爱心、责任心、耐心和细心；乐观向上、热情开朗、有亲和力；善于自我调节情绪，保持平和心态；勤于学习，不断进取；衣着整洁得体，语言规范健康，举止文明礼貌。

(2)专业知识方面

小学美术教师培训课程应使教师在小学生发展知识、学科知识、教育教学知识、通识性知识方面得到发展。

在小学生发展知识方面，小学美术教师培训课程应使教师了解关于小学生生存、发展和保护的有关法律法规及政策规定；了解不同年龄及有特殊需要的小学生身心发展特点和规律，掌握保护和促进小学生身心健康发展的策略与方法；了解不同年龄小学生学习的特点，掌握小学生良好行为习惯养成的知识；了解幼小和小初衔接阶段小学生的心理特点，掌握帮助小学生顺利过渡的方法；了解对小学生进行青春期和性健康教育的知识和方法；了解小学生安全防护的知识，掌握针对小学生可能出现的各种侵犯与伤害行为的预防与应对方法。

在学科知识方面，小学美术教师培训课程应使教师适应小学综合性教学的要求，了解多学科知识；掌握所教学科知识体系、基本思想与方法；了解所教学科与社会实践的联系，了解与其他学科的联系。

在教育教学知识方面，小学美术教师培训课程应使教师掌握小学教育教学基本理论；掌握小学生品行养成的特点和规律；掌握不同年龄小学生的认知规律；掌握所教学科的课程标准和教学知识。

在通识性知识方面，小学美术教师培训课程应使教师具有相应的自然科学和人文社会科学知识；了解中国教育基本情况；具有相应的艺术欣赏与表现知识；具有适应教育内容、教学手段和方法现代化的信息技术知识。

(3)专业能力方面

小学美术教师培训课程应使教师在教育教学设计、组织与实施、激励与评价、沟通与合作、反思与发展等方面得到发展。

在教育教学设计方面，小学美术教师培训课程应使教师学会合理制定小学生个体与集体的教育教学计划；合理利用教学资源，科学编写教学方案合理设计丰富多彩的班队活动。

在组织与实施方面，小学美术教师培训课程应使教师学会建立良好的师生关系，帮助小学生建立良好的同伴关系；创设适宜的教学情境，根据小学生的反应及时调整教学活动；调动小学生学习积极性，结合小学生已有的知识和经验激发学习兴趣；发挥小学生主体性，灵活运用启发式、探究式、讨论式、参与式等教学方式；将现代教育技术手段运用到教学中；较好使用口头语言、肢体语言与书面语言，使用普通话教学，规范书写钢笔字、粉笔字、毛笔字；妥善应对突发事件；鉴别小学生行为和思想动向，用科学的方法防止和有效矫正不良行为。

在激励与评价方面，小学美术教师培训课程应使教师学会对小学生日常表现进行观察与判断，发现和赏识每一个小学生的点滴进步；灵活使用多元评价方式，给予小学生恰当的评价和指导；引导小学生进行积极的自我评价；利用评价结果不断改进教育教学工作。

在沟通与合作方面，小学美术教师培训课程应使教师学会使用符合小学生特点的语言进行教育教学工作；善于倾听，和蔼可亲，与小学生进行有效沟通；与同事合作交流，分享经验和资源，共同发展；与家长进行有效沟通合作，共同促进小学生发展；协助小学与社区建立合作互助的良好关系。

在反思与发展方面，小学美术教师培训课程应使教师学会主动收集分析相关信息，不断进行反思，改进教育教学工作；针对教育教学工作中的现实需要与问题，进行探索和研究；制定专业发展规划，不断提高自身专业素质。

2. 中学美术教师培训课程目标

(1)专业理念与师德方面

中学美术教师培训课程应使教师在职业理解与认识，对中学生的态度与行为，教育教学的态度与行为，个人修养与行为得到发展。

在职业理解与认识方面，中学美术教师培训课程应促进教师贯彻党和国家教育方针政策，遵守教育法律法规；理解中学教育工作的意义，热爱中学教育事业，具有职业理想和敬业精神；认同中学教师的专业性和独特性，注重自身专业发展；具有良好职业道德修养，为人师表；具有团队合作精神，积极开展协作与交流。

在对中学生的态度与行为方面，中学美术教师培训课程应促进教师关爱中学生，重视中学生身心健康发展，保护中学生生命安全；尊重中学生独立人格，维护中学生合法权益，平等对待每一个中学生；不讽刺、挖苦、歧视中学生，不体罚或变相体罚中学生；尊重个体差异，主动了解和满足中学生的不同需要；信任中学生，积极创造条件，促进中学生的自主发展。

在教育教学的态度与行为方面，中学美术教师培训课程应促进教师树立育人为本、德育为先的理念，将中学生的知识学习、能力发展与品德养成相结合，重视中学生的全面发展；尊重教育规律和中学生身心发展规律，为每一个中学生提供适合的教育；激发中学生的求知欲和好奇心，培养中学生学习兴趣和爱好，营造自由探索、勇于创新的氛围。引导中学生自主学习、自强自立，培养良好的思维习惯和适应社会的能力。

在个人修养与行为方面，中学美术教师培训课程应促进教师富有爱心、责任心、耐心和细心；乐观向上、热情开朗、有亲和力；善于自我调节情绪，保持平和心态；勤于学习，不断进取；衣着整洁得体，语言规范健康，举止文明礼貌。

(2)专业知识方面

中学美术教师培训课程应使教师在教育知识、学科知识、学科教学知识、通识性知识方面得到发展。

在教育知识方面，中学美术教师培训课程应使教师掌握中学教育的基本原理和主要方法；掌握班集体建设与班级管理的策略与方法；了解中学生身心发展的一般规律与特点；了解中学生世界观、人生观、价值观形成的过程及其教育方法；了解中学生思维能力与创新能力发展的过程与特点；了解中学生群体文化特点与行为方式。在学科知识方面，中学美术教师培训课程应使教师适应中学综合性教学的要求，了解多学科知识；掌握所教学科知识体系、基本思想与方法；了解所教学科与社会实践的联系，了解与其他学科的联系。

在学科知识方面，中学美术教师培训课程应使教师理解所教学科的知识体系、基本思想与方法，掌握所教学科内容的基本知识、基本原理与技能，了解所教学科与其他学科的联系，了解所教学科与社会实践的联系。

在学科教学知识方面，中学美术教师培训课程应使教师掌握所教学科课程标准，掌握所教学科课程资源开发的主要方法与策略，了解中学生在学习具体学科内容时的认知特点，掌握针对具体学科内容进行教学的方法与策略。

在通识性知识方面，中学美术教师培训课程应使教师具有相应的自然科学和人文社会科学知识，了解中国教育基本情况，具有相应的艺术欣赏与表现知识，具有适应教育内容、教学手段和方法现代化的信息技术知识。

(3)专业能力方面

中学美术教师培训课程应使教师在教学设计、教学实施、班级管理与教育活动、教育教学评价、沟通与合作、反思与发展等方面得到发展。

在教学设计方面，中学美术教师培训课程应使教师学会科学设计教学目标和教学计划，合理利用教学资源和方法设计教学过程，引导和帮助中学生设计个性化的学习计划。

在教学实施方面，中学美术教师培训课程应使教师学会营造良好的学习环境与氛围，激发与保护中学生的学习兴趣；通过启发式、探究式、讨论式、参与式等多种方式，有效实施教学；有效调控教学过程；引发中学生独立思考和主动探究，发展学生创新能力；将现代教育技术手段渗透应用到教学中。

在班级管理与教育活动方面，中学美术教师培训课程应使教师学会建立良好的师生关系，帮助中学生建立良好的同伴关系；注重结合学科教学进行育人活动；根据中学生世界观、人生观、价值观形成的特点，有针对性地组织开展德育活动；针对中学生青春期生理和心理发展特点，有针对性地组织开展有益身心健康发展的教育活动；指导学生理想、心理、学业等多方面发展；有效管理和开展班级活动；妥善应对突发事件。

在教育教学评价方面，中学美术教师培训课程应使教师学会利用评价工具，掌握多元评价方法，多视角、全过程评价学生发展；引导学生进行自我评价；自我评价教育教学效果，及时调整和改进教育教学工作。

在沟通与合作方面，中学美术教师培训课程应使教师学会了解中学生，平等地与中学生进行沟通交流；与同事合作交流，分享经验和资源，共同发展；与家长进行有效沟通合作，共同促进中学生发展；协助中学与社区建立合作互助的良好关系。

在反思与发展方面，中学美术教师培训课程应使教师学会主动收集分析相关信息，不断进行反思，改进教育教学工作；针对教育教学工作中的现实需要与问题，进行探索和研究；不断提高自身专业素质。

四、中小学美术教师培训课程内容

美术课程标准分为义务教育与普通高中两个学段，教师根据成长过程一般分为新任教师、青年教师、骨干教师与名教师几个阶段。我们在此分别从义务教育与普通高中两个部分，以及教师成长的四个阶段来设计美术教师培训的课程内容。

(一)义务教育阶段美术教师培训课程

1. 义务教育阶段美术新任教师培训课程

新任教师的培训也可称入职培训，是教师专业成长的一个重要的和不可或缺的阶段。本阶段的培训内容是针对刚刚走上工作岗位的新任义务教育美术教师设计的，主要是为了帮助新教师建立胜任义务教育阶段美术教学所需要的基本理论和实践技能体系，并为将来的职业发展奠定基础。培训课程通过专家指导、团队交流、实践操作等形式，帮助新教师理解美术教育事业的意义与责任，进一步掌握课堂教学和课堂管理的基本技能，培养教学设计、反思等基本能力，初步形成职业规划意识(表 7-118)。

表 7-118　义务教育阶段美术新任教师培训课程

一级主题	二级主题
专业理念与师德	1. 教师职业理解与认识 2. 教师职业伦理道德
专业知识	1. 义务教育美术课程标准 2. 义务教育美术教材与教法 3. 儿童美术学习心理与发展规律
专业能力	1. 美术教学表达与教学组织能力 2. 美术教学设计能力 3. 美术教学评价能力 4. 美术教学反思能力 5. 美术教师职业规划能力

(1)专业理念与师德

本主题主要帮助义务教育阶段美术新任教师理解美术教育工作的意义，树立职业理想和敬业精神、认识义务教育阶段美术教师的专业性和独特性，注重自身专业发展。奠定长期从事美术教育事业的良好职业道德与和谐伦理关系基础。

①教师职业理解与认识。

了解党和国家的教育方针政策及相关教育法律法规，认识美术教育事业的意义，通过专家讲座和交流讨论等形式，培养职业认同感和使命感，激发职业热情，树立职业理想。

认识义务教育阶段美术教师的专业性和独特性，通过案例学习和交流讨论等形式，帮助新教师初步树立专业发展和职业规划的意识。

②教师职业伦理道德。

明确教师职业道德的意义，了解教师职业道德的基本内容，明确职业特殊性对个人修养与行为的要求。专业特殊性还要求美术教师理解师德与艺德的关系。

掌握在实践中处理职业伦理道德冲突的方法，学会处理实际工作中的各种伦理关系，包括师生关系、同事关系、行政管理关系、美术教学与艺术创作的关系等。

培训教学建议：通过专家讲座与案例分析，交流讨论等形式，了解小学和初中美术新任教师在专业理念与师德方面的内容与目标要求；通过案例讲座与讨论，帮助小学和初中美术新任教师建立正确的师生观，并对职业环境和人际关系特征等有初步的了解。

培训课题与案例："小学(初中)美术教师专业发展的特殊性""优秀教师成长案例""小学生成长案例""初中生美术学习案例"等。

(2)专业知识

本主题主要解决，美术新任教师在从事美术课程教学中，所需要的教育学和美术学方面的基础理论知识，以及实际工作中所需要的各种综合性知识。

①义务教育美术课程标准。

熟悉义务教育美术课程标准的基本内容，领会新课程的性质、价值和理念。

理解课程目标的三个维度，各个学段的阶段性教学目标，具体的模块内容等。

明确美术教师在新课程中的角色转换，明确在新的教学观、学生观的指导下发展出适应新课标的教学方法、评价方法的必要性。

②义务教育美术教材与教法。

理解义务教育美术教材的编写思路，了解各种版本教材的特点，能结合教学条件、学生学习状况和个人特长灵活安排美术教学模块和内容。

学会把握教材重点和难点，掌握教材资源的灵活处理；针对义务教育阶段美术教育的综合性、人文性特点，能够在知识传授、学习方法、创新能力培养等方面发挥美术教育的优势，灵活组织教学内容。

③儿童美术学习心理与发展规律。

了解儿童的生理特征、心理特征、认知特征、情绪特征等；了解儿童的心理特征在各个学段美术学习中的体现。

把握各个阶段儿童的美术学习和表达的特征，根据其身心特征针对性地展开美术教学。

培训教学建议：通过专家讲座和交流讨论等形式，让义务教育阶段美术新任教师全面熟悉义务教育美术新课程标准，并能与实际教学工作相结合。同时，注意小学和初中阶段的对比与衔接；以理论讲座和案例分析等形式，让义务教育阶段美术新任教师了解不同学段的儿童美术学习的特征。

培训课题与案例："小学(初中)美术教师的角色定位""儿童绘画的特征""儿童绘画中的空间描绘案例分析""儿童绘画中的情感描绘案例分析"等。

(3)专业能力

本主题主要从新任教师在美术教学及研究等方面的实际操作能力方面进行培训。

①美术教学表达与教学组织能力。

对新教师在语言表达、动作表达、板书表达等方面的基本功进行强化训练。在语言表达方面，包括普通话、教学语言的规范性、语言表达的艺术性等；在动作表达方面，包括恰当的肢体语言的运用，用目光、表情等如何与学生互动等；在板书表达方面，强调书法基本功，讲究板书的条理与布局，以及与投影、实物、范画的恰当组织等。

了解常见的小学及初中美术创作实践演示方法与操作要点，配合讲解以及其他教学方式和手段，能够做到示范步骤清晰、要点明确、过程流畅。了解学生美术创作实践中的操作难点，实践过程的组织与控制等。激发学生的学习兴趣和创作热情，释放想象力和创造力。

了解小学和初中美术课堂组织教学的基本环节，把握课堂教学的导入、展开、创作、点评等各个环节的要求及技巧，把握课堂节奏；了解课堂教学组织的基本形式，掌握课堂组织管理技巧与管理艺术，控制课堂秩序和氛围。

②美术教学设计能力。

通过讲座与案例教学，掌握义务教育美术教学设计的基本要领，学会根据实际情况，确定教学目标，并依据特定阶段学生的心理特点和学习规律，设计灵活有效的教学方式和方法。

了解说课的基本形式和要求，通过对一节美术课的教学设计进行介绍和分析，体现教学设计的基本思路和理论依据。

③美术教学评价能力。

明确新课程对美术教学评价的要求，理解评价的核心是促进学生的发展，突出评价的过程性和个体的差异性，建立发展性的评价体系。

以讲座和案例教学的方式，学会制订评价方案，能够根据学生实际情况和美术教学特点，制订多元化、动态化的美术教学评价体系，掌握对学生进行给予恰当评价的实际操作方法，会设计简单的评价表格，能够利用档案袋评价。

④美术教学反思能力。

学会如何进行美术教学反思。了解如何根据授课的具体情况，从教学内容编辑、教学目标设定、教学方法选择、教学技能运用等方面反思教学设计是否合理，存在的问题有哪些，如何改进。了解撰写教学反思的基本步骤方法。

强化美术教学反思的意识和能力。养成教学反思的习惯，不断提高撰写教学反思的能力，奠定美术教育与教学研究的基础。教研相长，有效促进美术教学和教师专业发展。

⑤美术教师职业规划能力。

树立个人发展目标。了解如何确立小学或初中美术教师的近、中、远期发展目标。了解每一阶段目标所需要具备的基本条件，达到每一阶段目标所要努力的基本途径。

学会制订切实可行的个人近期发展方案。客观分析个人特点和专长，确定个人专业发展和职业发展等方面的努力方向。包括专业创作、教学能力、科研成果、继续教育等领域的具体目标和行动计划。

培训教学建议：通过讲座、微格录像案例分析、示范教学、远程网络培训等形式，通过专家点评和教师互评、自评相结合等方式，新教师直观感受到教学表达、教学组织方法的多样性和艺术性。

培训课题与案例："小学(初中)美术有效教学的探究""小学(初中)美术课堂教学设计案例"

“小学(初中)美术课后反思案例”等。

2. 义务教育阶段美术青年教师培训课程

本阶段的培训内容是为小学和初中美术青年教师设计的。青年教师对基础美术教育的理解基本成熟，已经积累了一定的教学经验，但是专业知识有待进一步深化和拓展，专业能力需要进一步提升，尤其是在教学综合技能、创新能力方面需要引导。培训课程应着眼于提升义务教育阶段美术教师课堂教学方式的创新能力、教学问题的搜集和研究能力。并且帮助青年教师搭建交流、互助的平台，形成良好的团队效应(表 7-119)。

表 7-119　义务教育阶段美术青年教师培训课程

一级主题	二级主题
专业理念与师德	1. 美术教师职业心理 2. 教师职业伦理道德
专业知识	1. 义务教育美术课程资源开发 2. 美术专业知识和技能提升
专业能力	1. 美术教学案例研究 2. 美术教育科研方法与论文写作 3. 现代教育技术

(1)专业理念与师德

本主题主要帮助义务教育阶段美术青年教师进一步理解美术教育工作的意义，调整职业理想，强化敬业精神，激发美术青年教师的上进心和成就感，帮助他们解决在实际教学和生活中遇到的各种理念冲突问题。

①美术教师职业心理。

了解教师工作及心理的特点，重点是教师教学心理，包括教学兴趣、教学情感、教学意志等。了解压力产生的根源，对职业的影响，掌握恰当的解压途径的方法。

学会根据自身性格特征和实际工作情况，不断调整自己的职业心理，保持积极乐观心态，学会预防和调适职业倦怠及其他心理障碍。

②教师职业伦理道德。

帮助美术青年教师坚定教师职业道德信念，自觉建立教师伦理规范意识。关注教师个体的道德责任，同时也关注教师专业共同体的伦理责任及其实现问题。从个人、体制、文化等方面理解当前美术教师专业伦理建设的现状和成因。分析对照自身情况，明确作为小学和初中美术教师的职业伦理道德建设目标。

培训教学建议：通过理论讲座与案例分析等形式，帮助美术青年教师了解美术教师的工作及心理的特点，明确工作压力产生的来源和应对方法；以师德模范教育为主，激励美术青年教师树立崇高职业理想，追求高尚艺德师德境界。

培训课题与案例：“小学(初中)美术教师如何克服职业倦怠心理”“小学(初中)美术教师教学心理研究”“美术教师职业心理调节案例”等。

(2)专业知识

本主题旨在帮助美术青年教师深入和拓展在义务教育美术课程领域的基础知识，同时提升在美术专业领域的水平。

①义务教育美术课程资源开发。

理解课程资源建设的功能、意义和重要性，学会钻研课程和教材，结合实际对教材进行综合调整。

了解课程资源开发的常见途径，包括：校内课程资源、当地传统美术资源的开发与利用、发掘地方自然资源优势、社会人文资源的开发利用、信息化资源的利用等，促使教学和学习方式多样化。

通过各种形式的教师培训，借助学习团队，实现个人、学校、区域之间的课程资源交流与共享。

②美术专业知识和技能提升。

青年教师在步入工作岗位几年之后，往往感觉被日常繁杂的教学工作所累，缺乏专业创作的时间和指导，因而在这方面有突出的培训和进修意愿。

进一步提升义务教育阶段美术教师的学科专业知识，包括美术基础理论、美术史、美术技法理论、美术表现技法、设计与工艺的基础知识和基本技能等，有助于增强美术教师的专业热情、教学兴趣和驾驭力。

了解美术专业领域的最新发展，了解同行的专业发展状态，树立专业自信心和发展目标。

培训教学建议：以校本实践、案例分析等，探索义务教育美术课程资源开发的可行性途径和方式；以专家讲座和工作室实操训练为主，提升义务教育阶段美术教师在美术专业方面的技能。可以采取主修和选修相结合的方式，美术教师根据自己的专业特长和兴趣确定主修科目，同时考虑到实际教学需要等选修其他相关领域的内容，满足义务教育阶段多样性综合性的美术教学需要。

培训课题与案例："小学(初中)美术教师教学心理研究""小学(初中)美术课程开发案例"等。

(3)专业能力

①美术教学案例研究。

案例研究是锻炼收集教学资料与获取信息能力、综合分析信息资料能力的重要途径，也是从事美术教育科研的基础环节。

案例收集与选取。学会依据义务教育美术教学的模块划分或其他方式，对不同类型的美术课进行收集整理，根据研究目的，选择有针对性、代表性的案例。考虑各种案例类型的全面性、个案的特色代表性等。

案例分析。掌握案例分析的基本构成和要求，学会根据研究目的有重点地进行案例分析，包括对教学案例的设计理念、难点处理、教学手段运用、实施效果、教学特色等进行综合分析。发展教学研究能力。

②美术教育科研方法与论文写作。

了解美术教育研究的常用方法，包括文献法、观察法、个案法、调查法、比较法、行动研究法以及合作研究法等。了解各种研究方法的适用范围、操作要点等。学会结合美术教育和教学的具体内容，发现研究主题，选择恰当的研究方法，开展教育调查、实验等研究活动，收集、分析研究信息和资料。

掌握美术教学论文撰写的基本思路和格式要求，包括选题、摘要、引言以及论文的论证、结论以及参考文献；了解科研论文的写作步骤和注意事项的使用等。在专家指导下撰写教学论文，参加论文答辩。

③现代教育技术。

在原有基础上进一步提升常用课件制作技术，会使用 PowerPoint、Flash 等工具进行课件制作，讲求课件制作的精美、简洁、有效。

以互联网和多媒体技术为核心，有效促进教学教程管理设计和资源开发利用，推动美术教育的信息化。关注教学手段的变化带来的教育内容、教学组织及美术课堂教学中师生关系的变化。

培训教学建议：校本培训与网络培训、专题培训等相结合，帮助美术青年教师建立案例收集档案或资料库。并通过专家指导、案例示范等方法，提高青年教师的教研能力；专家讲座与案例分析、专题培训等相结合，提高小学和初中青年美术教师教研水平和写作能力；理论讲座和实操训练相结合，提高青年美术教师对现代教育技术的全面认知和实际操作技能。

培训课题与案例："小学(初中)美术教学案例分析研究""现代教育技术在小学(初中)美术教学中的有效应用""小学(初中)美术教学课程案例分析""小学生美术学习问卷调查表设计案例"等。

3. 义务教育阶段美术骨干教师培训课程

美术骨干教师一般指在一定范围的美术教师群体中，师德修养和职业素质相对优异、有一定知名度、被大家认可、具有较为丰富的美术教育教学经验与能力、取得一定教育教学研究成果、对一般教师具有一定示范作用和带动作用的美术教师。培养一定数量的省、市、县级骨干教师，能更好地构建学校教师发展平台，适应我国教育事业发展的需要。

美术骨干教师的培训目标是使美术教师具有高尚的师德和良好的心理素质，具有精湛的教学技艺，掌握和运用教科研前沿的成果，创造性地从事教育教学工作，并能不断完善自我、发展自我。美术骨干教师具有以下三个突出特点：一是由"接受型"转变为"开拓型"，能主动迎接新挑战并开拓新领域；二是由"经验型"转变为"科研型"，善于改变传统教法，具备对先进的教育策略有研究、选择与运用的能力；三是由"同类型"转变为"特色型"，善于改变统一的教学风格，能面对不同的学生采用不同的方法，形成独特的教学特色。

美术骨干教师的培训课程应重点关注教师的教育理念，国内外美术教育发展状况；提升教师的教学引领、实践活动与课程建设能力，打造自己的教学风格与教学特色；提高教师在科研方面的能力(表 7-120)。

表 7-120　义务教育阶段美术骨干教师培训课程

一级主题	二级主题
专业理念与师德	1. 对教育专业的理解与认识 2. 对义务教育阶段美术教师师德的理解与认识
专业知识	1. 美术教育的知识 2. 美术学科的知识 3. 美术学科教学的知识
专业能力	1. 教学风格形成的能力 2. 教学研究的能力 3. 教学引领的能力

(1)专业理念与师德

①对教育专业的理解与认识。

作为义务教育阶段美术骨干教师的专业理念培训内容，应侧重从教育学的角度、社会学的角度分析教育专业，让骨干教师对教育专业有进一步的深度与广度的理解，从而进一步提高自身的专业素养，为教师的专业化成长进一步奠定基础，提供原动力。

②对义务教育阶段美术教师师德的理解与认识。

作为美术骨干教师的师德培训内容，应侧重对师德境界的理解与实践，进一步提升骨干教师的职业思想境界，尽量做到以崇高的品德感染人、影响人，同时也提升自己的职业道德素质与水平。

培训教学建议：通过专题讲座和案例展示，提升骨干教师的理念层次，通过实践运用和交流点评，提高理念水平。

培训课题或案例：在教育专业的理解与认识方面，可以开设“国内外小学美术教育比较”“初中美术教师的专业化发展”等；在师德的理解与认识方面，可以开设“小学美术与教师职业道德研究”等。

(2)专业知识

①美术教育的知识。

本主题的内容旨在更新小学和初中美术骨干教师的美术教育知识，侧重深入理解义务教育美术新课标，更新骨干教师对国内外现代美术教育发展的认识，强化骨干教师对现代美术教育进展的领会运用能力。

深入理解义务教育美术新课标。通过讲座与座谈讨论，深入理解新课标，如进一步认识义务教育美术课程与普通高中美术课程有什么区别；理解义务教育美术课程设置中的系列与模块的关系等。并通过校本活动，在高中美术新课标的指导下，搜集有关各类美术资料，开发美术教育课程资源以及美术教学辅助读物。

认识与了解国内外现代小学(初中)美术教育的发展趋势。通过讲座与讨论，了解国内外现代小学和初中美术教育发展的趋势，包括美术教学理念、学习方式，以及主要教学手段与教学方法。通过校本实践，熟练运用美术现代教育方式与教育手段，创新运用技能，有效提高义务教育阶段美术教学。

②美术学科的知识。

本主题的内容旨在提高义务教育阶段美术骨干教师的学科专业知识，如美术史论与美术技能知识。具体而言，主要包括中外美术史、中外设计史、艺术批评与评论等美术文化知识，以及素描、色彩、创作、国画、版画、雕塑、书法、篆刻、设计等多方面的美术技能。这些美术学科知识的提升，是高中美术骨干教师加强人文修养，提高教学水平的关键。

深入理解与巩固美术文化。通过讲座与讨论的学习方式，提升大学阶段所学的美术文化知识，对一些美术文化知识进行系统的深入思考与归纳整理，如中国画的发展脉络，西方艺术对中国艺术的影响，油画创作的本土化问题，中国现代设计的源流，本土民间美术发展史等。通过参观与讨论的学习方式，促进美术骨干教师的美术鉴赏与批评水平。通过校本实践，发掘当地美术资源，引发对当地美术文化的关注与热爱。

提升美术技能。义务教育阶段美术教育主要分为四个学习领域："造型·表现""设计·应用""欣赏·评述""综合·探索"。各个领域所涵盖的内容涉及美术的各个门类。因此提升美术技能，拓宽专业视野，是美术骨干教师加强学科知识的一项重要内容。

以观摩与赏析的方式，提升美术骨干教师的专业技能鉴赏水平，包括书法、篆刻、绘画、电脑设计等；以相对集中与分阶段的实操方式，通过具体的作业练习与点评，提升美术骨干教师的某一画种，或者素描、色彩的水平；以外出写生的方式，提高骨干教师的绘画基础与创作能力。

③美术学科教学的知识。

美术实践教学。本主题的内容侧重如何发挥义务教育阶段美术骨干教师在教学实践中的示范作用，如何强化美术骨干教师在综合实践中的指导能力，以及如何提高美术骨干教师在课程资源建设中的领导力。一方面动员安排义务教育阶段美术骨干教师参加美术示范教学活动，如有目的地针对某种研究开展公开示范教学、同课异构教学，提升骨干教师的影响力，发挥骨干教师的教学引领作用。另一方面组织教师座谈，以专家讲座与教师反思的方式对骨干教师的案例教学或示范教学进行点评，进一步提高骨干教师的教学实践水平，发挥骨干教师的教学示范与引领作用。

美术课程资源开发。美术课程资源的开发利用是实施美术课程总目标的必不可少的组成部分，也是义务教育阶段美术骨干教师拓展教学资源、提高教学效果的一个重要手段。本主题内容包括如何带领其他美术教师共同积极开发信息化课程资源，如何利用校外的各种课程资源，如何运用自然环境资源与社会生活资源进行高中美术教育活动。通过讲座与讨论的学习方式，交流校本资源的开发与运用；通过观摩与示范的学习方式，研讨校本资源的开发与运用。

培训教学建议：多采用讲座与讨论的培训方式、参观与讨论的培训方式、现场示范的培训方式。

培训课题或案例：在美术教育的知识方面，可以开设"义务教育美术课程与普通高中美术课程之比较""文化情境对认识美术作品的意义"等；在美术学科的知识方面，可以开设"美术教育发展史研究""美术专业技能提升研究""写生与创作"等；在美术学科教学的知识方面，可以开设"小学美术欣赏课中的活动组织研究""如何开发校本资源"等。

(3)专业能力

①教学风格形成的能力。

教学风格是教师在教学过程中表现出来的富有个性化特征的风度和格调，是教师教学思想、教学理念、教学艺术特点的综合表现。教师的教学风格主要通过能够影响师生关系和课堂氛围的教学态度、教学语言、调控方式、结构艺术和场景形象等表现出来。如风趣幽默的教学风格、循循善诱的教学风格、论证严密的教学风格、活跃创新的教学风格。教学风格的形成，是教师在教学上成熟的重要标志，它不仅有利于教师教学水平的进一步提高，而且有利于加速教师专业化成长的进程。

义务教育阶段美术骨干教师，正处于自己教学风格的形成期。教学风格的形成，除了需要教育理论与实践的不断学习与提升，还需要发挥自己的个性心理特征，以及模仿与独立创新的意识与能力。因此，义务教育阶段美术骨干教师在这方面的培训内容，侧重教师性格与心理学的分析、教师创新意识的启发与分析。

②教学研究的能力。

教学研究指运用科学的态度、科学的理论和方法研究教学现象，揭示教学规律的创造性活动。教学研究指教师可以改进教师的教育教学工作，是教师岗位成才、开发师资资源，实现教育可持续发展的重要手段。著名教育家苏霍姆林斯基说过："你如果要想让教师的劳动能够给教师一些乐趣，使天天上课不致变成一种单调的义务，那就应当引导每一位教师走上从事一些研究的这条道路上来。"骨干教师若想进一步提升自己，积极从事教学研究工作是必不可免的过程。

因此，义务教育阶段美术骨干教师在这方面的培训内容，侧重如何引导骨干教师进行科研的选题、成果的表述，注重骨干教师科研能力的培养。

③教学引领的能力。

骨干教师作为在一定教师群体中相对优异的教师，自然担负着对一般教师的示范和带动作用。义务教育美术骨干教师，在这方面的培训内容，侧重如何保持骨干教师的引领地位，以及美术教师引领的方式、方法的学习。

培训教学建议：多采用讲座与讨论的培训方式、参观与讨论的培训方式、现场示范的培训方式。

培训课题或案例：在教学风格形成的能力方面，可开设"教师个性心理研究""教师创新意识的启发与分析""怎样形成教学风格"等；在教学研究的能力方面，可开设"小学(初中)美术教学与研究意识""如何在小学(初中)美术教学中寻找研究点"等；在教学引领的能力方面，可开设"义务教育美术骨干教师如何保持引领作风"等。

4. 义务教育阶段美术名教师培训课程

名教师一般指具有一定思想力、创新力、发展力与影响力的优秀教师。要想成为一位名教师，一般需要教师能在真正做到为人师表的同时，还有先进的教育教学理念及完整的知识结构，以及极强的实践教学能力。目前，国家对学科名教师的要求是，除了要有过硬的实际教学能力，还要每年带一定数量的青年教师或骨干教师，并要通过课题或论文的形式显示在教育教学科研方面的能力，在教育教学改革中发挥较大的示范带头作用。

本阶段的培训内容是为美术名教师所设计，其目的是培训美术名教师如何引领教育改革，如何指导青年教师和骨干教师的专业发展，并在一定程度上促进自身的专业发展(表 7-121)。

表 7-121　义务教育阶段美术名教师培训课程

一级主题	二级主题
专业理念与师德	1. 对教育专业的理解与认识 2. 对义务教育阶段美术教师师德的理解与认识
专业知识	1. 美术教育的知识 2. 美术学科的知识 3. 美术学科教学的知识
专业能力	1. 教学研究的能力 2. 教学引领的能力

(1)专业理念与师德

①对教育专业的理解与认识。

作为美术名教师的专业理念培训内容，应特别侧重从教育学的角度、社会学的角度分析教育专业，让名师对教育专业有进一步的深度与广度的理解，特别是对国内外现代教育理念与趋势有较为全面的理解与认识。

②对义务教育阶段美术教师师德的理解与认识。

作为美术名教师的师德培训内容，应侧重对师德境界的理解与实践，提醒名教师以崇高的品德感染人、影响人。

培训教学建议：通过专题讲座与交流，进一步提升义务教育阶段美术名教师对美术教育的理论水平。

培训课题或案例：在教育专业的理解与认识方面，可以开设“教育名家及其教育思想”“现当代教育思想”“教育改变未来”等；在师德的理解与认识方面，可以开设“美术教师职业道德研究”“历史上的名教师”等。

(2)专业知识

①美术教育的知识。

本主题的内容旨在更新义务教育美术名教师的美术教育知识，侧重义务教育阶段美术教学理念以及现当代国内外美术教育思潮的深层次理解，提升名教师对美术教育理论的领会、运用、指导、推广的能力，深入理解义务教育美术教学理念。以讲座与座谈讨论的方式，深入理解义务教育美术课程的基本性质与基本理念制订的来龙去脉，及其在我国当前美术教育中的运用情况，指导名教师如何引领其他教师理解与贯彻新课标的理念与精神。

认识与了解现当代国内外美术教育思潮。以讲座与讨论的方式，了解现当代国内外美术教育思潮，包括义务教育美术教学理念、学习方式，以及主要教学手段与教学方法。通过校本实践，熟练运用美术现代教育方式与教育手段，创新运用技能，有效提高义务教育阶段的美术教学。

②美术学科的知识。

美术名教师在美术学科方面都是相对比较突出的，无论是以文化知识为主的美术史论还是美术技法，都相对成熟而优秀。但学无止境，义务教育阶段美术名教师仍需在此方面进一步提升。

对于义务教育阶段美术名教师而言，本主题的内容一方面是侧重对某一两个美术问题的深入思考与某一画种的美术创作的交流与表现，另一方面注重如何发现其他美术教师在美术学科知识方面的不足，并如何在日常美术教学活动中提升其他美术教师的美术学科知识。

深入思考美术文化。通过讲座与讨论的学习方式，对某一两个美术问题进行深入思考，如中国画的发展脉络，西方艺术对中国艺术的影响，油画创作的本土化问题，中国现代设计的源流，本土民间美术发展史等。通过校本实践，发掘当地美术资源，引领其他教师对当地美术文化的关注与热爱。

提升美术创作水平。义务教育阶段的美术教学需要美术名师有一两种突出的美术技能，并在某一画种上或美术门类中有着突出的创作能力，能在美术教育界树立良好的学术权威形象。以观摩与赏析的方式，提升美术名师的专业技能鉴赏水平，包括书法、篆刻、绘画、电脑设计等。以相对集中与分阶段的实操方式，或以外出写生采风的方式，提高义务教育阶段美术名教师的绘画基础与创作能力。

③美术学科教学的知识。

美术实践教学。本主题的内容，侧重从理论上引导美术名教师如何发挥在教学实践中的引领示范作用与综合实践指导能力，以及如何提高名教师在课程资源建设中的领导力。

美术实践课程指导。美术教学实践在美术教育中占据着非常重要的地位，这也是美术名师成长的必经途径，是所有美术教师关注的问题。本课程主要是从理论上引导小学和初中美术名教师如何发挥在教学实践中的引领示范作用，增强美术名教师的综合实践指导能力。通过讲座与讨论、观摩与示范的学习方式，引领美术名教师深入思考如何对其他教师进行美术课程实践指导。

美术课程资源开发指导。美术课程资源的开发利用是实施美术课程总目标的必不可少的组成部分，也是义务教育阶段美术名师拓展教学资源，提高教学效果的一个重要手段。本主题内容侧重如何带领其他美术教师共同积极开发信息化课程资源，如何利用校外的各种课程资源，如何运用自然环境资源与社会生活资源进行义务教育美术教育活动。通过讲座与讨论的学习方式，交流校本资源的开发与运用。通过观摩与示范的学习方式，研讨校本资源的开发与运用，以及特色教学的实施开展等。

培训教学建议：多采用讲座与讨论的培训方式、参观与讨论的培训方式、现场示范的培训方式。

培训课题或案例：在美术教育的知识方面，可以开设“现当代国内外美术教育思潮”“义务教育美术新课标在我国当前美术教育中的运用情况”“贯彻义务教育美术新课标，发挥美术教育名师作用”等；在美术学科的知识方面，可以开设“美术教育发展史研究”“区域美术史研究”“现当代美术现象研究”“写生与创作”等；在美术学科教学的知识方面，可以开设“义务教育美术模块的深入化教学”“特色教学经验谈”等。

(3)专业能力

①教学研究的能力。

教学研究指运用科学的态度、科学的理论和方法研究教学现象，揭示教学规律的创造性活动。教学研究指教师可以改进教师的教育教学工作，是教师岗位成才、开发师资资源、实现教育可持续发展的重要手段。本课程内容的设置，一方面是进一步提升义务教育阶段美术名师自身的教学研究能力，指导名师如何更好地进行科研选题及成果的表述；另一方面指导小学和初中美术名师如何培养其他美术教师的教学研究能力。

课题研究与指导。课题研究是校本教研中的一项重要内容，是促进教师专业成长的重要途径，也是营造良好校园文化氛围的重要方式。课题研究过程是一个螺旋上升、循环发展的动态过程，它不是一个线性结构，而是一个不断的趋近问题解决的复式循环结构。实践证明，课题研究对于提升教师科学素养和理论水平具有特别重要的推进作用。本课程的主要内容是如何指导名教师自己做课题和如何引导他人做课题。主要从课题研究的步骤的分析与课题研究报告的写作两方面来教学，并凸显课题研究的人文性、个体经验性，反映教师的个体体验和个体实践知识，使研究报告充满生活气息和人文气息。

论文撰写与指导。教育科研论文一般都具有较高的学术水平和科学价值，是展示、交流与推广教育科学研究成果的一种手段和工具，也是教育工作者记录劳动成果和工作成绩的一种有效方式。同时，教育科研论文的形成、发表与交流，又可以反过来推动教育科学研究的不断深入和发展。本课程主要内容是如何指导名教师自己进行论文撰写和如何引导其他教师撰写论文。主要从论文撰写的步骤的分析与论文的写作两方面来教学，并提出要凸显论文撰写的创新性、真实性和实践指导意义。

②教学引领的能力。

名教师作为在一定教师群体中相对优异的教师，自然担负着对一般教师的示范和带动作用。义务教育阶段美术名教师在这方面的培训内容侧重如何引领及如何保持名教师的引领地位。

名教师讲堂：名教师讲堂是为实现教育均衡化的发展，进一步开发教学资源，让教学名教师组织各类教学活动以供其他教师观摩学习，通过讲堂活动与观众互动，解决青年教师与骨干教师工作中的困惑。本课程的主要内容是名教师讲堂的选题问题与组织宣传问题。

培训教学建议：多采用讲座与讨论的培训方式、参观与讨论的培训方式、现场示范的培训方式。

培训课题或案例：在教学研究的能力方面，可开设“课题研究步骤的分析”“课题研究报告的写作”“美术教育论文撰写步骤的分析”“美术教育论文写作”等；在教学引领的能力方面，可开设“小学(初中)美术名师讲堂的选题问题”“小学(初中)美术名师讲堂的组织宣传问题”等。

(二)普通高中阶段美术教师培训课程

1. 普通高中美术新任教师培训课程

本阶段的培训内容是针对刚刚走上工作岗位的新任高中教育美术教师设计的，主要是为了帮助新教师建立胜任高中教育阶段美术教学所需要的基本理论和实践技能体系，并为将来的职业发展奠定基础。培训课程通过专家指导、团队交流、实践操作等形式，帮助新教师理解美术教育事业的意义与责任，进一步掌握课堂教学和课堂管理的基本技能，培养教学设计、反思等基本能力，初步形成职业规划意识(表 7-122)。

表 7-122 普通高中美术新任教师培训课程

一级主题	二级主题
专业理念与师德	1. 教师职业理解与认识 2. 教师职业伦理道德
专业知识	1. 普通高中美术课程标准 2. 普通高中美术教材与教法 3. 青少年美术学习心理与发展规律
专业能力	1. 美术教学表达与教学组织能力 2. 美术教学设计能力 3. 美术教学评价能力 4. 美术教学反思能力 5. 美术教师职业规划能力

(1)专业理念与师德

本主题主要帮助高中美术新任教师理解美术教育工作的意义，树立职业理想和敬业精神、认识高中阶段美术教师的专业性和独特性，注重自身专业发展。奠定长期从事美术教育事业的良好职业道德与和谐伦理关系基础。

①教师职业理解与认识。

应培养美术新任教师了解党和国家的教育方针政策及相关教育法律法规，认识美术教育事业的意义，通过专家讲座和交流讨论等形式，培养职业认同感和使命感，激发职业热情，树立职业理想。

培养美术新任教师认识义务教育阶段美术教师的专业性和独特性，通过案例学习和交流讨论等形式，帮助新教师初步树立专业发展和职业规划的意识。

②教师职业伦理道德。

培养新任美术教师明确教师职业道德的意义，了解教师职业道德的基本内容，明确职业特殊性对个人修养与行为的要求。专业特殊性还要求美术教师理解师德与艺德的关系。

掌握在实践中处理职业伦理道德冲突的方法，学会处理实际工作中的各种伦理关系，包括师生关系、同事关系、行政管理关系、美术教学与艺术创作的关系等。

培训教学建议：通过专家讲座与案例分析，交流讨论等形式，了解高中美术新任教师在专业理念与师德方面的内容与目标要求。通过案例讲座与讨论，让高中美术新任教师对新的师生观有一定了解，并对职业环境和人际关系特征等有初步的了解。

培训课题与案例："高中美术教师专业发展的特殊性""优秀教师成长案例研究"等。

(2)专业知识

本主题主要解决，新任美术教师在从事美术课程教学中，所需要的教育学和美术学方面的基础理论知识，以及实际工作中所需要的各种综合性知识。

①普通高中美术课程标准。

培养高中美术新任教师熟悉义务教育美术课程标准的基本内容，领会新课程的性质、价值和理念。

理解课程目标的三个维度，具体的系列与模块内容等。

明确美术教师在新课程中的角色转换，明确在新的教学观、学生观的指导下发展出适应新课标的教学方法、评价方法的必要性。

②普通高中美术教材与教法。

理解普通高中美术教材的编写思路，了解各种版本教材的特点，能结合教学条件、学生学习状况和个人特长灵活安排美术教学模块和内容。

学会把握教材重点和难点，掌握教材资源的灵活处理；针对义务教育阶段美术教育的综合性、人文性特点，能够在知识传授、学习方法、创新能力培养等方面发挥美术教育的优势，灵活组织教学内容。

③青少年美术学习心理与发展规律。

了解高中生的生理特征、心理特征、认知特征、情绪特征等；了解高中生的心理特征在美术学习中的体现。

把握青少年的美术学习和表达的特征，根据其身心特征针对性地展开美术教学。

培训教学建议：通过专家讲座和交流讨论等形式，高中美术新任教师全面熟悉普通高中美术新课程标准，并能与实际教学工作相结合。同时，注意与义务教育阶段美术教学的衔接与对比。以理论讲座和案例分析等形式，让高中美术新任教师了解高中生美术学习的特征。

培训课题与案例："高中美术教师的角色定位""高中生的绘画语言特征"等。

(3)专业能力

本主题主要从高中美术新任教师在教学及研究等方面的实际操作能力方面进行培训。

①美术教学表达与教学组织能力。

对新教师在语言表达、动作表达、板书表达等方面的基本功进行强化训练。在语言表达方面，包括普通话、教学语言的规范性、语言表达的艺术性等；在动作表达方面，包括恰当的肢体语言的运用，用目光、表情等如何与学生互动等；在板书表达方面，强调书法基本功，讲究板书的条理与布局，以及与投影、实物、范画的恰当组织等。

了解常见的高中美术创作实践演示方法与操作要点，配合讲解以及其他教学方式和手段，能够做到示范步骤清晰、要点明确、过程流畅。了解学生美术创作实践中的操作难点，实践过程的组织与控制等。激发学生的学习兴趣和创作热情，释放想象力和创造力。

了解高中美术课堂组织教学的基本环节，把握课堂教学的导入、展开、创作、点评等各个环节的要求及技巧，把握课堂节奏；了解课堂教学组织的基本形式，掌握课堂组织管理技巧与管理艺术，控制课堂秩序和氛围。

②美术教学设计能力。

通过讲座与案例教学，掌握高中教育美术教学设计的基本要领，学会根据实际情况，确定教学目标，并依据学生的心理特点和学习规律，设计灵活有效的教学方式和方法。

了解说课的基本形式和要求，通过对一节美术课的教学设计进行介绍和分析，体现教学设计的基本思路和理论依据。

③美术教学评价能力。

明确新课程对美术教学评价的要求，理解评价的核心是促进学生的发展，突出评价的过程性和个体的差异性，建立发展性的评价体系。

以讲座和案例教学的方式，学会制订评价方案，能够根据学生实际情况和美术教学特点，制订多元化、动态化的美术教学评价体系，掌握对学生进行给予恰当评价的实际操作方法，会设计简单的评价表格，能够利用档案袋评价。

④美术教学反思能力。

学会如何进行美术教学反思。了解如何根据授课的具体情况，从教学内容编辑、教学目标设定、教学方法选择、教学技能运用等方面反思教学设计是否合理，存在的问题有哪些，如何改进。了解撰写教学反思的基本步骤方法。

强化美术教学反思的意识和能力。养成教学反思的习惯，不断提高撰写教学反思的能力，奠定美术教育与教学研究的基础。教研相长，有效促进美术教学和教师专业发展。

⑤美术教师职业规划能力。

树立个人发展目标。了解如何确立高中美术教师的近、中、远期发展目标。了解每一阶段目标所需要具备的基本条件，达到每一阶段目标所要努力的基本途径。

学会制订切实可行的个人近期发展方案。客观分析个人特点和专长，确定个人专业发展和职业发展等方面的努力方向。包括专业创作、教学能力、科研成果、继续教育等领域的具体目标和行动计划。

培训教学建议：通过讲座、微格录像案例分析、示范教学、远程网络培训等形式，通过专家点评和教师互评、自评相结合等方式，新教师直观感受到教学表达、教学组织方法的多样性和艺术性。

培训课题与案例："高中美术有效教学的探究""高中美术欣赏课教学设计案例"等。

2. 普通高中美术青年教师培训课程

本阶段的培训内容是为高中美术青年教师设计的。青年教师对基础美术教育的理解基本成熟，已经积累了一定的教学经验，但是专业知识有待进一步深化和拓展，专业能力需要进一步提升，尤其是在教学综合技能、创新能力方面需要引导。培训课程应着眼于提升高中美术教师课堂教学方式的创新能力、教学问题的搜集和研究能力。并且帮助青年教师搭建交流、互助的平台，形成良好的团队效应(表 7-123)。

表 7-123　普通高中美术青年教师培训课程

一级主题	二级主题
专业理念与师德	1. 美术教师职业心理 2. 教师职业伦理道德
专业知识	1. 高中美术课程资源开发 2. 美术专业知识和技能提升
专业能力	1. 美术教学案例研究 2. 美术教育科研方法与论文写作 3. 现代教育技术

(1)专业理念与师德

本主题主要帮助高中美术青年教师进一步理解美术教育工作的意义，调整职业理想，强化敬业精神，激发美术青年教师的上进心和成就感，帮助他们解决在实际教学和生活中遇到的各种理念冲突问题。

①美术教师职业心理。

了解教师工作及心理的特点，重点是教师教学心理，包括教学兴趣、教学情感、教学意志等。了解压力产生的根源，对职业的影响，掌握恰当的解压途径的方法。

学会根据自身性格特征和实际工作情况，不断调整自己的职业心理，保持积极乐观心态，学会预防和调适职业倦怠及其他心理障碍。

②教师职业伦理道德。

帮助美术青年教师坚定教师职业道德信念，自觉建立教师伦理规范意识。关注教师个体的道德责任，同时也关注教师专业共同体的伦理责任及其实现问题。从个人、体制、文化等方面理解当前美术教师专业伦理建设的现状和成因。分析对照自身情况，明确作为高中美术教师的职业伦理道德建设目标。

培训教学建议：通过理论讲座与案例分析等形式，帮助美术青年教师了解美术教师的工作及心理的特点，明确工作压力产生的来源和应对方法。以师德模范教育为主，激励美术青年教师树立崇高职业理想，追求高尚艺德师德境界。

培训课题与案例："高中美术教师如何克服职业倦怠心理""高中美术教师教学心理研究""美术教师职业心理调案例研究"等。

(2)专业知识

本主题旨在帮助美术青年教师深入和拓展义务教育美术课程领域的基础知识，同时提升在美术专业领域的水平。

①高中美术课程资源开发。

理解课程资源建设的功能、意义和重要性，学会钻研课程和教材，结合实际对教材进行综合调整。

了解课程资源开发的常见途径，包括：校内课程资源、当地传统美术资源的开发与利用、发掘地方自然资源优势，社会人文资源的开发利用、信息化资源的利用等，促使教学和学习方式多样化。

通过各种形式的教师培训，借助学习团队，实现个人、学校、区域之间的课程资源交流与共享。

②美术专业知识和技能提升。

青年教师在步入工作岗位几年之后，往往感觉被日常繁杂的教学工作所累，缺乏专业创作的时间和提升指导，因而在这方面有突出的培训和进修意愿。

进一步提升高中美术教师的学科专业知识，包括美术基础理论、美术史、美术技法理论、美术表现技法、书法、设计与工艺的基础知识和基本技能等，有助于增强美术教师的专业热情、教学兴趣和驾驭力。

了解美术专业领域的最新发展，了解同行的专业发展状态，树立专业自信心和发展目标。

培训教学建议：以校本实践、案例分析等，探索高中美术课程资源开发的可行性途径和方式。以专家讲座和工作室实操训练为主，提升高中美术教师在美术专业方面的技能。可以采取主修和选修相结合的方式，美术教师根据自己的专业特长和兴趣确定主修科目，同时考虑到实际教学需要等选修其他相关领域的内容，满足高中多系列多模块的美术教学需要。

培训课题与案例："高中美术教师教学心理研究""高中美术课程开发案例研究"等。

(3)专业能力

①美术教学案例研究。

案例研究是锻炼收集教学资料与获取信息能力、综合分析信息资料能力的重要途径，也是从事美术教育科研的基础环节。

案例收集与选取。学会依据高中美术教学的模块划分或其他方式，对不同类型的美术课进行收集整理，根据研究目的，选择有针对性、代表性的案例。考虑各种案例类型的全面性、个案的特色代表性等。

案例分析。掌握案例分析的基本构成和要求，学会根据研究目的有重点地进行案例分析，包括对教学案例的设计理念、难点处理、教学手段运用、实施效果、教学特色等进行综合分析。发展教学研究能力。

②美术教育科研方法与论文写作。

了解美术教育研究的常用方法，包括文献法、观察法、个案法、调查法、比较法、行动研究法以及合作研究法等。了解各种研究方法的适用范围、操作要点等。学会结合美术教育和教学的具体内容，发现研究主题，选择恰当的研究方法，开展教育调查、实验等研究活动，收集、分析研究信息和资料。

掌握美术教学论文撰写的基本思路和格式要求，包括选题、摘要、引言以及论文的论证、结论以及参考文献；了解科研论文的写作步骤和注意事项的使用等。在专家指导下撰写教学论文、参加论文答辩。

③现代教育技术。

在原有基础上进一步提升常用课件制作技术，会使用 PowerPoint、Flash 等工具进行课件制作，讲求课件制作的精美、简洁、有效。

以互联网和多媒体技术为核心，有效促进教学教程管理设计和资源开发利用，推动美术教育的信息化。关注教学手段的变化带来的教育内容、教学组织及美术课堂教学中师生关系的变化。

培训教学建议：校本培训与网络培训、专题培训等相结合，帮助美术青年教师建立案例收集档案或资料库。并通过专家指导、案例示范等方法，提高青年教师的教研能力。专家讲座与案例分析、专题培训等相结合，提高高中青年美术教师教研水平和写作能力；理论讲座和实操训练相结合，提高青年美术教师对现代教育技术的全面认知和实际操作技能。

培训课题与案例："现代教育技术在高中美术教学中的有效应用""高中生美术学习问卷调查表设计"等。

3. 普通高中美术骨干教师培训课程

美术骨干教师的培训课程应重点关注教师的教育理念，国内外美术教育发展状况；提升教师的教学引领、实践活动与课程建设能力，打造自己的教学风格与教学特色；提高教师在科研方面的能力(表 7-124)。

表 7-124　普通高中美术骨干教师培训课程

一级主题	二级主题
专业理念与师德	1. 对教育专业的理解与认识 2. 对高中美术教师师德的理解与认识
专业知识	1. 美术教育的知识 2. 美术学科的知识 3. 美术学科教学的知识
专业能力	1. 教学风格形成的能力 2. 教学研究的能力 3. 教学引领的能力

(1)专业理念与师德

①对教育专业的理解与认识。

作为高中美术骨干教师的专业理念培训内容，应侧重从教育学的角度、社会学的角度分析教育专业，让骨干教师对教育专业有进一步的深度与广度的理解，从而进一步提高自身的专业素养，为教师的专业化成长进一步奠定基础，提供原动力。

②对高中美术教师师德的理解与认识。

作为美术骨干教师的师德培训内容，应侧重对师德境界的理解与实践，进一步提升骨干教师的职业思想境界，尽量做到以崇高的品德感染人、影响人，同时也提升自己的职业道德素质与水平。

培训教学建议：通过专题讲座和案例展示，提升骨干教师的理念层次，通过实践运用和交流点评，提高理念水平。

培训课题或案例：在教育专业的理解与认识方面，可以开设"国内外高中美术教育比较""高中美术教师的专业化发展"等；在高中教师师德的理解与认识方面，可以开设"高中美术教师职业道德研究"等。

(2)专业知识

①美术教育的知识。

本主题的内容旨在更新高中美术骨干教师的美术教育知识，侧重深入理解高中美术新课标，更新骨干教师对国内外现代美术教育发展的认识，强化骨干教师对现代美术教育进展的领会运用能力。

深入理解高中美术新课标。通过讲座与座谈讨论，深入理解高中美术新课标，如进一步分析普通高中美术课程与义务教育美术课程有什么区别；理解普通高中美术课程设置中的系列与模块的关系；为什么要强调联系文化情境认识美术作品的意义、形式和风格特征，什么是“质性评价”；质性评价有哪些方式等。并通过校本活动，在高中美术新课标的指导下，搜集有关各类美术资料，开发美术教育课程资源以及美术教学辅助读物。

认识与了解国内外现代高中美术教育的发展趋势。通过讲座与讨论，了解国内外现代高中美术教育发展的趋势，包括高中美术教学理念、学习方式，以及主要教学手段与教学方法。通过校本实践，熟练运用美术现代教育方式与教育手段，创新运用技能，有效提高高中美术教学。

②美术学科的知识。

本主题的内容旨在提高高中美术骨干教师的学科专业知识，如美术史论与美术技能知识，具体而言，主要包括中外美术史、中外设计史、艺术批评与评论等美术文化知识，以及素描、色彩、创作、国画、版画、雕塑、书法、篆刻、设计等多方面的美术技能。这些美术学科知识的提升，是高中美术骨干教师加强人文修养，提高教学水平的关键。

深入理解与巩固美术文化。通过讲座与讨论的学习方式，提升大学阶段所学的美术文化知识，对一些美术文化知识进行系统的深入思考与归纳整理，如中国画的发展脉络，西方艺术对中国艺术的影响，油画创作的本土化问题，中国现代设计的源流，本土民间美术发展史等。通过参观与讨论的学习方式，促进美术骨干教师的美术鉴赏与批评水平。通过校本实践，发掘当地美术资源，引发对当地美术文化的关注与热爱。

提升美术技能。普通高中美术教育主要分为5个系列9大模块，其中5个系列分别是美术鉴赏系列、绘画·雕塑系列、设计·工艺系列、书法·篆刻系列与现代媒体艺术系列，9个模块分别是美术鉴赏模块、绘画模块、雕塑模块、设计模块、工艺模块、书法模块、篆刻模块、摄影摄像模块、电脑绘画电脑设计模块。由于我们当前的高中美术教师在大学期间一般都以某一个艺术门类，如要么国画，要么版画等作为主修课程，对其他美术技法掌握水平有限，因此提升美术技能是高中美术骨干教师加强学科知识的一项重要内容。以观摩与赏析的方式，提升美术骨干教师的专业技能鉴赏水平，包括书法、篆刻、绘画、电脑设计等。以相对集中与分阶段的实操方式，通过具体的作业练习与点评，提升美术骨干教师的某一画种，或者素描、色彩的水平。以外出写生的方式，提高骨干教师的绘画基础与创作能力。

③美术学科教学的知识。

美术实践教学。本主题的内容侧重如何发挥高中美术骨干教师在教学实践中的示范作用，如何强化高中美术骨干教师在综合实践中的指导能力，以及如何提高美术骨干教师在课程资源建设中的领导力。一方面动员安排高中美术骨干教师参加美术示范教学活动，如有目的地针对某种研究开展公开示范教学、同课异构教学，提升骨干教师的影响力，发挥骨干教师的教学引领作用。另一方面组织教师座谈，以专家讲座与教师反思的方式对骨干教师的案例教学或示范教学进行点评，进一步提高骨干教师的教学实践水平，发挥骨干教师的教学示范与引领作用。

美术课程资源开发。美术课程资源的开发利用是实施美术课程总目标的必不可少的组成部分，也是高中美术骨干教师拓展教学资源，提高教学效果的一个重要手段。本主题内容包括如何带领其他美术教师共同积极开发信息化课程资源，如何利用校外的各种课程资源，如何运用自然环境资源与社会生活资源进行高中美术教育活动。通过讲座与讨论的学习方式，交流校本资源的开发与运用；通过观摩与示范的学习方式，研讨校本资源的开发与运用。

培训教学建议：多采用讲座与讨论的培训方式、参观与讨论的培训方式、现场示范的培训方式。

培训课题或案例：在美术教育的知识方面，可以开设“普通高中美术课程与义务教育美术课程之比较”“普通高中美术课程设置中的系列与模块的关系分析”“文化情境对认识美术作品的意义”“什么是普通高中美术课程中的质性评价”等；在美术学科的知识方面，可以开设“美术教育发展史研究”“区域美术史研究”“美术专业技能提升研究”“写生与创作”等；在美术学科教学的知识方面，可以开设“同课异构《中国山水画的意境美》”“楷书书法课堂实践”“高中美术欣赏课中的活动组织研究”“如何开发校本资源”等。

(3)专业能力

①教学风格形成的能力。

教学风格是教师在教学过程中表现出来的富有个性化特征的风度和格调，是教师教学思想、教学理念、教学艺术特点的综合表现。教师的教学风格主要通过能够影响师生关系和课堂氛围的教学态度、教学语言、调控方式、结构艺术和场景形象等表现出来。如风趣幽默的教学风格、循循善诱的教学风格、论证严密的教学风格、活跃创新的教学风格。教学风格的形成，是教师在教学上成熟的重要标志，它不仅有利于教师教学水平的进一步提高，而且有利于加速教师专业化成长的进程。

高中美术骨干教师，正处于自己教学风格的形成期。教学风格的形成，除了需要教育理论与实践的不断学习与提升，还需要发挥自己的个性心理特征，以及模仿与独立创新的意识与能力。因此，高中美术骨干教师在这方面的培训内容，侧重教师性格与心理学的分析、教师创新意识的启发与分析。

②教学研究的能力。

教学研究指运用科学的态度、科学的理论和方法研究教学现象，揭示教学规律的创造性活动。教学研究指教师可以改进教师的教育教学工作，是教师岗位成才、开发师资资源，实现教育可持续发展的重要手段。高中美术骨干教师若想进一步提升自己，积极从事教学研究工作是必不可免的过程。

因此，高中美术骨干教师在这方面的培训内容，侧重如何引导骨干教师进行科研的选题、成果的表述，注重骨干教师科研能力的培养。

③教学引领的能力。

骨干教师作为在一定教师群体中相对优异的教师，自然担负着对一般教师的示范和带动作用。高中美术骨干教师，在这方面的培训内容，侧重如何保持骨干教师的引领地位，以及美术教师引领的方式、方法的学习。

培训教学建议：多采用讲座与讨论的培训方式、参观与讨论的培训方式、现场示范的培训方式。

培训课题或案例：在教学风格形成的能力方面，可以开设“教师个性心理研究”“教师创新意识的启发与分析”“怎样形成教学风格”“高中美术教师的职业特点与性格特征”等；在教学研究的能力方面，可以开设“高中美术教学与研究意识”“如何在高中美术教学寻找研究点”“高中美术模块分析”“书法在高中美术教学中的特点与方法研究”等；在教学引领的能力方面，可以开设“高中美术骨干教师如何保持引领作风”“高中美术骨干教师如何发挥引领作用”等。

4. 普通高中美术名教师培训课程

本阶段的培训内容是为美术名教师所设计，其目的是培训美术名教师如何引领教育改革，如何指导青年教师和骨干教师的专业发展，并在一定程度上促进自身的专业发展(表 7-125)。

表 7-125　普通高中美术名教师培训课程

一级主题	二级主题
专业理念与师德	1. 对教育专业的理解与认识 2. 对高中美术教师师德的理解与认识
专业知识	1. 美术教育的知识 2. 美术学科的知识 3. 美术学科教学的知识
专业能力	1. 教学研究的能力 2. 教学引领的能力

(1)专业理念与师德

①对教育专业的理解与认识。

作为高中美术名教师的专业理念培训内容，应特别侧重从教育学的角度、社会学的角度分析教育专业，让名师对教育专业有进一步的深度与广度的理解，特别是对国内外现代教育理念与趋势有较为全面的理解与认识。

②对高中美术教师师德的理解与认识。

作为美术名教师的师德培训内容，应侧重对师德境界的理解与实践，提醒名教师以崇高的品德感染人、影响人。

培训教学建议：通过专题讲座与交流，进一步提升高中美术名教师对美术教育的理论水平。

培训课题或案例：在教育专业的理解与认识方面，可以开设“教育名家及其教育思想”“现当代教育思想”“教育改变未来”等；在高中教师师德的理解与认识方面，可以开设“高中美术与教师职业道德研究”“历史上的名教师”等。

(2)专业知识

①美术教育的知识。

本主题的内容旨在更新高中美术名教师的美术教育知识，侧重高中美术教学理念以及现当代国内外美术教育思潮的深层次理解，提升名教师对美术教育理论的领会、运用、指导、推广的能力。深入理解高中美术教学理念。以讲座与座谈讨论的方式，深入理解高中美术课程的基本性质与基本理念制订的来龙去脉，及其在我国当前美术教育中的运用情况，指导名教师如何引领其他教师理解与贯彻新课标的理念与精神。

认识与了解现当代国内外美术教育思潮。以讲座与讨论的方式，了解现当代国内外美术教育思潮，包括高中美术教学理念、学习方式，以及主要教学手段与教学方法。通过校本实践，熟练运用美术现代教育方式与教育手段，创新运用技能，有效提高高中美术教学。

②美术学科的知识。

高中美术名教师在美术学科方面都是相对比较突出的，无论是以文化知识为主的美术史论还是美术技法，都相对成熟而优秀。但学无止境，高中美术名教师仍需在此方面进一步提升。

对高中美术名教师而言，本主题的内容一方面是侧重对某一两个美术问题进行深入思考与某一画种的美术创作的交流与表现，另一方面注重如何发现其他美术教师在美术学科知识方面的不足，并如何在日常美术教学活动中提升其他美术教师的美术学科知识。

深入思考美术文化。通过讲座与讨论的学习方式，对某一两个美术问题进行深入思考，如中国画的发展脉络，西方艺术对中国艺术的影响，油画创作的本土化问题，中国现代设计的源流，本土民间美术发展史等。通过校本实践，发掘当地美术资源，引领其他教师对当地美术文化的关注与热爱。

提升美术创作水平。普通高中美术教学需要美术名师有一两种突出的美术技能，并在某一画种上或美术门类中有着突出的创作能力，能在美术教育界树立良好的学术权威形象。以观摩与赏析的方式，提升美术名师的专业技能鉴赏水平，包括书法、篆刻、绘画、电脑设计等。以相对集中与分阶段的实操方式，或以外出写生采风的方式，提高高中美术名教师的绘画基础与创作能力。

③美术学科教学的知识。

本主题的内容，侧重从理论上引导高中美术名教师如何发挥美术名教师在教学实践中的引领示范作用与综合实践指导能力，以及如何提高名教师在课程资源建设中的领导力。

美术实践课程指导。美术教学实践在美术教育中占据着非常重要的地位，这也是美术名教师成长的必经途径，是所有美术教师关注的问题。本课程主要是从理论上引导高中美术名教师如何发挥美术名教师在教学实践中引领示范作用，增强美术名教师的综合实践指导能力。通过讲座与讨论、观摩与示范的学习方式，引领高中美术名教师深入思考如何对其他教师进行美术课程实践指导。

美术课程资源开发指导。美术课程资源的开发利用是实施美术课程总目标的重要手段。本主题内容侧重如何带领其他美术教师共同积极开发信息化课程资源，如何利用校外的各种课程资源，如何运用自然环境资源与社会生活资源进行高中美术教育活动。通过讲座与讨论的学习方式，交流校本资源的开发与运用。通过观摩与示范的学习方式，研讨校本资源的开发与运用。

培训教学建议：多采用讲座与讨论的培训方式、参观与讨论的培训方式、现场示范的培训方式。

培训课题或案例：在美术教育的知识方面，可以开设“现当代国内外美术教育思潮”“高中美术新课标在我国当前美术教育中的运用情况”“贯彻高中美术新课标，发挥教育名师作用”等；在美术学科的知识方面，可以开设“美术教育发展史研究”“区域美术史研究”“现当代美术现象研究”“美术教育与泛文化研究”“写生与创作”等；在美术学科教学的知识方面，可以开设“高中美术模块的深入化教学”“高中美术内容系列与模块的关系”“同课异构《中国山水画的意境美》”“楷书书法课堂实践”“高中美术欣赏课中的活动组织研究”“如何开发校本资源”等。

(3)专业能力

①教学研究的能力。

教学研究指运用科学的态度、科学的理论和方法研究教学现象，揭示教学规律的创造性活动。教学研究指教师可以改进教师的教育教学工作，是教师岗位成才、开发师资资源、实现教育可持续发展的重要手段。本课程内容的设置，一方面是进一步提升高中美术名师自身的教学研究能力，指导名师如何更好地进行科研选题及成果的表述；另一方面指导高中美术名师如何培养其他美术教师的教学研究能力。

课题研究与指导。课题研究是校本教研中的一项重要内容，是促进教师专业成长的重要途径，也是营造良好校园文化氛围的重要方式。课题研究过程是一个螺旋上升、循环发展的动态过程，它不是一个线性结构，而是一个不断的趋近问题解决的复式循环结构。实践证明，课题研究对于提升教师科学素养和理论水平具有特别重要的推进作用。本课程的主要内容是如何指导名教师自己做课题和如何引导他人做课题。主要从课题研究的步骤的分析与课题研究报告的写作两方面来教学，并凸显课题研究的人文性、个体经验性，反映教师的个体体验和个体实践知识，使研究报告充满生活气息和人文气息。

论文撰写与指导。教育科研论文一般都具有较高的学术水平和科学价值，是展示、交流与推广教育科学研究成果的一种手段和工具，也是教育工作者记录劳动成果和工作成绩的一种有效方式。同时，教育科研论文的形成、发表与交流，又可以反过来推动教育科学研究的不断深入和发展。本课程主要内容是如何指导名教师自己进行论文撰写和如何引导他人论文撰写。主要从论文撰写的步骤的分析与论文的写作两方面来教学，并提出要凸显论文撰写的创新性、真实性、综述性。

②教学引领的能力。

名教师作为在一定教师群体中相对优异的教师，自然担负着对一般教师的示范和带动作用。高中美术名教师在这方面的培训内容侧重如何引领及如何保持名教师的引领地位。

名教师讲堂。名教师讲堂是为实现教育均衡化的发展，进一步开发教学资源，让教学名教师组织各类教学活动以供其他教师观摩学习，通过讲堂活动与观众互动，解决青年教师与骨干教师工作中的困惑。本课程的主要内容是名教师讲堂的选题问题与组织宣传问题。

培训教学建议：多采用讲座与讨论的培训方式、参观与讨论的培训方式、现场示范的培训方式。

培训课题或案例：在教学研究的能力方面，可开设“课题研究的步骤的分析”“课题研究报告的写作”“论文撰写的步骤的分析”“美术教育论文写作”等；在教学引领的能力方面，可开设“高中美术名师讲堂的选题问题”“高中美术名师讲堂的组织宣传问题”等。

五、美术教师培训课程的实施

(一)培训实施组织

1. 互为补充的培训组织形式

采取多样化中小学美术教师培训形式。充分利用远程网络培训、校本培训、跟岗实践培训、集中面授培训、各种学习考察等培训形式，实现多种形式灵活组合。

(1)远程网络培训

此培训优势在于覆盖面广、课程内容丰富、学习时间可自主安排、费用较低，适宜满足大多数新教师以及青年教师的学习培训需求。

(2)校本培训

此培训灵活实用，有很强的针对性，利于教师技能的提升。

(3)顶岗置换培训

此培训是解决师资短缺地区教师外出培训的良好形式，充分利用师范生实习与在职教师外出学习培训互补的特点，增加中青年教师特别是农村地区中青年教师的学习培训机会。

(4)跟岗实践

加强骨干教师跟岗实践培训力度，让骨干教师有机会到名师工作室进行培训学习，交流经验，在实践中提高专业水平和教研能力，拓宽与同行相互交流的空间；发挥骨干教师和名教师的示范作用，广泛开展讲堂活动，让骨干教师和名教师送教上门，拓展培训渠道，既提升骨干教师和名教师指导能力，又增加青年教师学习机会。

(5)集中面授

利用培训院校的学科优势和理论前沿优势，增加骨干教师和名教师的集中面授机会，通过专家讲座和引领，提升骨干教师和名教师的专业技能和教育科研水平；尤其对于美术专业教师来说，面授是提升专业技能直接有效的方式。

(6)其他

增加省内名教师和区域名教师到省外或国外参观、考察、交流学习的机会，拓展教育与艺术视野，引领本省中小学美术教育改革与发展。

建议采取义务教育和高中美术教师集中培训和分散培训相结合的方式，基础类和通识类课程可共享，同时兼顾不同阶段美术教师的职业及专业特殊性，加强跨学段、跨区域交流。

2. 多样化的培训方式

改革培训方式，采取讲座与交流研讨、网络培训、项目培训、微格录像分析、参观考察案例分析等多种培训方式，增强教师学习培训的积极主动性，提高学习效果。

(1)专家讲座

通过专家讲座，向中小学美术教师提供最新美术科学前沿动态、美术教学发展趋势、教育科学、心理科学等丰富的知识内容；开展专题交流研讨，就教学改革、课程与教材研修等专题进行研讨。

(2)网络培训

增强远程网络培训平台的互动功能，提供参与培训教师的论坛交流渠道，教师之间探讨交流、分享成果，辅导教师利用论坛进行网上指导。

(3)项目培训

在集中培训过程中，建议中小学美术教师参与美术创作实践和完成相应的科研任务，作为学习培训考核的重要依据。

(4)微课录像分析

充分发挥微格录像分析在校本培训和区域研讨中的作用，有针对性地解决教学中的具体问题，以弥补其他培训方式的不足。

(5)考察交流

参观考察、教学交流是骨干教师培训重要的学习方式，通过考察，了解先进的教育方式、管理方式，领会先进的教育理念。

(6)案例分析

在各类培训中，倡导以案例分析为主，针对性地解决中小学美术教师在教学与科研中的问题，强化注重美术学科的实操特征。

3. 立体化的培训管理

培训管理应从教师专业发展与终身学习的角度，建立长效管理机制，实行立体化管理模式；教育主管部门制订科学合理的中长期培训计划，总体布局培训规划，配置培训机构和培训规模，选拔培养骨干教师和名师，引导教师选课，进行学时学分认定与管理；培训机构制订切实可行的培训方案，依据课程标准开发实用有效的培训课程，进行课程管理、课程辅导、考核评价；教师所在学校为教师的学习培训创造有利条件，鼓励教师参加校本培训和区域研讨，支持教师外出参加学习培训；区域教育部门的美术教研室、美术名教师工作室积极参与教师培训工作，增加区域教研活动和讲堂活动，引领教师教研交流与学习培训。相关管理机构和承办单位应增强培训服务意识，在各个层面各种形式的培训中，切实解决中小学美术教师的培训需求和困难。在制度保障、经费预算、后勤服务等方面建立稳定的运作体系。

(二)培训课程开发

1. 充分调研掌握教师实际需要

为了提高培训课程的针对性，真正解决美术教师专业发展的实际需要，培训课程的开发必须先进行充分的调研。针对教师专业发展的各个阶段，不同教学阶段的美术教师，采用访谈、问卷、课堂观察等各种形式，搜集该阶段教师专业提高需要具备的基本专业知识、技能和能力；根据各阶段教师的需求情况，依据美术培训课程内容标准，科学合理地开发培训课程，包括理论课程与实践课程、学习课程与活动课程；根据反馈信息，不断完善培训课程体系，提高培训课程质量。充分考虑中小学美术教育发展的地区差异，针对性地制订特色培训计划。

2. 通力合作拓宽培训资源

教师培训机构及相关部门要通力合作，为教师培训提供广泛的课程资源。有利于教师专业发展的内容都可以作为教师培训的课程资源。加强资源整合与人员合作，充分发挥不同职能部门专业人员的优势与特长。专题讲座方面，充分利用美术学者和科研人员对于美术科技前沿深刻理解的特点，开发科技前沿讲座；根据高校教育专家学者对教育教学理论发展的把握，开展教育教学讲座；充分利用省、市、县区教研员多年从事基础教育实践指导的优势，开设教育实践问题讲座；发挥各地中学美术名教师和骨干教师的作用，开展示范讲堂等。在教研交流方面，鼓励和支持教师参与校本教研和区域教研，并纳入校本培训学时学分以及成绩管理；充分重视中小学美术教师经验的资源功能，通过教研交流获取实践技能的提高。

支持外出参观考察，根据教师专业发展的各个阶段的特点，组织教师外出参观考察是比较重要的学习形式。有目标的参观考察是教师学习办学理念、教育模式、教学经验的重要资源。在实践学习方面，充分发挥名教师及骨干教师的示范作用，其实践教学和优秀案例是新教师以及青年教师学习的重要资源，也是骨干教师之间互相借鉴学习的资源。加强义务教育阶段和高中阶段美术教师的交流，促进基础美术教育各阶段课程的衔接和系统化。扩大地区间交流，在校本课程、特色课程建设等方面互通有无。

六、中小学美术教师培训质量评估

近年来，中小学美术教师培训越来越受到各级政府的重视，逐步形成了从国家到地方各级各类的教师培训体系。但是，在教师培训质量评估方面存在不少问题，主要有四点。一是培训质量评估表层化。一般培训机构在培训结束后都对学员进行相关的调查，了解培训质量。但大多没有采取有效措施和办法对学员培训后能力提升的情况进行评估。二是培训质量评估简单化。不少机构往往根据经验确定评估指标来进行评估，培训结果没有准确、统一的标准，学员培训后的知识、素质达到什么程度，没有一定的标准来衡量。三是培训质量评估利用价值低。评估往往只停留于学员对培训的满意度、对课程或教师授课的满意率等表面的量化指标，缺乏深度，对于培训是否满足学员培训需求或者满足学员需求的程度，在哪些方面满足了学员的培训需求，学员还有哪些潜在需求等信息不能准确获知，培训质量评估不能提供富有价值的反馈信息，对于改进培训难以起到实际效果。四是培训质量评估缺乏评价常模，没有建立不同层次类型教师培训考核的标准。解决当前教师培训质量评估的问题，积极发挥教师培训质量评估的引领作用，对切实提高培训质量有重要的现实意义。

2013 年颁布的《教育部关于深化中小学教师培训模式改革全面提升培训质量的指导意见》要求做到如下八方面内容。第一，增强培训针对性，确保按需施训。根据新任教师岗前培训、在职教师提高培训和骨干教师高级研修等教师发展不同阶段的实际需求，开展针对性培训。第二，改进培训内容，贴近一线教师教育教学实际。要将提高教师教育教学技能作为培训的主要内容，以典型教学案例为载体，创设真实课堂教学环境，紧密结合学校教育教学一线实际，开展主题鲜明的技能培训。实践性课程应不少于教师培训课程的50%。要将中小学教师专业标准、师德教育和信息技术作为通识课程，列入培训必修模块。第三，转变培训方式，提升教师参训实效。要针对教师学习特点，强化基于教学现场、走进真实课堂的培训环节。通过现场诊断和案例教学解决实际问题，采取跟岗培训和情境体验改进教学行为，利用行动研究和反思实践提升教育经验，确保培训实效。第四，强化培训自主性，激发教师参训动力。省级教育行政部门要探索建立教师自主选学机制，建设“菜单式、自主性、开放式”的选学服务平台，为教师创造自主选择培训内容、时间、途径和机构的机会，满足教师个性化需求。第五，营造网络学习环境，推动教师终身学习。第六，加强培训者队伍建设，增强为教师提供优质培训的能力。第七，建设培训公共服务平台，为教师提供多样化服务。第八，规范培训管理，为教师获得高质量培训提供有力保障。因此，中小学美术教师培训质量评估指标体系构建，应当注意解决三个问题：一是培训质量评估目标与评估标准的一致性；二是深化训前评估、训中评估与训后评估的适切性研究；三是多元评价主体与多元评价方式结合。

(一)教师培训质量评估目的

中小学美术教师是履行中小学美术教育工作职责的专业人员，需要经过严格的培养与培训，才能具有良好的职业道德，掌握系统的专业知识和专业技能。中小学美术教师在教学过程中，应树立以生为本、师德为先、能力为重、终身学习的思想观念。要促进中小学美术教师的专业发展，建设高素质中小学美术教师队伍，必须根据《中华人民共和国教师法》《中华人民共和国义务教育法》和教育部制定的《小学教师专业标准(试行)》与《中学教师专业标准(试行)》。这些法规不仅是中小学美术教师开展教育教学活动的基本规范，也是引领中小学美术教师专业发展的基本准则和教师培训课程设置的目标。通过培训使中小学美术教师在专业理念与师德、专业知识、专业能力方面获得专业发展，提高推进基础教育改革和实施素质教育的能力与水平，在思想政治与职业道德、专业知识与教育教学能力等方面有较大幅度的进步，增强美术教育的使命感和主观能动性，更好地发展和推动美术学科的传播和学习的总体目标。

1. 小学美术教师培训质量评估目标

(1)专业理念与师德方面发展评估

教师的职业理解与认识，对学生的态度与行为，教育教学的态度与行为，个人修养与行为。

(2)专业知识方面发展评估

发展学生知识，学科知识，通识性知识。

(3)专业能力方面发展评估

教育教学设计，组织与实施，激励与评价，沟通与合作，反思与发展。

2. 中学美术教师培训质量评估目标

(1)专业理念与师德方面发展评估

教师的职业理解与认识，对学生的态度与行为，教育教学的态度与行为，个人修养与行为。

(2)专业知识方面发展评估

教育知识，学科知识，学科教学知识，通识性知识。

(3)专业能力方面发展评估

教育教学设计，教学实施，班级管理与教育活动，教育教学评价，沟通与合作，反思与发展。

(二)教师培训质量评估原则

中小学美术教师培训工作评估，主要针对培训是否促进了中小学美术教师提高师德水平和业务能力，是否提高了美术教师的教学业务素养和美术教育科研能力，是否促使美术教师形成了鲜明的教学风格和特点，是否全面提升了美术教师队伍的整体素质和水平。为更好地针对提高中小学美术教师的教育教学水平和树立现代教育理念进行实质性指导，组织实施中小学美术教师培训质量的评价，切实保障我国中小学美术学科教学质量的发展和提高，应遵循以下四个原则。

1. 科学性原则

评估体系应当是科学、合理的，应当符合教育教学的一般规律与教师培训评估的一般原则；评估内容应当是全面、有依据的，其依据应当是国家法律、法规和有关文件；评估方法应当是客观公正的；评估实施应当符合中小学美术教师培训的实际，兼顾到不同培训阶段之间的差异；评估表达应当用规范、简明的术语。

2. 导向性原则

评估制度应当体现国家的教育意图与时代的发展需要，对我国中小学教育教学工作具有引领性、指导性，应当有利于促进学校全面落实素质教育，把提高教师教学质量作为教育教学改革、发展的核心任务；鼓励中小学美术教师围绕全面提高教育教学质量而创造性地开展工作，进而推动学校的多样化发展；促进中小学美术教师职业道德、专业水平和幸福指数的提高；以学员为本，间接达到促进学员快乐健康、全面而个性化成长的目的。

3. 发展性原则

评估制度及其实施过程应当有利于实现评估促进发展的功能，使评估过程成为促进美术教学质量提高与学校发展的过程，成为促进学员、教师和学校有个性、有特色发展的过程，应当把形成性评估与终结性评估结合起来，把评估反馈过程与改进提高过程结合起来。

4. 实效性原则

评估过程中的操作，应当在保证科学性的前提下尽可能做到简便易行，应当建立专业的教师培训质量评估人员队伍，组织与实施的过程应当客观公正，评估结果应当令人信服，并产生积极、良好的社会效果。

(三)教师培训质量评估内容

中小学美术教师培训工作质量评估，包括：课堂教学、实践课教学、培训师资、学员素质四个方面。以下就具体内容进行说明。

1. 课堂教学

包括两个部分五个方面的内容。两个部分分别指课堂目标和内容、课堂教学质量。

(1)课堂目标和内容

从课堂目标和课堂内容两个方面进行评价。课堂目标的A类标准是坚持面向全体学员，较好地实现课程标准规定的教学(培训)目标，从而实现教育目标。C类标准是能够面向全体学员，基本实现课程标准规定的教学(培训)目标。课堂内容的A类标准是按规定的正式教材，按照课程标准和教材内容进行教学，能够根据学员发展需求和当地美术教育资源拓展教学内容。C类标准按规定选正式的教材，能依据课程标准和教材内容进行培训教学。

(2)课堂教学质量

从课堂教学过程、课堂目标和课堂教学方法与手段三个方面进行评价。其中课堂教学过程的A类标准是优化教学过程，激发学员的学习兴趣，学员能主动参与，成为培训学习的主体，获得生动的审美体验。C类标准是教学过程安排基本合理，重视学员的参与和审美体验。课堂目标的A类标准是全体学员在知识与技能、过程与方法、情感态度与价值观等方面有所发展。C类标准是大多数学员在知识与技能、过程与方法、情感态度与价值观等方面有所发展。课堂教学方法与手段的A类标准是教学方法科学、合理，教学手段多样化，应用得当，效果较好。C类标准是教学方法和手段基本合理，有一定的效果。

2. 实践课教学

包括实践课教学内容和学员参与面、实践课教学的组织和成绩、实践课教学的资源开发三个部分五个方面的内容。

(1)实践课教学内容和学员参与面

从教学内容和学员参与面两个方面进行评价。教学内容的A类标准是突出育人宗旨，面向全体学员，开展健康向上、符合特点的活动，能结合实际教育。C类标准是突出育人宗旨，面向全体学员，开展健康向上的活动，能结合实际教育。学员参与面的A类标准是全体学员每人至少参与一次以上实践活动。C类标准是全体学员每人能参加一次实践活动。

(2)实践课教学的组织和成绩

从教学的组织和教学的成绩两个方面进行评价。教学的组织的A类标准是培训学校(机构)有数量足够、形式多样的活动组织，有专人辅导，有计划和制度，有活动场所，能正常活动。C类标准是培训学校(机构)有一定数量的活动组织，基本上能够满足学员活动的需要，活动基本正常。教学的成绩A类标准是培训学校(机构)根据自身条件，能举办丰富多样的活动，取得比较显著的成效；积极组织学员参加各类美术展览及相关活动，取得较好成绩。C类标准是培训学校(机构)能举办活动，能组织学员参加各类美术展览及相关活动。

(3)实践课教学的资源开发

从教学的资源开发一个方面进行评价。教学的资源开发的A类标准是充分利用当地教育资源和具有本土特点的文化资源，开展教育活动，取得良好效果。聘请当地具有一定影响力的人才定期对培训活动进行指导或辅导，取得良好效果。C类标准是能利用当地教育资源开展活动。聘请当地具有一定影响力的人才对培训活动进行指导或辅导。

3. 培训师资

包括教学与科研业绩、职称与学历两个部分四个方面的内容。

(1)教学与科研业绩

从教学业绩与科研业绩两个方面进行评价。教学业绩的A类标准是具有先进的教育理念，有较强的课堂教学能力，在教学评分中获优秀等级；进取心强，有组织辅导的丰富经验和能力，近两年在展览中获奖。C类标准是具有较强的课堂教学能力；进取心强，有组织辅导的经验和能力。科研业绩的A类标准是具有较强的科研能力，近五年至少在权威核心期刊上发表论文一篇或在国家级展览中获奖。C类标准是具有一定的科研能力，近五年内在国内期刊上有论文发表或在省市级美术展览中获奖。

(2)职称与学历

从职称和学历两个方面进行评价。职称的A类标准是职称达到副高级及以上。C类标准是职称达到中级。学历的A类标准是取得全日制硕士研究生及以上学历。C类标准是取得本科学历。

4. 学员素质

包括绘画、设计制作和欣赏两个部分三个方面的专业素质内容。

(1)绘画

绘画的A类标准是能运用特定的绘画工具、材料准确表现绘画对象，表达自己的思想情感。C类标准是基本上了解各种绘画的特性、方法，能简单表现对象，表达自己对生活的理解。

(2)设计制作和欣赏

设计制作的A类标准是能运用身边的各种材料和设计的规律进行装饰设计。C类标准是能基本了解一般的设计方法，进行简单的装饰设计制作。欣赏的A类标准是能准确认识美术作品的审美内涵及意义，并能进行简单的评述。C类标准是对美术作品美感有简单的感受，并能进行简单的表达。

(四)教师培训质量评估方法

对培训质量的评估，应当以上述评估原则为指导、评估内容为纲目，评估形式与方法应当多样化。

1. 分类评估

具体为对培训学员的评估、对施训教师的评估和对培训机构(学校)的评估。

(1)对培训学员的评估

将平时成绩与考核成绩结合，将培训学科的学业状况和施训教师的评估结合。

(2)对施训教师的评估

将专业能力与教师的职业道德，以及教师对培训学员的了解和指导情况结合。

(3)对培训机构(学校)的评估

将制度建立与各培训环节管理结合，将培训研究制度建立与受训教师成长效果结合，将教学环境营造与培训实践活动结合，将基础性和发展性结合，将受训学员起始基础与现实发展水平结合，重点关注培训质量动态变化情况，以及引起这些变化的根本原因，做出肯定性或鼓励性评价。

2. 评估方法的选择

在评估方法的选择中，注重各类信息分析，将定性评估与定量评估结合，将直接评估与间接评估结合。具体的评估方式有实地调查研究、文献分析法、问卷调查法、个案研究法等。

(1)实地调查研究

实地调查研究主要指通过培训教学视导、常规听课，对中小学美术教师培训过程进行评估，并就影响培训质量的原因进行深入分析。培训教学视导、常规听课是市、乡、校对美术教师培训水平进行视察指导的一项重点工作，通过听课、评课，了解美术教师培训的发展和问题，完善培训理念和培训方式方法，帮助教师提高教学水平。

(2)文献分析法

一是系统收集美术教师的论文、专著及各种经验材料，用以认识中小学美术教师对培训的反馈、评价与建议，以求深入把握培训的指导思想与实践发展动向及趋势，从而更准确地评价中小学美术教师培训质量。二是开展中小学新美术教师、青年美术教师、骨干美术教师和美术名师的教学调研，通过调研结果的分析，进一步了解美术教师的培训情况。

(3)问卷调查法

对实施培训的教师的问卷调查内容涉及美术培训教师的教育背景、专业情况、学科教育教学具体方式及相关因素。对接受培训的中小学美术教师的问卷调查内容包括受训者对培训内容的感知、培训动机与行为养成等方面的情况；对培训机构或学校的问卷调查内容涉及培训机构或学校的自然特征、培训资源条件与管理情况等方面内容。

(4)个案研究法

针对中小学美术教师培训质量评估及其影响因素，采取目的性取样的方式，在群体测验与调查中找到最有代表性的样本，结合校本教研，对某个专题进行深入研究。

为了保障评估方法应用能达到理想效果，应有制度上的保障，首先应建立以省、市、区(县)、校为主体，各级美术教研员和各高校美术教育专家参与的评估队伍；其次注重对中小学美术教师培训过程的评估，以期达到每年对中小学美术教师培训工作质量进行一次全面的评估；最后应将培训质量以不同的形式备案或提交给上级教育行政部门，同时以适当的方式向社会公布评估结果和建议，以求推动中小学美术教师培训质量的不断提高。

(五)教师培训质量评估组织

中小学美术教师培训质量评估是具有专业性的系统工程，多元主体从不同角度对教师培训质量进行评估，互相印证，再综合考察不同主体的评估结果，就能最大限度地保证评估的真实性、全面性、客观性和科学性。

1. 评估组织主体与评估对象

教师培训质量评估主体研究，解决的是“谁来评”的问题。中小学美术教师培训质量评估主体应由施训群、受益群和第三方评估(独立的机构或团队)共同组成。

(1)施训群评估

培训主管部门及相关培训机构属于施训群，他们应成为培训质量评估的重要参与主体。

培训主管部门——质量监管主体。培训主管部门(有些院校为培训处)负有培训管理和质量监管的职责，有义务和责任对培训过程和培训质量进行监控。同时，这类部门长期负责教师培训工作，有着教师培训管理的经验和收集教师培训意见的畅通渠道。培训主管部门作为培训质量评估的主体之一，能够从宏观上掌握培训工作的目标和方向，保证培训符合相关规定。通过目标管理、过程监控、质量效果评估，获取更全面、更真实的培训实施情况的相关信息，更好地发挥指导监管等作用。培训主管部门是培训质量评估的重要参与主体。

相关培训机构——自评主体。相关培训机构是负责中小学美术教师培训工作的具体实施者，需要在培训过程中提供多种服务：教学培养方案的制定、授课教师的选聘与考核、教学过程的监控、成绩考核的评定等。他们有责任对自身各个方面的工作表现及受训人员的学习成果等进行相关评估，以评促改，以评促教。

(2)受益群评估

受训学员和学员所在单位作为受益群应是主要的评估主体。

受训者——直接评估主体。受训者是整个培训活动的亲身体验者和直接受益者，他们了解整个培训环节的运行，对培训的质量和效果都有直接的深切的体验与感受，无疑，受训者应成为最直接、最客观的评估主体之一。培训质量评估要坚持以学员评价为主，重视学员评价是培训质量评估体系构建的核心内容。

受训者所在单位——间接评估主体。培训结束后受训者回到自己的工作岗位，他们受训后对所在单位的组织绩效产生什么样的影响，应成为判断培训质量评估的重要因素。学员所在单位的主管领导和同事能够真切感受到受训者培训前后的行为变化，即受训者在工作态度、工作能力和工作绩效的变化。他们的评估具有一定可信度。学员所在单位应成为培训质量的间接评估主体，受训者训后跟踪评估应听取受训者所在单位的意见。

(3)第三方评估

聘请独立、中立的专业群体或团队组成第三方评估主体，根据既有的培训质量评估指标体系，对教师培训质量进行测评，以保持评估的客观、公正、公平，具有重要意义。因为第三方评估主体专家不隶属于任何部门，是旁观者立场，具有较大的独立性，在一定程度上能够保证质量评估的客观、公正、公平。同时，专业群体作为评估主体，又具有一定的权威性和专业性，能保证评估的专业权威。

2. 评估程序

美术学科教学质量评价工作是一项系统工程，也是一项具有创新意义的研究课题，作为一项系统工程，要经过较长时间的深入研究和探索以及分阶段分步骤实施，才能得以不断完善。主要包括以下阶段。

第一阶段：组成以市、乡、校教育部门为主体，各级美术学科中心教研组成员和美术教育专家参与的评价研究、实施队伍。制定中小学美术教师培训质量评价手册。

第二阶段：依据评价方案的精神和评价手册的实施内容和程序，进行年度培训质量评价。

第三阶段：建立美术学科培训质量评价年度报告制度。

通过对全省教学情况进行实地调研及个案研究，通过进行培训学员的学业水平测试和问卷调查，结合文献研究，撰写培训评估报告。经过对美术学科教学质量的评价，建立起以推进全面实施素质教育、提高中小学整体美术教师教学质量为宗旨，以年度教师培训评价报告为成果呈现形式的工作制度。

(六)教师培训质量评估价值

中小学美术教师培训工作质量评估价值主要体现在四个方面。

1. 有利于培训学校和机构决策的正确性、科学性

决策是培训学校和机构管理的重要职能之一，决策的正确与否，对于中小学美术培训事业的发展具有重要的影响。而正确的决策必须建立在客观的、科学的评价基础上，否则无法制定正确的决策。对于中小学美术教师培训工作质量进行全面客观地评估，一方面可使整个培训过程具有连续性和系统性，另一方面可使培训学校(机构)的决策更加具有正确性和科学性。

2. 推进培训学校(机构)管理工作的规范化、科学化

如何进行培训学校(机构)的管理，虽然有各种不同的主张，但任何管理都离不开评估，它是培训学校(机构)管理过程的基本环节，也是提高管理质量、管理水平的重要手段。通过科学地、客观地评估，可以提高培训学校(机构)的管理水平，促进管理工作步入规范化和科学化的轨道。否则，管理工作的规范化和科学化只能是一句空话。

3. 促进培训质量水平的提高

一切培训活动都离不开培训教师的参与。教师在参与培训的过程中，都会自觉或不自觉地通过各种形式对参与的事物做出评价。其中，培训教师对学员的评价是大量和基础的。它关系到学员的发展和知识体系的重构。一方面，培训教师参与了培训目标的设定、教学计划的制定、教学计划的实施等。他们可根据评价结果及结论，及时修订计划、调整内容，积极主动地控制计划的实施，不断改善培训过程的各个方面。另一方面，教师通过研究、应用评价理论及方法，可为美术科学研究课题的设计提供科学依据。

4. 提高学员自我评估能力

学员掌握了评估理念和方法，能使其更好地了解自身的能力水平，综合各种信息，客观认识个人所处的位置及水平，明确个人努力方向，激发学习兴趣，主动与培训教师配合，积极参与培训活动，增强培训效果。

(七)教师培训质量评估指标体系

教师培训质量评估指标体系是由一系列反映被评对象目标达成的优劣程度的、相互联系的要素构成的有机整体，是集过程性评估和结果性评估于一体的评估体系，具有很强的系统性，包括培训前评估、培训中评估以及培训后评估。

1. 培训前的诊断性评估

培训前应该进行必要性、可行性和有效性的评估，主要包括培训需求以及培训方案的评估。培训需求评估重在解决必要性的问题，培训方案的评估旨在确保培训的可行性和有效性。

(1)培训需求评估

了解受训者的培训需求，并据此设计课程，能使课程设置更为合理。教师的培训需求就是教育培训的第一信号，以需求为导向，能提高培训的针对性、有效性。培训需求分析指了解教师需要参加何种培训的过程，培训需求评估宜采用问卷调查法，在培训方案制订前，把问卷发放到受训者电子邮箱或QQ群，在网上搜集数据。

(2)培训方案评估

培训需求评估是培训方案设计成功的前提和基础。培训方案评估多采用第三方专家团队评估。主要就培训方案的科学性、适切性、创新性、可操作性及项目保障机制等进行可行性论证。重点考核两个方面：一是培训需求评估与培训内容、培训目标的适切性；二是培训方式创新与多样化，能否体现成人培训特点，提升学员参与度和培训成效。

2. 培训中的形成性评估

培训过程中的形成性评估主要是对培训项目具体执行情况进行过程监控。培训质量的高低、培训目标的达成度如何都取决于培训过程的管理与监控。培训管理方或培训委托方对培训过程的监督管理主要依赖培训过程中的形成性评估。第三方专家现场评估只能以抽样方式进行，可采用观察法、测验法、访谈法等进行。更常态的，以反馈、调整、改进为目的的形成性评估必须由当事人完成。形成性评估主体由真切体验培训过程的培训方和受训方组成。形成性评估主要包括培训管理评估、师资水平评估、培训方式评估、培训内容评估等。

培训中的形成性评估主要考察培训项目管理的“精心、精细、精致”。管理团队专业化，项目管理专人负责，沟通顺畅，及时调控；过程管理严格有序，有效组织培训活动，确保学员全程参与、深度参与、有效参与；服务意识强，班级管理和后勤服务全面周到，温馨细致，为学员排忧解难。反馈信息的收集可以有非正式与正式两种方式。培训过程中有倾听与对话，及时交流反馈。定期让学员填写培训过程管理反馈表，收集整理学员信息，可以帮助培训管理者全面把握培训项目过程管理情况，及时反馈调整，或供日后类似项目培训工作的改进。

培训过程中的形成性评估主要看培训过程中学员的受训成效与反映。能否让培训学员学有所获、提高培训实效性，更重要的是看培训过程中学员的开放心态、深度参与、有效反思以及专业引领的高度。培训过程中倾听学员声音，注重多元互动中生成性资源的设计与整理，是一种更有效的过程管理机制。这种形成性评估的佐证材料可以包括学员反思日志、培训简报、互动研讨记录、学员阶段性作业、培训案例撰写等。

3. 培训后的结果性评估

培训效果评估主要是了解培训对象对培训内容和相关知识的掌握情况，了解他们培训成效的转化情况。培训效果评估是培训评估中最为关键的部分。培训后的结果性评估主要包括学员收获、项目成效以及回到工作岗位后由培训引发的学员行为变化和结果变化。

(1)学员收获

包括专业理念、专业知识及专业能力等方面的变化。以质性评价为主，多用作业撰写、教师论坛沙龙或论文答辩等方式，全面考核学员培训感悟及综合理解和实践反思能力。学员收获评估可在培训过程中和培训结束时进行。

(2)项目成效

以培训方自评为主，一个培训项目运作完成后，培训方需做好几方面工作：撰写自评报告、项目总结、生成性资源整理及项目资料归档等。这些总结材料是培训主管部门和培训项目委托方考核项目绩效的重要依据。

(3)培训后效

追踪评估也是很重要的效果评估内容，主要考核学员回到工作岗位后由培训引发的行为变化和结果变化，一般在培训结束后两个月内或半年内进行。可通过抽样，以电话访谈、网络调查等方式进行，访谈对象不再局限于培训学员，而是侧重其同事、主管领导、所教幼儿及其家长等群体。这种评估实施起来比较困难，又难以准确判断学员的行为变化和结果变化是哪次培训引发的。幼儿教师的观念更新、专业能力提升是一个较漫长的、内隐的过程，有效的教师培训要能够引发教师内隐知识的变化，引发教师行为的变化。这也提醒培训方在设计培训活动时要多采用基于问题解决的、任务驱动的、深度体验的、促进实践反思的培训方式。培训后效的追踪评估是一种长远评估和长效评估。它不能与培训结束时的即时评估混为一谈，“培训中激动”是必须的，“培训后不动”也是可能的。正确运用评估方式，加强培训效果评估，对于激发学员参与培训的积极性和主动性，促进培训机构更好地改进培训工作、提高培训实效，有着十分重要的意义。

在教师培训中，培训质量是培训机构(学校)有目的、有计划、有组织的培训活动的结果是否满足预期需要的度量。培训质量的高低，首先，必须用培训机构(学校)培训活动的实际结果来衡量；其次，对培训质量的认识，必须包括对培训机构(学校)培训活动发生、发展全过程的考察分析；最后，“培训质量”不仅是一个与“培训”相关的概念，而且与“培训机构(学校)”相关，对培训质量的评价，必须结合具体培训机构(学校)的具体情况考虑。因此，教师培训质量评价必须结合不同培训机构(学校)的发展规划和教师需求，制定更为详细的评价指标。

七、中小学美术教师培训质量评估指标体系

(一)中小学美术教师培训质量评估指标体系内容

《中小学美术教师培训质量评估指标体系》包括4个评估项目、8个评估指标、17个评估要素(表7-126)。

表7-126 中小学美术教师培训质量评估指标体系

评估项目	评估指标	评估要素	分值
课堂教学	课堂目标和内容	课堂目标	10
		课堂内容	10
	课堂教学质量	课堂教学过程	10
		课堂目标	10
		课堂教学方法与手段	10

续表

评估项目	评估指标	评估要素	分值
实践课教学	实践课教学内容和学员参与面	教学内容	5
		学员参与面	5
	实践课教学的组织和成绩	教学的组织	5
		教学的成绩	5
	实践课教学的资源开发	教学资源开发	5
培训师资	教学与科研业绩	教学业绩	5
		科研业绩	5
	职称与学历	职称	4
		学历	4
学员素质	专业素质	绘画	3
		设计制作	2
		欣赏	2

(二)中小学美术教师培训质量评估指标和参考等级标准

《中小学美术教师培训质量评估指标和参考等级标准》分 A、C 两级标准(表 7-127)。

表 7-127　中小学美术教师培训质量评估指标和参考等级标准

评估项目	评估指标	评估要素	分值	参考等级标准		备注
				A	C	
课堂教学	课堂目标和内容	课堂目标	10	坚持面向全体学员，较好地实现课程标准规定的教学(培训)目标，从而实现教育目标	能够面向全体学员，基本实现课程标准规定的教学(培训)目标	
		课堂内容	10	按规定的正式教材，按照课程标准和教材内容进行教学，能够根据学员发展需求和当地美术教育资源拓展教学内容	按规定选正式的教材，能依据课程标准和教材内容进行培训教学	
	课堂教学质量	课堂教学过程	10	优化教学过程，激发学员的学习兴趣，学员能主动参与，成为培训学习的主体，获得生动的审美体验	教学过程安排基本合理，重视学员的参与和审美体验	
		课堂目标	10	全体学员在知识与技能、过程与方法、情感态度与价值观等方面有所发展	大多数学员在知识与技能、过程与方法、情感态度与价值观等方面有所发展	
		课堂教学方法与手段	10	教学方法科学、合理，教学手段多样化，应用得当，效果较好	教学方法和手段基本合理，有一定的效果	

续表

评估项目	评估指标	评估要素	分值	参考等级标准		备注
				A	C	
实践课教学	实践课教学内容和学员参与面	教学内容	5	突出育人宗旨，面向全体学员，开展健康向上、符合特点的活动，能结合实际教育	突出育人宗旨，面向全体学员，开展健康向上的活动，能结合实际教育	
		学员参与面	5	全体学员每人至少参与一次以上实践活动	全体学员每人能参加一次实践活动	
	实践课教学的组织和成绩	教学的组织	5	培训学校(机构)有数量足够、形式多样的活动组织，有专人辅导，有计划和制度，有活动场所，能正常活动	培训学校(机构)有一定数量的活动组织，基本上能够满足学员活动的需要，活动基本正常	
		教学的成绩	5	培训学校(机构)根据自身条件，能举办丰富多样的活动，取得比较显著的成效；积极组织学员参加各类美术展览及相关活动，取得较好成绩	培训学校(机构)能举办活动；能组织学员参加各类美术展览及相关活动	
	实践课教学的资源开发	教学的资源开发	5	充分利用当地教育资源和具有本土特点的文化资源，开展教育活动，取得良好效果。聘请当地具有一定影响力的人才定期对培训活动进行指导或辅导，取得良好效果	能利用当地教育资源开展活动。聘请当地具有一定影响力的人才对培训活动进行指导或辅导	
培训师资	教学与科研业绩	教学业绩	5	具有先进的教育理念，有较强的课堂教学能力，在教学评分中获优秀等级；进取心强，有组织辅导的丰富经验和能力，近两年在展览中获奖	具有较强的课堂教学能力；进取心强，有组织辅导的经验和能力	
		科研业绩	5	具有较强的科研能力，近五年至少在权威核心期刊上发表论文一篇或在国家级展览中获奖	具有一定的科研能力，近五年内在国内期刊上有论文发表或在省市级美术展览中获奖	
	职称与学历	职称	4	职称达到副高级及以上	职称达到中级	
		学历	4	取得全日制硕士研究生及以上学历	取得本科学历	
学员素质	专业素质	绘画	3	能运用特定的绘画工具、材料准确表现绘画对象，表达自己的思想情感	基本上了解各种绘画的特性、方法，能简单表现对象，表达自己对生活的理解	以现场绘画、制作及提问的方式进行测试
		设计制作	2	能运用身边的各种材料和设计的规律进行装饰设计	能基本了解一般的设计方法，进行简单的装饰设计制作	一至九年级根据年龄段层次，标准也应有所差别
		欣赏	2	能准确认识美术作品的审美内涵及意义，并能进行简单的评述	对美术作品美感有简单的感受，并能进行简单的表达	

>> 第十一节　信息技术教师培训课程研究 <<

一、信息技术教师培训课程研究的背景

(一)课程与教学改革发展的新要求

1993年3月，中共中央、国务院印发了《中国教育改革和发展纲要》，提出改革现行基础教育课程体系，研制和构建面向21世纪的基础教育课程体系的任务，于是新一轮基础教育课程改革启动了。1998年，教育部制定了《面向21世纪教育振兴行动计划》，落实科教兴国战略，全面推进教育改革和发展，提高全民族的素质和创新能力。1999年，中共中央、国务院发布了《关于深化教育改革，全面推进素质教育的决定》，把实施素质教育作为党和国家的头等大事来抓。进入21世纪以来，我国进行了新一轮基础教育课程改革。教育部于2001年印发了《基础教育课程改革纲要(试行)》，由此展开了新一轮基础教育课程与教学改革。

1. 信息技术课程纲要的制定

(1) 指导纲要

2000年，教育部印发的《中小学信息技术课程指导纲要(试行)》规定："中小学信息技术课程的主要任务是：培养学生对信息技术的兴趣和意识，让学生了解和掌握信息技术基本知识和技能，了解信息技术的发展及其应用对人类日常生活和科学技术的深刻影响。通过信息技术课程使学生具有获取信息、传输信息、处理信息和应用信息的能力，教育学生正确认识和理解与信息技术相关的文化、伦理和社会等问题，负责任地使用信息技术；培养学生良好的信息素养，把信息技术作为支持终身学习和合作学习的手段，为适应信息社会的学习、工作和生活打下必要的基础。"但这只是一个指导性文件，而不是规定性文件。

(2)课程标准

在缺少信息技术课程国家标准的背景下，中国教育技术协会信息技术教育专业委员会组织研制并发布了《基础教育信息技术课程标准(2012年版)》。该标准起草工作的主体是全国各省市信息技术教研员、部分信息技术骨干教师及部分高校信息技术课程专家。标准研制自2010年启动，前后历时近两年时间。该信息技术课程标准规定："基础教育阶段信息技术课程的总目标是培养和提升学生的信息素养。学生的信息素养表现在：利用信息技术工具获取、加工、管理、表达与交流信息的能力；对信息活动的过程、方法、结果进行评价的能力；在熟悉并利用技术条件和环境的基础上发表观点、交流思想、开展合作与解决学习和生活中实际问题的能力；积极探究技术应用给社会生活带来的变化，遵守相关的伦理道德与法律法规，形成与信息社会相适应的价值观和责任感。"

2. 信息技术课程教学模块的改革

(1)《中小学信息技术课程指导纲要(试行)》

教学内容主要为：小学阶段，信息技术初步、操作系统简单介绍、用计算机画画、用计算机作文、网络的简单应用、用计算机制作多媒体作品；初中阶段，信息技术简介、操作系统简介、文字处理的基本方法、用计算机处理数据、网络基础及其应用、用计算机制作多媒体作品、计算机系统的硬件和软件基础；高中阶段，信息技术基础、操作系统简介、文字处理的基本方法、网络基础及其应用、数据库初步、程序设计方法、用计算机制作多媒体作品、计算机硬件结构及软件系统。

(2)《基础教育信息技术课程标准(2012 年版)》

课程内容为：小学阶段设基础模块和两个拓展模块，其中两个拓展模块分别为算法与程序设计入门和机器人入门；初中阶段设基础模块和两个拓展模块，其中两个拓展模块分别为算法与程序设计和机器人设计与制作；高中阶段设网络技术应用、多媒体技术应用 、算法与程序设计。《基础教育信息技术课程标准(2012 版)》义务教育阶段课程标准中，小学和初中基础模块的专题有硬件与系统管理、信息与加工表达和网络与信息交流。该模块以基础性作为内容选择的重要原则。基础性体现为信息技术的常识性内容、必备操作、基本应用能力。在小学和初中的内容目标和层次水平的处理上，相互衔接、各有侧重，逐层递进、螺旋上升，小学部分侧重观察、认识和了解，初中部分侧重观察、尝试、操作体验和简单的综合应用。基础模块内容标准的主要特点：一是适应教学需求，突出教学内容的具体表达和目标层次的恰当描述，在条目的内容描述中，把各单元的知识点和教学范围逐一列出，便于师生把握教学内容和尺度；二是顺应技术发展，强调内容目标与实际应用的紧密联系，把脉技术的发展与中小学信息技术课堂教学之间的联系、课堂教学与生活实际的联系，把应该作为教学范畴的技术内容引入标准之中；三是改进转变唯技能训练，注重技术内涵和技术文化的渗透，在强调信息技术基础知识和基本技能的同时，引导师生关注信息文化的体验和感悟，关注技术内涵的理解和提炼。

从最新的课程改革要求来看，除了注重培养学生对信息技术一般应用以外，更加注重计算思维的培养，从而也对中小学信息技术教师提出更高的要求，教学应以实践教学为主，同时要营造趣味性的学习氛围，还要为学生创设开放的教学环境。

(二)信息技术教师专业发展

信息技术教师应当积极参与各级各类教研活动，主动承担有关教学研究课题，主动获取与各种教学专家和课程专家交流的机会，并在与专家的互动中实现经验的提升和理论的构建。教师不能单纯依赖外来的理论灌输或所谓“专业学习”，而应该扎根教师课程实践，在参与教研活动和教学研究的过程中逐步提升。

信息技术课程处于初创阶段，缺乏历史积淀；信息技术教师队伍年轻，师资力量薄弱。所以呈现在信息技术教师面前的不是宽敞平坦的康庄大道，而是必须自主自为、披荆斩棘开拓的新路。信息技术教师少有根深蒂固的观念，面对课程改革提供的发展机遇，相比其他学科教师更容易进入状态。信息技术教师的专业发展与传统成熟学科的教师有所差异，不是跟随式的发展，而是创新式和跨越式的发展。例如，信息技术教师专业知识的发展，常常不只是一种个体的内创造，而是更容易成为类创造，推动整个课程向前发展。换言之，由于信息技术课程积淀不多，信息技术教师专业发展的门槛相对较低，专业知识发展的空间相对较大。只要他们主动探索，就会取得成就。正是这一点，使得信息技术教师发展与课程发展紧密联系起来。课堂是信息技术课程实施和学生信息素养发展的主阵地，也是展现教师个人才华的重要舞台。建议信息技术教师遵循基本的教学导向，精心设计和实施课堂教学。

1. 教学基本导向

整体上，信息技术教学要着眼于学生的发展，充分理解课程的基本理念，准确把握课程的目标和价值，充实教学内容，营造有利于学生主动创新的学习氛围，合理选用并探索新的教学方法与教学模式，关注学生的基础水平和认知特点差异，引导学生亲历利用信息技术发现问题、分析问题和解决问题的过程，培养学生对信息技术发展的适应能力和良好的技术行为习惯。

2. 课堂教学要求

课堂教学是一门技术也是一门艺术。作为一门技术，课堂教学需要进行科学的设计并规范地实施；作为一门艺术，课堂教学有法而教无定法，所以教师应能超越陈规和预设，学会创生课堂，激发课堂的生命气息。建议教师从教学设计的角度做好设计，从教学艺术的角度做好课堂教学的实施。

（三）信息技术教师培训工作现状

本书通过对广东省部分地区教育管理部门和学校一线教师进行调研，可以描述当前信息技术教师培训工作的基本状况，也反映出一些问题。

1. 调研的教育管理部门

东莞市教育局、茂名市教育局、韶关市教育局、佛山市三水区教育局、广州市番禺区教育局。

2. 调研的学校

北京师范大学南山附属中学、佛山市第二中学、东莞中学松山湖学校、东莞中学、江门市外海中学、茂名市第十七中学、肇庆市加美学校、佛冈县佛冈中学、阳春市第二中学、潮州市金山中学、罗定实验中学、深圳市龙城初级中学、深圳市文锦中学、佛山市高明区沧江中学、东莞市石排中学、江门市新会第一中学、茂名市第二中学、德庆县莫村中学、阳山县通儒中学、阳春市合水中学、潮州市湘桥区城南实验中学、汕尾市城区凤山中学、新兴县田家炳中学、深圳市宝安区沙井街道新桥小学、深圳市龙岗区龙城小学、深圳市光明新区光明小学、佛山市禅城区石湾镇第三小学、佛山市南海区桂江小学、佛山市三水区南山镇迳口中心小学、东莞市企石镇东山小学、东莞市大朗镇崇文小学、台山市台城镇第三小学、恩平市恩城第一小学、高州市第二小学、信宜市教育城小学、肇庆市实验小学、肇庆市鼎湖区广利中心小学、英德市第五小学、连山县民族小学、阳春市云凌小学、阳西县织篢镇太平小学、饶平县师范附属小学、潮州市实验学校、陆丰市博美镇中心小学、陆河县新田镇新民小学、郁南县宝珠镇中心小学、新兴县实验小学。

3. 调研的结果分析

(1)当前信息技术教师对培训内容的需求情况

为了了解当前中小学信息技术教师对信息技术培训的需求，我们对几个地区的信息技术教师做了抽样调查，涵盖的地区包括广州市番禺区、佛山市三水区、东莞市、茂名市、韶关市等。调查分七个综合大类、五个专业性较强的小类(表 7-128 至表 7-133)。

表 7-128　信息技术培训内容(综合大类)

选项	小计	比例
Office 办公软件	56	58.95%
多媒体技术基本技能(图像、音频、视频、动画制作)	78	82.11%
多媒体教学课件制作	68	71.58%
网页网站设计	35	36.84%
数据库	24	25.26%
程序设计	12	12.63%
计算机维护与维修	60	63.16%

表 7-129　计算机类(专业小类)

选项	小计	比例
计算机应用	30	62.50%
计算机维护	22	45.83%
计算机维修	9	18.75%

表 7-130　网络类(专业小类)

选项	小计	比例
网络规划	12	25%
网络使用	12	25%
网络维护	20	41.67%
网站建设	20	41.67%

表 7-131　软件使用类(专业小类)

选项	小计	比例
网页美工	12	25%
教学资源建立和应用	27	56.25%
多媒体制作	13	27.08%
课件制作	14	29.17%

表 7-132　计算机编程类(专业小类)

选项	小计	比例
数据库开发	23	47.92%
.NET 开发	14	29.17%
JAVA 开发	5	10.42%
其他	11	22.92%

表 7-133　辅导学生竞赛培训类(专业小类)

选项	小计	比例
机器人比赛	8	16.67%
数学建模	2	4.17%
计算机应用	21	43.75%
其他	18	37.50%

从以上统计结果看，首先，信息技术与其他技术整合的应用在中小学信息技术需求中比较高，其次是计算机软硬件的维护与使用，再次就是常用办公软件系统系列，其中多媒体技术是课程整合的主要技术方法。这个结果与2013年教育部发布的《教育部关于实施全国中小学教师信息技术应用能力提升工程的意见》的精神一致。对信息技术的需求不仅涉及信息技术教师，而且涉及非信息技术教师，因此，教育部文件指出要进行全员培训。教育部提出，建立教师信息技术应用能力标准体系，到2017年年底完成全国1 000多万所中小学、幼儿园的教师的新一轮提升培训，提升教师信息技术应用能力、学科教学能力和专业自主发展能力，推动教师在课堂教学和日常工作中有效应用信息技术。

(2)当前信息技术教师对培训时间的需求情况(表 7-134)

表 7-134　希望的培训时间

选项	小计	比例
一周的短期培训	30	62.50%
半月的短期培训	10	20.83%
一个月以上的短期培训	8	16.67%

(3)当前信息技术教师对培训知识层次的需求情况(表 7-135)

表 7-135　希望进行的学历进修

选项	小计	比例
大专	3	6.25%
专升本	8	16.67%
成人本科	8	16.67%
脱产研究生	11	22.92%
研究生课程	18	37.50%

通过表 7-135，我们可以从一个方面了解到，当前信息技术教师的知识层次，一般是在大专层次。我们在进行实地调研中也了解到，例如在茂名市，大部分信息技术教师专业背景差、科班出身的少，信息技术专业毕业的教师所占比例较小，许多信息技术教师是从其他学科转过来的。大部分学校没有通用技术教师，只有少数学校配备了通用技术教师，但是这些教师大多由物理教师或信息技术教师兼任。这些教师对通用技术这门课也不太熟悉，并且没有一个教师是通用技术专业毕业的，因为大学很少设置这个专业。

(4)当前信息技术教师对培训模式的需求情况

信息技术教师建议：多发展网络化的培训，并进行培训测试；建立统一的登录系统，避免重复培训；网络远程培训和面授培训结合起来，网络课程要具有系统性、选择性，面授培训要请专家进行点拨，指导解决疑难问题；可以进行网络会议形式的培训，目前会议室主要安排在市级教育局，可以逐步扩大到县、学校；也可以设置专家讲坛，从全国聘请专家进行答疑；结合学科特点进行教育技术培训，每个学科都应该和信息技术结合，比如语文、数学、音乐等。

(5)当前信息技术教师对培训项目的需求情况

有全员培训、骨干教师培训、中小学校长培训、新任教师培训、行政干部培训、班主任培训、乡村教师培训等。

4. 信息技术培训已经进行的工作

我们从调查中了解到，近几年由于继续教育任务的要求，一般从事信息技术教学或管理的教师都参加过信息技术培训，只是层次不同而已。

(1)培训的种类

培训一般有三种：一是本地教育管理部门组织的培训，二是上级管理部门组织的培训，三是远程培训。每年至少有一次培训。在珠三角地区，这个培训频率会更高，教师一般每年都可以参加几次培训。

(2)培训工作的评价

信息技术教师培训频率与培训效果参差不齐。通过对 2013 年 95 名来自全省各地中小学校的信息技术骨干教师的两次省级培训效果的统计调查，我们可以总结出一些基本情况。统计数据表明，从课程内容的选择到整个培训过程，都得到了教师们的认可，说明信息技术教师培训还是有一定效果的(表 7-136)。

表 7-136 培训效果评价表

项目＼分值	1	2	3	4	5	6	7	8	9	10
日期安排	0%	0%	0%	0%	0%	0%	0%	8.33%	6.25%	85.42%
时间长短安排(一周以内)	0%	0%	0%	0%	2.08%	2.08%	4.17%	4.17%	10.42%	77.08%
课程数量(3门)	0%	0%	0%	0%	0%	2.08%	4.17%	6.25%	12.50%	75%
课程内容安排	0%	0%	0%	0%	6.25%	2.08%	4.17%	6.25%	8.33%	72.92%
资料安排	0%	0%	0%	0%	0%	0%	4.17%	14.58%	18.75%	62.50%

5. 培训工作存在的问题

(1)培训内容缺乏规划

培训内容比较乱，缺乏统一的规划，没有完整的体系。有些培训因为设备不足，只讲理论，而没有实践。重复培训的现象较多，效果较差。随着社会的发展，不断有新的、前沿的技术和理论出现，培训课程应该在这方面统一规划，拓宽教师的视野，利用培训机会让参训教师了解国内、国外的情况。

(2)培训实施比较混乱

各个培训部门的侧重点不同。装备中心、电教馆、继续教育中心等不同部门缺乏协调，多头培训，比较混乱。低水平重复培训经常出现，应该尽量避免。

(3)培训课程缺乏整合

跨学科、针对性比较强的培训还是比较少。学校不同岗位的教师对信息技术培训内容的需求是不一样的。学校计算机学科的教师、非计算机学科的教师、学校管理人员等应用计算机的方式是有区别的。

(4)培训针对性不强

培训课程应该系统化，并且应该模块化、有层次地提供培训内容。在中小学教师信息技术培训中，几乎所有的培训形式都不分学科、年龄等层次结构。各中小学教师全员出动，使培训缺乏与各学科的整合，忽视了老教师的接受水平，导致青年教师积极性不高，不能满足各层次、各岗位、各学科教师的需求。各年龄段教师信息技术水平参差不齐，接受能力、学习进度有差异，对信息技术培训的需求也不一样。管理人员的培训课程要多些机房建设、校园网、视频制作、网络会议等方面的课程。

(5)培训重理论，轻应用

计算机具有很强的工具性，有很大的实用价值。对广大中小学教师而言，他们是计算机的使用者，而非制造者和开发者。他们最需强化的是计算机操作能力，而非理论知识的大量积累。培训结束后，许多中小学教师只能自己钻研笔记，很难将知识转化为实际操作能力。一部分教师不会用，一部分教师理解却用不好，不能将知识转化为“现实生产力”。

(6)培训形式单一、不合理

网络远程培训和面授培训应该更好地结合起来；网络课程要具有系统性、选择性；面授培训要请专家进行点拨，指导解决疑难问题。

二、信息技术教师培训研究的现状与趋势

(一)信息技术教师培训研究文献分析

目前，相关研究文献主要对培训模式、培训内容和培训质量评价等方面进行了研究。

1. 培训模式方面的主要探讨

(1)集中培训+Moodle平台下的协作学习模式

该模式首先通过Moodle平台调查教师的培训需求，然后采用集中培训和网络学习形式开始培训，其中，借助Moodle平台完成资源共享、专家指导、小组协作、评价反馈等工作，同时将网站论坛和教师博客、专题网站等作为教师展示、讨论的平台。

(2)整合型中小学信息技术教师培训模式

该模式由三个层次组成：模式内核——目标层面上对三个培训目标的整合；模式内环——操作层面上对培训内容、培训方式、培训策略、培训支持的整合；模式外环——规划层面上对培训五个阶段的整合(图7-12)。

图7-12 整合型中小学信息技术教师培训模式

(3)基于学习共同体的培训模式

在学习共同体中，小规模的培训可以由教师和学员组成，大规模的培训可以由各个单位、学科组成。每个共同体都需要一位骨干教师作为助学者。学员通过网络资源平台获取资源，在学习共同体中进行研究、实践、反思、反馈和评价。

(4)三环节培训模式

该模式通过调研的需求分析环节，培训实施环节(专家讲座、教学观摩、实地考察、教学研讨、学员论坛、成果展示)，培训考核及反馈环节，将形成性评价和总结性评价相结合，同时发放调查问卷得到培训整体效果的反馈。

(5)借鉴英特尔未来教育的培训模式

该模式由目标体系、课程体系、管理体系、评价体系四部分组成，体现了目标的动态性和开放性。课程以理论与实践双重目标为导向，管理自主高效，评价多元化。

(6)立交自主培训模式

中小学教师信息技术能力立交自主培训不是放任受训教师自由随意操作，也不是由培训者直接告诉受训教师怎样去解决与信息技术有关的问题，而是让培训者根据受训教师提出的信息技术与教学实践的具体问题与期望目标设计培训内容，并提供完成任务与解决问题的有关线索。该模式的核心思想是通过受训者在完成具体的与自身学科教学有关的任务中，实现培养信息技术操作技能以及应用方法的目标(图 7-13)。

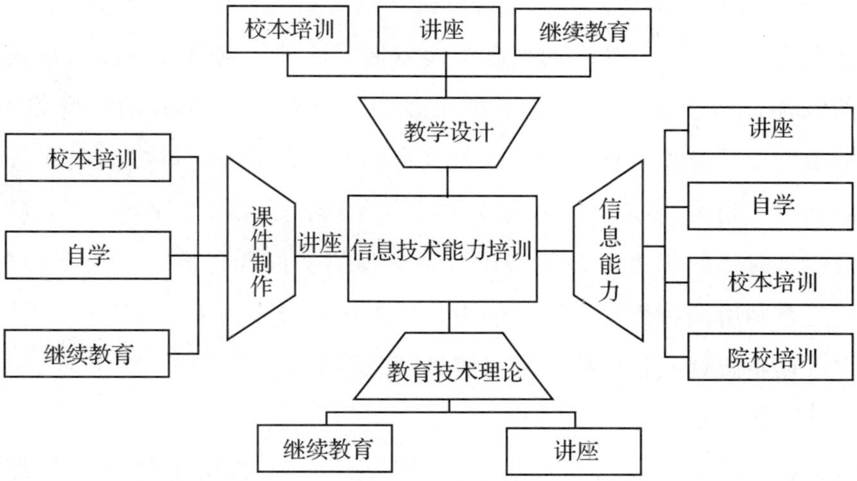

图 7-13　立交自主培训模式

2. 培训内容方面的主要探讨

(1)教师方面的统计

部分中小学教师需求的调查结果：计算机基本操作和维护(17.7%)、网络技术的应用(16.1%)、教学设计和教学方法(14.7%)、使用和开发课件(14.5%)、信息技术教学应用方面的知识(13.4%)，其中，教师对于信息技术与课程整合、常用软件使用等需求最高；其他比较分散的需求共占 23.6%。

(2)课程方面的统计

培训内容：现代教育理念理解、创新意识和能力的培养、教育研究意识和能力的挖掘、反思能力的形成、掌握和使用新技术的能力。

3. 培训质量评价方面的主要探讨

培训质量评价一般采用多元评价，即将形成性评价和总结性评价相结合，将自我评价、小组评价和教师评价相结合；还有检验性评价，即参照教师培训结束后在实际教育教学工作中的实践情况进行评价，包括参照公开课、课件比赛等；此外，也有针对培训本身的评价，即对培训模式、培训内容、培训方法等方面的评价。

(二)信息技术教师培训工作的发展趋势

通过对信息技术教师培训工作的调查统计数据分析表明：教师一般具备了基本的信息技术技能，但如何跟上形势的变化及科学技术的发展而开展培训、选取什么内容进行培训、采用什么方式进行培训仍然是亟待解决的主要问题，特别是物联网技术、云计算的出现，都是今后进行信息技术培训的工作趋势。

1. 培训内容的发展趋势

问卷调查发现，65%以上的教师希望在以后的培训中学习网页、动画制作技术，多媒体课件制作技术，电脑故障排除技术和网络安全技术；教学素材的制作与处理技术的学习需求也超过了55%。这些是与日常教学紧密结合、可以给教学带来极大便利的知识与技术。从这里也可以看出，教师已经在向教育信息技术的更高层次发展。此外，网络课程制作与数据库编程技术作为更高层次的技能，当前的学习需求不是很强烈，只有20%左右的教师希望学习。另外，70%以上的教师希望学习有关信息技术与课程整合的知识与技能，以提高其在教学中的信息技术与课程整合的能力。超过56%的教师需要学习网络教学资源的设计与应用，随着校园网的建成，该能力成为信息时代的优秀教师所必须具备的能力。同样，网络环境下的教学设计能力、网络教育应用也是教师所期待得到培训的能力，所占比例分别为11%和23%。当然，教师需要的信息技术能力远远不止这些，这些只是当前教师急需的技能。

2. 培训方式的发展趋势

随着网络的普及，越来越多的人习惯通过网络进行学习。由于信息技术能力培训的特殊性，简单的网络培训并不能达到培训目标，因此，面授培训具有不可替代的作用。近50%的教师希望以后的培训采用面授与网络相结合的培训方式，即目前得到大力推广的混合式培训方式。此外，33%的教师建议，根据具体的培训内容、培训时间、培训对象的能力选择适合的培训方式，才能得到最佳的培训效果。

3. 培训授课方法的选择趋势

在授课方法的选择上，越来越多的学者专家对案例教学给予关注，一线教师也认为案例教学可以让他们学到更多实际的东西。因此，案例教学法成为大家首选的授课方法，案例教学成为培训中的重要趋势，它可以把理念和方法整合起来，因为它具有很强的操作性，还可以架起培训中理论和实践之间的桥梁。

信息技术教师培训，存在案例资源不足的问题，所以建立案例资源库，对教师培训以及学科教学都有举足轻重的意义。只有具备足够的案例资源，培训者才能在培训中传授正确的整合理念和操作方法。

4. 培训对象的组织趋势

培训对象的组织也是培训活动需要关注的问题之一。针对教师的信息技术能力水平不同进行分层培训，以及分学科进行培训成为发展趋势。不同能力水平的教师，要求的培训内容不同。已经通过高级计算机技能认证的教师和只通过初级认证的教师需要学习的知识和技能要有所区别，这样才能使他们都能得到发展。归根到底，培训就是要按照教师的能力和需求“因材施教”。

5. 培训指导教师的组成趋势

师资问题一直是培训中的一个重要问题，良好的师资可以大大提升培训的效果。培训者可以由教育技术专家、信息技术专家和优秀的信息技术应用一线教师组成。专家阐释清楚学习知识的必要性和好处，讲授一些先进的教育理念和关键概念，让受训者形成基本的认识；信息化水平高的一线教师做培训者，根据自己的实际经验讲授具体的应用过程，通过自己的现身说法，使受训者感受到新知应用带来的巨大变化和产生的效果。这样不仅能增强学习效果，而且更具有针对性。

三、信息技术教师培训课程方案

(一)信息技术教师培训课程的指导思想

1. 培训课程的性质

通过参加信息技术课程培训，中小学教师应该达到如下具体目的。

(1)基本知识

了解信息技术在现代社会特别是教育领域中的地位与作用，建立在学科教学中应用信息技术的意识。

(2)基本技能

掌握信息技术的基础知识和操作技能，具有利用信息技术获取、交流、处理与应用教学信息的能力。

(3)思想观念

具有科学的、基于信息技术的现代教育思想和新的教育观念，并具有继续学习信息技术新知识的能力。

(4)综合应用

掌握教育技术的基本方法和基本技能，具有将教育技术用于学科教学的能力。

2. 培训课程的基本理念

(1)促进教师专业发展

《国家中长期教育改革和发展规划纲要(2010—2020年)》指出：百年大计，教育为本。强国必先强教。中国未来发展、中华民族伟大复兴，关键靠人才，基础在教育。有好的教师，才有好的教育。提高教师地位，维护教师权益，改善教师待遇，使教师成为受人尊重的职业。严格教师资质，提升教师素质，努力造就一支师德高尚、业务精湛、结构合理、充满活力的高素质专业化教师队伍。因此，提高教师业务素质，培养一支高素质的教师队伍，是深化教育改革、全面提高教育质量、深入实施素质教育的根本保证。学校不仅是培养学生的场所，也是教师专业发展的基地。学校应积极开展业务培训，采取各种有效措施，提高学校教师群体的整体素质，促进教师的专业发展。

(2)促进教师专业成长

首先，培训要丰富教师的知识，包括专业知识、相关学科的知识，以及社会、生活、自然知识等。其次，培训要重视专业知识内容的不断更新。专业知识是具有时效性的，特别是在当今不断变革的时代，教师在教育教学方面，必须要与时俱进。最后，培训要重视实践知识，不断加强教师自身素质和能力的提高。培训方要有计划地安排教师进行高层次的进修培训与骨干教师专业培训等，以此更新知识、培养能力，提高教师的教学业务及管理水平。对教学有困难的教师，学校要利用各种有效途径，诸如组织讲座、研讨、交流、观摩等形式，帮助他们提高教学水平。

(3)促进教师教学反思

教师是自我发展的承担者和推动者。实践证明，只有教师形成主动、健康发展的意识和能力，学校的组织价值才能得到提升。教师的发展，不仅仅具有工具性价值，促成显性目标的实现，如提高学生的学业成绩，推进学校整体办学水平的提升，更重要的是具有隐性的内涵，唤醒教师的职业良心，促进教师的角色重塑，提升教师的生命追求。利用教师培训这一教师继续教育最直接、最易实现的方式，开展提升教师教学反思能力的研究对促进教师专业化发展具有非常重要的现实意义。

(4)满足教育改革需求

当代教育体系正在经历一个连续不断的适应、改进、变革的过程。“没有教师的协助及积极参与，任何改革都不能成功。”教师参与教育改革的积极性与主动性，对教育改革的“专业关切”“效能感”，以及他们的整体素质，都将极大地影响教育改革的成效。教师培训为教育改革提供了有力支撑。思想观念是行为的先导，因此，作为教师教育重要组成部分和教师专业化主要阶段的教师培训，树立与时俱进的教师教育理念，是时代发展的要求，也是教育改革的需要。

(5)研讨教育实践案例

传统的培训方法一般不能有效地调动教师的主动性、积极性。此外，如果教师在培训后不能深刻地掌握培训内容、深刻地分析问题，且没有形成独立工作的能力，就无法达到培训的目的。教育实践案例分析，成为教师培训中深受欢迎的教学方法之一。培训过程中的教育实践案例分析，引导教师从实际案例中学习、理解和掌握一般规律、原则、方法及操作，从而有效地将理论知识和实践技能相互结合起来。

(二)信息技术教师培训课程的意义、内容和专业能力

1. 意见

(1)信息技术在教育领域应用发展的需要

信息技术在教育领域中应用的发展，经历了从最初的计算机文化阶段到计算机工具阶段，再到信息文化阶段和信息素养阶段的发展历程，以计算机在教学中的应用和网络的应用为两个转折点。20 世纪 70 年代末至 90 年代初为计算机辅助教学的开发应用期。20 世纪 80 年代，计算机辅助教学的开发和应用成为我国信息技术在中小学教育中大规模应用的开始。20 世纪 90

年代初，各种课件和教育软件大量出版发行，但它们难以满足教师教学的个性化需求。于是，很多教师积极参与到课件的设计和制作中，很快感觉到要想设计出比购买的产品更有用的课件，需要花费太多的时间、精力，而且对计算机专业的知识要求很高，教师参与课件编制的热潮逐步降温。20 世纪 90 年代后期，随着计算机网络的迅猛发展，以个人电脑、网络技术和多媒体技术为主要内容的现代信息技术革命开始出现，为教学方式与教学模式的变革提供了新的物质基础，揭开了网络时代信息技术应用的序幕。信息技术不再是信息技术学科教师的专业知识，每一位学科教师都要具有一定的信息素养，才能在自己的学科教学中紧跟时代的步伐。因此，信息技术在教育领域应用的发展要求我们紧跟发展的要求和教师的需求，设计开发能够满足学科教师需求的培训课程。

(2)教师信息技术培训发展的需要

从“九五”到“十一五”，中小学教师信息技术培训的内容和形式与信息技术在教学中的应用紧密相关。“九五”期间进行了计算机应用技术的全员培训，培训内容是 Windows、Word、PowerPoint、Excel 办公软件学习。通过“九五”的培训，中小学教师基本上掌握了常用办公软件的使用方法，为教育技术能力的提升奠定了信息技术的基础。“十五”期间进行了信息技术融入学科教与学的全员培训。这一阶段的培训采用双导师制，一位学科培训教师配备一位信息技术教师，使信息技术培训从技能性向工具性转换，强化了教师信息技术与学科整合的意识。“十一五”期间进行了教育技术能力(中级)以及英特尔未来教育等培训。在此期间，信息技术能力培训逐步转变成教育技能培训，这个转变更加明确了信息技术在教育领域中的应用，表明了信息技术是教育技术不可分割的部分。在此期间，教育部制定的《中小学教师教育技术能力标准》也成为进行教师教育技术培训的依据。“十二五”时期教师信息技术培训出现了多元化形式。不同地区及学校信息技术环境及应用有很大的差别，对信息技术培训的需求也从普及性向适用性转变。这就要求培训者要根据不同地区教师的实际需求，开发设计相应的培训方案及培训课程。

(3)教育改革的需要

处在信息社会的教师教育在不断调整着改革的方向。《国家中长期教育改革和发展规划纲要(2010—2020 年)》明确指出要实现教育信息化，并提出首先要创新信息化教育，要充分利用现代信息技术和丰富的数字资源，深化教育教学改革。鼓励教师探索新型教学模式，开展网络教研，提高教育技术应用能力；形成适应信息化的教育教学方式与校园文化，培养提高学生利用现代信息技术收集、整理、分析信息的意识、习惯和分析解决问题的能力。积极开展多媒体教学、远程教学，推进现代信息技术与课程的深层次整合，创新网络化学习模式，开展高质量高水平远程学历教育，探索新型技术形态下的教育应用与创新。设计开发符合社会发展和教师需求的培训方案及课程，才能让中小学教师在参加培训的过程中体验和掌握，并逐步实现教学内容的呈现方式、学生的学习方式、教师的教学方式和师生互动方式的变革，充分发挥信息技术的优势，为学生的学习和发展提供丰富多彩的教育环境和有力的学习工具。

2. 内容

(1)信息技术教师培训课程专业知识

信息技术教师本身是信息技术的掌握者，应该成为其所在学校信息技术应用的带领者。针对这一学科教师，培训课程的重点应该是引领教师利用信息技术课程内容，充分发挥信息技术课程的工具性和实践性的特点，根据信息技术课程内容与学科课程内容的结合点，设计真实的任务，把信息技术作为完成任务的工具，使学生能够用所学的信息技术巩固和促进其他学科知识的掌握和应用。

(2)课程内容安排

中小学信息技术课程内容主要以计算机和网络技能为主，教学内容分基本模块和拓展模块。小学的教学模块包括：信息技术初步，操作系统介绍，Windows 中的画画工具的使用，文字处理(Word 软件应用软件)，网络的简单应用，多媒体作品制作(PowerPoint 应用软件)；初中的教学模块包括：信息技术简介，操作系统简介，文字处理方法，数据处理(Excel 应用软件)，网络基础及其应用，多媒体作品制作(PowerPoint 应用软件)，计算机系统的硬件和软件；高中的教学模块包括必修和选修两个部分，必修模块是信息技术基础，选修模块有算法与程序设计、多媒体技术应用、网络技术应用、数据管理技术、人工智能初步。

(3)学科课程整合

分析各学科课程，能够找到很多与信息技术学科课程融合的结合点。如语文的作文与文字处理，写作与网络邮件，语文文字学习、语文课文与多媒体作品制作，拼音学习与输入法学习；美术的色彩应用与画画工具，色彩搭配与 PowerPoint 模板应用；物理、化学、生物等学科实验数据的处理与 Excel 的数据处理；地理资料的搜集与信息检索；英语课情景创设与多媒体制作；数学十进制与计算机二进制，数学公式、函数与 Excel 中公式、函数的学习等。这些结合点不仅充分体现了信息技术的工具性特点，也为信息技术教师将信息技术课程与学科课程相结合提供了很好的契机。

3. 专业能力

信息技术教师培训课程的专业能力包括五方面内容。

(1)教学设计能力

信息技术课程的教学设计，要以现代教育理念为指导思想，运用现代学习理论、网络环境与多媒体技术，对整个教学系统进行规划，在分析学生特点、教学目标、教学内容、教学条件以及教学系统组成部分特点的基础上统筹全局，把握教材难度，设计具体的教学方案，包括一节课的教学结构、教学方式、教学方法、教学策略、活动形式、教学评价、知识来源、板书设计等，从而为学生提供良好的学习条件，实现课堂教学过程的优化。整个课堂设计要贯穿一条主线：获取信息—传输信息—处理信息—运用信息。

(2)教育传导能力

所谓教育传导能力是指教师将处理过的信息向学生输出，使其作用于学生身心的本领。要求教师具有教育传导能力是由教育过程信息传递的规律决定的。信息技术教师是借助信息传递的媒介来作用、影响、教育学生的，所以信息技术教师还必须具备多媒体设备的应用能力和网络教室应用和管理的能力。在教学活动中研究多媒体教学设备和网络的使用和维护，探索多媒体教学设备和网络的新形势、新用法、新效果也是新时代信息技术教师必须具备的能力之一。

(3)教学过程控制能力

教学过程控制包括对学生的控制、对自己的控制和对情境的控制。

(4)教学资源收集、开发、利用能力

信息技术教学资源是为教学的有效开展提供的素材等各种可资利用的条件，通常包括教材、案例、影视、图片、课件等，也包括教师资源、教具、基础设施等。中小学信息技术教师应立足于《中小学信息技术课程指导纲要(试行)》，以课堂教学目标为指导，以信息技术学科教学论以及教育心理学为背景，对共享资源、商品资源进行收集、组织、控制、存储、优化、传播、转化或者自行进行设计开发。

(5)教学研究能力

新课程所蕴含的新理念、新方法以及新课程实施过程中出现的各种问题，都要求教师成为研究者，成为研究型教师。教师成为研究者是教师从“教书匠”向“教育家”转变的前提，是教师持续发展的基础，是提高教学水平的关键，是创造性地实施新课程的保证。中小学信息技术教师的教学研究主要讨论有关学生课程建设、教学方法改革等问题。

(三)信息技术教师培训课程的实施

1. 课程开发与管理

(1)根据信息技术与学科课程的相关性确定课程内容

信息技术作为一门工具性和实践性很强的课程，应该起到为其他课程学习服务的作用。课程开发者在了解其他学科课程内容的基础上，要和学科课程教师一起，从心理学和课程论等方面来探讨将二者整合在一起的内容和目标，让信息技术成为加强学科学习的工具，而不是削弱或影响学科课程的教学。深入各级学校，携手学科教师，了解学科课程的内容和特点，根据学科特点确定培训课程的内容和目标。不同的学科课程在内容和形式上都有较大的差别，而且不同年级的同一学科课程的特点也各不相同。因此，信息技术课程培训者首先要确定整合的学科及年级，认真研读、分析学科年级的课程标准，深入培训对象的学校，了解学科课程的具体内容，教学内容的安排顺序，教师使用的教学方法，学生在学习这些内容时的重点、难点等。课程开发者在熟悉要整合的学科课程情况后，才能够从整体上把握信息技术与学科课程的相关性。

(2)设计以信息技术为基础整合学科课程的培训课程

信息技术作为一门独立的课程，有自己的知识体系和课程特点。因此，课程开发者在掌握了其他学科课程内容以及可以与信息技术课程整合的内容、方式、方法之后，要从信息技术课程角度出发，将这些学科课程的学习内容和目标融合在信息技术培训课程的教学内容和目标中，设计相应的课程模式和课程内容，使得其既能完成信息技术课程培训的教学目标要求，也能强化其他学科知识的学习和应用，起到事半功倍的效果。

(3)在实践中不断修改完善课程方案

培训者应通过实践检验培训课程的有效性并不断修改完善。一门成熟的课程要经过实践、修改、再实践、再修改这一循环往复、不断完善的过程。因此，通过实践设计形成的整合了学科课程的信息技术培训课程，同样需要不断地试用、修改和完善。开始可以在较小的范围内试用，通过培训效果检测培训课程的有效性，并根据实际情况对课程内容、顺序及模式进行相应的修改及完善。

2. 课程的教学实施

(1)教学方式

信息技术教师培训课程的教学方式有小组探究、游戏教学、独立学习、启发式教学、上机操作等。而在教学方法上，示范教学法、任务驱动教学法、自主探究教学法等比较有效。

(2)学业评价

信息技术教师培训课程的学业评价方法可采用诊断性评价、形成性评价和总结性评价。

3. 课程实施后教师的反馈

(1)网络调查反馈情况

通过对来自全国的83位各学科和学段教师的网络问卷调查(其中信息技术老师占12%，其他科目老师占88%)，反馈如下。

基础能力方面，选择各项的比例：课堂管理能力76%，语言表达能力63%，教学设计能力19%，其他还有教科研能力、教学素材处理能力等。

与课改有关的能力方面，选择各项的比例：新课标解读45%，MOOC(大型开放式网络课程)49%，泛在学习36%，翻转课堂61%。

与信息技术专业知识相关的方面，选择各项的比例：Office 2010版及以上47%，Photoshop 46%，电脑绘画46%，动漫制作49%，会声会影61%，网站开发35%，电脑机器人17%，信息学奥赛12%。

与教育技术能力相关的方面，选择各项的比例：电脑软硬件维护49%，电子白板52%，电子书包34%，摄影53%，微电影59%，校园网维护31%。

与新技术新媒体相关的方面，选择各项的比例：微课及微课程84%，物联网40%，云计算54%。

(2)中小学教师的课程需求

通过以上数据分析，可以得出教师们对培训课程的一些大致意向如下(按选择比例由大到小排列)。

全体教师培训课程内容(全员培训)：课堂管理能力，语言表达能力，教学设计能力，教科研能力，新课标解读，信息处理能力(如资料收集、课件制作)，多媒体应用能力(如电子白板、电子书包等)，微课及微课程，翻转课堂教学法。

信息技术教师培训课程内容(分模块)：基础模块(与全员培训相应)应包含如何提升信息技术教师的职业成就感，信息技术课堂管理，语言表达能力，教学设计能力，教科研能力(如做课题、写论文能力)，新课标，微课及微课程；中级模块应包含会声会影、Office 2010版及以上、Photoshop、电脑绘画；高级模块应包含动漫制作、网站开发、电脑机器人、信息学奥赛、物联网、云技术、MOOC、移动学习；其他模块如摄影、微电影等。

四、信息技术教师培训工作质量评估

(一)评估目的

教师培训质量评估是以培训质量为中心的综合性评估，是评估主体在一定的价值观指导下，对承担“国培计划”的培训机构的培训质量及其在何种程度上满足各方利益主体的需要而做出评判的活动。具体而言，即评估主体按照教育部对中小学教师能力素质的要求和各培训单位所定的培训目标，采取定性与定量相结合的方法，对参训教师发展变化程度及构成其变化的诸种因素进行考察分析，进而判断教师达到培养目标的程度和教育质量的高低。

评估目的是通过开展教师培训质量评估，掌握培训效果，发现培训过程中的问题，及时研究和改进培训工作，以保证培训质量始终处于有效的控制之中。评估要解决的主要问题包括检验教师培训目标的制定是否科学准确，教师培训内容与培训目标是否吻合，培训管理是否符合全方位、全过程的质量管理原则，培训教与学的过程是否达到预期培训目标，培训结果是否满足各利益主体的需要等。

(二)评估原则

1. 导向性原则

把培训质量评估目的转化为具体评估指标，把质量评估的指导思想渗透到整个指标体系中，是设计评估指标体系和保证其科学性的关键。

2. 科学性原则

具体指标的名称要准确、相互独立；指标权重要避免主观化；评估标准要尽量用定量标准，运用定性标准时表述力求具体。

3. 整体优化原则

借鉴数学最优化原理对各项评估内容进行最优化配置。

4. 补偿性原则

存在强弱失衡问题时，必须对弱势方面给予支持，通过补偿来促进评估和谐发展；设计质量评估的指标体系，应尽可能挖掘体现培训特色的因素，在评估项目的设定、标准的制定、权重的分配上都给予倾斜。

5. 全面质量管理原则

以质量为中心，全员参与，全过程管理，全部门参与管理，把质量监控与评估由事后检验和结果评估转化为以预防改进为主，采用多种方法改进和提高培训质量。

(三)评估内容

1. 课程管理

培训方案的制定是进行课程管理的第一步。培训方案是进行培训的行动计划，属于计划中内容最复杂的工作，一般由培训目标、培训任务、培训要求、培训基本原则、培训时间、培训形式和培训内容、培训考核等部分构成，其制定依据是培训调研分析以及信息技术教师专业教学能力标准。

课程管理是面向整个培训系统的，它主要具有空间序列特征，体现为培训策略，培训规划，培训体系建设(培训组织、制度体系、课程体系)，培训资源管理，培训项目管理等。课程管理评价主要考察这些项目是否体系完备、结构合理。课程管理对于培训机构具有重要意义。培训机构应该明确课程管理的价值取向，加强对于课程开发、课程实施、课程评价各个环节的管理，完善课程管理的组织机构，贴近社会需求开发课程，提升课程管理的信息化水平，加强课程管理人员保障，以特色课程形成竞争优势，实现可持续发展。课程规划要注意提高全体学员的信息技术素养，要体现课程的实用性、先进性、选择性和职业性，要注重科学探究，提供多样化学习方式。此外，课程管理还要注意队伍构成及合理分工，有可推广的成熟的管理经验，管理团队合作融洽。培训制度体系完备，培训质量监控完善有效，培训记录翔实。

2. 课程保障

培训师资、设施条件、基地建设、课程资源等条件是培训课程顺利实施的保障。培训活动应具备的客观条件，包括物质条件保障和师资力量保障两方面，如实训设备、教室、自习室、图书馆、微机房等硬件和主讲教师团队的整体结构和任职资格等。对培训条件的评价就是对培训机构具备的人财物的评价。

教学、实训和后勤设施完备，保障良好，适应教与学双方的需要；实训企业行业代表性强，能为学员提供充足的实践课时。专业实训基地数量符合需求，基地软硬件设施齐全，运行良好，管理先进，组织运行状态良好。培训方有与实习基地实际情况相配套的详细的实习计划且操作性强；有教学需要的实习指导书、规范的实习教学大纲以及明确的教学目的和内容等；有实践管理制度，对培训教师理论指导、技能实践指导环节等方面进行管理；能合理安排培训教师实习，为培训教师提供良好的实习条件，保证实习质量；能提供丰富便利的图书馆资源和网络学习资源；建立网络交流平台，包括学员间的交流平台以及学员与教师间的交流平台；提供课程教学评价平台；提供学员课业的提交、评价、共享平台等。

师资方面，培训讲师数量应比较充足，并具有相关教师资格证。培训讲师教学能力强，专业对口，具有企业实践经验的占一定比例。

3. 实施过程

实施过程包括教学实施、教学评价等。

课堂教学评价主要是对课堂教与学过程的评价，包括考察理论讲授、交流研讨、学员论坛和教师答疑辅导情况。例如，理论讲授中，教学计划、教学内容选取是否合理，教学方法是否得当，教学手段是否先进，课堂学习氛围是否浓厚；交流研讨中，主题是否鲜明，学员发言是否踊跃，有无达到交流提高的目的等；学员论坛中，学员主讲、专家点评、互动提问等环节是否有效结合；教师答疑辅导过程中，教师能否及时解答学员疑问，有无针对特殊学员的导师制。

实训教学评价主要是对实验实习、技能训练和企业综合实训等环节的评价。例如，在实验实习环节，教学任务是否明确，安排是否合理，是否达到预期效果；在技能训练环节，学员能否完成培训方案规定的各项技能训练项目；在企业综合实训环节，实训任务是否明确，管理是否规范，内容是否充实，学员能否参加生产的关键环节等。

主要是对教学成果考核组织管理过程的评价，主要考察理论考核、实训考核和综合考核三部分内容。例如，理论考核环节是否完善；实训考核环节是否用实习报告、调研报告等形式对实训效果进行量化考核；综合考核环节是否应用模拟教学、说课、论文等多种形式考核等。

4. 培训效果

培训效果评价主要是对培训效果的可量化指标进行的评价，包括考察学员考核成绩合格率与分布情况、平时作业和作品完成情况、学员在培训期间取证情况以及培训目标达成度。具体而言，对考核成绩的评价，主要看合格率、优秀率和任课教师的评语；对平时作业和作品完成情况的评价，主要看作业数量与质量和实训作品的质量；对学员在培训期间取证情况的评价，主要看培训结束时，学员是否获得培训合格证书与高一级的专业技术资格证书；对培训目标达成度的评价，主要看培训结束后，学员是否达到培训方案规定的预期目标，如专业教学水平是否有显著提高，掌握的专业实用技能是否明显增多。

此处评价主要是对培训效果的质性方面进行的评价，着重考察与学校专业教师培训相关的各方面的满意度，重点考察以下四个方面：教师满意度、上级委托部门满意度、培训机构自身满意度与社会影响力。

(四)评估方法

1. 信息分析法

信息分析方法分为两大类：定性分析与定量分析。

定性分析是指专家利用知识、经验，对事物现状的分析以及对未来发展趋势的预测。常用的定性分析法有头脑风暴法、德尔菲调查法、主观概率法、相互影响矩阵分析法等。定性分析最大的优点是，能充分运用专家的知识、经验，从而对一些无法收集数据的分析预测活动进行评判。定性分析法也是一种科学的方法。首先，专家的知识、经验是一种隐性知识，是专家在长期大量的实践中形成的经验总结，是建立在客观科学基础之上的认识，如某行业领域资深专家对行业发展趋势的判断，是他在对行业发展全面客观的认识基础上做出的推断，这种推断具有一定的合理性。其次，某个专家的认识由于受到自身学术行业背景、主观判断等限制，其看法具有片面性，但综合该领域的专家认识，就能比较全面合理地做出定性判断，从这个角度分析这种方法也是合理的。最后，由于定性分析受到主观因素影响，且只能提供定性结论，因此需要做出量化决策的问题，就需要运用定量分析。值得一提的是，定量分析客观具体，用数据和科学模型说话，在某些方面更具有说服力，但是应用时受到诸多条件限制，有时候得出的模型和结论未必合理，所以切不可盲目迷信复杂的模型。定性分析与定量分析需要结合使用，才能得出准确科学的结论。

2. 多样化评价

信息技术教师培训也可以实现评价主体的多元化、评价方式的多样化。在评价知识掌握程度方面，培训可采用问卷评价法、机器评价法；在培训学习成果方面，可采用权威评价法、小组评价法、自我评价法；在参与培训学习过程方面，可采用诊断性评价、形成性评价、总结性评价；等等。

3. 定量评价与定性评价相结合

定量评价注重评价对象的可测性，通过数学和统计方法得出结果。定量评价对评价对象做出量化综述，有利于比较、评比，有利于从评价样本出发推断总体的情况。定性评价注重评价对象的发展过程和相互关系，通过逻辑分析和哲学思辨得出整体的、发展的、综合的评价判断，有助于了解评价对象的优缺点，帮助被评价者改进工作。在培训质量评价的过程中，定性评价能全面深入地真实再现评价对象的特点和发展趋势，因此，在培训时，培训单位通常要求学员定期提交培训心得体会、课堂随想等。定量评价只是对可测的评价特性进行测量，得出数量化的结果，终究不能全面反映培训项目实施过程中的所有特征，这就需要定性评价来对定量评价的局限进行补充。但是，由于定性评价主观性较强，有些定性评价的成本较高，因此，质量评估的过程不能完全采用定性评价的方法。培训质量评估的复杂性要求评估者能多角度、多方位的掌控评估对象的特性，这就需要评估者综合使用评估方法，将定量评价与定性评价相结合、内部评价与外部评价相结合、静态评价与动态评价相结合等，使各种评价方法扬长避短、相互补充，最终得出科学的结果。

4. 全面质量评价

全面质量管理思想认为，中小学教师在培训前后所表现出来的知识、行为、态度以及工作绩效等方面的改变，是培训质量评估中培训效果评估的核心要素。评价手段主要有前后测法、行为能力观察或量表法、关键人物评价法等。

全面质量评价认为评价的作用不仅体现在培训结束之后，还需要体现在整个培训过程之中，因此主张将质量评价活动贯穿整个培训过程，既有助于本次培训活动整个过程的质量监控和持续的培训质量调整和改进，又有助于培训之后的经验总结和优势借鉴。全面质量评价包括培训方案评价、培训过程评价和培训效果评价三大部分。

(五)评估的实施

1. 评估的组织

(1)评估体系的建立

评估方可以建立一个评估体系，按照培训的过程，将培训质量评估分为培训前对培训方案的评估(培训需求的调查分析、培训目标和培训课程的评估)，培训中对培训实施过程的评估(培训资源、培训管理和培训中的教与学的评估)，培训后对培训效果和特色优势的评估三个环节。

(2)培训前的质量评估

首先，评估方对培训需求分析进行质量评估，如果培训需求分析的信度和效度存在问题，那么基于本次培训中学员的现有水平和实际需要而设计的具体培训目标的可靠性便会受到质疑，培训方需要重新进行需求调查。当评估结果有效时，评估方再对根据培训需求设计的培训目标和培训方案进行有效性评估，主要评估培训需求是否被转化为了培训目标和所有的培训目标能否通过培训方案实现。其次，评估方对培训方案的科学性、可行性和效益进行评估。

(3)培训过程的评估

此处是指对培训实施过程进行评估，从培训项目实施的资源、管理、教与学等方面进行全方位评估，侧重点在于对培训管理和培训教与学的评估。合理的质量管理和质量控制对于保证培训的质量、达到培训目标具有重要意义。对培训教与学的评估主要分两个方面：培训教师对培训课程计划的执行力度，包括培训教师对"国培计划"的态度、课件的准备情况、课程内容的有效性、课堂纪律的要求、教学方法的使用等；参训教师对培训课程的态度、参与程度、学习进度和满意度等。评估方通过对培训过程的质量评估，及时发现培训实施过程中的问题，并及时采取有效措施进行解决或调整，保证培训的质量。

(4)后续评估

最后的评估环节属于后续评估阶段。评估方对培训效果的评估，借鉴柯氏四层次评估模型，从参训教师对培训理论的掌握程度、教学技能的运用水平，培训后实际工作能力和科研能力的提高程度，培训对于中小学校的组织效益、培训成果与培训成本的核算等方面，即从反应层、学习层、行为层和结果层的四个层面对培训效果进行评估，概括而言，包括理论与技能掌握的评估、结业后效果的评估、特色与创新的评估。结业后的效果评估的操作步骤分三步。首先，在参训教师回到学校工作一段时间后，评估方对其培训内容在教学和科研中的运用情况、由此带来的个人荣誉和组织效益上的影响进行数据信息收集；其次，进行统计分析，并核算项目的成本与收益比率即投资回报率；最后，撰写结业后的效果评估报告。

2. 评估主体

评估主体大致有四类。

(1)培训单位自身

通过问卷调查、访谈、考核等方式，对培训单位自身的培训质量进行监控和评估。

(2)外部评估机构

教育行政部门建立培训评估小组，由教育界学者、评估专家、中小学校代表组成评估小组，实施第三方评估。

(3)参训教师

接受培训的中小学教师是项目实施的直接感受者和获益者，他们对培训单位提供的培训的质量和项目质量评估工作的有效性的主观判断和理性反思，对培训质量的提高与改善具有重要的参考价值。他们主要通过参与培训单位的培训满意度调查、课堂效果调查和访谈，参与教育行政部门督导或抽查培训单位时的问卷或访谈调查，参与网上匿名评估的方式参与培训项目的质量评估。

(4)中小学校领导、同事和学生

中小学校作为培训项目实施的受益者，有资格对培训产品的质量——教师培训后教育理念的更新、工作行为的改变、教学科研能力的提高，以及个人绩效和组织效益的增加做出评估。通过长期跟踪式评估的方式，校领导、同事和学生参与培训项目质量评估，有助于增强评估的科学性、评估结果的可靠性。

3. 评估程序

含自评、他评在内的教师培训质量评估程序，大致包括三个阶段：准备阶段、实施阶段、总结反馈阶段。

(1)准备阶段

准备阶段包括组织准备、人员准备和方案准备。

(2)实施阶段

这是教师培训质量评估工作的中心环节，也是质量评估组织管理的重点，一般包括如下环节：收集、整理评估信息环节；价值判断环节，需要评估人员以评估标准和评估指标体系为根据，判断每一类评估信息达到评估标准的程度，并用定量和定性的方法处理评估信息，得出各项评估指标的评估结果；整合评估结果环节，需要评估人员运用等级整合法、分数整合法或者模糊综合评判法，将各项评估指标获得的评估结果汇总成为综合评估结果，对评估对象做出定性或定量的、准确客观的评估，并根据结论形成评估意见。

(3)总结反馈阶段

该阶段包括对教师培训质量的综合性评估结果，还包括对评估方案实施的总结性意见，最后还要撰写评估报告。

(六)评估的价值

培训评估不仅是培训工作的必要环节，而且是培训规范管理的重要手段，对培训过程的调控和培训结果的鉴定有重要的作用，并影响培训的进一步整体设计。概括而言，培训评估的价值不仅在于对培训过程的诊断与监控，对不同培训项目结果的甄别与选拔，还在于对培训目标的导向与激励。

得出评估结论本身并不是目的，提升教师培训效果才是最终目的。有效利用各层级的评估结论是增强培训效果的重要保证。在投入评估中，评估方通过评估培训的条件和资源，可以为修改培训方案提供信息，以确保培训方案的可行性。在培训过程中，评估方通过评估学员的反应和知识掌握情况，能够及时调整培训方式、培训内容等。最后的项目绩效评估，不仅是为了衡量培训目标、证明培训价值，也为以后教师培训项目的改进和规划提供了借鉴。为有效利用各层级的评估结论，可以采取评估结果利用的激励措施，建立评估结论利用的反馈机制，对评估结论的利用情况实施二次评估。

(七)评估指标体系

教师培训工作质量评估指标体系包括三级指标及观测点(表 7-137)。

表 7-137 信息技术教师培训工作质量评估指标体系

一级指标	二级指标	三级指标(基本要求)	备注
课程管理	课程理念	1. 目的：提高全体学员的信息技术素养 2. 内容：体现课程的实用性、先进性、选择性和职业性 3. 实施：注重科学探究，实现学习方式多样化 4. 评价：更新评价观念，促进教师专业发展	
	管理制度	1. 队伍构成及分工合理，有可推广的成熟的管理经验，管理团队合作融洽 2. 培训制度体系完备，培训质量监控完善有效，培训记录翔实	
课程保障	培训师资	1. 有规范的教学大纲以及明确的教学目的和内容等 2. 体现差异性、层次性、完整性 3. 体现实用取向，以职业需求为导向，能力优先 4. 有充分的教学案例实践规划 5. 具有一定数量的教师并具有资格证 6. 培训讲师教学能力强、专业对口，具有企业实践经验的教师占一定比例	
	设施条件	1. 教学、实训和后勤设施完备，保障良好，适应教与学双方的需要 2. 实训企业行业代表性强，能为学员提供充足的实践课时	
	基地建设	1. 专业实训基地数量符合需求，基地软硬件设施齐全，运行良好，管理先进，组织运行状态良好 2. 有与实习基地实际情况相配套的详细的实习计划，且操作性强 3. 有教学需要的实习指导书、规范的实习教学大纲以及明确的教学目的和内容等 4. 有实践管理制度，对培训教师理论指导、技能实践指导环节等方面进行管理 5. 能合理安排培训教师实习，为培训教师提供良好的实习条件，保证实习质量	
	课程资源	1. 能提供丰富便利的图书馆资源和网络学习资源 2. 建立网络交流平台，包括学员间的交流平台以及学员与教师间的交流平台 3. 能提供课程教学评价平台，提供学员课业的提交、评价、共享平台等	
实施过程	教学实施	1. 教与学目标明确，内容有针对性，方法采用行动导向教学法 2. 实训教学任务明确，管理规范，内容充实，有学员参加实践技能操作的关键环节	
	教学评价	1. 考核结构合理，环节完整 2. 采用适合师资培训的多种考核形式，能够有效地检验培训效果	
培训效果	发展性评价	1. 培训过程得到重视，学员的未来发展在培训中得到体现，个体差异得到尊重 2. 学员的信息技术理论素养和实践操作技能得到切实提高	培训过程的描述性、阶段性、项目性评价
	终结性评价	1. 受训后，学员达到培训方案规定的预期目标，并且能将在培训中习得的技能有效迁移到工作场所 2. 各方满意度高	培训效果的可量化、层次性、标志性评价

>> 第十二节　综合实践活动教师培训课程研究 <<

一、综合实践活动教师培训课程研究的背景

(一)综合实践活动与课程改革

随着科技的发展、信息时代的来临，人类的步伐在不知不觉中迈入了新经济时代。与工业经济相比，新经济时代财富的获得不仅要靠扩大生产规模和延长工人的劳动时间，而且要靠创新意识、创新方法和创新成果，所以创新成了这个时代的最强音。在这种背景下，席卷全球的基础教育课程改革风起云涌。20 世纪 90 年代以来，世界各国和地区不断加强设计与实施综合实践活动课程。例如，美国各州设计和实施了“设计学习”“应用学习”；法国中小学设计和实施了“动手做”；日本规定中小学必须开设“综合学习”；我国台湾地区设置了“综合学习活动”，以期培养学生的创新精神和实践能力。

我国开展“研究性学习”课程实验工作开始于 20 世纪 90 年代。随着新一轮课程改革的展开，综合实践活动成了这次课程改革的亮点。新一轮课程改革规定把综合实践活动作为小学三年级至高中阶段的必修课程。在课程改革推行的过程中，充分的理由证明，综合实践活动在培养学生创新精神和实践能力方面，具有不可替代的价值与功能。

(二)综合实践活动与教师专业发展

综合实践活动课程的教师与学科教师在素质要求上有明显的差别。首先，学科教师在教学内容方面有教材作依据，而综合实践活动教师的教学内容则需要师生共同开发，这就要求教师要有较强的课程意识和课程开发引领能力；其次，在学科教学中，教师是主导者，而在综合实践活动教学中，教师是指导者、参与者、帮助者、促进者，教师的功能明显不同；最后，学科教学所涉及的内容比较单一，且教师对内容较熟悉，有较强的理解力和把握性，而综合实践活动所涉及的内容是综合性的，且教师对内容不一定熟悉，甚至可能是陌生的，需要参与学生活动才能准确把握相关内容。正因为如此，综合实践活动教师比学科教师有更高的要求。

(三)综合实践活动教师培训工作现状

就培训层次而言，我国综合实践活动教师培训有国家、省、地市、县、校五级；就培训规模而言，据不完全统计，参加过培训的教师占 60%左右，其中，参加过系统培训的教师不足 10%，参加过省级以上骨干培训的不足 1%。广东的高中这两年开始举办网络培训，但是参加人数也只是在几百人左右徘徊，且职中技校教师占多数。这是因为许多普通学校，特别是小学与初中根本就没有开设这门课程。

综合实践活动落实不到位的原因是多方面的。首先，教师培训的实效性不够理想。2001 年新课程实施以来，各种各类培训不少，但主要停留在新课程改革背景、动因、理念阐发等理论

层面，对操作层面上的内容涉及不多。综合实践活动培训方面，也主要是大学教授介绍课程的概念、性质、特点、内容、实施途径和方法之类的知识，而一线教师做出成绩的较少，也很少将其请来现身说法，这样的培训很不实用。在有的培训中，教师根本就不去现场实地参观学习。虽然有的培训也很重视实践，但真正做得成功的范例并不多，被参观的许多学校能拿给大家看的东西很少。因此，培训完了，到头来教师对该课程还是一些模糊的认识，操作起来仍十分吃力。其次，教师的课程意识还相当薄弱。新课改对教师的一个基本要求就是教师要有强烈的课程意识。综合实践活动只有一个课程实施指导纲要作指导，没有现成的教材，这对习惯了用教材教的教师来说真是一头雾水，不知从哪里下手。因此，对综合实践活动教师来说，加强课程意识，学会利用现成的资源进行课程开发，就显得举足轻重了。再次，教师研究性学习方式缺失。综合实践活动颠覆了过去教师习以为常的教学方法。教师不再用教材讲，学生也不再被动地听，而是教师指导学生采用研究性学习方式进行学习。很多教师自己都不懂研究性学习，所以实施起来十分艰难，甚至出现了“教”综合实践活动的现象。最后，综合实践活动不能落实还有一个很重要的原因，就是它无法像其他学科一样通过量化与升学挂钩，加上教育部门的督导缺失，使得对学生成长来说非常有价值的一门课程在许多学校实施起来如蜻蜓点水，无法落实到位。有的学校甚至出现“挂羊头卖狗肉”的现象(课表上有该课程，实际却被其他学科占用)。要解决这个问题，首先，教育部门要以文件的形式明确该课程的地位；其次，教育部门要负起督导的责任，奖优惩劣，对个别不能认真执行国家规定课程的学校，要追究相关责任人的责任。

二、相关研究的现状与趋势

(一)综合实践活动教师培训研究文献分析

《基础教育课程改革纲要(试行)》明确规定小学至高中将综合实践活动作为必修课程。由于综合实践活动教学与学科教学存在差异，该课程在推行过程中遇到了师资的“瓶颈”问题，实施状况一直不太令人满意。中央教育科学研究所冯新瑞与教育科学出版社王薇针对我国综合实践活动实施状况，通过问卷和访谈的方式对我国 12 个省 48 所学校进行了一次调查研究。他们撰写的《我国综合实践活动课程实施现状调查研究》，分别从课程认同、课程实施状况、存在的问题与困难三个方面，分析了综合实践活动课程实施的现状。文章指出，有近 80％的教师和近 70％的学生家长认为有必要开设这门课程，由此可知该课程的认同度还是比较高的。在教师队伍中，专职教师占 15.6％，兼职教师占 84.4％。86.3％的学校组建了专兼职相结合的教师队伍，29.1％的学校全是兼职教师，7.6％的学校全是专职教师。调查表明，37.9％的教师从未参加过任何培训，27.0％的教师参加过市区级培训，35.1％的教师只参加过学校的培训，只有 1.8％的教师表示不需要培训，并且大多数教师都需要不同内容和不同形式的培训。[①] 西南大学

① 冯新瑞、王薇：《我国综合实践活动课程实施现状调查研究》，国家社科基金“十一五”规划 2006 年度国家重点课题“中小学生学业成就调查研究”的分课题“综合实践活动的有效实施与评价研究”的研究成果。

苏洁梅撰写的硕士学位论文《广西崇左市小学综合实践活动课程实施现状的调查研究》认为，目前综合实践活动存在零实施、假实施、实施窄化和实施低效的现象，其中一个很重要的原因就是缺乏师资。教师缺乏系统的培训甚至没有参加过培训，他们的素质和能力无法应对综合实践活动课程开设的需要。福建教育学院邹开煌在《中小学综合实践活动实施现状调查及分析》一文中对实验区教师、省骨干培训班教师、校长培训班学员、函授班学员等601名对象进行了调查，结果表明，参加过各种层级(国家、省、市区、县、校)培训的占10.2%，没有参加过任何层级培训的占31.6%。有46.5%的人认为开展综合实践活动课程的当务之急就是进行专门系统的教师培训。华中师范大学郭元祥教授在《综合实践活动课程实施的现状分析与问题思考》一文中认为，教师层面的问题主要有如下几个方面：其一，许多教师由于没有接受过系统培训，甚至没有参加过培训，对综合实践活动课程的理念把握不准，导致综合实践活动课程实施过程中的有效性不够；其二，一些教师缺乏研究意识，遇到具体问题不会通过理论学习、合作研讨、实践反思的途径寻找解决问题的办法，而是凭个人经验处理，导致指导过程出现偏差；其三，由于教学任务重，教师参与新课程研究与实施的积极性不高，消极开设综合实践活动课程的现象存在；其四，缺乏高水平的、及时的专业引领，教师专业成长速度缓慢。

综上所述，综合实践活动是专业性很强的课程，要求教师获得专业的系统培训，才能有效开展教学。而从我国绝大多数地区来看，90%以上的教师缺乏系统培训，且有的培训存在低效和形式化现象，加上监督不力、领导不重视等因素，从而导致该课程无法实现其应有的价值。

(二)综合实践活动教师培训工作趋势研究

为了满足综合实践活动常态实施的需要，教师培训工作应常抓不懈、不断创新。根据该课程的特性和常态开设的需求，学校必须建立一支专兼职相结合的教师队伍。专职教师必须经过国家级、省级或市区级的系统培训，兼职教师则主要通过网络以及专职的名师或骨干教师在本校或本地区接受培训。

教师培训是综合实践活动有效实施的关键，所以地方教育行政部门和学校都要十分重视，通过各种形式开展教师培训工作。在通过培训促进教师教育观念转变的同时，相关部门要鼓励、支持教师去研究综合实践活动的实施规律，提高教师课程开发与实施综合实践活动的能力。

三、综合实践活动教师培训课程方案

(一)课程性质

培训课程根据不同类型教师的需要来设计。通过培训，学员能够了解综合实践活动的性质和特点，增加课程意识，懂得课程开发的原则和方法，掌握不同类型活动项目的设计方法与程序，学会活动总结、交流和评价的方法，从而造就一支专兼职相结合的综合实践活动教师队伍，实现综合实践活动的常态实施。

(二)课程基本理念

1. 促进教师专业发展

综合实践活动是一门与学科教学截然不同的课程，它要求教师具备很强的课程意识和一定的课题研究能力。培训课程不仅能丰富教师专业能力的内涵，促进教师专业发展，而且有助于转变教师的教学方式，落实学生的主体地位，培养学生的创新精神和实践能力。

2. 促进教师教学反思

培训的过程，其实就是教师的反思过程。通过理论学习、课例分析和现场观摩，学员能在反思中不断提升驾驭课程的能力，增强课程教学的有效性。

3. 解决综合实践活动教学师资短缺的问题

师范院校无法设置综合实践活动专业，也就是说，综合实践活动教师的培养只能通过培训来实现。要建设专兼职相结合的稳定的师资队伍，培训方就应该为有不同需求的培训对象提供不同的培训课程模式和培训方式，这或许就是培训方在设计培训课程方案时首先需要考虑的问题。

4. 增强教师实施综合实践活动的能力

运用合作学习、案例教学和现场观摩等形式进行教学，引导学员掌握实施综合实践活动的方法，增强他们实施综合实践活动的能力。

(三)课程目标

1. 专业理念

了解设置综合实践活动的时代背景；认识综合实践活动的性质和基本特征；掌握综合实践活动的核心理念；增强课程意识，提高合作能力，树立学生主体的思想。

2. 专业知识

了解什么是综合实践活动以及国内外实施综合实践活动的状况；掌握综合实践活动的内容；了解综合实践活动实施的一般过程，掌握不同类型综合实践活动的实施方法；了解综合实践活动的评价原则，熟练运用综合实践活动的评价方法。

3. 专业能力

获得并提升课程实施的能力、课程开发的能力、课程设计的能力、课程管理的能力、课程评价的能力、课程指导的能力；具备制定学校综合实践活动规划的能力；提高社会实践能力、交流能力和合作能力。

4. 教育技术

了解各种网络搜索引擎的功能，掌握从包括书刊在内的各种资料中获取知识和信息的方法；转变教学方式和学习方式；掌握各种现代教育技术在教学方面的运用方法。

(四)课程内容

1. 新教师培训课程内容

该培训课程是为新教师设计的，因为我国目前的师范教育体系中一直没有设置综合实践活动专业。该培训课程的目的就是让新教师认识综合实践活动，了解综合实践活动的性质、特点、内容、价值和意义，并掌握综合实践活动实施和评价的方法(表 7-138)。

表 7-138　综合实践活动新教师培训课程表

课程领域	课程设置
综合实践活动的基本理念	1.《中小学综合实践活动课程指导纲要》解读 2. 综合实践活动的基本理念
综合实践活动的选题策略	1. 综合实践活动课程资源的开发策略 2. 综合实践活动的选题策略
综合实践活动的实施	1. 综合实践活动实施的基本过程 2. 综合实践活动的评价
综合实践活动课堂教学研究	1.“选题指导型”课堂教学 2.“中期反馈型”课堂教学 3.“总结交流型”课堂教学
综合实践活动的技术实践	1. 科学实践活动 2. 综合实践活动基地实地考察

(1)综合实践活动的基本理念

了解综合实践活动设置的背景、性质、特点和内容，掌握课程实施方法、评价以及管理的基本要求。

①《中小学综合实践活动课程指导纲要》解读。设置该课程的目的是让新教师对综合实践活动课程有所了解。内容涉及课程实施的背景、价值和意义，同时对该课程的性质、特点、内容、课时和管理与评价都做了原则上的规定。

②综合实践活动的基本理念。设置该课程的目的是进一步加深学员对该课程的理解，从时代发展对人才需求的高度和国外课程改革的趋势考察设置该课程的必要性和重要意义；同时与学科相比，该课程的教学方式截然不同，它对教师提出了新的素质要求和挑战，因此，学员还要了解为了应对挑战，教师应具备什么观念、知识和方法。

(2)综合实践活动的选题策略

了解什么是课程、什么是课程资源以及课程开发的意义和原则，掌握课程资源开发的方法和途径，解决综合实践活动学什么的问题。

①综合实践活动课程资源的开发策略。该课程设置的目的就是要解决综合实践活动教学内容的问题。综合实践活动的难点在于它没有教材。各地所编写的综合实践活动教材仅作参考，绝不能作为教学的依据。综合实践活动所指定的四大领域也只是一个框架，具体的活动主题和内容要靠教师引导学生去寻找，因此，让教师了解什么是课程、课程资源，如何进行课程资源开发就显得十分重要了。

②综合实践活动的选题策略。综合实践活动课程资源开发的重点是了解课程和课程资源，培养课程意识。综合实践活动的选题策略则侧重从生活、时间、新科技、与学科的结合、兴趣等不同的视角去寻找活动的主题。学员应懂得综合实践活动内容的广泛性、多样性和综合性，同时掌握综合实践活动内容开发的原则和方法。

(3)综合实践活动的实施

综合实践活动是与学科完全不同的课程。该课程领域主要是让新教师能够了解综合实践活动实施的基本过程、方法，以及评价的理念、方法和内容。

①综合实践活动实施的基本过程。该课程设置的目的是让学员了解综合实践活动实施的基本步骤，掌握研究性学习、社区服务与社会实践，以及劳动与技术教育的实施步骤与方法。

②综合实践活动的评价。评价是综合实践活动当中一个十分重要的问题。综合实践活动该如何评价、评价什么、谁来评价、评价的目的是什么等都是必须弄清楚的问题。该课程设置的目的是让学员了解评价在综合实践活动中的价值和意义，熟悉综合实践活动评价的理念、内容与方法。

(4)综合实践活动课堂教学研究

我们旗帜鲜明地反对在课堂上教综合实践活动，但并不否定课堂教学在综合实践活动中的价值和作用。在某些阶段，教师的指导非常重要且必不可少。该课程领域选择“选题指导型”“中期反馈型”“总结交流型”三种类型的课堂教学，旨在通过案例让教师懂得在不同的阶段该如何指导学生。

①“选题指导型”课堂教学。该课程设置的目的是让学员了解“选题指导型”课堂教学的模式，学会如何指导学生选择活动主题。该课程通过大量的教学案例，生动具体地呈现活动主题生成的过程，从根本上解决困扰综合实践活动没有教材的问题。

②“中期反馈型”课堂教学。该课程设置的目的是让学员了解“中期反馈型”课堂教学的模式，懂得中期反馈在综合实践活动实施中的价值和意义。该课程主要也采用案例教学进行。

③“总结交流型” 课堂教学。该课程设置的目的是让学员了解“总结交流型”课堂教学的模式，了解总结交流的价值和作用，掌握指导学生如何总结、怎样交流的方法。

(5)综合实践活动的技术实践

该课程领域是为了让学员了解科学实践，增强他们科学实践的意识，为他们将来指导学生科学实践奠定良好的基础。为了从理论走向实践，达到学以致用的目的，学员通过下水实践，真正掌握科学实践的方法和不同类型活动的设计方法。

①科学实践活动。科学实践活动范围很广，从日常生活当中的科技现象到科学实验活动都可以作为其选择的范围。该课程设置的目的是让学员可以了解科学活动的范围、科学实践活动主题选择的方法，以及科学实践活动在培养学生科学素养、实践能力、创新能力中的作用。该课程可以采用作业研讨的形式进行。

②综合实践活动基地实地考察。综合实践活动基地是提供综合实践教育服务的综合性校外教育机构。该课程的设置是为了让学员更好地了解综合实践活动基地的性质、功能、特点及运作方式。该课程可以参观的形式进行。

2. 青年教师培训课程内容

这一培训内容是针对那些有一定的教学实践经验，也实施过综合实践活动，但缺乏系统培训，并对综合实践活动没有完整认识和整体把握的教师设计的，旨在提升这类教师实施综合实践活动的能力，真正发挥综合实践活动在学生成长中的价值(表 7-139)。

表 7-139　综合实践活动青年教师培训课程表

课程领域	课程设置
综合实践活动的基本理念	1. 综合实践活动的理论基础 2. 综合实践活动的实质与价值
综合实践活动的课程开发	1. 综合实践活动课程资源的开发策略 2. 综合实践活动的校本化内容开发
综合实践活动的实施	1. 综合实践活动实施中存在的问题与对策 2. 综合实践活动课堂教学观摩及案例分析
综合实践活动的评价	1. 综合实践活动发展性评价策略 2. 综合实践活动评价工具的运用
综合实践活动的技术实践	1. 不同类型活动的设计 2. 综合实践活动设计方案的交流与点评

课程说明与要求。

(1)综合实践活动的基本理念

该课程领域分别从必然性与必要性两个维度来介绍课程改革的走势和综合实践活动的时空定位，从而准确把握综合实践活动的实质与价值。

①综合实践活动的理论基础。新经济模式下，经济增长方式的转变，带给人们日新月异的变化的同时，也对人才素质提出了新的要求。创新成了这个时代的最强音。新要求带来的教育观念、课程观念及教学观念的转变，导致人们重新思考和审视教育问题，这成了综合实践活动设置的理论基础。

②综合实践活动的实质与价值。该课程可从综合实践活动的性质和特点来把握综合实践活动的实质，并从综合实践活动的内容本身体现其课程价值。

(2)综合实践活动的课程开发

该课程领域通过课程资源的解读和分类，旨在强化学员的课程意识，使他们掌握校本课程资源的开发与利用。

①综合实践活动课程资源的开发策略。该课程旨在让学员了解课程与课程资源的含义，懂得课程资源开发的原则，掌握课程资源开发的方法和途径。

②综合实践活动的校本化内容开发。该课程可以采用作业研讨的方式进行，通过对学校及社区资源的分析，规划学校综合实践活动的主题系列，形成有学校特色的综合实践活动课程。

(3) 综合实践活动的实施

虽然综合实践活动实施十多年了，但名存实亡者有之，蜻蜓点水者有之，在课堂上教综合实践活动有之，总之问题不少，导致综合实践活动没有发挥其应有的价值。该课程领域旨在规范综合实践活动的实施，具体路径是从问题中找对策，从成功案例中找方法。

①综合实践活动实施中存在的问题与对策。该课程设置的目的是找出综合实践活动实施过

程中存在的各类问题，然后一一进行分析，并找出应对措施，以促进综合实践活动实施常态化、规范化和科学化。

②综合实践活动课堂教学观摩及案例分析。该课程可以教研活动的形式进行，通过综合实践活动课例展示，以研讨的形式提升学员实施综合实践活动的能力和水平。

(4)综合实践活动的评价

就像学科课程一样，综合实践活动如果没有有效的评价，就不会有高质量的教学。综合实践活动的评价始终就像杠杆一样，撬动着它的质量。该课程领域旨在使学员了解综合实践活动评价的原则和方法，学会运用综合实践活动评价的工具。

①综合实践活动发展性评价策略。评价贯穿综合实践活动的始终，从选择主题到活动实施，再到活动的总结与交流，都少不了评价，而发展性评价是综合实践活动评价过程需要遵循的基本原则。该课程的设置旨在让学员了解发展性评价的含义以及它在不同活动阶段的具体运用。

②综合实践活动评价工具的运用。该课程的设置旨在让学员了解综合实践活动评价的工具有哪些、它们的优点和不足是什么以及该如何运用。

(5) 综合实践活动的技术实践

该课程领域是为了让学员认知活动方案的结构，获得设计活动方案的技巧，掌握设计不同活动方案的方法。

①不同类型活动的设计。在综合实践活动中，活动内容不同，其活动方案和流程也是有区别的，因此，学员了解并掌握不同类型活动的设计是十分必要的。该课程可以讲座的形式进行。

②综合实践活动设计方案的交流与点评。该课程可以作业研讨的方式进行。培训教师在交流作业中的过程中进行适当的点评，规范活动方案，指导制定活动方案的方法。

3. 骨干教师培训课程内容

该培训内容是为具备综合实践活动相关知识，并有实施综合实践活动经验的教师设计的，其目的是培养一批以专职为主的综合实践活动骨干教师。骨干教师培训时间一般在 1 年左右，可根据课程领域分阶段进行(表 7-140)。

表 7-140 综合实践活动骨干教师培训课程表

课程领域	课程设置
综合实践活动的基本理念	1. 综合实践活动与新课程改革 2. 我国综合实践活动实践的回顾与反思
综合实践活动的实施	1. 综合实践活动课程资源开发与利用 2. 校本综合实践单项活动方案交流与分享 3. 综合实践活动管理与评价
高端备课	1. 如何设计校本综合实践单项活动方案 2. 如何制定学校综合实践活动的规划
观摩与跟岗学习	1. 现场教学观摩与研讨 2. 省内跟岗学习
实践与应用	1. 设计一个单项综合实践活动方案并在本校实施 2. 制定并实施一个学校综合实践活动整体规划方案 3. 制定一份校本的课程资源开发计划

(1)综合实践活动的基本理念

该领域是基础理论课程。骨干教师，在已有知识和经验的基础上，对综合实践活动应有一个全面的了解和把握。该课程领域旨在让学员对综合实践活动的基本理念有一个全面的认识和理解。

①综合实践活动与新课程改革。该课程的设置旨在让教师了解综合实践活动在新课改中的地位和价值。为何综合实践活动在新课改中起到领头羊的作用，教师可从综合实践活动教学方式所体现出来的理念来了解。该课程内容的重心应是对综合实践活动的认知，而不是大家耳熟能详的新课改理念。

②我国综合实践活动实践的回顾与反思。该课程旨在让学员在回顾过去实施综合实践活动的状况中总结经验和教训。回顾与反思是为了更好地前行，所以该课程最好点面结合，用生动的案例来说明问题，点燃激情。

(2)综合实践活动的实施

该课程领域旨在让骨干教师懂得校本课程资源的开发和利用，学会设计以学校为本的综合实践单项活动方案，形成学校综合实践活动课程体系，凸显学校办学特色。

①综合实践活动课程资源开发与利用。该课程要以成功的学校案例引导学员分析如何利用校本课程资源来开发活动主题，形成学校综合实践活动校本课程系列，为学校常态实施综合实践活动服务。

②校本综合实践单项活动方案交流与分享。综合实践活动内容包括研究性学习、社区服务和社会实践、劳动与技术教育、信息技术教育四大块，每一项内容的方案都不同，因此，学员学会单项活动方案的制定就显得很重要了。这门课程可根据需要来安排课时，高中教师与小学教师和初中教师要区别对待，但务必每项过关。

③综合实践活动管理与评价。该课程旨在让学员了解综合实践活动管理和评价的特点、内容与方法，可以采取专题讲座和小组研讨相结合的形式实施。

(3)高端备课

该课程领域可以教研活动的形式来实施，旨在强化学员“做”的能力。无论设计方案，还是制定规划，在综合实践活动骨干教师的素质中都是最关键的。

①如何设计校本综合实践单项活动方案。该课程的目的就是让学员学会设计校本综合实践单项活动方案。该课程在教学过程中，让学员先做，然后分组研讨，最后培训教师总结、点评。

②如何制定学校综合实践活动的规划。该课程的目的就是让学员学会制定学校综合实践活动的规划。该课程同样可让学员先做，然后分组研讨，最后培训教师总结、点评。

(4)观摩与跟岗学习

该课程领域旨在让学员通过体验性学习，获得综合实践活动的有关认识和实施方法。

①现场教学观摩与研讨。因为现场教学具有示范性和辐射性等特点，所以现场教学的选择一定要慎重，必须选择那些对学员具有启发性、可借鉴的教学进行观摩学习。观摩之后要组织学员与上课教师进行交流研讨，以期得到更多的收获。

②省内跟岗学习。该课程要求选择省内那些开展综合实践活动比较成功的地区和学校作为学习对象。跟岗学习要有具体的任务和要求，还必须要有总结。跟岗时间一般在两个星期左右。

(5)实践与应用

该课程领域要求学员做半年或者一年的校本实践作业，以期检验并巩固学习成果。在这个阶段完成后，学员返回培训单位展示实践作业，并把它作为获得结业证书的重要依据。

①设计一个单项综合实践活动方案并在本校实施。该课程是一项实践作业，要求学员学以致用，设计一个单项综合实践活动方案并在本校实施，并把活动方案连同活动过程、活动结果提交给培训单位，作为准许结业的成绩之一。

②制定并实施一个学校综合实践活动整体规划方案。该课程也是一项实践作业，要求学员制定并实施一个学校综合实践活动整体规划方案，并把规划方案连同实施总结提交给培训单位。

③制定一份校本的课程资源开发计划，并提交实施效果报告。

4. 名师培训课程内容

该培训课程是为培养名师设计的，旨在培养有一定知名度、理念先进、会管理、实施水平高、有科研能力、有理论水准、成果较多的综合实践教师。名师培养时间一般在2～3年，可根据课程领域分阶段进行(表7-141)。

表7-141　综合实践活动名师培训课程表

课程领域	课程设置
综合实践活动的基本理念	1. 国际课程改革的趋势与综合实践活动 2. 我国综合实践活动实践的回顾与反思
综合实践活动的实施	1. 学校综合实践活动的规划与实施 2. 教育科研方法
高端备课	1. 如何开展课题研究 2. 如何进行校本综合实践活动教师培训
跟岗学习	1. 省内跟岗学习 2. 省外或国外跟岗学习
实践研究	1. 开展一项与综合实践活动有关的课题研究 2. 设计并实施一次校本教师的培训方案

(1)综合实践活动的基本理念

该课程领域旨在让学员了解国际课程改革的趋势以及国外综合实践活动实施的情况，准确把握综合实践活动在课程改革中的地位和作用；同时了解我国综合实践活动实施的状况，剖析存在的问题与应对策略。

①国际课程改革的趋势与综合实践活动。该课程可从不同国家课程改革的历史中去寻找综合实践活动的地位，通过寻找各国重视综合实践活动的缘由，挖掘综合实践活动的价值和作用。

②我国综合实践活动实践的回顾与反思。该课程的目的是在回顾中总结经验，在反思中寻

找问题。回顾我国综合实践活动的实施情况，获得哪些是可取的经验，哪些是取得的成绩，存在哪些问题，该如何来解决这些问题，从而给人以使命感和责任感。

(2)综合实践活动的实施

该课程领域旨在让学员了解综合实践活动学校规划的制定及实施的过程；同时掌握教育科研方法，为他们开展与综合实践活动相关的课题研究奠定基础。

①学校综合实践活动的规划与实施。该课程旨在通过成功的案例分析，让学员了解综合实践活动学校规划的制订、实施情况，掌握学校实施综合实践活动的途径和方法。

②教育科研方法。该课程旨在让学员了解教育科研的常识与方法，掌握课题申请报告与论文的撰写方法，提高教育科研的素养，为开展综合实践活动课题研究服务。

(3)高端备课

该课程领域主要解决两个问题，一是如何开展课题研究，二是如何进行校本综合实践活动教师培训。

①如何开展课题研究。该课程可以采用作业研讨的形式，先让学员撰写一个课题方案，然后进行交流、研讨，侧重探讨如何选题和如何撰写课题申请报告。

②如何进行校本综合实践活动教师培训。该课程也可采取作业研讨的形式，先让学员制定一个学校综合实践活动教师培训计划，然后进行交流、研讨，侧重探讨学校综合实践活动教师的构成和培训的形式。

(4)跟岗学习

该课程领域旨在让学员学习先进，开阔眼界，提升综合素养。该课程领域可分两个阶段进行，每个阶段的时间根据需要确定。

①省内跟岗学习。该课程要求选择省内开展综合实践活动比较成功的地区和学校作为学习对象。跟岗学习要有具体的任务和要求，跟岗结束后要写总结。跟岗时间一般在两个星期左右。

②省外或国外跟岗学习。该课程要求选择省外或国外开展综合实践活动比较成功的地区和学校作为学习对象。跟岗学习要有具体的任务和要求，跟岗结束后要写总结。跟岗时间一般在两个星期左右。

(5)实践研究

该课程领域旨在提升学员课题研究的能力和教师培训的能力，提升他们的综合素养、影响力和辐射力。时间一般在两年左右，具体时间根据需要而定。

①开展一项与综合实践活动有关的课题研究。该课程旨在提升学员的课题研究能力、综合素养、影响力和辐射力。该课程可用两年左右的时间来实施，要求学员申报省级课题，课题研究结束后要写结题报告。

②设计并实施一次校本教师的培训方案。该课程旨在探索综合实践活动教师校本培训的模式、兼职教师该如何培养以及培训方式是怎样的等问题，要求有方案、有结论、有材料总结。

(五)课程实施方式

1. 课程开发与管理

省级层面成立省综合实践活动教师培训领导小组，负责教师培训的协调和管理。

(1)新教师培训

新教师培训可由学校负责组织实施，主要由省综合实践活动教师培训领导小组开发和提供网络课程。实践应用课程则由学校设计和开发。

(2)青年教师培训

青年教师培训也可由学校负责组织实施，主要由省综合实践活动教师培训领导小组开发和提供网络课程。实践应用课程则由学校设计和开发。

(3)骨干教师培训

骨干教师培训由省综合实践活动教师培训领导小组委托培训单位实施。课程由培训单位负责开发。经费由省统一支付，含培训费、生活费、外出考察费和跟岗学习交通费、住宿费等。往返交通费可回原单位报销。

(4)名师培训

名师培训由省综合实践活动教师培训领导小组委托培训单位实施。课程由培训单位负责开发。经费由省统一支付，含培训费、生活费、外出考察费和跟岗学习交通费、住宿费等。往返交通费可回原单位报销。

2. 培训方式

培训可采用专题讲座、案例剖析、专题研讨、实地观摩、跟岗学习、网络交流等多种形式，以提高培训实效。新教师培训和青年教师培训主要采用网络培训的方式，骨干教师培训和名师培训则主要委托培训单位实施；骨干教师培训和名师培训要求采用导师制，由导师全程跟踪培训过程。

3. 学业评价

网络培训由网络提供评价系统实施评价。委托培训单位实施的培训则由省综合实践活动教师培训领导小组提供评价量表和评价方案，由培训单位具体实施。

四、综合实践活动教师培训工作质量评估

(一)评估目的

综合实践活动教师培训工作质量评估是对中小学综合实践活动教师培训质量进行监测与评估的一项制度性工作。其目的是提高教师培训工作质量，着力提升综合实践活动教师的专业素养和能力；积极发挥综合实践活动教师培训质量评价标准的引领作用，通过构建教师培训质量评估体系，规范和提高综合实践活动教师培训工作质量，促进培训单位不断优化综合实践活动教师培训支持服务体系，加强培训课程资源建设，不断优化培训内容，努力改进培训方式方法，切实提高培训质量。

(二)评估原则

1. 目标导向原则

通过质量评价，引导教育行政部门和各级各类学校加大对综合实践活动教师培训的支持力度，转变教师教学方式，提升教师实施综合实践活动的能力，促进综合实践活动实施的常态化。

2. 科学规范原则

在培训质量评价过程中，要求做到评价目标合理，评价对象明确，评价内容全面，评价流程和方式科学。

3. 以评促建原则

通过质量评价标准，规范培训行为，完善培训服务支持体系，优化培训内容，改进培训方式方法，提高培训质量。

(三)评估内容

1. 课程管理

课程管理包括培训通知的发放，培训前的诊断性评估，培训方案的制定，培训方案的实施，培训的评价(对培训教师的评价、对学员学习的评价、对后勤保障服务的评价等)等。

(1)课程理念

培训课程应符合国际课程改革和发展的新趋势，体现新课改的精神，能集中反映综合实践活动的基本理念、实施方法和管理评价等内容。

(2)管理制度

省级层面成立省综合实践活动教师培训领导小组，负责教师培训的协调、管理和评估工作。一般而言，新教师培训和青年教师培训由省综合实践活动教师培训领导小组协同培训单位开发网络培训课程，由中小学校组织网络培训。骨干教师培训和名师培训则由省综合实践活动教师培训领导小组委托培训单位负责培训课程的开发与实施。

(3)课程计划

课程计划要完善，必须包括培训对象、培训目标、培训时间、培训内容、培训方式、考核方式、后勤保障等内容。

2. 课程保障

(1)培训师资

培训师资队伍的构成，应该包括全国综合实践活动的课程专家，培训单位负责综合实践活动专门研究的专家、教授和参与培训的后勤保障人员。

(2)设施条件

培训单位应具备培训所需要的基本设备、场地以及学员集中培训所需要的吃、住等场所。

(3)基地建设

基地应包括综合实践活动基地和供学员观摩与跟岗学习的基地。新教师培训可参观学校综合实践活动基地。培训单位应建立观摩和跟岗学习所需的基地学校网络，供学员培训时使用。

(4)课程资源

课程资源应包括可利用的网络课程，培训单位的场地、设备、图书、网络，综合实践活动专家、教授以及其他工作人员，培训单位开发的课程和综合实践活动基地等。

3. 课程实施

(1)教学实施

教学实施包括专家专题讲座、小组交流、现场观摩、作业研讨与点评、跟岗学习、课题研究等内容。

(2)教学评价

制定教学评价表，及时对专题讲座、小组交流、现场观摩、作业研讨与点评、跟岗学习、课题研究等内容进行评价。

4. 培训效果

(1)发展性评价

培训过程既关注学员综合实践活动知识与技能的获得，也关注学员教育教学观念的转变；既关注培训结果，也关注学习的整个过程；既关注培训单位的评价，也关注学员自身的评价；既关注量的评价，也关注质的评价。

(2)终结性评价

终结性评价是指培训结束后，有关方对培训效果所进行的总结与评价。终结性评价应包括教学评价、课程方案评价、后勤保障服务评价、学员成长自评、学员论文或作业、学员课题研究结题报告、学员跟岗培训总结等。

(四)评估方法

1. 信息分析法

信息分析亦称情报分析、情报研究或情报调研，就是根据特定问题的需要，对大量相关信息进行深层次的思维加工和分析研究，形成有助于问题解决的新信息的信息劳动过程。综合实践活动应对培训前的信息以及培训方案、培训过程、培训结果、培训后的信息进行综合比较来把握培训的效果、存在的不足，并提出改进的建议。

2. 多样化评价

多样化评价是指评价主体多元，评价内容全面，评价方法多样。综合实践活动评价主体包括委托单位、教育教学工作人员、学员、教育行政部门和中小学等；评价内容是多方位、多层次的，包括教育教学工作人员的考核评价、培训质量评价、培训管理评价、课程评价、办学条件评价，还包括培训方案、培训决策的评价等；评价方法包括信息分析法、定性评价与定量评价相结合、直接评价与间接评价相结合等。

3. 定性评价与定量评价相结合

定性评价不采用数学的方法，而是根据评价者对评价对象平时的表现或文献资料的观察和分析，直接对评价对象做出定性的价值判断，如评出等级、写出评语等。定性评价强调观察、分析、归纳与描述。

定量评价采用数学的方法，收集和处理数据资料，对评价对象做出定量的价值判断，如运用教育测量与统计的方法、模糊数学的方法等，对评价对象的特性用数值进行描述和判断。

综合实践活动定性评价一般采用自评为主、兼顾他评的方式进行，可用优、良、中、合格、不合格的等级来体现；定量评价用评价指标的达成度来衡量，而不是简单给一个分数。综合实践活动培训评价要求采用定性评价与定量评价相结合的方式进行。

4. 直接评价与间接评价相结合

直接评价是对成果进行价值等方面的评价，这种评价所使用的评价指标主要是直接指标。间接评价一般不对成果本身进行评价，而主要对成果的影响进行评价。使用间接指标进行评价的都属于间接评价。综合实践活动培训成效如何，最终要在教师实施综合实践活动过程中通过学生的成长和进步来体现，因此，我们不仅要关注培训的直接效果，还要关注学生在综合实践活动中的成长，要把直接评价与间接评价结合起来。

(五)评估组织

1. 评估主体与评估对象

综合实践活动评估主体包括委托单位、培训单位、学员、教育行政部门和中小学等。评估对象包括培训单位、学员和中小学生。

2. 评估程序

(1)自评

自评包括培训单位自评和学员自评。培训单位自评一般以总结的形式进行，学员自评则一般以撰写培训收获与体会的形式进行。

(2)他评

他评包括委托部门、教育行政部门和中小学等的评价。

(六)评估价值

1. 评估结论

运用信息分析法、定性分析与定量分析相结合、直接评价与间接评价相结合等评价方法，对综合实践活动教师培训结果进行评价，以期获得一个较为客观、公正、科学的评价结论。

2. 评估结论的功能

评估的目的是引起教育行政部门和中小学对综合实践活动培训的重视，不断改进和完善培训的方法，提高培训质量，实现综合实践活动实施的常态化。

(七)评估指标体系

综合实践活动教师培训质量评估指标体系包含三级指标及观测点(表 7-142)。

表 7-142　综合实践活动教师培训质量评估指标体系

一级指标	二级指标	基本要求	备注
课程管理	课程理念	1. 培训课程应符合国际课程改革和发展的新趋势 2. 体现新课改的精神 3. 能集中反映综合实践活动的基本理念、实施方法和管理评价等内容	
	管理制度	1. 省级层面成立省综合实践活动教师培训领导小组，负责培训通知的发放；培训单位负责组织培训 2. 省综合实践活动教师培训领导小组组织开发网络培训课程，开展新教师培训和青年教师培训 3. 培训单位负责骨干教师培训和名师培训课程的开发与实施 4. 培训单位负责培训前的诊断性评估、培训方案的制定、培训方案的实施和培训的评价	
	课程计划	1. 课程计划要明确培训对象、培训目标、培训时间、培训内容、培训方式、考核方式、后勤保障等内容 2. 课程计划要体现针对性 3. 课程计划要体现先进性 4. 课程计划要具备操作性	
课程保障	培训师资	1. 有全国综合实践活动的课程专家参与 2. 培训单位有足够数量的综合实践活动专家、教授 3. 培训单位有一支稳定的参与培训的后勤保障人员	
	设施条件	1. 有培训所需要的基本设施(多媒体室、网络室、图书馆等) 2. 有培训需要的场地 3. 有学员的吃、住等场所	
	基地建设	1. 有综合实践活动基地(主要供新教师培训参观) 2. 有省内供学员观摩与跟岗学习的基地 3. 有省外供学员观摩与跟岗学习的基地	
	课程资源	1. 多媒体教室、小组交流课室、网络资源、图书馆等 2. 活动场所、食堂、宾馆等 3. 综合实践活动专家、教授以及其他工作人员 4. 省内外综合实践活动的基地	
课程实施	教学实施	1. 专家专题讲座 2. 小组交流 3. 现场观摩 4. 作业研讨与点评 5. 跟岗学习 6. 课题研究	
	教学评价	1. 制定教学评价表对专题讲座进行及时评价 2. 制定评价表对小组交流进行及时评价 3. 制定评价表对现场观摩进行及时评价 4. 制定评价表对作业研讨与点评进行及时评价 5. 制定评价表对跟岗学习进行及时评价 6. 制定评价表对课题指导进行及时评价	

续表

一级指标	二级指标	基本要求	备注
培训效果	发展性评价	1. 自评，如撰写培训总结、收获与体会等 2. 他评，包括培训者，学员单位的领导、同事和学生等对学员的评价 3. 档案袋评价，包括培训者的评语，学员的学习专题感言、作业、论文、培训总结等	
	终结性评价	1. 制定含专题讲座、现场观摩、跟岗学习、课程方案、后勤保障等各种内容的评价表，对每一项培训进行量化评价。 2. 培训单位进行自评 3. 委托单位对培训单位进行评价	

第八章　教师培训课程的实施

《教育部关于深化中小学教师培训模式改革　全面提升培训质量的指导意见》对中小学教师培训方法提出了要求："转变培训方式，提升教师参训实效。各地要针对教师学习特点，强化基于教学现场、走进真实课堂的培训环节。通过现场诊断和案例教学解决实际问题，采取跟岗培训和情境体验改进教学行为，利用行动研究和反思实践提升教育经验，确保培训实效。改革传统讲授方式，强化学员互动参与，增强培训吸引力、感染力。"《广东省教育厅关于大力加强"十二五"中小学教师培训工作的意见》指出："要创新培训模式和方式，提高教师培训质量和水平；积极探索和创新培训模式；积极开展远程培训；努力改进培训方式方法；深入推进校本培训。"

在开展教师培训工作的实践中，由于各个培训项目的对象不同、需求各异，培训者侧重采用分段式、分层次、多元化等动态培训方式，使多种培训方式相结合。例如，"国培计划"集中培训项目采取的是"集中培训＋远程指导"的形式，广东省中小学骨干教师省级培训、农村中小学教师跟岗学习采用的是"集中培训＋跟岗学习＋远程指导＋集中总结"的形式。不同的教师培训项目因需而异、因势利导，分类采用或综合运用多种培训模式。

>> 第一节　培训课程的实施方式 <<

一、培训方式的设计

教师培训课程的实施方式必须与课程目标与内容相匹配，因此，培训者在制定培训课程方案时也必须将课程的实施方式方法一并考量。培训方式是指学习活动的安排和教学方法的选择。方式设计与培训目标和方向直接相关。培训方式是培训内容的支架和载体，也是提高培训质量的重要支点。培训方式的设计直接影响到培训的效果。培训者要根据培训项目的不同内容来确定不同的培训方式。培训方式的安排和选择，应该事先做好调研，并且与各授课教师研讨协商，达到培训效果的最大化。从教师专业素养形成规律及培训实践体验的总结归纳的角度看，科学的教师培训方式的设计应该符合三个方面的要求。

（一）充分体现以人为本的现代教育理念

教师培训的目的，归根结底就是帮助教师在原有基础上得到提升。然而，每一个教师个体的实际情况与需求各不相同，这就对持续大规模的培训工作提出了非常现实的问题。教师培训工作中以人为本理念的体现，很大程度上有赖于设计适当的培训方式。

1. 清楚认识学员是培训的主体

无论在导师讲授学术性课程的过程中，还是在特定情境中，学员的实践体验过程、以人为本的教学理念都应该充分体现。培训工作的宗旨就是始终以学员为服务对象，学员是培训活动的主体，理论导师抑或实践导师终究只能起主导作用。无论普及型的全员培训，还是提高型的专题培训，都要使学员能够在欣喜、愉悦的氛围中进行学习，都必须以人为本，坚持教学民主、教学相长。

2. 面向学员做好需求调查

一般情况下，培训机构承接培训任务后都会进行学员需求调查，但是长期以来培训需求调查方式比较单一，用得较多的方式就是问卷调查法。在实际工作中，培训机构仅仅采用问卷调查法并不能够准确调查学员的需求情况，还需要运用多种方式进行需求的调查与分析。例如，在佛山名师班开始前进行学员个别访谈时，其中一个问题是请学员列出“两个您在教育教学中遇到的最急需解决的问题”。在收集全班学员反馈意见的基础上，培训机构经过分析整理形成了“有效教学主题研讨”的研修主题，安排了一个下午专门进行研讨，并邀请了相关专家和教研员现场点评。学员看到自己的问题被拿出来供大家共同讨论、共同点评，参与感很强。这种培训方式取得了非常好的效果。又如实施跟岗学习项目时，要了解培训基地的情况，培训机构就请基地负责人就基地建设和发展方面的意见和建议、需要哪些方面的支持、对跟岗学习项目的建议等出具书面的反馈函，进行基地需求书面调查；在学员方面，则提前请他们根据研修日志的要求进行学前自我鉴定，拟出学习期望和计划。多角度、多形式的调查，保证项目安排尽可能满足学员需求。

3. 让学员学到“真本领”

培训的目的在于能够让学员在实践中去应用所学知识，单纯的听与看很难真正形成、提升个人技能。培训课程的实施，最终需要进行综合的应用才能够真正发挥其价值。因此，在学员的综合培训之后，培训机构应安排实践课堂与学术课程相结合的培训，这样才能够最终达到学习的目的。培训实践也告诉我们，安排名师指导课堂，聘请具有丰富经验的著名教师进行示范教学，学员的兴致就尤为高涨；通过课堂观摩、课后讨论，以及与名师的互动，培训过程就轻松愉悦，学员也学到了“真本领”。

（二）满足培训对象的真实需求

“一把钥匙开一把锁”，培训课程与学员的关系，就好比钥匙和锁的关系。配准钥匙的前提就是对锁有精准的把握，而培训方式设计适当与否取决于是否满足培训项目的任务需求。培训项目的任务需求可以从组织分析、任务分析和人员分析三个方面进行分析研判。

1. 组织分析

组织分析是指根据国家、省市以及学校的教育发展计划和远景规划，看到本地区、本学校未来在基础教育领域可能发生的变化，了解现有教师的能力并推测教师未来需要哪些知识和技能，从而估计出哪些教师需要在哪些方面进行培训。每个学校都有其自身发展的需求，每个学校中的学生也有不同的发展需求，同样教师也有不同的需求。通过组织分析，明确学校的发展战略和定位，明确可以利用的培训资源以及学校领导层对培训活动的支持程度，并依此分析培训是否符合发展的总体需要。

2. 任务分析

任务分析主要是指通过对教师工作任务和岗位责任的研究，发现教师从事某项工作的具体内容和完成该工作所需具备的各项知识、技能和能力，以确定培训项目的具体内容和方式。通过任务分析，为将来设计和编制相关培训课程内容提供可靠的依据。

3. 人员分析

人员分析是指从教师的实际状况出发，通过分析教师实际绩效与期望绩效标准之间的差距，来确定谁需要和应该接受培训以及培训的内容和形式，以形成确定培训目标和内容的依据。人员分析应重点对教师个人特征进行分析，包括对专业、能力、技能、态度和动机的分析，这有利于深刻理解教师参加培训的需求动机并在教师培训中采取有效的激励措施，进而根据培训需求确定培训方式。

（三）适合培训对象的个性化特点

1. 培训方式应该符合教师个性化的专业发展需求

教师培训实践推进中往往会出现实际与预期设计不一致甚至相悖的情况，直接影响学员参与的积极性和培训的效果。培训内容虽然是根据教育发展战略目标和教师队伍的整体发展目标制定的，是教师应该接受的培训，同时教育部门也非常重视并提供了可观的经费，但教师的参与热情与之并不一定成正比。一些高端培训，由于在选送培训教师时没有选拔机制，缺乏遴选标准，造成需要和供给不对应。教师培训需求评估主要是揭示教师在教学实践中遇到的“真问题”以及需要接受培训的“真内容”，使培训真正满足学校及教师发展的需要。因此在进行培训之前，培训机构需要进行深层次的需求分析，根据需求来指导培训方案的制定，指导培训方式的设计和选择，要有的放矢，不能单纯地为培训而培训。

2. 研修目标和内容决定研修方式

例如，幼儿园园长“国培”项目的研修目标是立足教育观念、专业能力和示范引领三个基本维度，旨在通过集中培训和网络研修，帮助学员开阔理论视野，完善师德修养，确立科学的育儿观和教师观，提升教师的教育教学能力和培训能力，打造信息化环境下的教师学习共同体，推动网络研修与现场实践相结合的混合式培训模式的发展。根据研修目标，项目以“幼儿园教育科研活动”为导向，以“实践反思与质量提升”为主题，确立了任务驱动、分段引导的研修方式，通过集中的短期培训和网络研修，开阔学员理论视野，实践课题研修，完成网络工作坊建设，开展网络工作坊教研活动，引领教师专业发展，发挥示范带学作用。具体研修推进采取集中培训与网络研修穿插进行的形式，并分别明确培训内容和培训方式(表 8-1)。

表 8-1　幼儿园园长“国培”项目培训计划

<table>
<tr><td rowspan="3">集中培训</td><td>概述</td><td colspan="4">通过集中培训，围绕课题研修，更新教育理念，开阔知识视野，引导教师自我反思，提升教育科研与教学实践能力，形成个人发展与幼儿园发展相契合、理论研修与实践提升相协同的局面。</td></tr>
<tr><td rowspan="2">阶段安排</td><td>第一阶段</td><td>第三阶段</td><td>第五阶段</td><td>第七阶段</td></tr>
<tr><td>视野拓展
理念提升</td><td>科研合作
协同共建</td><td>实践总结
教研提升</td><td>精彩绽放
成果展示</td></tr>
<tr><td rowspan="3">网络研修</td><td>概述</td><td colspan="4">网络研修以课题研修为驱动，在网络中深化学习共同体的构建，通过专家引领，结合工作坊发展规划与个人研修计划，以主题活动为导向，以实践性任务为驱动，构建“教师网络工作坊”，并通过网络工作坊将高校专家、一线教师与园本教研结合起来共同解决实际问题。</td></tr>
<tr><td rowspan="2">阶段安排</td><td>第二阶段</td><td>第四阶段</td><td>第六阶段</td><td></td></tr>
<tr><td>网络学习
技术引领</td><td>深入实践
网络引领</td><td>协同发展
园本辐射</td><td></td></tr>
</table>

本项目以建设高素质专业化园长队伍为目标，以加强培训的针对性和实效性、提高培训质量为宗旨，以知识的更新、能力的提升、个性的完善和问题的解决为导向，努力造就一支具有开拓创新精神、具备现代教育观念、掌握先进管理技术、拥有独特办园理念和自主发展意识的幼儿园园长队伍，使其逐步成长为带动整个地区学前教育发展的中坚力量。学前项目研修目标要求设置了学前教育前沿信息、幼儿园管理、幼儿园课程、幼儿园园本研修、幼儿园教科研五个模块的研修课程。

二、常用的培训方式

教师培训是一种成人职后继续教育，必须符合成人学习特点，内容应具有多样性与选择性，管理应有统一性和自主性，方式应既有集体活动也有个体学习。目前常用的教师培训组织方式有集中培训、网络培训、校本研训、混合培训、置换研修等；教学方式有参与式、案例式、探究式、科研驱动式等多种方式方法。各种培训方式都有其特点与局限，单一的培训方式远不能适应教师专业化发展要求，因此，综合运用多样化的培训方式才有助于学习效果的提升。我国传统的教师继续教育通常以授课、讲座、报告等形式为主，讲授教育理论、教育政策、教育科研方法等内容。很多继续教育培训机构采用单一的讲授法：学员的学习方式多数是听课、记录、交笔记，形式比较单一，缺乏对教学内容的体验和操作；教学互动少，学员学习的主动性与积极性调动不足。当前很多地方教师培训实践探索出来的行之有效的培训方式，如观摩、研讨、案例分析、网络支持及海外培训等教学模式，都可以深度开发、充分利用。实际培训往往需要多种方式相互配合、灵活运用。例如，案例教学和实践体悟相结合、互动研讨和自我反思相结合、专题菜单和考察观摩相结合、课题研究和导师引领相结合等，都是在实践中被证明了的行之有效的方法。

(一)集中培训方式

当前我国比较常用的教师集中培训方式有以下12种。

1. 参与式培训

参与式培训是20世纪60年代在国外一些扶贫项目中提出和运用的，指个体能够参与到培训教学和研讨中，以引导教师主动学习为基点，以经验为基础，与其他个体和培训者共同学习、共同提高的培训形式。它是一种个体卷入式的培训方式，参与培训的幼儿园教师要与其他成员互动。常用的方式有小组讨论、案例分析、观看录像、角色扮演、相互访谈、辩论及其他互动游戏。参与式培训中最为重要的一点是培训教师与被培训的幼儿园教师相互合作，人人参与，共同合作，平等相处，形式多变，尊重多元。① 参加培训的幼儿园教师不能太多，一般在30人以内比较合适。

参与式培训要求创造轻松愉快的学习环境，运用视觉工具、听觉工具等多种工具，引导学员进行积极思考。这种方式改变了传统的专家讲座单一形式，强调在真实的情境下为学员搭建自我展示的平台，激发参与者结合自身实际进行思考。参与式培训，强调培训活动以教师为中心，融新课程的理念、知识于参与式活动之中，要求培训者要为学员分享教育教学经验提供足够的机会和空间。如果学员感到自己是受尊重的，自己的经验是有价值并能引发同学和指导教师反馈的，他们的主人翁意识就会更强烈，就能够更热情地参与各项培训活动，从培训中获得启示和灵感，在交流中生成新的知识和体验。参与式培训包括跟岗学习、分组讨论、座谈会、沙龙、世界咖啡屋、优秀课展示、专题研讨等多种方式。

在参与式培训方面，广东第二师范学院摸索总结的“三位一体”骨干教师培训模式、跟岗学习模式以及校长六项能力提升等都是很有特点的培训模式，已初步形成一整套骨干教师成长模式以及教师工作室运作机制与体制。教育部和中国移动开展的影子培训以及教育部在西部进行的培训模式创新，也吸收了其中的经验成果。2014年教育部启动的“卓越教师培养计划”，实行“3＋1”两段式培养模式，作为职前职后一体化的重要抓手，也是培训模式创新的举措。

2. 案例式教学法

案例式教学法起源于20世纪20年代，由美国哈佛商学院倡导，此后案例教学法在法律教育、医学教育、心理教育及商业教育中发挥了重要作用。案例教学法是一种以案例为基础的教学法。案例本质上是一种教育的两难情境，没有特定的破解之道。教师于教学中扮演着设计者和激励者的角色，鼓励学生积极参与讨论，不像在传统教学中，教师是很有学问的人，扮演着传授知识者的角色。案例教学法鼓励学员独立思考，引导学员变注重知识、注重能力为重视双向交流等。而且案例教学法在教学中能够实现教学相长，调动学员学习的主动性，调动集体的智慧和力量，容易开阔思路，收到良好的效果。

案例式培训是把实际工作中产生的问题作为案例交给参训教师分析研究的培训方法。案例式教学通过模拟真实事例，让学员在特定的情境中进行体验、分析、决策，提高他们分析问题

① 刘占兰：《促进幼儿教师专业成长》，15页，北京，教育科学出版社，2012。

和解决问题的能力。这种方式目的性强，通过来源于实践的活生生的典型案例讨论、分析、评述和反思，能启发学员积极思考、积极参与，同时也能够分享学员的学识和经验，实现资源共享。案例式培训可以运用到讲座、例证、活动中，也可以用情景再现、现场模拟、正反辩论等形式进行。广东第二师范学院收集整理了一批近些年的教师培训案例，精选了其中的佼佼者作为教师培训优质资源归类入库。

(1)“教学风格”案例

“我的教学风格”丛书集结了43位广东省中小学优秀教师的教学风格，其中包括广东省中小学教师工作室主持人、骨干教师省级培训学员的教学风格。丛书共四卷(包括图书和光盘)，分别是《如何形成教学风格——基于实践智慧的理论审视》(闫德明著)和《如何形成教学风格——名师典型案例的多维解读》(小学卷、初中卷、高中卷)。2015年出版的《我的教学风格案例》共六本。

(2)实践基地典型案例

此类案例征集精选了校长工作室主持人、教师工作室主持人及校长培训基地学校、教师培训实践基地学校的200多个典型案例。

(3)教与学的精品案例

此类案例包含专家教学案例、学员跟岗实践案例、指导教师指导案例、校长培训管理案例、优秀课题研究案例等。

(4)项目调研报告

此类案例积累了系列培训学员需求调研报告、分析报告，如《中小学教师跟岗学习培训模式的实践与探索》《中小学教师培训需求的调查与分析——以珠三角某地市为例》《广东省农村教师继续教育课程实施现状及需求的调研分析》等。此外，此类案例也从参训学员的丰富案例中开发资源，将他们自身教育教学实践中的典型案例挖掘出来，为培训提供了鲜活的素材，极大地丰富了培训课程的内容。

3. 微格教学

微格教学是一种通过“授课—观看—评教”流程提高学员教学技能的教学方法[①]，也被称为“微型教学”“微观教学”“小型教学”等。德瓦埃·特·爱伦博士认为微格教学“是一个缩小了的、可控制的教学环境，它使准备成为或已经是教师的人有可能集中掌握某一特定的教学技能和教学内容”。微格教学时间一般控制在5～10分钟，在这几分钟内要求教师或者学员将平时40分钟的课堂内容完整呈现，并且使学员听懂、理解。微格教学具有学员人数少，上课时间短；教学内容少，心理负担小；集中技能训练，训练目标明确、具体；教学过程声像化；教学效果反馈客观及时等特点，非常适合教师继续教育培训。

4. 行动教学

雷格·瑞文斯教授(Reg Revans)提出行动学习方法。在这种教学方法中，每个教师都提出了一个比较棘手的问题，即他们被交换到不同于自己原有专业特长的题目下组成学习的团队，

---

① 张宝芹：《微格教学与教师的继续教育》，载《兰州交通大学学报》，2008(5)。

群策群力，互相支持，分享知识与经验，在较长的一段时间内依靠学习团队解决这些棘手的难题。[①] 通过实践，这种方法获得了成功。首先，它以问题为导向。问题必须是与小组成员关系密切的真实情境下的问题。学习小组对问题进行讨论分析，并努力列出计划，由问题陈述者采取行动。然后，小组通过主体介入主动自觉地在思维、情感、行动上的深度参与是有效学习发生的必要条件。最后，小组对结果进行反思，通过对过去行动和经验的反思，提出问题。小组成员在解决问题的过程中，对自己及其他成员的经验进行质疑，形成建设性争议，在行动的基础上不断反思，从而对问题的本质达到更深入的认识，提出富有创造性的解决方案。[②]

5. 合作学习

合作学习是20世纪70年代初兴起于美国，并在20世纪70年代中期至80年代中期取得实质性进展的一种富有创意和实效的教学理论与策略。合作学习是指教师完成共同的任务，有明确的责任分工的互助性学习。合作学习不仅适用于中小学各科课堂教学，同样也适用于幼儿教师继续教育培训，并且更富有成效，呈现出独特之处。[③] 合作学习鼓励教师为集体的利益和个人的利益一起工作，在完成共同任务的过程中实现自己的理想。它的特点是以小组活动为主体进行学习；有明确的合作目标；小组成员之间相互依靠、相互依赖，其中有专家、同行、家长等。

6. 讲授法

讲授法是教师通过简明、生动的口头语言向学生传授知识、发展智力的方法。它通过叙述、描绘、解释、推论来传递信息、传授知识、阐明概念、论证定律和公式，引导学生分析和认识问题。运用讲授法的基本要求：讲授既要重视内容的科学性和思想性，同时又要尽可能地与学生的认知基础发生联系；讲授应注意培养学生的学科思维；讲授应具有启发性；讲授要讲究语言艺术，语言要生动形象、富有感染力，清晰、准确、简练，条理清楚、通俗易懂，音量、语速尽可能适度，语调抑扬顿挫，适应学生的心理节奏。

讲授法的优点是教师容易控制教学进程，能够使学生在较短时间内获得大量系统的科学知识。但如果运用不好，学生学习的主动性、积极性不易发挥，就会出现教师满堂灌、学生被动听的局面。

7. 自主学习法

为了充分拓展学生的视野，培养学生的学习习惯和自主学习能力，锻炼学生的综合素质，教师通常给学生留思考题或针对遇到的一些生产问题，让学生通过利用网络资源自主学习的方式寻找答案，提出解决问题的措施，然后进行讨论评价。

自主学习法主要应用于课程拓展内容的教学，如针对项目教学未涉及的小作物具体的育种方法和特点，组织学生自主学习，让学生按照论文的形式撰写学习小论文，交由教师评价，锻炼学生提出问题、解决问题和科技写作的能力。

---

① 张婕：《行动研究：以西开教堂为课程案例的学生个人知识建构研究》，硕士学位论文，中央美术学院，2007。

② 郑晓梅：《基于行动学习的教师自主发展研究》，载《中小学教师培训》，2010(7)。

③ 何绍芬：《合作学习：教师专业发展的有效途径》，载《继续教育研究》，2011(7)。

8. 讨论法

讨论法是在教师的指导下，学生以全班或小组为单位，围绕教材的中心问题各抒己见，通过讨论或辩论活动，获得知识或巩固知识的一种教学方法。它的优点在于，全体学生都参加活动，可以培养合作精神，激发学习兴趣，增强学习的独立性。运用讨论法的基本要求：讨论的问题要具有吸引力，讨论前教师应提出讨论题和讨论的具体要求，指导学生收集阅读有关资料或进行调查研究，认真写好发言提纲；讨论时，要善于启发引导学生自由地发表意见，讨论要围绕中心，联系实际，让每个学生都有发言机会；讨论结束时，教师应进行小结，概括讨论的情况，使学生获得正确的观点和系统的知识。

9. 演示法

演示法是教师在课堂上通过展示各种实物、直观教具或进行示范性实验，让学生通过观察获得感性认识的教学方法。它是一种辅助性教学方法，要和讲授法、谈话法等教学方法结合使用。运用演示法的基本要求：目的要明确，现象要明显且容易观察，尽量排除次要因素或减小次要因素的影响。

10. 参观法

参观法是指教师组织或指导学生进行实地观察、调查、研究和学习，从而获得新知识或巩固已学知识的教学方法。参观法一般由校外实训教师指导和讲解，要求学生围绕参观内容收集有关资料，质疑问难，做好记录，参观结束后，整理参观笔记，写出书面参观报告，将感性认识升华为理性知识。参观法可使学生巩固已学的理论知识，掌握最新的前沿知识。参观教学法可以分为准备性参观、并行性参观、总结性参观。

11. 任务驱动教学法

教师给学生布置探究性学习任务，然后学生查阅资料，对知识体系进行整理，再选出代表进行讲解，最后由教师进行总结。任务驱动教学法可以以小组为单位进行，也可以以个人为单位进行。它要求教师布置任务要具体，学生要积极提问，以达到共同学习的目的。任务驱动教学法可以让学生在完成任务的过程中，培养分析问题、解决问题的能力，培养独立探索及合作精神。

12. 角色扮演教学法

角色扮演教学法是教师在课堂上设计一项任务，引导学生参与教学活动，让学生扮演各种角色，进入角色情境，处理多种问题和矛盾，达到加深对专业理论知识的理解并能灵活运用目的的教学方法。[①] 角色扮演以某种任务的完成为主要目标，在设定一个教学目标后，让学生不论亲身体验或从旁观察，都务必将注意力集中于活动的进行过程中，让学生在课程中借着自身经历的过程来学习并获得知识。角色扮演可以使学生对问题有更深入的认识，对不同角色的特质有新的体会，进而提升综合素质。

(二)网络培训

传统的集中培训方式，受限于时间和空间等条件，花费的人力、物力、财力较大，成本较

① 刘英、季方萍：《谈谈角色扮演法在成人教学中的应用》，载《教育与职业》，2002(5)。

高。网络技术的发展及其优越性，使网络培训的方式逐渐得到应用和普及。

1. 网络课程

网络是一个载体、一个平台，网络的特性使教育培训活动的进行更加方便和有成效。网络平台为培训提供了自主学习、自主探究、小组协作等的学习支持环境。电子资料保存的持久性和共享性，使得网络平台包含了大量的案例和资源，能够支持学员自主学习；能充分发挥学员的主观能动性，发挥学习小组的智慧和力量，通过讨论、反思、答疑、分享等多种交互方式来达到培训的目标，充分发挥学生的主体作用，进而改变传统的以教师为主体的培训模式。在集中培训时，受限于场地、时间等因素，学员并不能得到相同的训练。但是在网络平台上，所有人面对的都是一样的情景，这就建立了一种相对公平的学习环境，在这种环境中，学员可以发表自己的观点和想法，使自己的思想得以充分表达。培训的实践表明，学员乐于在网络平台上发表观点、提出问题，在平台交流中互帮互助、互相分享教学经验。这些学员在平台上发表的观点和展开的讨论都是培训中产生的学习资源与内容。某些观点在一线教师中非常有代表性，是一线教师在教学中遇到的问题或者积累的经验，这些内容或者经验极大地丰富了培训内容的指导意义，对培训者在培训中把握培训重点、更准确地把握学员的真实需求起到重要的作用，为后面的培训设计指明了方向。而离开了网络环境，在现实中这些观点就很难充分地得以表达。网络平台不仅支持培训过程中的教和学，也支持课后的反思、评价、作业、考试等，可以进一步作为各个培训点的教师研修平台，这些都有利于区域教师的专业化发展。

目前国际使用比较多的网络学习平台有美国的Sakai、澳大利亚的Moodle和Blackboard等。其中，Moodle是面向对象的模块化动态学习平台，是免费的应用软件，其教育理念先进、开放，使全世界的教师和培训爱好者都对其进行设计开发。它的功能越来越强大，是世界上最流行的网络学习平台之一。

设计开发网络培训平台时，一般要把握几个原则。

(1)功能综合性原则

网络平台必须具有系统的结构化知识，提供学习工具、在线支持、答疑解惑、学员之间的合作学习、教师学员的评价系统以及学员的管理功能等。

(2)学员主体性原则

平台必须以学员为中心，而不是以教师为中心。在设计时，无论框架还是具体的学习资源，都必须考虑学员的心理和需求，以学员能够最大化的吸收为前提。

(3)内容整合原则

由于学员的构成存在较大差异，因此培训内容也要集合多个学科的知识点、理论热点，而不是只有某一科的学习内容。

(4)界面友好、互动性强原则

系统界面操作起来一定要简单、快捷、方便。无论学员还是培训的管理者，在进行学习、辅导、交流时，都能容易操作。

2. 移动学习

移动学习是指依托目前比较成熟的移动网络、国际互联网，以及多媒体技术，学生和教师通过利用目前较为普遍使用的无线设备(手机、平板等)，更为方便灵活地实现交互式教学活动，以及教育、科技方面的信息交流。① 随着智能移动终端设备的普及，以及移动互联网络的发展，人们倾向于利用零碎的时间在手持式移动终端设备上学习，以移动学习理念作为指导进行培训活动，更多关注移动互联网络环境下的培训客体的个性化需求以及整个培训的效果，并以此实现培训效果及综合利益的最大化。移动学习作为一种新型的学习方式，能够很快在培训行业得到推广应用主要有以下三方面优势。

(1)灵活机动

移动学习满足了学员对培训活动灵活性的要求。培训与传统学习的区别：学员缺乏稳定的学习环境及固定的学习时间，而移动学习则倡导利用零碎的时间学习零碎的知识；学员可以根据个人的特点和喜好安排自主学习，满足其对培训活动灵活性和自主性的要求。

(2)超越时空

移动学习满足了学员对学习空间广延性的需求。培训资源有限，无法保证所有教师都能参与到更多的培训活动中。而移动学习使得培训主体和培训客体可以在分离的环境、分散的时间进行培训活动，并且培训客体可以通过各种途径获取培训材料。另外，学员还可以通过移动终端设备随时随地与教师进行互动，拓展了学习空间。

(3)可持续学习

移动学习符合学员终身学习的需求。当今社会，知识更新非常迅速，所以仅将在学校中所学的知识和技能应用到实际工作中是远远不够的。为了能适应迅速发展的社会，人们必须经常学习新的知识和技能，而移动学习就能满足个人终身学习的需求。

综上，网络培训改变了传统培训环境下的活动结构，使活动更加丰富、更加注重学员的个性化学习，能够更好地发挥学员的主体作用，更符合成人(中小学的教师)学习的特点。

(三)科研驱动式培训

科研的过程是教师进行教学反思和促进自身教育教学理论水平不断提高的一种有效方式。科研能力的提高能够有效地促进教师教育教学水平的提高。以课题研究为载体，围绕大家共同关心的问题确定科研主题，建立学习共同体，建立课题研究制度，形成浓厚的学术研究氛围，以研带训，研训结合，形成教师自我发展、自我提升、自我创新的内在机制，才能从根本上解决问题，才能促进学校具备研究的职能和能力，形成自我发展、自我提升、自我创新的内在机制，使学校成为真正意义上的学习化组织。教师的研究立足于教学的研究，是教师通过对自己教育教学实践的体验与反思进行的研究。这种研究从问题出发，从教师需求出发，使解决问题的过程就是教学研究的过程。②

科研驱动式培训是学员在导师指导下，通过以“自主、探究、合作”为特征的学习方式对当

---

① 刘珍芳：《移动学习是现代教育技术发展的新方向》，载《中国电化教育》，2005(9)。

② 徐鹏鹏、陈国英：《教师专业化背景下的中小学教师培训方式的多元选择》，载《中小学教师培训》，2013(3)。

前培训内容中的主要问题进行自主学习、深入探究，并进行小组合作交流，从而较好地达到培训目标的一种培训模式。这是以解决问题为导向的任务驱动式培训，在这种培训中，培训者引领学员探究基础问题和工作实践中的困惑问题。采用这种方式，学员主体地位是否充分体现尤为重要，同时也对培训者提出了更高要求。因此，此过程既要充分体现学员在培训过程中的主体地位，又要重视发挥导师在教学过程中的主导作用。

1. 确定课题

总课题通常由导师确定，也可以在征求学员意见的基础上确定，然后根据总课题设计若干问题。

2. 分类组合

学员围绕总课题思考导师设计的问题，查找相关信息，同时提出自己发现的新问题。学员按照自己的观点、关注点对问题分类组合，分成小组进行活动。

3. 小组合作学习

每个小组都制定学习计划。学员分配角色进行研究，在各自的小组中共同努力，互帮互助，彼此分享信息与心得，并就小组任务进行合作，回答他们所选择的问题。

4. 导师巡查指导

导师巡查学员小组活动和个体学习状况，为学员及时提供必要的专业指导，提供开展学习活动必需的保障条件。

5. 撰写研究报告

每个小组都必须围绕本组探究的问题开展研究，在资料搜集、调查研究、深入思考、充分研讨的基础上撰写研究报告，提交全班交流分享。

6. 交流与评价

全班交流分享各组问题探究的研究报告。学员和导师共同对报告进行评议，对作为终结性成果的研究报告进行评价。①

广东第二师范学院承担的广东省中小学骨干教师省级培训项目，就采用了科研驱动式培训。课题研究贯穿一年四个阶段的培训。学员需要在第一阶段集中研修确定选题，在第二阶段进行开题，在第三阶段展开研究，在第四阶段进行论文答辩和撰写课题结题报告等。项目组制作了《课题研究指南》给予详尽指导，理论导师、实践导师共同参与。通过这个过程，骨干教师的科研能力和意识大大加强，在整个培训过程中参与度也非常高，效果比较好。其他培训时间在一年以上的高端项目也都采取了科研驱动的方式进行培训。

（四）混合式培训

随着网络教学的普及，网络培训渐渐被各种培训机构采用，使学员随时随地都可以学习课程，但网络培训也同样存在不足，如缺少情感交流和分享、学员参与培训的主动性和积极性不高、需要学员动手实践的学习内容的学习效果不理想等，而这些又恰恰是集中培训可以弥补

① 吴民祥：《探究式培训：一种高效能的中小学教师培训模式》，载《教育发展研究》，2004(5)。

的。混合式培训可以很好地结合集中培训和网络培训的优势，使学员可以与教师面对面进行互动，也可以随时随地登录网络平台优化自己的学习成果，是一种降低学习成本的高效培训方式。

混合式学习和混合式培训是21世纪初教育界的研究热点。由于学者的角度不同，他们对混合式培训的界定也不一致：混合学习模式不仅仅是学习方式的混合，也是各种教学理论和学习理论的综合，其中包括教学资源、教学媒体以及教学环境的整合。混合式学习力求用最少的资源组建出最好的效益。①混合式培训模式是将网络培训和面授培训相结合的方式培训学员，它是一个将多种模式结合在一起，节省成本和提高效率的学习模式。②此处所指的混合式培训指线上和线下形式相结合的混合式培训。混合式培训不是将几种培训模式简单地拼凑组合起来，而是在培训过程中根据培训对象的实际情况，把传统培训方式和数字化培训有机地结合起来。它更关注学员的学习过程和效果，在培训中强调成本的收益最大化。

在进行混合式培训设计时，培训设计者要想实现多种培训方式的有机结合，就要充分考虑多个问题。例如，培训内容是否有助于解决现实的教学问题；培训内容是基本理论知识还是基本操作技能；针对同一个培训内容可以组织哪些培训活动；哪些培训活动适合集体进行，哪些适合分组完成，哪些适合个人自主完成；在线上可以提供哪些学习资源供大家共享；如何实现在线向教师学习和向同伴学习的混合。最重要的是区分培训活动在哪个载体上的效率更高。

在实际的培训活动中，随着主讲教师的偏好不同，混合式学习环境可能向传统学习环境或者网络学习环境两个方向偏斜。受传统培训模式的影响，很多现有的主讲教师如果不经历培训、不自主思考和不改变自己的教学行为，就很难领会混合式培训模式的精髓，把混合式培训模式下的培训变成以主讲教师讲解为主的培训活动，也就失去了混合式学习环境下培训本身所具有的特点和优势。从另一个角度说，混合式培训在不同的地区、不同的条件下可以进行相互转变：在条件差一点的地方，没有计算机网络，没有计算机机房，学习内容的来源主要是书本和教师，这个时候学习活动主要以教师讲授、学员合作、个人反思等为主；在条件好一些的地方，利用计算机网络，主讲教师主要以带领学员活动为主，重在学员的体验、学员的参与、学员的反思、学员的分享等。在网络条件特别好的情况下，采用远程培训的模式，主讲教师可以和学员协商安排学习进度计划，同时在学员学习的过程中，主讲教师就相应变成了远程答疑者和辅导者。

事实上，所有培训的意义都在于有效和有用。一方面，培训必须能够引起学员心理或者行为的改变，即一场培训活动必须对学员产生了影响才算是有效的。另一方面，培训必须能切实地帮助学员解决实际的问题，也就是说，即使学员学到了知识，但是无助于解决实际问题，培训也是无效的。上述分析的所有培训方式，都是为了使培训内容、培训形式、培训环境能够越来越符合成人学习的认知规律，让培训变得有效和有用，切实提升培训质量。

---

① 何克抗：《从 Blending Learning 看教育技术理论的新发展(上)》，载《电化教育研究》，2004(3)。

② 赵兰清：《混合培训模式在高校教育技术培训中的行动研究》，载《现代教育技术》，2008(7)。

>> 第二节 课程实施方式的应用 <<

一、综合应用模式

在项目实施过程中，培训方式可以以其中某一种为主，也可以综合应用多种方式，往往后一种情形居多，而且实施过程的每一阶段采用的方式也有所不同。培训组织者通常会全面评估本机构的培训资源与优势，同时充分利用参训教师资源，将参训教师的需求作为培训目标、培训内容、培训方式的出发点和落脚点，应用适当的培训方式，制定高效可行的培训方案。

以广东第二师范学院承担的“国培计划”项目实施方式为例，在集中培训阶段，该项目综合采用了参与式、案例式、探究式、科研驱动式等方式，制定了“问题驱动”研修方案，以案例为载体，对学员实行科研任务驱动和目标管理，使选题立足课堂、面向教学、注重实效，以参训教师为本，以促进教师专业发展为导向，以参训教师在教育教学课堂中遇到的问题为中心，以参训教师的教学案例为线索，以课堂教学设计和课题研究为主线。针对不同模块与专题，该项目设计不同形式的教学活动，构成以专家讲座、问题研讨、参与式培训、案例学习、教学设计、教学经验交流、教学观摩分析与实践指导相结合的立体化、网络式培训。无论专题讲座，还是小组讨论、案例研讨、现场观摩、经验分享、对话交流等，都突出了参与互动的特点，也充分发挥了培训过程的示范作用。这种模式在实施推进过程中的动态性较强，在实践中必须做到“五个结合”。

(一)专家引领与协作研修相结合

通过专家引领对研修活动进行顶层设计、组织及指导，为学员的研修活动提供条件与支持；通过坊内和坊间的协作研修，在不同研修主题间建立联系，促进多点沟通，实现协作发展。

(二)在线学习与线下实践相结合

通过网络进行课程资源的学习与建设、研修活动的发布与组织、教学问题的讨论与研究；将线下研修活动的开展嵌入项目实施过程，通过设计与网络研修相配合的实践任务，指向真实教学情境，实现教师教学能力的提升。

(三)主题研修与自主选学相结合

主题研修确定学员研修的规定动作，设定项目实施的基本框架和方向，确保各工作坊活动有序推进；自主选学满足各工作坊学员的个性化研修需求，为工作坊的特色发展提供保障。

(四)问题解决与行动研究相结合

从教育教学工作中值得研究的实际问题出发，强化学员对理论与技术工具的理解、掌握和应用，在行动研究中解决实际问题，不断改进教学实践，增强研修的针对性和实效性。

(五)案例研讨与成果分享相结合

通过案例研讨实现经验的发现、提炼、传播和示范，促进学员结合日常教学工作开展网络研修；基于成果分享，促进生成性资源的动态更新和优化，实现研修资源的深度应用和推广。

二、分段引导模式

教师培训有长短不一的期限，短则一两天，如一些专题讲座式培训；长则三四年，如广东省中小学新一轮“百千万人才培养工程”。因此，培训必然要分段引导，综合运用多种培训方式，针对不同类型群体、不同培养目标、不同培训期限采用不同的模式，制定适当的培训方案，保证优质完成培训任务，高效达到培训目标。本节介绍的“分段引导模式”以广东第二师范学院承担的学前教育教师培训项目实施方式为例。

(一)一年期的高级研修班

园长高级研修班以建设高素质、专业化园长队伍为目标，旨在造就一支具有开拓创新精神、具备现代教育观念、掌握先进管理技术、拥有独特办园理念和自主发展意识的幼儿园园长队伍，使其逐步成长为带动整个地区学前教育发展的中坚力量。研修内容涵盖学前教育前沿信息、幼儿园管理、幼儿园课程、园本研修、幼儿园教研五个方面。研修班课程分为理论研修、体验探究、考察拓宽、研究反思、总结分享五个阶段推进。每个阶段围绕不同的研修目标和研修内容，设计本阶段主要活动，并采用理论实践双向促进、园长与教师协作学习的主要研修模式(表 8-2)。

表 8-2　广州市幼儿园园长高级研修班

研修阶段	主要活动
理论研修阶段	在广东第二师范学院进行专题讲座与主题研讨，确定小课题研究选题，组建以本园园长和教师协作学习小组为基本单位的研修组
体验探究阶段	在导师指导下，学员分组走进幼儿园进行深度体验和探究，开展小课题研究。每组优选两所学员所在幼儿园作为考察园
考察拓宽阶段	在导师指导下，学员分组走进省外特色幼儿园进行观摩学习和经验分享，并在导师的指导下进行小课题研究开题
研究反思阶段	学员再次走进幼儿园进行观摩学习，进行反思提升和课题研究；开展中日幼儿园体育课例交流活动
总结分享阶段	集中在广东第二师范学院进行课题答辩、成果交流和研修总结

(二)两个月期的任职资格班

例如，2013年广州市天河区幼儿园园长任职资格证培训班的浅层次目的是帮助本区域幼儿园园长取得任职资格证，深层次目的在于提升本区幼儿园园长的专业素质和管理能力，培养一支懂教育、善管理、能思考、会研究的专业化幼儿园园长队伍，推进天河区学前教育的均衡发展与优质发展。一年培训期采用集中培训与园本研修相结合的方式分五个阶段进行。

1. 发展与改革理论研修

第一阶段，2013年7月11日至13日，集中研修，学习学前教育发展与改革的动态、政策与理论；主要安排专家报告，帮助学员了解学前教育发展动态、国家最新的学前教育发展政策，学习教育改革与发展精神，掌握现代教育教学管理理论。

2. 专业素养与基础理论研修

第二阶段，2013年9月26日至12月27日，集中研修，学习学前教育的基本理念与基础理论；主要安排专题学习、案例研讨等课程，更新知识结构与保教观念，提高保育与教育研究能力，增强学习意识和创新意识。

3. 专业知识与技能研修

第三阶段，2014年2月至4月，深度观摩，同时开展课题研究；主要通过交流幼儿园管理经验，探讨幼儿园管理实践，增强幼儿园品牌经营与建设的意识和能力；在观摩交流、反思研讨的基础上和在导师的指导下，确定学员研究课题，开展初步研究。

4. 在岗研修

第四阶段，2014年4月，课题研究，理论与实践相结合，围绕自选课题开展研究，运用所掌握的理论、政策和案例经验，对问题进行分析研判，注意同伴合作学习。

5. 集中研修

第五阶段，2014年5月，采用答辩形式，总结专题学习与案例研讨心得体会，报告课题研究成果。

三、跟岗学习模式

跟岗学习是近年来比较受欢迎的一种培训模式，各地都有很好的做法和经验。本节主要以广东第二师范学院组织的“广东省农村中小学教师跟岗学习”项目为例，对跟岗学习培训模式建构的机理与方式进行探讨。

(一)跟岗学习时间与阶段安排

跟岗时间为15天，分三个阶段进行。

1. 集中研修

第一阶段为集中研修，时间为2天，集中在广东第二师范学院进行方案解读、课程与教学、学科教学等方面的理论学习和研讨，提升学员关于教学策略的理论素养(表8-3)。

表 8-3　广东省农村中小学教师跟岗学习集中研修阶段安排

模块	内容	时间	教学组织形式
方案解读	开班典礼	半天	综合
	跟岗方案解读		综合
课程与教学	新课程的理论反思与实践深化	半天	综合
	教师专业成长		综合
学科教学	学科课程标准结构与内容解读	半天	分学科
	新课标学科案例分析		分学科
跟岗安排	学员与基地负责人见面，前往基地	半天	分基地学校

2. 跟岗学习

第二阶段为跟岗学习，时间为 12 天。学员按照分配名单进入实践基地跟岗学习，以“师带徒”形式依据实践基地制定的实施方案完成学习任务。高校安排专家进行跟踪指导(表 8-4)。

表 8-4　广东省农村中小学教师跟岗学习阶段安排

模块	内容	时间	组织形式
观摩体验	报到，与导师相互认识、了解	2 天	座谈
	领会基地学校的办学理念和特色		专题会、参观
	体验导师教育教学的各环节		观摩
参与教学	参与备课	8 天	综合
	跟班听课		
	随班上课		
	说课评课		
	随班上课(汇报课)		
	参与班级管理活动		
教研活动	参加基地学校科研活动	1 天	讲座、讨论会
	进行教学案例分析交流		
	文化考察		
总结交流	基地学校、导师总结	1 天	总结会
	学员总结、交流跟岗心得		

3. 总结反馈

第三阶段为总结反馈，时间为 1 天。学员回到高校进行培训总结，并进行成果展示和进一步反思。具体活动包括跟岗体会交流、专题研讨、专家点评、培训总结等(表 8-5)。

表 8-5　广东省农村中小学教师跟岗学习总结反馈阶段安排

模块	内容	时间	教学组织形式
总结与点评	分学科进行总结和交流	半天	分学科
	专家点评、总结（对跟岗教师未来专业发展的引领）		
结业典礼	项目总结	半天	综合
	领导讲话		
	颁发证书		

(二)跟岗学习形式

广东第二师范学院组织的广东省农村中小学教师跟岗学习形式主要有五种(图 8-1)。

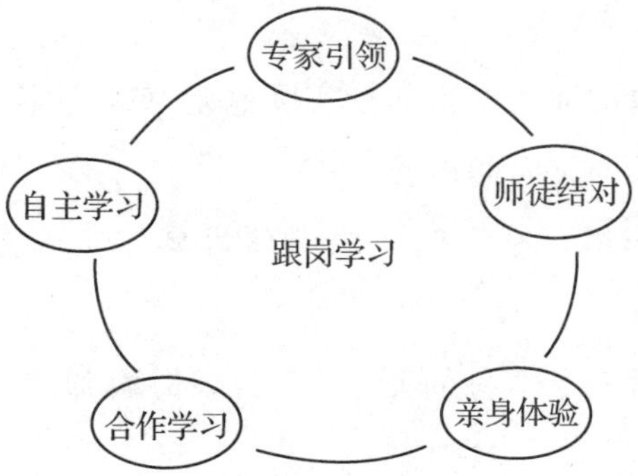

图 8-1　农村中小学教师跟岗学习形式

1. 专家引领

专家对学员跟岗前、中、后期都要介入进行指导。通过专题讲座、讨论交流等形式，专家对课程与教学的理论进行阐述，对教学策略进行解析，为学员跟岗学习打下理论基础，引领方向。

2. 师徒结对

跟岗学习最核心的关系是实践基地教师与跟岗教师之间的“师带徒”关系。基地教师履行导师的职责，参训教师也须履行学员的职责，双方有正确的定位，使跟岗学习落实到个人。

3. 亲身体验

培训方给学员提供直接观察基地教师教育教学的机会，让跟岗教师身临其境，进行持续、随时、细致的观察与体验，例如跟班听课、随班上课、参与班级管理、参与教学研究等。

4. 合作学习

基地教师与跟岗教师既是导师与学员的关系，也是合作学习的伙伴，要尽可能通过平等交流、合作研究等多样化的方式，互相取长补短，为今后的持续交流打下基础。

5. 自主学习

跟岗教师是从欠发达地区遴选的骨干教师，具有强烈的自主学习意识。专家和导师引导学员在自我鉴定和已有经验的基础上，进行在差异化学校环境中的反思。

（三）各方责任

跟岗学习涉及承担项目的高校、实践基地中小学、跟岗教师三方机构人员，在项目实施过程，各方责任必须明确。

1. 高校

高校负责统筹协调、控制实施、保障质量，组成专家团队进行理论培训和专业引领，具体包括以下四个方面的内容。

①制定完善项目实施方案，指导基地学校制定方案。

②统筹协调整体项目的实施。

③组建专家团队，安排好专家团队对学员的全程指导。

④指导跟岗阶段的工作，做好集中研修阶段和总结反馈阶段的组织工作。

2. 实践基地中小学

实践基地中小学负责实践培训，立足本校实际制定基地方案，设计好学员在基地的各项学习交流活动，具体包括以下八个方面的内容。

①成立跟岗学习项目工作组，制定基地跟岗项目具体实施方案，落实学习安排和工作分工等。

②每个基地学校接受两到三个学科的10～15名跟岗教师；每个学科安排一位教学经验丰富、教学效果突出的名教师作为指导教师。

③协调安排好学员在基地的学习和生活。

④落实学员的学习计划和方案，做好过程控制。

⑤对学员进行考勤。

⑥跟岗结束时对学员进行考核，并填写教师跟岗学习考核登记表做书面鉴定。

⑦对学习期间的有关资料收集整理。

⑧做基地跟岗项目工作总结报告。

3. 跟岗教师

选送跟岗的中小学教师在跟岗前要进行自我鉴定，在跟岗过程中要完成学习日志和教学反思，跟岗完成后要总结学习成果并接受考核，具体包括以下五个方面的内容。

①进行学习前的自我鉴定，思考个人学习和发展中的问题和困难，制定个人学习计划与学习重点。

②在跟岗过程中认真参与基地学校的各项活动，及时交流，认真思考。

③跟岗期间，至少参与两次集体备课、评课，每天至少听2节课，每周至少上1节汇报课，参加一到两次教研活动，组织或参加一到两次班会活动。

④认真填写《跟岗学习日志》，详细记录各项培训活动安排、学习观摩的收获和体会、教学反思等。

⑤遵纪守法，遵守基地学校的各项规章制度，服从学校安排，牢固树立安全意识，保障人身与财产安全；学习期间请假需向指导教师提交书面申请，获批后方可离校。

(四)工作机制

为促进学员、导师、基地的共同成长，项目组建立了高校指导专家引领制，请各学科专家全程参与跟岗指导。在实践中，这种机制得到了学员、导师和基地的认可，取得了较好的效果，是一项提升跟岗教师专业水平的重要措施。同时，项目组也组织建立了跟岗实践基地学校团队，包括总负责人、具体负责人、后勤负责人、各学科指导教师等，他们将在基地对接和跟岗过程中发挥重要作用(图 8-2)。

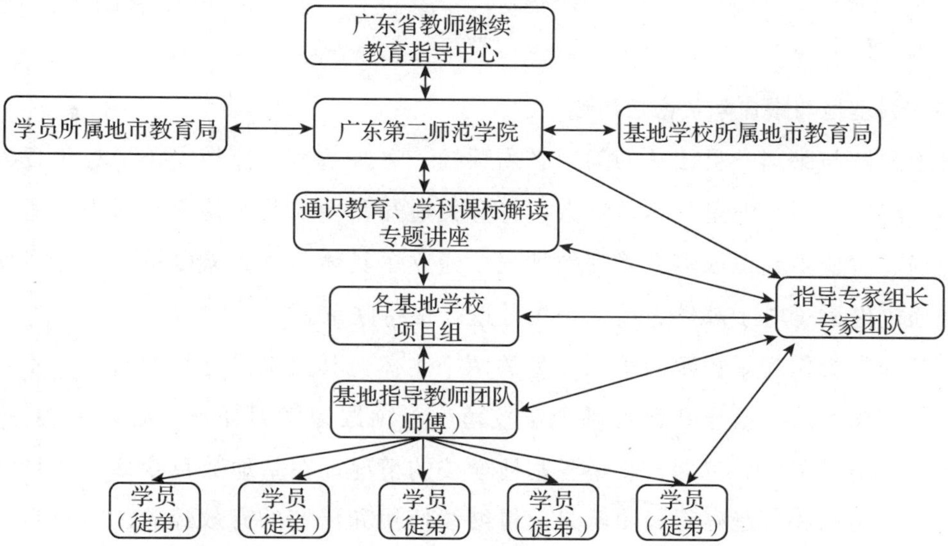

图 8-2　农村中小学教师跟岗学习培训项目工作机制

(五)行动策略

1. 基于体验式学习理论制定实施方案

体验式学习理论主张有效的学习应从体验开始，进而发表看法，然后进行反思，再总结形成理论，最后将理论应用于实践当中。这个过程强调共享与应用。该理论为项目组制定教师跟岗学习实施方案以很大的启示。这种强调“做中学”的体验式学习，能够将学习者的潜能真正发挥出来，是创新教师培训模式、提高学习效率的有效方式。同时，借鉴建构主义学习理论注重以学习者为中心进行教学、在实际情境中进行教学、协作学习以及提供充分资源的基本观点，结合在职教师的成人教育特点，项目组制定了教师跟岗培训的目标、内容、模式、考核和评价以及师资结构等方案。方案最大的特点就是在专家、导师的引领下，学员在差异化的环境中接受体验式培训。

2. 科学合理制定跟岗指南和实施方案

整体实施方案要求各基地重点落实管理机制和跟岗具体安排。项目组成立了基地项目组，其中校长是总负责人，下设具体负责人、后勤负责人和导师。同时项目组强调基地方案要特别注重分学科，细化到每一天的安排，保证给学员提供直接观察基地学校导师教育教学行为的机会，使跟岗教师身临其境进行持续、随时、细致的观察，从而获得真实、全面、深刻的体验。

学员报到前要求从“我的现状”“我的困惑”“我的学习期望”三个方面制定个人跟岗学习计划，这是从学员角度制定的实施方案，目的是使他们思考学习的重点，“带着问题来，带着冲动走”，有准备地进入培训。

3. 坚持高校专家全程指导的工作机制

只是将跟岗学员分配到各基地学校，由学校导师去带领，而没有更高层次的引领，则不利于学员、导师、基地的共同成长。因此，在跟岗学习的各个阶段，来自高校、省教研院等单位的指导专家是全程参与的。在集中研修阶段，专家进行学科课标解读、指导如何跟岗等；在基地，专家现场诊断，组织研讨；在总结阶段，专家进行点评，提出今后的学习要求和发展期待。

4. 坚持实践基地与跟岗学员密切沟通

实践基地团队与跟岗学员团队的沟通必须顺畅。每所基地学校都安排了总负责人下的具体负责人。项目组主要面对的是具体负责人，将有关通知和要求及时传递给对方，避免了基地学校分工不明确、责任不到位或多方管理的情况；建立了具体负责人 QQ 群，拉近了距离，方便了沟通，并通过电话、电子邮件、传真等多种途径保持联系。

高校和基地学校作为承担跟岗培训任务的两个主体，其关系是互相配合、密不可分的。高校要统筹项目整体实施，指导和督促基地学校落实各项跟岗学习任务，必须要做好基地对接，密切基地联系，随时了解、掌握、收集各基地学校的情况。在基地数目众多、项目组工作人员有限的情况下，组织和打造好组长团队是值得继续使用和借鉴的有效经验。项目组的做法是将一所基地学校的一个学科编为一组，大多数基地设两个组长，个别基地因为只有一个学科则设一个组长，选取了综合素质高、积极热情、组织调动能力强的学员做组长，在集中研修阶段召开组长会议，跟岗阶段主要通过组长及时反馈了解各种情况。

5. 多种方式及时呈现学习成果

学员主要通过以下几个方面呈现学习成果：一是员每天撰写跟岗日志，记录当天的学习内容、体会和收获(跟岗日志在博客中体现，便于交流和共享)；二是有明确的听课、评课和上课的节数要求，即听评课不少于 10 节，上课不少于 3 节，参加一两次教研活动，参加一两次班会活动；三是接受基地导师的考核并提交跟岗学习的总结；四是回到本人岗位后在本校上公开课，或举行讲座介绍跟岗学习的体会。基地通过选择一个主题有所侧重地进行工作总结，并拟将基地总结和方案编印成册；专家通过推荐优秀日志、上传教研文章，对项目整体实施提出意见和建议，并整理汇编。

>> 第三节　“四主四环”培训模式[①] <<

建设一支结构合理、素质优良的骨干教师队伍，是促进学校教育良性发展和打造区域教育人才高地的重要途径。为切实提高骨干教师培训质量，真正实现培训的主体、内容与形式的相

---

① 胡继飞、古立新：《“四主四环”骨干教师培训模式建构》，载《中国教育学刊》，2011(12)。

互统一，培训模式就要创新。创新骨干教师培训模式不是简单地摈弃院校培训，而是要更好地将院校培训与中小学名师资源、培训对象的岗位实践结合起来，对培训要素进行结构重组和功能再造。为进一步提升骨干教师培训的实效性，广东省教育厅在2009年提出了“双名工程”和“三位一体”骨干教师培训的基本构想，即高校、区域教师培训机构和中小学名师工作室三方合作共同承担骨干教师培训。2010年3月，广东省启动了首期“三位一体”骨干教师培训。广东第二师范学院在多年教师培训工作实践中，遵循教育行动研究的技术路线，建立起“四主四环”骨干教师培训模式。

一、“四主四环”培训模式的构成内容

(一)“四主四环”培训模式的基本内涵

在该模式中，高校(导师)、中小学名师工作室(主持人)、区县教师培训机构和骨干教师培养对象四个方面共同构成一个教师专业发展的学习共同体。在培训活动中，这四个主体简称“四主”(图8-3)。“四主”的提法要比“三位一体”的表述更能反映模式的本质特点和价值追求。

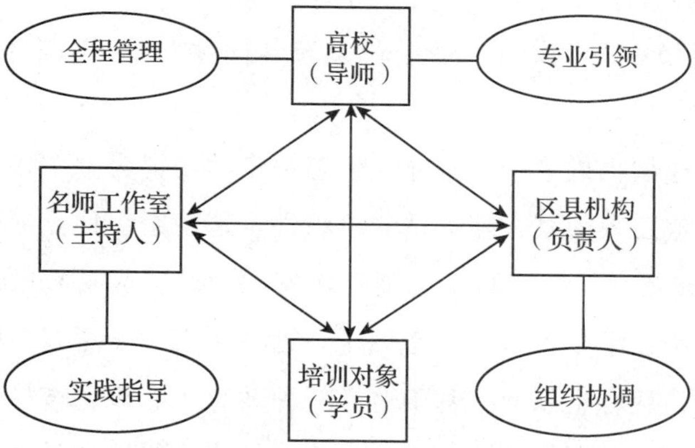

图8-3　“四主四环”培训模式的“四主”相互关系

主体之一的高校目前有华南师范大学和广东第二师范学院两所，按学段和学科分设学科导师(一般由学科教学论专家担任)。导师全面负责整个学科培训的设计、组织、管理与指导工作。主体之二的中小学名师工作室，同样按照学段和学科设置。工作室由一名主持人(简称名师)和若干核心成员组成。主持人通常由特级教师担任。广东省教育厅在2009年批准成立了90个省级名师工作室，主要承担省级骨干教师的实践培训任务。主体之三的区县教师培训机构，指区县一级的教师进修学校或教育局的继续教育中心，负责指导和协调名师工作室的建设和骨干教师的培训。主体之四的骨干教师培养对象，指那些具有一定资质要求且有培养潜质的中小学一线教师，通过地方推荐与省级审核来确定，原则上按照每个名师工作室指导10名学员的比例选拔和配置。

“四环”指“集中培训—跟岗学习—岗位实践—成果展示”四个培训环节。模式的结构与流程如图8-4所示。

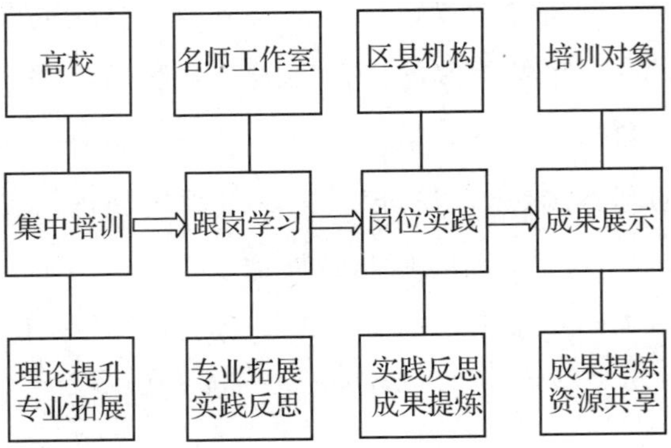

图 8-4 “四主四环”培训模式流程图

(二)“四主四环”培训模式的理论基础

“教为主导、学为主体”是该模式遵循的教学原则。在任何一个教育体系中，教学对象都是学习的主体，其他要素都是围绕这个学习主体存在和展开的。“四主四环”培训模式所追求的是以培训对象(学员)为中心来构建学习型组织和教师专业发展共同体。建立专业学习共同体是该模式的价值追求。骨干教师培养对象的专业成长，既是一种个体学习，更是一种社会建构。从20世纪90年代开始，专业学习共同体在美英等西方发达国家悄然兴起，成为知识经济时代背景下一种新的学校发展模式。[①] 作为一种专业学习共同体，“四主四环”的运作模式应是分工合作。

教育生态观为模式建构提供了理论指导。生态观将学校视为一个多向互动的立体网络式的教育生态系统。人脉结构反映的是人际关系的组织性，这种组织性是通过一定的教育教学管理机制实现的。[②] 该模式涉及高校(导师)、名师工作室(名师)、区县教师培训机构(主持人)、骨干教师培养对象及学员所在学校等多个生态因子，这些生态因子通过“研、训、用”的相互关系建立起一个交叉和互助的教育生态网。基于这样一种教育生态观，该模式将导师和名师视为社会公共资源，以实现专家和名师的社会效益最大化，加快构筑区域教育人才高地，因此，该模式秉承规模和效益优先原则，追求“让教师成名、让名师更名”的培训目标。

(三)“四主四环”培训模式的操作程序

“四主四环”培训模式在实践中可分为四个阶段。

1. 基于专家引领的专业拓展

全体学员脱产在高校进行集中培训，侧重于理论学习、理念更新和专业技能训练，为期一到两周。培训内容主要包括教育教学理论前沿、教育教学研究方法、学科新进展、学科技能训练、现代教育技术以及培训方案的解读与研讨等。教学方法灵活多样，多采用参与式、讨论式、研究式和小组合作式等方法。在此期间，学员应完成教育教学研究课题的选题，并完成一

① 郑汉文、程可拉：《论专业学习共同体》，载《教育评论》，2008(5)。

② 胡继飞：《论大班额背景下的我国学校教育生态》，载《教育研究与实验》，2006(4)。

定量的课程作业。

这一阶段分学科来设置培训班。学科导师负责全面管理和专业指导。班主任负责生活指导和班级日常管理。为利于各培训阶段之间的衔接，名师工作室主持人和区县教师培训机构也应参与其中。

2. 基于名师示范的教育实习

学员分小组进入名师工作室进行跟岗学习，为期一到两个月。学员按学段和学科分组。原则上每个工作室承担约 10 名学员的跟岗实习任务。区县教师培训机构应协助工作室安排好学员的食宿。这一环节主要采用师徒模式，由名师进行传、帮、带。学员与名师一同备课、上课、评课，一同开展课题研究。学员必须完成一定量的常态课和公开课的教学任务、听课和评课的见习任务，以及结合课题研究的优秀课例开发任务。

在这一阶段，名师工作室主持人作为第一责任人，要对跟岗学习有一个整体设计，必须突出“教学实践”这个跟岗学习的重点，即把重点放在名师指导下的课堂教学和课例开发上。跟岗学习前，学科导师要组织相关的工作室主持人研讨和制订跟岗学习计划；跟岗学习期间，高校要指派专人进行跟踪指导。

3. 基于任务驱动的自主提升

学员以个体为单位分散进行岗位实践。学员回到任职学校进行岗位实践，自觉进行教学改革和继续完成课题研究。一年中除去其他三个环节占用的时间，剩余时间都用作学员的岗位实践。学员必须开设一定量的公开课，并担任至少一名新任教师的指导工作。区县教师培训机构要通过学员所在学校对学员的岗位实践进行过程性监管。高校和名师工作室则主要通过互联网进行远程指导，也可以根据需要下到学员所在学校进行现场指导。

4. 基于资源共享的总结评价

全体学员集中在高校进行成果展示，为期一周。学员回到高校进行最后阶段的总结与考评。学科导师应组织一些富有挑战性的活动项目，以便于学员之间学习交流和考核评价。教学方面可以开展诸如说课比赛、录像课展示等活动，科研方面可以举办论文答辩会、专题学术研讨会等活动。

这一环节具体由学科导师和班主任负责组织实施，采用分组答辩与集中交流相结合的形式，由高校导师、名师工作室主持人和区县教师培训机构代表组成的评审小组负责对学员的成果展示进行考评、鉴定。

二、“四主四环”培训模式的行动策略

(一)通过分工合作明确主体责任

明确四方主体在培训各阶段中的职责是该模式得以顺利实施的关键，同时学科导师作为项目负责人，要注意对整个培训活动进行规划、指导和检查。为此，培训中心制定了翔实的任务分工一览表，使四方主体对彼此分工及合作关系一目了然。

(二)用课题研究来统合培训内容和过程

骨干教师必须具有良好的研究意识。教师的研究意识可以从研究的底气、研究的勇气和研究的朝气三方面提升。[①] 课题研究在该模式实施中具有举足轻重的作用，可以用来统整培训的内容和引导培训的进程。其中，理论提升、课堂教学、案例开发和教学专题研究等可作为阶段性成果纳入学员的子课题研究范围，以课题研究促进培训目标的落实和学习任务的完成。这就要求课题的设计要体现前沿性、学科性和实践性，要突出校本行动研究的技术路线和价值追求。

一是设立工作总课题。为骨干教师培训专门设置工作课题是值得肯定的一种做法，为保证权威性，省教育主管部门专门为骨干教师培训下达了课题委托书。

二是设立二级子课题。各学科导师根据总课题的实施方案来设计若干子课题，供各工作室主持人和学员参考。工作室主持人和学员都要填写子课题申请书，学科导师负责对选题进行审核。名师承担子课题的研究，一方面有利于名师自身的发展，另一方面可以为学员提供课题研究的示范。名师的子课题研究时间跨度为三年，选题应兼顾理论研究和实践研究两个方面。学员承担的子课题，研究时间跨度为一年，选题应侧重实践研究(叙事研究、课例研究和行动研究等)。

三是组织开题报告和结题答辩。课题研究要善始善终，要让学员亲历完整的课题研究过程。在第一阶段的“集中培训”中，组织名师的开题报告会，在第二阶段的“跟岗学习”中，组织学员的开题报告会，在第四阶段的“成果展示”中，组织学员的结题报告与论文答辩会。学员的开题报告和结题答辩均按照工作室分组进行，由工作室主持人担任各评审组的小组长。无论开题还是结题，都要强调对学员的“指导”，多给学员指出问题和不足、提出修改意见或个人发展建议，而不是简单地给出一个等级或一个分数。

(三)用分段式评价来强化过程管理

对学员的考核评价，要注意将过程性评价与终结性评价结合起来，要按照培训的不同阶段分别设计不同的学员成绩考核表。这些评价材料将成为评选优秀学员、优秀论文和优秀案例的重要依据。

不同阶段有不同的评价主体和考核内容，各评价主体必须严格按照各阶段的培训目标和要求对学员进行考评，导师和班主任还要对各阶段的材料进行归档和分析，例如，为每个学员建立“专业成长档案袋”，让学员自己收集、整理相关材料并开展自我评价。这种分段式的考核量表较好地体现了过程性评价和多元性评价理念，能够有效发挥评价的目标导向和过程性管理功能。

此外，加强学员对培训模式的认知、重视班级培训文化建设、发挥网络技术在远程指导中的作用、提升培训者的专业责任担当等，也是保证培训顺利开展和促进培训效率的重要途径。

“四主四环”培训模式的实施是一个系统工程，涉及较为复杂的多方关系，需要教育行政部门、培训院校、中小学三者之间的相互支持，需要单位领导、学科导师、名师和学员之间的密切配合，更需要资金保障和配套政策的落实。

---

① 吴刚平、余闻婧：《论教师的研究意识》，载《中国教育学刊》，2010(12)。

第九章　幼儿园教师培训课程

>> 第一节　学前教育课程发展概况 <<

一、实施《幼儿园教育指导纲要(试行)》时期

2001年7月，《幼儿园教育指导纲要(试行)》(以下简称《指导纲要》)的印发标志着我国学前教育课程改革进入一个新阶段。这既为幼儿园教师提供了一个专业发展的新机遇，也提出了严峻的专业新要求。《指导纲要》要求教师摆正教育者位置，转变教育观念，以适应新的社会环境和新的技术条件对教师的专业要求。

(一)转变教师的角色定位

教师由传授者转化为支持者、鼓励者，由管理者转为引导者，由居高临下转向"平等中的首席"，由个体主导转向团队合作。

(二)提高保育研究能力

新阶段要求教师成为研究型、专家型的专业教师。教育的核心应该是培养学生学习的能力、分析问题的能力、运用知识的能力、生存和发展的能力，尤其是创造性思维与实践能力，这就要求教师具有指导幼儿探究性、创新性学习的能力。

(三)注重师幼互动

在幼儿活动设计中，教师要提供适宜的内容与形式，引导幼儿在良好的师生关系和氛围中参与体验，同时对幼儿采用富含激励的评价方式，促进幼儿身心健康、活泼的发展。

二、实施《3～6岁儿童学习与发展指南》时期

2012年10月，教育部印发了《3～6岁儿童学习与发展指南》(以下简称《发展指南》)，进一

步完善并细化了《指导纲要》对幼儿身心发展五个领域的要求，反映了新时期幼儿保养与教育的新思想、新要求，并且将幼儿学习与发展要求具体化，有很强的操作性。《发展指南》对3～6岁幼儿学习与发展规律和不同阶段的发展水平做了基本描述，针对三个不同年龄阶段的幼儿提出五大领域的具体发展目标。《发展指南》要求教师必须了解幼儿的学习特点、心理特征，同时保教工作要符合幼儿身心发展规律，按照不同年龄阶段幼儿的发展水平实施有效的、科学的保教工作。2014年，教育部等部门《关于实施第二期学前教育三年行动计划的意见》提出了提高幼儿园教师队伍素质的要求：各省(区、市)制定幼儿园教师培养规划，扩大培养规模。鼓励地方建立完善学前教育师范生免费教育制度。

>> 第二节　幼儿园教师专业发展状况 <<

一、幼儿园教师专业素质要求

(一)幼儿园教师专业标准

2012年2月，教育部印发了《幼儿园教师专业标准(试行)》(以下简称《专业标准》)，明确提出："幼儿园教师是履行幼儿园教育教学工作职责的专业人员，需要经过严格的培养与培训，具有良好的职业道德，掌握系统的专业知识和专业技能。《专业标准》是国家对合格幼儿园教师专业素质的基本要求，是幼儿园教师实施保教行为的基本规范，是引领幼儿园教师专业发展的基本准则，是幼儿园教师培养、准入、培训、考核等工作的重要依据。"《专业标准》是为建设高素质专业化教师队伍构建的教师专业标准体系，教育部对贯彻《专业标准》提出了具体的要求。

1. 认真组织学习贯彻

教育部要求各地教育行政部门、开展教师教育的院校、幼儿园把贯彻落实《专业标准》作为此后一个时期内加强教师队伍建设的重要任务和举措，采取宣讲、讨论、座谈、培训等多种形式，组织开展《专业标准》专题学习活动；充分利用报刊、电视、网络等各类媒体，广泛宣传《专业标准》的重要意义和主要内容，进一步提高全社会对教师专业特性的认识；通过学习宣传，帮助广大中小学、幼儿园教师和师范生准确理解《专业标准》的基本理念，全面把握《专业标准》的内容要求，切实增强专业发展的自觉性，把《专业标准》作为开展教育教学实践、提升专业发展水平的行为准则。

2. 结合本地实际实施

各地、各校要紧密结合实际，抓紧制定落实《专业标准》的相关工作方案和具体措施，精心组织实施，务求取得实效；要依据《专业标准》调整教师培养方案，编写教育教学类课程教材，作为教师教育类课程的重要内容。

3. 作为培训和考核依据

教育部要求将《专业标准》作为"国培计划"和"省培计划"等各级培训的重要内容，依据《专业标准》制定教师培训课程指南；将《专业标准》作为幼儿园教师考核的重要依据，进一步细化考核的内容和指标。

(二)《专业标准》的主要内容

《专业标准》含“基本理念”“基本内容”“实施建议”三个维度，分14个专业领域62条标准。

1. 基本理念

(1)师德为先

热爱学前教育事业，具有职业理想，践行社会主义核心价值体系，履行教师职业道德规范，依法执教。关爱幼儿，尊重幼儿人格，富有爱心、责任心、耐心和细心；为人师表，教书育人，自尊自律，做幼儿健康成长的启蒙者和引路人。

(2)幼儿为本

尊重幼儿权益，以幼儿为主体，充分调动和发挥幼儿的主动性；遵循幼儿身心发展特点和保教活动规律，提供适合的教育，保障幼儿快乐健康成长。

(3)能力为重

把学前教育理论与保教实践相结合，突出保教实践能力；研究幼儿，遵循幼儿成长规律，提升保教工作专业化水平；坚持实践、反思、再实践、再反思，不断提高专业能力。

(4)终身学习

学习先进学前教育理论，了解国内外学前教育改革与发展的经验和做法；优化知识结构，提高文化素养；具有终身学习与持续发展的意识和能力，做终身学习的典范。

2. 基本内容

(1)专业理念与师德

4方面共20条要求：职业理解与认识5条，对幼儿的态度与行为4条，幼儿保育和教育的态度与行为6条，个人修养与行为5条。

(2)专业知识

3方面共15条要求：幼儿发展知识5条，幼儿保育和教育知识6条，通识性知识4条。

(3)专业能力

7方面共27条要求：环境的创设与利用4条，一日生活的组织与保育4条，游戏活动的支持与引导4条，教育活动的计划与实施4条，激励与评价3条，沟通与合作5条，反思与发展3条。

3. 实施建议

(1)各级教育行政部门要将《专业标准》作为幼儿园教师队伍建设的基本依据

根据学前教育改革发展的需要，充分发挥《专业标准》引领和导向作用，深化教师教育改革，建立教师教育质量保障体系，不断提高幼儿园教师培养培训质量。制定幼儿园教师准入标准，严把幼儿园教师入口关；制定幼儿园教师聘任(聘用)、考核、退出等管理制度，保障教师合法权益，形成科学有效的幼儿园教师队伍管理和督导机制。

(2)开展幼儿园教师教育的院校要将《专业标准》作为幼儿园教师培养培训的主要依据

重视幼儿园教师职业特点，加强学前教育学科和专业建设。完善幼儿园教师培养培训方案，科学设置教师教育课程，改革教育教学方式；重视幼儿园教师职业道德教育，重视社会实践和教育实习；加强从事幼儿园教师教育的师资队伍建设，建立科学的质量评价制度。

(3)幼儿园要将《专业标准》作为教师管理的重要依据

制定幼儿园教师专业发展规划，注重教师职业理想与职业道德教育，增强教师育人的责任感与使命感；开展园本研修，促进教师专业发展；完善教师岗位职责和考核评价制度，健全幼儿园教师绩效管理机制。

(4)幼儿园教师要将《专业标准》作为自身专业发展的基本依据

制定自我专业发展规划，爱岗敬业，增强专业发展自觉性；大胆开展保教实践，不断创新；积极进行自我评价，主动参加教师培训和自主研修，逐步提升专业发展水平。

二、幼儿园教师专业培训状况

以广东省2012年9月至2013年9月一年培训工作为例，全省幼儿园教师共303 996名，各级培训共计814 294人/次，其中国家级6 750人/次，省级14 329人/次，地市级65 333人/次，县级120 798人/次，园级607 084人/次。其中园级培训占了很大比重。通过对受训教师的培训需求程度进行调查分析发现，33.38%的教师的培训需求非常强烈，49.93%的教师的培训需求很强烈。通过交叉对比分析发现，新教师的培训需求程度高达91.53%，其他不同层级的培训需求程度也都高达80%。由此可见多数教师希望参加更多的培训。但是从数据上看，培训整体比例仍然不高，尤其是高端培训项目较少。实施三年行动计划期间，全省学前教育发展取得了较好的成效：学前教育办学规模明显扩大，办学结构得到优化，普及程度和保教质量稳步提高，整体实力明显增强。同时教师增长速度也比较快，师生比值在扩大。教育部等部门《关于实施第二期学前教育三年行动计划的意见》指出当前学前教育仍然存在的问题如下：幼儿园教师数量短缺，工资低，待遇差；教师专业素质不高；幼儿园保育教育质量参差不齐等。

通过文献分析与数据统计发现，广东省幼儿园教师合格率不高，但随着幼儿园数量的迅猛增加，合格的教师总体比率还在降低。提高幼儿园教师质量，提升幼儿园教师队伍整体素质，最好的途径就是继续教育。学前教育事业的发展迫切需要对幼儿园教师进行继续教育培训。

>> 第三节　幼儿园教师培训项目 <<

一、幼儿园新教师培训课程

幼儿园新教师包括刚入职和入职时间不长的年轻教师，在现阶段也包括部分小学转岗教师，总体上也可以称为青年教师。青年教师是幼儿园教师队伍的重要组成部分。提高全体青年教师实施素质教育的能力水平，是发展幼儿教育事业的一项重要工作。随着国家学前教育行动计划的落实，各地学前教育规模迅速扩大，不少地方已经普及了学前三年教育。幼儿园教师队伍也随之迅速扩大，各地都不同程度出现了教师队伍素质参差不齐的状况，与实际工作需求的矛盾日趋突出。提升幼儿园保教工作水平，推进幼儿园素质教育，首要的工作就是提高全体教师，特别是青年教师实施素质教育的能力水平，把青年教师培养工作当作一项重要战略任务来抓，努力使新教师了解前沿理论动态，拓展新的教育基础理论，扩大人文与科学领域知识面，学习并掌握最新的幼儿教育研究成果，研究学前教育教学活动的规律，增强专业技能，在完成日常保教工作的同时迅速提升自身教育教学水平，达到工作要求。新教师培训包含职前上岗培训、职后园本培训和继续教育培训。

(一)培训目标和任务

结合《指导纲要》和《发展指南》要求，从实施素质教育的目标出发，更新教育观念，加强对教育新理论、新知识的学习，通过多种途径使新教师迅速成长、成熟起来。通过一年的培训，力争使每位教师在政治思想、师德修养、业务素质和教书育人的实际工作能力方面达到合格水平。在此基础上，培养一批有较高的理论与实践能力的骨干教师队伍。通过开展园本培训，进一步培养教师职业道德和专业思想，树立现代教育观念，熟悉有关教育法规，掌握必备的教育技能，不断提高科学教育理论水平和教育教学研究能力，更新知识，提高执教水平。树立正确的教育观、儿童观、游戏观，不断完善幼儿园教师必备的知识、能力结构，提高实施幼儿教育教学的能力，促进专业不断发展。

近期目标：教师要把握现代幼儿教育基本理念，初步掌握幼儿保养教育基本功，胜任幼儿班级管理工作；尽早适应教师角色，迈好教师成长的第一步；了解、掌握基础教育新课程改革的有关情况；掌握幼儿园一日活动组织的方法、技能和技巧；掌握各领域教育教学的技能和方法。

(二)新教师的特点

1. 新教师的优势

①学历层次普遍较高，现代教育意识、教学技能较强。

②获取新信息的能力强，善于接受新事物，乐于运用新技术。

③有爱心，有活力，有干劲，工作热情高。

④能虚心学习，希望尽快熟悉工作业务、提高专业水平。

2. 新教师的不足

①最主要的是缺乏工作经验，对幼儿园保教工作缺少体验。

②对幼儿园一日活动各环节的组织和实施不够熟悉，对幼儿班级常规管理需要在工作体验中逐步适应和熟悉。

③与家长交流存在困难，缺乏与家长交流的方法艺术。

④由于实践经验少，容易出现保教工作实际操作与教育教学理论相脱节的现象。

⑤未能熟练地遵照幼儿身心发展特点开展保教工作，在幼儿活动设计中缺乏对活动价值取向的准确把握，缺乏对活动重难点的把握。

⑥缺乏对幼儿保教工作中突发事件的应对处理经验。

(三)培训的指导思想

通过培训使新教师尽早适应工作角色，尽快缩短工作的不适应期，力求使新教师胜任教育教学工作。重点将教学理论和教学实践结合起来，使新教师尽快适应工作岗位，将学校理论知识学以致用，在工作中逐步得心应手。坚持按需施教，教、学、用相结合，不断提高教师素质，讲求实效性和时代性。通过园本培训，培养青年教师，带动全体教师。

(四)培训内容

培训内容应该包含与新教师入职幼儿园工作有关的所有内容，主要为教师职业道德规范、教育法规、幼儿教育基本理论、《发展指南》解读、各领域教育教学活动的基本组织策略、教育教学常规、教学基本功、幼儿教育科研基本知识、幼儿园一日生活各环节的具体内容与要求、制定各类教学计划、设计组织幼儿在园一日活动、幼儿园集体教学活动组织的基本要求、游戏的组织、幼儿园班级及区域的环境创设、与家长沟通的方法策略等。

(五)培训的计划安排

新教师培训可以根据培训对象实际情况及人员数量确定，如果数量较多，则可以分成三个阶段：见习期培训、见习期后的适应期培训、青年骨干教师培训。

1. 方案一

新教师入职幼儿园工作培训时间可以设计为一年，分成四个阶段，合计 120 学时。

第一阶段：通识培训，集中学习 3 次，合计 16 学时。

第二阶段：教研员讲座、考察、听课、指导，合计 30 学时。

第三阶段：岗位培训，幼儿园结队导师指导，自主学习与实践，合计 54 学时。

第四阶段：采用会课、研讨、作业等形式进行，合计 20 学时。

2. 方案二

从 10 个方面开展相互穿插培训。

①每周进行一次全园教师教育理论、业务学习，要求认真做好记录。

②组织教师学习《发展指南》，采用讲座和参与式培训相结合的方式，深入领会《发展指南》精神。

③学习《幼儿园工作规程》，规范幼儿园工作的日常用语和行为举止。

④积极开展环境创设，根据大、中、小班幼儿年龄特点布置有趣味性、教育性、艺术性的活动区。

⑤组织观摩老教师特别是优秀教师的保教工作，向有经验、有特长的教师学习。

⑥开展说课、听课、评课为一体的保教实践活动，熟练掌握教学基本功。

⑦通过集体备课、互相观摩、专题讨论等方式，熟悉、了解和掌握幼儿园教育教学的主要原则、基本方法和基本的组织形式，学习独立主持班级的教育教学活动。

⑧学习采用观察、谈话、作品分析等多种方法，全面了解幼儿的发展状况，关注每一个幼儿的发展。

⑨引导新教师进行自我认识、自我分析，明确自身的优势、特长与不足，确定自己的发展方向。

⑩学习、演练幼儿园突发情况的应对措施。

(六)培训考核

新教师培训考核由学员所在单位和区教师进修学校共同承担，具体要求如下。

1. 学时及考勤

新教师在任职一年期间，必须按照培训计划完成120学时的培训任务；每位学员必须在培训考勤管理平台上或书面登记完成考勤。

2. 书面考核

学员必须完成一份命题试卷、一份教案、一篇教育教学论文、一份年度培训总结。

3. 阶段考核

按培训计划要求进行考核，如"方案一"可由学员所在单位根据第三阶段岗位培训和第四阶段考核的具体要求制定培训计划书，并上交培训管理机构备案，确认培训学时。

4. 颁发证书

有关单位为完成各项考核并合格的学员颁发新教师岗位培训合格证书，以此证书作为新教师的转正依据。

二、幼儿园在职教师培训课程

幼儿园在职教师培训有两类：一类是新课程、新技术等专题培训，如学习《发展指南》《专业标准》和信息技术应用等；另一类是不同资历、不同水平、不同领域的教师培训。总体目标是通过开展园本培训，进一步巩固教师的职业道德，巩固教师的专业思想，使教师掌握必备的教育技能，树立现代教育观念，熟悉有关教育法规，不断提高科学教育理论水平和教育教学研究能力；使教师树立正确的教育观、儿童观、游戏观，不断完善幼儿教师的知识、能力结构，提高其实施幼儿教育教学的能力，促进教师专业成长。

(一)专题培训

1. 幼儿园骨干教师培训示范性项目

例如，教育部、财政部《关于实施"中小学教师国家级培训计划"的通知》中的幼儿园骨干教师培训项目，组织对全国各省(区、市)600名幼儿园骨干教师进行为期10天的专项集中培训，目的在于提高教师教育能力，推动全国幼儿园教师培训的开展。培训内容围绕如何贯彻落实《发展指南》和《指导纲要》的基本理念，针对幼儿教育中的主要问题进行针对性培训，提高教师的教育实践能力。

2. 幼儿园教师专题培训

例如，教育部、财政部《关于做好2013年"国培计划"实施工作的通知》中的幼师国培项目，采取置换脱产研修、短期集中培训、远程培训和转岗教师培训相结合的方式，对中西部农村幼儿园教师和园长进行有针对性的专业培训。

(1)置换脱产研修

采用"双导师"责任落实制置换脱产研修模式，包含教师返岗实践环节，实现院校集中研修和优秀“影子教师”实践有机结合，推动教师培养培训一体化改革。积极利用网络研修平台，探索“种子”教师培训与研修团队打造相结合的机制，切实发挥“种子”教师示范引领作用。严格参训学员遴选标准，落实参训学员公示制度，切实选拔具有良好发展潜力的中青年骨干教师参训。

(2)短期集中培训

建立高等学校、县级教师培训机构和幼儿园的有效合作机制，组建名师讲学团，采用名师示范课、听课评课、参与式培训等方式，采用“送教下乡”和“送培上门”的方法，开展边远贫困地区农村教师培训，扩大项目覆盖范围。加大特殊教育教师、农村新建幼儿园和普惠性民办幼儿园教师和幼儿园园长、“教学点数字教育资源全覆盖”项目校教师培训力度。边疆民族地区要对双语教师培训给予倾斜。建立教师训后跟踪指导的有效机制，充分发挥参训教师的辐射带动作用。

(3)教师远程培训

进一步完善“专家—资源—服务—教学—组织”一体化的网络远程培训模式，不断提升远程培训质量。探索建设教师网络研修社区，推动远程培训模式改革，建立网络研修与园本研修相结合的机制，推动网上研修和网下研修结合、虚拟学习和教学实践结合的混合式学习，促进教师培训常态化。加强培训课程资源更新，着重建设优质案例资源，积极开发微课程，注重生成性资源的加工与应用，为教师提供自主选择机会，切实避免重复培训。将促进信息技术与学科教学深度融合列入必修课程。

(二)分层次培训

1. 青年教师培训

青年教师培训主要通过园本培训组织实施。

(1)培训目标

提高具有2～3年经验的青年教师对《发展指南》的理解、运用能力和各发展领域的融合组织与活动设计能力，提高专业技能水平，使专业发展趋于成熟。

(2)培训内容

岗位职责、职业道德培养、行为规范等规章制度的学习；教学活动设计、技能技巧等业务技能的培训；与家长沟通、做好家长工作交流的培训；保育护理工作、卫生保健工作的培训等。

(3)具体措施

以《专业标准》为坐标，以“幼儿园一日常规活动”为主题，以教学活动的设计与组织实施为研讨的重点，提高教师开展集体教学活动的水平；运用优秀课例等资源开展课例研讨活动，提高教学活动环节设计能力；以“同课异构”等方式开展实践研讨活动，提高集体教学的组织实施水平；以多种方式组织教学反思与评课，鼓励教师对保教活动进行反思调整；制定个人三年发展规划，建立新教师档案袋。

2. 全员培训

全员培训属于教师继续教育培训，包括园本培训、集中培训、远程培训等。

一所规范的幼儿园除了按照教育主管部门布置的培训安排工作之外，也应严格安排立足岗位工作的园本培训。这是建设一支具有良好思想品德和业务素质的教师队伍，提高幼儿园保教质量的重要保证。

(1)指导思想

以《专业标准》为依据，以提高教师实践能力为根本，建立健全以园本培训为基础的教师专业发展培训制度；积极开展以教师发展需求为着眼点的教师专业发展培训，努力探索增强教师培训活动的实效性；努力打造一支师德高尚、业务精湛、结构合理、充满活力的高素质专业化教师队伍。

(2)培训学时

在职教师一学年参加专业发展培训的时间平均达到80学时，其中园本培训为30学时；每位教师参加集中培训的时间一般不低于50学时。

(3)培训内容

培训内容包含师德专题培训、教育理论培训、学科实践培训、教育科研培训、心理健康培训等。从师德师风和教育基础理论入手，着眼深化素质教育，以《发展指南》为指导，通过专家引领、教育理论学习等途径，吸收和借鉴国内外教育发展过程中形成的各种最新理论成果，充分运用专题教研等有效形式，对教师实施有针对性的培训，帮助教师将先进教学理念转化为自身教学行为。引导教师充分认识科研的先导地位，从解决实际问题入手，确立基于教育教学实践的科研课题，同时进行教育科研基本方法的培训。通过心理健康培训，培育德育工作特色，使教师在心理健康教育过程中有所收获，能运用心理学原理改善教育教学方法，制定教师成长规划。根据幼儿园教师专业发展培训规划和教师个人实际，指导教师制定个人专业发展计划。面向全体教师，重点抓好青年教师培训，关注骨干教师成长，提高教师实施素质教育的能力和水平，提高教师的整体素质。

三、幼儿园骨干教师培训课程

广东第二师范学院2012年至2014年三年间承担的幼儿园教师培训项目，可以大致反映近些年幼儿园园长、骨干教师培训的基本状况。广东第二师范学院作为“国培计划(2012—2014)——幼儿园教师示范性集中项目培训机构”，承办了多个幼儿园园长、教师培训项目，如“广东省幼儿园园长与骨干教师培训班”“江苏省幼儿园园长赴粤名园跟岗学习”“四川省汶川小学校长、幼儿园园长培训班”“广东省民办幼儿园骨干教师培训班”“广州市天河区幼儿园园长培训班”等多层次、多类别、多形式的培训项目，积累了各种案例的学前教育师资培训经验。本部分介绍的是广东第二师范学院承担的广州市部分项目案例。

(一)广州市幼儿园园长高级研修班

1. 研修班概况

2012年至2015年共举办了四期。

一期项目：2012年11月至2013年7月。学员为广州市幼儿园在职优秀园长、副园长，其中越秀区6人、海珠区13人、荔湾区9人、天河区6人、白云区27人、番禺区30人、花都区

2人、南沙区4人、增城区3人，共100名园长参加了本次研修培训。

二期项目：2013年10月至2014年7月。学员为参加过提高培训的广州市幼儿园在职优秀园长、副园长，其中越秀区2人、海珠区9人、荔湾区10人、天河区10人、白云区10人、黄埔区6人、番禺区12人、花都区10人、南沙区3人、萝岗区1人、从化区6人、增城区8人，共87名园长参加了本次研修培训。

三期项目：2014年6月至12月，期限半年。学员为参加过提高培训的广州市幼儿园在职优秀园长、副园长和优秀教师50名。

四期项目：2015年6月至12月，期限半年。学员为参加过提高培训的广州市幼儿园在职优秀园长、副园长和优秀教师50名。

2. 研修班目标

研修班以建设高素质、专业化园长队伍为目标，以加强培训的针对性和实效性、提高培训质量为宗旨，以知识的更新、能力的提升、个性的完善和问题的解决为导向，促使园长在知识、态度、思维方式和能力上获得新的成长。研修内容涵盖学前教育前沿信息、幼儿园管理、幼儿园课程、园本研修、幼儿园教科研五个方面。在此基础上，研修班结合多角度、全方位的培训形式，促进园长综合素质的全面提升，努力造就一支具有开拓创新精神、具备现代教育观念、掌握先进管理技术、拥有独特办园理念和自主发展意识的幼儿园园长队伍，使其逐步成长为带动整个地区学前教育发展的中坚力量。

3. 研修班管理

研修班整合了上海、江苏、甘肃、广州、台湾，以及日本等地的优质学术与实践资源，组建了由高等学校教育理论专家、优秀教研员、幼儿园优秀园长以“三位一体”方式构成的理论与实践相结合的导师团队，为学员搭建了一个高端宽广的研修平台。项目设首席专家制度、执行专家制度、学习小组制度及自主管理制度等教学管理制度。本节以第四期项目课程为例。

4. 研修班课程

研修班设置了五项主要内容，分为五个阶段推进。

第一阶段，理论研修，共7天，以专题讲座与主题研讨为主要形式。讲座在广东第二师范学院进行。组建以园长和骨干教师协作学习小组为基本单位的五个研修组，在充分讨论的基础上确定本组小课题研究的选题。

第二阶段，深度考察，共7天。在导师指导下，学员分组走进幼儿园进行深度体验和探究，开展小课题研究。每组优选两所学员所在幼儿园作为考察园。

第三阶段，省外考察，共8天。在导师指导下，学员分组走进省外特色幼儿园进行观摩学习和经验分享，并在导师指导下进行小课题研究开题活动。

第四阶段，反思提升，共6天。学员再次走进幼儿园进行观摩学习，开展课例交流活动，进行反思提升和课题研究。

第五阶段，总结分享，共2天。学员集中在广东第二师范学院进行课题答辩、成果交流和研修总结。

(二)广州市天河区幼儿园园长培训班

2012年培训172名园长，分两期进行培训，每期75～100人。每期培训2个月，其中集中培训8天，每周集中1天。

第一期：4月17日(周二)—6月12日(周二)。

第二期：4月18日(周三)—6月13日(周三)。

本次培训模式将集中培训与园本研修相结合，采用专题学习、案例研讨、沙龙论坛、观摩体验、在岗研修、课题研究等方式进行培训，坚持理论与实践相结合、专题学习与案例研讨相结合。本次培训旨在更新幼儿园园长的保教观念，着力解决幼儿教育中的重难点问题，提升全区幼儿园园长的专业素质和管理能力，从而培养一支懂教育、善管理、能思考、会研究的专业化幼儿园园长队伍，推进天河区学前教育的均衡发展与优质发展。

(三)广州市天河区园长任职资格证班

2013年培训54名学员，培训总课时为480学时。其中，必修课程共计360学时，含理论学习120学时、论文写作120学时、跟岗实践80学时、教育考察40学时；选修课程安排120学时。培训时间为2013年7月至2014年5月，其中集中学习时间为30天，分阶段开展。第一阶段为集中理论研修，2013年7月11日至13日；第二阶段为集中理论研修，2013年9月26日至2013年12月27日；第三阶段为课题研究与深度观摩，2014年2月至2014年4月；第四阶段为课题研究与集中培训，2014年4月至2014年5月。主要进行教学工作安排，课程调整与论文开题及答辩等事宜。

本次培训旨在让学员了解国家最新的学前教育政策走向，掌握现代教育管理理论；交流幼儿园管理经验，探讨幼儿园实践管理，增强实施幼儿园品牌经营与建设的意识和能力；建立园本特色课程，加强幼儿园课程与教学研究能力；增强学习意识和创新意识，更新知识结构，发挥所在幼儿园在本区域内的示范带头作用。

>> 第四节 培训课程的实施与管理 <<

一、培训课程的教学方式

(一)“高端群体”培训课程目标

指导学员通过研修，掌握现代教育理念和管理知识，具有开拓创新精神；培养造就一批懂教育、善管理、能思考、会研究、有自己的办园理念与思想的专家型的管理人才。

(二)基本课程

幼儿园教师“高端群体”培训课程如下(表9-1)。

表 9-1 幼儿园教师“高端群体”培训课程

课程模块	主要内容
学前教育前沿信息	学前教育发展趋势；学前教育政策解读
幼儿园管理	幼儿园发展规划与有效管理；幼儿园保教质量的监测与评估；幼儿园与家庭、社区合作共育；幼儿园现场观摩与专家诊断
幼儿园课程	幼儿园教育活动设计与组织；游戏与课程；幼儿园课程的园本化实施；幼儿园活动现场观摩
幼儿园园本研修	园本教研与幼儿园教师专业成长；幼儿园的教研组建设；教师的反思意识及其培养；幼儿园教育教学活动有效性的实践与思考；幼儿园教研组活动现场观摩
幼儿园教科研	基于问题的学前教育行动研究(小课题研究)

(三)研修模式

采取理论与实践双向促进的研修模式(表 9-2)。

表 9-2 幼儿园教师培训研修模式

研修阶段	主要活动
理论研修阶段	在广东第二师范学院进行专题讲座与主题研讨，并进行小课题研究的选题
省外考察阶段	在导师指导下，走进省外特色幼儿园进行观摩学习和经验分享，并在导师的指导下进行小课题研究
跟岗实践阶段	在导师指导下，走进学员所在幼儿园进行深度体验和探究，并开展小课题研究
总结交流阶段	集中在广东第二师范学院进行课题答辩、成果交流和研修总结

(四)课程资源

充分开发，统筹整合，多路径、多形式利用课程资源(表 9-3)。

表 9-3 幼儿园教师培训课程资源

研修阶段	培训资源
理论研修阶段	聘请多位国培专家、台湾专家、本校教授、优秀园长和教研员等做专题讲座
省外考察阶段	观摩 5～8 所省外特色幼儿园，并与专家、一线教师进行交流，听取专家讲座
跟岗实践阶段	聘请广东第二师范学院的专家作为导师进行分组指导，指导工作结合广州市学前教育三年行动计划开展
总结交流阶段	邀请省内外专家数名、优秀园长及教师数名，与学员进行成果交流与理念提升

(五)评价考核

采用全面性、经常性、综合性评价，既关注终结性成果，也关注形成性评价。

建立讲求注重评价考核的指标体系(表 9-4、表 9-5)。

表 9-4 幼儿园教师培训考评项目

考评项目	考评内容
参与研修的时间	集中学习期间，请假不得超过集中学习天数的 1/10
学习任务的完成	研修前，提交一篇个人管理经验反思；研修中，提交一篇考察学习报告；研修结束时，提交一份园本建设课题研究方案

表 9-5　幼儿园教师培训考评指标体系

问题	答案①	得票总数	所占百分比	得分（5 分制）	满意百分比	总体满意度得分（5 分制）
您对本次培训的总体感受						
您对本次培训首席专家的工作						
您对本次培训来自高校的专家的工作						
您对本次培训来自一线的优秀教师（教研员）的工作						
您对辅导教师（班主任）的工作						
本次培训主题明确，课程模块紧扣主题、有机衔接						
培训课程安排符合您的培训需求和培训的目标任务						
本次培训的专业理念与师德模块安排科学合理						
本次培训的专业知识模块安排科学合理						
本次培训的专业能力模块安排科学合理						
培训课程做到了专业理念与师德、专业知识、专业能力有机结合						
本次培训方式多样，注重学员参与						
本次培训提供的教学观摩和实践活动设计合理、启发性强						
本次培训注重学员有效的交流研讨，建立了学习共同体						
本次培训将经验总结与反思体验相结合，有助于经验向理论的转化						
培训单位经常向您了解培训中的问题并及时解决						
培训结束后，培训单位继续为您提供有效的跟踪指导						
本次培训特色明显，理念、方式、手段等方面具有一定创新性						
本次培训对您组织实施教师培训具有示范性						
培训单位提供的培训资料（文本、电子）丰富有效						
您对培训单位提供的学习环境						
您对本次培训的餐饮条件						
您对本次培训的住宿条件						

① “答案”从非常满意、满意、一般、不满意、非常不满意中选择一项。

续表

问题	答案	得票总数	所占百分比	得分(5分制)	满意百分比	总体满意度得分(5分制)
参加本次培训，达到了您的预期目标						
本次培训对您更新幼儿教育理念						
本次培训对您理解和把握《发展指南》						
本次培训对您补充幼儿教育专业知识						
本次培训对您改进幼儿教育活动设计						
本次培训对您提升设计和组织游戏活动的能力						
本次培训对您有效观察、评价幼儿						
本次培训对您提升科学保教能力						
本次培训对您进行幼儿教育教学反思						
本次培训对您解决在幼儿教育过程中遇到的主要问题						
本次培训对您开展幼儿教育教学行动研究						
本次培训对您的专业发展						

不足及改进(可多选)：

您认为本次培训存在的不足：培训主题不够明确，课程安排不合理，培训方式比较单一，学员参与不够，专业授课效果不好，教学案例缺乏有效性，观摩实践有效性不强，培训资料缺乏，训后跟踪指导缺乏，食宿条件较差，其他。

您认为本次培训需加强或改进的环节：学员遴选程序，培训需求调研，专家团队，课程安排，培训方式，学习环境，学习资料的提供，班级管理，考核评价，训后跟踪，食宿条件，培训宣传，其他。

您认为学员选派工作需要改进的环节：参训学员遴选条件，教师申请，学校推荐，教育行政部门审核，教育行政部门通知，培训单位通知，不需要。

(六)持续跟进

注重收集学员对研修课程及实施的反馈意见，及时调整研修方案。各研修项目完成研修活动后，也要持续跟进。对此，学员普遍反映良好。例如，在理论研修阶段，学员反映对学前教育前沿信息、幼儿园管理、幼儿园园本研修、幼儿园教科研四个模块的专题教学效果很满意，感到收获很大。学员感言：“如何充分利用幼儿园现有的条件提高保教质量；如何利用家庭资源和周边自然环境资源，扩展幼儿生活和学习的空间；如何更好地利用家长与社会的教育资源；如何开展真正富有特色的活动，打造幼儿园特色效应……这些都是值得我在今后发展过程中思考的问题。”

二、培训课程的管理方式

(一)提供前沿高端的研修体系

培训对象为具备一定的教育管理经验的园长和骨干教师。据此，学前教育项目的研修目标就是拓宽他们的现代教育视野，提升他们的专业能力，从而让他们发展成为一支更加适应学前教育事业发展的优秀的园长和教师队伍。

专门设计了适合幼儿园园长和骨干教师发展的系统课程，分五个模块来培养园长和骨干教师的专业化能力、科研能力。

采取理论实践双向促进的研修模式，并根据各项目的特色和培养对象选择不同的培训形式，最大限度地让学员促进自己专业能力的发展。

(二)建设宽广深厚的研修平台

培训整合了上海、江苏、甘肃、广东、台湾，以及日本等地的优质幼儿园资源，在各处建立了实践跟岗考察基地。

在长期的项目培训中形成了一个理论与实践相结合的导师团队，能够根据不同项目的目标需求聘请导师，指导学员的课题研究。

培训专家由高等学校教育前沿理论专家、幼儿园园长、优秀教研员等以三位一体的方式构成。

(三)组建专业热情的服务团队

1. 服务理念

培训过程中，加强团队协作，强化服务意识，本着为学员服务的精神，积极主动参与培训活动，充分尊重学员，做到有礼有节。

2. 团队分工

依据团队不同人员的性格特征等情况，分配不同任务，做到各司其职的同时相互督促。

3. 注重沟通

在坚持制度的前提下，积极主动与学员沟通，同时善于与学员打成一片；积极体现人文关怀，例如，在学员生日时送上生日问候。

4. 优秀幼儿园资料库

针对优秀幼儿园建立资料库，熟悉幼儿园的规模、特色、交通与园长水平等。

5. 学习使用新工具

对新出现的工具积极学习与使用，利用微信公众号发布教育培训信息，对项目整体进度进行监控；采用云储存技术，与团队成员及时分享团队资料；采用云电子日历，共享工作计划与工作内容。

(四)总结与反思

三年行动计划实施以来，学前教育培训任务与日俱增，但是培训也存在多而不精、培训模式单一、培训内容重复等现象。因此，为增强培训的有效性，有关方需要对培训课程的需求与设计及其实施效果进行审视分析。反映的主要问题包括六个方面。

1. 培训内容重复

在培训过程中为了符合国家培训标准，课程设置方面容易出现雷同的情况。

2. 培训内容针对性不强

由于培训前期教师选送标准不一，专业水平参差不齐，在培训中有些教师比较吃力，但有一些教师感觉培训质量不高。

3. 部分教师受训目的不明

例如，在2015年广州市幼儿园园长高级研修培训项目教师选送中，参训教师都是通过网络报名的，但各区分管教师进修的很多单位未把参训通知或参训条件发放到位，导致各区都有很多幼儿园不知此事。很多想参加培训的园长、教师错过了报名，而报名的140名园长、教师中有50%不符合条件要求，导致在报名日期截止时符合要求的只有70位园长、教师。很多参训意识强烈、参训条件优越的园长、教师却失去了这次机会。

4. 工学产生矛盾

由于幼儿园在岗教师不足，在职教师参加培训时，其班级没有代课教师，培训中还要承担幼儿园工作，影响了培训效果。

5. 考勤困难

幼儿园工作繁忙，园内开展的活动较多，所以在培训过程中，不少学员经常请假。若管理过于严格，学员的负面情绪较大；若管理轻松，则无法保证良好效果。

6. 培训质量难评价

培训产生的社会效益与经济效益较难在培训中体现。如果培训产生不了社会效益，那么培训质量与效果将受到较大影响，培训的意义也将大打折扣。

(五)项目改进设想

为提高培训质量，培训方在培训过程中应该根据学员的反馈，吸收其中积极合理的建设性意见和建议，及时对培训内容和方法进行动态的调整。

1. 优化课程与活动内容安排

建立动态管理机制，适当延长学员反思和研讨时间，深入开展对学员活动案例的点评与指导，增加同课异构式的案例研讨活动等。

2. 丰富学习活动组织方式

结合各种学习活动特点，采用多元化的分组标准或随机分组，促进不同区域幼儿园园长的交流与经验分享；按照学员情况进行分组研讨与学习，安排不同的考察观摩园区；更多地采取网络培训、送教下园、翻转课堂、慕课学习等先进培训形式。

3. 加强理论联系实践

学员普遍希望能够有更多进入优质园、特色园考察学习的机会，所以培训方应创造条件开展现场观摩、研讨与指导，对课程内容与授课方式进行调整，积极调动优秀学员的实践经验及其示范作用。

4. 精准配备导师

培训应尽量满足学员的个性化需求，针对不同层次、不同类型的学员提供不同的培训内容，配备不同的导师。项目邀请的导师应包含高校专家和一线教育工作者，其中要有省内专家和省外专家以及境外专家，从而组成分布合理的专家团队。

5. 提供满足学员需求的课程

通过深入调研准确把握培训需求，开发优秀培训课程，切实满足学员需求，避免重复培训；可以采取请进来、走出去的方式，满足不同教师需求；有条件也应该邀请国外学前教育专家进行培训，争取让学员到欧美等学前教育先进地区与国家考察学习。

6. 科学安排培训时间

园长工作较忙，连续培训时间难以保障，因此，后期培训宜采用每周一两天的集中培训方式。

7. 科学评估培训绩效

为提高培训质量，有必要强化培训绩效的评估研究，如可以采用技术手段对教师培训活动进行量化管理，通过建立合理的量化体系，将过程性评价与终结性评价有机结合起来。通过培训前准确的需求分析、培训过程中的有效调控以及培训后的科学评估绩效，不断优化培训的模式、内容、方法，建立优质高效的教师培训可持续发展体系。

第十章 教师培训质量评估

>> 第一节 培训质量评估概述 <<

一、质量评估的意义

教育是社会持续发展的动力源泉，是国家经济与科技发展的重要支柱。有了优秀的教师，才能有优质的教育，才可能实现国家的可持续发展。优秀教师是在教育实践中锻炼出来的，高素质专业化教师队伍的打造需要持续不断的实践磨炼与专业培训，教师继续教育便是其中重要的手段，是加强教师队伍建设不可或缺的重要部分。因此，建立健全教师继续教育体制，提高教师培训的效率与质量，是教育事业发展的当务之急。高效全面的质量管理体系是一项工作、一个系统、一个机构核心竞争力的重要组成部分。教师培训质量评估在实践中可以引领教师培训工作的目标导向，还可以有效提高教师培训的“投资回报率”。

(一)引领教师培训工作的目标导向

质量管理的核心，在于人力资源的开发与利用，在于“以用户为中心”和“质量的持续提高”；质量管理的目的，在于让顾客满意，在于让本组织所有成员及社会受益。①

在全面质量管理中，质量概念与全部管理目标的实现相关。同理，教师培训之魂在于质量，没有质量的培训不仅无助于教师专业发展，而且会极大地浪费人力、物力、财力。因此，将高效全面的质量管理全面引入中小学、幼儿园教师专业培训势在必行。教师继续教育培训是一种目标指向非常明确的服务。培训机构有责任为教师提供高效的、完善的服务体系，将优质的课程资源提供给中小学、幼儿园教师。质量管理体系中的“质量评估”，在程序上是教师培训工作的最后一个环节，实则引领着整项工作的目标导向，是教师培训工作的“指挥棒”。

---

① 崔然红：《TQM与顾客满意管理活性化核心研究》，载《现代商贸工业》，2013(10)。

(二)提高培训的"投资回报率"

20世纪50年代，培训质量评估的研究与实践探索在国际上已经崭露头角。理论与技术探究从早期的定性评估法发展到后来的定量评估法，从分层评估法发展到分阶段评估法。美国学者柯克帕特里克(Kirkpatrick)在1959年提出了分层次评估的柯式模型①，从评估的深度和难度将培训效果分为四个层次。考夫曼(Kaufman)扩展了柯克帕特里克的四层次模型，认为培训要想成功，培训前的各种资源的获得至关重要，因而应该在模型中加上这一层次的评估。同样，菲力普斯(Phillips)于1996年提出五级投资回报率(ROI)模型，该模型在柯克帕特里克的四层次模型上加入了第五个层次：投资回报率。

教师继续教育作为一种服务活动，必然需要尊崇质量。随着培训机构的日益增加，教师对一些流于形式、枯燥无味、知识陈旧的培训越来越抵触，迫使继续教育管理者不断寻找提高教育培训质量和加强领域竞争力的方法，其目的就是提高"投资回报率"，最有效的方式就是提高教育培训质量。由于学员的复杂性，以及培训效果的滞后性，想要客观、科学地衡量培训质量非常困难，因此，培训质量评估也是目前教师培训系统中比较薄弱的一个环节。一个好的继续教育培训方案，所用的方式、技术、内容、课程等应能有效提高培训质量、达成培训目标。继续教育管理实践中有多种质量评估方法与手段，但是不少评估方法要么过于简单，不能真正反映继续教育的核心问题；要么流于形式，存在较多的主观成分，与工作实际不完全符合。教师培训工作的当务之急是建立一个科学的评估指标体系，有一个切实可行、易于操作、针对性强的评价工具用于测评，以提高培训服务质量。随着继续教育的规模不断扩大、范围不断延展、内容日益丰富，教育的设计者、组织者、实施者与管理者，需提供一套适用于培训质量监控的、支持服务质量评估的体系，由培训机构对授课教师进行有效的绩效评估，促进授课教师提高培训质量，提高学员的满意度，真正实现培训工作足够的"投资回报率"。

二、培训质量评估方法

(一)定性评估方法

定性评估方法也称"非数量分析法"，是一种主要依靠评估人员丰富的实践经验，以及综合的主观判断和分析能力，推断培训质量的分析方法，主要有专家判断法、访谈法、关键事件法等。

1. 专家判断法

专家判断法是由专家来进行预测的一种方法。通过组织有关专家，对培训方案的可行性、适宜性进行分析②，对培训过程中的组织协调性、流畅性以及授课教师的教学水平等进行观察分析，然后通过座谈讨论得出结论。专家指具有领域性知识，教学经验丰富，管理经验丰富，

---

① 张慧君：《现代企业培训质量评估模式研究》，硕士学位论文，中国石油大学(华东)，2009。

② 毛乃佳、林凤：《高校青年教师岗前培训评估体系的构想》，载《西北师范大学学报(社会科学版)》，2012(1)。

富有创造性和分析判断能力，具有较强的针对性与专业性的人。专家判断法具体又可以分为个人判断法与集体判断法。

(1)个人判断法

个人判断法是用规定程序对培训进行评估的方法。这种方法是依靠个别专家的专业知识和特殊才能来进行判断预测的。优点是能利用专家个人的创造能力，不受外界影响，简单易行，费用也不多。但是，该方法容易受专家的知识面、知识深度、占有资料的充分性以及对评估对象的兴趣所左右，难免带有片面性。

(2)集体判断法

集体判断法是在个人判断法的基础上，通过会议进行集体的分析判断，将专家个人的见解综合起来，寻求较为一致结论的方法。这种方法参加的人数多，所拥有的信息量远远大于个人拥有的信息量，因而能凝集众多专家的智慧，避免个人判断法的不足，在培训方案可行性评估方面较为可行可信。但是，集体判断的参与人员也可能受到感情、个性、时间及利益等因素的影响，不能充分或真实地表明自己的判断，甚至有可能受到领域中德高望重专家的左右，随声附和不能充分表达自己的观点。

2. 访谈法

访谈法也称“晤谈法”，是通过访员和学员面对面地交谈来了解学员对培训质量的满意或不满意的方法。因访谈的目的或对象的不同，访谈法具有不同的形式。根据访谈进程的标准化程度，访谈法可分为结构型访谈和非结构型访谈。访谈有正式的，也有非正式的；有逐一采访询问的，即个别访谈，也可以开小型座谈会，进行团体访谈。[①] 在访谈过程中，尽管管理者和学员的角色经常在交换，但归根到底访员是访谈者，学员是谈话者。访谈以一人对一人为主，也可以在集体中进行。优点如下：可以对学员的学习态度与培训状况进行深层次的了解；由学员亲口所述，内容具体准确；有利于管理者了解到短期内专家判断法不容易察觉的问题。不足之处如下：技巧性强，需要较强的沟通能力，需进行专门的训练；耗费时间成本高；学员容易夸大或弱化某些培训问题，带有个人感情色彩；访谈双方往往是陌生人，容易使学员产生不信任感，从而影响访谈结果；分析处理比较复杂，不同被访者的答案是多种多样的，没有统一的答案。

3. 关键事件法

关键事件法是一种由工作分析专家、管理者或工作人员在大量搜集与工作相关信息的基础上，详细记录其中关键事件并具体分析问题的方法。

(二)定量评估法

定量评估主要采用问卷调查法。问卷调查法也称“书面调查法”或“填表法”，是用书面形式间接搜集研究材料的一种调查手段，是通过向调查者发出简明扼要的征询表，请求配合填写对

---

① 张英磊：《小学生公民教育的城乡现状及学校管理策略研究——以卫辉市和深圳市为例》，硕士学位论文，苏州大学，2012(1)。

有关问题的意见和建议，间接获得材料和信息的一种方法。①

1. 问题设计原则

调查问卷的问题主要有四类。

(1)背景性问题

此类问题主要指被调查者个人的基本情况。

(2)客观性问题

此类问题主要指已经发生和正在发生的各种事实。

(3)主观性问题

此类问题主要指人们的思想、感情、态度、愿望等一切主观世界方面的问题。

(4)检验性问题

此类问题主要指为检验回答是否真实、准确而设计的问题。②

2. 问题表述原则

调查问卷的问题要合理，表述要恰当，才可以获得准确信息。

(1)具体性原则

问题的内容要具体，指向明确，避免抽象、笼统。

(2)单一性原则

问题的内容要单一，不要把两个或两个以上的问题合在一起提。

(3)通俗性原则

表述问题的语言要通俗，不要使用被调查者感到陌生的语言，避免使用过于专业化的术语。

(4)准确性原则

表述问题的语言要准确，避免使用模棱两可、含糊不清或容易产生歧义的语言或概念。

(5)简明性原则

表述问题的语言应该尽可能简单明了、扼要清晰。

(6)客观性原则

表述问题的态度要客观，避免使用诱导性或倾向性语言。

(7)非否定性原则

避免使用否定的语气表述问题。③

3. 问卷调查法的优点

(1)工作效率高

问卷调查法节省时间、经费和人力，具有较强的操作性和时效性，也因此较为常用。

---

① 向璨、赵正一、张圆圆：《田野调查中的信息收集与组织——以黔北傩戏传承调查为例》，载《科海故事博览·科技探索》，2011(2)。

② 齐丹丹、韩玲玲：《通用调查问卷数据采集系统设计》，载《科技信息：科学教研》，2007(31)。

③ 吴明隆：《问卷统计分析实务：SPSS操作与应用》，98页，重庆，重庆大学出版社，2010。

(2)结果容易量化

问卷调查法的统计结果一般都能被量化出来，具有科学实验研究的特点，具有说服力和权威性。问卷调查是一种结构化的调查，其调查问题的表达形式、提问的顺序、回答的方式与方法都是固定的，而且是一种文字交流方式，因此，无论研究者，还是调查员，都很少把主观偏见代入调查研究之中。

(3)结果便于处理

问卷调查可以获得大量的相关数据，现有技术条件提供的分析软件可以帮助进行数据统计分析，操作方便，数据价值挖掘利用充分。

(4)可以规模化持续跟进

不论研究者是否参与了调查，参与的是多是少，都可以从问卷中了解被访者的基本态度与行为，而且问卷调查可以周期性进行而不受调查研究人员变更的影响，可以跟踪某些用户问题的变化。这些都是其他方法难以做到的。

4. 问卷调查法的局限

调查很多时候需要了解教师的意图、动机和思维过程，但是这类问题往往难以设计。

这类问题的问卷回收质量、意见分析和数据统计等的技术处理尚待完善。

调查问卷的回收率难以保证。

>> 第二节　培训质量评估模型 <<

国内外教师培训质量评估模型有不少，但都只是一个参考框架。培训质量评估的实际操作，并不是完全套用某个模型的，往往参考某一模型的基本框架，结合培训实际情况制定本项目的评估模型。评估方在实施培训评估时，首先需要做的就是根据合适的理论确定评估的技术与工具，也可以根据已有资源配置来开发评估工具、分析信息并且对培训效果做出客观的评价。

一、柯氏四级培训评估模型

柯氏四级培训评估模型(Kirkpatrick Model)由国际学者威斯康星大学教授唐纳德·L. 柯克帕特里克(Donald L. Kirkpatrick)于1959年提出，是世界上应用最广泛的培训评估工具，在培训评估领域具有难以撼动的地位。

(一)评估的四个层面

柯氏四级培训评估模型主要包括反应评估、学习评估、行为评估、成果评估四个层面①。

1. 反应评估

反应评估是对参训者的满意程度进行评估，评估参训者对培训项目的印象，包括对讲师、

① D L Kirkpatrick, "Techniques for Evaluating Training Programs," *Training Development Journal*, 1979(6).

培训科目、培训设施、培训方法、培训内容以及自己收获的大小等方面的看法。反应层的评估方式，主要是通过问卷调查的方式，收集参训者对于培训项目的效果和有用性的反应。评估结果可以作为改进培训内容、培训方式、教学进度等的建议或综合评估的参考，但不能作为评估的结果。

2. 学习评估

学习评估是对参训者的学习获得程度或者掌握程度进行评估，是目前最常用的一种评价方式。它主要测定参训者对原理、技能、态度等培训内容的理解和吸收程度，一般通过笔试、实地操作和工作模拟等方法来完成。培训组织者可以通过书面考试、操作测试等方法来了解参训者在培训前后知识以及技能的掌握方面有多大程度的提高。

3. 行为评估

行为评估考察的是参训者对所学知识和技能的运用程度。具体做法是在培训结束一段时间后，由参训者的上级、同事、下属或者客户，观察他们的行为在培训前后是否发生了变化，是否在工作中运用了在培训中学到的知识。这个层次的评估可以包括参训者的主观感觉、下属和同事对其培训前后行为变化的对比，以及参训者本人的自评。这通常需要借助一系列的评估表来考察参训者培训后在实际工作中的变化，以判断他们所学的知识、技能对实际工作的影响。行为层是考察培训效果的最重要的指标。

4. 成果评估

成果评估是对培训创造出的经济效益进行评估，即判断培训是否能给企业的经营成果带来具体而直接的贡献。效果层评估可以通过一系列指标来衡量，如事故率、生产率、员工离职率、次品率、员工士气以及客户满意度等。通过对这些指标的分析，管理层能够了解培训所带来的收益。这一层次升到了组织的高度，需要大量的费用和时间，是培训效果评估的难点。

(二)评估的四个阶段

对应四个层面，柯氏四级培训评估模式在进行评估时要经过四个阶段。

阶段一：评估学员反应。在培训结束时，评估方向学员发放满意度调查表，征求学员对培训的反应和感受，主要包括对讲师培训技巧的反应，对课程内容设计的反应，对教材挑选及内容、质量的反应，对课程组织的反应，是否能够在将来的工作中用到培训的知识和技能。学员最明了他们完成工作需要什么。如果学员对课程的反应是消极的，评估方就应该分析是课程开发设计的问题还是实施带来的问题。这一阶段的评估还未涉及培训的效果。学员是否能将学到的知识和技能应用到工作中去还不能确定。但这一阶段的评估是必要的。培训参加者的兴趣、受到的激励、对培训的关注是任何培训项目都重视的。同时，对培训进行积极的回顾与评价时，学员能够更好地总结他们所学习的内容。①

① 曹传浩、郭雪：《企业培训评估机制的建立》，载《人力资源管理》，2011(8)。

阶段二：评估学习效果。确定学员在培训结束时，是否在知识、技能、态度等反面得到了发展，实际上就是在回答一个问题："参加者学到东西了吗?"即通过对学员培训开始前和培训结束后知识和技能测试的结果进行比较，了解他们是否学习到了新的东西，同时也是对培训设定的培训目标进行核对。这一评估的结果也可体现出讲师的工作是否有效。但此时，我们仍无法确定，参加培训的人员是否能将他们学到的知识和技能应用到工作中去。

阶段三：评估行为改变。这一阶段的评估，要确定学员通过培训在行为上发生了多大程度的改进，可以通过对学员进行正式的测评或非正式的测评等方式(如观察)来进行，总之，就是要回答一个问题："人们在工作中使用了他们所学到的知识、技能和态度了吗?"这一阶段的评估数据意义重大。只有学员真正将所学的东西应用到工作中，才能达到培训的目的，才能为开展新的培训打下基础。需要注意的是，因这一阶段的评估只有在学员回到工作中后才能实施，这一评估一般要求与学员一同工作的人员，如上司、同事、客户、下属、督导人员等参加。

阶段四：评估产生的效果。这一阶段的评估要考察的不再是学员的情况，而是从部门和组织的大范围内，了解培训带来的组织上的改变效果，要回答"培训为企业带来了什么影响?"这一问题。这一影响可能是经济上的，也可能是精神上的，如产品质量得到了提升，生产效率得到了提高，客户的投诉逐渐减少，等等。这一阶段评估的难度是最大的，但对企业的意义也是最重大的。①

(三)对柯氏四级培训评估模型的评价

随着人们对培训效果评估的日益重视，柯氏四级培训评估模型已成为培训效果评估的主要标准。柯氏四级培训评估模型存在着很多局限，其中表现最为突出的有以下几个方面。

1. 发挥有限

柯氏四级培训评估模型的作用只能有限地发挥在前两个层次，即反应层和学习层。由于存在执行难度，大多数企业对柯氏四级培训评估模型的使用，都只是进行到了反应层和学习层。很少企业能够推进到行为层和效果层。也就是说，该模型对于培训后续效果的评估比较有限，即没有对培训的效果评估进行有益的尝试。

2. 对象有限

柯氏四级培训评估模型仅对一般的培训课程和项目的评估有效。事实上，柯克帕特里克在其原著里指出，设计这个四层次评估模型是为了更好地评估针对管理人员的培训项目。今天的培训更多是基于战略开展的，是为满足企业发展战略服务的，因此对企业的培训效果的评估需要与企业的发展战略紧密连在一起。

3. 关联度弱

柯氏四级培训评估模型和培训教学设计、胜任特征以及绩效管理缺乏联系。

柯克帕特里克指出，他通过把该评估模型和教学设计、胜任特征、绩效管理结合起来进行

---

① 王进：《关于企业员工培训效果的研究》，硕士学位论文，首都经济贸易大学，2002。

一系列研究后发现，把它们联系在一起可以增加该评估模型的运用深度，并且可以在此基础上形成战略协同性。

柯氏四级培训评估模型(简称为柯氏模型)对培训质量评估进行了较为系统的、完整的研究，对以后的评估模型的建立和发展产生了巨大的影响。后来的评估模型或多或少都受到它的影响。有的是在柯氏四级培训评估模型基础上的细化，如汉姆布林评估模型；有的是在柯氏四级培训评估模型的基础上增加评估层次，如考夫曼五层次评估模型、菲力普斯五层次 ROI 评估模型等。

二、汉姆布林评估模型

(一)汉姆布林模型概况

汉姆布林在柯氏四级培训评估模型的基础增加了第五个层次，形成了汉姆布林(Hamblin)五层次模型，它包含的五个层次如下。

1. 反应评估

反应评估在培训过程中、结束后或结束后一段时间进行。学员对一系列因素的反应都被考虑在内。

2. 学习评估

学习评估在培训项目之前和之后进行，评价学员的知识、技能和态度的进步情况。

3. 工作行为评估

工作行为评估确认由培训项目导致的学员在工作中的变化，在培训项目之前和之后进行。

4. 执行评估

执行评估主要量化培训项目给学员所在部门、组织带来的影响，多数情况下，用成本—收益来分析。

5. 最终评估

最终评估评价培训项目对组织营利能力和对抗危机能力贡献的大小。[①]

(二)对汉姆布林模型的评价

从汉姆布林模型的内容可以看出，它的一般条件和柯氏模型很相似。从某种程度上看，汉姆布林模型是对柯氏模型的细化和完善。它将反应层加上时间维度，动态地看待学员的态度变化。在学习层和行为层的评估上，它收集了学员培训前后的信息，这种前后测试的设计能够更准确地确定学员学习的内容是否是由培训带来的。在成果评估上，汉姆布林模型将培训对部门的效果和对组织的效果区分开来。

---

① 杨云雪：《企业员工培训效果评估研究》，硕士学位论文，首都经济贸易大学，2006。

三、考夫曼模型

（一）考夫曼模型概况

培训质量评估的考夫曼模型是在柯氏模型的基础上扩展产生的。考夫曼认为培训前各种资源能否获得，对培训能否取得成功至关重要，因而应该在模型中加上对培训资源的评估。他还认为培训所产生的效果不仅仅对本组织有益，最终还会作用于组织所处的环境，进而给组织带来效益。所以他加上了第五个层次，即评估社会效益和客户反应，主要任务就是了解和评价培训后社会与客户对组织的反应，以及组织产生利润后的社会结果。考夫曼的五级评估模型的各级评估具体如下。

1. 第一级评估

第一级评估包括两项内容：一是培训资源评估，包括人力资源（培训管理者、师资力量等），培训的资金配置和物质条件等，看相关资源的质量和数量是否能够保证培训的成功；二是反应内容评估，包括培训的方法、手段和程序的接受情况和效用情况的评估。

2. 第二级评估

第二级评估是掌握评估，了解学员对所培训的知识和技能的掌握情况。

3. 第三级评估

第三级评估是应用评估。评估个人和团队受训后在工作中的表现，即对所培训的知识和技能运用的情况。

4. 第四级评估

第四级评估是组织效益评估，主要评估培训带来的行为变化所产生的组织结果以及培训对组织的贡献和回报的情况。

5. 第五级评估

第五级评估是社会效益评估，评估培训对于组织外部主体的影响。①

（二）对考夫曼模型的评价

考夫曼模型延伸了柯氏模型的评估内容，扩大了评估范围，使得评估者站在一个更高的高度，以更大的视野去看待培训效果。

四、菲力普斯五级 ROI 评估模型

（一）菲力普斯五级 ROI 评估模型概况

菲力普斯从经济学的角度考虑，认为培训评估最终要评估培训的成本收益比，即对投资回

① Kaufman，R.，&Keller，J. M.，“Levels of evaluation：Beyond Kirkpatrick，”*Human Resource Development Quarterly*，1994(4).

报率进行评估，因此他在柯氏模型的基础上，增加了对投资回报率的评估，于 1996 年形成了菲力普斯五级投资回报率(Return On Investment)框架模型(简称菲力普斯五级 ROI 评估模型)。

1. 第一级评估：反应和既定的活动评估

主要评估学员的培训满意程度和培训项目计划实施的情况。[①]

2. 第二级评估：学习评估

利用测试、技能实践、角色表演、情景模拟、小组评估和其他评估工具，检验学员在培训中所学的内容，评估学员的知识、技能和观念的变化。

3. 第三级评估：工作应用评估

用各种后续跟踪手段来确定学员是否将学到的东西应用到了工作实践中。

4. 第四级评估：业务结果评估

评估学员利用培训的知识所产生的实际结果，包括产量、质量、废品率、成本节约、人员流动等各种结果指标。

5. 第五级评估：计算投资回报率

将培训产生的结果进行货币价值的转换，计算培训产生的经济效益，以及培训所花费的成本，进行成本效益分析。

(二)对菲力普斯五级 ROI 评估模型的评价

菲力普斯五级 ROI 评估模型关注培训效果的经济意义，不但要了解培训产生的效果，更要了解培训投入是否合算，为培训的改善提供决策依据。它的核心任务就是将培训项目所带来的货币利润与其成本进行比较，是对培训效果的一种量化测定，是通过财务数据来说明培训对企业经济利润的影响，旨在对培训或学习的投入产出比例的合理性进行评估，希望为投资方提供更高的投资回报率，这也是符合投资学和企业发展要求的。该模型弥补了层次评估模型对培训效益定量计算不足的缺点，但是在教师培训质量评估应用时有一定的困难，因为教师培训的收益较难量化。

五、CIRO 评估模型

(一)CIRO 评估模型概况

CIRO 评估模型由四项评估活动组成。

1. 背景评估(context evaluation)

背景评估是要确认培训的必要性。该模型评估三种目标：最终目标，即组织可以通过培训克服或消除的特别薄弱的地方；中间目标，即最终目标所要求的员工工作行为的改变；直接目标，为达到中间目标，员工必须获取的知识、技能和态度等。这个过程的主要任务有两个：收集和分析有关人力资源开发的信息；分析和确定培训需求与培训目标。

---

① 张毅：《培训效果评估的理论和研究》，载《企业技术开发》，2006(1)。

2. 输入评估(input evaluation)

输入评估是要确定培训的可能性。输入评估实际上是要获取和分析可用的内部资源和外部资源，并利用所获取的资源确定使用何种培训方法，以便有最大的可能性来达到预定目标。这个过程的主要任务有两个：收集和汇总可利用的培训资源信息；评估和选择培训资源——对可利用的培训资源进行利弊分析，同时确定人力资源培训的实施战略与方法。

3. 反应评估(reaction evaluation)

反应评估是要增强培训的有效性，要完成的关键任务是在收集和分析学员的反馈信息的基础上，改进人力资源培训的运作程序。

4. 输出评估(output evaluation)

输出评估主要是检验培训的结果。培训结果的评价与确认可以按照层次进行，也就是说，可以对应前述的培训目标来检验，评定培训结果是否真正有效或有益。对此，研究人员特别说明，一个成功的人力资源培训项目总会使学员在知识、技能和态度方面发生变化，而这些变化又将通过他们的行为反映出来，并作用于他们的工作业绩。进而，学员行为及其工作业绩的变化又促使组织消除缺陷，提高绩效。这些变化及其结果特别是属于最终目标范畴的变化及其结果的评估难度往往非常大，但终究都是可以在培训之中或培训之后进行衡量的。这个过程的主要任务有两个：收集和分析同培训结果相关的信息；评价与确定培训的结果。

(二)对 CIRO 评估模型的评价

CIRO 评估模型除了对其每一组成部分的任务、要求做出较详尽的说明外，最重要的是可以向比较先进的系统型培训模式所倡导的评估理念靠拢。相比柯氏模型，CIRO 模型不再把评估活动看成是整个培训过程的最后一环，而看成是具有相当“独立”“终结”特点的一个专门步骤，并将其介入培训过程的其他相关环节。由此，评估的内涵和外延扩大了，其作用不仅体现在培训活动之后，而且还可以体现在整个培训活动过程的其他相关步骤之中。

一方面，CIRO 评估模型中的背景评估，同比较先进的系统培训模式中的确定培训需求和确定培训目标的步骤相对应，即评估工作随整个培训活动过程的启动而启动，甚至超前于培训活动。而分析培训需求、确定培训需求，又必将使培训活动充分体现它的必要性和重要性；分析培训目标、确定培训目标，又必定使培训活动更加具有指向性和针对性，并为输出评估提供必要的依据，奠定良好的基础。

另一方面，CIRO 评估模型中的输入评估，也同样在培训活动展开之前，即与该培训模式中的决定培训战略和设计、培训计划的步骤相对应。毫无疑问，分析、评估、选择乃至开发必要的培训资源，对培训战略的确定，以及对培训的方式、方法、手段、途径、渠道、媒体等的选用与配置，都会产生莫大的作用。

CIRO 评估模型最大的缺憾就是未能将评估与培训执行这一重要环节专门结合起来，也未能对反应评估和输出评估，可作用于后续培训项目设计，可有助于本次培训项目改进，做出明确的认定和必要的说明。

六、CIPP 评估模型

（一）CIPP 评估模型概况

CIPP 评估模型也称为决策导向型评估模型，由美国学者斯塔弗尔比姆提出，根据英文首字母简称为 CIPP 评估模型。CIPP 评估模型为项目、工程、职员、产品、协会和系统等的评估提供了较全面的指导，尤其是对那些准备长期开展并希望获得可持续性改进的项目的评估提供了指导。该模型由四项评估活动组成。

1. 背景评估(context evaluation)

背景评估的主要任务是确定培训需求和设定培训目标，通过对相关环境，包括政策背景、环境背景以及需求背景进行描述、分析和评估，对特殊的问题进行诊断，发现机会与需求，鉴别培训机会。

2. 输入评估(input evaluation)

输入评估的目的是决定用何种资源来实现目标，它所包含的事项有：收集培训资源信息，包括工作计划、所需设备、经费预算和人力资源等；评估培训资源；确定如何有效使用现有资源才能达到培训目标；确定项目规划和设计的总体策略是否需要外部资源的协助。

3. 过程评估(process evaluation)

过程评估主要为那些实施培训项目的负责人提供反馈信息，包括可能存在的问题、潜在的失败因素等，分析并判断培训执行与目标之间的距离，从而及时地、不断地对培训计划进行修改和调整。

4. 成果评估(product evaluation)

成果评估的主要任务是对培训活动达到的目标进行衡量和解释，获得有关质量和效果的信息。在这个阶段，评估者将培训结果与培训目标进行比较分析，分析其中的差距，并找出原因，为以后培训提供参考。特别需要指出的是，成果评估并不限于培训结束以后，它既可以在培训以后进行，也可以在培训之中进行。

（二）对 CIPP 评估模型的评价

CIPP 评估模型有着显著的特点，比较突出的是它的全程性、过程性和反馈性。CIPP 评估模型的目的不仅是对效果进行评估，更重要的是对培训项目进行评估，并用来指导、优化培训设计。相对于 CIRO 评估模型而言，CIPP 评估模型可以说是一次重大的补正。CIPP 评估模型一方面补正了 CIRO 评估模型的不足，同时又起到了对柯氏模型的完善作用。

1. 全程性特点

CIPP 评估模型真正将评估活动贯穿于整个培训过程的每个环节。或者说，它与培训活动的任何一个步骤都产生联系：背景评估对应确定培训需求和确定培训目标环节，输入评估对应决定培训战略和设计以及培训计划的步骤，过程评估对应执行培训的步骤，成果评估有助于审查决策。

2. 过程性特点

CIPP 评估模型的集中特点是提出了对培训项目的执行过程进行监控，从而使培训项目实施过程中可能导致失败的潜在原因、不利因素，以及培训目标之间尚存的距离等情况，变得清晰明朗，也更使培训项目在执行过程中能够不断据此做出适时适当的战略、策略调整或方式、方法的改进。

3. 反馈性特点

CIPP 评估模型明确提出了成果评估既可以在培训以后进行，也可以在培训之中进行。也就是说，CIPP 评估模型不仅希望在培训以后进行成果评估，使反馈信息更多地作用于后续的培训项目，同样还希望在培训之中进行成果评估，使反馈更多地作用于正在实施着的培训活动。实践表明，培训执行中的成果评估一方面将再次为改善和促进培训进程提供更多有益的依据和动力，另一方面将有助于充分挖掘学员的学习潜能和强化学员的学习动机。

七、CSE 评估模型

(一)CSE 评估模型概况

CSE 评估模型是一种与 CIPP 评估模型最接近的模式，由美国洛杉矶加利福尼亚大学评价研究中心提出并发展和推广。如图 10-1 所示，CSE 评估模型包含四个步骤。

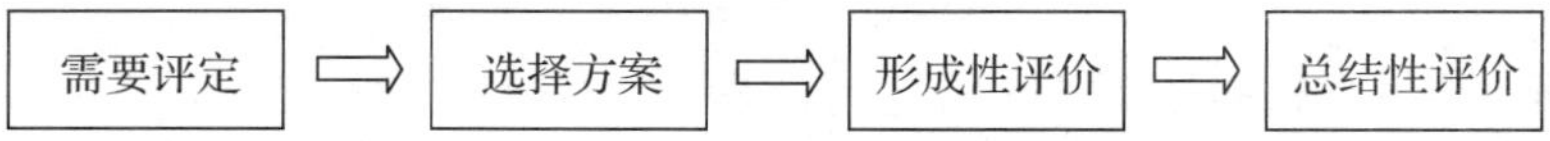

图 10-1　CSE 评估模型包含的四个步骤

1. 需要评定

这一阶段的核心问题是调查教师有何种培训需要，需要培训完成什么任务，以确定培训目标。决策者可从多个角度进行选择，比如，教师感兴趣的问题、教师在教学中遇到的难题、自己不明白的问题、学生与教师看法不一致的问题、课堂实施效果和教师期望不一致的问题。在这一阶段，厘清评估者思路至关重要。例如，评估者是否有一直希望解决的问题，希望哪些优势得到发挥，在教学过程中什么时候会烦躁不安或者不解，希望在哪些方面有所改进，怎样才能改进等。

2. 选择方案

这一阶段的核心问题是对各种可供选择的方案进行评价，评价各方案在达到目标方面的可能性，需要评估与培训目标相关的设备、资金和人员配置方面的情况。研究者在制定行动计划时可参照以下步骤：给行动计划定一个名称；对行动计划进行理论论证，即为什么要采用这种行动计划，而不是另一种行动计划；描述行动计划的内容和准备使用的材料，说明如何使用这些材料；制定行动研究工作计划或执行方案的时间表；明确数据收集的方式和时间；说明和描述评价工具，论证其有效性及其是否符合研究目标；描述所需资源和技术支持等。①

3. 形成性评价

这一阶段的重点是确定培训过程的成功和不足，对培训活动中某些偏离预期目标的地方进行修正，保障培训目标的实现。

4. 总结性评价

这一阶段的核心问题是全面评价和判断培训质量是否与培训目标相一致，然后对评价方案做出推广、保留、修正还是放弃的选择。

(二)对 CSE 评估模型的评价

CSE 评估模型是一种主要为教育改革服务的评价模型。它的评价活动贯穿从目标确立到质量检查的整个过程，是一种动态的评价；它将评价的形成性功能和总结性功能统一起来，是一种综合评价模式。实践证明它是一种较为实用的评估模型，在培训课程评价中运用得尤为广泛。②

八、CSI 评估模型

(一)CSI 评估模型概况

CSI 是顾客满意度指数(Customer Satisfaction Index)的缩写，反映了顾客接受某项产品或服务的实际感受，也反映出企业所提供的产品或者服务是否满足了顾客的需求，以此衡量产品和服务的质量。CSI 将顾客满意度进行量化，可以反映不同企业、不同行业乃至整个国家的顾客满意情况。目前比较有代表性的顾客满意度测评模型，有瑞典顾客满意度指数模型(SCSB)、美国顾客满意度指数模型(ACSI)和欧洲顾客满意度模型(ECSI)。

1. 瑞典顾客满意度指数模型(SCSB)

SCSB 是世界上最先建立在国家层次上的顾客满意度指数模型，由美国密歇根大学的教授指导开发。该模型共有五个维度。

(1)顾客期望

顾客期望是指顾客根据以前的各种信息对产品或服务可能具有什么样的质量的一种预期。

(2)绩效感知

绩效感知又称价值感知，指的是产品或者服务的质量与其价格相比，在顾客心中的感知地位。

(3)顾客满意

顾客满意是该模型的核心概念，指顾客对产品和服务从第一次接受到现在为止的累积评价，不是一次特定交易的满意度。

---

① 一帆：《教育评价的 CSE 模式》，载《教育测量与评价(理论版)》，2013(8)。

② 陈玉琨等：《课程改革与课程评价》，149～150 页，北京，教育科学出版社，2001。

(4)顾客抱怨

顾客抱怨是顾客不满意时的反应。

(5)顾客忠诚

顾客忠诚是顾客重复购买某一特定产品和服务的心理趋势。

2. 美国顾客满意度指数模型(ACSI)

ACSI是美国国家质量研究中心和美国质量协会，在SCSB的基础上进行修正后提出的，它将SCSB中的绩效感知从价值感知中分离，具有6个结构变量、15个观测变量。

(1)顾客预期

顾客预期是指顾客在购买和使用之前对产品质量的估计，包括3个观测变量：对产品特色的预期、对产品功能的预期和对产品质量的总预期。

(2)质量感知

质量感知是指顾客使用产品或服务后的实际感受，对应顾客预期也有3个观测变量，即对产品特色、产品功能质量和产品质量总体的感受。

(3)价值感知

价值感知是指顾客综合产品质量和价格后对所得到利益的主观感受，有两个观测变量：给定价格条件下对质量的感受和给定质量条件下对价格的感受。

(4)顾客满意

这一变量通过计量经济学变换得到，有3个观测变量：实际感受与预期质量的比较、实际感受与理想产品的差距以及总体满意度。

(5)顾客抱怨

与SCSB相同，顾客抱怨是顾客不满意时的反应。

(6)顾客忠诚

顾客忠诚包括两个观测变量：顾客重复购买的可能性和对价格变化的承受力。

3. 欧洲顾客满意度模型(ECSI)

ECSI于1999年正式建立，借鉴了ACSI的基本框架和一些核心概念。相比ACSI，ECSI去掉了顾客抱怨的结构变量，因为在心理上，抱怨处理最多只能让顾客恢复到没有不满意的程度，却不能让顾客达到满意程度并保持忠诚。ECSI增加了企业形象的结构变量，这一变量指顾客在记忆中对组织的联想，会影响人们的期望值以及对满意与否的判别。ECSI还将质量感知拆分为硬件质量感知(hardware perceived quality)和软件质量感知(software perceived quality)。硬件指的是对产品质量的感知，软件指的是对服务质量的感知。

(二)对CSI评估模型的评价

CSI评估模型是一个多层综合指数体系，是目前许多国家在积极研究和使用的质量评价指标，在各个企业和行业都可以应用。它通过测量用户对产品和服务的满意度，得出产品和服务质量的评价数值，以此来反映产品和服务的质量。CSI评估模型相比传统评估方法具有三个优势。

1. 全面性

CSI 测评指标可以反映每个产品、每项服务、每个行业的具体质量。

2. 可比性

CSI 测评满意度具有很强的可比性，可以从不同时期、不同地区等角度对培训效果进行比较。

3. 准确性

CSI 评估模型从使用者的角度反映质量，最终使用者是质量的评价者，从这一角度进行评价，避免了用技术指标评价质量时可能产生的脱离实际需求的现象，保证了准确性。

>> 第三节　教师培训质量评估主体 <<

教师培训质量评估主要从培训方案、培训过程和培训效果三个方面进行评估。

一、培训方案评估

(一)专家评估

在教师培训工作中，培训方案是培训质量的起点。培训方案的质量评估一般采用专家评估法。能否选择恰当的专家人选极为重要，决定着能否准确客观地评价培训方案，能否保证评估的有效性。广东第二师范学院在多年工作中得出的经验是由四个方面人选组建评估专家团队。

1. 教学一线的优秀教师

这些人从中小学、幼儿园教学一线优秀教师中选择。他们对教师培训的需求有深刻的了解、准确的把握，而且他们自身为优秀教师，其需求具有典型的示范作用。

2. 学校一线的管理者

一线园长(校长)，作为一线管理者，对教师队伍的整体需求和中小学、幼儿园的发展规划有更深刻的了解。培训活动是否符合中小学、幼儿园的特点与特色，与中小学、幼儿园的发展是否契合，也是培训效果是否具有延展性的重要保证。

3. 教研员

教研员是衔接一线中小学、幼儿园与高校的重要桥梁，发挥着上通下达的重要作用，既具有一定的理论能力又具有一定的实践经验，对区域发展有更多的了解。

4. 高校教师

高校教师的理论性、前瞻性是重要的优势，能带来先进的理念与观点，同时也具有一定的实践性，对教育发展趋势与教师整体状况掌握得更具体。

上述 4 个主体，共同参与评估，不但能将专业性知识运用到评估方案中，也能通过沟通交流，产生更具有实践性与理论性的培训理念。

(二)培训方案评估标准

培训方案评估标准可以分为两级指标、若干观测点，分别赋予相应分值(表 10-1)。

表 10-1　培训方案评估标准

一级指标	二级指标	主要观测点	评审标准	分值	得分
培训目标 5 分	培训 目标定位	目标的认识与定位	目标针对培训项目的具体要求，定位合理	5	
培训 内容 25 分	培训内容	设计与组织安排	1. 内容设计贴近培训对象的需要 2. 内容选择具有针对性和实效性，理论与实践相结合 3. 课程模块结构合理，体系优化 4. 以学科为基础，以问题为中心，以案例为载体	15	
	培训资源	培训资源利用和开发	1. 拟利用和开发资源具有多样性 2. 拟利用和开发资源的实用性强 3. 拟利用和开发资源的拓展应用程度高	10	
培训方式 与手段 15 分	培训方式	方式的选择与创新	1. 培训方式多元化，注重创新 2. 培训方式能够有效调动教师学习积极性，提升培训效果	10	
	培训手段	培训手段组合	1. 培训手段多样，注重对现代教育技术的应用 2. 培训手段的选择符合项目需要和实际	5	
培训师资 20 分	教师水平	教师的影响及社会评价	1. 教师整体水平较高，具有一定的社会认知度 2. 拥有相关学科领域的权威专家 3. 教师授课效果的社会评价较高	10	
	师资队伍 结构	专业结构与类别结构	1. 教师的专业结构合理 2. 教师的类别结构合理，组成比例符合项目的要求(一线教师、省外专家等)	10	
培训管理 与保障 20 分	管理组织	培训经验	1. 承担过多项国家级或省级培训任务，具有丰富的实施教师培训项目的经验 2. 符合项目对于培训经验条件的具体要求	5	
		管理制度与培训组织	1. 建立保障项目有效实施的组织机构 2. 制定相应的项目管理制度 3. 制定合理的经费预算 4. 项目进度安排科学、合理	5	
	培训保障	培训条件与后勤保障	培训的教学设施、食宿条件和医疗卫生符合要求	10	
培训评价 5 分	评价制度	评价制度与评价手段	1. 评价制度合理 2. 过程性评价与终结性评价并重 3. 评价手段能够对学员学习起到有效促进作用	5	
特色与创新 10 分	根据培训方案的整体或具体环节设计上的特色和创新之处给予评定，请具体指出：________________，如果特色和创新不明显，则不填。			10	
合计				100	

续表

专家评审意见	包括项目方案设计是否合格及具体意见，项目需要进一步改进的意见等。 专家签名： 年 月 日		

备注：本表格参考教育部“国培计划”评估标准。

二、培训过程评估

培训过程评估一般采用文件调查法、观察法、访谈法等方法多方进行论证。评估主体包含学员、导师和管理部门。评估过程针对不同的内容采用不同的评估方法，关注不同的重点。

(一)评估主体

培训过程评估主体主要为学员、导师及管理部门。

1. 学员评价

学员作为参与主体对培训的感受最具体，对培训形式的合理性、培训内容的针对性、培训管理的稳健性等都有直接的体会，最具有发言权。

2. 导师评价

导师作为授课专家，是培训活动的供给端，最能真切感受到学员的学习状况。通过学员的反馈，导师对课程内容的适用性、课程安排的合理性能够给出客观的评价。项目管理者可基于专家评价对后续课程进行必要调整，与后续课程的授课专家充分沟通，增强培训课程的针对性。

3. 管理部门评价

上级管理部门是培训项目的授权方、管理者、验收者，对培训机构的课程设计、过程组织、实施能力、培训效果等有监管责任，必然要了解培训学员的需求，掌握培训过程的动态，做好培训过程的调研与分析，确保达成培训预期目标。

(二)培训过程评估的主要内容

培训过程评估的主要内容分为 8 项。

1. 学员对开班报到的满意度(表 10-2)

表 10-2 开班报到满意度调查问卷

问题	选项			答案
您认为开班时间是否合理	合理	不合理		
您对本次报到流程的满意程度	满意	一般	不满意	
您对工作人员服务态度的满意程度	满意	一般	不满意	
您对本次报到的总体满意程度	满意	一般	不满意	
其他建议				

2. 学员对课程与教学的满意度(表 10-3)

表 10-3 课程与教学满意度调查问卷

问题	选项			答案
您认为是否有必要设置本课程	有	没有		
您对主讲教师的教学方式的满意程度	满意	一般	不满意	
您对主讲教师课程资源及教学案例广泛、丰富的满意程度	满意	一般	不满意	
您对本课程的总体满意程度	满意	一般	不满意	
其他建议				

3. 学员对研讨过程的满意度(表 10-4)

表 10-4 研讨过程满意度调查问卷

问题	选项			答案
您认为是否有必要设置本研讨	有	没有		
您对研讨方式的满意程度	满意	一般	不满意	
您对研讨内容的满意程度	满意	一般	不满意	
您对研讨结果的满意程度	满意	一般	不满意	
您对本研讨的总体满意程度	满意	一般	不满意	
其他建议				

4. 学员对汇报交流的满意度(表 10-5)

表 10-5 汇报交流满意度调查问卷

问题	选项			答案
您认为是否有必要设置本课程	有	没有		
您对汇报交流方式的满意程度	满意	一般	不满意	
您对汇报交流内容的满意程度	满意	一般	不满意	
您对汇报交流的总体满意程度	满意	一般	不满意	
其他建议				

5. 学员对观摩学习的满意度(表 10-6)

表 10-6 观摩学习满意度调查问卷

问题	选项			答案
您认为是否有必要安排幼儿园或学校观摩学习	有	没有		
您对观摩学习方式的满意程度	满意	一般	不满意	
您对幼儿园或学校观摩学习内容安排的满意程度	满意	一般	不满意	
您对本幼儿园或学校的总体满意程度	满意	一般	不满意	
其他建议				

6. 学员对食宿管理的满意度(表 10-7)

表 10-7　食宿管理管理满意度调查问卷

问题	选项			答案
您对住宿环境的满意程度	满意	一般	不满意	
您对住宿位置的满意程度	满意	一般	不满意	
您对餐饮质量的满意程度	满意	一般	不满意	
您对班主任的满意程度	满意	一般	不满意	
其他建议				

7. 导师对课堂秩序的满意度(表 10-8)

表 10-8　课堂秩序满意度调查问卷

问题	选项			答案
您对学员反馈的满意程度	满意	一般	不满意	
您对课程适用性的满意程度	满意	一般	不满意	
您对课堂纪律的满意程度	满意	一般	不满意	
其他建议				

8. 管理部门对项目完成的满意度(表 10-9)

表 10-9　项目上级管理部门调查问卷

序号	评价内容	非常满意	满意	一般	不满意	非常不满意
1	您对本年度培训项目的整体满意程度					
2	项目满足学员学习需求的程度					
3	您对培训前期准备工作(通知参训、训前调研、任务布置、注意事项提醒等)的满意程度					
4	项目组组织了训中调研，培训内容根据学员的需求进行微调					
5	本次培训有明确的发展目标，拟订了详细的研修计划，设计了可行的研修路径					
6	实施主题式培训，分阶段提供系列课程模块					
7	实践性培训课程(现场诊断、案例教学、实践观摩、情境体验等)比例达到 50%					
8	培训方式多样，富有特色和创新性					
9	专家讲授注重学员互动参与，富有吸引力和感染力					
10	理论研修阶段专家团队的总体水平高、结构合理					
11	深度考察的学校总体有代表性，考察内容合理有效					
12	走访观摩的学校总体有特色，考察内容丰富					
13	您对项目管理团队服务态度与质量的满意程度					
14	您对项目组安排的用餐与服务质量的满意程度					

续表

序号	评价内容	非常满意	满意	一般	不满意	非常不满意
15	您对培训院校(机构)提供集中面授的学习环境、设施设备等条件的满意程度					
16	您对本次培训的住宿场所和服务质量的满意程度					
17	项目组重视考勤管理和良好学习氛围的营造					
18	培训院校(机构)为您提供的培训资源较为丰富、实用、具有吸引力					
19	培训提供的必修课程与选修课程搭配合理					
20	培训必修课程质量高，能满足您提升专业核心能力的需求					
21	培训选修课程拓展性强，能满足您的个性化学习需求					
22	项目组能及时推送培训过程中产生的代表性研修成果，包括学员优秀作业和优秀课题、培训简报和微课程资源等					
23	项目组为您的研修提供了学习指南、常见问题解答以及温馨提示等注意事项，方便您的学习					
24	培训院校(机构)定期组织专家进行集中答疑，答疑效果好					
25	导师引导您开展较为适合您的课题研究，并进行及时指导					
26	您所在的教师群组(工作坊、协作组)开展的研修活动学员参与积极，效率高					
27	平台组织的研修活动能解决您在日常教学教研工作中遇到的实际问题且效果显著					
28	通过项目实施，参训学员间形成了密切的学习共同体					
29	到目前为止，您的研修计划执行顺利，达到了您的预期目标					
30	您将培训所学内容用在了改进教育教学工作中					
31	本次培训使您的教育教学观念和教学知识有所更新					
32	本次培训使您的教学设计能力有所提升					
33	本次培训使您的课堂教学方法有所改进					
34	本次培训对解决您在教学中面临的主要困惑和问题有所帮助					
35	本次培训对您教学风格的塑造、教育思想的提炼有所帮助					
36	本次培训对您教学能力、研究能力和创新能力的提升有所帮助					

续表

序号	评价内容	选项	投票数	比例		
37	您参加本次培训的主要困难有（无困难选项无须投票）	课程安排时间冲突				
		没有做课题的经验				
		论文写作能力欠缺				
		学习时间不足				
		学校支持不够				
		参训动力不足				
		无困难				
		其他				
38	您认为本次培训存在的主要问题有（无问题选项无须投票）	课程资源质量不高				
		专家指导不到位				
		时间安排不合理				
		班级辅导教师能力不足				
		班级管理不到位				
		学习评价不合理				
		技术支持不够				
		学习反馈不及时				
		同伴交流不充分				
		师生交流不充分				
		其他				

续表

	评价内容	选项	投票数	比例		
39	您认为本次培训最需要加强或改进的环节（无意见选项无须投票）	学员选派				
		组织动员				
		资源共享				
		专家指导				
		跟踪指导				
		培训实施方式				
		评价考核				
		其他				

三、培训效果评估

下面以广东第二师范学院承担的“广东省小学名校长、名园长培养”项目为例，探讨培训效果评估的一般方法。本项目实施时间为2012年年底至2015年年底，为期三年，2016年年初结业。培养对象共30人，其中小学校长26人，幼儿园园长4人，其间因工作调整各退出1人，结业28人。培养目标是经过三年研修培训，打造职业品德高尚、办学思想先进、精通教育、善于管理、富有改革创新精神、在国内享有较高美誉度和传播力的名校长、名园长。

(一)对学员的考核评价

1. 考评原则

考评采用培养对象自评与培养对象所在单位、培养机构综合评价相结合的方式进行，以注重实效、促进发展为原则，依据校长个人发展规划进行中期和终期考核工作，对培养对象各方面发展状况进行全面考核。

2. 考评方式

校长个人发展规划是评估的重要依据。培养对象每年度要撰写一篇研修经验总结(或个人发展状况总结报告)进行自评；培养对象所在单位要对培养对象的工作业绩做出年度考核，并将考评结果及时通报培养机构；培养机构重点做好中期考核和终期考核工作，对培养对象各方面发展状况进行全面的跟踪与考核。

3. 考评内容

考评内容主要涉及发展目标的设计情况、发展目标的实现过程以及发展目标的完成情况。中期考核重在发展目标的设计情况与发展目标的实现过程，终期考核则重在发展目标的完成情况。具体的考评内容与细则等可参见培养对象考评内容一览表(表10-10)。

表 10-10 培养对象考评内容一览表

评价指标	二级指标	具体内容
发展目标的设计情况（10%）	目标制定情况（5%）	发展目标与各学年研修计划之间的对应性
		学年发展目标的科学性、清晰性与可行性
	具体举措（5%）	重要研修举措的可操作性
		学年研修计划之间的连续性与发展性
		问题排查及改进措施的针对性(问题以前一学年研修工作总结中的表述为基础)
发展目标的实现过程（45%）	培训参与情况（15%）	不缺席、不迟到
		按培养活动要求提交相关案例、文章与资料等
		积极参与研讨，主动承担交流研讨任务
	研修计划落实情况（15%）	学校改进行动(参与情况、表现情况与任务完成质量)
		课题设计与实施(方案设计、工具开发、过程经验总结与资料累计、结题报告等，根据课题研究展开过程选择相应指标评价)
		示范辐射情况(每年至少举办 1 次区级以上专题讲座)
		业余阅读情况(每年至少写 2 篇读书笔记)
	示范带学情况（15%）	带教情况(5 个校长学习流动站，每 1 个流动站由 5 名培养对象共同负责，其中每人至少承担 2 名校长的培养指导任务)
		听评课及指导教研活动数量(每学年在校内不少于 10 节，参与教研不少于 6 次)
		专题报告(每学年校内不少于 2 次)
发展目标的完成情况（25%）	结业任务完成情况（10%）	一份参训感悟、一份个人发展总结、一份学校改进报告、一份课题研究报告、一个传播办学思路与改进经验的网络平台
	学校改进情况（5%）	学校教改行动现场会由培养机构专家进行认证
	研究论文/著作发表情况（10%）	公开发表论文 2 篇及以上(或出版反映个人办学思想及学校发展的专著 1 本及以上)
增值项目（20%）	教师自设目标（10%）	学员结合个人意向，依据想要突破的难点、热点与关键点自行设立
	社会影响力（10%）	研修成果影响范围，参考学员受邀参加省内外讲学活动、专业领域内获取的相关荣誉与奖项等予以评定

(二)对导师的考核评价

对导师的考核评价，采用培养对象评价、培训机构评价相结合的方式进行，具体涉及过程、诊断、成果、反馈四个方面。

1. 过程

过程包括每位导师指导培养对象的次数、时间、地点、主题、活动情况等。

2. 诊断

各导师针对每位培养对象的专业发展状况形成诊断分析报告。

3. 成果

导师所带培养对象的课题研究、论文发表、行动计划执行情况及标志性成果等。

4. 反馈

培养对象对导师满意度的评价。

(三)对培养机构的考核评价

对培养机构管理服务工作的考核评价，主要采用机构自评、培养对象评价、教育行政部门总体评价相结合的方式进行，具体包括如下几个方面。

1. 适切程度

为学员培训研修提供的培养内容、设计的培养方式的适切程度。

2. 条件保障

对培训项目承诺的师资配备、培养环节设置、设施设备与管理服务等条件的履行情况。

3. 过程管理

对培养过程的实施与管理情况，包括有关制度的制定与执行，各培养环节的质量监控，对培养对象的自理、管理、满意度问卷调查，对培养对象的评价与相关资料及时归档情况。

4. 导师团队

对培训项目理论与实践导师的选拔、管理、评价与奖罚工作。

5. 信息沟通

有关材料汇集及上报情况，包括培养过程中的简报(不少于 6 期)、校长讲堂活动的录像光盘、参训学员成长档案袋、校长研修成果汇编(《名校长风采实录》)、有关管理材料以及培养结束时的总结等。

6. 任务完成

培养成效情况，包括培养对象完成各项培养任务的情况以及培养对象取得的成果与作用发挥的情况等。

7. 协调配合

与相关教育管理部门和学校的沟通、协调、配合情况。

>> 第四节　教师培训质量评估方案 <<

“百年大计，教育为本；教育大计，教师为本”已经成为全国上下的共识。国家、省、市、区县各层级都在加紧建设一支“教育家型校长”“专家型教师”队伍，以引领和加快教育教学的改革与发展。如何保证浩大的校长、教师培训工程的工作质量，不断完善培训工作，构建一套科学合理且易于操作的培训质量考核与评估指标体系及其实施方案具有重要的意义。广东第二师范学院为配合自身所承担的“广东省小学名校长、名园长培养”项目，研制开发了中小学“百千万”人才培养工程培训质量评估指标体系，并且在实践应用中进行检验，在探索中不断完善。

一、培训质量考核

考核坚持以人为本、注重激励，实事求是、客观公正，民主公开、综合评定，从严治学、务求实效。对培养对象的考核，采用培养对象个人自评与培养对象所在单位、培养机构综合评价相结合的方式进行，包括年度考核、期中考核和期满考核三种形式。

年度考核以学年为时限，由培养机构组织培养对象进行年度学业总结和汇报，检查培养对象年度学习计划完成情况，对培养对象做出科学、客观、公平、公正的评价。年度考核结果划分为合格与不合格两个等级。

期中考核在培养两年后实施，注重对过程的考核，侧重考核培养对象受训规划和年度计划的执行落实情况，分为合格与不合格两个等级。

期满考核在培养周期结束时实施，全面考核培养对象的师德表现、科研成果、教学业绩、社会影响、示范辐射作用等情况，分为优秀、合格、不合格三个等级。优秀培养对象的比例不超过各子项目培养总人数的20%。培养期间两次不参加集中活动，或调离所在单位的培养对象，将被取消本轮培养资格。对取消培养资格的培养对象，不再进行相关考核。违法犯罪，或受党纪、政纪处分者，取消培养资格。

二、案例：教师信息能力培训质量评估

教师信息能力类的培训往往出现两种现象：一种是高分低能的现象，另一种是培训内容与实践应用脱节的两层皮现象。培训者对培训的研究不足、对培训评价的研究不足，忽视教师作为成年人的学习特点和学习需求是主要原因。培训需求不足，培训设计不足，以及缺乏科学、客观、具有操作性的评价工具，致使培训效果很多时候并不理想。因此，在结合区域教师水平现状，开发中小学教师信息能力培训课程的基础上，开发与培训课程相配套的促进应用的机制，寻找适切的推进路径，构建科学的培训评价体系，对培训项目进行评估监管，可以有效保障培训效果，提高培训绩效，切实提高教师的信息能力。

(一)相关概念

1. 相关概念的界定

“信息能力”是信息素养的核心，包括信息技术的操作能力，运用信息技术解决问题的能力，对软件的应用、评价、开发的能力，对信息和信息资源的搜集、开发、评价、利用、表达和创造的能力。对教师而言，教师的信息能力着眼点是教师对教学信息和信息资源的搜集、开发、利用、表达和创造的能力，以利用信息技术优化教学、促进学生学习以及提高自身职业素质和能力。

“信息能力培训”是根据信息能力的内涵，以技术支持下的教学应用为根本目标，构建教师信息能力体系，有计划组织开展的学习行为。

“培训的评价研究”是核心词，是指基于教师信息能力培训项目的培训评价研究，包括

对培训课程设计的评价、培训实施过程的评价、学员学习的评价、培训的整体评价等的研究。

2. 研究对象范围的界定

“中小学教师”是指研究指向的是除信息技术专业毕业生及信息技术课程任教教师之外的其他学科中小学在职教师。

(二)同类研究述要

欧盟的教师信息技术能力培训，主要包括两种类型的培训：一种是基于功能性的技术培训，另一种是基于技能性的应用培训。这是两个层次的培训，前者侧重于基本功能的操作性培训，后者侧重于学科教学中的应用技术的技能和方法的培训。我国在教育信息技术培训的内容上，也经历了这样的变化，20 世纪 90 年代末开始了第一轮计算机操作全员培训，2008 年开展了全国教育技术初中级的培训。这两次大规模全员培训分别要解决的是“会操作”和“技术支持教学”的问题。真实的应用水平，涉及教师的信息能力水平、学科教学实践水平、教育理论水平等，因而，水平评估内容包括对教育理论知识的测评、对教师信息能力水平的测评以及对信息化教学水平的测评，形式上包括笔试和题库式操作环境的仿真考试，以及用于评估学员设计理念与创作水平的作品评价。毋庸置疑，涉及能力考查的开放性评价设计和操作的信度和效度的保障是一个难题。

另外，从对国内优秀硕博论文库的文献检索中发现，关于教师培训的研究有 430 篇，而关于教师教育信息技术类的培训评价的研究为数不多。其中，关于教师信息能力培训的两篇文献对于评价只做了简单概括，并为对信息能力培训的评价进行系统的实证研究。由此可见，对于教师信息能力培训评价的研究，无论理论层面还是实践层面都还比较薄弱。

(三)研究设计

1. 研究的目标

构建基于教师信息能力培训的评价体系，通过区域教师信息能力专项培训、学科教师信息能力培训和实验点学校教师信息能力三条线进行评价体系的运作修正和操作验证。

2. 研究的内容

①中小学教师信息能力培训的评价对象、评价原则、评价方式。

②中小学教师信息能力培训的评价指标体系及其评价量规集。

③中小学教师信息能力培训评价体系对培训绩效的影响。

3. 研究方法与研究思路

围绕培训的评价设计、评价使用和评价效果，根据目标需要，采用不同的研究方法，主要采用文献研究法、调查研究法、评价研究法、行动研究法、实地调查法、内容分析法、质的研究法等。根据研究进程的需要，研究共包括五个阶段，分别是研究设计阶段、行动研究阶段、资料整理阶段、迁移应用阶段、总结反思阶段。每个阶段采用相同或不同的研究方法，但使用的强度各有不同。例如，评价研究法和质的研究法贯穿整个研究，但其使用深度在各阶段又各有变化(图 10-2)。

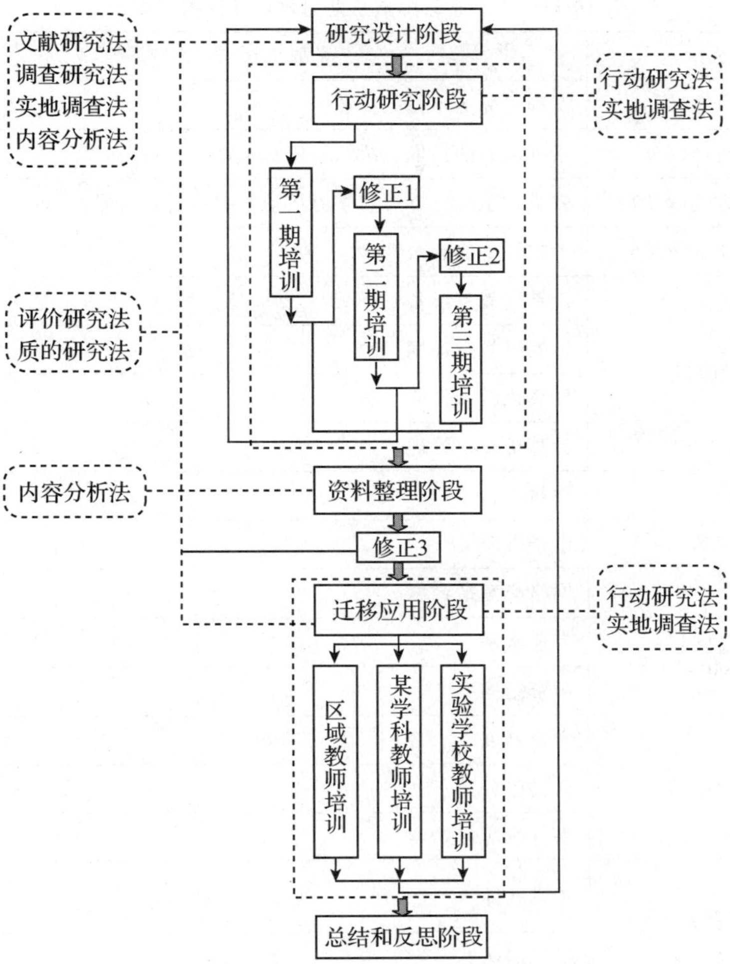

图 10-2　本研究的研究方法与研究思路

4. 研究的理论基础

本研究基于课程评价理论，拟订培训评价的框架，包括对培训课程设计的评价、对培训实施的评价和对学习结果的评价等；根据成人学习理论、促进学习的学生参与式课堂评价理论设计各个维度的评价指标，以增加参训学员在学习过程中的广度、效度和深度。

(四)中小学教师信息能力培训评价指标体系

研究构建的中小学教师信息能力培训评价指标体系围绕培训课程设计、培训课程建设、实施过程管理、培训效果四个维度建立了四个一级指标，围绕课程目标、培训内容、培训方式、考核评价、硬件设施、课程资源、师资队伍、教务管理、教学指导、学员学习表现、学习成果、社会声誉、项目特色与成果形成了 13 个二级指标以及下面相应的 26 个考评点(表 10-11)。该指标体系经过各期培训的操作性磨合，可操作性强。

1. 评价指标体系

表 10-11 中小学教师信息能力培训评价指标体系

一级指标	二级指标	主要考评点	评价工具或方法
培训课程设计(8%)	课程目标(2%)	课程目标的定位与描述	
	培训内容(2%)	培训内容的选取、组织和逻辑编排	
	培训方式(2%)	教学的手段、方法和学习活动组织形式和策略	
	考核评价(2%)	考核评价的有效性	
培训课程建设(26%)	硬件设施(10%)	计算机教室设备	计算机教室评价量规
		计算机教室环境	
		计算机教师作业状态	
		计算机教室管理	
	课程资源(6%)	教材资料	文档查检
		电子资源	
		网络交互平台	
	师资队伍(10%)	专业水平	访谈、查阅档案、问卷调查
		师资结构	
实施过程管理(40%)	教务管理(5%)	学业制度	访谈、查阅文档
		后勤服务	访谈
		事件响应与处理	访谈
	教学指导(20%)	主讲教师	主讲教师教学评价量规
		培训团队	观察、访谈
	学员学习表现(15%)	学员参与学习的表现	学员过程性评价量规
培训效果(26%)	学习成果(20%)	信息能力的水平	技能测试
		信息化教学成果作品水平	信息化教学作品评价量规
		学员的情感、态度及信息能力观念	查检学习日志、学习档案袋
	社会声誉(2%)	上级教育行政部门评价	访谈
		学员任职单位评价	访谈
	项目特色或成果(4%)	教育行政部门的支持与合作	访谈、查检文档
		已取得的成果或影响	查检文档

2. 培训评价操作流程

依据本研究形成的评价体系，分别形成内部评价与外部评价的操作流程。内部评价是指项目负责人对培训实施边培训边评价的操作，以加强对培训的自我诊断和过程性管理。外部评价是指培训项目提供系统资料接受上级或第三方的外部评价，形成培训成效与社会影响力的评估报告。

3. 评价方法和评价工具

具体对应各考评点、评价对象和评价环节，形成了如计算机室评价量规、主讲教师教学评价量规、学员过程性评价量规、信息化教学作品评价量规等评价工具，还有调查问卷、评价反馈、学员任务档案袋等，为评价指标体系的操作提供了充足的、便利的、有效的工具集。

(五)方案的特点

1. 体系设计源于变革的评价观

使用广义的课程评价概念，一改当前培训只针对出勤、作业等简单评价方式的系统评价观，从培训需求到培训出口，到后续的岗位应用，变革和充实了培训组织的评价观。

2. 构建的评价体系促进了培训模式的变革

构建了培训场室评价量规、主讲教师培训量规、过程性评价量规等，变单向讲座式培训为多元培训模式，包括多位教师同主课堂的协同教学、案例实战等，增加了学员的参与积极性与参与深度。

三、教师培训评估结果应用

考核结果的应用主要取决于项目领导部门，通常在项目立项方案中会有表述，但这种应用一般都是软性的，或是有机会时才能够发生。本节讨论的是任务完成后即时发生的应用。

1. 年度考核可认定继续教育学时

年度考核合格的培养对象，由培养机构颁发学时证明，以此作为培养对象每学年度获得继续教育专业课和选修课学时的认定依据。

2. 年度考核可认可继续培养资格

对期中考核合格的培养对象继续培养，不合格的退出培养。

3. 期满考核可认定结业

对期满考核合格的培养对象，由省教育厅统一颁发结业证书。

4. 期满考核可奖励继续教育学时

为鼓励广大优秀教师、校长积极参加新一轮“百千万人才培养工程”，从进入培养周期的当年开始计算，按规定完成当年培养任务并考核合格的培养对象可认定为完成当年的继续教育专业课和选修课学时；完成培养周期(名校长培养周期为 3 年)任务并取得结业证书的培养对象，可认定为完成 5 年继续教育专业课和选修课学时。

参考文献

[1]曹中林，屈军，韩小一．远程教育教师信息技术校本培训的实践探索[J]．广东广播电视大学学报，2013(3).

[2]陈芬萍．课程与教学论新编[M]．合肥：安徽大学出版社，2012.

[3]陈永生．信息技术环境下的校本培训[J]．南昌教育学院学报，2013(3).

[4]丛立新，郭华．当代中国课程与教学论研究[M]．北京：北京师范大学出版社，2010.

[5]崔淼．基于学习共同体的中小学教师信息技术培训模式探讨[J]．中国现代教育装备，2012(16).

[6]邓艳红．课程与教学论[M]．北京：首都师范大学出版社，2007.

[7]范良火．教师教学知识发展研究[M]．上海：华东师范大学出版社，2003.

[8]费平．英特尔®未来教育核心课程项目学科教师培训策略研究[J]．合肥工业大学学报(社会科学版)，2011(5).

[9]龚孝华，徐勇．新课程评价[M]．北京：首都师范大学出版社，2004.

[10]关楠楠．我国中小学教师信息技术培训的效果比较研究[J]．上海教育科研，2012(3).

[11]胡继飞．基于远程培训的高中教师专业状态分析——以生物学科为例[J]．当代教师教育，2010(4).

[12]胡伟俊．浅谈中小学教师信息技术培训[J]．电脑知识与技术，2011(15).

[13]冀新花．面向工作场域的幼儿教师信息技术技能培训研究[J]．继续教育研究，2013(8).

[14]姜凤华．新课程的教育理念与实践研究[M]．广州：广东人民出版社，2005.

[15]李春杰．中小学教师远程培训管理中存在的问题及对策研究[J]．新课程学习(下旬)，2014(7).

[16]李洪玲．中小学音乐教师继续教育问题与破解[J]．中国教育学刊，2012(6).

[17]李坚诚，刘丽荣，郑銮娟，等．基于网络技术平台的高中地理教师职务培训探析[J]．首都师范大学学报(自然科学版)，2010(4).

[18]李俊．广东省普通高中教师职务培训的特点、创新与不足[J]．继续教育，2013(12).

[19]李涛．整合学科课程的信息技术培训课程开发[J]．北京教育学院学报(自然科学版)，2013(1).

[20]廖乃雄．论音乐教育 [M]．北京：中央音乐学院出版社，2010.

[21]刘玉兰，杨海庆．“渡过高原”方见“柳暗花明”：农村中小学教师信息技术培训现状浅析[J]．中国教育技术装备，2013(4)．

[22]缪裴言，章连启，汪洋．中小学音乐教育词典[M]．上海：上海音乐出版社，2012．

[23]潘仕恒．教师信息技术能力培训十年回顾[J]．中国教育信息化，2011(10)．

[24]秦昆．北京市农村小学信息技术教师培训课程探讨[J]．北京教育学院学报(自然科学版)，2013(1)．

[25]任萍．浅析新课程下中小学信息技术教师在职培训[J]．绥化学院学报，2010(30)．

[26]荣曼生．中小学教师信息技术能力培训立交自主模式的研究[J]．电化教育研究，2008(5)．

[27]桑志军．如何提高远程教育培训的有效性——以广东2009年高中语文教师远程职务培训为例[J]．教学与管理，2010(36)．

[28]山珊，郑燕林．小学信息技术教师培训模式设计研究[J]．软件导刊(教育技术)，2011(2)．

[29]沈建军．山区教师信息技术能力“一线三点”培训模式的探索[J]．中国教育信息化，2010(8)．

[30]唐荣荣．中学教师信息技术培训改革初探[J]．中学教学参考，2013(20)．

[31]汪文华．“国培计划”远程培训项目的主要经验、问题与对策：以安徽省农村中小学骨干教师“赢在课堂”远程培训项目(2010)为例[J]．中小学教师培训，2001(8)．

[32]汪羽．中小学教师信息技术培训中的问题与建议[J]．中小学电教，2012(10)．

[33]王建平．远程研修与教师专业成长[J]．西北成人教育学报，2013(5)．

[34]王丽珍，马存根，林海．基于绩效支持的信息技术与课程整合教师培训模型设计[J]．中国教育信息化，2010(2)．

[35]肖戈，英特尔®未来教育对教师培训项目设计的启示[J]．中小学教师培训，2010(2)．

[36]肖伟宁，李丹青．信息技术支持的教师校本培训研究——以广州市天河区中小学教师继续教育为例[J]．电化教育研究，2010(5)．

[37]谢满兰．在职教师网络培训的效果研究——基于2012—2013年广东省教师网络培训数据[J]．中小学教师培训，2015(2)．

[38]谢贤春．基于网络外语教师发展的多模性和交互性讨论——以2009广东高中英语教师职务培训为例[J]．四川教育学院学报，2010(5)．

[39]徐存荣．提高农村中小学教师信息技术培训实效性的策略[J]．中国教育技术装备，2012(20)．

[40]徐晓雄．中小学信息技术教师培训模式试探[J]．中国远程教育，2002(2)．

[41]闫英琪，景丽，史建国，等．中小学教师信息技术能力培训内容体系的实践研究[J]．中小学电教，2011(4)．

[42]杨建军，焦中明．农村中小学教师信息技术能力培训效果的评估研究[J]．现代教育技术，2011(1)．

[43]杨建伟．基于实践—反思取向的教师培训模式探索——以中小学信息技术教师培训为例[J]．北京教育学院学报(自然科学版)，2013(1)．

[44]杨在宝，樊洁，张杰．云南小学综合实践课教师短期集中培训方案的设计——以信息技术方向[J]．中国教育信息化，2013(4)．

[45]张宝，肖丽红．“自助菜单”式信息技术培训模式研究[J]．中小学信息技术教育，2010(12).

[46]张超．教师远程培训的学习干预研究[D]．上海：华东师范大学．2010.

[47]张慈珍．“国培计划”下农村中小学教师网络教育培训现状及发展对策[J]．软件导刊(教育技术)，2011(3).

[48]张静文．论信息技术与学科课程整合中的教师培训[J]．中国教育信息化，2012(22).

[49]张世红．基于网络环境的教师信息技术培训模式构建[J]．软件导刊(教育技术)，2011(3).

[50]张秀莲．高中教师远程培训模式的建构与实践——广东省高中教师远程培训案例剖析[J]．继续教育，2011(6).

[51]张旭华．解析“英特尔未来教育”的培训理念[J]．文教资料，2012(2).

[52]章伟．主题参与：信息技术学科教培活动案例及反思[J]．上海教育科研，2013(8).

[53]赵宋光．音乐教育心理学概论 [M]．上海：上海音乐出版社，2003.

[54]郑小燕．“在线师训”实效问题的研究——基于上海市 Y 区 W 中心块的实证调查[D]．上海：华东师范大学，2010.

[55]郑燕林，李卢一．“整合型”中小学信息技术教师培训模式构建与实践[J]．中国电化教育，2011(11).

[57]中华人民共和国教育部．义务教育数学课程标准(2011 年版) [S]．北京：北京师范大学出版社，2012.

[58]钟启泉．教育方法概论[M]．上海：华东师范大学出版社，2002.